구글 시트 ✓찐 프로 현직 교사 3인의 스프레드시트 실전 활용서

교사를 위한 **스프레드시트** 활용 가이드

구글 시트로
스마트한 학교 만들기

**실전기초 / 행정업무 / 일정관리
담임업무 / 학급운영 / 교수평기**

주요 실습
템플릿과
동영상 강의

교사를 위한 **스프레드시트 활용** 가이드

구글 시트로
스마트한 학교 만들기

실전기초 / 행정업무 / 일정관리
담임업무 / 학급운영 / 교수평기

초판 1쇄 인쇄 | 2025년 04월 30일
초판 2쇄 인쇄 | 2025년 10월 30일

지 은 이 | 지미정 장성진 유병선 공저
발 행 인 | 김병성
발 행 처 | 앤써북
편 집 진 행 | 조주연
주　　　소 | 경기도 파주시 탄현면 방촌로 548번지
전　　　화 | (070)8877-4177
팩　　　스 | (031)942-9852
등　　　록 | 제382-2012-0007호
도 서 문 의 | answerbook@naver.com

I S B N | 979-11-93059-51-7 13000

이 책은 저작권법에 따라 보호받는 저작물이므로 무단 전재와 무단 복제를 금하며,
이 책 내용의 전부 또는 일부를 사용하려면 반드시 저작권자와 앤써북 발행인의
서면동의를 받아야 합니다.

※ 책값은 뒤표지에 있습니다.
※ 잘못된 책은 구입한 서점에서 바꿔 드립니다.

들어가는 글

몇 해 전만 해도 발령 발표와 동시에 전입 교사는 발령 학교로 일일이 전화하여 방문 일시와 구비 자료 등에 대한 정보를 확인해야 했습니다. 그런데 최근에는 학교별 관련 정보가 입력된 구글 시트 링크가 공유되고, 더는 애태우며 전화할 필요가 없어졌습니다.

순	학교명	전입교사 방문일시 및 장소	전입교사 방문시 안내사항
* 인사발령통지서는 2.11(화) 교육청 배부입니다. 전입교사분들께서는 반드시 현임교에 방문하셔서 인사발령 통지서 등을 수령하여 전입교로 방문하십시오.			
		학교명	
1	00초	2025. 2. 13.(목) 11:00, 2층 교무실	발령통지서, 인사기록카드, 당일에 업무 및 학급배정 완료 예정
2	00초	2025.2.12.(수) 10:00 2층 교무실	발령통지서, 인사기록카드 / 당일 학년 및 업무희망서 제출 당일 방문 어려울 경우 학교로 연락(031-000-0000)
3	00초	2025.2.10(월) 15:00 1층 교무실	인사기록카드(양면 모아찍기), 당일 학년 및 업무 희망서 제출 (당일방문 어려운 경우 교무실 전화 000-0000)

이 구글 시트 하나가 얼마나 많은 사람의 시간과 에너지를 줄였을지, 그리고 왜 "구글 시트"였을지 상상해 보시기 바랍니다. 그 상상 속에 구글 시트 활용의 필요성에 대한 답이 있습니다.

교육은 끊임없는 변화 속에서도 흔들리지 않는 가치를 지켜가는 여정입니다. 매일 마주하는 반복적인 행정 업무, 평가 관리, 수업 준비에 대한 고민은 "어떻게 하면 본질인 수업에 더 집중할 수 있을까?"라는 질문으로 이어집니다. 이 책은 바로 그 질문에서 시작되었습니다.

교육 현장에서 교사들이 직면하는 문제들을 해결하고, 수업과 학급 운영, 업무 효율화를 돕기 위해 만들어졌습니다. 구글 시트는 단순한 표 작성 도구를 넘어 학급 운영, 성적 관리, 데이터 분석 등 다양한 방식으로 활용할 수 있는 강력한 도구입니다. 하지만 처음 접하면 복잡하게 느껴질 수 있고, 익숙해지기 전까지는 "나와는 맞지 않을 것 같다"라는 생각이 들기도 합니다.

"이걸 정말 써야 할까?", "내 수업에 도움이 될까?", "과연 효과가 있을까?" 이 책은 그런 고민에 대한 작은 답을 제안합니다. 단순히 기술을 익히는 것이 아니라, "어떻게 하면 학생들에게 더 의미 있는 배움의 기회를 만들 수 있을까?"라는 질문에 대한 해답을 함께 찾아가는 여정일 것입니다.

그래서 이 책은 처음 시작하는 선생님도 쉽게 따라 할 수 있도록 구성했습니다. 단순한 기능 나열이 아니라, 실제 교육 현장에서 바로 적용할 수 있는 실용적인 예제와 템플릿을 담았습니다. 하나하나 따라 하다 보면, 어느새 학교 현장에서 유용한 도구를 자신만의 방식으로 활용하는 모습을 발견하게 될 것입니다.

들어가는 글

또한, 저자들은 이 책을 집필하며 구글 시트의 방대한 기능 속에서 교육 현장에 맞는 최적의 활용법을 정리하기 위해 노력했습니다. 그러나 이 책이 모든 답을 가지고 있다고 생각하지 않습니다. 읽으면서 "이런 건 안 될까?", "이 기능을 이렇게 활용하면 어떨까?" 하는 생각이 든다면, 마음껏 변형하여 활용해 보시기 바랍니다.

이 책의 진정한 가치는 독자 여러분의 창의적 적용에 있습니다. 선생님들의 작은 시도가 모여 대한민국 교육의 새로운 지도를 그려나갈 것입니다. 도구는 거들 뿐, 진정한 변화는 교실에서 시작됩니다. 이 책이 그 여정의 첫걸음을 함께할 것임을 약속드립니다.

그리고 혼자 변화를 만들기 어렵다고 느낄 때는 언제든 저희와 공유해주세요. 함께 고민하여 해결책을 찾아드리겠습니다.

새로운 도전은 언제나 낯설지만, 그 도전이 모여 더 나은 교육을 만듭니다. 선생님의 작은 시도 하나가 학생들에게 더 나은 배움을 선물할 수 있습니다. 이 책이 그 여정의 든든한 동반자가 되길 바랍니다.

선생님들의 모든 도전을 응원하며,
저자 일동

☞ **joo.is/구글시트상담소**는 구글 시트 관련 자료에 바로 접근할 수 있는 단축 주소입니다. 이 주소를 브라우저 주소창에 입력하면, 책에 수록된 QR 코드를 스캔하는 것과 동일하게 템플릿에 접속할 수 있습니다.

템플릿 사용 중 어려움이 생길 경우, 안내된 설문을 통해 문의를 남겨주시면 답변을 드리겠습니다.

대부분의 템플릿은 [템플릿 사용] 버튼을 눌러 사본을 생성해 활용할 수 있도록 설정되어 있습니다. 만약 문서가 '보기 전용'으로 열리는 경우에는, 상단 메뉴에서 [파일] → [사본 만들기]를 선택하여 복사본을 생성해 사용하시면 됩니다.

joo.is/구글시트상담소
▲ 구글 시트 관련 문의 링크

안내 사항

구글 시트(스프레드시트) 명칭 안내

- Google Sheets 공식 명칭: 구글 시트
- Google Sheets 비공식 명칭: 구글 스프레드시트(한국에서 흔히 사용하는 이전 명칭)

Google Sheets는 구글이 제공하는 클라우드 기반의 스프레드시트 애플리케이션입니다. 공식 명칭은 구글 시트입니다. 반면 구글 스프레드시트는 구글 시트의 이전 명칭으로 한국에서는 여전히 많이 사용하지만, 구글의 공식 용어는 아닙니다. 그리고 명칭이 변경되고 있는 과정이기에 두 용어가 메뉴에 따라 혼용되어 있기도 합니다. 이 책의 본문에서는 Google Sheets의 공식 용어인 구글 시트로 표기했습니다.

그리고 '스프레드시트'와 '시트'는 관련이 있지만, 각각 다른 의미를 가지고 있습니다.
- 스프레드시트: 여러 개의 시트로 구성된 전자 문서를 의미합니다. 예를 들어, Google Sheets나 Microsoft Excel에서 작업하는 파일 전체를 스프레드시트라고 부릅니다. 스프레드시트는 여러 개의 시트를 포함할 수 있습니다.
- 시트: 스프레드시트 내에서 하나의 개별적인 작업 공간을 의미합니다. 예를 들어, 구글 시트 파일에서 "시트1", "시트2"와 같은 각각의 탭을 시트라고 부릅니다. 각 시트는 독립적으로 데이터를 입력하고 관리할 수 있습니다.

따라서, 스프레드시트는 여러 시트를 포함하는 큰 틀이고, 시트는 그 안에서 데이터를 입력하는 개별적인 페이지입니다.

기존에 쓰이던 명칭인 '구글 스프레드시트', 변경된 명칭인 '구글 시트', 파일 전체를 의미하는 '스프레드시트', 개별 작업공간을 의미하는 '시트'의 명칭을 구분하며 읽어보시기 바랍니다.

※ 템플릿 및 연습 세트 사용 안내

이 책의 실습 및 실사용을 위해 제공되는 모든 템플릿 및 연습 세트는 저작권법에 보호되는 본 도서의 저작물입니다. 이를 무단으로 공유하는 것은 물론 가공 후 2차 저작물을 만들어 공유하는 것 또한 저작권법에 저촉되어 법적 처벌 대상이 되니 주의해 주시기 바랍니다.

템플릿, 연습세트, 동영상 강의 이용 방법

템플릿과 동영상 강의는 이 책이 판매되는 기간 동안 제공되는 것을 원칙으로 합니다. 단, 템플릿과 동영상 강의 서비스는 저작자의 구글 계정 문제, 예기치 못한 문제 등 중대한 사유로 예고 없이 중지될 수 있으며, 서비스 중지가 이 책의 반품 사유가 될 수 없음을 안내드립니다. 자세한 내용은 7페이지 독자지원센터를 참조합니다. 다음은 이 책의 실습 중 템플릿, 동영상이 제공되는 단원을 안내한 표입니다. 접속 경로 안내는 해당 페이지를 참고합니다. 접속 경로가 변경될 경우 독자지원센터를 통해 안내드리겠습니다.

페이지	제공 자료	페이지	제공 자료
57	기초 다지기 연습 세트 템플릿	260	학습 준비물 신청하기 동영상
69	명렬표 3종 연습 세트 템플릿	261	학습준비물 개별 신청 템플릿
113	설문제출 현황 실습 템플릿	264	예산 정산 자동화 템플릿
116	학년기초조사, 학부모기초설문, 강의평가과세특설문, 오답분포분석설문지 구글 설문지 템플릿	274	도서 대출 반납 관리 템플릿
		276	대출 반납 관리 템플릿
135	앱스 스크립트 체험 코드 템플릿	294	검인정도서 선정 자동화 템플릿
145	이름 변경 앱스 연습 템플릿	304	학급 출석부 관리하기 동영상
148	연수 이수 명부 템플릿	304	나이스 출석부 +1 템플릿
164	도서 신청 제작 동영상	311	체험학습 누적 일수 동영상
164	학교 도서 신청 템플릿	311	체험학습 누적 일수 템플릿
173	업무경감양식(모음) 템플릿	315	학생 타자 기록 관리하기 동영상
189	학년 업무 총정리 템플릿	323	진급사정안 작성 템플릿
189	학년 업무 영상 재생 목록	330	피봇 테이블 연습 시트
209	기획위원회 업무 효율화 동영상	340	거꾸로 학습 예제(엔트리) 템플릿
209	기획위원회 업무 효율화 템플릿	343	진도기록 시트 템플릿
211	학교 월중 행사 관리 동영상	348	학기별 평가 기록표 템플릿
211	학교 월중 행사 관리 템플릿	360	동표 평가 결과 분석 템플릿
216	학생 자치활동 지원 템플릿	366	성취도 분석 연습 템플릿
221	주간 교육활동 운영계획 템플릿	380	영상 제출을 위한 설문 복사
224	구글 캘린더 자동 업로드 템플릿	383	설문 제출 트리거 복사 코드
229	특별실 예약 페이지 템플릿	391	메일머지 연습 템플릿
231	나이스 시간표 정규화 템플릿	394	체크박스 O, X로 변환하기 동영상
253	예산관리 템플릿	396	성적 메일 발송 템플릿
257	청소 물품 신청 수합하기 동영상	400	반편성 웹페이지 DB
258	청소 용품 신청 예시 템플릿		

독자 지원 센터

[책 소스 다운로드 / 정오표 / Q&A / 긴급 공지]

이 책의 실습에 필요한 템플릿, 학습자료, 유튜브 동영상 파일 다운로드, 정오표, Q&A 방법, 긴급 공지 사항 같은 안내 사항은 PC 기준으로 안내드리면 앤써북 공식 카페의 [종합 자료실]에서 [도서별 전용 게시판]을 이용하시면 됩니다.

앤써북 네이버 카페에서 [종합 자료실] 아이콘(❶)을 클릭한 후 종합자료실 게시글에 설명된 표에서 217번 목록 우측 도서별 전용 게시판 링크 주소(❷)를 클릭하거나 아래 QR 코드로 바로가기 합니다. 도서 전용 게시판에서 설명하는 절차로 책소스 파일 다운로드, 정오표, 필독사항 등을 안내 받을 수 있습니다.

▶ 앤써북 공식 네이버 카페 종합자료실
https://cafe.naver.com/answerbook/5858

▶ 도서 전용게시판 바로가기
https://cafe.naver.com/answerbook/7617

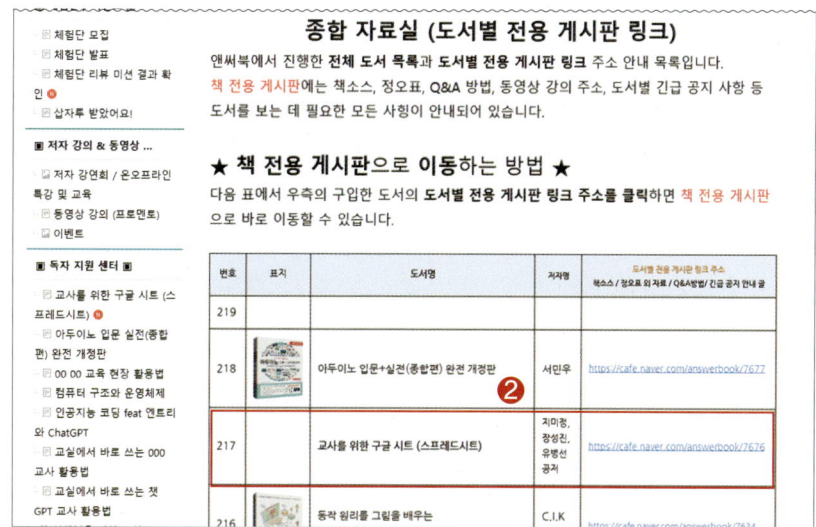

독자 지원 센터

[앤써북 공식 체험단]

앤써북에서 출간되는 도서와 키트 등 신간 책을 비롯하여 연관 상품을 체험해 볼 수 있습니다. 체험단은 수시로 모집하기 때문에 앤써북 카페 공식 체험단 게시판에 접속한 후 "즐겨찾기" 버튼(❶)을 눌러 [채널 구독하기] 버튼(❷)을 눌러 즐겨찾기 설정해 놓거나, 새글 구독을 우측으로 드래그하여 ON으로 설정해 놓으면 새로운 체험단 모집 글(❸)을 메일로 자동 받아보실 수 있습니다.

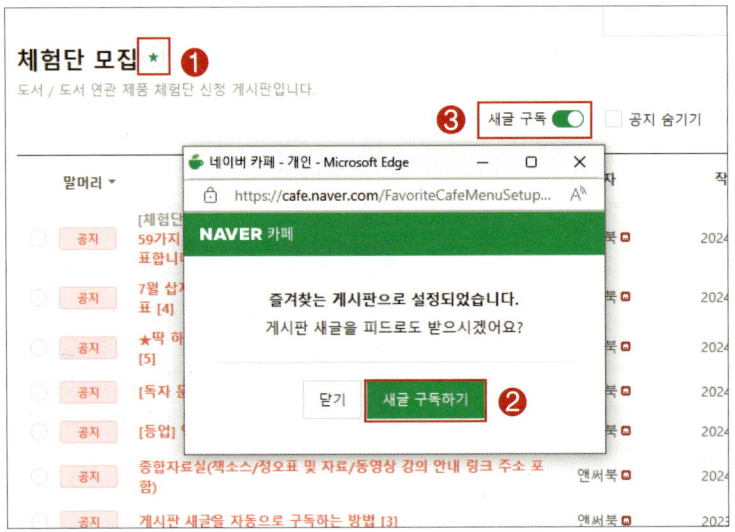

▶ 앤써북 카페 공식 체험단 게시판

https://cafe.naver.com/answerbook/menu/150

▲ 체험단 바로가기 QR코드

[저자 강의 안내]

앤써북에서 출간된 책 관련 주제의 온·오프라인 강의는 특강, 유료 강의 형태로 진행됩니다. 강의 관련해서는 아래 게시판을 통해서 확인해주세요. "앤써북 저자 강의 안내 게시판"을 통해서 앤써북 저자들이 진행하는 다양한 온·오프라인 강의를 확인할 수 있습니다.

▶ 앤써북 강의 안내 게시판

https://cafe.naver.com/answerbook/menu/144

▲ 저자 강의 안내 게시판 바로가기 QR코드

Contents
목차

 **구글 시트 들어가기**

① 구글 시트란? • 15
　가. 구글 시트의 특징 • 16
　　1) 기업에서는 왜 쓰는가? • 17
　　2) 학교에서도 잘 쓸 수 있다! • 19
　나. 공유와 보안, 효율성과 안정성의 균형! • 21
　　1) 실시간 협업으로 생산성 극대화 • 21
　　2) 링크 및 권한 설정으로 간편한 공유 • 26
　　3) 강력한 데이터 보호 전략 • 29
　다. 구글 시트 첫걸음 • 34
　　1) 구글 시트 시작하기: 로그인부터 실행까지 • 34
　　2) 구글 시트 기본 화면 이해하기 • 37

② 명렬표 제작하며 모든 기초 익히기 • 57
　가. 구글 시트 기초 다지기 • 57
　　1) 텍스트 입력과 서식 변경하기 • 57
　　2) 셀 채우기 색상 설정 및 삭제 • 60
　　3) 테두리 설정 • 60
　　4) 셀 • 62
　　5) 텍스트 정렬 • 64
　　6) 행과 열 • 66
　나. 여러 명렬표 제작하며 실력 UP • 69
　　1) 학기 초 진단평가 기록표 • 69
　　　처음 만난 함수 사전: SUM, AVERAGE, RANK
　　2) 체크박스 기록표 • 83
　　　처음 만난 함수 사전: COUNTIF
　　3) 드롭다운 기록표 • 88

Contents
목차

 **구글 시트 확장하기**

❶ 구글 시트와 찰떡궁합 구글 설문지 • 99
　가. 구글 설문지 훑어보기 • 99
　　1) 구글 설문지 시작하기 • 99
　　2) 구글 설문지 들여다보기 • 102
　　3) 구글 설문지 작성 및 배포하기 • 111
　　4) 구글 설문지 응답 확인 및 활용하기 • 112
　나. 구글 설문지의 다양한 활용 • 115
　　1) 학년초 기초조사 [공통] • 116
　　2) 선생님께 드리는 우리 아이 이야기 [공통] • 116
　　3) 강의평가 / 과목별 세부능력 및 특기사항 기초자료 [중등] • 116
　　4) 모의고사 답안 제출을 통한 오답 분포 분석 [중등] • 116

❷ 구글 시트와 제미나이 연결하기: API • 120
　가. 구글 시트와 제미나이 API • 120
　　1) 구글 워크스페이스 랩스 • 120
　　2) 구글 시트 안의 제미나이 • 122
　　3) 제미나이 API로 구글 시트 업그레이드하기 • 123
　　4) 제미나이 API로 구글 시트에서 할 수 있는 것들 • 126

❸ 앱스 스크립트 기초 다지기 • 130
　가. 앱스 스크립트의 개념과 역할 • 130
　나. 구글 워크스페이스와의 연동 • 131
　다. 구글 앱스 스크립트를 사용하기 위한 준비 • 133
　　1) 크롬 브라우저에 로그인 • 133
　　2) 구글 시트 생성 • 133
　　3) 스크립트 편집기 열기 • 134
　　4) 준비된 코드 복사 후 붙여넣기 • 135
　　5) 트리거 설정 • 137
　　6) 오류 해결 및 디버깅 • 139
　라. 초보도 해낸 '이름 변경하기' 앱스 스크립트 • 140
　　1) 문제를 발견하다 • 141
　　2) AI야 도와줘! • 141

Contents
목차

 **구글 시트 업무 효율화**

① 의견 및 자료 모으기 • 147
    가. 공동 작업으로 자료 수집하기 • 147
        1) 연수 이수 명부 • 147
        2) 학교 도서 신청 • 163
    나. 효율적이고 체계적인 데이터 관리 • 167
        1) 데이터베이스 제작 • 168
            처음 만난 함수 사전: IMPORTRANGE
        2) 데이터베이스 연결 • 173
            처음 만난 함수 사전: FILTER, INDEX, MATCH
        3) 조회 시트 자동화 • 177
            처음 만난 함수 사전: COLUMN, ROW, TEXT

② 구글 시트 업무 효율화 • 187
    가. 업무 관리 • 187
        1) 학년 업무 관리하기 • 187
            처음 만난 함수 사전: IF, VLOOKUP, IFERROR, COUNTA
        2) 기획위원회 업무 관리하기 • 208
    나. 행사 및 자치 활동 관리 • 210
        1) 학교 월중 행사 관리하기 • 210
            처음 만난 함수 사전: TEXTJOIN, CHAR
        2) 학생 자치활동 지원 • 216
    다. 학사 및 주간 일정 관리 • 219
        1) 주간계획 관리 • 220
        2) 구글 캘린더 VS 구글 시트 • 223
        3) 구글 캘린더 업로드 자동화 • 224
            심화 학습_AI를 활용해서 앱스 스크립트 코드 만들기 • 227

Contents
목차

    4) 특별실 예약 페이지 생성 및 관리 • 229

     심화 학습_구글 시트를 웹으로 공유하는 방법 • 231

  라. 시간표 관리 <중등> • 233

    1) 나이스 시간표로 가공 • 233

    2) 각종 시트 자동화 • 235

     처음 만난 함수 사전: LEN

     심화 학습_조건부 서식 • 241

     처음 만난 함수 사전: AND, MAX, QUERY, INDIRECT

     심화 학습_앱스 스크립트를 이용한 자동화 • 249

❸ 예산 및 물품 관리 • 252

  가. 예산 관리 • 252

    1) 예산관리를 위한 시트 구성하기 • 252

    2) 예산 사용을 위한 물품 신청 • 256

     처음 만난 함수 사전: SUMPROUCT

    3) 예산 정산 자동화 • 264

     처음 만난 함수 사전: TRANSPOSE, HYPERLINK

  나. 물품 관리 • 274

    1) 대출 반납 관리 • 274

    2) 스캔한 바코드를 구글 시트로 전송하기 • 283

    3) 검인정도서 선정 자동화 • 294

❹ 수업 및 학급 관리 • 303

  가. 출석 관리 • 303

    1) 나이스 출석부 +1 • 303

    2) 체험학습 누적 일수 자동 관리 • 311

     처음 만난 함수 사전: SUMIF

  나. 학급 운영 • 314

    1) 누가 기록표(feat. 타자) • 314

     MISSION_조건부 서식, 맞춤 수식의 규칙 찾기 • 317

Contents
목차

　　　2) 진급 사정안 자동화 <중등> • 319

　　　　　처음 만난 함수 사전: ARRAYFORMULA

　다. 수업 활용 • 329

　　　1) 제출 현황과 분석을 한눈에! '피봇 테이블' 활용법 • 329

　　　2) 사고력을 키우는 질의응답과 상호 피드백 • 334

　　　3) 거꾸로 학습 구현하기 • 339

　　　4) 진도 기록 및 차시 계산 • 343

❺ 평가 및 성적 처리 • 346

　가. 개별 평가 및 기록 • 348

　　　1) 수행평가 과정과 결과 기록하기 • 348

　　　2) 수행평가 결과 자동 환산하기 • 354

　　　　　처음 만난 함수 사전: IFS

　　　3) 주제와 성취도별 맞춤 평어 제작하기 • 357

　나. 동료 평가 및 결과 분석 • 358

　　　1) 구글 설문지 동료 평가 데이터 분석 • 358

　　　2) 분석 결과를 반영한 모둠 조직 • 362

　다. 성취도 분석과 시각화 • 366

　　　1) 성취도 분석 • 366

　　　2) 그래프 시각화 • 372

　라. 개인정보를 보호하는 피드백 • 389

　　　1) 메일머지 부가 기능 활용하기 • 389

　　　2) 앱스 스크립트로 개별 메일 발송하기 • 395

　　　　　처음 만난 함수 사전: IMAGE

　　　3) 웹사이트를 이용한 조회 페이지 만들기 • 399

I

구글 시트 들어가기

1 구글 시트란?

2006년, 구글은 클라우드 기반 생산성 도구의 패러다임을 바꾸는 첫걸음을 내디뎠습니다. 당시 인터넷 기술은 빠르게 발전하고 있었지만, 대부분의 스프레드시트 프로그램은 로컬 컴퓨터에서만 실행되며, 파일을 주고받는 방식으로 협업이 이루어졌습니다. 이 과정에서 데이터가 중복되거나 버전 관리가 어려운 문제가 자주 발생했습니다. 이러한 문제를 해결하기 위해 **구글 시트**(Google Sheets)는 클라우드 기반의 혁신적인 협업 도구로 세상에 등장했습니다.

구글 시트의 탄생은 구글이 2005년 인수한 작은 스타트업, 2Web Technologies로 거슬러 올라갑니다. 이 회사는 XL2Web이라는 웹 기반 스프레드시트 프로그램을 개발했는데, 구글은 이 기술의 잠재력을 보고 인수를 결정했습니다. 이후 구글의 프로덕트 매니저 조나단 로셴탈(Jonathan Rochelle)과 그의 팀은 이를 기반으로 오늘날 구글 시트의 초기 버전을 설계했습니다.

이 도구의 가장 큰 혁신은 **실시간 협업 기능**이었습니다. 여러 사용자가 동시에 한 문서에서 작업할 수 있도록 설계된 이 기능은, 파일을 이메일로 주고받으며 번거롭게 협업하던 기존 방식을 완전히 뒤집었습니다. 로셴탈은 "우리는 사람들이 더는 파일을 저장하거나 버전을 관리할 필요 없이, 동시에 같은 공간에서 작업할 수 있는 환경을 꿈꿨다."고 회상하며, 구글 시트의 개발 철학을 설명했습니다.

구글 시트는 초기에는 단순한 데이터 입력과 계산 기능을 제공했지만, 이후 꾸준히 발전하여 현재는 **엑셀과 대등하거나 그 이상으로 평가받는 강력한 기능**을 제공하는 도구로 성장했습니다. 특히 클라우드 기술과 통합된 확장성, 자동화, 협업 도구 등은 개인 사용자부터 대기업에 이르기까지 광범위한 활용을 가능하게 했습니다.

구글 시트는 단순히 데이터를 정리하는 도구가 아니라, **효율적인 협업과 데이터 관리의 상징**이 되었습니다. 교육 현장에서도 이 도구는 학급 관리와 성적 분석, 동료 교사와의 협업을 보다 효율적으로 수행할 수 있는 강력한 도구로 자리 잡을 수 있습니다. 교사들은 이를 통해 복잡한 업무를 간소화하고, 더 많은 시간을 학생들의 학습과 지도에 집중할 수 있을 것입니다.

가. 구글 시트의 특징

구글 시트(Google Sheets)는 구글에서 제공하는 클라우드 기반의 스프레드시트 프로그램으로, 데이터 입력과 정리, 계산 및 분석은 물론, 여러 사용자가 동시에 작업할 수 있는 실시간 협업 기능을 제공합니다. 이 도구는 단독으로도 강력하지만, 구글의 클라우드 생산성 플랫폼인 구글 워크스페이스(Google Workspace)의 일환으로 제공되며, 다른 워크스페이스 도구들과의 긴밀한 연동을 통해 그 활용도가 더욱 확대됩니다.

구글 워크스페이스는 구글 드라이브(Google Drive), 구글 문서(Google Docs), 구글 프레젠테이션(Google Slides), 그리고 구글 캘린더(Google Calendar) 등 다양한 도구를 포함하고 있어, 사용자가 단일 플랫폼에서 생산성과 협업을 극대화할 수 있도록 설계되었습니다. 구글 시트는 이러한 도구들과의 원활한 통합을 통해, 데이터를 기반으로 한 실시간 협업 환경을 제공합니다.

예를 들어, 구글 시트에 저장된 데이터를 바탕으로 자동 생성된 그래프를 구글 프레젠테이션에 삽입하거나, 구글 문서에 보고서 형식으로 연결하여 활용할 수 있습니다. 또한, 구글 캘린더와 연동해 일정과 데이터 분석 결과를 기반으로 프로젝트 계획을 수립하거나, 구글 드라이브에 저장된 데이터를 구글 시트로 자동 가져오는 작업도 손쉽게 처리할 수 있습니다. 이러한 통합은 교육이나 비즈니스 환경에서 업무 프로세스를 단순화하고, 정보의 흐름을 효율적으로 관리할 수 있게 합니다.

또한, 구글 워크스페이스의 포괄적인 보안 및 관리 도구가 구글 시트에도 적용되어, 권한 관리, 2단계 인증, 접근 기록 추적 등 민감한 데이터 보호를 위한 강력한 기능을 제공합니다. 특히, 교육 현장이나 기업 환경에서는 민감한 데이터를 다룰 일이 많은데, 구글 워크스페이스의 보안 체계를 통해 데이터를 안전하게 관리할 수 있습니다.

결과적으로, 구글 시트는 구글 워크스페이스 생태계의 핵심 구성 요소로, 단순한 데이터 관리 도구를 넘어 생산성 및 협업을 혁신적으로 개선하는 도구로 자리 잡고 있습니다. 이를 활용하면 데이터 관리, 보고서 작성, 협업 과정을 모두 하나의 플랫폼에서 처리할 수 있어, 교사, 학생, 교육 전문직 등 모든 사용자에게 높은 효율성을 제공합니다.

1) 기업에서는 왜 쓰는가?

구글 시트는 이미 기업 환경에서 업무 효율성을 높이고, 협업을 강화하며, 비용을 절감하는 데 크게 기여하는 도구로 자리 잡았습니다. 특히 클라우드 기반 기술과 실시간 협업 기능은 빠르게 변화하는 업무 환경에 적합하며, 데이터를 관리하고 분석하는 강력한 기능은 다양한 기업에서 이미 널리 활용되고 있습니다. 일반 회사에서 많이 사용되는 이유와 특징이 무엇일까요? 이를 살펴보면 교육 현장에서의 필요성이 더욱 명확해집니다.

▶ 클라우드 기반의 실시간 협업 도구

일반 회사에서 구글 시트를 사용하는 가장 큰 이유는 실시간 협업 기능입니다. 여러 직원이 동일한 구글 시트에서 동시에 작업할 수 있으며, 각자의 변경 내용이 즉시 반영됩니다. 이로 인해 팀 간 소통이 원활해지고, 파일을 주고받아야 하는 번거로움이 사라집니다.

> 예 프로젝트 진행 상황을 실시간으로 업데이트하고, 팀원이 즉시 확인하며 필요한 피드백을 추가하는 방식으로 효율적인 협업 가능

▶ 접근성과 비용 효율성

구글 시트는 별도의 소프트웨어 설치가 필요 없으며, 인터넷 브라우저만으로 모든 기능을 사용할 수 있습니다. 또한, 구글 계정만 있으면 무료로 제공되며, 구글 워크스페이스를 사용하는 회사의 경우에도 엑셀과 같은 전통적인 소프트웨어 대비 저렴한 비용으로 클라우드 기반 업무 환경을 구축할 수 있습니다.

> 예 소규모 스타트업이나 비용 절감을 우선시하는 중소기업에서 특히 선호

▶ 데이터 분석과 시각화

구글 시트는 피봇 테이블, 차트, 함수 등을 통해 데이터를 손쉽게 분석하고 시각화할 수 있는 기능을 제공합니다. 이를 통해 데이터에서 중요한 인사이트를 빠르게 도출하고, 의사 결정 과정을 지원합니다.

> 예 마케팅 팀이 고객 데이터를 분석하여 구매 패턴을 도출하거나, 판매 팀이 월간 매출 데이터를 차트로 표현해 팀원들과 공유

▶ 프로젝트 관리와 일정 조율

많은 회사에서는 구글 시트를 간단한 프로젝트 관리 도구로 활용합니다. 업무 분담표, 일정표, 마일스톤❶을 구글 시트에 작성하고 팀원들과 공유하면 프로젝트 진행 상황을 명확하게 파악할 수 있습니다.

> 예 IT 팀이 개발 일정과 버그 수정 상태를 관리하거나, 이벤트 팀이 행사 준비 일정을 조율

▶ 보안성과 사용자 권한 관리

구글 시트는 데이터를 안전하게 보호하기 위한 강력한 보안 기능을 제공합니다. 권한을 세분화하여 특정 사용자는 보기만 가능하게 하거나, 편집 권한을 제한할 수 있습니다. 또한, 접근 기록을 통해 누가 언제 데이터를 수정했는지 추적할 수 있습니다.

> 예 인사팀이 직원 급여 데이터나 개인 정보를 다룰 때, 편집 권한을 최소화하여 보안 유지

▶ 다양한 업무 자동화 가능

구글 시트는 앱스 스크립트(Apps Script)를 통해 업무를 자동화할 수 있는 환경을 제공합니다. 반복적인 작업을 자동화하거나, 외부 데이터 소스와 연동하여 실시간 데이터를 가져올 수도 있습니다.

> 예 재무팀이 매일 외부 API에서 환율 데이터를 가져와 보고서를 자동으로 업데이트하거나, 일정 리마인더를 자동으로 발송

▶ 글로벌 팀과의 협업

다국적 기업이나 글로벌 팀에서는 구글 시트의 클라우드 기능과 다중 언어 지원이 강력한 도구로 작용합니다. 지역이나 시간대에 상관없이 팀원들이 데이터를 공유하고 실시간으로 작업할 수 있습니다.

> 예 각 지역 영업 팀이 한 구글 시트에서 실적 데이터를 입력하고 본사가 이를 통합적으로 분석

▶ 템플릿과 부가기능(Add-ons) 활용

구글 시트는 업무에 바로 활용할 수 있는 다양한 템플릿을 제공합니다. 또한, 업무 효율을 높이는 부가기능을 설치하여 기능을 확장할 수 있습니다.

> 예 HR 부서에서 채용 프로세스 템플릿을 사용하거나, 고객 관리 도구(CRM)와 연동해 데이터 관리

---

❶ 마일스톤(milestone)이란 프로젝트 진행 과정에서 특정할 만한 건이나 표를 말합니다.

2) 학교에서도 잘 쓸 수 있다!

구글 시트는 학교 환경에서도 효율적인 업무 시스템 구축에 큰 도움이 됩니다. 교육 현장에서의 활용도와 장점을 살펴보겠습니다.

▶ 학급 관리의 디지털화

구글 시트를 통해 학생들의 출결, 성적, 과제 제출 현황 등을 체계적으로 관리할 수 있습니다. 실시간 업데이트와 조건부 서식 기능을 활용하면 데이터 관리의 정확성과 시각적 효과를 높일 수 있습니다.

  예 결석 학생을 빨간색으로 강조하거나, 과제 제출 여부를 색상으로 구분하여 한눈에 파악

▶ 교사 간 협업 강화

실시간 협업 기능을 통해 교사들이 정보를 공유하고 함께 작업할 수 있습니다. 이는 중복 작업을 방지하고 효율적인 정보 교환을 가능하게 합니다.

  예 학년별 회의 내용을 한 구글 시트에 실시간으로 기록하고 공유

▶ 학생 및 학부모와의 소통 개선

성적표나 과제 점검표를 공유하여 학생과 학부모가 학업 상태를 실시간으로 확인할 수 있게 합니다. 보안 설정을 통해 데이터를 안전하게 보호할 수 있습니다.

  예 학기별 성적 추이를 차트로 시각화하여 학부모와 공유

▶ 업무 자동화로 시간 절약

앱스 스크립트를 활용해 반복적인 작업을 자동화할 수 있습니다. 이를 통해 교사는 행정 업무에 소요되는 시간을 줄이고 교육에 더 집중할 수 있습니다.

  예 시험 성적 자동 계산, 주간 보고서 자동 생성 및 이메일 발송

▶ 학사 일정 관리

학교의 전체 일정, 교사별 수업 일정, 행사 계획 등을 한 곳에서 관리하고 공유할 수 있습니다. 이는 학교 구성원 모두의 일정 조율을 용이하게 합니다.

  예 학교 행사 계획표를 작성하고 전체 교직원과 실시간으로 공유

▶ 예산 및 자원 관리

학교 예산이나 교구 관리를 구글 시트로 진행하면 투명성과 효율성을 높일 수 있습니다.

예 학과별 예산 사용 현황을 실시간으로 업데이트하고 공유

▶ 데이터 분석을 통한 교육 개선

학생들의 성적 데이터, 출석률, 과제 제출률 등을 분석하여 교육 방법 개선에 활용할 수 있습니다.

예 학년별, 과목별 성적 추이를 분석하여 교육 과정 개선에 반영

▶ 원격 교육 지원

온라인 수업 환경에서도 구글 시트를 활용해 학생들의 참여도와 과제 제출 현황을 효과적으로 관리할 수 있습니다.

예 온라인 수업 출석부와 과제 제출 현황을 실시간으로 업데이트하고 관리

구글 시트의 활용은 교육 현장의 디지털 전환을 가속화하고, 더 효율적이고 체계적인 학교 운영을 가능하게 합니다. 이를 통해 교사들은 행정 업무 부담을 줄이고 교육의 질 향상에 더 집중할 수 있게 됩니다.

나. 공유와 보안, 효율성과 안정성의 균형!

디지털 기술이 교육과 업무의 중심으로 자리 잡으면서 데이터 공유는 필수적인 요소가 되었습니다. 그러나 데이터 공유가 가져오는 효율성과 편리함 뒤에는 반드시 해결해야 할 보안 문제가 자리 잡고 있습니다. 특히, 학생들의 개인정보나 성적 데이터와 같은 민감한 정보는 철저히 보호되어야 하지만, 적절한 관리 체계가 부족할 경우 쉽게 유출되거나 악용될 위험이 있습니다. 이러한 문제는 학교와 교사들에게 깊은 고민을 안겨줍니다.

더불어, 개인정보 보호법을 준수하기 위해 학교는 반드시 학생과 학부모로부터 개인정보 제공 및 활용 동의서를 받아야 합니다. 특히, 온라인으로 개인 정보를 수집하는 경우, 이에 대한 철저한 보안 조치를 마련하고 데이터를 안전하게 관리하는 것이 필수적입니다.

이러한 보안 문제를 해결하기 위해 구글 시트는 데이터 관리와 협업 과정에서 발생할 수 있는 위험을 최소화할 수 있도록 다양한 보안 기능을 제공합니다. 예를 들어, 데이터 접근 권한을 세분화하여 관리하고, 실시간 변경 기록을 추적하며, 공유 링크에 만료 기간을 설정하거나 불필요한 권한을 삭제하는 등의 기능을 통해 보안성을 강화할 수 있습니다.

이 장에서는 철저한 보안 체계로 데이터를 안전하게 보호하면서 업무의 효율성을 높이는 방법을 살펴보겠습니다.

1) 실시간 협업으로 생산성 극대화

데이터를 효율적으로 공유하는 것은 현대 디지털 업무 환경에서 생산성을 극대화하는 핵심 요소입니다. 특히, 구글 시트는 실시간 협업 기능과 세분화된 권한 관리, 간편한 공유 방식을 통해 데이터 관리와 협업의 모든 과정을 혁신적으로 간소화합니다. 이러한 효율적인 데이터 공유는 업무의 속도를 높이는 동시에, 협업 과정에서 발생할 수 있는 혼란이나 데이터 중복 문제를 최소화하여 조직의 생산성을 한 단계 끌어올립니다.

구글 시트는 여러 사용자가 동시에 동일 파일에서 작업할 수 있는 실시간 협업 환경을 제공합니다. 사용자가 입력한 데이터와 변경 사항은 모든 사용자에게 즉시 반영되며, 각 사용자의 작업 내용이 실시간으로 표시됩니다. 이는 메신저를 통한 파일 전송이나 날짜와 시간별로 저장하는 파일 관리의 번거로움을 완전히 없애줍니다.

또한, 실시간 댓글과 제안 기능을 통해 파일 안에서 수정이 필요한 부분에 대한 명확한 의사소통이 가능하므로, 협업 속도가 획기적으로 향상됩니다. 특히, 파일의 충돌이나 중복 수정 문제를 방지하여 모든 사용자가 일관된 데이터를 확인할 수 있습니다.

가) 실시간 데이터 동기화

구글 시트에서는 모든 사용자가 입력하거나 수정한 데이터는 즉시 반영되며, 사용자 커서와 이름이 표시되어 누가 어떤 작업을 하고 있는지 실시간으로 확인할 수 있습니다.

구글 시트 파일을 팀원들과 "공유"하고, 팀원이 작업을 시작하면 우측 상단에 '프로필 아이콘'과 '커서'가 나타납니다.

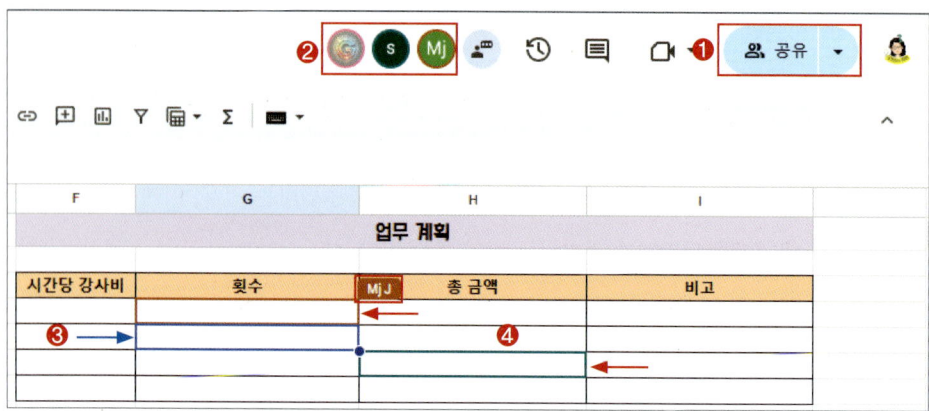

▲ 공동 작업 시, 작업자와 작업 중인 영역을 확인할 수 있는 모습

영역	설명
❶	• [공유] 버튼을 클릭해 목적과 보안에 맞춰 대상과 권한을 설정합니다. • 해당 내용은 나)에서 자세히 설명합니다.
❷	• 팀원이 파일에 접속하여 작업을 시작하면, 우측 상단에 **프로필 아이콘**과 작업 중인 셀에 **커서**가 나타납니다. • 사용자가 문서를 열어둔 상태에서 일정 시간 동안 아무 작업을 하지 않을 때 <u>아이콘이 흐릿하게</u>❷ 됩니다. • 해당 '프로필 아이콘'을 클릭하면 다음과 같은 창이 열립니다.  ▲ '프로필 아이콘' 선택 시, 열리는 창 • 이 창은 구글 시트에서 협업 중인 사용자의 정보와 상태를 확인할 수 있도록 돕는 도구입니다. • 사용자 이름, 이메일, 작업 상태를 표시하며, 이메일 전송, 채팅, 화상 회의 등의 기능을 제공해 실시간 협업과 효율적인 업무 관리를 지원합니다.
❸	• 현재 사용자가 선택하거나 작업 중인 셀을 파란색 테두리로 표시합니다. 이는 셀 클릭, 데이터 입력, 편집 시 모두 적용됩니다.
❹	• 다른 사용자가 작업 중인 셀을 나타냅니다. 작업 중인 셀은 테두리 안쪽에 해당 사용자의 이름 또는 이니셜이 나타납니다. • 해당 셀을 클릭하면 사용자 이름(예 Mj J)이 표시되어 누가 작업 중인지 쉽게 확인할 수 있습니다. • 다른 사용자의 작업 영역은 <u>사용자별 고유 색상으로 표시</u>되어 충돌이나 중복 작업을 방지하며, 실시간 협업의 효율성을 높입니다.

❷ 구글 시트에서 사용자가 약 5분간 작업하지 않으면 아이콘이 흐릿해지는 '유휴 상태'로 전환됩니다.

나) 댓글 및 제안 기능 활용

파일 내에서 직접 의견을 추가하거나 제안 모드로 수정사항을 논의할 수 있습니다.

단계	설명	
1	• 수정이 필요한 셀을 선택하고, "댓글 삽입" 아이콘(⊞)을 클릭하여 제안 모드를 활성화하고 내용을 입력합니다.	▲ 제안 모드가 활성화된 모습
2	• 오른쪽 상단의 노란색 삼각형은 해당 셀에 댓글이 달려 있음을 표시합니다. • 마우스를 해당 셀 위에 올리거나 클릭하면 해당 내용을 확인할 수 있습니다.	▲ '댓글' 확인 표식 ▲ '댓글' 표시 모습
	• ❶번 위에 마우스를 올리면 "완료된 토론으로 표시하고 숨깁니다."라는 문구가 뜹니다. ∨를 클릭하면 댓글 항목이 더는 보이지 않습니다. • 의견 교환이 더 필요하다면 ❷번에 내용을 입력하여 토론을 이어갑니다.	▲ 토론 '완료' 또는 '이어가기'
	• 우측 상단의 "모든 댓글 보기" 아이콘(▤)을 클릭하여 숨겨진 댓글 목록을 모두 확인할 수 있습니다. • "다시 열기"를 선택하면, 완료된 토론을 다시 열어 의견을 이어서 주고받을 수도 있습니다.	▲ '모든 댓글 보기' 아이콘 ▲ 완료된 토론 '다시 열기'
3	• 필요시 "@"를 입력하여 보이는 추천 대상 중 선택하거나, 이메일을 직접 입력하여 <u>특정 대상에게 댓글을 남깁니다</u>. ❶ 할당 체크박스를 설정하지 않은 경우: 댓글은 의견이나 요청을 기록하는 용도로 사용됩니다. ❷ 할당 체크박스를 설정한 경우: 댓글을 특정 사용자에게 할당하면, 해당 사용자가 댓글 내용에 대한 알림을 받게 되고, 작업이 완료되었음을 표시할 수 있는 기능이 활성화됩니다. • 대상이 지정된 경우, 상대는 아래 이미지처럼 내용을 확인할 수 있습니다. • <u>할당 체크박스를 설정한 경우</u>, 우측처럼 이메일로 작업 관련 내용을 확인할 수 있습니다.	▲ '댓글' 확인 표식 ▲ 특정 대상에게 '할당' 체크박스 ▲ 할당 시, 이메일로 내용 확인

다) 버전 관리 및 기록 확인

구글 시트의 버전 관리 및 기록 확인 기능은 협업 과정에서 발생하는 데이터의 변경 사항을 기록하여 추적하고, 필요시 이전 상태로 복원할 수 있도록 지원하는 도구입니다. 여러 사용자가 협업할 경우, 변경된 내용을 기록하고 관리하는 것은 데이터 무결성[3]과 작업 효율성을 유지하는 데 필수적입니다.

구글 시트의 버전 관리 및 기록 확인 기능은 대부분의 변경 사항을 추적하고 기록하지만, 특정 시각의 모든 변경 사항을 저장할 수 있는 것은 아닙니다. 이를 이해하고 다음과 같은 방법으로 대비하는 것이 데이터 관리의 안정성을 높이는 데 중요합니다.

내용	방법
작업 완료 후 버전 기록 저장	• [파일]-[버전 기록]-[현재 버전 이름 지정]을 선택합니다. ▲ '현재 버전 이름 지정' 입력창 • 저장된 버전에 이름을 지정해 작업 단계를 명확히 구분합니다. • 작업 내용 저장 시, 버전 이름에 이미지처럼 담당자 이름을 포함하는 것이 좋습니다. ▶ 작업의 중요한 시점마다 기록을 남기면 복원 과정에서 혼란을 줄이고, 작업 이력을 보다 체계적으로 관리할 수 있습니다.
팀원과의 역할 분담 및 기록 투명화	• 팀원별 작업 구역을 명확히 구분하여 안내합니다. • 주기적으로 또는 문제 발생 시, [파일]-[버전 기록]-[버전 기록 보기]에서 버전 기록을 검토합니다. ▲ 저장된 버전 클릭 시, 작업자별로 수정한 영역이 표시되는 모습

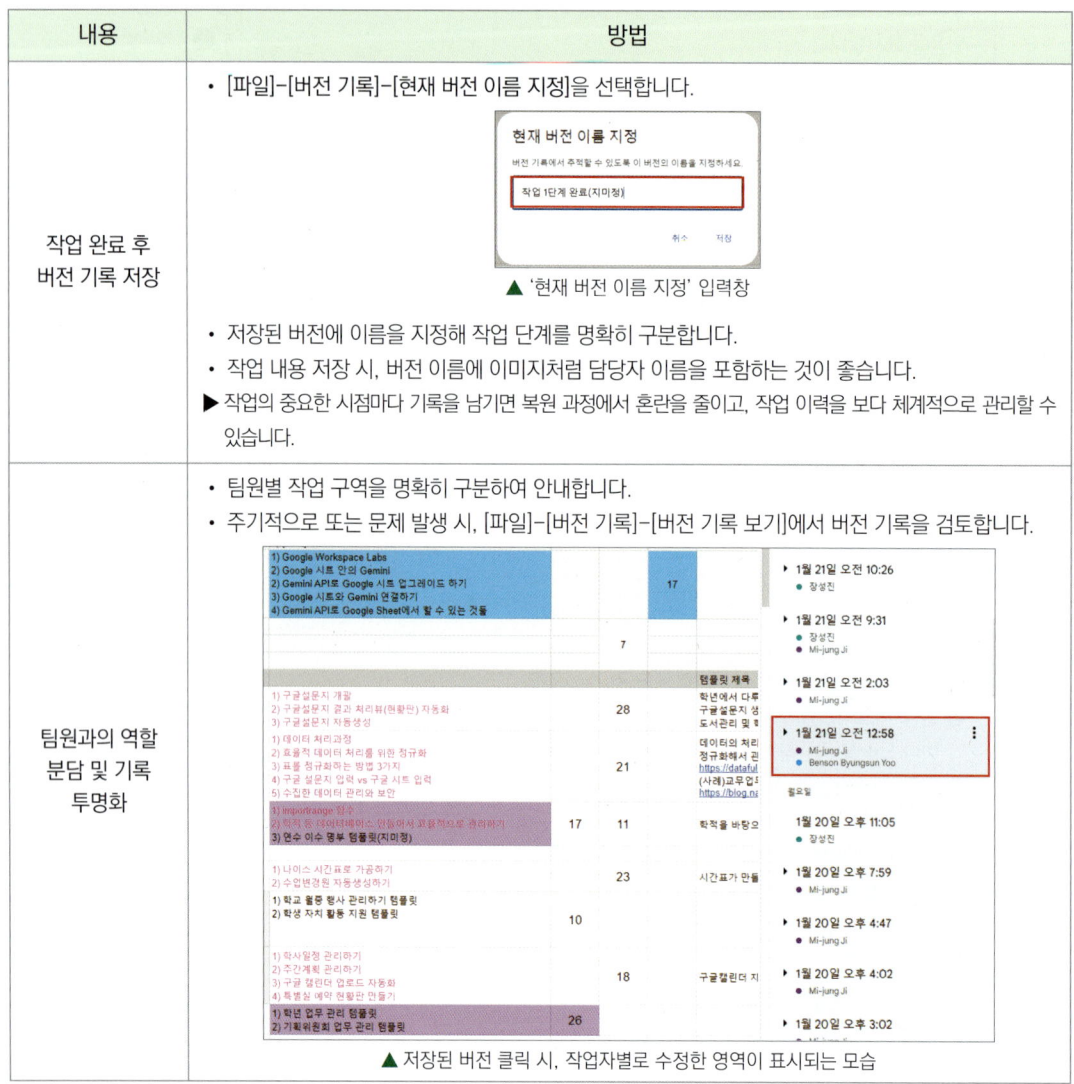

---

[3] '데이터 무결성'은 데이터의 정확성, 일관성, 유효성이 유지되는 것을 말합니다.

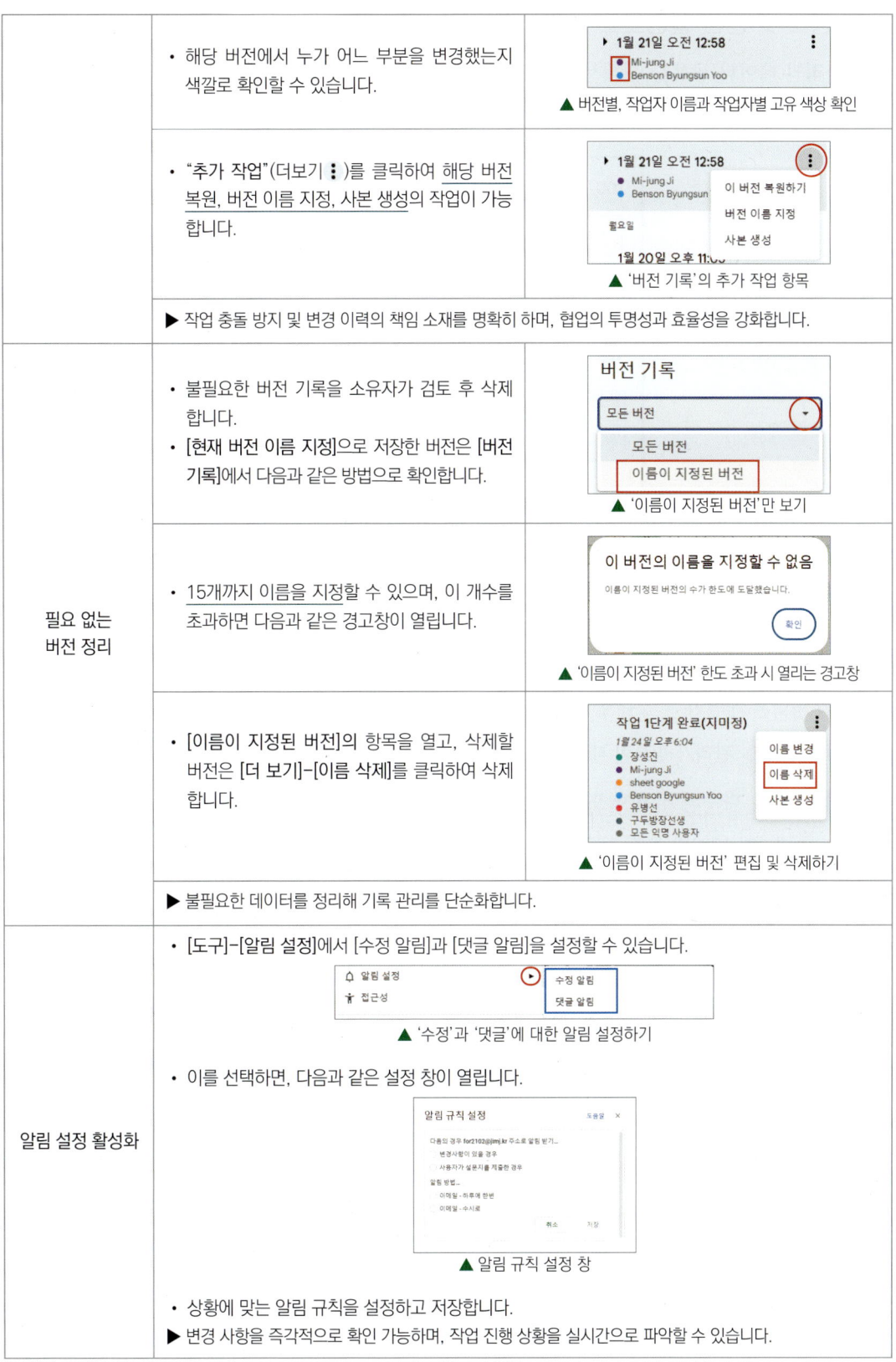

2) 링크 및 권한 설정으로 간편한 공유

효율적인 데이터 공유를 위해서는 반드시 철저한 권한 관리 체계가 필요합니다. 이를 위해 구글 시트는 사용자 역할에 따라 접근 권한을 세분화할 수 있는 기능을 제공합니다.

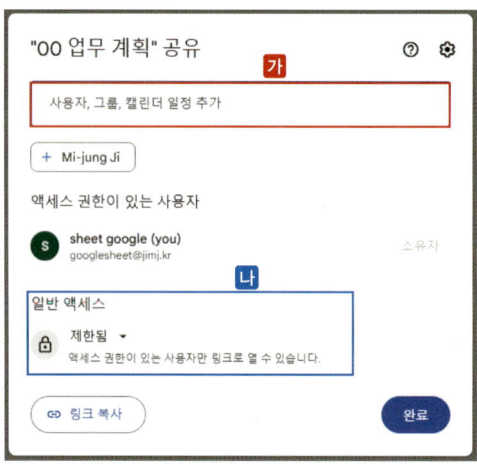

▲ [공유] 버튼 클릭 시, 열리는 창

우선 [공유] 버튼을 클릭했을 때 열리는 창에서 가 영역과 나 영역을 구분하여 그 특징을 꼭 기억하셔야 합니다. 보안과 공유에 가장 핵심적인 부분입니다.

- **가 영역**은 개인 또는 소규모 그룹 단위의 맞춤형 협업을 위해 설계된 설정으로, 높은 보안 수준과 세분된 권한 관리가 필요할 때 적합합니다.
- **나 영역**은 다수의 사용자 또는 조직 전체와 공유해야 할 때 편리하지만, 보안 위험 가능성이 높아 민감한 데이터 공유 시 주의가 필요합니다.

항목	가 특정 사용자/그룹	나 일반 액세스
대상	특정 사용자(이메일), 그룹, 캘린더와 연동된 사용자	조직 전체 또는 링크를 가진 모든 사람
접근 범위	초대된 사용자만 파일 접근 가능	링크를 통해 넓은 범위로 접근 허용 가능
세분화 권한 설정	사용자별로 맞춤형 권한(뷰어, 댓글 작성자, 편집자)을 부여 가능	링크로 접근하는 모든 사용자에 대해 동일한 권한 (뷰어, 댓글 작성자, 편집자)을 설정
보안 수준	가장 높은 보안 수준 (초대받은 사용자만 접근 가능)	보안 위험 가능성 있음 (링크가 유출될 경우 누구나 접근 가능)

▲ 공유 방식에 따른 특성 정리

먼저 **가** 특정 사용자/그룹의 적용 방법을 살펴보겠습니다.

가) 사용자 역할에 따른 권한 설정

가 특정 사용자/그룹의 적용 방법은 모든 사용자의 역할에 따라 보기, 댓글 작성, 편집 권한을 부여하여 데이터 접근을 제한합니다.

권한 유형	특징	권한 강도	수정	제안	편집
뷰어 (보기 전용)	- 데이터를 확인만 가능 - 수정이나 의견 추가 불가	낮음	×	×	×
댓글 작성자 (의견 추가 가능)	- 데이터를 수정하지 않고, 의견 추가 가능 - 수정 제안 및 피드백 작성 가능	보통	×	○	×
편집자 (수정 가능)	- 데이터를 직접 편집하거나 추가 작업 가능 - 가장 광범위한 권한 제공	높음	○	○	○

▲ 권한 설정 항목별 특징

세분화된 권한 설정은 데이터 보안을 강화하면서도, 사용자가 필요한 작업만 수행할 수 있도록 해줍니다. 세부 사항을 알아보며 보안을 철저히 관리하는 공유 전문가가 되어보겠습니다.

단계	설명
1 사용자추가	• [공유] 버튼을 클릭하고 협업자의 이메일을 입력하면 다음과 같은 창이 열립니다. • 동일한 권한을 부여할 대상이 여러 명인 경우, 공유 창에서 이메일을 추가 입력하여 일괄 설정할 수 있습니다. • 반복적으로 권한을 부여해야 하는 그룹은 학기 초에 **구글 그룹스**[4]를 사용해 그룹 이메일을 생성하여 관리하는 것이 좋습니다. ▲ 이메일 입력 시, 열리는 창 ▲ '구글 그룹스'에서 만든 그룹 메일
2 권한 설정	• 기본 권한은 "편집자"로 설정되어 있습니다. 필요시 드롭다운 버튼을 클릭하여 권한을 변경합니다. ▲ '공유 방식' 선택 드롭다운 항목

[4] groups.google.com

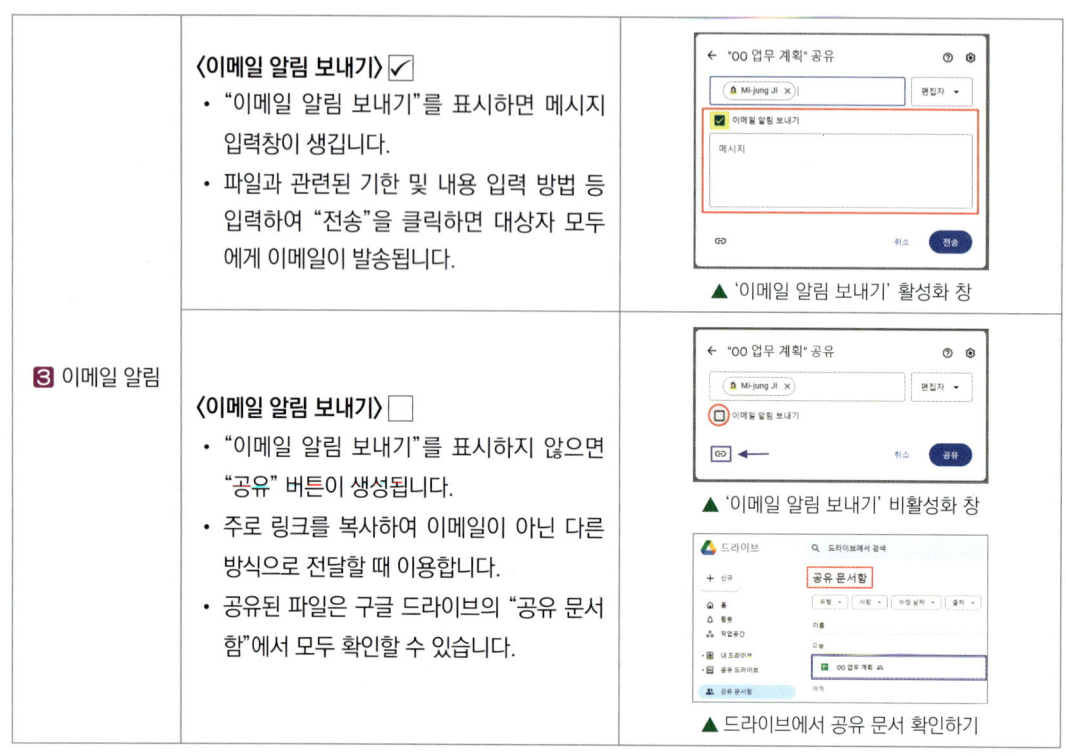

개인 정보나 보안이 중요한 내용을 포함한 문서는 위의 방법으로 특정 사용자와 그룹에 권한을 부여하여 이용합니다.

이번에는 **나** 일반 액세스의 적용 방법을 살펴보겠습니다.

나) 링크를 통한 간편한 접근성

이번에는 **나** 일반 액세스의 적용 방법을 사용하면 파일에 접근할 수 있는 대상을 광범위하게 설정할 수 있습니다.

구글 시트는 링크를 통한 간편한 공유 기능을 제공합니다. 사용자는 특정 사용자만 접근하도록 링크를 설정하거나, 조직 전체 혹은 링크를 가진 누구나 파일에 접근할 수 있도록 범위를 지정할 수 있습니다.

특히, 조직 내 사용자만 파일에 접근할 수 있도록 제한하거나, 공유 기간을 설정하여 특정 기간 이후 파일 접근을 차단할 수 있는 옵션은 데이터 관리와 보안에서 매우 유용합니다.

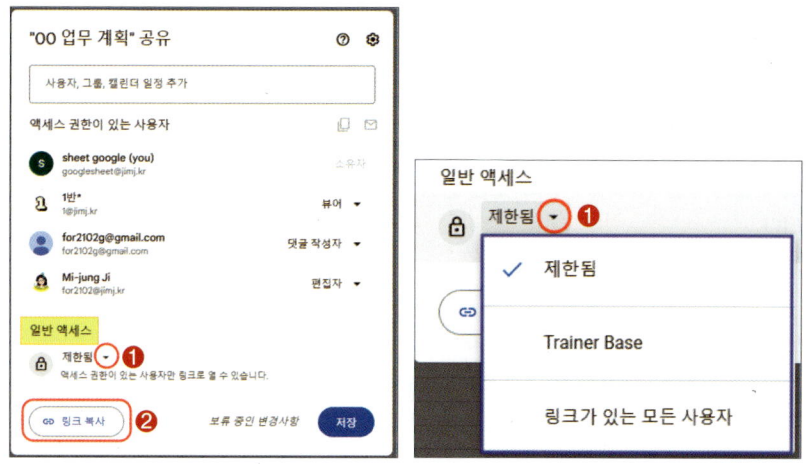

▲ [공유]-"일반 액세스" 권한 설정하기

"일반 액세스" 드롭다운 버튼(❶)을 클릭하여 접근 권한을 설정합니다.

옵션	대상	설명	접근 범위
제한됨	특정 사용자/그룹	- 링크를 받은 특정 사용자만 파일에 접근 가능 - "그룹: 특정 사용자/그룹" 적용을 의미	제한적
조직 내 사용자	워크스페이스 계정 소유자	- 특정 조직의 구글 워크스페이스 계정 사용자만 파일에 접근 가능 - 학교 계정이 있으면 보안을 위해 이 옵션 선택	조직 내부
링크가 있는 모든 사용자	제한 없음	- 로그인 없이 접근할 수 있으며, 구글 계정이 필요하지 않음 - 가장 개방적인 접근 권한	전체 공개

▲ '접근 권한' 옵션별 특성

접근 권한 설정이 완료되면, ❷ "링크 복사" 버튼을 클릭하여 복사한 '링크'를 이메일, 메신저 등을 통해 필요한 사용자에게 전달합니다.

3) 강력한 데이터 보호 전략

가) 세분된 편집 권한 관리

앞의 방법으로 특정 대상만 접근하도록 설정하였다 하더라도 협업 시 시트 및 셀의 범위에 따라 편집 권한을 제한하는 것은 매우 중요합니다.

구글 시트의 세분된 편집 권한 관리 기능은 특정 셀이나 시트에 대해 접근 권한을 제한하여 중요한 데이터의 무단 수정을 방지하는 데 사용됩니다. 이 기능은 데이터 보호와 협업 효율성을 동시에 강화하며, 민감한 정보가 포함된 구글 시트를 안전하게 관리할 수 있도록 지원합니다.

I 구글 시트 들어가기 29

단계	설명	
❶	• 상단 메뉴에서 [데이터]-[시트 및 범위 보호]를 클릭합니다. • 우측에 열린 편집 창에서 "+ 시트 또는 범위 추가"를 클릭합니다.	▲ '시트 및 범위 보호' 설정 및 확인 창
❷	❶ '보호된 시트 및 범위'에 대한 설명을 추가할 수 있는 입력란입니다. 예를 들어, "예산 변경 금지"와 같이 보호 목적이나 내용을 기재하여 협업자들에게 보호 설정의 이유를 전달할 수 있습니다. ❷ "범위"와 "시트" 중에 보호 설정할 대상을 선택합니다. ❸ ⊞ 아이콘을 클릭하면 범위를 수정할 수 있습니다. 범위 보호를 원하는 영역을 드래그하여 선택하거나 직접 입력한 후, "확인" 버튼을 클릭합니다. ❹ "권한 설정" 버튼을 클릭하면 "범위 수정 권한" 창이 열리며, 다음과 같은 두 가지 권한 선택지가 제공됩니다. ▶ 이 범위를 수정할 때 경고 표시 ▶ 이 범위를 수정할 수 있는 사용자 제한	▲ "시트 및 범위 보호" 설정 창 ▲ ⊞ 아이콘 클릭 시 모습
	▶ 이 범위를 수정할 때 경고 표시	
❸	• 〈이 범위를 수정할 때 경고 표시〉 항목을 선택하고 "완료"를 클릭하면 다음과 같이 범위 보호 내용이 "수정 가능(알림 표시)"로 기록됩니다. • 보호가 설정된 영역을 수정하면 다음과 같은 경고창이 열립니다. 이때, ❶ 수정을 진행하려면: 변경이 필요한 작업임을 확인한 후 "확인" 버튼을 클릭합니다. ❷ 수정을 취소하려면: 잘못된 작업임을 인지했다면 "취소" 버튼을 클릭하여 편집을 중단합니다. ❸ 경고 비활성화(선택): "5분 동안 다시 표시하지 않음" 체크박스를 활성화하면, 동일 작업 중 추가 경고 창이 표시되지 않습니다.	▲ [범위 수정 권한], 두 가지 선택 창 ▲ '경고 표시' 선택 시, 보이는 내용 ▲ 수정 시, 열리는 경고창

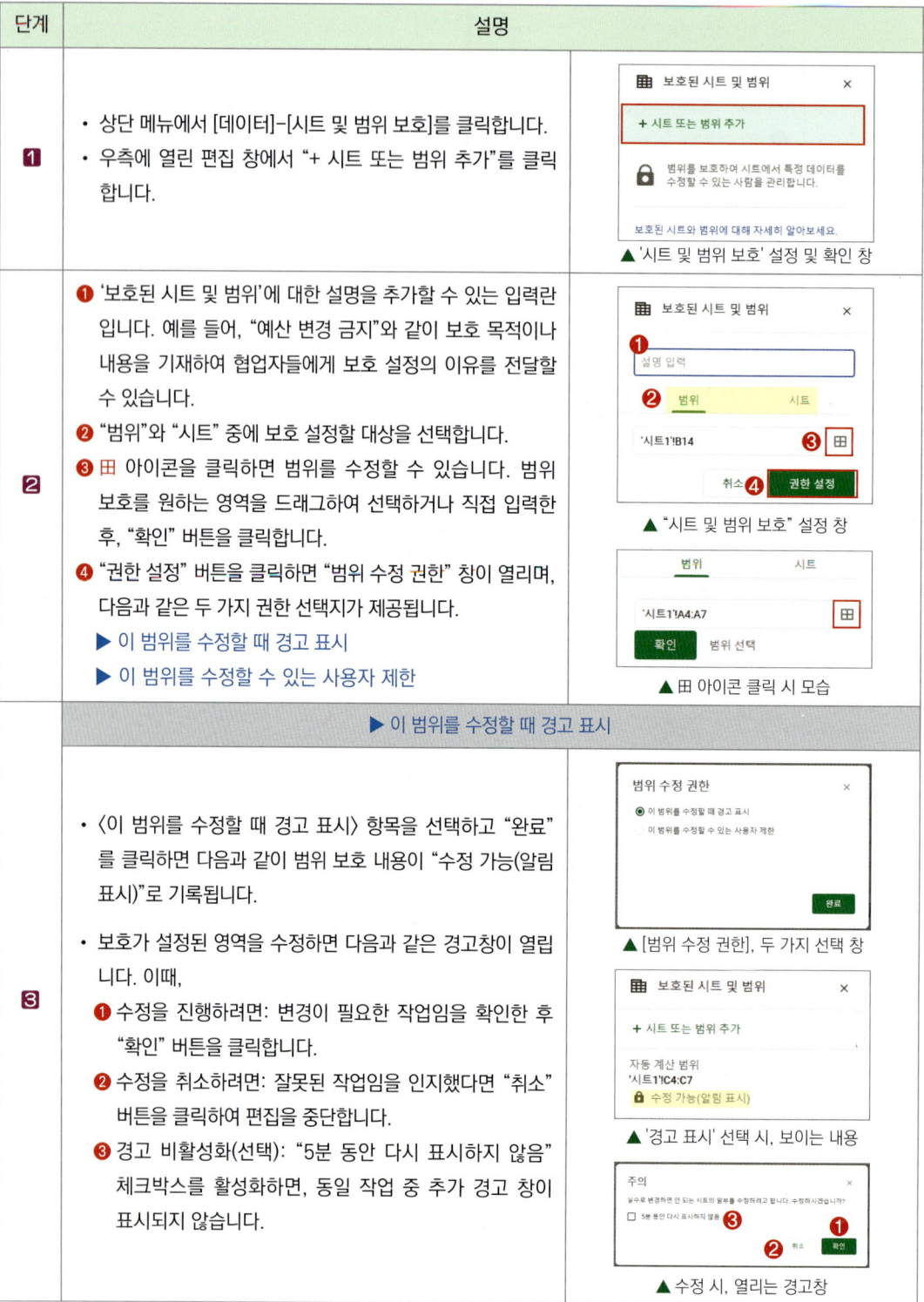

▶ 이 범위를 수정할 수 있는 사용자 제한

- 특정 사용자만 선택된 범위나 시트를 수정할 수 있도록 권한을 제한할 경우, 〈이 범위를 수정할 수 있는 사용자 제한〉 항목을 선택합니다.
- ❶번 드롭다운 버튼을 클릭하면 3가지 항목 중 선택이 가능합니다.

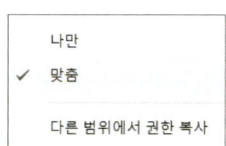

▲ 사용자 권한 설정 항목(3가지)

☞ **나만**: 해당 범위 또는 시트의 편집 권한을 소유자(본인)만 가질 수 있도록 제한하는 옵션입니다. 다른 사용자는 해당 데이터에 접근할 수는 있으나, 편집은 불가능합니다.

☞ **맞춤(기본)**: 선택한 범위나 시트에 대해 수정 권한을 부여할 사용자를 직접 지정할 수 있는 옵션입니다. 협업 시, 특정 사용자나 그룹에게만 편집 권한을 부여합니다.

☞ **다른 범위에서 권한 복사**: 이미 설정된 다른 범위의 권한 설정을 복사하여 현재 범위에 동일하게 적용할 수 있는 옵션입니다. 동일한 권한 설정이 필요한 경우, 시간을 절약하고 일관성을 유지하는 데 유용합니다.

- ❷ "수정 권한을 부여할 대상 선택"에서 "편집자" 권한인 대상을 확인할 수 있으며, <u>해당 범위의 편집 권한을 체크 박스 해제로 제한할 수 있습니다.</u>

▲ '체크 박스'로 권한 대상 설정하기

- ❸ "수정자 추가"는 새로운 수정 권한을 부여할 사용자의 이름 또는 이메일 주소를 입력할 수 있는 입력란입니다.

☞ 새로 합류한 팀원이나 추가 권한이 필요한 사용자에게 편집 권한을 부여할 때 사용합니다.

☞ 이메일을 입력하면 우측과 같이 창이 열리며, 권한을 부여하여 수정자를 추가합니다.

▲ '사용자 제한' 선택 시, 보이는 메뉴

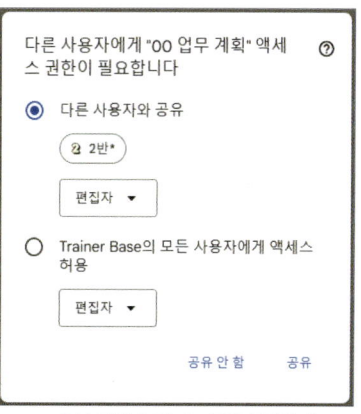

▲ ❸ '수정자 추가' 후, 권한 설정하기

나) 링크 만료 기간 설정

구글 시트의 링크 만료 기간 설정 기능은 공유된 파일에 대한 접근 권한을 특정 기간만 허용하도록 설정하여, 불필요한 접근이나 데이터 유출 가능성을 방지하는 데 유용합니다. 이 기능은 특히 민감한 데이터를 공유하거나 프로젝트 일정에 따라 접근 권한을 제한할 때 효과적입니다.

공유한 후, 자신이 파일을 공유한 사실을 잊는 경우가 많습니다. 따라서 파일의 성격에 따라 "만료 추가" 기능을 활용하여 날짜와 시간을 지정해 두면 운용과 보안 관리에 매우 효과적입니다. 이 기능은 과제 마감 시간을 적용할 때도 유용하게 활용할 수 있습니다.

다음과 같이 접근 권한 수정 '드롭다운 버튼'을 클릭하면, "만료 추가"를 선택할 수 있습니다.

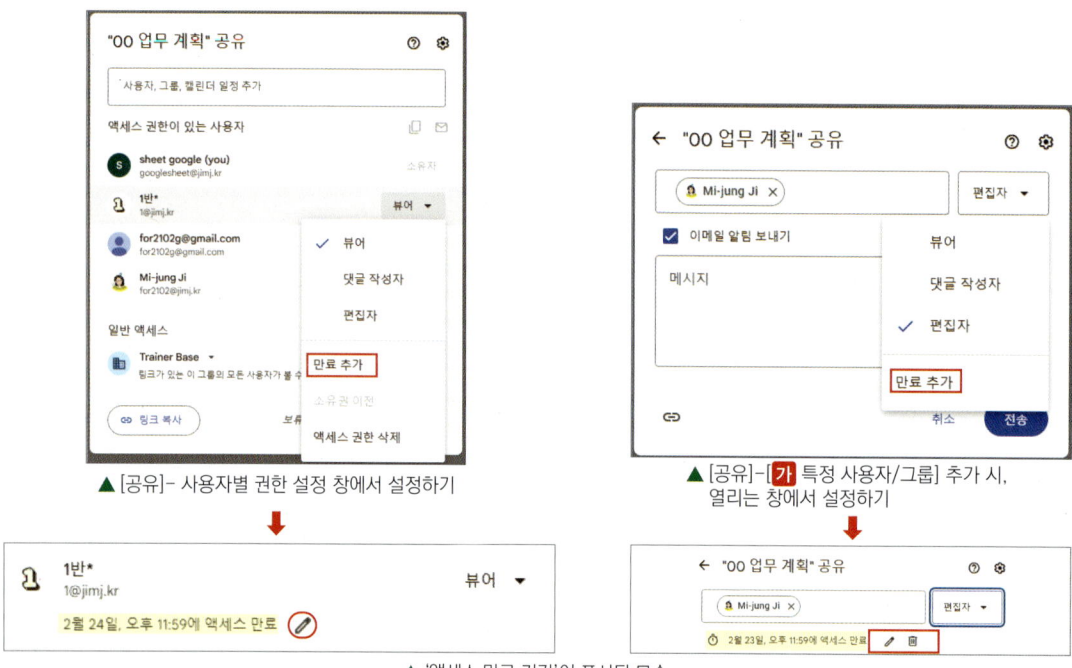

▲ [공유]- 사용자별 권한 설정 창에서 설정하기

▲ [공유]-[가] 특정 사용자/그룹] 추가 시, 열리는 창에서 설정하기

▲ '액세스 만료 기간'이 표시된 모습

- **"만료 추가"**를 선택하면 위처럼 **"(한 달 뒤) 액세스 만료"** 안내 문구가 추가됩니다.

- **"만료 수정"** 아이콘(✏)을 클릭하면 다음과 같은 달력이 열리고, 연월일시를 선택하여 마감 시간을 설정할 수 있습니다.

- 설정한 만료 설정을 삭제하고 싶을 때는 하단의 **"만료 설정 삭제"**를 클릭합니다.

▲ '만료 날짜와 시간' 설정 창

다) 권한 변경 및 제거

구글 시트에서는 [공유] "권한 변경" 및 "권한 제거" 기능을 통해 특정 사용자의 접근 권한을 수정하거나 삭제할 수 있습니다. 협업 과정에서 역할이 변경되거나 데이터 접근이 불필요해진 사용자를 적절히 관리하는 것은 보안 취약성을 방지하는 데 중요한 역할을 합니다.

기능	설명	활용 예시
❶ 권한 변경	협업자의 접근 권한을 상황에 따라 조정합니다. - 권한 유형: 뷰어, 댓글 작성자, 편집자	프로젝트 종료 후, 편집 권한을 보기 권한으로 변경하여 데이터 무단 수정 방지
❷ 권한 제거	협업자 목록에서 특정 사용자의 권한을 삭제하여 데이터 접근을 차단합니다.	외부 협업이 끝난 후, 외부인의 권한을 제거하여 민감한 데이터 보안 유지

▲ '권한 변경'과 '권한 제거' 비교표

[공유] 버튼을 클릭하고, 공유 설정 창에서 현재 파일에 접근할 수 있는 모든 사용자의 목록을 확인합니다. 사용자 이름 옆의 드롭다운 메뉴를 클릭하여, 다음 이미지의 ❶번 영역의 권한을 뷰어, 댓글 작성자, 편집자 중 하나로 변경합니다.

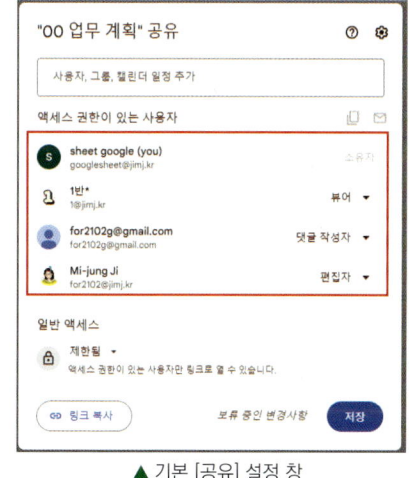

▲ 기본 [공유] 설정 창

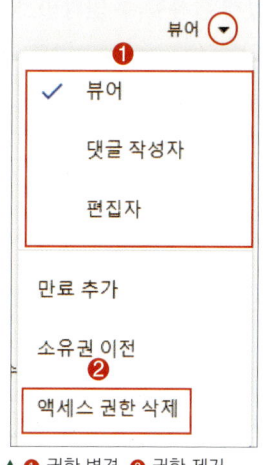

▲ ❶ 권한 변경, ❷ 권한 제거

❷ "액세스 권한 삭제"를 클릭하면 사용자 권한이 "삭제"로 표시가 변경됩니다.

▲ 권한 최종 '저장' 전, [삭제]로 표시된 모습

"**저장**"을 누르고 다시 [공유] 설정 창을 확인하면 계정이 삭제된 것을 확인할 수 있습니다.

지금까지 구글 시트의 '1) 실시간 협업으로 생산성 극대화', '2) 링크 및 권한 설정으로 간편한 공유', '3) 강력한 데이터 보호 전략'을 살펴보았습니다.

이렇게 구글 시트는 실시간으로 작업 내용을 확인하며 협업하고, 사용자 역할에 따라 접근 권한을 세분화하며, 링크 공유를 통해 빠르고 안전한 데이터 접근을 가능하게 합니다. 이러한 기능들은 모든 사용자에게 유연성과 안전성을 제공하는 강력한 도구로 작용합니다.

다. 구글 시트 첫걸음

교육 현장에서 디지털 도구의 활용 수준은 매우 다양합니다. 로그인 단계부터 어려움을 겪는 교사들이 있는 반면, 구글 시트의 함수를 능숙하게 활용하지만 기초적인 개념에 대한 이해가 부족한 경우도 있습니다.

구글 시트를 사용할 때는 기본적인 사용법을 먼저 숙지하는 것이 매우 중요합니다. 탄탄한 기초 지식은 향후 고급 기능을 응용하고 확장하는 데 필수적인 기반이 됩니다.

더불어, 숙련된 사용자들도 주의해야 할 점이 있습니다. 간단한 함수나 기본 기능으로 해결 가능한 작업을 불필요하게 복잡한 매크로나 앱스 스크립트로 구현하는 것은 비효율적일 수 있습니다. 따라서 작업의 복잡도와 목적에 맞는 적절한 도구 선택이 중요합니다.

구글 시트 교육은 체계적이고 단계적인 접근이 필요하며, 이를 통해 교사들이 디지털 도구를 자신 있게 활용할 수 있다면, 업무의 효율성 또한 크게 향상될 것입니다.

1) 구글 시트 시작하기: 로그인부터 실행까지

가) 구글 계정 로그인

- **Chrome 웹 브라우저**[1]를 엽니다.
- **Google 홈페이지**[2] 에서 **로그인** 버튼을 클릭합니다.

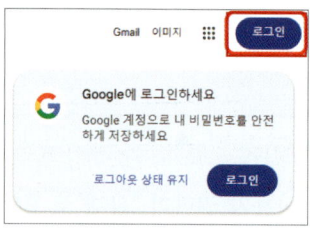

▲ 구글 로그인 화면

- **이메일 주소** 또는 **전화번호**를 입력하고 **다음**을 클릭합니다.
- **비밀번호**를 입력하고 **다음**을 클릭하여 로그인합니다.
- 아직 구글 계정이 없으면 **계정 만들기**를 클릭하여 새로운 계정을 생성할 수 있습니다.

---

[1] 다른 브라우저(Edge, Safari 등)에서도 구글 시트를 문제없이 사용할 수 있지만, Chrome은 구글 시트를 포함한 모든 구글 서비스의 가장 안정적이고 최적화된 환경을 제공합니다. 구글 시트를 더 빠르고 효율적으로 사용하려면 Google Chrome을 선택하는 것이 가장 좋은 옵션입니다.
[2] www.google.com

나) 구글 시트 실행

구글 시트를 실행하는 방법은 다양합니다. 다음 표를 참고하여, 가장 편리한 방법으로 구글 시트를 시작해 보세요.

방법	접근 단계
구글 홈에서 시작	1. www.google.com 접속 2. 우측 상단 앱 메뉴(9개 점 아이콘) 클릭 3. [시트] 아이콘 선택 후 '빈 스프레드시트' 클릭
구글 드라이브에서 새로 만들기	1. drive.google.com 접속 2. 구글 계정으로 로그인(계정이 없으면 생성) 3. "+ 신규" 클릭 후 'Google 스프레드시트' 선택
주소창에 명령 입력 (sheets.new)	1. 브라우저 주소창에 sheets.new 입력 후 Enter 2. 로그인된 상태라면 즉시 새 시트 생성, 로그인 필요시 계정 로그인
모바일 앱에서 새 시트 생성	1. Google Sheets 앱 설치(Android: Google Play, iOS: App Store) 2. 앱 실행 후 계정 로그인 3. 앱 하단의 [+ 버튼] 클릭

▲ 구글 시트를 시작하는 다양한 방법

위 방법 중, 제가 가장 잘 활용하며 학생들에게 가장 안내하기 좋은 **"구글 홈에서 시작"** 방법을 이미지와 함께 자세히 안내합니다.

❶ 구글 애플리케이션 아이콘(앱 런처)
- 구글 로그인 후 화면 우측 상단의 앱 아이콘(점 9개로 이루어진 네모)을 클릭합니다.

❷ Google Sheets 선택
- 드롭다운 메뉴에서 "Sheets"(구글 시트) 아이콘을 클릭합니다.
- 만약 보이지 않으면 하단의 '**더보기**'를 눌러 확장된 목록에서 찾을 수 있습니다.

▲ 앱 런처 클릭 시, 화면 모습

> **TIP** 앱 순서 변경하기
>
> 구글 앱 런처(앱 메뉴, 9개의 점 아이콘)에서는 사용자가 자주 사용하는 앱이 위쪽에 자동으로 배치됩니다. 구글의 알고리즘이 사용 빈도를 분석하여, Gmail, 드라이브, Sheets 등 자주 사용하는 앱을 우선적으로 표시합니다.
>
> ▶ 앱 순서 변경 방법
>
> 사용자가 앱의 순서를 수동으로 변경할 수도 있습니다.
> ❶ 앱 런처를 클릭합니다.
> ❷ 원하는 앱 아이콘을 클릭한 상태로 드래그하여 순서를 조정합니다.
> ❸ 순서를 저장하면 이후에는 변경된 순서대로 표시됩니다.
>
> 이를 통해 자주 사용하는 앱을 더 빠르게 접근할 수 있습니다.

다) 스프레드시트 열기

구글 시트 홈페이지[3] 가 열리면, ❶ 새 문서를 만들거나, ❷ '템플릿 갤러리'에서 제공하는 템플릿을 활용하거나, ❸ 기존의 문서를 열어서 작업할 수 있습니다.

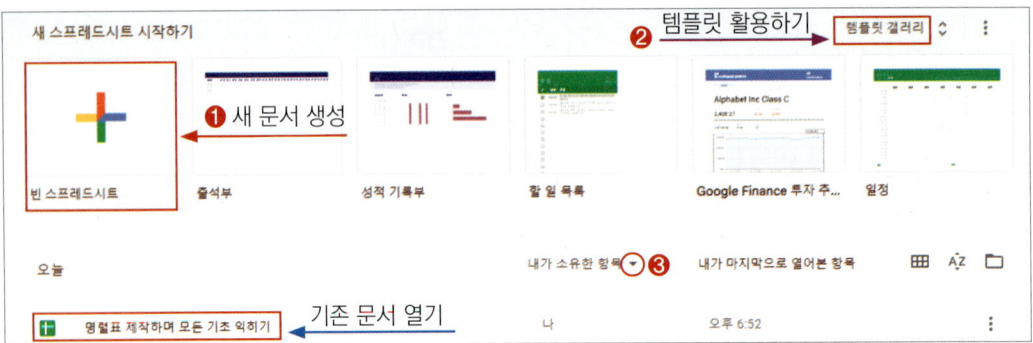

▲ 구글 시트 작업을 시작하는 3가지 방법

(1) 새 문서 생성하기

- 화면 왼쪽 상단의 "+ 빈 스프레드시트"를 클릭하여 새로운 빈 시트를 만듭니다.
- 또는 인터넷 주소창에 sheets.new를 입력해도 됩니다.

(2) 템플릿 활용하기

- "**템플릿 갤러리**"에서 교육, 개인, 업무, 프로젝트 관리 등 다양한 템플릿을 수정하여 활용할 수 있습니다.

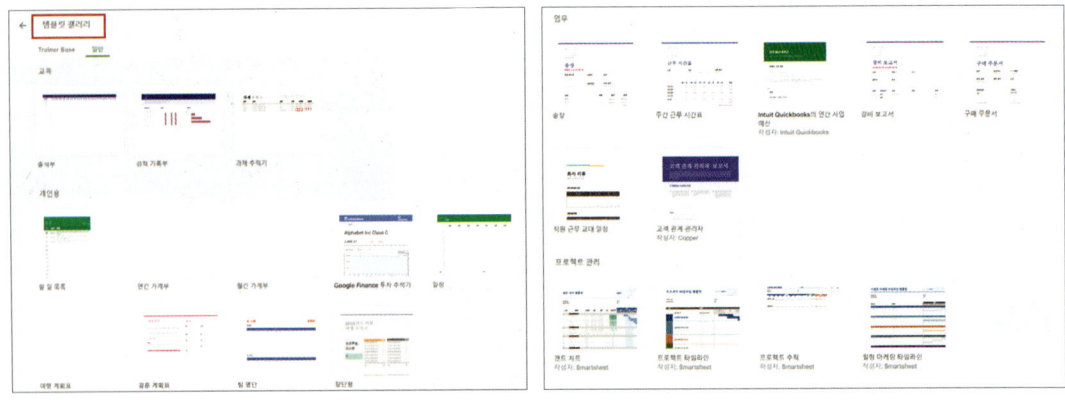

▲ "템플릿 갤러리"의 템플릿 종류

[3] sheets.google.com

(3) 기존 문서 열기

• 기존에 생성했던 문서나 공유받은 문서를 열어 작업합니다. 기존 문서를 열 때는 드롭다운 메뉴를 활용하여 파일 관리와 접근성을 향상할 수 있습니다.

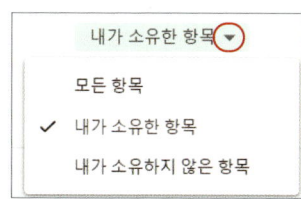

▲ 드롭다운 버튼 클릭 시, 보이는 메뉴

구분	설명	활용 방법
모든 항목	• 사용자가 접근할 수 있는 모든 파일과 폴더를 표시합니다. • 사용자가 소유한 파일, 공유받은 파일, 다른 사용자가 생성한 파일을 포함합니다.	• 파일 전체를 빠르게 확인하고 정리할 때 활용 • 소유 여부와 관계없이 접근 가능한 모든 자료를 통합적으로 검토
내가 소유한 항목	• 사용자가 생성하거나 소유권이 있는 파일과 폴더만 표시합니다.	• 개인적으로 관리하는 파일만 확인하고 정리 • 불필요한 파일 삭제 및 소유권 이전 작업을 효율적으로 수행
내가 소유하지 않은 항목	• 다른 사용자가 소유하며 사용자가 편집, 보기, 또는 댓글 권한을 가진 파일만 표시합니다.	• 공유받은 파일만 집중적으로 확인 • 협업 자료나 다른 사용자가 생성한 공용 파일을 검토 및 편집

▲ 구글 드라이브 파일 접근 권한에 따른 특성

2) 구글 시트 기본 화면 이해하기

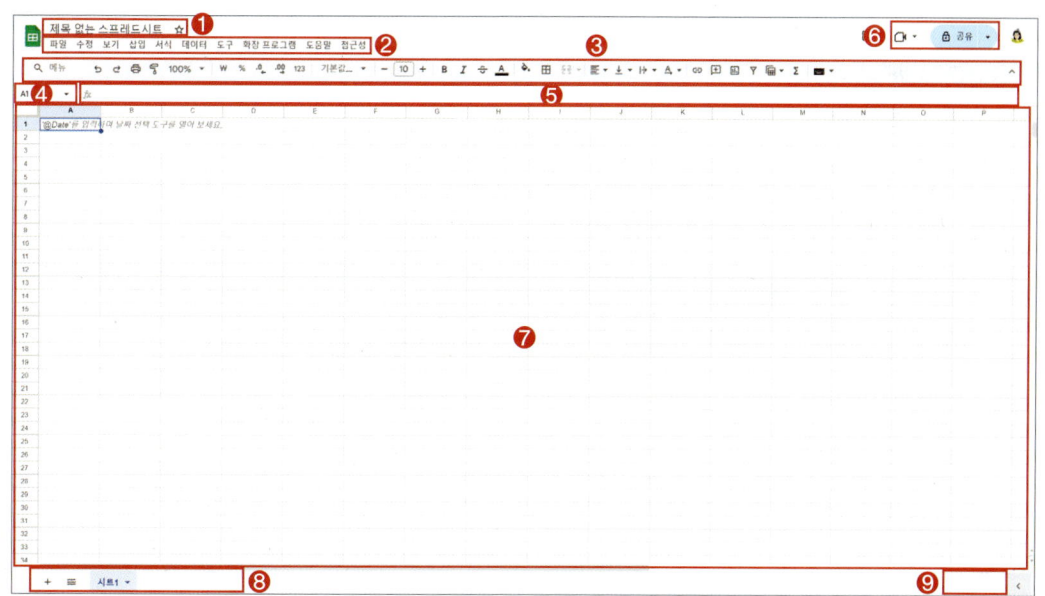

▲ 구글 시트의 기본 화면

가) ❶ 이름 바꾸기와 별표

<u>제목 없는 스프레드시트</u> ☆

구글 시트의 좌측 상단의 "**이름 바꾸기**"와 "**별표**" 기능은 파일 관리를 위한 직관적이고 유용한 도구입니다.

"**이름 바꾸기**"는 현재 작업 중인 구글 시트의 제목을 수정할 수 있는 기능으로, 사용자가 파일을 쉽게 구분하고 체계적으로 정리할 수 있도록 돕습니다.

"**별표**" 기능은 중요하거나 자주 사용하는 파일에 별표를 표시하여 구글 드라이브 내에서 신속하게 액세스할 수 있도록 설계되었습니다.

이 두 가지 기능은 구글 시트를 효과적으로 관리하고 접근성을 높이기 위해 상단 제목 표시줄에 통합되어 있습니다. 프로젝트 관리, 학급 관리, 협업 환경 등 다양한 작업 상황에서 활용도를 극대화합니다.

- 구글 시트 문서의 기본 이름은 [제목 없는 스프레드시트]로 설정되며, 사용자가 문서의 용도나 내용을 명확히 알 수 있도록 이름을 수정해야 합니다.
- 상단 왼쪽에서 문서 제목(📄 "제목 없는 스프레드시트")을 클릭합니다. <u>원하는 이름을 입력하고</u> `Enter` 를 눌러 저장합니다. 문서 이름 '구글 드라이브'에 저장된 파일 이름에도 반영됩니다.
- 문서 이름은 프로젝트나 작업 내용을 명확히 알 수 있도록 구체적이고 직관적으로 작성하는 것이 좋습니다. (📄 "2025년 예산 계획", "2025 수학 3단원 평가 결과(5-1)").
- <u>문서 이름을 입력하면 별표 우측으로 "이동"(📁)과 "문서 상태 확인"(☁) 아이콘이 생성됩니다.</u>

<u>2025 예산 계획</u> ☆ 📁 ☁

- "**이동**"(📁) 아이콘을 클릭하면 다음과 같은 팝업창이 활성화됩니다. "추천", "중요 문서함", "모든 위치" 탭 중 선택하여 저장할 폴더를 클릭하면 하단의 이동 버튼이 활성화됩니다. 이때, 이동 버튼을 누르면 선택한 폴더에 문서가 저장됩니다.

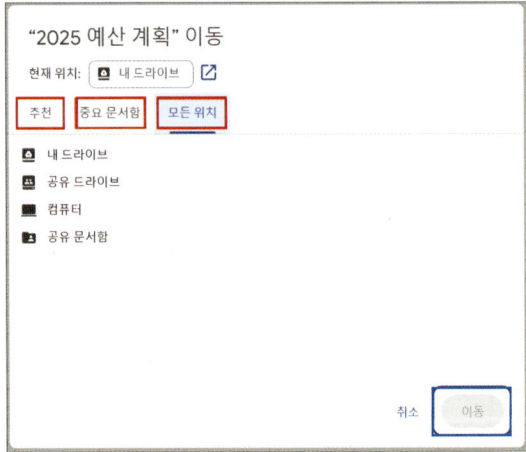

▲ "이동" 아이콘 클릭 시, 열리는 팝업창

- "**문서 상태 확인**"(☁) 아이콘은 구글 시트의 변경 사항 저장 및 동기화 상태를 실시간으로 표시하는 도구입니다. '저장 중', '모든 변경 사항이 드라이브에 저장됨'이나 인터넷 연결이 끊어진 상태에서도 문서 편집이 가능함을 안내하는 '이 문서는 오프라인에서 사용할 수 있습니다.'와 같은 메시지를 확인할 수 있습니다.

나) ❷ 상단 메뉴바

파일 수정 보기 삽입 서식 데이터 도구 확장 프로그램 도움말 접근성

구글 시트의 "**상단 메뉴바**"는 파일 관리와 데이터 작업을 위한 핵심 명령어를 체계적으로 제공합니다. 사용자 편의성과 작업 효율성을 높이기 위해 구성된 이 메뉴는 파일 생성 및 공유, 데이터 정리, 분석 도구 등의 주요 기능을 포함하며, 업데이트된 기능을 확인할 수 있습니다.

이번에는 전체 기능을 요약하여 살펴봅니다. 이후, 실습 과정에서 활용된 주요 메뉴를 중심으로 자세히 안내합니다.

(1) 파일

[파일] 메뉴	기능 요약
새 문서	새로운 구글 시트를 생성하여 빈 문서에서 작업을 시작
열기	기존의 Google Drive 문서나 로컬 파일을 불러와 작업
가져오기	외부 파일(CSV, Excel 등)을 불러와 스 구글 시트로 변환하여 데이터 작업
사본 만들기	현재 문서를 복제하여 원본을 유지한 상태로 별도 작업
공유	문서의 접근 권한을 설정하여 팀원들과 협업 가능
이메일	문서를 첨부하거나 링크 형태로 이메일을 통해 전송
다운로드	문서를 PDF, Excel, CSV 등 다양한 형식으로 저장
이름 바꾸기	문서의 이름을 변경하여 관리 용이성 향상
이동	문서를 특정 Google Drive 폴더로 이동하여 파일 정리
드라이브에 바로가기 추가	자주 사용하는 문서의 바로가기를 생성하여 빠르게 접근
휴지통으로 이동	더는 필요 없는 문서를 삭제
버전 기록	문서 수정 이력을 확인하고 이전 버전으로 복원 가능
오프라인 사용 설정	오프라인에서도 문서를 편집할 수 있도록 설정
세부정보	문서의 소유자, 수정 이력, 파일 크기 등의 메타데이터 확인
보안 제한 사항	시트에 적용된 보안 정책 및 제한 사항을 확인할 수 있는 패널
설정	구글 시트의 기본 동작 및 기능을 사용자에게 맞게 조정
인쇄	현재 문서를 인쇄 설정을 통해 출력

(2) 수정

[수정] 메뉴	기능 요약
실행취소	마지막으로 수행한 작업을 취소하여 실수를 빠르게 수정
재실행	취소한 작업을 다시 수행하여 이전 상태로 복구
잘라내기	선택된 데이터를 삭제하고 클립보드에 복사하여 이동
복사	선택된 데이터를 클립보드에 복사하여 동일한 데이터를 복제
붙여넣기	클립보드의 데이터를 현재 위치에 삽입
선택하여 붙여넣기	특수 옵션을 사용해 값, 서식 등 원하는 항목만 붙여넣기
이동	데이터를 다른 위치로 이동하거나 선택된 범위를 간편하게 재배치
삭제	선택된 셀의 데이터를 삭제하여 비워둠
찾기 및 바꾸기	특정 단어나 값을 검색하고 다른 값으로 한 번에 변경하여 효율적인 데이터 수정

(3) 보기

[보기] 메뉴	기능 요약
표시	눈금선, 머리글, 수식 입력줄 등을 표시하거나 숨겨 작업 화면을 깔끔하게 정리
고정	특정 행이나 열을 고정하여 데이터를 스크롤할 때도 중요한 정보를 항상 표시
그룹	데이터 범위를 그룹화하여 접거나 펼치며 분석 시 데이터를 간결하게 관리
댓글	삽입된 댓글을 표시하거나 숨겨 협업 시 피드백과 내용을 손쉽게 확인
숨겨진 시트	숨겨둔 시트를 다시 표시하여 데이터를 복구하거나 접근
확대/축소	화면 배율을 조정하여 데이터를 더 잘 보거나 화면 전체에 데이터를 표시
전체 화면	메뉴와 툴바를 숨겨 작업 공간을 극대화하여 집중도 향상

(4) 삽입

[삽입] 메뉴	기능 요약
셀/행/열	데이터 구성을 변경하거나 빈 공간을 추가하여 레이아웃 조정
시트	새로운 시트를 생성하여 데이터를 분리 관리 (단축키: Shift + F11)
표 생성	Gemini와 Gem을 이용하여 표 제작 및 분석 지원
사전 빌드된 테이블	구글이 제공하는 표 템플릿 활용
차트	데이터를 시각적으로 분석할 수 있도록 다양한 유형의 차트 삽입
피봇 테이블	대규모 데이터를 요약하고 분석하기 위한 피봇 테이블 생성
이미지/그림	셀 안이나 외부에 이미지를 삽입하여 데이터 보강
함수	특정 수식 (예: SUM, AVERAGE 등)을 삽입하여 데이터 계산
링크	외부 웹페이지나 문서로 연결되는 하이퍼링크 추가 (단축키: Ctrl + K)
체크박스	완료 여부나 선택을 표시할 수 있는 체크박스 추가
드롭다운	사용자 지정 목록을 삽입하여 데이터 입력 표준화
그림 이모티콘	셀 안에 그래픽 이모티콘을 추가하여 시각적 표현 강화
스마트 칩	인물, 날짜, 파일 등 동적 데이터를 연결하여 문서 간의 상호작용 강화
댓글	협업 중 피드백을 남길 수 있도록 댓글 추가 (단축키: Ctrl + Alt + M)
메모	셀에 비공식적으로 기록할 정보를 메모 형태로 추가 (단축키: Shift + F2)

(5) 서식

[서식] 메뉴	기능 요약
테마	문서 전체에 일관된 색상과 서식을 적용하여 시각적으로 정돈된 레이아웃 생성
숫자	날짜, 통화, 백분율 등 데이터 형식을 설정하여 숫자를 목적에 맞게 표현
텍스트	굵게, 기울임꼴, 밑줄, 취소선 등 텍스트 서식을 변경해 가독성 향상
정렬	텍스트 및 데이터를 왼쪽, 가운데, 오른쪽으로 정렬해 시각적 정리
줄바꿈	셀 안의 텍스트 줄바꿈을 설정하여 긴 내용을 효율적으로 표시
회전	셀의 텍스트 방향을 회전해 디자인이나 데이터 배치 최적화
스마트 칩	기존 데이터(성, 이름, 이메일)의 표현 방식을 칩으로 변환
글꼴 크기	데이터를 강조하거나 구분하기 위해 글꼴 크기를 조정
셀 병합	여러 셀을 하나로 결합하여 제목이나 구분을 명확히 표시
표로 변환	데이터를 테이블 형식으로 자동 서식화하여 정렬 및 필터링 가능 (단축키: Ctrl + Alt + T)
조건부 서식	특정 조건을 만족하는 데이터에 색상이나 스타일을 자동으로 적용하여 강조
교차 색상	표 행에 교차 색상을 설정해 가독성과 시각적 정돈감 향상
서식 지우기	선택한 셀의 모든 서식을 제거해 데이터 초기화 (단축키: Ctrl + \)

(6) 데이터

[데이터] 메뉴	기능 요약
시트 정렬/ 범위 정렬	데이터를 오름차순이나 내림차순으로 정렬하여 분석 및 가독성 향상
필터 만들기	특정 조건에 따라 데이터를 필터링해 필요한 데이터만 표시
그룹화 보기 만들기	데이터를 묶어 그룹화된 형태로 표시하고 세부 사항을 접거나 펼쳐 가독성 향상
필터 보기 만들기	사용자별로 다른 필터를 적용해 팀 협업 시 개별적인 데이터 분석 가능
슬라이서 추가	대화형 슬라이서를 추가해 데이터를 빠르고 직관적으로 필터링
시트 및 범위 보호	특정 시트나 데이터 범위에 편집 권한을 설정하여 데이터 무결성을 보장
이름이 지정된 범위	범위를 이름으로 정의해 수식에서 참조할 때 편리함
이름이 지정된 함수	자주 사용하는 수식을 이름으로 저장하여 반복 작업을 간소화
열 통계	선택된 데이터 열의 평균, 합계, 최대/최소값 등 통계 정보를 즉시 확인
데이터 확인	입력 가능한 데이터를 제한하거나 드롭다운 목록을 생성해 데이터 정확성을 높임
드롭다운	사용자 지정 목록을 삽입하여 데이터 입력을 표준화
데이터 정리	중복 데이터 제거, 빈 셀 정리 등으로 데이터셋 정돈
텍스트를 열로 분할	구분자(예 쉼표, 공백)를 기준으로 텍스트를 개별 셀로 나눔
데이터 추출	특정 패턴이나 규칙에 따라 데이터를 필터링하거나 변환
데이터 커넥터	외부 데이터 소스를 연결해 실시간 데이터를 가져오고 동기화 (신규 기능)

(7) 도구

[도구] 메뉴	기능 요약
새 양식 만들기	구글 설문지를 생성하여 데이터를 수집하고, 구글 시트에 자동으로 통합
맞춤법 검사	문서 내 맞춤법 및 오타를 감지하고 수정하여 데이터 정확도 향상
추천 컨트롤	데이터 입력 시 구글이 제공하는 추천 기능을 사용하여 입력 작업 간소화
알림 설정	특정 변경 상황(예 데이터 수정, 댓글 추가 등)이 발생하면 이메일로 알림을 받아 작업 상황을 즉시 확인
접근성	화면 읽기 지원 및 키보드 탐색 등을 설정해 장애가 있는 사용자가 쉽게 활용할 수 있도록 도움
활동 대시보드	문서의 조회 기록 및 편집 활동을 분석하여 팀 협업 상황 파악

(8) 확장 프로그램

[확장프로그램] 메뉴	기능 요약
부가기능	Google Workspace Marketplace에서 데이터 분석용 부가기능을 설치하여 추가적인 그래프나 대시보드 기능을 사용
매크로	반복적인 데이터 입력 작업을 매크로로 저장하여, 단축키로 작업을 자동화
Apps Script	데이터를 특정 형식으로 자동 변환하거나, 외부 API와 연동하여 실시간 데이터를 가져오는 스크립트 작성
AppSheet	앱을 구글 시트 데이터를 기반으로 설계하여 간단한 모바일 앱 제작

(9) 도움말

[도움말] 메뉴	기능 요약
메뉴 검색	특정 명령어를 빠르게 검색해 작업 속도를 향상 (단축키: Alt + /)
스프레드시트 도움말	구글의 공식 가이드라인 및 사용 방법을 확인하여 문제 해결
Sheets 개선 돕기	사용자 피드백을 제출하여 구글 시트의 기능 개선에 기여
개인정보처리방침	구글이 수집하는 데이터 종류, 사용 목적, 보관 기간, 제3자 제공 여부, 보안 조치 등을 명시
서비스 약관	구글 계정 및 서비스 사용 시 지켜야 할 법적 조건과 책임 범위를 안내
함수 목록	사용 가능한 모든 함수의 목록을 열람하고, 각각의 기능과 사용법을 확인
단축키	자주 사용하는 기능의 단축키를 학습하여 작업 효율성을 극대화 (단축키: Ctrl + /)

(10) 접근성 ❹

[접근성] 메뉴	기능 요약
스크린 리더로 소리 내어 읽기	구글 시트 데이터를 음성으로 변환하여 시각장애 사용자가 셀 내용을 파악할 수 있도록 지원
댓글	삽입된 댓글을 빠르게 탐색하고, 팀원 간 피드백을 확인하여 협업 강화
범위로 이동	키보드를 사용하여 특정 셀 범위로 빠르게 이동, 마우스 사용이 어려운 환경에서도 효율적 작업 가능
툴바로 포커스 이동	키보드만으로 상단 툴바 메뉴에 접근하여 주요 기능에 빠르게 접근
그룹	대량 데이터를 그룹화하여 접거나 펼치며 데이터 분석 시, 가독성과 작업 효율성을 향상
데이터 커넥터	외부 데이터 소스를 연결해 실시간 데이터를 구글 시트에 동기화하여 동적 데이터 관리 가능

❹ [도구] 메뉴의 [접근성]에서 '스크린 리더 지원 사용 설정'을 선택하면 상단 메뉴가 나타납니다.

다) ❸ 툴바

"툴바(Toolbar)"는 구글 시트에서 가장 자주 사용하는 기능들을 아이콘 형태로 제공하여 작업 효율성을 극대화합니다. 사용자 친화적으로 설계된 이 도구 모음은 단일 클릭으로 주요 명령어에 빠르게 접근할 수 있도록 구성되어 있습니다. 세분화하여 살펴보겠습니다.

아이콘	기능 설명	경로
메뉴 검색	메뉴나 기능을 빠르게 검색할 수 있는 도구로, 특정 작업에 필요한 명령어를 빠르게 찾아 실행할 수 있습니다. (단축키: Alt + /)	[도움말]-[메뉴 검색]
실행 취소	마지막으로 수행한 작업을 취소하여 실수를 복구하거나, 잘못된 변경 사항을 되돌릴 수 있는 기본적인 편집 도구입니다.	[수정]-[실행 취소]
다시 실행	실행 취소한 작업을 다시 수행하여 변경 사항을 복구하거나, 반복 작업 중 취소된 변경을 간편히 되돌릴 수 있습니다.	[수정]-[다시 실행]
인쇄	구글 시트를 출력하거나 인쇄 설정(페이지, 여백, 배율 등)을 확인하여 최적화된 문서를 출력할 수 있도록 지원합니다.	[파일]-[인쇄]
서식 복사	선택한 텍스트나 개체의 서식을 복사하여 다른 텍스트나 개체에 동일하게 적용할 수 있는 기능입니다.	-
확대/축소 100%	화면 비율을 조정하여 데이터를 확대하여 확인하거나 문서 전체를 축소하여 레이아웃을 검토할 수 있으며, 다양한 배율 옵션을 제공합니다.	[보기]-[확대/축소]

아이콘	기능 설명	경로
₩ (통화 형식)	선택된 셀의 숫자 데이터를 통화 형식으로 변환합니다. 기본 통화는 지역 설정에 따라 달라지며, 예를 들어 "₩"는 대한민국 원을 나타냅니다.	[서식]-[숫자]-[통화]
% (퍼센트 형식)	숫자 데이터를 백분율로 변환하여 비율을 직관적으로 표현합니다. 예 0.5 → 50%.	[서식]-[숫자]-[퍼센트]
.0← (소수점 이하 자릿수 감소)	숫자 데이터에서 소수점 자릿수를 줄이는 기능을 제공합니다. 데이터 가독성을 높이고, 불필요한 소수점을 제거하여 보다 간결한 값을 표시할 수 있습니다.	-
.00→ (소수점 이하 자릿수 증가)	숫자 데이터의 소수점 자릿수를 늘리는 기능을 제공합니다. 보다 정밀한 값으로 표시할 수 있으며, 세부적인 수치 분석이 필요할 때 활용됩니다.	-
123 (서식 더보기)	숫자 데이터를 정수, 소수, 날짜 등 다양한 형식으로 변환합니다. 숫자 형식을 설정하여 데이터의 목적과 의미를 명확히 합니다.	[서식]-[숫자]

아이콘	기능 설명	경로
글꼴 기본값...	텍스트의 글꼴을 선택하거나 변경합니다. 기본 글꼴은 설정에 따라 다르며, 다양한 글꼴 스타일을 지원합니다.	-
글꼴 크기 - 10 +	텍스트의 크기를 줄이거나 늘리며, 숫자 입력을 통해 정확한 크기를 설정할 수도 있습니다.	[서식]-[텍스트]-[글꼴 크기]
굵게 B	선택된 텍스트를 굵게 표시하여 강조합니다. (단축키: Ctrl + B)	[서식]-[텍스트]-[굵게]
기울임 I	선택된 텍스트를 기울임꼴로 표시하여 특정 데이터를 강조하거나 구분합니다. (단축키: Ctrl + I)	[서식]-[텍스트]-[기울임]
취소선 S	텍스트에 취소선을 적용하여 데이터의 변경 사항이나 필요 없는 항목을 표시합니다. (단축키: Alt + Shift + 5)	[서식]-[텍스트]-[취소선]
텍스트 색상 A	선택된 텍스트에 색상을 적용합니다. 글꼴의 색상을 변경하여 데이터를 시각적으로 강조하거나 분류합니다.	-

아이콘	기능 설명	경로
채우기 색상	선택된 셀의 배경색을 변경하여 데이터를 시각적으로 구분하거나 강조합니다.	-
테두리	선택된 셀에 테두리를 추가하거나 제거합니다. 다양한 테두리 스타일 (전체, 내부, 외부 등)을 지정할 수 있습니다.	-
셀 병합	선택한 여러 셀을 하나의 셀로 병합하여 제목이나 섹션 구분을 명확히 표시합니다.	[서식]-[셀 병합]

아이콘	기능 설명	경로
가로 맞춤	셀 내 텍스트 또는 데이터를 왼쪽, 가운데, 오른쪽으로 정렬합니다. 표의 가독성을 높이고 데이터를 일관되게 정렬하여 깔끔한 레이아웃을 제공합니다.	[서식]-[정렬]
세로 맞춤	셀 내부에서 텍스트나 데이터를 상단, 중간, 하단 중 하나로 정렬합니다. 데이터가 셀 내부에서 균형 잡히게 배치되도록 조정하여 문서의 가독성을 향상합니다.	[서식]-[정렬]
텍스트 줄바꿈	텍스트가 셀 크기를 초과할 경우 줄바꿈 옵션을 설정하여 텍스트가 셀 내부에 맞춰 표시되도록 하거나, 넘치는 텍스트를 숨깁니다. 데이터가 시각적으로 정돈되도록 도와줍니다.	[서식]-[줄바꿈]
텍스트 회전	텍스트의 방향을 변경하여 셀 안에서 가로, 세로, 기울임 등의 회전 옵션을 적용합니다. 긴 데이터 레이블이나 제목을 효율적으로 표시할 때 유용합니다.	[서식]-[회전]

아이콘	기능 설명	경로
링크 삽입	선택된 셀이나 텍스트에 외부 웹페이지, 다른 구글 시트, 문서 등으로 연결되는 하이퍼링크를 추가합니다. 데이터 참조나 관련 문서로 연결할 때 유용합니다. (단축키: Ctrl + K)	[삽입]-[링크]
댓글 삽입	선택된 셀에 댓글을 삽입하여 협업 중 피드백을 제공하거나 메모를 남길 수 있습니다. 팀원 간 커뮤니케이션을 강화하며 공동 작업을 효율적으로 지원합니다. (단축키: Ctrl + Alt + M)	[삽입]-[댓글]
차트 삽입	선택된 데이터를 기반으로 막대형, 선형, 원형 등 다양한 차트를 생성하여 데이터를 시각적으로 분석하고 표현합니다. 보고서 작성이나 프레젠테이션에 유용합니다.	[삽입]-[차트]
필터 만들기	선택된 데이터에 필터를 적용하여 특정 조건에 맞는 데이터만 표시할 수 있습니다. 대규모 데이터 분석 시 원하는 정보를 빠르게 찾는 데 도움을 줍니다.	[데이터]-[필터 만들기]
필터 보기	"그룹화 보기 만들기"와 "필터 보기 만들기"를 빠르게 수행하여 대량의 데이터를 효율적으로 관리하고 분석하는 데 유용합니다.	[데이터]
함수	데이터에 수학 함수(예 합계, 평균, 최대값, 최소값 등)를 삽입하여 계산을 수행합니다. 데이터 분석 및 처리 시 필수적인 도구입니다.	[삽입]-[함수]

아이콘	기능 설명	경로
입력 도구	언어와 키보드 입력 방법을 설정하거나 변경할 수 있는 도구입니다. 다양한 언어로 데이터를 입력해야 하는 경우 키보드 입력 방식을 전환하여 효율적으로 작업할 수 있습니다.	-
메뉴 숨기기	상단 메뉴바를 숨겨 작업 공간을 확장합니다. 작업 공간을 최적화하여 대규모 데이터나 세부사항 검토 시 가시성을 높이며, 다시 클릭하면 메뉴바가 표시됩니다.	-

라) ❹ 이름 상자

좌측 상단에 위치한 "이름 상자"는 사용자가 현재 선택한 셀의 정보를 확인하거나 특정 셀 또는 범위를 빠르게 선택하기 위한 기능을 제공합니다.

기능	설명	활용 사례
현재 선택된 셀 표시	현재 선택된 셀의 주소를 표시합니다.	선택된 셀이 "A7"인 경우, 이름 상자에 "A7"이 표시됨 예 학생별 시험 점수를 기록한 데이터를 빠르게 확인하기 위해 선택한 셀의 위치를 모니터링
셀 범위 이동	이름 상자에 셀 주소 또는 범위를 입력하면 해당 위치로 즉시 이동하거나 범위를 선택할 수 있습니다.	• "B2"를 입력하여 학생 명단 열로 이동 • "A1:C10"을 입력하여 1반 학생들의 시험 점수 범위를 선택

명명된 범위 관리	사용자가 정의한 명명된 범위를 이름 상자를 통해 검색하거나 해당 범위로 이동할 수 있습니다.	"1반_성적"이라는 이름으로 범위를 정의한 후 이름 상자에 "1반_성적"을 입력하여 1반의 성적 데이터를 빠르게 열람 및 관리	
셀 참조 관리	선택된 셀의 주소를 실시간으로 확인하거나 다른 위치로 이동하여 정확한 참조 작업을 보장합니다.	수식 입력 시 셀 주소를 정확하게 참조하기 위해 확인 ★ 해당 셀 범위를 어떻게 표현해야 할지 모를 때, 범위를 드래그하여 선택하고, **이름 상자**에서 이를 복사하여 활용하세요.	

마) ❺ 수식 입력줄

"**수식 입력줄**"은 구글 시트에서 셀에 입력된 데이터를 확인하거나 수식 및 함수를 입력하고 수정할 수 있는 주요 인터페이스입니다.

기능	설명	활용 사례
데이터 입력	셀에 직접 데이터를 입력하지 않고 수식 입력줄에 데이터를 입력하거나 수정할 수 있습니다.	학생 명단, 시험 점수, 출석 여부 등의 데이터를 입력하거나 수정 예 셀을 선택한 후, 수식 입력줄에 직접 학생 이름을 입력하거나 오타를 수정할 수 있음
수식 및 함수 입력	함수나 수식을 입력하거나 편집할 수 있는 주요 공간입니다. "=" 또는 "+"를 입력하여 수식을 시작하거나 함수 이름을 바로 입력하여 사용할 수 있습니다.	학급 평균 점수 계산, 총합 계산 등 각종 함수를 활용한 수식 작성 예 =SUM(A1:A10)을 사용해 학생 점수를 합산하거나 =AVERAGE(A1:A10)으로 평균 계산
기존 데이터 확인 및 편집	선택한 셀의 기존 데이터를 확인하거나 편집할 수 있습니다.	학생 학습 코멘트, 시험 결과에 대한 긴 텍스트 작성 및 편집 예 "태도가 매우 우수하며 수업에 적극 참여함"과 같은 코멘트를 '수식 입력줄'에서 작성하고, 편집하여 가독성 유지
수식 계산 상태 표시	작성 중인 수식의 계산 상태를 실시간으로 확인하고, 오류가 발생하면 오류 메시지를 표시합니다.	학생 성적 합계나 평균 계산에서 오류 발생 시 즉시 확인 예 #DIV/0! 오류 발생 시 잘못된 수식을 확인하여 출석 일수가 없는 학생의 출석률 계산식 수정

바) ❻ 상단 작업 도구 모음

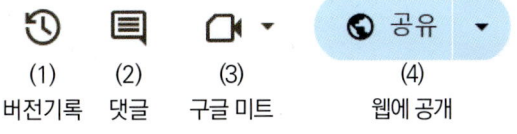

(1) 버전기록 (2) 댓글 (3) 구글 미트 (4) 웹에 공개

(1) 버전 기록

이 아이콘은 [파일]-[버전 기록]-[버전 기록 보기]의 아이콘입니다. 과거의 수정 내용을 시간순으로 확인할 수 있으며, 필요에 따라 이전 버전으로 되돌릴 수도 있습니다.

처음 "빈 스프레드시트"를 열었을 때는 "버전 기록 아이콘"이 없습니다. 작업이 시작되면 아이콘이 활성화됩니다.

❶ 파일 복구: 실수로 데이터를 삭제하거나 잘못된 편집이 이루어진 경우, "이 버전 복원하기"로 이전 버전으로 쉽게 복구 가능합니다. 물론 이전 버전을 복원했다가 다시 최근 문서로도 복원됩니다.

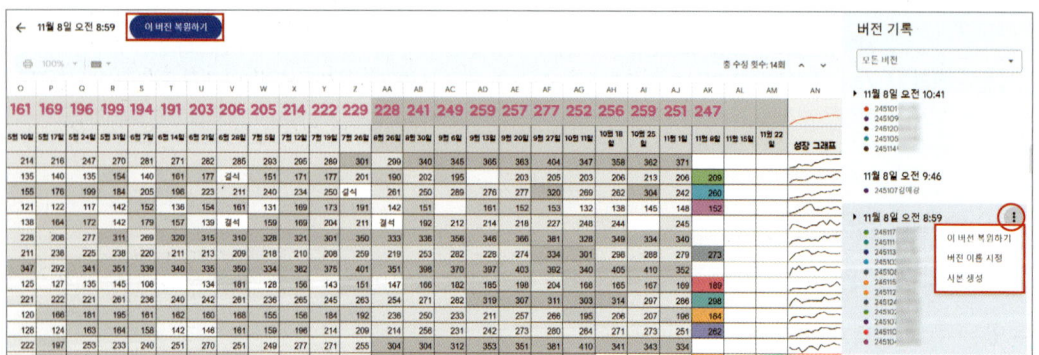

▲ 버전 복원하는 두 가지 방식

'**버전 복원**'은 좌측 상단의 파란 버튼을 클릭해도 되지만, 복원하려는 버전의 '**더보기**' 버튼 클릭 후, "**이 버전 복원하기**"를 선택해도 됩니다.

❷ 작업 이력 추적: 여러 사용자가 파일을 편집한 경우, 누가 어떤 수정 작업을 했는지 색깔로 확인 가능합니다. 하지만 구글 계정으로 로그인하여 활동하여야 활동 이력 확인이 가능합니다.

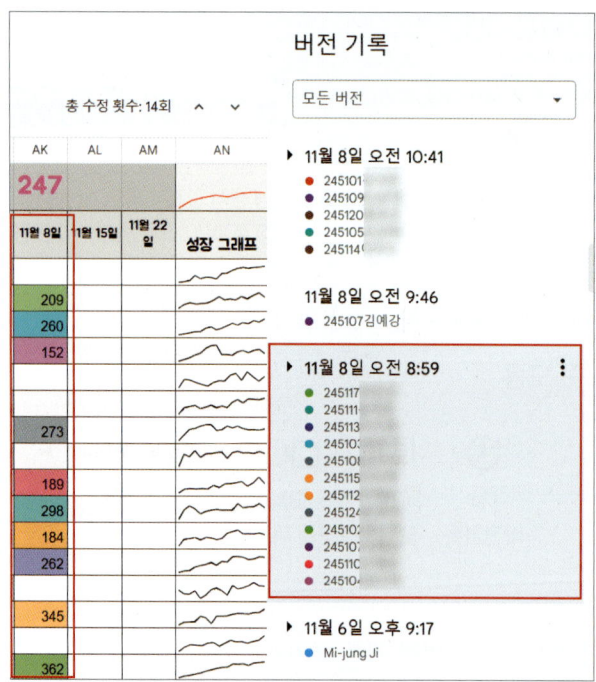

▲ 학생별로 색상이 다르게 버전 기록된 모습

❸ 작업 현황 관리: 특정 작업의 변경 사항을 검토하거나 진행 상황을 파악할 때 유용합니다.

TIP "버전 기록" 수업과 업무 활용

수업 활용 팁

• 처음 공동 작업을 시작할 때,

버전 기록에서 학생 개별 활동을 확인할 수 있음을 직접 버전 기록 화면을 보여주면서 안내해 주세요. 협동 학습 시, 데이터 이력을 통해 참여하지 않거나 다른 데이터를 지웠는지 확인할 수도 있습니다. 버전 기록을 본 학생들이 갑자기 숙연해지는 마법을 경험하실 수 있습니다. 하지만 모든 데이터 이력이 실시간으로 남는 것은 아니니 참고하세요.

• 공동 작업이 살짝 익숙해지면,

자신의 작업 단계에 따라 스스로 버전 기록을 남기도록 지도하세요. 자신의 데이터를 관리하는 것도 중요한 데이터 리터러시의 한 요소입니다. 학생들은 자신이 직접 남긴 버전 기록으로 학습 과정을 점검할 수도 있고, 작업 완료 상태의 데이터를 보전할 수 있습니다.

▲ [파일]-[버전 기록]-[현재 버전 이름 지정]

• 평가 기록을 남길 때,

학생 수행평가나 관찰 평가 기록을 남길 때, 해당 평가가 끝났을 경우, '1-2반 00영역 수행평가 완료'와 같이 이름을 지정하여 버전 기록으로 남기는 것이 좋습니다.

업무 활용 팁

• 링크를 공유하기 전에,

혹시 모를 원본 훼손에 대비하고 원본 템플릿 재사용을 위해 "현재 버전 이름 지정"으로 저장해 놓으면 좋습니다. 이는 "범위 보호"의 기능과 함께 활용하시면 안전성이 증가합니다.

원본 재활용 시, 버전 기록에서 원본 버전으로 복구한 뒤, [파일]-[사본 만들기]하여 이용하거나 복구한 원본 파일을 바로 수정하여 활용해도 됩니다. 상황에 맞게 업무에 활용해 보세요.

(2) 댓글

이 아이콘은 [보기]-[댓글]과 관련된 아이콘입니다. 선택된 셀이나 범위에 대해 댓글을 추가할 수도 있고, 기존의 댓글을 모두 확인할 수도 있습니다.

댓글에 댓글로 대화를 이어나가면서 〈토론 시작〉이 가능합니다.

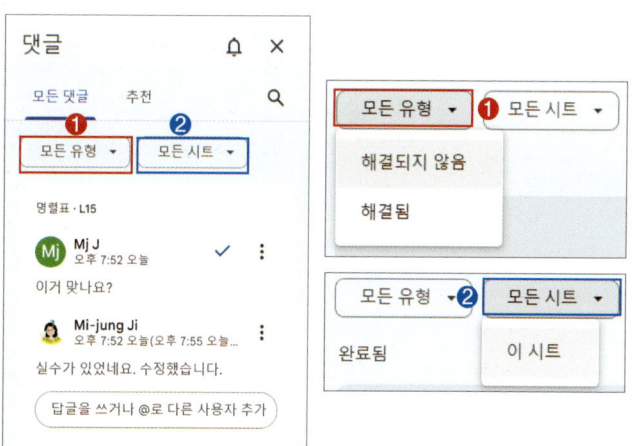

▲ 댓글 확인하는 두 가지 필터 적용법

Ⅰ 구글 시트 들어가기 49

댓글을 확인하는 두 가지 필터의 옵션별 특성은 아래와 같습니다.

❶	댓글 유형 필터	모든 유형	'해결되지 않은 댓글'과 '해결된 댓글'을 모두 표시합니다.
		해결되지 않음	아직 작업 중이거나 논의가 필요한 댓글만 표시합니다.
		해결됨	이미 완료된 댓글을 표시하여 과거 작업 내용을 확인할 수 있습니다.
❷	시트 필터	이 시트	현재 작업 중인 시트의 댓글만 표시합니다.
		모든 시트	파일 내 모든 시트의 댓글을 통합적으로 표시합니다.

▲ 댓글 필터 옵션별 특성

그리고 댓글은 아래와 같은 상황에서 다양하게 활용할 수 있습니다. 댓글을 잘 활용하면 메신저를 활용하지 않아도 효과적으로 소통할 수 있습니다.

댓글 기능 활용 방법	설명
팀 협업	공동 작업 시, 특정 셀에 대한 피드백이나 점검할 사항을 남깁니다.
교사 활용	학생 과제 평가 시, 학생별로 코멘트를 추가하여 피드백 제공합니다.
문서 검토	데이터 분석 시, 추가 설명을 기록하거나, 나중에 다시 검토할 데이터 표시합니다.

▲ 댓글 기능 활용 방법

(3) 구글 미트(화상 회의) 연동

이 아이콘은 구글 미트(Google Meet)와 연동되어 실시간 회의 및 협업을 지원하는 강력한 도구입니다. 이 기능은 특히 교사들이 동료 교사와의 협업, 학부모 상담, 학생 수업 지원 등 다양한 교육 활동에서 활용할 수 있습니다.

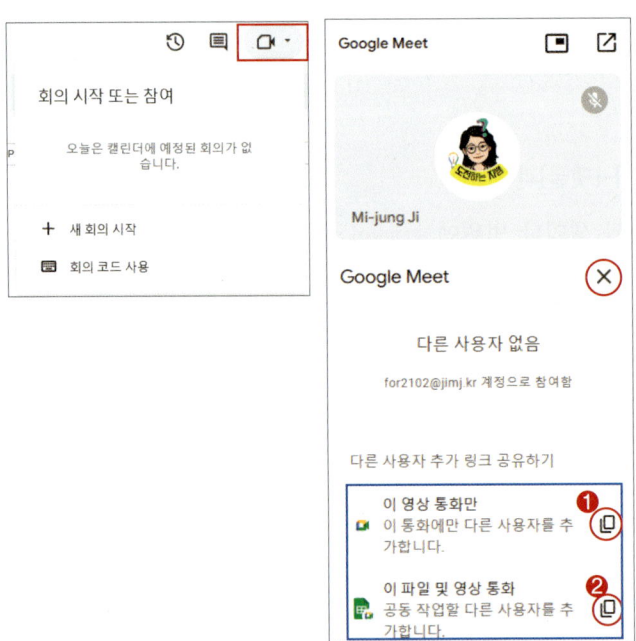

▲ 구글 미트를 시트 내에서 시작하는 방법

구글 시트에서 구글 미트 연동 아이콘을 눌렀을 때 나타나는 두 가지 선택 항목은 각각의 사용 목적과 상황에 따라 다르게 활용됩니다.

항목	❶ 이 영상 통화만	❷ 이 파일 및 영상 통화
초대 범위	• 화상 회의에만 초대 가능, 파일은 공유되지 않음	• 화상 회의와 함께 구글 시트 파일이 공유됨
파일 접근	• 구글 시트 데이터는 접근 불가	• 구글 시트 데이터에 접근 가능(공유 설정에 따라 보기/편집 가능)
보안 수준	• 파일 데이터가 보호되며, 회의 논의만 진행	• 파일 데이터를 포함하므로 자료 보안 관리 필요
적합한 활용 상황	• 외부 참여자를 초대하거나 파일을 공유할 필요가 없는 경우	• 회의 중 데이터를 실시간으로 검토하거나 협업이 필요한 경우
링크 클릭 시, 화면	• 구글 미트 참여 웹사이트가 열림	• 공유한 파일이 열리고, "통화 참여" 창 활성화

▲ 구글 미트 선택 사항별 특징 정리

이렇게 구글 시트에서 구글 미트 링크를 생성하여 공유하면 다음의 그림처럼 상대방의 얼굴을 보며 소통하면서 구글 시트에서 공동 작업을 이어가기 좋습니다.

이 방식은 듀얼 모니터가 아니어도 통화와 작업을 함께 진행하기 수월한 장점이 있습니다.

▲ 작업과 통화를 한 화면에서!

Ⅰ 구글 시트 들어가기

(4) 웹에 공개

구글 시트의 "공유"⁵ 기능은 협업과 데이터 관리의 중심 요소로, 현대적인 디지털 작업 환경에서 매우 중요합니다. 이 기능은 사용자가 실시간으로 데이터를 처리하고 협력할 수 있도록 지원합니다.

구글 시트의 "공유" 기능은 단순한 파일 접근 기능을 넘어, 협업의 효율성, 데이터 보안, 작업의 유연성을 모두 제공하는 강력한 도구입니다. 이를 활용하면 교사와 학생, 동료 교사 간의 소통과 업무 처리를 크게 개선할 수 있습니다. 특히, 학교와 학급 관리와 같은 환경에서는 시간을 절약하고 데이터를 체계적으로 관리할 수 있습니다.

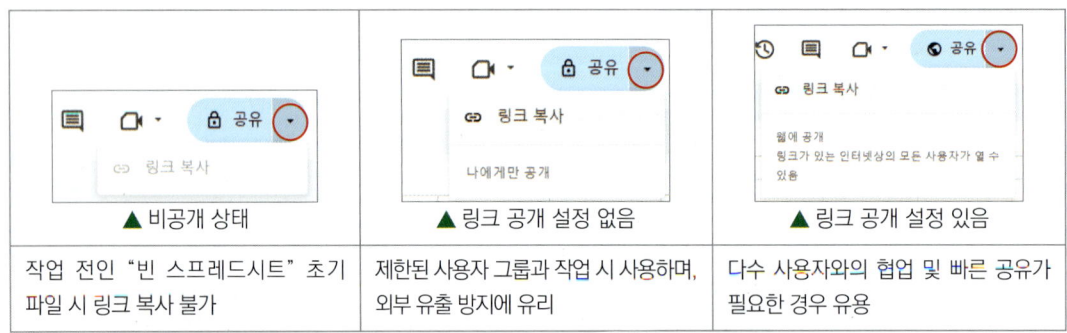

▲ 공개 설정에 따른 비교

사) ❼ 셀 그리드

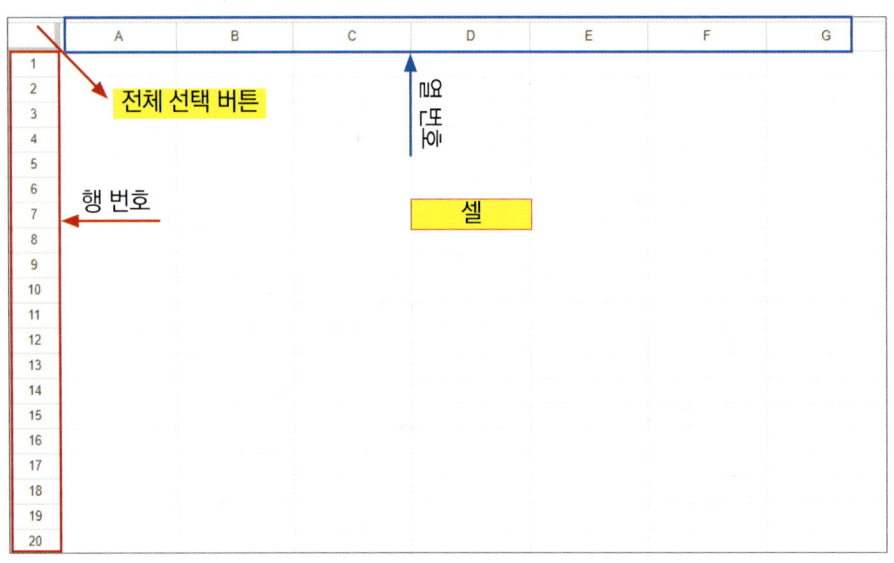

▲ 셀 그리드의 구성 요소

---

❺ "공유"에 대한 자세한 내용은 〈Ⅰ-1-나. 공유와 보안, 효율성과 안정성의 균형!〉의 설명을 참고하세요.

"셀 그리드"는 구글 시트의 작업 영역으로, 데이터를 입력하고 관리하는 곳입니다. 셀 그리드는 구글 시트 작업의 중심으로, 데이터 입력, 정리, 분석, 그리고 결과 도출에 이르는 모든 과정에서 사용됩니다.

행과 열의 체계적인 구조와 고유 주소 체계는 사용자가 대규모 데이터를 쉽게 처리할 수 있도록 돕습니다.

구성요소	설명
행	• 셀 그리드의 가로축으로, 각 행은 행을 식별하기 위한 고유 숫자(1, 2, 3,…)로 번호가 매겨지며, 수평적인 데이터 구조를 나타냅니다. • 각 행의 왼쪽에 위치한 **행 번호**를 클릭하면 특정 행 전체가 선택됩니다.
열	• 셀 그리드의 세로축으로, 각 열은 열을 식별하기 위한 고유 이름 알파벳(A, B, C,…)으로 이름이 지정되며, 수직적인 데이터 구조를 나타냅니다. • 각 열의 상단에 위치한 **열 번호**를 클릭하면 특정 열 전체가 선택됩니다.
셀	• 행과 열의 교차점으로 정의되며, 데이터 입력 및 연산의 최소 단위로 작동합니다.
셀 주소	• 열 이름과 행 번호를 조합하여 생성되는 고유 식별자(예 C5)로, 특정 셀을 참조하거나 데이터를 호출할 때 사용합니다.

▲ 셀 그리드의 구성 요소 설명

셀 그리드는 작업이 이루어지는 기본 공간으로, 이를 효과적으로 관리하고 활용하는 것이 매우 중요합니다. 아래에 열, 행, 셀과 관련된 기본 작업 방법을 익혀 효율적으로 활용해 보세요.

항목	세부 항목	방법 및 설명	활용 예시
여러 행/열 선택하기	연속된 행/열 선택	• 첫 번째 행/열 번호 클릭 → `Shift` 키 누른 상태에서 마지막 행/열 번호 클릭	연속된 여러 열(예 국어, 수학 점수 등)을 선택해 서식 변경
	비연속적 행/열 선택	• `Ctrl` 키를 누르고 여러 행/열 번호를 클릭	특정 학생들의 이름과 점수만 선택하여 분석할 때
	선택한 셀의 행/열 선택	• `Ctrl` + `Space` : 열 전체 선택 • `Shift` + `Space` : 행 전체 선택 • `Shift` + 방향키: 연속된 행/열 점진적으로 선택	열/행 전체를 선택하여 성적 데이터를 복사할 때
	전체 데이터 선택	• 좌측 상단의 **전체 선택 버튼** 클릭 (단축키: `Ctrl` + `A`)	전체 학생 데이터를 선택해 서식 변경 (예 테두리 추가, 글꼴 크기 조정) 및 정리
특정 데이터로 빠르게 이동하기	마지막 행/열로 이동	• `Ctrl` + `↓` : 마지막 행 • `Ctrl` + `→` : 마지막 열 • 빈 셀의 끝으로 이동하려면 `Ctrl` + `Shift` + `↓` 또는 `Ctrl` + `Shift` + `→` 사용	성적 데이터를 검토할 때 마지막 입력 데이터를 빠르게 확인
	처음 행/열로 이동	• `Ctrl` + `↑` : 첫 데이터가 있는 행 • `Ctrl` + `←` : 첫 데이터가 있는 열	대규모 데이터 작업 중 첫 번째 학생의 데이터를 검토하거나 기준점을 확인할 때

행/열 추가 및 삭제	행/열 추가	• 1개의 행/열 추가 시, • 행/열 번호를 마우스 우클릭 → "행 삽입" 또는 "열 삽입" 선택 • 여러 개의 행/열 추가 시, ★(중요) 추가하고 싶은 개수만큼 행/열을 선택 후, 마우스 우클릭 → "00개 삽입"	• 새로 전학 온 학생 데이터를 추가하기 위해 행 삽입 • 수행평가 데이터를 누가 기록하기 위해 열 삽입
	행/열 삭제	• 행/열 번호를 마우스 우클릭 → "행 삭제" 또는 "열 삭제" 선택 (단축키: Ctrl + Alt + -)	더 이상 필요 없는 과목 데이터(예 이전 학기의 선택 과목)를 삭제
행과 열 조정	행 높이 및 열 너비 조정	▲ 행/열 크기 조절하기	학생들의 이름이 긴 경우, 열 너비를 조정해 성적표가 깔끔하게 표시되도록 함
	행과 열 숨기기/ 취소	• 행/열 번호를 마우스 우클릭 후 "숨기기" 선택 (단축키 : Ctrl + Alt + 9 / Ctrl + Alt + 0) • 숨겨진 경우, ◀▶ 아이콘 클릭으로 숨기기 취소 ▲ '열 숨기기'가 적용된 모습	• 시로 숨기고 싶은 데이터(예 개인 정보 포함 열)를 숨겨 다른 데이터 작업 시 방해되지 않도록 함 • 특정 열과 행을 제외하고 PDF 파일이나 엑셀 파일로 다운로드 할 때
행과 열 이동	드래그 앤 드롭 이동	• 행/열 번호를 클릭하고 마우스로 끌어 원하는 위치로 이동	성적 순서를 재배치하거나 과목 순서를 조정할 때 유용
	복사-붙여넣기	• 행/열 번호를 클릭하고 Ctrl + X → Ctrl + V 로 이동	데이터를 한 위치에서 다른 위치로 빠르게 옮기며 재배열 작업 수행
	여러 행/열 이동	• 여러 행/열을 Shift 키로 선택한 뒤 '드래그 앤 드롭'으로 이동	여러 과목의 데이터 구조를 재정렬하거나 분석을 위한 새 위치로 이동

아) ❽ 시트 탭

구글 시트 하단의 시트 탭은 문서 내 데이터를 논리적으로 구분하고 체계적으로 관리하기 위한 기능을 제공합니다. 화면 하단 왼쪽에 위치하며 현재 문서의 시트 목록을 표시합니다.

항목	설명	활용 예시
➕ 새 시트 추가 버튼	하단 왼쪽의 "+" 버튼을 클릭하면 새로운 시트가 즉시 생성됨 • 새 시트는 "시트2", "시트3" 등 연속적인 번호로 이름이 지정됨 • 단축키: Shift + F11 로 빠르게 추가 가능	새로운 데이터 분석을 시작하거나, 추가 공간이 필요할 때 활용
≡ 시트 탐색 메뉴	여러 시트가 포함된 문서에서 빠르게 탐색할 수 있는 메뉴 • 클릭 시 모든 시트 목록이 드롭다운 형태로 표시됨 • **숨겨진 시트**를 확인할 수 있으며, 목록에서 숨겨진 시트를 선택하면 다시 활성화됨 시트1 숨겨진 시트 ✓ 시트2 ≡ 시트1 ▾ 시트2 ▾ • 특정 시트를 선택해 즉시 이동 가능	대규모 문서에서 여러 시트 간 빠르게 이동하며 데이터를 확인하거나 수정할 때 유용
시트 이름 표시 및 선택	활성화된 시트의 이름이 표시되며 강조 표시됨 • <u>마우스 우클릭</u>으로 이름 변경, 복사, 삭제, 숨기기 등 다양한 작업 가능 • 이름은 최대 100자까지 설정 가능	시트를 "1학년 성적", "2학년 성적"과 같이 이름 변경하여 데이터를 명확히 구분하거나 관리

시트 하단의 '<u>시트 이름</u>'을 우클릭하면 아래 표에 설명된 메뉴 항목이 표시됩니다. 각 메뉴의 주요 기능과 활용 방법을 확인해 보세요.

시트 <u>우클릭</u> 메뉴 항목	기능 설명	활용 예시
삭제	선택한 시트를 삭제하며, 삭제된 시트는 복구가 불가능하므로 주의가 필요함	불필요한 데이터를 정리하거나 잘못 생성된 시트를 제거할 때 사용
복사	선택한 시트를 동일한 문서 내에 복사하여 동일한 데이터의 사본을 만듦	성적표를 학급별로 동일한 형식으로 만들기 위해 기존 시트를 복사하여 사용
다음으로 복사	선택한 시트를 다른 구글 시트 문서로 복사 • 새 스프레드시트로 복사: 선택한 시트를 완전히 독립된 새 구글 시트로 생성함 • 기존 구글 스프레드시트로 복사: 이미 존재하는 다른 구글 시트 문서를 선택하여 해당 문서의 새 시트로 추가됨	팀 프로젝트에서 데이터의 일부를 다른 문서로 복사해 팀원과 공유 특정 시트를 독립된 문서로 저장해 원본 데이터를 보호하거나, 보관용으로 활용 학급별 성적 데이터를 별도의 영역별 문서로 수합하여 관리
이름 바꾸기	현재 시트의 이름을 변경합니다. 이름은 데이터의 성격이나 구성을 반영하도록 설정하는 것이 좋음	"시트1" 대신 "1학년 성적"과 같이 이름을 명확하게 변경하여 데이터를 구분
색상 변경	시트 탭의 색상을 변경하여 시각적으로 구분할 수 있음	학급별로 다른 색상을 지정하여 작업 시각화 및 데이터 구분을 용이하게 함
시트 보호	선택한 시트를 보호하여 특정 사용자만 편집하도록 설정함	중요한 데이터(예 성적표나 예산표)를 실수로 수정하지 않도록 보호 설정
시트 숨기기	선택한 시트를 숨겨 화면에서 보이지 않게 하며, 숨겨진 시트는 탐색 메뉴(≡ 버튼)에서 다시 표시할 수 있음	과거 데이터나 임시 데이터를 숨겨 작업 화면을 깔끔하게 유지

Ⅰ 구글 시트 들어가기

댓글 보기	해당 시트의 댓글을 빠르게 확인하고 협업 피드백을 검토할 수 있음	팀 프로젝트 중 피드백 내용을 빠르게 확인하거나 작업 기록을 검토
오른쪽으로 이동	선택한 시트를 탭의 오른쪽으로 이동	여러 시트의 순서를 재배치하여 작업 우선순위를 반영
왼쪽으로 이동	선택한 시트를 탭의 왼쪽으로 이동	중요 데이터를 작업 우선순위에 맞춰 첫 번째로 이동하여 빠르게 접근하도록 설정

▲ '시트 이름' 우클릭 시, 메뉴별 기능

자) ❾ 상태 표시줄

구글 시트의 "**상태 표시줄**"은 구글 시트 우측 하단에 위치하여, 선택된 데이터 범위에 대한 실시간 요약 정보를 제공합니다. 사용자는 데이터를 별도의 수식 없이 빠르게 분석할 수 있어 효율적인 데이터 처리가 가능합니다.

데이터를 선택하기 전에는 상태 표시줄이 보이지 않지만, 다음의 그림처럼 데이터를 선택하면 <u>합, 평균, 최소, 최대, 개수, 횟수</u> 중 기존에 선택한 정보의 형식으로 상태 표시줄에 정보가 뜹니다. 이때, 드롭다운 버튼을 클릭하여 다른 정보도 확인할 수 있고, 기본으로 표시할 정보를 변경할 수 있습니다.

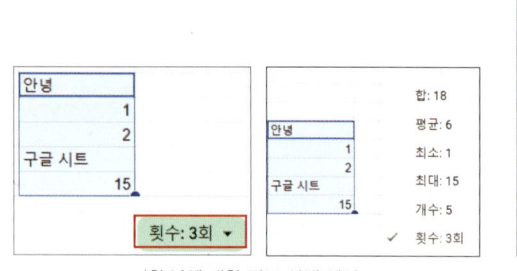

▲ '횟수'에 대한 정보 선택 예시

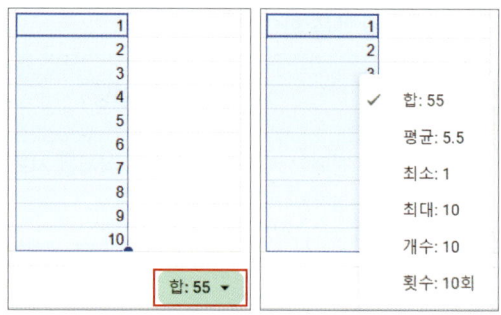

▲ '합'에 대한 정보 선택 예시

항목	설명	활용 예시
표시 가능한 정보	• 합: 선택된 값의 총합 계산 • 평균: 선택된 값의 평균 표시 • 최소: 선택된 데이터 중 가장 작은 값 표시 • 최대: 선택된 데이터 중 가장 큰 값 표시 • 개수: 데이터가 입력된 셀의 개수 표시 • 횟수: 숫자가 포함된 셀의 개수 표시	• 예산표에서 특정 항목의 총합 계산 • 학생이 제출한 설문 결과 구글 시트에 입력된 값의 개수를 확인해 제출 인원 파악 • 최대값과 최소값으로 성적 분포 확인 • 특정 학급의 성적 범위를 선택해 평균 점수와 최고점/최저점을 확인 • 데이터 입력 중 누락된 값(개수 부족) 확인 • 성적표 작성 전 총점과 평균 점수를 빠르게 확인
범위 선택과 동적 반응	• 선택된 셀 범위에 따라 상태 표시줄이 실시간으로 반응 • 숫자가 없는 텍스트나 빈 셀은 통계 계산에서 제외됨	

▲ '상태 표시줄'의 특성

② 명렬표 제작하며 모든 기초 익히기

가. 구글 시트 기초 다지기

앞에서 학습한 구글 시트의 기능을 실습으로 직접 적용하고 익혀보겠습니다. 『기초 다지기 연습 세트』를 활용하여, 배운 내용을 실제로 적용하며 구글 시트를 효과적으로 활용하는 방법을 익혀보세요.

> **템플릿 및 연습 세트 사용 안내**
> 이 책의 실습 및 실사용을 위해 제공되는 모든 템플릿 및 연습 세트는 저작권법에 보호되는 본 도서의 저작물입니다. 이를 무단으로 공유하는 것은 물론 가공 후 2차 저작물을 만들어 공유하는 것 또한 저작권법에 저촉되어 법적 처벌 대상이 되니 주의해 주시기 바랍니다.

joo.is/기초다지기연습세트
▲ 기초 다지기 연습 세트

1) 텍스트 입력과 서식 변경하기

가) 텍스트 입력

• 첫 번째 행에 번호, 이름, 성별 등 항목을 입력합니다.

	A	B	C
1	번호	이름	성별

단축키	기능	비고
Ctrl + Enter 또는 Alt + Enter	★ 셀 내 줄바꿈	현재 셀에서 텍스트 줄을 바꿈
Enter	아래 셀로 이동	현재 셀에서 바로 아래 셀로 이동
Tab	오른쪽 셀로 이동	현재 셀에서 바로 오른쪽 셀로 이동

▲ 셀 이동 및 줄바꿈 관련 단축키

• 입력한 텍스트를 서식 도구 모음을 이용하여 변경해 봅시다.

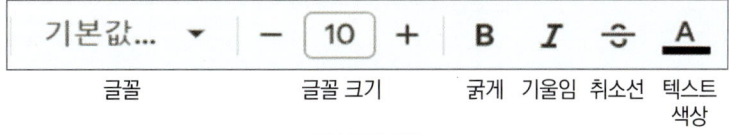

▲ 서식 도구 모음

나) 글꼴 및 텍스트 스타일 변경

- 변경할 범위를 선택한 후, 글꼴 및 크기, 서식을 적용해 봅니다.

    ❶ 변경할 범위를 선택합니다.

    ❷ 툴바에서 [글꼴]을 클릭하여 글꼴 목록을 펼칩니다.

    ❸ 원하는 글꼴을 선택합니다. (예 기본 글꼴 Arial → '굴림' 변경)

    ❹ "B"(굵게 Ctrl + B)를 클릭하여 진하기 서식을 적용해 봅니다.

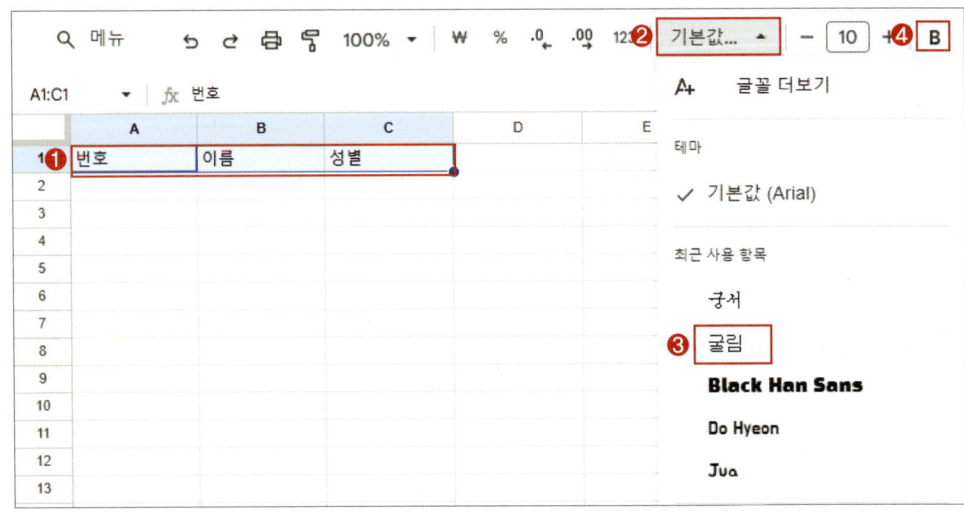

▲ 글꼴 및 텍스트 스타일 변경하기

다) 글꼴 크기와 텍스트 색상

- 글꼴 크기를 조정하려면 셀을 선택한 후, 툴바에서 [글꼴 크기] 입력창을 클릭한 후, 글꼴 크기를 변경(예 10→14)합니다.

- 또는 '입력창'에 직접 숫자를 입력하고, Enter 를 누릅니다.

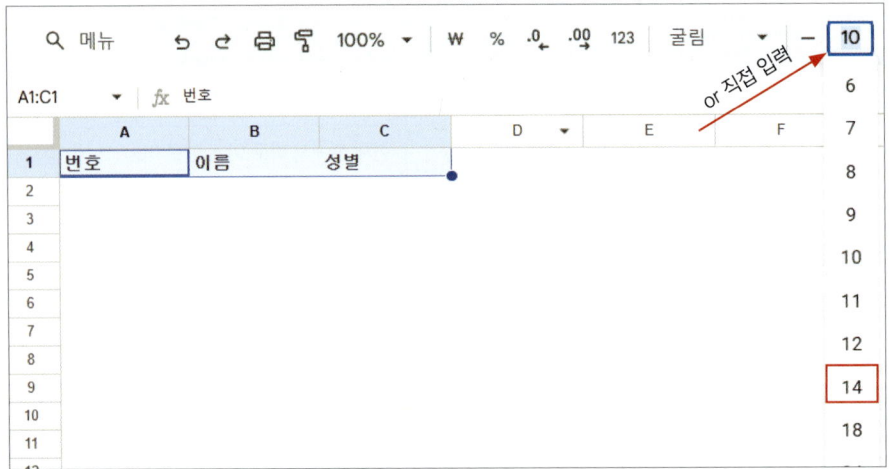

▲ 글꼴 크기 변경하기

58 구글 시트로 스마트한 학교 만들기

- 텍스트를 선택한 후 [텍스트 색상](A)을 클릭해 원하는 색상을 지정합니다.

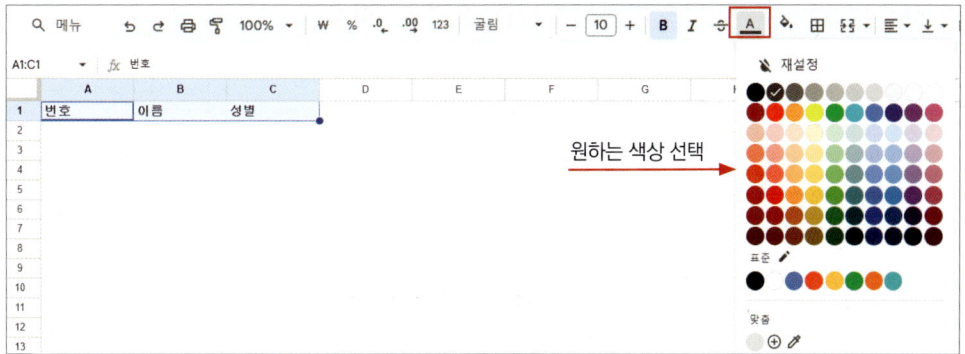

▲ 텍스트 색상 변경하기

> **TIP** 한국어 글꼴 추가하기
>
> ❶ **글꼴 메뉴 열기**: 상단 도구 모음의 [글꼴 드롭다운 메뉴]를 클릭하고, [글꼴 더보기]를 선택합니다.
>
>
>
> ▲ [글꼴]-[글꼴 더보기] 선택하기
>
> ❷ **한국어 글꼴 열기**: [문자] 드롭다운 메뉴에서 '한국어'를 선택합니다.
>
>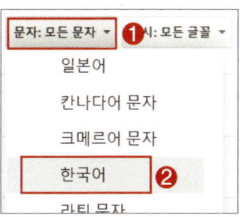
>
> ▲ [문자] 드롭다운 클릭하여 '한국어' 선택하기
>
> ❸ **한국어 글꼴 선택**: 체크 되어 있지 않은 한국어 글꼴을 모두 선택한 후, 확인을 클릭합니다.
>
>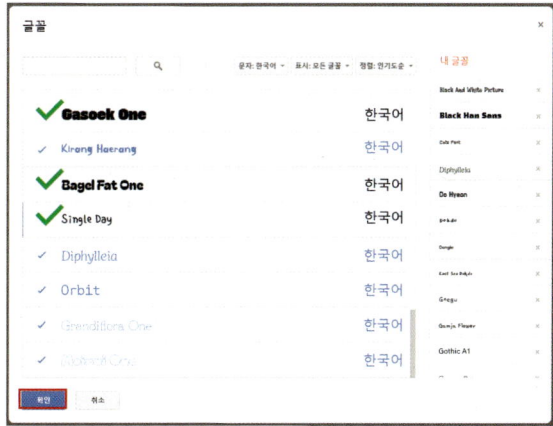
>
> ▲ '한국어' 글꼴 모두 선택(✓)하여 설치하기
>
> ❹ **새 글꼴 적용**: 텍스트가 입력된 셀을 선택하고 추가된 글꼴을 목록에서 선택하여 적용합니다.

2) 셀 채우기 색상 설정 및 삭제

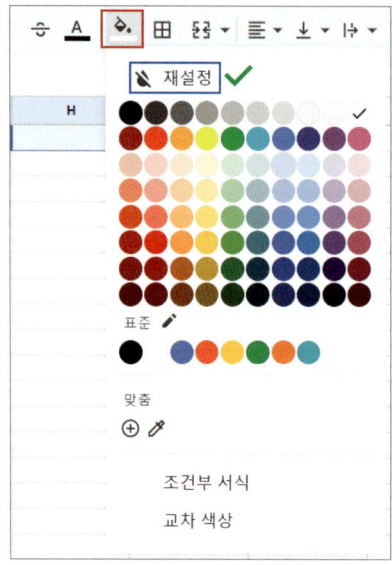

▲ 채우기 색상 적용 및 '재설정'하기

가) 채우기 색상

- 데이터를 구분하거나 강조할 때 유용합니다. 예를 들어, 특정 값이나 범위를 시각적으로 표시하여 가독성을 높일 수 있습니다.

  ❶ 원하는 셀 또는 셀 범위를 선택합니다.

  ❷ 상단 **툴바**에서 **채우기 색상 아이콘(** ♦ **)**을 클릭합니다.

  ❸ 색상 팔레트에서 원하는 배경색을 선택하면 선택한 셀의 배경색이 적용됩니다.

나) 색상 삭제

- 잘못 설정된 색상을 수정하거나, 기존 색상을 초기화하여 기본 셀 배경으로 복원할 때 유용합니다.

  ❶ 색상을 제거할 셀 또는 셀 범위를 선택합니다.

  ❷ 상단 채우기 색상 아이콘을 클릭합니다.

  ❸ 색상 팔레트에서 "**재설정**"을 선택(✓)하여 배경색을 제거합니다.

3) 테두리 설정

테두리 유형, 색상, 스타일을 변경하여 데이터를 시각적으로 더 명확하게 구분하거나 특정 정보를 강조하는 데 사용됩니다.

가) 테두리 유형

셀의 외곽선 및 내부 구분선의 유무를 설정합니다.

번호	옵션	설명
❶	전체 테두리	선택한 셀 범위의 모든 테두리를 추가합니다.
❷	안쪽/가로/세로 테두리	선택한 셀 범위의 내부(가로, 세로)에만 테두리를 추가합니다.
❸	바깥쪽 테두리	선택한 범위의 외곽에만 테두리를 추가합니다.
❹	왼쪽/위/오른쪽/아래 테두리	선택한 방향(왼쪽, 위, 오른쪽, 아래)에만 테두리를 추가합니다.
❺	테두리 삭제	선택한 셀 범위의 모든 테두리를 제거합니다

▲ 테두리 유형 이미지

▲ 테두리 옵션별 특징

나) 테두리 색상

셀의 외곽선 및 내부 구분선의 색을 설정합니다.

❶ 테두리 설정 아이콘을 클릭합니다.

❷ 테두리 색상 설정 옵션에서 원하는 **색상**을 선택합니다.

❸ 적용하고자 하는 셀 범위에 색상을 설정합니다.

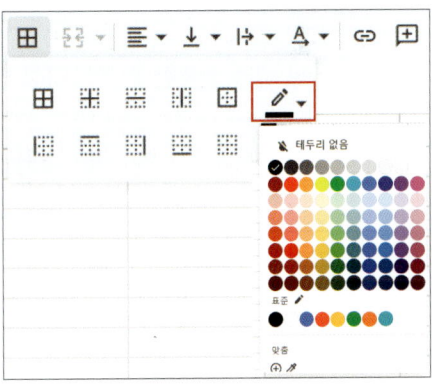

▲ 테두리 색상 설정 옵션

다) 테두리 스타일

실선, 점선, 굵은 선 등으로 선의 형태를 설정합니다.

❶ 테두리 설정 아이콘을 클릭합니다.

❷ 테두리 스타일 옵션에서 원하는 **선 스타일(실선, 점선 등)**을 선택합니다.

❸ 선택한 스타일이 셀 범위에 적용됩니다.

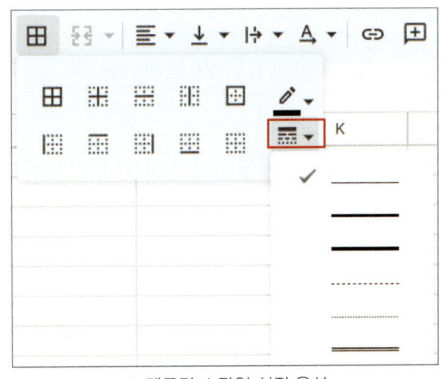

▲ 테두리 스타일 설정 옵션

라) 색상과 스타일 적용

테두리 색상과 스타일은 함께 조합하여 셀을 더욱 효과적으로 구분하고, 데이터를 시각적으로 강조할 수 있습니다. 중요한 데이터는 굵은 외곽선과 강렬한 색상으로 설정하고, 보조 데이터는 점선과 연한 색상으로 구분하여 가독성 강화합니다.

- 적용할 범위(열, 행, 셀)를 선택한 후 상단의 테두리 아이콘을 클릭합니다.
- 색상, 스타일을 선택한 후, 테두리 유형을 선택하여 꾸밉니다.

☑ **연습 시트 1** 다양한 테두리 서식 적용 예시

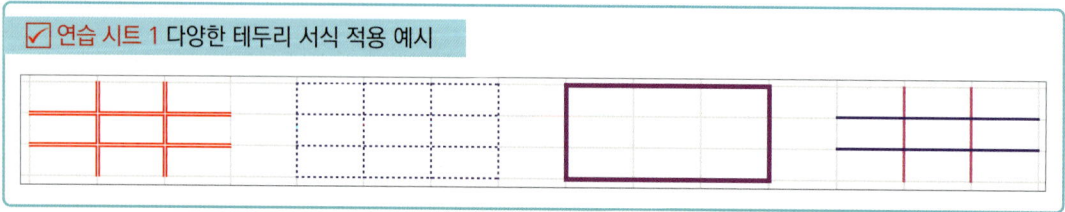

4) 셀

가) 셀 병합 및 병합 취소

- 병합할 셀들을 선택한 후 상단의 [셀 병합] 버튼을 클릭합니다.
- 병합된 셀을 선택한 후, 다시 [셀 병합] 버튼을 클릭하면 원래의 셀로 복원됩니다.

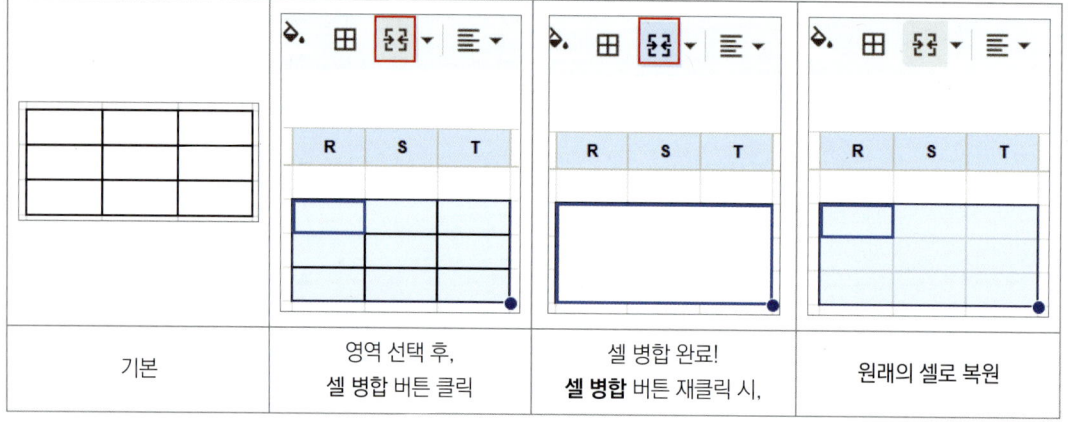

| 기본 | 영역 선택 후, 셀 병합 버튼 클릭 | 셀 병합 완료! 셀 병합 버튼 재클릭 시, | 원래의 셀로 복원 |

★ [셀 병합] 후, [병합 취소]를 했을 때 안쪽 선의 서식이 사라집니다. 원래 서식을 복구하려면 Ctrl + Z (실행취소)를 사용하세요

나) 병합 유형 선택

- 셀을 선택한 후, **병합 유형 선택** 드롭다운 메뉴를 클릭하고, 셀 병합의 3가지 유형(전체 병합, 세로로 병합, 가로로 병합) 중 선택이 가능합니다.
- **전체 병합**은 앞에서 설명한 **셀 병합 버튼**을 누르는 것과 동일합니다.

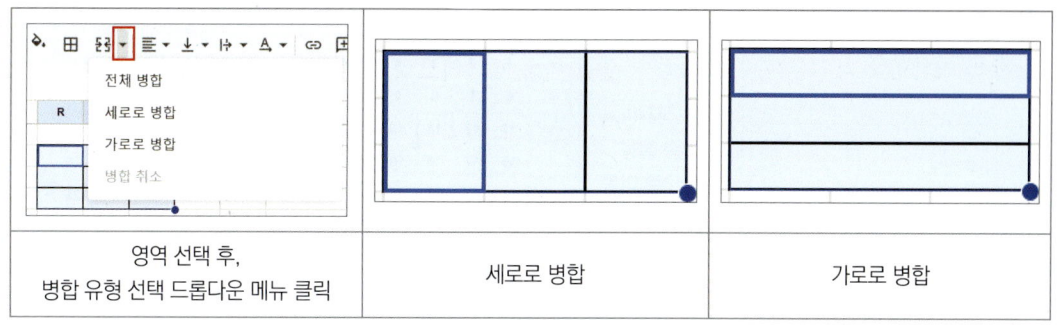

☑ 연습 시트 2 "셀 병합 연습 시트"에서 실습하며 익혀보세요.

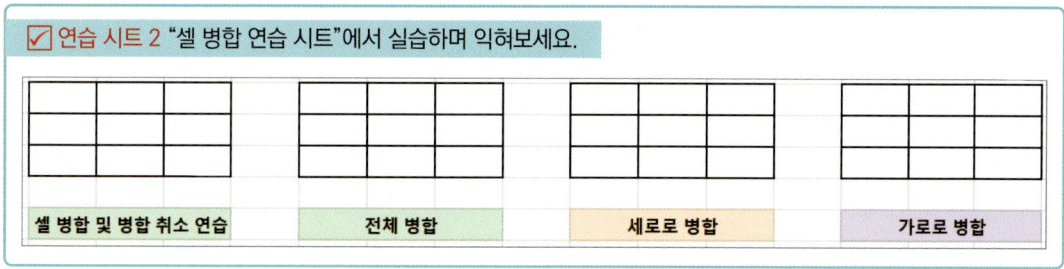

다) 셀 삽입 및 삭제

구분	한 셀을 선택한 경우	여러 셀을 선택한 경우
셀 선택 후, 마우스 오른쪽 버튼을 눌러 원하는 셀 이동 방식을 선택합니다.	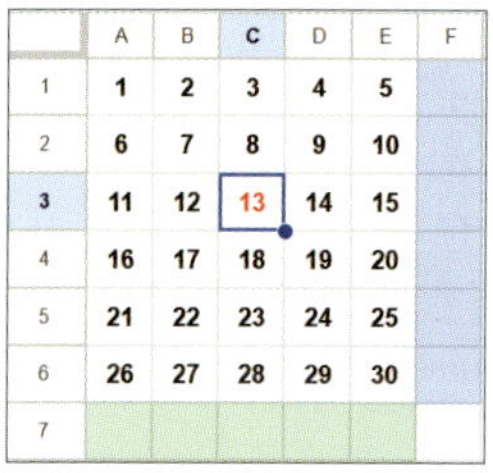	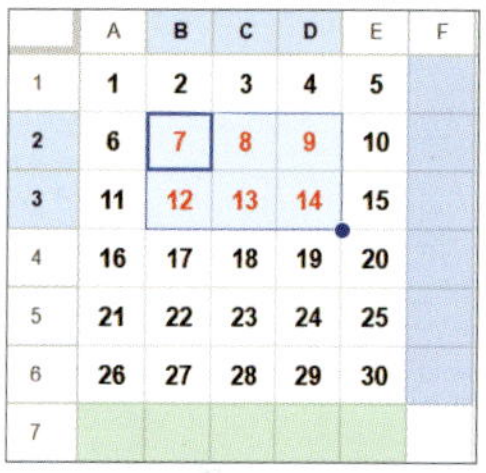

| 삽입 | 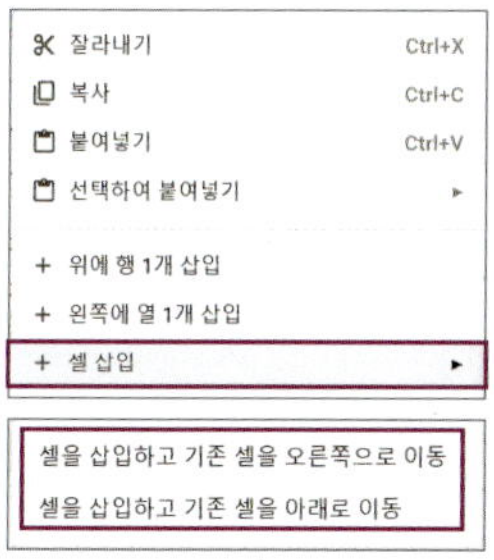 | 셀을 삽입하고
기존 셀을
오른쪽으로 이동 | 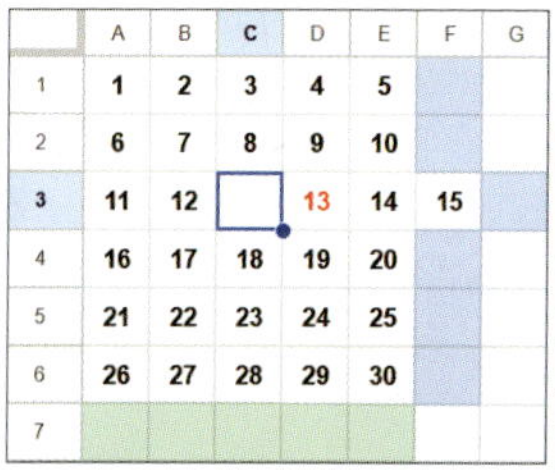 | 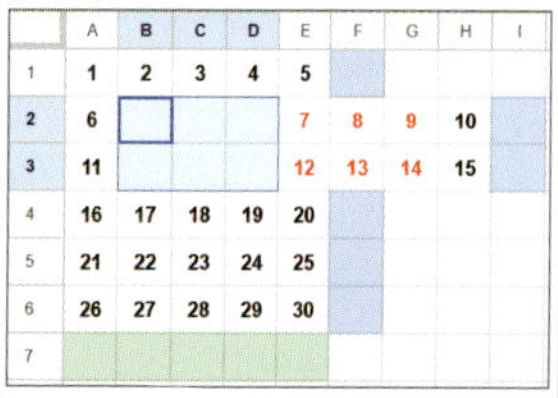 |
| | | 셀을 삽입하고
기존 셀을
아래로 이동 | 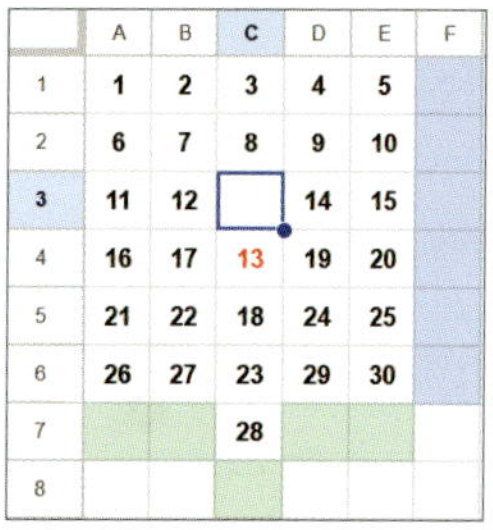 | 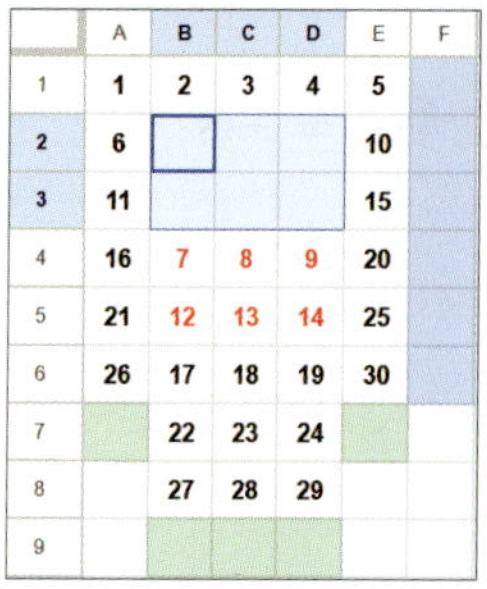 |

★ 셀 삽입과 삭제는 인원 변동으로 데이터가 일치하지 않을 때 활용하면 좋습니다.

☑ 연습 시트 3 "셀 삽입/삭제 연습 시트"에서 실습하며 익혀보세요.

5) 텍스트 정렬

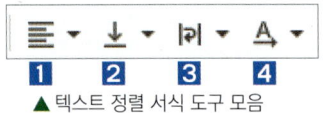

▲ 텍스트 정렬 서식 도구 모음

가) 정렬 설정

- 데이터가 입력된 셀 선택 후, 정렬 옵션을 [가로 맞춤]과 [세로 맞춤]에서 선택합니다.

  1 가로 맞춤: 왼쪽 정렬, 가운데 정렬, 오른쪽 정렬 적용을 선택합니다.

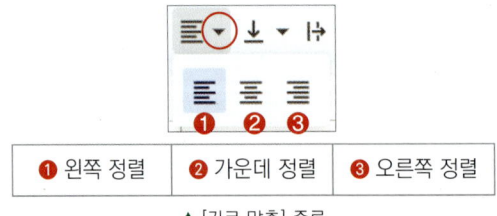

▲ [가로 맞춤] 종류

② 세로 맞춤: 위쪽 정렬, 가운데 정렬, 아래쪽 정렬 적용을 선택합니다.

▲ [세로 맞춤] 종류

나) 텍스트 줄바꿈과 회전

③ [텍스트 줄바꿈]은 3가지 옵션(오버플로우, 줄바꿈, 자르기) 중 선택합니다.

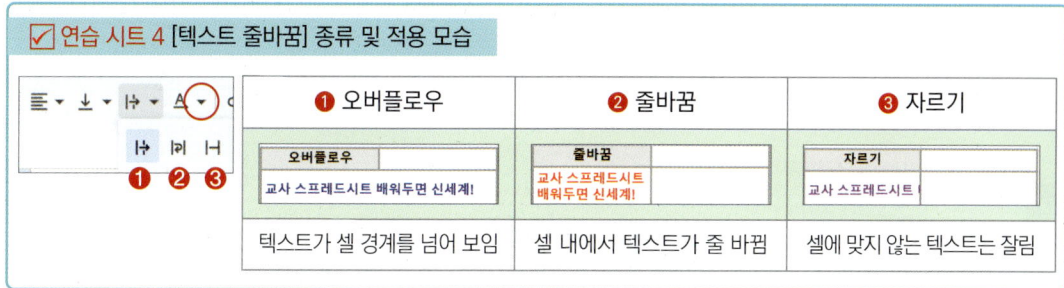

✓ 연습 시트 4 [텍스트 줄바꿈] 종류 및 적용 모습

★ '줄바꿈'을 주로 활용하게 되지만, 링크 주소 삽입 시, '자르기'도 자주 활용합니다.

④ [텍스트 회전]은 텍스트를 특정 각도로 회전시켜 셀에 표시합니다. 열 제목을 세로로 회전시켜 '공간 절약'할 수 있습니다. 특정 각도를 입력하여 회전하여 활용할 수도 있습니다.

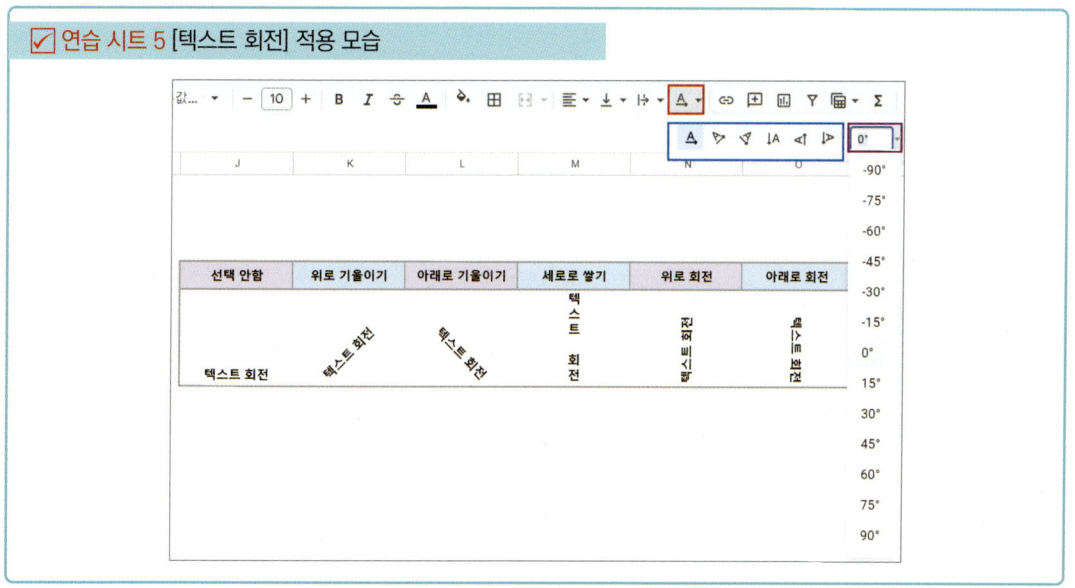

✓ 연습 시트 5 [텍스트 회전] 적용 모습

6) 행과 열

가) 삽입 및 삭제

- 행 또는 열 번호(또는 셀)를 클릭하고 마우스 오른쪽 버튼을 눌러 삽입 또는 삭제를 선택합니다.

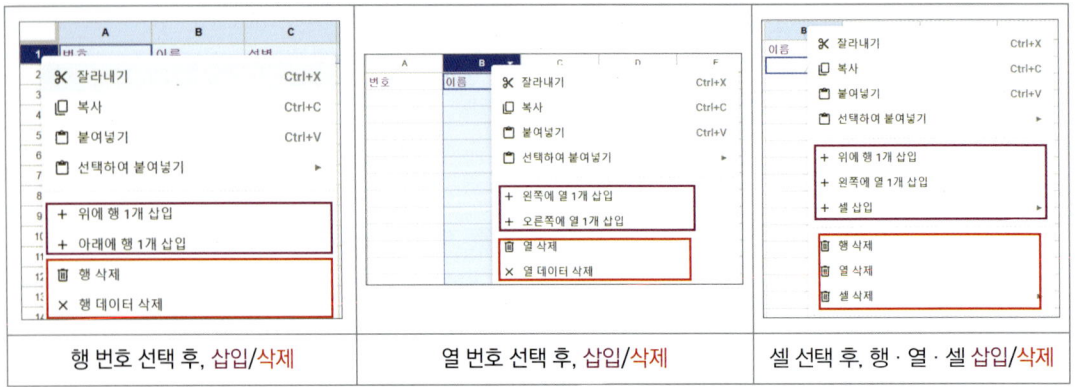

▲ 행·열·셀 선택 우클릭 시, 삽입/삭제 메뉴 비교

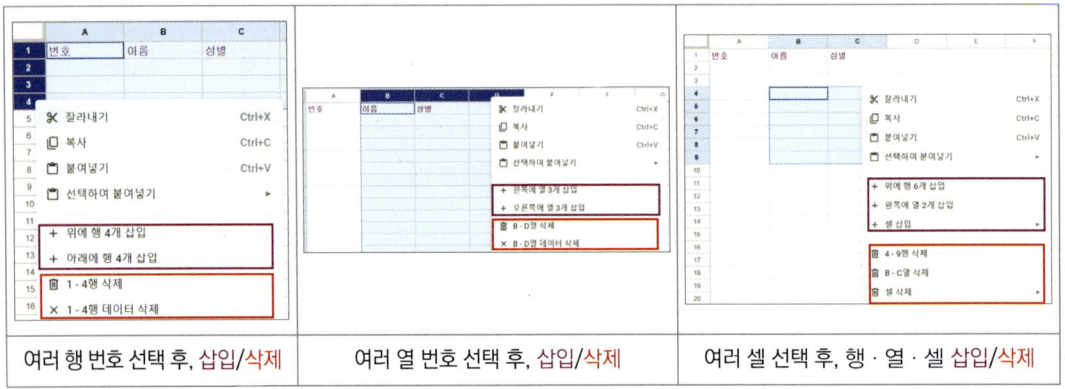

▲ 여러 행·열·셀 선택 우클릭 시, 삽입/삭제 메뉴 비교

★ 여러 행 또는 열을 동시에 삽입하려면 삽입하고 싶은 개수의 행과 열을 드래그하여 선택 후 삽입 또는 삭제합니다.

나) 행과 열 고정

- 행과 열을 고정하면 스크롤 시에도 고정된 데이터를 유지합니다.
- 학생 명단 열이나 제목 행을 고정하여 활용해 보세요.
- 단, 고정된 행/열이 많으면 화면이 좁아질 수 있으니 유의하세요.

▲ '행 고정선'과 '열 고정선' 모습

행과 열을 고정하는 방법을 '**1** 마우스로 드래그하여 고정하는 방법'과 '**2** 상단 메뉴를 활용하여 고정하는 방법'으로 구분하여 안내합니다.

방법 **1** 마우스로 드래그하여 고정하기

❶ 하단 이미지의 1행 번호와 A 열 번호 사이에 있는 사각형인 "**전체 선택 버튼**"(Select All Button)의 우측(열 고정)과 아래쪽(행 고정)에 회색으로 진한 선 위에 마우스를 올려 가위바위보 중, "보"의 형태가 되는 위치를 찾습니다.

❷ 이때, 마우스를 꾹 눌러 '주먹(✊)' 모양으로 바뀌면 고정하길 원하는 행과 열까지 마우스를 꾹 누른 상태에서 드래그하여 이동합니다.

▲ 행/열 고정 선이 변경되어 적용된 모습

❸ 적용한 고정을 해제하고 싶을 때는 다시 "주먹(✊)" 모양으로 고정선을 잡아서 원래 자리로 이동시켜 줍니다.

방법 **2** 상단 메뉴에서 [보기]-[고정] 메뉴 활용하기

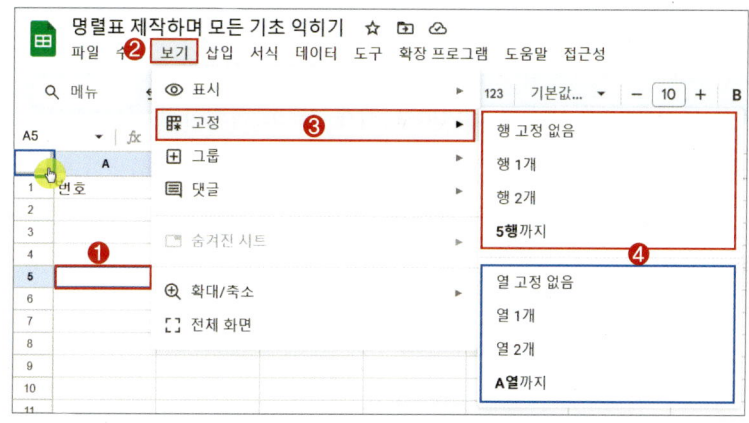

▲ [보기]-[고정] 메뉴로 고정하는 방법

❶ 고정을 적용하고 싶은 기준 셀을 선택합니다.
❷ 상단 메뉴에서 [보기]-[고정]을 선택합니다.
❸ 고정을 원하는 행/열을 선택합니다.
❹ 적용한 고정을 해제하고 싶을 때는 "행 고정 없음", "열 고정 없음"을 선택합니다.

★ 고정 없음, 1개, 2개 항목은 항상 보이지만, 마지막에 선택지인 "5행까지", "A 열까지"로 선택한 셀을 기준(포함)으로 변경됩니다. 마우스로 드래그하기 **방법 1**로 잘 안될 때는 상단 메뉴를 이용하는 **방법 2**를 활용하세요.

다) 행과 열 숨기기

구분	단계 및 설명
행/열 숨기기	• 숨기고 싶은 행 번호(예 2, 3) 또는 열 문자(예 A, B)를 클릭하여 선택합니다. • 마우스 오른쪽 버튼을 클릭하고 "숨기기"를 선택합니다. • 선택된 행 또는 열이 숨겨지고, 해당 위치에 '화살표 아이콘'(◀ 또는 ▶)이 표시됩니다.
숨겨진 행/열 표시	• 숨겨진 행 또는 열 사이에 나타난 '화살표 아이콘'(◀ 또는 ▶)을 클릭합니다. • 숨겨졌던 행 또는 열이 다시 표시됩니다.
여러 행/열 숨기기	• Shift 키를 누른 상태에서 연속된 여러 개의 '행 번호' 또는 '열 문자'를 클릭하여 선택합니다. • 또는 Ctrl 키를 누른 상태에서 비연속적인 행 번호 또는 열 문자를 선택합니다. • 마우스 오른쪽 버튼을 클릭하고 "숨기기"를 선택합니다. • 선택된 여러 행 또는 열이 한꺼번에 숨겨집니다.
숨기기 취소 및 표시 방법	• 숨겨진 영역의 '화살표 아이콘'(◀ 또는 ▶)을 클릭하여 숨겨진 행/열을 다시 표시합니다. • 또는 상단 메뉴에서 [보기]-[숨겨진 시트 및 범위]를 통해 숨겨진 행/열을 선택하여 표시할 수 있습니다.

▲ 행/열 숨기고 취소하는 방법

지금까지 구글 시트의 기본 기능인 텍스트 입력과 서식 변경, 셀 색상 설정, 테두리 설정, 셀 관리, 텍스트 정렬, 행과 열 관리까지 학습했습니다. 이 기초 기능들은 구글 시트를 체계적으로 관리하고 데이터를 명확하게 정리하는 데 필수적인 요소입니다.

이제 이를 바탕으로, 다양한 명렬표를 제작하고 활용하는 방법을 익히며, 구글 시트의 활용 능력을 더욱 발전시켜 보겠습니다. 단순한 데이터를 체계적으로 정리하고, 시각적으로 돋보이게 만드는 방법부터 다양한 기능을 적용한 데이터 관리까지 단계적으로 학습하며, 실생활과 업무에서 실질적으로 활용할 수 있는 구글 시트 기술을 익히게 될 것입니다.

기초를 탄탄히 다진 지금, 응용과 확장의 단계로 함께 나아가 봅시다!

나. 여러 명렬표 제작하며 실력 UP

> **Step1** 왕초보도 할 수 있다.

앞으로 학습할 세 가지 명렬표를 연습 세트를 통해 하나씩 따라 하며 실습해 보시기 바랍니다. 연습을 마칠 즈음에는 구글 시트의 중급 사용자로 성장한 자신을 발견하게 될 것입니다.

joo.is/명렬표연습세트
▲ 명렬표 3종 연습 세트

1) 학기 초 진단평가 기록표

> 채점 후, 틀린 문항 개수 입력만으로 점수, 총점, 평균, 순위까지 빠르게 계산할 수 있습니다. 그리고 기준 점수 이하인 학생을 한눈에 파악할 수도 있습니다. 바쁜 학기 초, 구글 시트로 평가 결과를 효과적으로 정리해 보세요.

〈학습 내용〉	〈핵심 학습 요소〉
1. 명렬표 서식 작성의 기본 다지기	☑ 채우기 핸들 & 자동 채우기
2. 빠르게 점수 계산하기	☑ 표로 변환
3. 총점, 평균, 순위 함수로 구하기	☑ SUM, AVERAGE, RANK 함수
4. 기준 점수 이하 학생 조건부 서식으로 파악하기	☑ 참조(상대, 절대, 혼합)
	☑ 조건부 서식

가) 머리글 항목 입력하기

- 1행(머리글)에 항목을 입력합니다.

	A	B	C	D	E	F	G
1	번호	이름	국어	수학	총점	평균	순위

▲ '머리글'에 입력한 항목

나) 번호와 명단 입력하기

- A 열에 1~30까지 번호를 입력합니다.
- 나이스의 명렬표를 다운로드하여 구글 시트에 불러옵니다. 또는 명단을 복사하여 활용합니다.

> **TIP** 채우기 핸들을 활용하여 1~30을 5초 안에 입력하라!
>
> 채우기 핸들[1]은 셀 범위를 선택하면 우측 하단의 모서리에 표시됩니다. 마우스를 채우기 핸들에 위치시키면 '마우스 포인터 모양'이 "+"로 변경되며 이때 클릭하여 드래그합니다.
>
> **채우기 핸들 사용법 [1]**
> 1. 첫 번째 셀에 1을 입력합니다.
> 2. 그 아래 셀에 2를 입력하여 1과 2를 선택합니다.
> 3. 선택된 셀의 우측 하단 모서리를 마우스로 클릭한 후, 드래그하여 원하는 범위까지 확장합니다.
> ★ 이 방법은 두 개 이상의 값으로 패턴을 제공했기 때문에, 구글 시트가 이를 분석하여 규칙적으로 숫자를 증가시키는 기능을 수행합니다.
>
> **채우기 핸들 사용법 [2]**
> 1. 첫 번째 셀에 1을 입력합니다.
> 2. A1 셀(1)을 선택한 상태에서 Ctrl 키를 누르고, 채우기 핸들(+)을 클릭하여 아래로 드래그합니다.
> ★ Ctrl 키를 누르지 않고, A1 셀(1)을 드래그하면 셀 값을 그대로 복사하여 선택한 범위에 동일한 값(1)을 채웁니다. 이 방법에서는 Ctrl 키를 사용했기 때문에 두 개의 값을 입력하지 않아도 1씩 증가하는 연속된 숫자를 생성합니다.
>
> ◆ Ctrl 키의 역할
>
> | 역할 | 내용 |
> |---|---|
> | 패턴 분석 비활성화 | 채우기 핸들 사용법 [1]에서 기존에 입력된 패턴(例 1, 2)을 Ctrl 키를 누르고 드래그하면, 분석한 패턴을 무시하고 셀 값을 그대로 복사(1, 2, 1, 2……)하여 채웁니다. |
> | 자동 증가 기능 활성화 | 채우기 핸들 사용법 [2]와 같이 숫자 데이터의 경우, Ctrl 키를 누르고 드래그하면, 시작 값부터 1씩 증가하는 연속된 숫자를 생성합니다. |
>
> ▲ Ctrl 키 사용에 따른 결괏값 변화

다) 표로 변환하기

- 구글 시트에는 **[테이블로 변환]** 추천 기능이 있습니다. 스프레드시트가 데이터를 분석하여 표로 변환하는 것이 적합하다고 판단될 때, 자동으로 테이블 변환 옵션을 제안합니다. 물론 "옵션 더보기"를 통해 '표 추천 사용 중지'도 가능합니다.

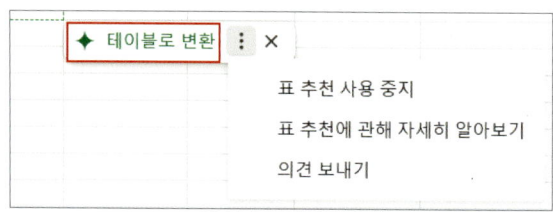

▲ [테이블로 변환] 추천 기능의 "옵션 더보기" 메뉴

---

[1] 채우기 핸들은 스프레드시트 프로그램에서 셀 데이터를 복사하거나 패턴을 확장하는 데 사용되는 조작 도구입니다. 주로 셀의 오른쪽 하단 모서리에 있는 작은 파란색 원이나 사각형으로 표시됩니다.

- 사용자는 [테이블로 변환] 버튼을 클릭하여 데이터를 표 형식으로 변환할 수 있으며, 우측 메뉴에서 추천 기능을 중지하거나 관련 도움말을 확인할 수 있습니다.
- [테이블로 변환] 추천 기능이 아니더라도 다음과 같은 두 가지 방법으로 [표로 변환]이 가능합니다.

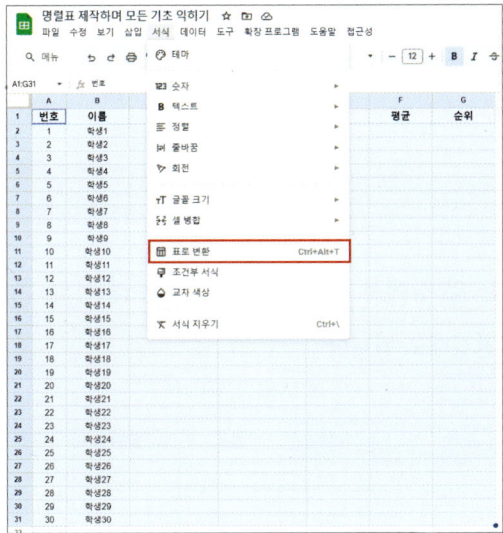
▲ 범위 선택 후, [서식]-[표로 변환]

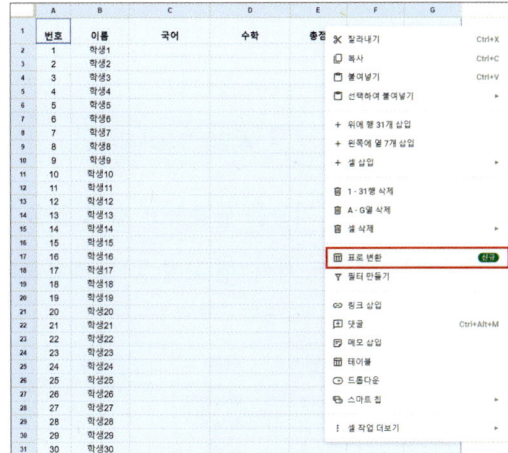
▲ 범위 선택 후, 마우스 우클릭-[표로 변환]

특성	[표로 변환] 기능의 장점	활용 예시
자동 서식 적용	데이터의 시각적 가독성을 즉시 개선하며, 복잡한 서식 설정 없이 체계적인 데이터 표현 가능합니다.	학생 명단을 표로 변환하여, 행별 색상이 교차 적용되면서 성적표나 출석부가 한눈에 보기 편리해짐
필터 자동 활성화	데이터를 빠르게 정렬하거나 특정 조건으로 필터링할 수 있어 분석 시간이 절약됩니다.	학급 성적표에서 특정 과목 점수가 90점 이상인 학생만 필터링하거나, 특정 반의 데이터를 별도로 정렬하여 확인
데이터 동적 관리	추가된 데이터가 자동으로 표 형식에 포함되어, 데이터 확장 작업이 간소화됩니다.	새로운 학생이 전학 온 경우, 표 하단에 이름과 성적을 입력하면 자동으로 표 형식과 필터가 적용되어 추가 작업 불필요
헤더 구분	첫 번째 행을 헤더로 고정하여 데이터 구조를 명확히 하며, 필터 및 정렬 기능과 연동됩니다.	"이름", "국어", "수학", "총점"과 같은 헤더가 고정되어, 긴 목록에서도 데이터 구조를 유지하며 과목별 정렬 및 필터링 가능
데이터 구조화	데이터베이스와 유사한 구조를 제공하여 복잡한 데이터도 체계적으로 관리됩니다.	여러 반의 성적 데이터를 관리할 때, 표 형식으로 정리하여 반별 필터링 및 점수 비교를 체계적으로 수행

▲ [표로 변환] 기능 적용의 장점과 예시

- [표로 변환] 기능을 활용하여 표로 변환하여 봅니다. (이 기능을 필수로 적용해야 하는 것은 아니지만, 더욱 편리하게 명렬표를 제작하고 관리할 수 있으니 활용해 보시기 바랍니다.)

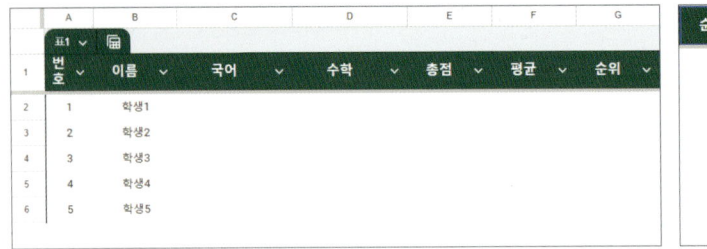
▲ 표로 변환된 모습

▲ 각 열 헤더에 나타나는 드롭다운 메뉴

- [표로 변환] 기능을 활용하고 싶지 않을 때는 앞 장에서 익힌 기초 기능(테두리 서식, 채우기 색상, 텍스트 서식, 행 고정 등)을 적용하여 편집해도 됩니다.

▲ [표로 변환] 기능 미활용 편집 예시

- [표로 변환] 기능을 해제하고 싶을 때는 다음과 같이 [표 메뉴]의 드롭다운 버튼은 클릭한 후, "형식이 지정되지 않은 데이터로 되돌리기"를 클릭하면 됩니다.

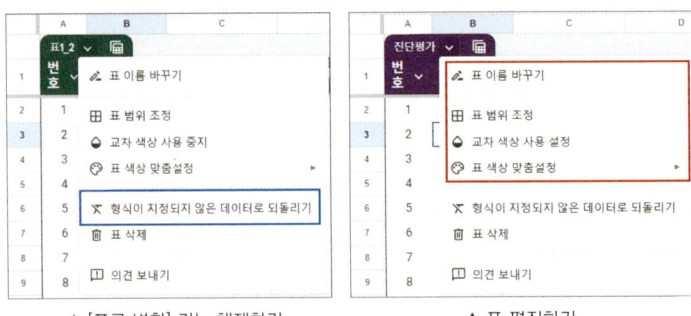
▲ [표로 변환] 기능 해제하기   ▲ 표 편집하기

- 또한 [표 메뉴]에서 표 이름, 표 범위, 교차 색상 적용 여부, 표 색상 설정 등을 할 수 있습니다.

라) 평가 결과 입력하기

- 학생의 평가 결과를 입력합니다. 점수를 계산하여 결과를 입력할 수도 있지만, 구글 시트의 계산 기능을 적용하여 편리하게 계산할 수 있습니다.

> **TIP** 쉽게 계산해 보기
>
> - 구글 시트에서는 수식을 활용한 데이터 계산을 쉽게 합니다. 아래와 같이 틀린 개수만 입력한 후, 계산하면 편리합니다.
>
>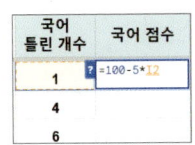
>
>   수식 =100 – 5 * I2
>
>   "국어 점수"를 계산하기 위한 수식으로,
>   "국어 점수 = 100 – (5 × 틀린 개수)"를 의미합니다.
>
> | =❷ | 100 | 5 | * | I2 |
> |---|---|---|---|---|
> | 계산 시작의 신호 | 기본 점수 | 문항 배점 | 곱하기 기호 | 선택된 셀의 위치
I2 셀은 "틀린 개수"의 데이터 위치
I2 클릭 ⇒ 셀 주소 자동 입력 |
>
> ▲ 수식 적용 시, 뜨는 '자동 완성 제안사항'
>
> - "자동 완성 제안사항" 승인 시, 수식이 열 아래로 복사되어 각 행의 '국어 점수'를 자동으로 계산합니다.
> - 이때, "자동 완성 제안사항"을 승인하지 못한 경우에는 <u>채우기 핸들을 더블클릭</u>하면 됩니다.❸
>
>

마) 총점 계산하기_ SUM함수

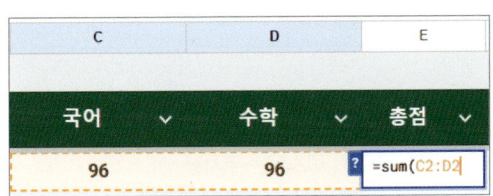

▲ SUM 함수 적용 모습

❷ "="는 구글 시트에서 수식 또는 계산을 입력할 때 사용하는 시작 기호입니다. 구글 시트는 이 기호를 보고 "이 셀에 입력된 내용을 계산하거나 작업을 수행해야 하는 수식이다"라고 이해합니다.
❸ '더블 클릭 자동 채우기' 기능은 좌측 열에 데이터가 없으면 작동하지 않으며, 대신 드래그를 사용해야 합니다. 좌측 열에 데이터가 끊긴 경우, 자동 채우기는 데이터가 끊긴 지점에서 멈춥니다.

단계	설명	예시/입력값
❶ '총점' 셀 선택	'총점'을 표시할 열의 맨 위(1번 학생)의 셀을 클릭합니다.	E2 셀
❷ 수식 입력 시작	수식을 입력하기 위해 '='를 입력합니다.	=
❸ SUM 함수 작성	여러 셀을 더하기 위해 SUM 함수를 입력합니다.	SUM
❹ 더할 범위 지정	괄호를 열고, 더하고 싶은 셀 범위를 드래그(C2~D2까지 드래그)하거나 직접 범위를 입력합니다.	(C2:D2)
❺ 수식 완성	전체 수식 입력합니다.	=SUM(C3:D3)❹
❻ Enter 키 입력	Enter 키를 눌러 계산을 완료하고 결과를 표시합니다.	'총점' 열에 192 표시
❼ 자동 채우기	[자동 완성 제안사항]을 승인하거나 채우기 핸들을 더블클릭하여 모든 학생의 점수를 자동으로 계산합니다.	아래 셀에도 모든 학생의 총점이 자동 계산
❽ 자동 업데이트	만약 국어 점수(C2)나 수학 점수(D2)가 변경되면, 총점도 자동으로 업데이트됩니다.	변경된 점수에 따라 총점 자동 변경

▲ SUM 함수 적용 단계별 설명

처음 만난 함수 사전 **SUM 함수란?**

지정한 범위의 셀에 있는 숫자들의 합을 계산하는 함수

형식: =SUM(숫자1, [숫자2], …)

- 숫자1, 숫자2: 합계를 계산할 숫자나 범위. 여러 개의 셀, 범위, 상수를 사용할 수 있음

◆ 다양한 활용 예시

활용 예시	수식 예시	설명
학생 점수 합계 계산	=SUM(B2:B31)	학생들의 시험 점수를 기록한 B2:B31 범위의 합계를 계산
학급별 성적 합산	=SUM(C2:C31, D2:D31)	학급별로 여러 과목(C열과 D열)의 점수를 합산하여 총합을 계산
예산 합계 계산	=SUM(E2:E10)	E2:E10 범위에 입력된 학급 활동 예산 항목의 총합을 계산
교육자료 구입비 합산	=SUM(200, 150, 300)	200원, 150원, 300원의 교육자료 비용을 합산하여 총비용을 계산
결석 일수 합계 계산	=SUM(F2:F30)	학생들의 결석 일수를 기록한 F열 데이터를 합산하여 전체 결석 일수를 계산
개인 학습 시간 합계	=SUM(A2:A15)	학생들의 자율학습 시간을 A2:A15 범위에서 합산하여 총 시간을 계산
교사 연수 시간 합계	=SUM(G2:G10)*0.8	교사 연수 시간(G열)의 합계를 계산한 뒤, 80%만 적용된 총 연수 시간을 계산
학급별 평균 계산	=SUM(H2:H10)/COUNT(H2:H10)	학급별 점수를 H열에 기록하고, 전체 평균을 계산

◆ SUM 사용 팁

- 다양한 입력 지원: 숫자, 셀, 범위를 혼합하여 사용 가능
- 빈 셀 또는 텍스트 자동 처리: 빈 셀은 0으로, 텍스트는 무시함
- 조건부 합계가 필요하면 SUMIF 또는 SUMPRODUCT 사용 고려

---

❹ 수식에서 마지막 괄호인 ")"를 생략하고 Enter 키를 눌러도 됩니다. 구글 시트에서 =SUM(C2:D2처럼 괄호를 닫지 않고 Enter 를 눌러도 수식이 정상적으로 작동하는 이유는, 구글 시트가 자동으로 수식을 보완해주는 기능을 제공하기 때문입니다.

바) 평균 계산하기_ AVERAGE 함수

- 평균값을 표시할 셀(F2)에 "="를 입력한 후, AVERAGE 함수의 앞 글자인 "av"만 입력한 후, 하단에서 AVERAGE 함수를 선택하여 적용할 수 있습니다.

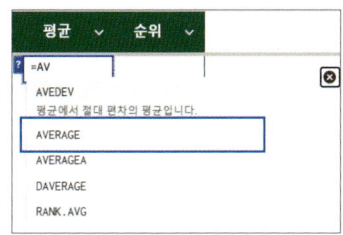

▲ 함수 리스트에서 선택하여 활용하기

- 셀에 =AVERAGE(C2:D2)를 입력하고, Enter 키를 눌러 계산을 완료합니다.

▲ AVERAGE 함수 입력하기

- 앞의 TIP 쉽게 계산해 보기에서 언급한 [자동 채우기] 기능을 활용하여 다른 행에도 평균 계산을 자동으로 확장합니다.

- 이어서 반 평균을 계산해 봅시다. "평균" 텍스트 위에 위치시키기 위해 '행 번호 1 클릭 후, 우클릭' → '위에 행 1개 삽입' 선택하여 한 행을 위에 삽입합니다.

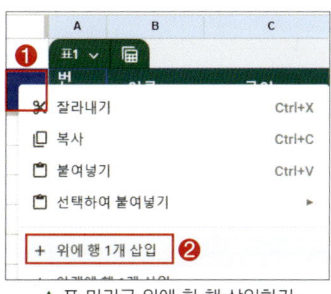

▲ 표 머리글 위에 한 행 삽입하기

- F1을 클릭하고 =AVERAGE(표1[평균])[5] 를 입력합니다.

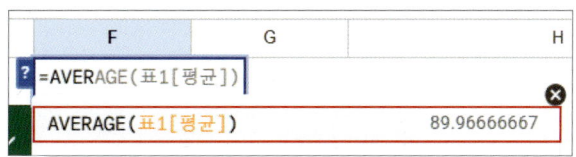

▲ "표로 변환"된 표에 AVERAGE 함수 적용 모습

---

[5] "표1"은 예시용 표 식별자로, 실제 환경에서는 개별 테이블에 할당된 고유 명칭을 사용해야 합니다.

- 물론 [표로 변환] 기능을 적용하지 않을 시, =AVERAGE(F3:F32)를 입력하고, Enter 키를 눌러 계산하면 됩니다.
- 평균 결괏값이 소수점 자릿수가 많은 경우에는 당황하지 말고 [소수점 자릿수 감소] 툴바 메뉴를 클릭하여 원하는 자릿수 형태로 변경하면 됩니다.
- [채우기 색상]으로 시각적 효과를 주면 명확하게 반 평균을 확인할 수 있습니다.

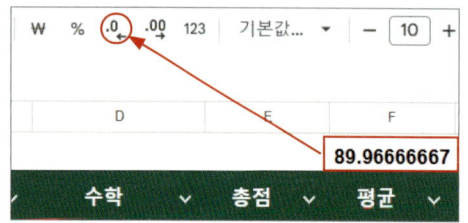

▲ '소수점 자릿수 감소' 적용

▲ '채우기 색상' 적용

처음 만난 함수 사전   AVERAGE 함수란?

지정한 범위의 숫자들의 평균을 계산하는 함수

형식: =AVERAGE(숫자1, [숫자2], …)

- 숫자1, 숫자2: 평균을 계산할 숫자나 범위. 여러 개의 셀, 범위, 상수를 사용할 수 있음

◆ 다양한 활용 예시

활용 예시	수식 예시	설명
학생 점수 평균 계산	=AVERAGE(B2:B31)	학생들의 시험 점수를 기록한 B2:B31 범위의 평균을 계산
학급별 성적 합산	=AVERAGE(C2:C31, D2:D31)	학급별 여러 과목(C열과 D열)의 점수 평균을 계산
평균 출석률 계산	=AVERAGE(E2:E10)	E2:E10 범위에 입력된 출석률의 평균을 계산
성적 기준 비교	=AVERAGE(F2:F30))80	F열의 평균 점수가 80보다 큰지 확인
결석 일수 평균 계산	=AVERAGE(G2:G30)	학생들의 결석 일수를 기록한 G열 데이터의 평균을 계산
자율학습 시간 평균	=AVERAGE(H2:H15)	학생들의 자율학습 시간을 H2:H15 범위에서 평균 계산
교사 연수 시간 평균	=AVERAGE(I2:I10)*0.8	교사 연수 시간(I열)의 평균을 계산한 뒤, 80%만 적용된 평균 시간을 계산

◆ AVERAGE 사용 팁

- 빈 셀 무시: 빈 셀은 무시되지만, 0이 입력된 셀은 평균 계산에 포함됨
- 텍스트 자동 처리: 텍스트는 무시되며 숫자만 계산에 포함
- 조건부 평균: 특정 조건의 평균값 계산 시 AVERAGEIF 또는 AVERAGEIFS 사용 가능

사) 순위 계산하기_ RANK 함수

- 순위를 계산할 첫 번째 셀(G2)을 클릭합니다. 이 셀은 첫 번째 학생(학생1)의 순위를 표시할 위치입니다.
- G2 셀에 아래 수식을 입력하고, 자동 완성 기능으로 나머지 학생의 순위도 자동으로 계산합니다.

[표로 변환] 미적용	[표로 변환] 적용
=RANK(E2, $E$2:$E$31)	=RANK(E2, 표1[총점])
RANK(값, 데이터, [순서])	

▲ [표로 변환] 유무에 따른 데이터 표현 차이 비교

값	E2: 순위를 계산할 점수(첫 번째 학생의 총점) 클릭
, (쉼표)	함수에서 여러 인수나 설정값을 구분하는 데 사용
데이터	▶ E2:E31: 비교할 전체 점수 범위(총점 열 전체) ▶ [표로 변환] 기능 미적용 시, $ 기호를 사용해 절대 참조[6] 로 고정하여 다른 행으로 수식을 복사해도 범위가 변경되지 않도록 설정합니다. $E$2:$E$31 • 만약, =RANK(E2, E2:E31) 로 '절대 참조'를 적용하지 않고 수식을 드래그하여 다른 학생들에게 적용할 경우, E2:E10 범위가 상대적으로 이동합니다. • 예를 들어, 학생2(3행)는 E3:E11, 학생3(4행)은 E4:E12로 변경되어 잘못된 순위를 계산하게 됩니다. • 결과적으로 전체 데이터를 기준으로 순위를 매길 수 없게 됩니다. ▶ [표로 변환] 기능 적용 시, E2:E31 범위를 드래그하면 자동으로 "표 이름[열 이름]" 형식으로 표시됩니다. =RANK(E2, 표1[총점]) 이때, 절대 참조로 범위를 고정하지 않아도 됩니다.
[오름차순] *선택사항	▶ 기본적으로 RANK 함수는 내림차순(점수가 높은 순)으로 계산됩니다. 따라서 일반적인 순위를 구할 때 이 항목을 생략합니다. ▶ 오름차순(점수가 낮은 순)으로 순위를 계산하려면, 수식에 1을 추가합니다. 📋 =RANK(E2, $E$2:$E$31, 1)

---

[6] 구글 시트에서 절대 참조를 설정하거나 변경할 때, 단축키 F4 를 사용하면 효율적입니다. 이 단축키는 참조 유형(상대 참조, 절대 참조, 혼합 참조)을 빠르게 전환할 수 있도록 도와줍니다.

처음 만난 함수 사전 | RANK 함수란?

숫자가 리스트 내에서 몇 번째 순위인지를 계산하는 함수

형식: =RANK(숫자, 범위, [순서])

- 숫자: 순위를 구할 대상 숫자
- 범위: 순위를 매길 데이터 범위
- 순서: 0(내림차순, 기본값), 1(오름차순) 중 선택 가능

◆ 다양한 활용 예시

활용 예시	수식 예시	설명
학생 점수 평균 계산	=RANK(B2, B2:B31, 0)	B2 셀의 점수를 B2:B31 범위에서 내림차순으로 순위를 계산
오름차순 성적 순위	=RANK(C2, C2:C31, 1)	C2 셀의 점수를 C2:C31 범위에서 오름차순으로 순위를 계산
최고 점수 순위 계산	=RANK(100, B2:B31, 0)	100점을 기준으로 B2:B31 범위에서의 내림차순 순위를 계산
학급별 점수 순위	=RANK(D2, D2:D31, 0)	D2 셀의 점수를 D2:D31 범위에서 학급별로 순위를 계산
결석 일수 순위 계산	=RANK(E2, E2:E30, 1)	E2 셀의 결석 일수를 E2:E30 범위에서 오름차순으로 순위를 계산
활동 참여도 순위	=RANK(F2, F2:F15, 0)	F2 셀의 활동 참여도를 F2:F15 범위에서 내림차순으로 순위를 계산
교사 연수 평가 순위	=RANK(G2, G2:G10, 0)	G2 셀의 연수 평가 점수를 G2:G10 범위에서 내림차순으로 순위를 계산
조건부 순위 계산	=IF(B2>50, RANK(B2, B2:B31))	B2 점수가 50점 이상일 경우에만 순위를 계산

◆ RANK 사용 팁

- 중복 데이터 처리: 동일 값이 있으면 같은 순위를 반환하며, 다음 순위는 건너뜀(예 1, 1, 3)
- 순서 옵션: 0은 높은 값일수록 높은 순위, 1은 낮은 값일수록 높은 순위
- 조건부 순위: 특정 조건을 결합하려면 IF와 함께 사용 가능

TIP "생성형 AI"와 상담해 보세요.

생성형 AI에 다음과 같은 프롬프트를 입력하여 관련 함수 활용에 대한 이해와 적용법을 확인합니다.

〈프롬프트 예〉

- 구글 시트에서 교사를 위한 RANK 함수를 활용법과 예시를 알려줘.
- 특정 점수 이상을 획득한 학생들만을 대상으로 순위를 매기는 방법을 알려줘.
- 시험 성적이 여러 개인 경우(중간고사, 기말고사), 가중치를 적용하여 총점을 구한 후 순위를 매기는 방법을 알려줘.

TIP 참조 제대로 이해하고 넘어가기!

- 구글 시트에서 "**참조**"는 특정 셀이나 셀 범위의 위치를 지정하여, 해당 위치에 입력된 데이터를 다른 위치에서 사용할 수 있도록 하는 기능입니다. 참조는 수식이나 함수에서 데이터를 동적으로 가져오거나, 계산에 활용할 수 있는 핵심 개념입니다.
- **참조**는 셀 또는 셀 범위의 주소를 지칭하는 용어로, 데이터를 호출하거나 연결하는 데 사용됩니다. 예를 들어, 수식에서 A1이라는 참조는 구글 시트의 첫 번째 열(A)과 첫 번째 행(1)에 있는 셀의 데이터를 의미합니다.

구분	활용 사례	설명
셀 참조 활용	데이터 연동 (학생 점수 계산)	각 학생의 점수를 입력한 뒤, 다른 셀의 점수를 참조해 총점과 평균을 계산합니다.
	동적 계산 (실시간 성적 변경 반영)	학생의 점수를 수정하면, 참조된 수식(총점, 평균 등)이 자동으로 업데이트됩니다.
범위 참조 활용	데이터 집계 (학급별 평균 계산)	특정 열(예 국어 점수)의 모든 값을 범위로 지정해 합산하거나 평균을 계산해 학급 성적을 분석합니다.
	조건부 참조 (조건부 필터링)	특정 범위에서 조건(예 70점 이상 성적)으로 데이터를 필터링해 우수 학생 목록을 확인합니다.

▲ '셀' 참조와 '범위' 참조에 따른 활용 사례

- **F4** 단축키 사용 시 전환 순서: 상대 참조: A1 → 절대 참조: $A$1 → 행 고정(혼합 참조): A$1 → 열 고정(혼합 참조): $A1 → 다시 상대 참조로 순환

참조 유형	설명	활용 예시
상대 참조	• 참조 셀이 복사되거나 이동될 때, 참조 범위도 함께 변경됩니다. • 셀 참조에 $ 기호가 없습니다.	• 학생별 성적 계산: 국어와 수학 점수를 더해 총점을 계산하는 수식을 작성한 후, 다른 학생의 행으로 드래그하여 수식을 자동 복사함 예 =A1+B1
절대 참조	• 참조 셀이 복사되거나 이동되더라도, 참조 범위가 고정됩니다. • 셀 참조에 $ 기호를 사용합니다.	• 성적 가중치 적용: 특정 셀에 저장된 고정된 가중치 예 "$A$1 = 0.5"를 사용하여 모든 과목 점수에 동일한 비율을 곱할 때 활용함
혼합 참조	• 참조 범위에서 행 또는 열만 고정하고, 나머지는 상대적으로 변경됩니다. • 셀 참조에 $ 기호가 열 또는 행에만 사용됩니다.	• 『성취도 분석 템플릿』[7]에서 문항별 성취도를 분석할 때, 문항 번호와 성취도(%)의 변화에 따라 인원수를 각각 계산함 예 =COUNTIF(F$4:F$23, ")="&F$3*$B28)

▲ 참조 유형에 따른 특성과 활용 예시

---

[7] joo.is/성취도분석 - [논술형 평가 기록표(예시)] 시트의 함수에서 확인해 보세요.

TIP 함수 도움말 4단계 참고하기

〈1단계〉

RANK 함수를 잘 모른다면 "? 기호"를 클릭하세요.

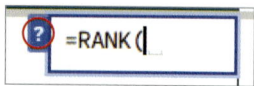

▲ 함수 입력 후, 보이는 기본 모습

〈2단계〉

"? 기호"를 클릭하면, 다음과 같이 입력할 인수와 순서를 확인할 수 있습니다. 더 자세한 설명이 필요하다면, 우측 [세부정보 펼치기] 버튼을 클릭합니다.

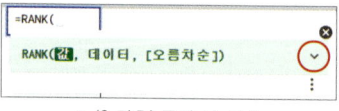

▲ '? 기호' 클릭 시, 모습

〈3단계〉

"드롭다운 버튼"을 클릭하여 추가 설명을 읽어봐도 이해가 안 된다면, 스크롤을 내려 하단의 "자세히 알아보기"를 클릭합니다.

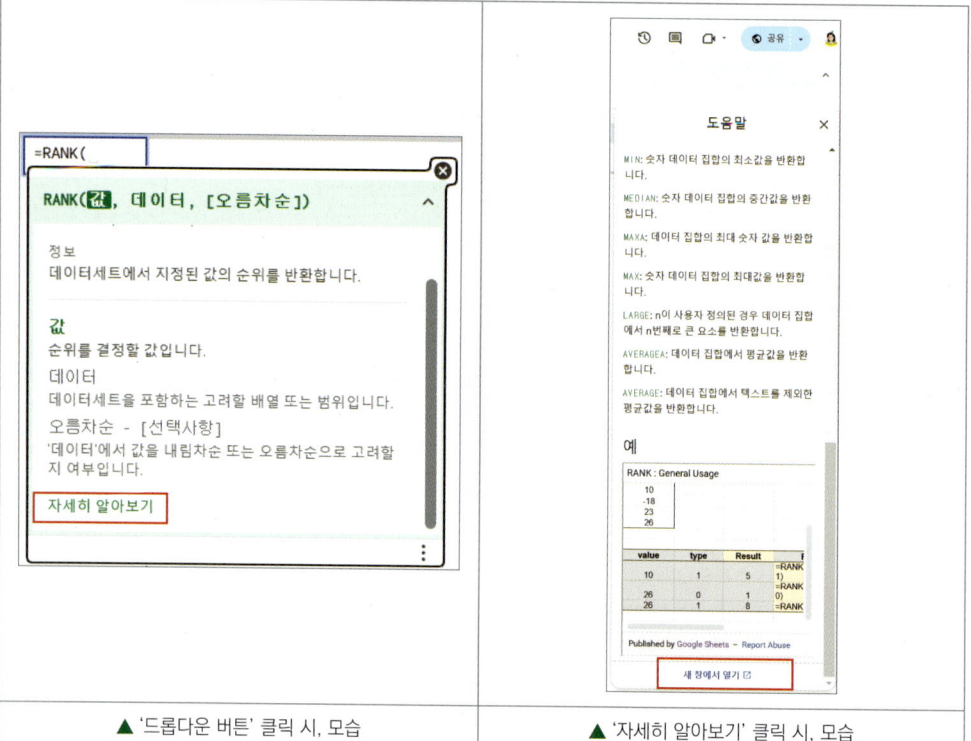

▲ '드롭다운 버튼' 클릭 시, 모습   ▲ '자세히 알아보기' 클릭 시, 모습

〈4단계〉

도움말의 긴 설명을 읽어도 이해하기 어렵거나, 더 큰 화면에서 확인하고 싶을 때는 "새 창에서 열기"를 클릭합니다. "Google Docs 편집기 고객센터" 창이 열리고 더욱 자세한 설명과 예를 확인할 수 있습니다.

▲ Google Docs 편집기 고객센터

아) 기준 점수 이하 학생 파악하기_ 조건부 서식

- **[조건부 서식]**을 활용하면 특정 조건(예 점수가 60점 미만)을 만족하는 데이터를 자동으로 강조 표시할 수 있습니다.
- 국어와 수학 점수가 기록되어 있는 범위(C2:D31)를 드래그합니다.

단계	설명
1 국어와 수학 점수가 기록되어 있는 범위(C2:D31)를 드래그합니다. 2 우클릭 후, [셀 작업 더보기]를 선택합니다. 3 [조건부 서식]을 선택합니다.	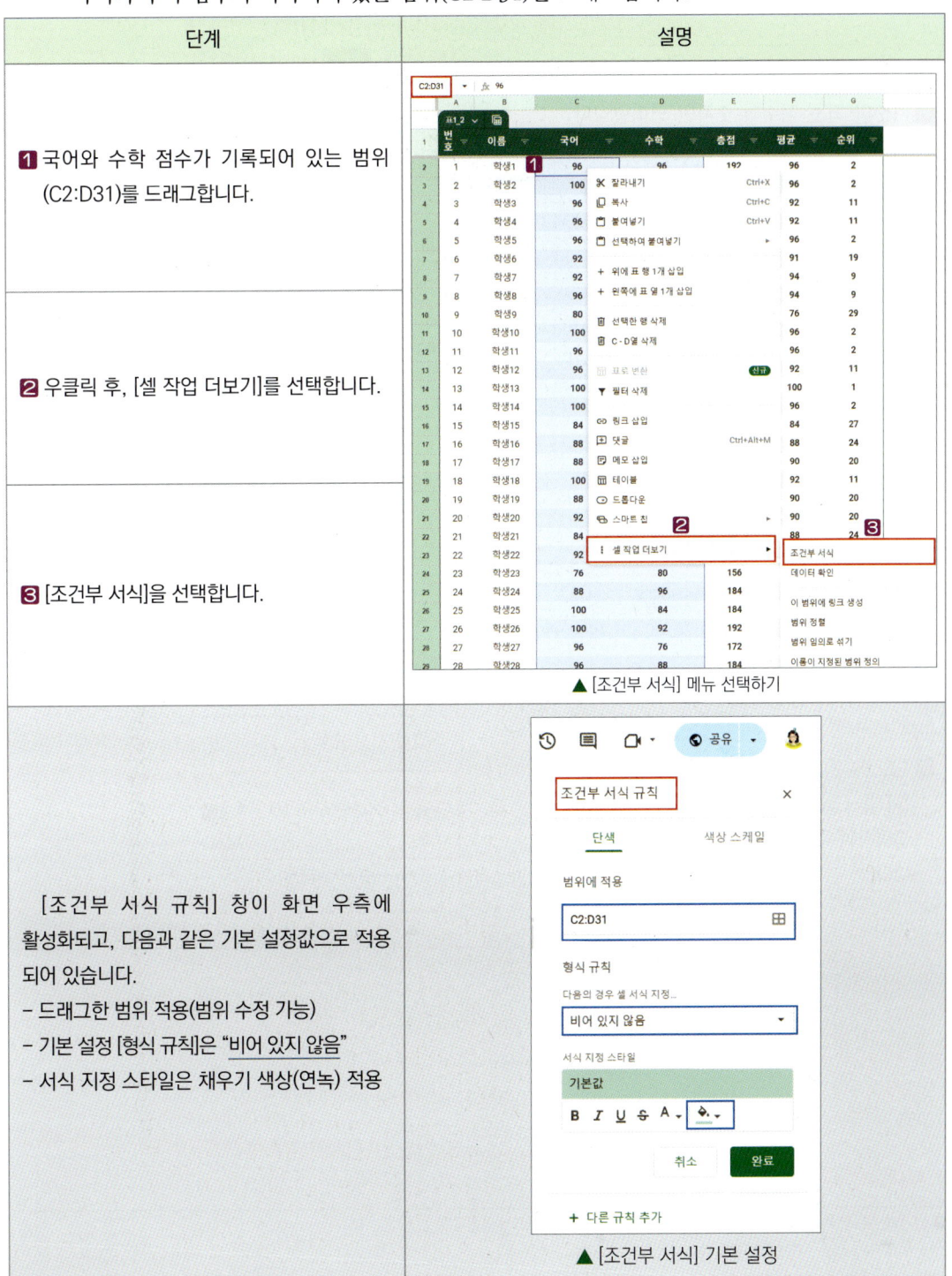 ▲ [조건부 서식] 메뉴 선택하기
[조건부 서식 규칙] 창이 화면 우측에 활성화되고, 다음과 같은 기본 설정값으로 적용되어 있습니다. - 드래그한 범위 적용(범위 수정 가능) - 기본 설정 [형식 규칙은 "비어 있지 않음" - 서식 지정 스타일은 채우기 색상(연녹) 적용	▲ [조건부 서식] 기본 설정

I 구글 시트 들어가기

4 여러 [형식 규칙] 중, 60점 이하의 점수에 서식을 지정하기 위한 것이므로 "보다 작거나 같음"을 선택합니다.

5 기준이 되는 점수의 숫자만 입력합니다. "60"

6 기본 색상 서식이 마음에 들지 않으면 채우기 색상을 다른 색상으로 변경한 후, [완료] 버튼을 클릭합니다.

60점 이하인 점수에만 조건부 서식으로 빨간색 계열의 채우기 색상이 반영된 것을 확인할 수 있습니다.
다른 점수를 60점 이하로 변경해서 조건부 서식이 잘 반영되었는지 확인해 보시기 바랍니다. ❶

7 "조건부 서식 규칙"을 변경하고 싶을 때는 [서식]-[조건부 서식]을 활성화한 후, 이를 클릭하여 수정하거나, 다른 규칙을 추가합니다.

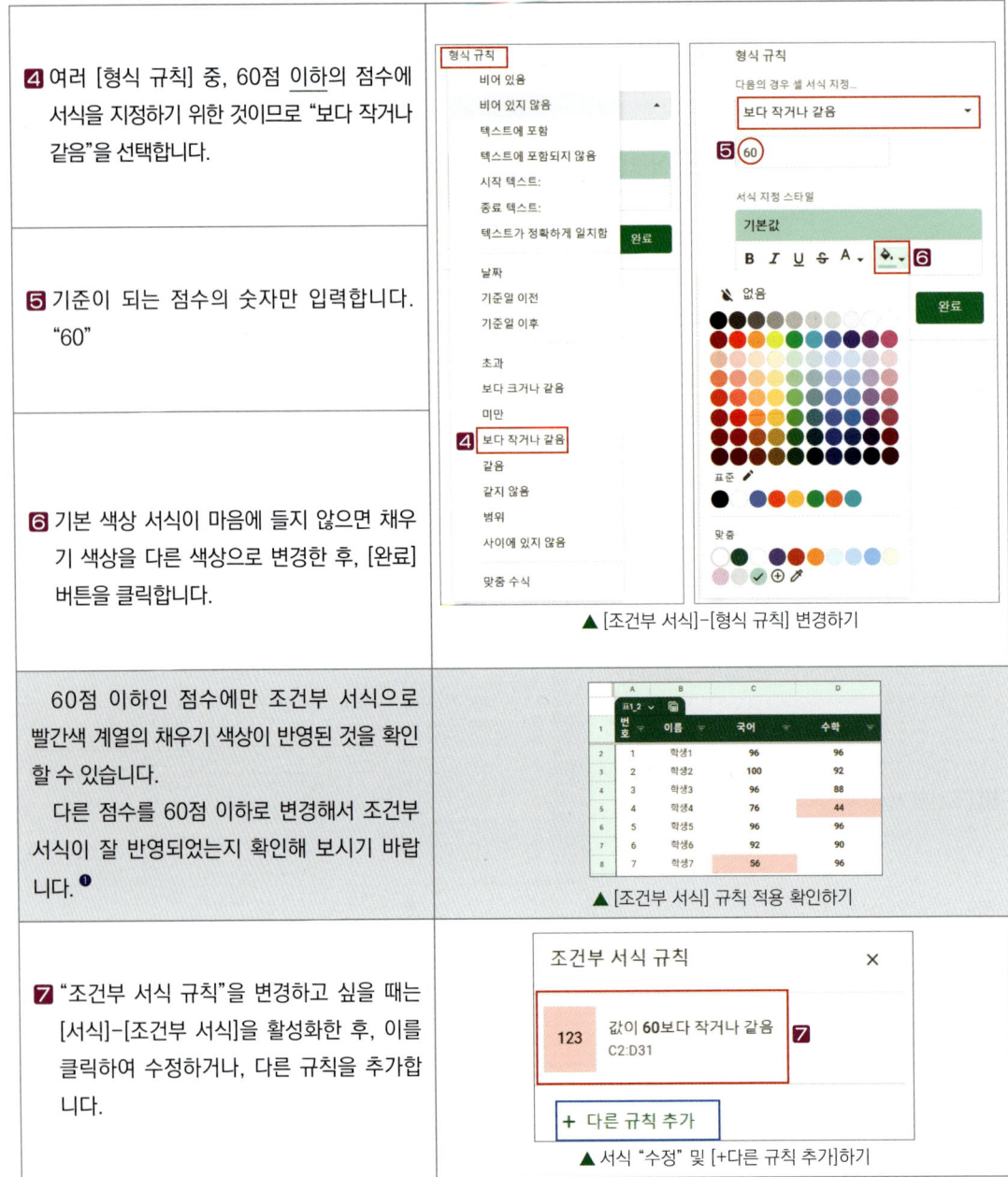

▲ [조건부 서식]-[형식 규칙] 변경하기

▲ [조건부 서식] 규칙 적용 확인하기

▲ 서식 "수정" 및 [+다른 규칙 추가]하기

❶ 단계와 관련된 추가 설명이 필요한 경우, 연회색 배경으로 표시하고 설명합니다.

> **Step2** 초보인 듯 아닌 듯

2) 체크박스 기록표

> 학기 초부터 문서 제출, 준비물 준비, 학생 활동 데이터를 빠르게 기록하고 분석하기 위해 체크박스 기록표는 매우 효율적인 도구입니다. 클릭만으로 과제 제출, 준비물 준비, 활동 완료 여부를 직관적으로 기록할 수 있으며, 자동 집계를 통해 데이터를 즉시 분석할 수 있습니다.
> 이를 통해 교사는 관리 부담을 줄이고 학생별 진행 상황을 실시간으로 파악하여, 학습 지도와 행정 업무를 동시에 최적화할 수 있습니다.

〈학습 내용〉	〈핵심 학습 요소〉
1. **체크박스** 명렬표 제작법 익히기	☑ 체크박스
2. **날짜 입력** 및 **형식 변경**하기	☑ 날짜
3. **COUNTIF 함수** 익히기	☑ COUNTIF 함수
4. 조건부 서식 활용	☑ 조건부 서식

가) 기본 명렬표 템플릿 제작하기

- 다음과 같이 명렬표 기본 형태를 제작하거나, 연습 템플릿에 있는 명렬표를 활용합니다.

▲ 연습 템플릿의 기본 명렬표 서식

나) 체크박스 삽입하기

체크박스는 구글 시트에서 상태를 직관적으로 기록할 수 있는 입력 도구로, 개별적으로 클릭하여 데이터를 입력하거나 수정할 수 있습니다.

1 체크박스를 삽입할 범위(C3:G32)를 드래그하여 선택합니다	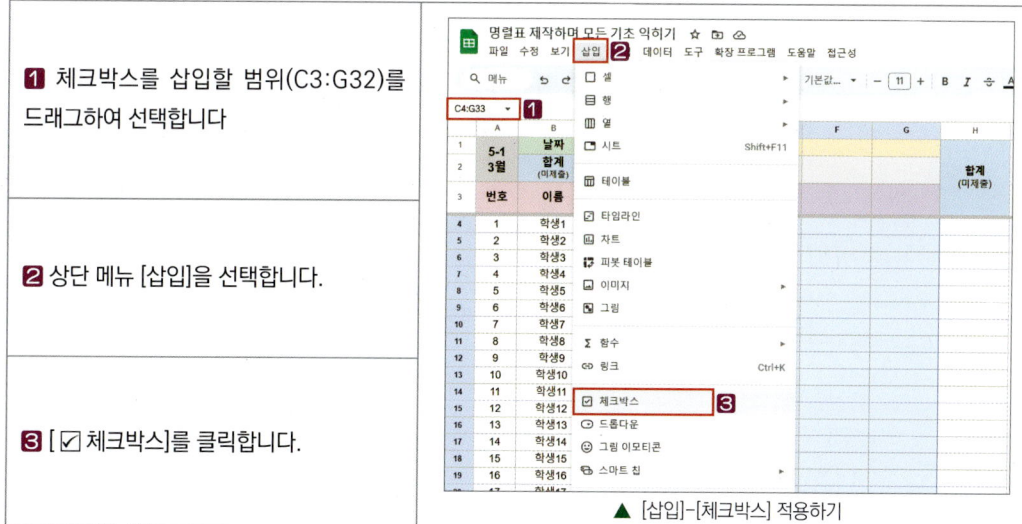
2 상단 메뉴 [삽입]을 선택합니다.	
3 [☑ 체크박스]를 클릭합니다.	

▲ [삽입]-[체크박스] 적용하기

- 체크박스를 클릭하면 **체크 표시(✓)**가 나타나며, **다시 클릭하면** 체크 표시가 **제거**되어 상태를 즉시 업데이트할 수 있습니다.

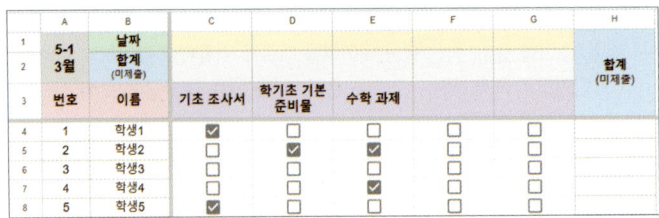

▲ [체크박스]가 적용된 모습

다) 날짜 입력하기

구글 시트는 숫자를 **특정 구분 기호(/, -)**로 연결해 입력하면 이를 **날짜 데이터**로 자동 인식합니다.

- 셀을 선택하고 월/일, 월-일 형식으로 입력합니다. (예 12/1, 12-1)
- 날짜 데이터로 인식하는지 확인하기 위해서는 해당 셀을 클릭하고 "**수식 표시줄**"을 확인하면 됩니다. (예 2024.12.1.)
- 날짜 데이터는 해당 셀을 '**더블클릭**'했을 때, 다음과 같이 날짜가 뜨며 **년/월/일** 형식으로 날짜 데이터를 표시합니다.
- "**달력**"의 날짜 숫자를 클릭하여 데이터를 변경할 수 있으며, 하단의 '오늘'을 클릭하면 오늘 날짜를 반영합니다.
- `Ctrl` + `;` (세미콜론) 단축키를 활용하면 선택한 셀에 YYYY.MM.DD 형식으로 오늘 날짜가 입력됩니다.

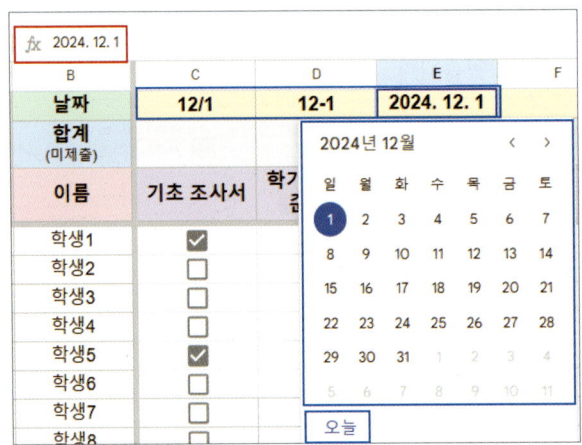

▲ 날짜 서식이 적용된 모습, 오늘 날짜로 변경하기

라) 체크박스 개수 세기_ COUNTIF 함수

체크박스는 체크 여부에 따라 TRUE/FALSE 값으로 인식됩니다. 이를 COUNTIF 함수를 이용해 특정 조건(예 표시된 항목-TRUE, 표시 안 된 항목-FALSE)만을 계산할 수 있습니다.

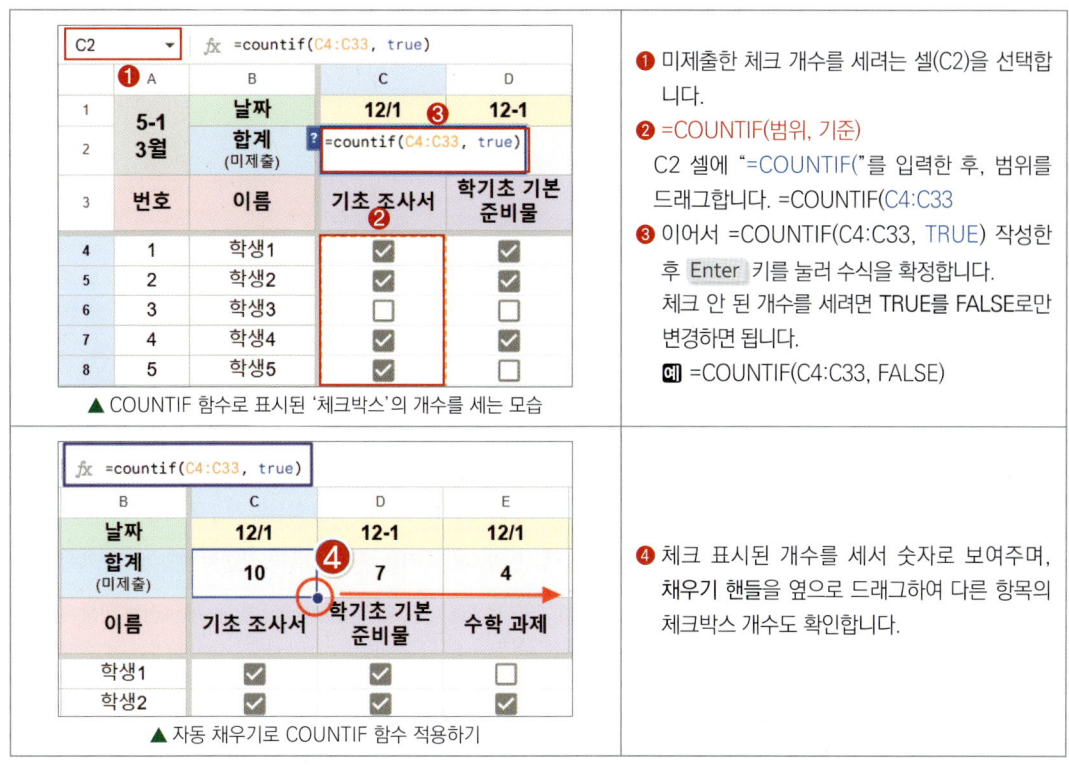

❶ 미제출한 체크 개수를 세려는 셀(C2)을 선택합니다.

❷ =COUNTIF(범위, 기준)
C2 셀에 "=COUNTIF("를 입력한 후, 범위를 드래그합니다. =COUNTIF(C4:C33

❸ 이어서 =COUNTIF(C4:C33, TRUE) 작성한 후 Enter 키를 눌러 수식을 확정합니다.
체크 안 된 개수를 세려면 TRUE를 FALSE로만 변경하면 됩니다.
예 =COUNTIF(C4:C33, FALSE)

▲ COUNTIF 함수로 표시된 '체크박스'의 개수를 세는 모습

❹ 체크 표시된 개수를 세서 숫자로 보여주며, 채우기 핸들을 옆으로 드래그하여 다른 항목의 체크박스 개수도 확인합니다.

▲ 자동 채우기로 COUNTIF 함수 적용하기

• 개별 학생별 체크 개수도 다음과 같이

❶ "=COUNTIF(C4:G4, TRUE)" 입력 ❷ Enter ❸ 채우기 핸들 드래그하여 값을 계산합니다.

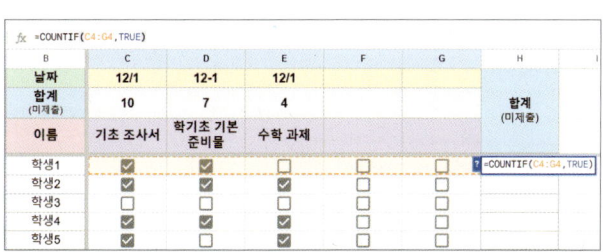

▲ COUNTIF 함수를 적용하는 방법

처음 만난 함수 사전   COUNTIF 함수란?

특정 조건에 맞는 셀의 개수를 계산하는 데 사용하는 함수

형식: =COUNTIF(범위, 조건)

- 범위: 조건을 적용할 데이터가 포함된 셀 영역
- 조건: 셀을 세는 기준
  (예 값이 특정 숫자, 텍스트, 또는 TRUE/FALSE인 경우)

◆ 다양한 활용 예시

활용 예시	수식 예시	설명
숫자 조건 계산	=COUNTIF(A1:A10, ">60")	A1:A10 범위에서 60점 이상인 값의 개수를 계산
텍스트 조건 계산	=COUNTIF(B1:B10, "합격")	B1:B10 범위에서 "합격"이라는 텍스트가 포함된 셀의 개수를 계산
체크박스 개수 계산	=COUNTIF(C1:C10, TRUE)	C1:C10 범위에서 표시된 항목(값이 TRUE)의 개수를 계산
미제출 학생 계산	=COUNTIF(D1:D20, FALSE)	D1:D20 범위에서 표시되지 않은 항목(값이 FALSE)의 개수를 계산
특정 점수 범위 계산	=COUNTIF(E1:E30, "<50")	E1:E30 범위에서 50점 미만인 값의 개수를 계산
출석 현황 확인	=COUNTIF(F1:F50, "출석")	F1:F50 범위에서 "출석" 상태인 학생의 개수를 계산
특정 이름 검색	=COUNTIF(G1:G10, "김철수")	G1:G10 범위에서 "김철수"라는 이름이 포함된 셀의 개수를 계산
우수 학생 비율 계산	=COUNTIF(A1:A20, ">=90") / COUNTA(A1:A20)	A1:A20 범위에서 90점 이상 학생의 비율을 계산(전체 학생 대비 퍼센트)

◆ COUNTIF 사용 팁

- 조건은 문자열로 입력해야 함(숫자 비교 조건 포함) 예 "=100", ">=90", "<>0" 등
- 특정 텍스트 조건: "텍스트", "*텍스트*", "텍스트?"로 **와일드카드**[8] 사용 가능
- 다중 조건: 다중 조건이 필요하면 COUNTIFS 함수 사용 고려

---

[8] 와일드카드는 어떤 문자든 대체할 수 있는 특수기호로 * (별표)는 아무 글자나 여러 개, ? (물음표)는 아무 글자나 딱 한 글자를 대신하는 기호입니다. 예 ❶ "김"이 포함된 이름 찾기: =COUNTIF(A:A, "*김*"), ❷ "사과"로 끝나는 단어 찾기: =COUNTIF(A:A, "*사과"), ❸ 세 글자인 단어 찾기: =COUNTIF(A:A, "???")

마) 조건부 서식 적용하기

- 앞의 "학기 초 진단평가 기록표"에서는 60점 이하인 학생의 점수를 조건부 서식으로 적용해 봤습니다.
- 이번에는 항목별 미제출 개수가 10개 이상이면 <u>채우기 색상(샛노랑)</u>과 <u>학생 개별 체크 개수가 2개보다 많으면</u> 기본 채우기 색상에 글자 색(빨강)으로 서식을 적용했습니다.

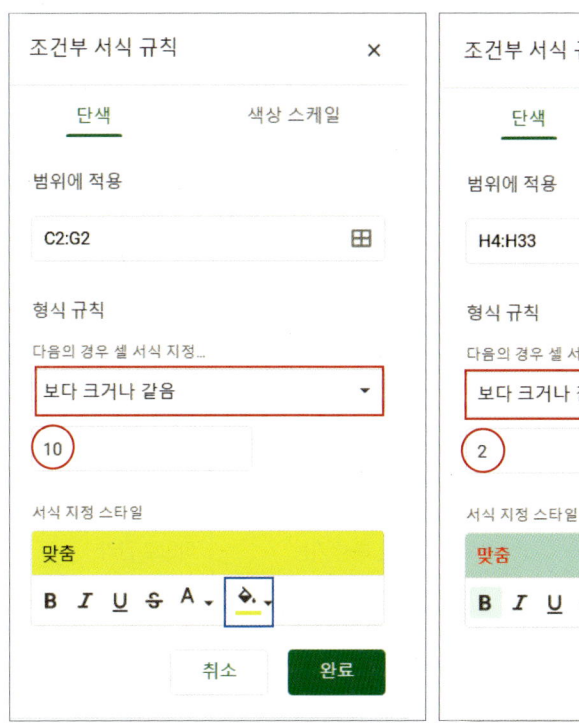
▲ 10보다 크거나 같을 경우, 서식 적용

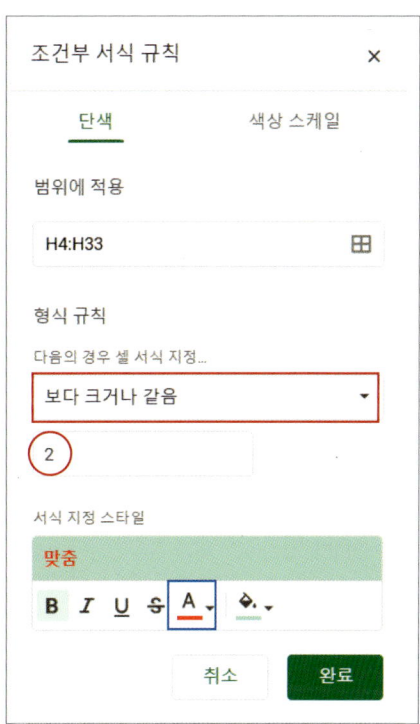
▲ 2보다 크거나 같을 경우, 서식 적용

	A	B	C	D	E	F	G	H
1	5-1 3월	날짜	12/1	12-1	12/1			합계 (미제출)
2		합계 (미제출)	10	7	4			
3	번호	이름	기초 조사서	학기초 기본 준비물	수학 과제			
4	1	학생1	☑	☑	☐	☐	☐	2
5	2	학생2	☑	☑	☑	☐	☐	3
6	3	학생3	☐	☐	☐	☐	☐	0
7	4	학생4	☑	☑	☑	☐	☐	3
8	5	학생5	☑	☐	☑	☐	☐	2
9	6	학생6	☐	☑	☐	☐	☐	1
10	7	학생7	☑	☐	☐	☐	☐	1
11	8	학생8	☐	☐	☐	☐	☐	0
12	9	학생9	☑	☐	☑	☐	☐	2
13	10	학생10	☑	☐	☐	☐	☐	1

▲ 두 가지 [조건부 서식]이 적용된 모습

이러한 조건부 서식 설정을 통해 중요한 데이터를 한눈에 파악할 수 있으며, 학습 관리와 피드백을 더욱 효과적으로 수행할 수 있습니다.

Step3 초보는 이제 안녕~!

3) 드롭다운 기록표

> 학기별 평가나 과제 상태를 관리하기 위해 드롭다운 평가 기록표는 매우 효과적인 도구입니다. 정해진 항목(예 "우수", "보통", "미흡")을 드롭다운 메뉴로 선택할 수 있어, 평가 데이터를 표준화하고 정확성을 유지할 수 있습니다. 클릭만으로 평가 결과를 기록하여 입력 시간을 줄이고, 조건부 서식과 연계하여 시각적으로 결과를 구분할 수 있습니다.
> 이를 통해 교사는 학생별 학습 상황을 신속하게 파악하고, 학급 관리 및 행정 업무를 최적화할 수 있습니다.

〈학습 내용〉	〈핵심 학습 요소〉
1. 기존 명렬표 활용하기	☑ 데이터 가져오기
2. 평가 항목 및 형식 설계하기	☑ 링크 삽입(Ctrl + K)
3. 드롭다운 메뉴 생성 방법 이해하기	☑ 드롭다운 메뉴
4. 드롭다운과 함수 결합을 통한 통계 분석	☑ COUNTIF 함수 활용

가) 기존 명렬표 활용하기

- 기존에 소지하고 있는 명렬표 템플릿을 활용하여 다음과 같이 다양한 방식으로 복사하여 활용할 수 있습니다.

방식	설명	방법	활용 예시
복사하여 붙여넣기	특정 데이터를 선택적으로 복사하여 새 시트나 문서에 삽입합니다.	• 데이터 선택 후 Ctrl + C → 새 시트에서 Ctrl + V • 특정 범위만 복사 가능	학급 명렬표에서 특정 학년 또는 반의 데이터를 복사해 새로운 파일로 관리
시트 복사	전체 시트를 동일한 데이터와 서식으로 복사하여 다른 문서에서 재활용합니다.	• 시트 탭 우클릭 → [다음으로 복사] 선택 → 복사 대상 문서 선택	기존 명렬표를 새 학년도로 복사하여 동일한 구조로 학급 관리 시작
사본 만들기	구글 시트 전체를 복제하여 새로운 작업 환경을 빠르게 생성합니다.	• 상단 메뉴에서 [파일]-[사본 만들기] 클릭 → 새 파일 이름 입력	학년도별 데이터를 별도 파일로 보존하고, 새 학기 준비를 동시에 진행
데이터 가져오기	기존에 작성된 Excel 명렬표를 구글 시트로 가져와 데이터를 활용합니다.	• 상단 메뉴 [파일]- [가져오기] 클릭 → "업로드" 탭에서 엑셀 파일 선택 • 구글 드라이브 또는 컴퓨터에서 엑셀 파일 업로드 ❾	나이스에서 다운로드한 명렬표를 구글 시트로 가져와 구글 환경에서 편집 및 관리

▲ 기존 데이터를 복사하여 활용하는 다양한 방법

- 이중, 앞의 '데이터 가져오기' 방식으로 나이스에서 명렬표를 다운로드하여 실습을 진행해 보겠습니다.

---

❾ 구글 드라이브 설정에서 [파일 업로드 시 변환] 옵션을 활성화: 구글 드라이브 우측 상단 톱니바퀴 → [설정] → [Google 문서 형식으로 파일 변환] 체크(활성화 시 엑셀 파일이 자동으로 구글 시트 형식으로 변환됨) 비활성화 상태로 업로드하면 엑셀 형식(.xlsx) 그대로 드라이브에 저장되며, 구글 시트에서 열어볼 수 있습니다.

- [나이스]-[기본학적관리]-[명렬표출력] 메뉴에서 필요한 명렬표 내용을 선택한 후, [엑셀내려받기]를 클릭합니다.

▲ [나이스]-[명렬표 출력] 방법

- 다운로드한 명렬표를 구글 드라이브에 업로드⑩ 합니다. 이때, 'Google 스프레드시트'를 연결 앱으로 열어서 엑셀 파일 작업을 할 수 있습니다.

▲ 엑셀 파일을 [구글 시트]로 열어 작업하는 방법

- 물론 엑셀 파일을 'Google Sheets'로 저장하여 활용할 수 있습니다.

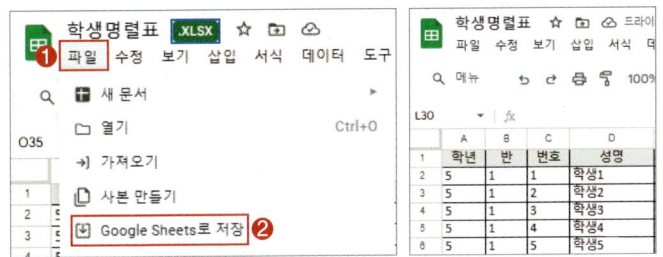

▲ 엑셀 파일[.XLSX]을 구글 시트로 저장하기 '전'→'후' 화면 변화 모습

- 하지만 'Google Sheets로 변환'하여 활용하는 것과 '기존의 엑셀 파일 형식을 유지'하는 방식의 특성에 따라 다음 표를 참고하여 목적에 따라 선택하여 활용하시기 바랍니다.

---

⑩ 구글 드라이브 접속: 구글 드라이브(drive.google.com)에 로그인합니다. 상단의 [새로 만들기] → [파일 업로드]를 클릭하고, 나이스에서 다운로드한 엑셀 파일을 선택합니다. 또는 파일을 구글 드라이브 창으로 드래그 앤 드롭하여 업로드합니다. 업로드된 파일을 더블 클릭하면 뷰어로 열리며, 필요시 Google 스프레드시트 형식으로 변환하여 편집할 수 있습니다.

구분	Google Sheets 형식으로 변환	원래 엑셀 파일 형식 유지
파일 형식	엑셀(.xlsx) 파일이 구글 시트 형식으로 변환됨	파일이 원래 엑셀(.xlsx) 형식으로 유지됨
편집 가능 여부	구글 시트에서 직접 편집 및 수정 가능	엑셀 파일을 뷰어 형태로 열며, 제한된 편집 가능(기본 데이터 수정이나 서식 작업)
호환성	일부 엑셀 함수, 매크로, 서식 등이 구글 시트로 변환되는 과정에서 변경되거나 제거될 수 있음	원래 엑셀 파일의 서식, 매크로, 함수 등이 손실 없이 유지됨
협업 및 공유	구글 시트의 실시간 협업 및 공유 기능 활용 가능 (댓글, 동시 편집, 권한 설정 등)	엑셀 파일은 뷰어로 열리며, 협업하려면 Google 문서 형식으로 변환해야 함
파일 다운로드	구글 시트 형식으로 작업한 후, 필요 시 다시 엑셀(.xlsx), CSV 등 다양한 형식으로 다운로드 가능	파일은 원본 엑셀 형식 그대로 유지되며 다운로드 가능
활용 예시	• 엑셀 파일을 구글 시트로 변환하여 협업 및 클라우드 환경에서 데이터 작업을 진행 • 데이터 분석, 함수 계산, 조건부 서식 등 활용 • 원본 엑셀 파일을 유지하며, 학교 관리 시스템과 호환이 필요한 경우 • 매크로나 고급 엑셀 기능을 사용하는 경우	• 원본 엑셀 파일을 유지하며, 학교 관리 시스템과 호환이 필요한 경우 • 매크로나 고급 엑셀 기능을 사용하는 경우

▲ 'Google Sheets 형식으로 변환'과 '기존의 엑셀 파일 형식 유지' 방식 차이

나) 평가 항목 및 형식 설계하기

- 구글 시트를 활용하여 다양한 평가 데이터를 정리하고 이를 분석할 수 있습니다. 다음 그림은 한 학기 평가 결과를 입력한 예입니다.

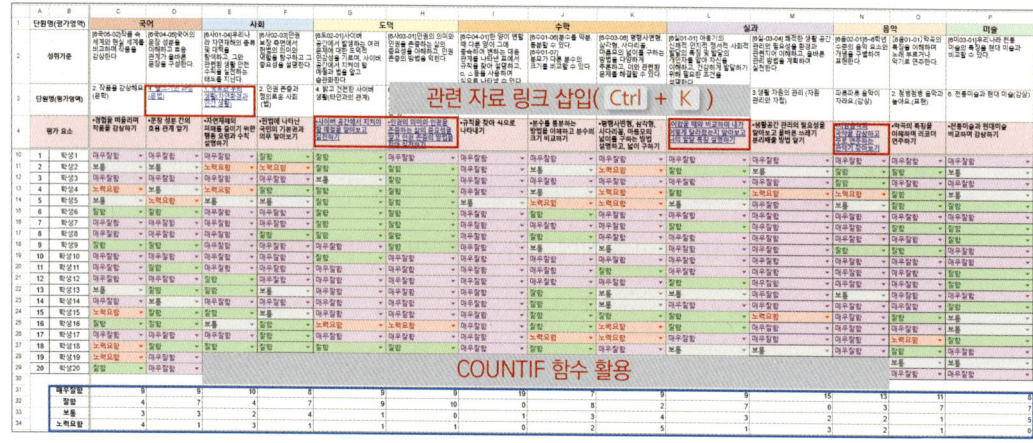

▲ 한 학기 평가 결과 입력 예시

- **[링크 삽입]**(Ctrl + K) 기능을 활용하여 특정 셀이나 텍스트에 하이퍼링크를 추가해 관련 자료나 웹사이트로 바로 이동할 수 있습니다.
- 하단에 COUNTIF 함수로 평가 항목(매우잘함, 잘함, 보통, 노력요함)의 개수를 확인하여 학급의 성취도를 분석합니다.

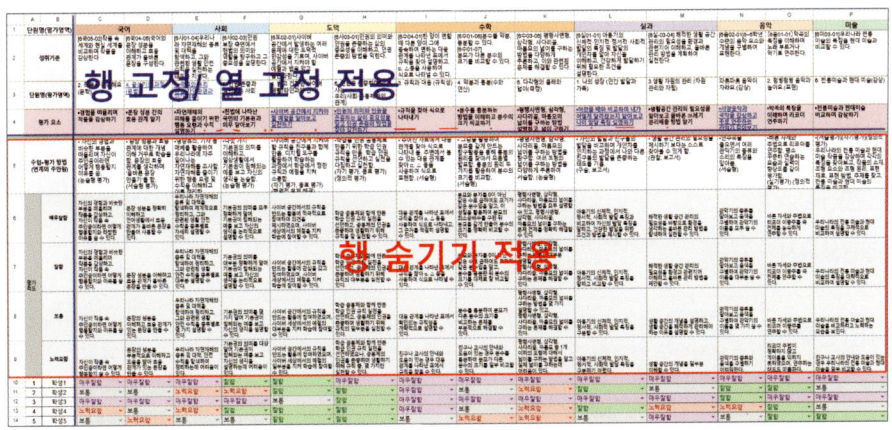

▲ [고정] 기능과 [숨기기] 기능 적용 범위

- [보기]-[고정] 기능을 활용하여 스크롤 시에도 중요한 데이터가 보이도록 설정합니다.
- 5~9행까지는 [행 숨기기]를 적용하여 중요한 데이터에 집중할 수 있도록 시트를 정리합니다.

> **TIP** "링크 삽입" 제대로 이해하고 넘어가기!
>
> - **[링크 삽입]** 기능은 구글 시트에서 셀이나 텍스트에 외부 웹페이지, 문서, 또는 동일 구글 시트 내 특정 셀이나 시트로 연결되는 하이퍼링크를 추가하는 기능입니다.
> - 이 기능을 활용하면 관련 자료에 빠르게 접근할 수 있어 작업 효율성을 극대화할 수 있습니다.
>
> | 구분 | 설명 | 활용 예시 |
> |---|---|---|
> | 웹페이지 연결 | 외부 URL을 삽입해 특정 웹페이지나 온라인 리소스로 이동합니다. | 수업 자료 링크, 참고 사이트 삽입 |
> | 문서 및 파일 링크 | 구글 드라이브에 저장된 문서, 구글 시트, 프레젠테이션 등의 파일에 연결합니다. | 학습 계획서나 활동 기록 문서 연결 |
> | 구글 시트 내부 링크 | 동일 구글 시트 내 특정 시트 또는 셀 범위로 바로 이동하도록 설정합니다. | 목차 시트에서 각 데이터 시트로 빠르게 이동 |
>
>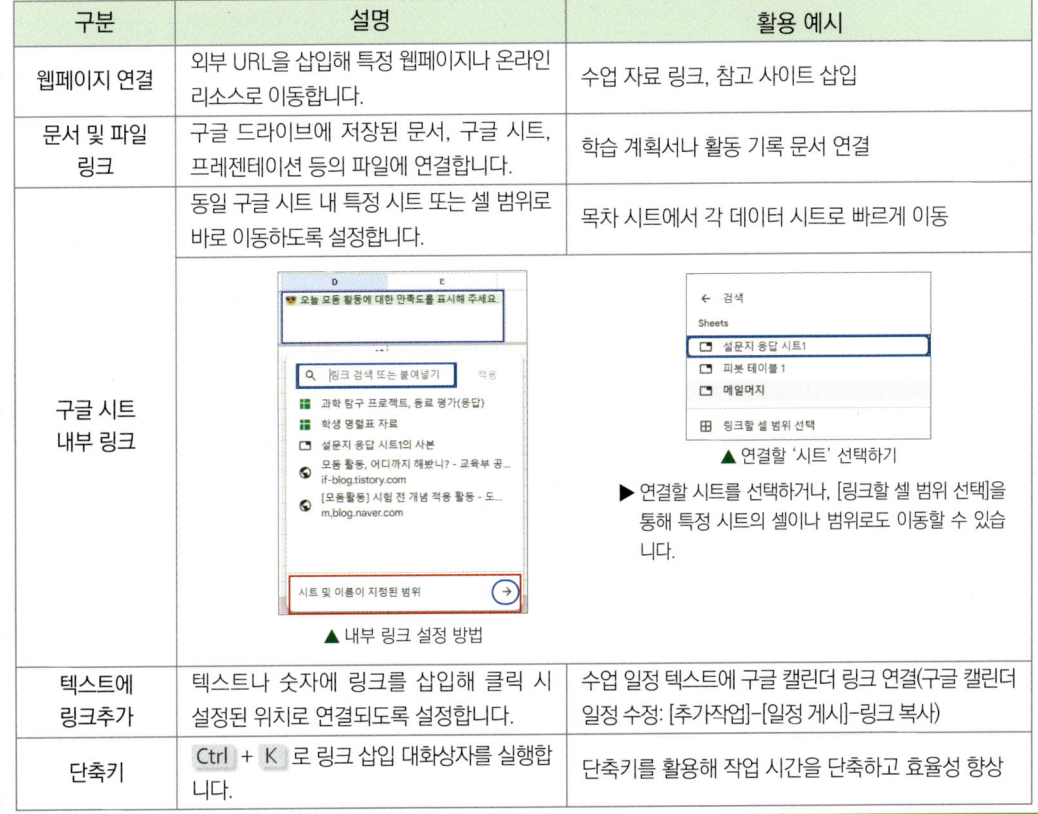
>
> ▲ 내부 링크 설정 방법　　　▲ 연결할 '시트' 선택하기
>
> ▶ 연결할 시트를 선택하거나, [링크할 셀 범위 선택]을 통해 특정 시트의 셀이나 범위로도 이동할 수 있습니다.
>
> | 텍스트에 링크추가 | 텍스트나 숫자에 링크를 삽입해 클릭 시 설정된 위치로 연결되도록 설정합니다. | 수업 일정 텍스트에 구글 캘린더 링크 연결(구글 캘린더 일정 수정: [추가작업]-[일정 게시]-링크 복사) |
> |---|---|---|
> | 단축키 | Ctrl + K 로 링크 삽입 대화상자를 실행합니다. | 단축키를 활용해 작업 시간을 단축하고 효율성 향상 |

Ⅰ 구글 시트 들어가기

다) 드롭다운 메뉴 적용하기

- [드롭다운] 메뉴는 미리 정의된 선택 항목을 제공하여 데이터를 일관되게 입력하고 관리할 수 있는 기능입니다.

구분	필요성	활용 예시
데이터 일관성 유지	사용자가 항목을 선택하도록 유도하여 오타나 불일치를 방지합니다.	• 학생 평가 기록: 매우 잘함, 잘함, 보통, 노력 요함 • 출석부: 출석, 지각, 결석 • 과제 제출 현황: 제출, 미제출 • 활동 여부: 완료, 미완료
입력 시간 단축	긴 항목을 타이핑할 필요 없이 선택만으로 입력이 가능해 효율적으로 작업할 수 있습니다.	
데이터 분석 용이성	정형화된 데이터를 수집하므로 필터링, 정렬, COUNTIF 함수 등을 활용해 빠르게 분석할 수 있습니다.	
시각적 명확성	선택 가능한 옵션을 제공해 사용자의 혼란을 줄이고 직관적인 입력 환경을 제공합니다.	

▲ 드롭다운 메뉴 적용의 필요성

- [드롭다운] 메뉴를 적용하는 방법은 여러 가지 경로로 접근이 가능합니다.

단계	설명		
1 범위 선택	• 드롭다운을 추가할 셀을 선택합니다.		
2 드롭다운 메뉴 활성화	마우스 우클릭	• [드롭다운] 선택	
		• [셀 작업 더보기(⋮)] → [데이터 확인] 선택	▲ [데이터 확인(드롭다운)] 설정 창
	상단 메뉴	• [데이터] → [데이터 확인] 선택	
3 드롭다운 항목 설정	• 색상 변경 버튼을 클릭하여 다양한 색상 선택이 가능합니다. • [다른 항목 추가] 버튼을 눌러 항목을 추가하거나 Enter 키를 눌러 항목 추가하여 내용을 입력합니다. • [기준]의 초기 설정값이 [드롭다운]이지만 특정 셀 범위에서 드롭다운 항목을 가져올 수 있는 경우에는 [드롭다운(범위)]로 옵션을 변경하여 활용하는 것이 효율적입니다. • [드롭다운(범위)]를 적용하면 범위 내의 항목이 변경되면 드롭다운 메뉴도 자동으로 업데이트됩니다.		

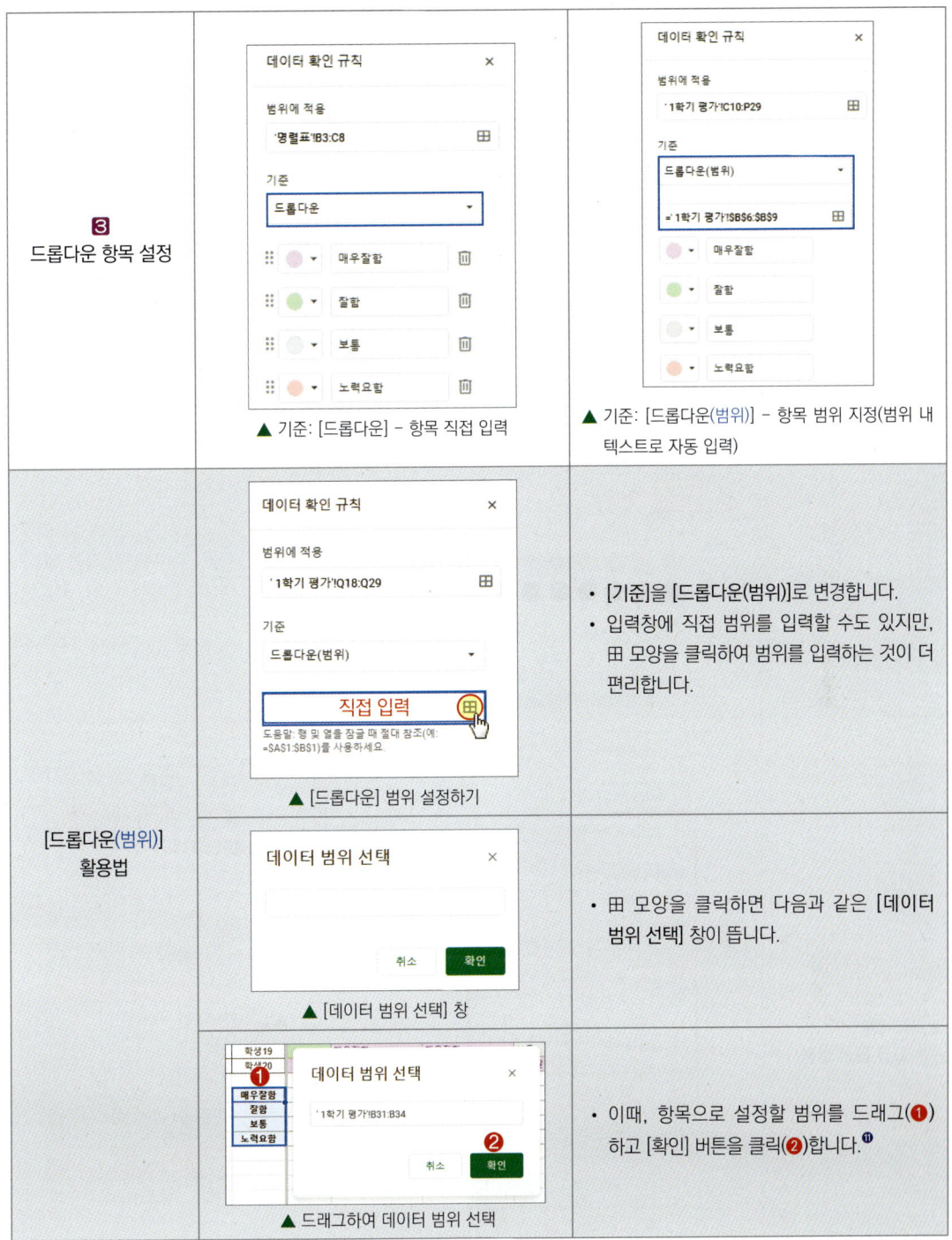

❸ 드롭다운 항목 설정	▲ 기준: [드롭다운] - 항목 직접 입력	▲ 기준: [드롭다운(범위)] - 항목 범위 지정(범위 내 텍스트로 자동 입력)
[드롭다운(범위)] 활용법	▲ [드롭다운] 범위 설정하기	• [기준]을 [드롭다운(범위)]로 변경합니다. • 입력창에 직접 범위를 입력할 수도 있지만, ⊞ 모양을 클릭하여 범위를 입력하는 것이 더 편리합니다.
	▲ [데이터 범위 선택] 창	• ⊞ 모양을 클릭하면 다음과 같은 [데이터 범위 선택] 창이 뜹니다.
	▲ 드래그하여 데이터 범위 선택	• 이때, 항목으로 설정할 범위를 드래그(❶) 하고 [확인] 버튼을 클릭(❷)합니다.[11]

[11] 단계와 관련된 추가 설명이 필요한 경우, 연회색 배경으로 표시하고 설명합니다.

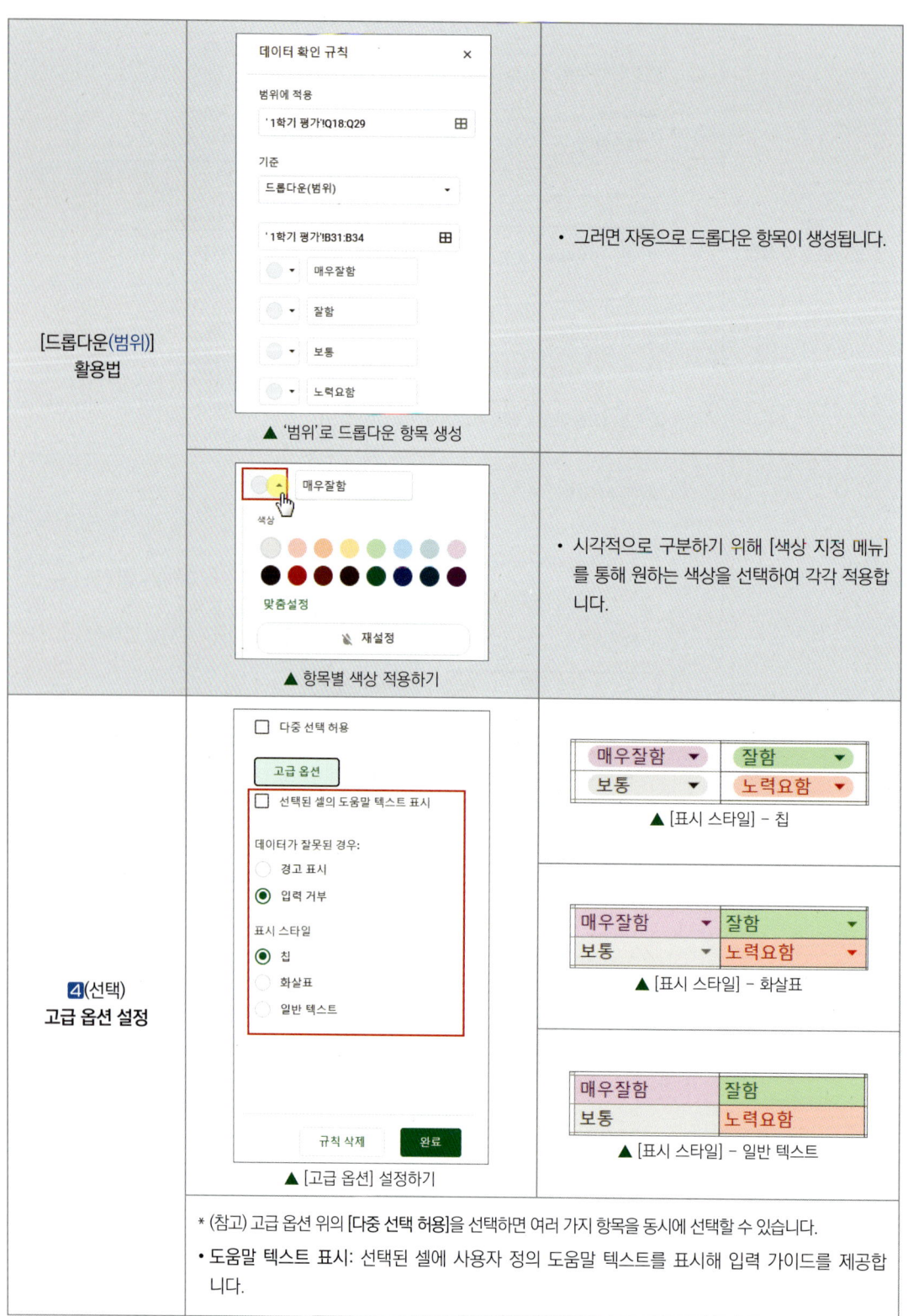

[드롭다운(범위)] 활용법	▲ '범위'로 드롭다운 항목 생성	• 그러면 자동으로 드롭다운 항목이 생성됩니다.
	▲ 항목별 색상 적용하기	• 시각적으로 구분하기 위해 [색상 지정 메뉴]를 통해 원하는 색상을 선택하여 각각 적용합니다.
❹ (선택) 고급 옵션 설정	▲ [고급 옵션] 설정하기	▲ [표시 스타일] - 칩 ▲ [표시 스타일] - 화살표 ▲ [표시 스타일] - 일반 텍스트

* (참고) 고급 옵션 위의 [**다중 선택 허용**]을 선택하면 여러 가지 항목을 동시에 선택할 수 있습니다.
• 도움말 텍스트 표시: 선택된 셀에 사용자 정의 도움말 텍스트를 표시해 입력 가이드를 제공합니다.

	• **데이터 오류 처리**: 설정된 항목 외의 데이터 입력 시, ❶ **경고 표시**: 메모로 경고를 표시하지만, 입력 허용 ▲ 경고 표시 메모 ❷ **입력 거부**: 항목 외의 데이터 입력 차단 ▲ 입력 거부 알림창
❺ 수정 및 내용 삭제	▲ "수정 버튼" 활용하기 • 드롭다운 버튼을 클릭하여 원하는 항목을 선택합니다. • 항목을 수정할 때는 하단의 "**수정 버튼**(✎)"을 클릭하여 [데이터 확인 규칙] 창을 엽니다. • 입력 내용은 Backspace, Delete 키로 삭제 후, 재선택할 수 있습니다.

라) 평가 결과 통계 분석_COUNTIF 함수

- COUNTIF 함수는 활용도가 높으며, 혼합 참조를 적용하여 이용하면 더욱 효과적으로 활용할 수 있습니다.

TIP 혼합 참조와 COUNTIF 함수 활용 이해하기

수식 =COUNTIF(C$10:C$29,$B31)

	A	B	C	D	E	F
1	단원명(평가영역)		국어		사회	
4		평가 요소	•경험을 떠올리며 작품을 감상하기	•문장 성분 간의 호응 관계 알기	•자연재해의 피해를 줄이기 위한 행동 요령과 수칙 설명하기	•헌법에 나타난 국민의 기본권과 의무 알아보기
22	13	학생13	보통	잘함	잘함	보통
23	14	학생14	매우잘함	보통	매우잘함	매우잘함
24	15	학생15	노력요함	잘함	잘함	보통
25	16	학생16	잘함	잘함	보통	잘함
26	17	학생17	매우잘함	매우잘함	매우잘함	잘함
27	18	학생18	노력요함	잘함	잘함	잘함
28	19	학생19	노력요함	매우잘함	노력요함	보통
29	20	학생20	잘함	매우잘함		잘함
30						
31		매우잘함	=COUNTIF(C$10:C$29,$B31)			
32		잘함				
33		보통				
34		노력요함				

▲ 'COUNTIF 함수'에 '혼합 참조'를 적용한 모습

구분	설명
COUNTIF 함수	• 지정된 범위에서 조건과 일치하는 셀의 개수를 계산하는 함수입니다. • =COUNTIF(범위, 기준)
C$10:C$29 (범위)	• 조건을 검사할 범위입니다. C10부터 C29 셀까지를 포함합니다. • $가 열(10번~29번 행)을 고정하여 범위를 다른 곳으로 복사해도 행 번호만 고정됩니다. • 행(10~29)은 고정되고 열은 상대적으로 변경됩니다. • C31 셀에 입력된 함수를 아래로 드래그하여 '자동 채우기'할 때, 평가 결과가 입력된 행(10~29)의 범위가 변경되는 것을 막습니다. • C열 값을 고정하지 않았기에 우측으로 드래그했을 때, 평가 결괏값이 "국어→사회→도덕 등" 값으로 범위가 변경되는 것을 확인할 수 있습니다.
$B31 (기준)	• 조건 값으로, 이 셀에 입력된 값을 기준으로 개수를 셉니다. 열(B) 고정 • $는 B열을 고정하여 다른 열로 복사하더라도 조건 값은 변하지 않도록 설정합니다. • 열(B)은 고정되고 행은 상대적으로 변경됩니다. • C31 셀에 입력된 함수를 우측으로 드래그하여 '자동 채우기'할 때, 평가 결과가 입력된 B열에 입력된 기준값(매우잘함, 잘함, 보통, 노력요함)의 범위가 변경되는 것을 막습니다. • 31행 값을 고정하지 않았기에 아래로 드래그했을 때, "매우잘함→잘함→보통→노력요함" 항목으로 기준이 변경되는 것을 확인할 수 있습니다.
결과	• C$10:C$29 범위에서 $B31 값과 일치하는 셀의 개수를 계산합니다.

- 채우기 핸들을 우측과 하단으로 끌어당겨 통계표를 완성합니다.

	A	B	C	D	E	F
1	단원명(평가영역)		국어		사회	
4		평가 요소	•경험을 떠올리며 작품을 감상하기	•문장 성분 간의 호응 관계 알기	•자연재해의 피해를 줄이기 위한 행동 요령과 수칙 설명하기	•헌법에 나타난 국민의 기본권과 의무 알아보기
22	13	학생13	보통	잘함	잘함	보통
23	14	학생14	매우잘함	보통	매우잘함	매우잘함
24	15	학생15	노력요함	잘함	잘함	보통
25	16	학생16	잘함	잘함	보통	잘함
26	17	학생17	매우잘함	매우잘함	매우잘함	잘함
27	18	학생18	노력요함	잘함	잘함	잘함
28	19	학생19	노력요함	매우잘함	노력요함	보통
29	20	학생20	잘함	매우잘함		잘함
30						
31		매우잘함	9			
32		잘함				
33		보통				
34		노력요함				

▲ "자동 채우기"로 함수 적용하기

	A	B	C	D	E	F
1	단원명(평가영역)		국어		사회	
4		평가 요소	•경험을 떠올리며 작품을 감상하기	•문장 성분 간의 호응 관계 알기	•자연재해의 피해를 줄이기 위한 행동 요령과 수칙 설명하기	•헌법에 나타난 국민의 기본권과 의무 알아보기
22	13	학생13	보통	잘함	잘함	보통
23	14	학생14	매우잘함	보통	매우잘함	매우잘함
24	15	학생15	노력요함	잘함	잘함	보통
25	16	학생16	잘함	잘함	보통	잘함
26	17	학생17	매우잘함	매우잘함	매우잘함	잘함
27	18	학생18	노력요함	잘함	잘함	잘함
28	19	학생19	노력요함	매우잘함	노력요함	보통
29	20	학생20	잘함	매우잘함		잘함
30						
31		매우잘함	9	9	10	8
32		잘함	4	7	4	7
33		보통	3	=COUNTIF(D$10:D$29,$B33)	2	4
34		노력요함	4	1	3	1

▲ 함수 적용 범위를 확인하여 함수 검토하기

- 결괏값이 나온 셀을 더블클릭하여 범위와 조건이 알맞게 적용되었는지 점검합니다.
- 『성취도 분석 템플릿』❷ 에서 참조($)를 변경해 가면서 결괏값이 어떻게 달라지는지 직접 확인해 보세요.

이제까지 가) 학기 초 진단평가 기록표, 나) 체크박스 기록표, 그리고 다) 드롭다운 기록표를 제작하며 구글 시트의 기초와 기본을 다졌습니다.

다음 장에서는 구글 시트와 엄청난 시너지를 내는 구글 설문지를 함께 익혀보도록 하겠습니다.

⓬ joo.is/성취도분석

Ⅱ

구글 시트 확장하기

1 구글 시트와 찰떡궁합 구글 설문지

구글 설문지는 구글에서 제공하는 온라인 설문 조사 및 데이터 수집 도구입니다. 무료로 제공되며 간단한 양식부터 복잡한 설문까지 다양한 형태로 제작할 수 있습니다. 이 장에서는 교사가 현장에서 유용하게 활용할 수 있는 구글 설문의 기능을 알아보도록 하겠습니다. 이 과정을 통해 설문지의 생성, 제작, 배포 등 다양한 기능을 명확히 익힐 수 있습니다.

가. 구글 설문지 훑어보기

1) 구글 설문지 시작하기

가) 구글 설문지 실행

❶ 화면 오른쪽 상단의 앱 아이콘을 클릭합니다.
❷ 드롭다운 메뉴에서 **Forms(구글 설문지)** 아이콘을 클릭합니다.

▲ 구글 설문지 실행방법

나) 구글 설문지 열기

▲ 구글 설문지 기본 화면

❶ 새 설문 생성
- 화면 왼쪽 상단의 **+ 빈 양식** 버튼을 클릭하여 새로운 빈 시트를 만듭니다.
- 또는 인터넷 주소창에 forms.new를 입력합니다.

❷ 템플릿 활용하기
- "**템플릿 갤러리**"에서 교육, 개인, 업무, 프로젝트 관리 등 다양한 템플릿을 수정하여 활용할 수 있습니다.

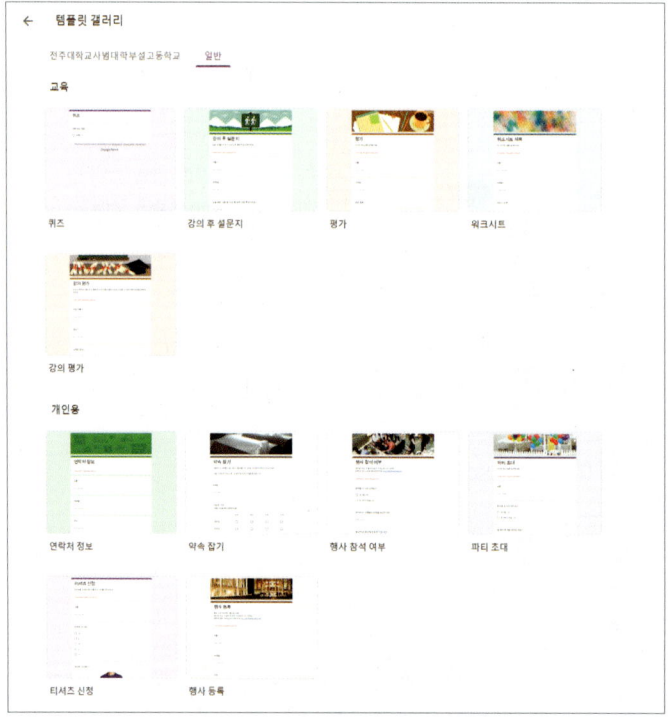

▲ 구글 설문지의 템플릿 갤러리

❸ 기존 설문 열기
- 기존에 생성했던 설문이나 공유받은 문서를 열어 작업합니다. 기존 문서를 열 때는 "내가 소유한 항목" 드롭다운 메뉴를 활용하여 파일 관리와 접근성을 향상할 수 있습니다.

TIP 학교에서 공통으로 사용하는 설문을 템플릿으로!

템플릿 갤러리를 통해 학교에서 공통으로 사용하는 설문지를 템플릿으로 등록할 수 있습니다. (구글 워크스페이스 사용자만 이용 가능)

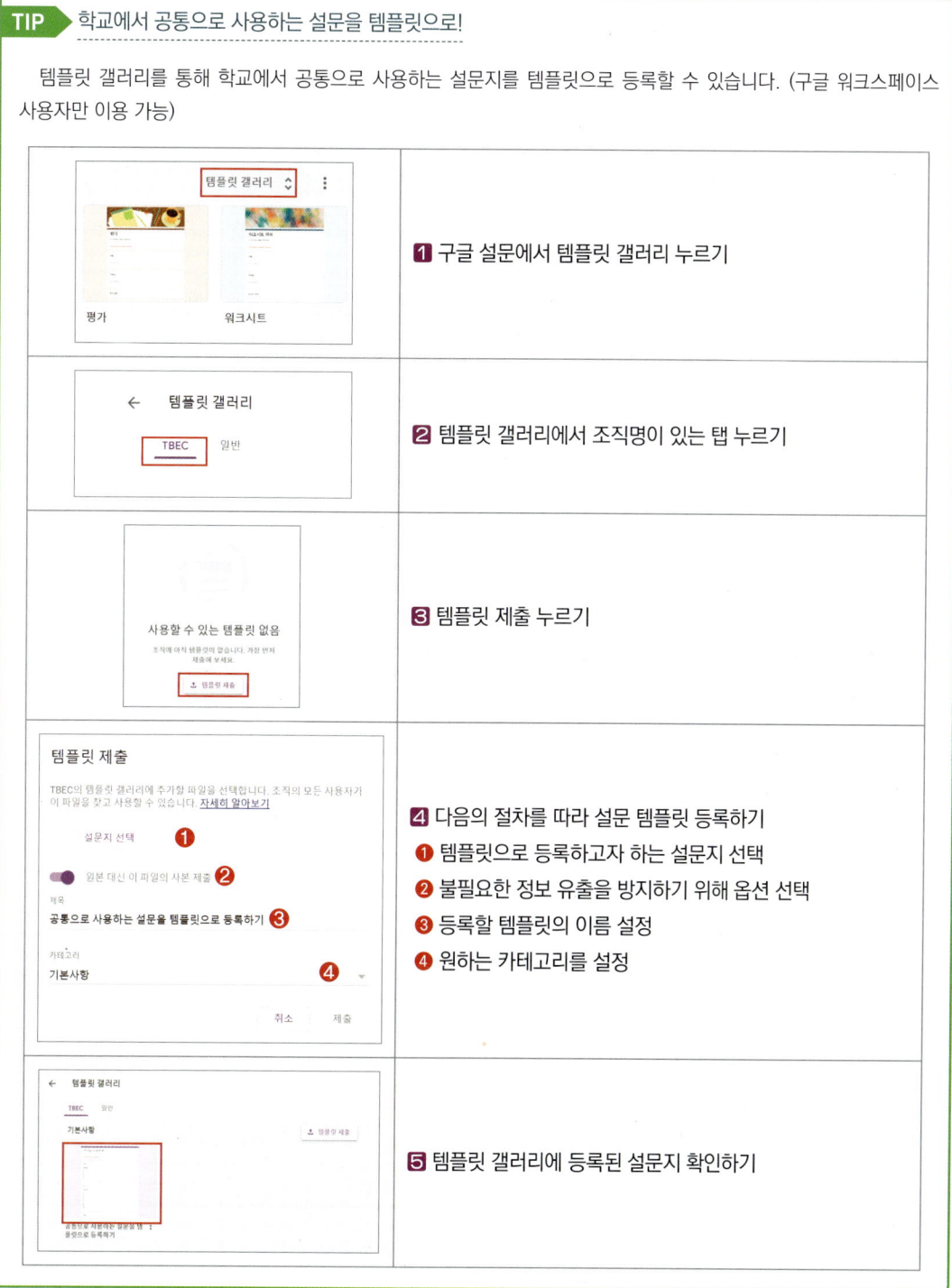

2) 구글 설문지 들여다보기

가) 구글 설문지 화면 구성

(1) 상단 메뉴바

▲ 구글 설문지 상단 메뉴바

구분	항목	설명
❶	제목 없는 설문지	설문지의 제목으로 구글 드라이브 내에서 검색할 수 있는 제목입니다.
❷	부가기능	❿의 버튼을 통해 호출할 수 있는 '부가기능 설치하기'를 통해 설치된 프로그램을 호출합니다. 예 양식 선택 제한기 | 제거 | 제거기 등
❸	테마 맞춤설정	머리글, 질문, 텍스트의 폰트 타입과 사이즈를 정할 수 있으며, 머리글의 이미지를 넣을 수 있습니다. 설문지 전체의 테마 색상과 배경 색상을 선택합니다.
❹	미리보기	작성한 설문지가 응답자에게 어떻게 보이는지 확인합니다.
❺	실행취소	작업한 내용을 취소하고 이전 단계로 복귀합니다.
❻	다시실행	'실행취소'한 내용을 다시 취소하고 작업한 내용을 복구합니다.
❼	응답자 링크 복사	설문에 응답하기 위한 링크를 복사할 수 있는 버튼입니다. 설문지를 게시해야 링크를 사용할 수 있습니다. 또한, 단축 URL도 이 버튼을 눌러야 나타납니다.
❽	공유	편집자로서 액세스할 수 있는 사용자를 지정하거나 공유권한을 설정할 수 있으며, 응답자의 범위 또한 설정합니다.
❾	게시	게시 전에는 응답자의 범위를 설정합니다. 게시 후에는 '응답 받기' 설정이 활성화되어 이를 설정할 수 있으며, '응답자 링크'를 여기서도 복사합니다.
❿	더보기	외부에 노출되지 않은 각종 기능을 호출합니다.

▲ 구글 설문지 메뉴별 설명

> **TIP** 추천하는 부가기능: 양식 선택 제한기 \| 제거 \| 제거기
>
>
>
> 구글 설문지에 사용할 수 있는 부가기능 중 하나로, 응답자들이 특정 선택지를 선택하면 그 선택지가 다른 응답자에게 보이지 않게 설정할 수 있는 기능을 제공합니다.
> 주로 수강신청이나 시간대 선택과 같은 한정된 자원을 할당할 때 유용합니다.

(2) 우측 퀵메뉴

구분	항목	설명
❶	질문 추가	질문을 선택하여 추가합니다.
❷	질문 가져오기❶	다른 설문에서 작성한 질문을 불러옵니다.
❸	제목 및 설명추가	설문지 중간에 '질문'이 없는 항목을 추가하여 제목과 설명을 넣을 수 있습니다.
❹	이미지 추가	설문지 내부에 이미지를 삽입합니다.
❺	동영상 추가	유튜브 영상 검색을 통해, 혹은 URL을 직접 입력하여 설문지에 동영상을 추가합니다.
❻	섹션 추가	'섹션'은 응답 시 페이지가 구분되도록 설정할 수 있는 기능으로 이 버튼을 눌러 섹션을 추가합니다.

▲ 구글 설문지 우측 퀵메뉴에 대한 설명

(3) 설문 제작 화면

▲ 구글 설문지 제작화면

구분	항목	설명
❶	설문 제목	설문 응답자에게 보이는 제목입니다. 구글 드라이브에 저장되는 파일명과 다르게 지정할 수 있습니다.
❷	양식 지정 메뉴	선택한 항목의 서식을 지정할 수 있는 메뉴입니다. 순서대로 굵게, 기울임, 밑줄, 하이퍼링크, 서식 삭제의 기능을 수행합니다.
❸	설문지 설명	설문지에 대한 설명을 남길 수 있는 항목입니다. 예 이 설문지는 1년 동안 원활한 학급 운영을 위해 실시하는 설문입니다.
❹	질문의 제목	묻고자 하는 질문을 입력하는 항목, 본격적인 질문을 입력합니다. 예 학번, 이름 등
❺	질문 유형 선택	다양한 질문 유형을 통해 창의적인 설문지를 구성합니다.
❻	질문 복제	질문을 복제하여 재활용합니다.
❼	질문 삭제	생성한 질문을 삭제합니다.
❽	필수 버튼	해당 질문을 응답하지 않으면 설문 진행이 불가하도록 설정합니다.
❾	옵션 더보기	질문 유형에 따라 선택할 수 있는 세부 기능을 확인합니다.

▲ 구글 설문 제작화면에 대한 세부 설명

❶ 설문지 제출현황 등 데이터를 정형화하기 위해서는 학번, 이름 등의 값을 '고정'할 필요가 있습니다. 이때, 반복적으로 활용하는 값들을 이전에 작성한 설문지에서 불러올 때 활용할 수 있습니다.

(4) 질문 유형 더 알아보기

구글 설문지는 다양한 유형의 질문을 제공하여 사용자들이 효과적으로 정보를 수집할 수 있게 해줍니다. 단순한 객관식부터 복잡한 그리드 형태의 질문까지, 각 상황과 목적에 맞는 질문 유형을 선택할 수 있어 설문 조사의 효율성을 높일 수 있습니다.

이러한 다양성은 응답자들의 참여도를 높이고, 더 정확하고 의미 있는 데이터 수집에 도움을 줍니다. 따라서 설문 제작자는 구글 설문지의 다양한 질문 유형을 이해하고 적절히 활용하는 것이 중요합니다. 이를 통해 더 효과적이고 맞춤화된 설문 조사를 설계할 수 있습니다.

1 단답형: 응답자에게 짧고 간결한 답변을 요구하는 질문 유형
- 구체적이고 정확한 정보를 수집하기 위한 효과적인 도구입니다.
- '응답 확인' 옵션을 통해 데이터의 정확성과 일관성을 확보할 수 있으며, 특정 분야의 지식과 이해도를 평가하는 데 유용합니다.
- 간결하고 명확한 답변을 요구하므로 데이터 분석의 효율성을 높여줍니다.

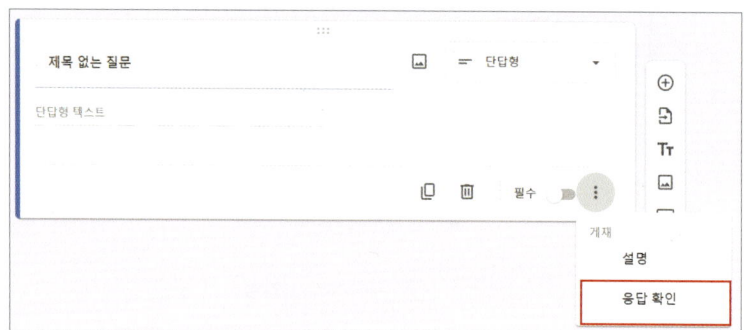

▲ 구글 설문지 '단답형' 편집 화면

옵션	내용
숫자	초과, 크거나 같음, 미만, 작거나 같음, 같음, 같지 않음, 사이값, 사이값 제외, 숫자임, 정수
텍스트	포함, 포함하지 않음, 이메일, URL
길이	최대 문자 수, 최소 문자 수
정규 표현식	포함, 포함하지 않음, 일치, 일치하지 않음
맞춤 오류 텍스트	설정한 조건을 충족하지 않은 경우 보여줄 문구

▲ 구글 설문지 단답형의 '응답 확인' 옵션

2 장문형: 응답자에게 자세한 서술형 답변을 작성할 수 있는 질문 유형

▲ 구글 설문지 '장문형'의 편집화면

- 의견, 경험, 설명 등을 자세히 기술하도록 요청할 때 유용합니다.
- 응답자의 깊이 있는 사고와 풍부한 표현을 끌어내며, 사고력과 커뮤니케이션 능력을 평가하는 데 효과적입니다.
- '응답 확인' 기능을 통해 제출된 내용의 유효성을 검증할 수 있어, 수집된 데이터의 신뢰성을 높일 수 있습니다.

옵션	내용
길이	최대 문자 수, 최소 문자 수
정규 표현식	포함, 포함하지 않음, 일치, 일치하지 않음
맞춤 오류	설정한 조건을 충족하지 않을 시, 보여줄 문구

▲ 구글 설문지 장문형의 '응답 확인' 옵션

3 객관식 질문: 여러 선택지 중 하나만 선택할 수 있는 질문 유형

- 설문지에서 가장 널리 사용되며, 데이터를 정확하고 일관된 형식으로 수집합니다.
- 정형화된 응답으로 데이터 분석과 통계 처리가 용이합니다.

▲ 구글 설문지 '객관식'의 편집화면

4 체크박스: 두 개 이상 선택지를 여러 개 선택할 수 있는 질문 유형

- 여러 항목에 대한 관심도를 파악하거나 복수의 응답이 필요한 경우에 적합합니다.
- 응답자의 다양한 선택을 허용하여 포괄적인 데이터 수집이 가능합니다.

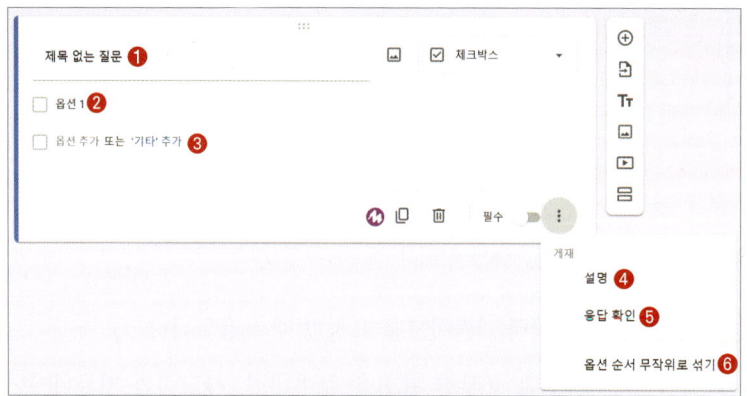

▲ 구글 설문지 '체크박스'의 편집화면

번호	설명
❶	질문의 제목을 입력하는 항목
❷	선택지를 입력하며 아랫줄의 '옵션 추가'를 눌러 또 다른 선택지를 입력할 수 있음
❸	'기타' 항목을 추가하여 제작자가 제시한 선택지 이외의 응답을 수집할 수 있음
❹	질문에 대한 설명을 추가할 수 있음
❺	'응답 확인'을 통해 설정할 수 있는 내용 – 최소 선택 개수, 최대 선택 개수, 정확한 선택 개수
❻	선택지의 순서를 무작위로 섞을 수 있습니다. 설문지를 활용해 시험 등 평가를 진행할 때 유용함

5 드롭다운: 선택 옵션을 목록으로 제공하는 질문 유형

- 많은 선택지를 깔끔하게 제시하여 설문지 공간을 효율적으로 활용할 수 있습니다.
- 선택지가 많아 페이지가 길어지는 경우 유용합니다.

  예 학생의 학급 번호, 이름 선택 등

▲ 구글 설문지 '드롭다운'의 편집화면

번호	설명
❶	질문의 제목을 입력하는 항목
❷	선택지 입력
❸	'옵션추가'를 눌러 또 다른 선택지 입력
❹	질문에 대한 설명을 추가할 수 있음
❺	특정 선택지를 선택했을 때 어느 섹션으로 이동할 수 있을지 설정
❻	선택지의 순서를 무작위로 섞을 수 있으며, 설문지를 활용해 시험 등 평가를 진행할 때 유용함

6 **파일 업로드:** 다양한 형식의 파일을 제출할 수 있는 질문 유형

- 과제 제출, 프로젝트 자료 등 학습 활동 관리를 효율적으로 할 수 있습니다.
- 다양한 형식의 파일을 손쉽게 수집하고 정리할 수 있습니다.

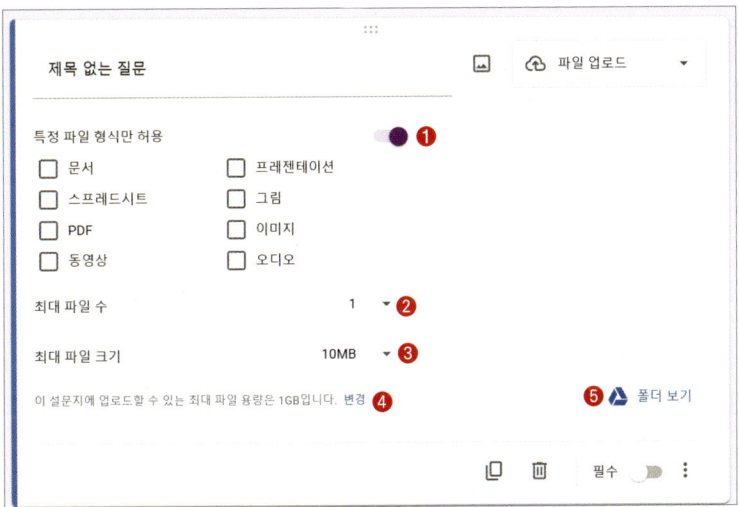

▲ 구글 설문지 '파일 업로드'의 편집화면

번호	설명
❶	특정 파일 형식만 허용하도록 지정하여 의도한 형태의 파일만 제출 받을 수 있음
❷	첨부할 수 있는 최대 파일의 수 지정 (1개, 5개, 10개)
❸	업로드할 수 있는 1개 파일의 최대 크기 지정
❹	해당 설문지가 수용할 수 있는 총 용량을 지정 (최소 1GB, 최대 1TB)
❺	제출된 파일이 저장되어있는 폴더를 열어볼 수 있는 버튼

7 선형 배율: 숫자 척도를 사용하여 정도나 만족도를 평가하는 질문 유형

- 만족도나 선호도를 수치화하여 응답자의 의견을 정량적으로 수집할 수 있습니다.
- 수집된 데이터의 통계 분석과 시각화가 용이합니다.

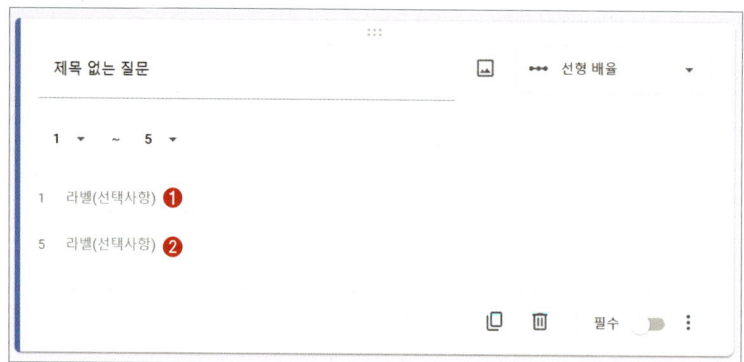

▲ 구글 설문지 '선형 배율'의 편집화면

번호	설명
❶	선형배율의 최소값에 해당하는 지표 지정(선택사항) 예 노력이 필요함, 매우 그렇지 않다.
❷	선형배율의 최대값에 해당하는 지표 지정(선택사항) 예 매우 잘함, 매우 그렇다.

8 등급: 특정 주제나 항목에 대해 등급을 부여하는 질문 유형

- 만족도, 성능, 선호도 등을 별점이나 아이콘으로 시각화하여 직관적인 평가가 가능합니다.
- 교과 콘텐츠나 수업 방식에 대한 피드백을 효과적으로 수집할 수 있습니다.

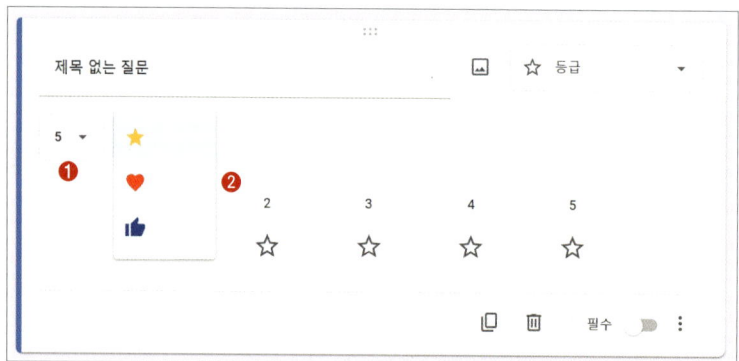

▲ 구글 설문지 '등급'의 편집화면

번호	설명
❶	등급의 범위 설정
❷	표시되는 아이콘 선택

9 객관식 그리드: 여러 문항에 대해 동일 선택지로 응답하는 질문 유형

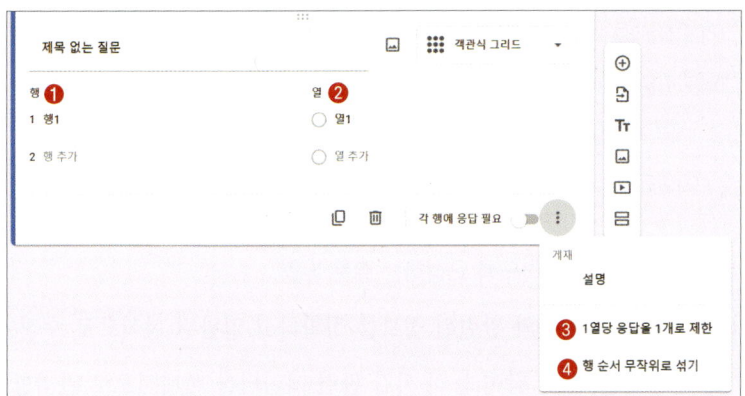

▲ 구글 설문지 '객관식 그리드'의 편집화면

- 다수의 항목을 동일한 기준으로 일관성 있게 평가할 수 있어 시간과 공간을 효율적으로 활용할 수 있습니다.
- 학생들의 다양한 학습 영역이나 역량을 체계적으로 평가하고 분석하는 데 효과적입니다.

번호	설명
❶	객관식 그리드 질문에서 행을 추가할 수 있는 항목
❷	객관식 그리드 질문에서 열을 추가할 수 있는 항목
❸	1열당 응답을 1개로 제한할 수 있게 해주는 옵션
❹	행의 순서를 무작위로 섞을 수 있게 해주는 옵션

10 체크박스 그리드: 여러 문항에 대해 복수로 응답할 수 있는 질문 유형

- 다수의 항목에 대해 다중 선택이 가능하여 복잡한 선호도나 의견을 종합적으로 수집할 수 있습니다.
- 여러 기준에 대한 교차 분석이 가능하여 세부적인 데이터 분석에 효과적입니다.

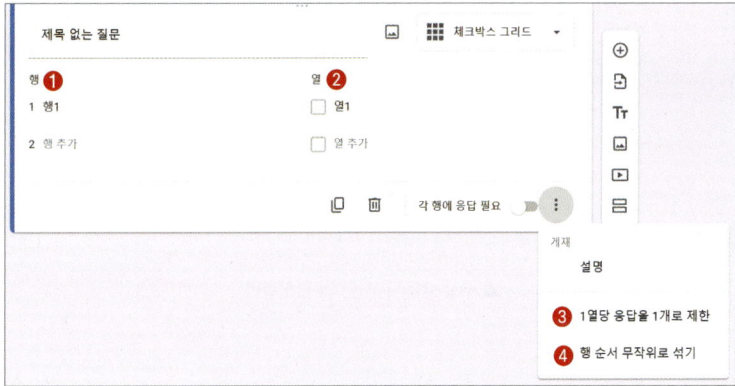

▲ 구글 설문지 '체크박스 그리드'의 편집화면

번호	설명
❶	체크박스 그리드 질문에서 행을 추가할 수 있는 항목
❷	체크박스 그리드 질문에서 열을 추가할 수 있는 항목
❸	1열당 응답을 1개로 제한할 수 있게 해주는 옵션
❹	행의 순서를 무작위로 섞을 수 있게 해주는 옵션

11 날짜: 특정 날짜 및 시간을 선택하도록 요청하는 질문 유형

- 일정, 기한, 이벤트 등 날짜와 관련된 정보를 정확하고 일관된 형식으로 수집할 수 있습니다.
- 학사 일정, 과제 제출, 행사 참여 등의 시간 관련 데이터를 체계적으로 관리할 수 있습니다.

▲ 구글 설문지 날짜의 편집화면

12 시간: 특정 시간을 선택하거나 입력할 수 있는 질문 유형

- 수업 시간, 모임 시간 등 구체적인 시간 정보를 일관된 형식으로 수집할 수 있습니다.
- 시간대별 선호도 조사나 일정 관리에 효과적이며 정확한 시간 데이터 분석이 가능합니다.

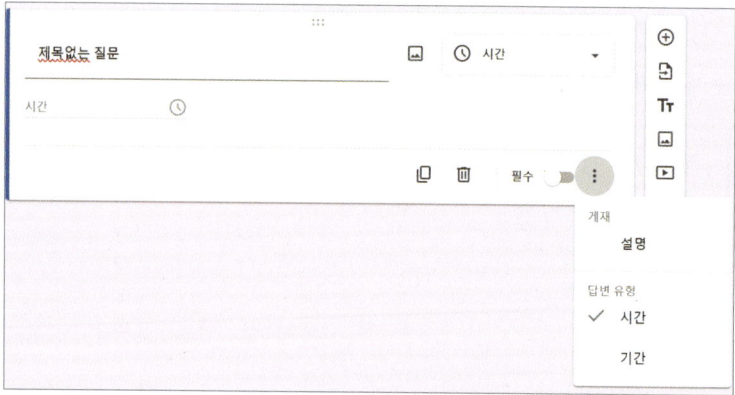

▲ 구글 설문지 '시간'의 편집화면

3) 구글 설문지 작성 및 배포하기

구글 설문지를 통해 데이터를 수집하고 분석하는 과정은 교육 현장에서 매우 유용합니다. 교사들은 이 도구를 사용하여 학생들의 피드백을 받거나, 학부모 설문을 진행하며, 학교 행사의 효과를 측정할 수 있습니다. 아래에서는 구글 설문지의 기본 작성법과 고급 기능을 활용하는 방법을 구체적으로 설명합니다.

가) 구글 설문지 작성하기(학기초 기초조사 활용)

- 수집이 필요한 정보: 학번, 이름, 연락처, 생년월일, 부모님 성명, 부모님 연락처 등

(1) 설문 생성: 로그인된 브라우저에서 설문을 생성합니다.

(2) 제목 설정하기: 응답자에게 노출될 설문지의 제목을 설정합니다.

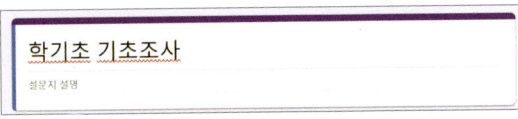

▲ 구글 설문지 제목을 설정하는 화면

(3) 질문작성: '제목없는 질문'을 원하는 질문으로 변경합니다. 학번, 이름은 필수정보이기 때문에 이것부터 작성합니다. 필요한 개수만큼 질문을 추가하고 질문의 목적에 맞게 유형을 설정합니다.

단계	설명
• 학년/반/번호: 드롭다운 메뉴를 선택 후, 선택 옵션(숫자)을 입력합니다. ★ 명렬표의 숫자 항목을 복사하여 한꺼번에 붙여넣기 하면 편리합니다.	
• 학번: 단답형으로 질문 유형을 선택 후, 학번 4자리(혹은 5자리)를 입력 ★ '응답 확인'에서 숫자의 범위나 최대값을 설정하여 오류를 방지합니다.	

Ⅱ 구글 시트 확장하기 111

> **TIP** 학번 4자리를 왜 또 수집하나요?
>
> 설문지를 제출할 때 인적사항은 중요한 정보 중 하나입니다.
> 학생이 실수로 인적사항을 잘못 입력하는 경우가 있을 수 있습니다. 이를 방지하기 위해 학번을 한 번 더 입력하도록 설정하면, 입력 오류를 검증하는 데 도움이 됩니다. 이러한 질문을 매번 생성하는 과정이 번거로울 수 있지만, 기본적인 인적사항 질문을 한 번만 설정해두면 '질문 가져오기' 기능을 활용해 간편하게 불러올 수 있습니다.

(4) 미리보기: 설문지가 작성자에게 어떻게 보일지 확인하기
- 상단 메뉴의 '미리보기' 버튼을 눌러 응답자에게 어떻게 표현될지 확인합니다.

▲ 구글 설문지 편집 중 미리보기 버튼 위치

(5) 설문 배포
- 설문지 편집 화면 우측 상단의 '게시' 버튼을 눌러 응답자의 범위를 설정할 수 있습니다.
- 응답자의 범위를 설정 후 게시 양식 화면의 '게시' 버튼을 눌러 설문지를 최종적으로 게시할 수 있으며, 응답자에게 배포할 링크를 생성할 수 있습니다.
- 생성된 링크는 긴 주소 그대로 배포할 수 있지만, 단축 주소 혹은 QR코드 형태로도 배포할 수 있습니다.

▲ 구글 설문지 '게시' 옵션 설정 화면

4) 구글 설문지 응답 확인 및 활용하기

구글 설문지를 통해 받은 응답은 답변이 정형화되어 있어, 데이터베이스(DB)로 활용하기 좋습니다. 구글 시트와의 연결점 또한 이곳에서 시작됩니다. 그러면 구글 설문지를 통해 받은 데이터를 어떻게 확인하고 활용할 수 있을지 알아보겠습니다.

가) 설문 응답 확인하기

단계	설명	
① '응답' 탭을 눌러 확인하기	• 구글 설문 편집자용 링크에서 '응답' 탭을 클릭합니다. • 질문의 유형에 따라 자동화된 통계가 실시간으로 생성되는 것을 확인할 수 있습니다.	▲ 구글 설문지 응답 탭의 위치
② 구글 시트를 통해 DB 형태로 확인하기	• '응답' 탭에서 'Sheets에 연결'을 누릅니다. • '새 스프레드시트 만들기'를 선택 후, 만들기를 누릅니다. • 연결된 구글 시트에 응답자들의 응답이 쌓이는 것을 실시간으로 확인할 수 있습니다.	▲ 구글 설문지 응답 확인에서 'Sheets에 연결' 버튼

나) 설문제출 현황 파악하기

구글 설문을 활용하면 정형화된 데이터를 짧은 시간에 수합할 수 있는 장점이 있습니다. 그러나 제출된 설문의 수는 확인할 수 있지만, 미제출 학생을 파악하는 것은 쉽지 않습니다. 이를 해결하기 위해 제출현황판을 생성하여, 이를 활용해 설문의 제출 현황을 쉽게 파악할 수 있습니다.

joo.is/설문제출현황실습
▲ 설문지 제출 현황 실습 템플릿

(1) 조건

설문 제출현황판을 제작하기 위해서는 설문에서 '학번'을 묻는 위치가 고정되어야 합니다. 위 템플릿에서 설정한 함수에 맞물려 작동해야 하기 때문입니다. 또한, 같은 원리로 설문지를 정형화한다면 다른 설문지를 활용하는 경우에도 제출현황판을 사용할 수 있습니다.

(2) 구글 시트에서 표 만들기

▲ 설문지 제출 현황판의 편집화면

학급별 참여 현황을 파악하기 위해 A3:Y36 범위에 위와 같은 표를 생성합니다. 이는 8개 학급 최대 33번까지의 학생의 제출현황을 한눈에 볼 수 있는 표입니다.

(3) 함수 넣기 및 현황보기

C4셀에는 다음과 같은 함수가 입력되어 있습니다.

```
=IF(ISBLANK(B4),"결번", IF(COUNTIF('설문지 응답 시트1'!$E:$E,1000*$B$2+B$3*100+$A4)>=1,"참가","불참"))
```

함수의 의미는 다음과 같습니다.

1. **B4 셀의 내용 검사: 결번인 학생 파악**
   - ISBLANK(B4)는 B4 셀이 비어 있는지를 검사합니다. 이 함수는 B4 셀에 아무런 데이터도 입력되지 않았을 경우 TRUE를 반환하고, 어떤 데이터라도 들어있으면 FALSE를 반환합니다.
   - IF(ISBLANK(B4), "결번", ...)의 구조는, 만약 B4가 비어 있다면 "결번"이라는 결과를 직접 반환합니다. B4 셀에 데이터가 있는 경우 다음 조건으로 넘어갑니다.

2. **식별자 계산 및 검색**
   - 1000*$B$2+B$3*100+$A4 이 부분은 특정 식별자(4자리 학번)를 계산하기 위한 수식입니다. 여기서 $B$2, B$3, $A4는 각각 다른 셀 참조를 사용하며, 이들 값에 따라 고유한 식별자를 생성합니다. B2 셀의 값에 1000을 곱하고, B3의 값에 100을 곱한 후, A4의 값을 더하는 방식으로 계산합니다. 이러한 방식은 일반적으로 여러 요소를 조합하여 유니크한 값을 생성할 때 사용됩니다.
   - 이 계산 결과는 '설문지 응답 시트1'!$E:$E 범위 내에서 검색됩니다. 즉, 설문지 응답 시트의 E열 전체에서 위에서 계산한 값과 일치하는 항목이 있는지를 확인합니다.
   - 1,000은 1학년을, 2,000은 2학년을, 3,000은 3학년을 의미합니다.
   - 5자리 학번을 사용하는 학교의 경우 1학년은 10,000을 2학년은 20,000 등의 형식을 응용하여 활용할 수 있습니다.

3. **참가 여부 판정**
   - COUNTIF('설문지 응답 시트1'!$E:$E, 계산된 값)는 E열에서 위에서 계산한 값과 일치하는 셀의 수를 세어 줍니다.
   - IF(COUNTIF(...) >= 1, "참가", "불참")는 COUNTIF 함수의 결과가 1 이상이면 (즉, 하나 이상의 일치하는 항목이 발견되면) "참가"를 반환하고, 그렇지 않으면 "불참"을 반환합니다. 이는 특정 참여자가 설문지에 응답을 했는지 여부를 판단하는 데 사용됩니다.

   이렇게 이 함수는 B4 셀의 상태에 따라 "결번"을 반환하거나, 설문 응답 데이터를 기반으로 한 참여 여부 ("참가" 또는 "불참")를 반환합니다. 이러한 유형의 함수는 대규모 데이터에서 특정 조건에 따라 정보를 필터링하고 결과를 요약하는 데 매우 유용합니다.

C4:C36, F4:F36, I4:I36, L4:L36, O4:O36, R4:R36, U4:U36, X4:X36 범위에 대해서도 자동 채우기를 통해 같은 함수를 입력해줍니다.

지금까지 구글 설문을 활용할 수 있는 기본적인 방안과 더불어 구글 시트와의 연결을 통한 확장성을 살펴보았습니다. 구글 설문을 활용한 대규모 자료조사와 더불어 구글 시트의 강력한 데이터베이스 처리 능력을 학교 현장에서 십분 활용할 수 있다면 우리의 학교생활은 좀 더 풍성해질 것입니다.

나. 구글 설문지의 다양한 활용

학교 현장에서 교사들은 학생들의 학습을 지원하고 원활한 교육 환경을 조성하기 위해 다양한 정보를 수집해야 합니다. 학기 초 학생들의 기초 정보를 조사하거나, 학부모와의 원활한 소통을 위해 정보를 공유하고, 강의평가를 통해 수업을 개선하는 과정 모두 교사에게 중요한 업무입니다. 또한, 각종 평가 결과를 보다 객관적으로 분석하고, 학생들의 학습 패턴을 이해하여 맞춤형 피드백을 제공하는 것이 필요합니다.

과거에는 이러한 정보 수집을 위해 종이 설문지를 나눠주고 직접 작성하게 한 후, 일일이 수합하는 방식이 일반적이었습니다. 그러나 이제는 구글 설문지를 활용하여 더 빠르고 체계적으로 데이터를 모을 수 있습니다. 설문 응답이 자동으로 구글 시트에 정리되므로, 종이로 받은 설문 내용을 하나하나 입력하는 수고를 덜 수 있고, 수식을 활용할 수 있으니 데이터를 보다 효과적으로 분석할 수 있습니다.

구글 설문지는 단순한 데이터 수집 도구를 넘어 학생과 학부모의 의견을 깊이 이해할 수 있는 창구로 활용될 수 있습니다. 학급을 운영하는 교사들에게는 학생과 학부모의 목소리를 듣는 것이 중요하지만, 대면 상담이나 종이 설문만으로는 충분한 정보를 얻는 데 한계가 있습니다. 이를 보완하기 위해 구글 설문지를 활용하면, 보다 개방적이고 솔직한 응답을 유도할 수 있으며, 응답 내용을 정리하고 분석하는 과정도 훨씬 효율적으로 진행할 수 있습니다.

또한, 수업 평가 및 학습 데이터 분석에도 구글 설문지는 강력한 도구가 될 수 있습니다. 학생들의 강의평가를 통해 다음 학기 수업을 개선할 수 있으며, 모의고사 답안 제출을 통해 오답 유형과 선택지 분포를 분석하여 더욱 효과적인 해설 강의를 준비할 수도 있습니다. 이러한 데이터 기반의 접근은 학생 개개인의 학습을 더욱 정교하게 지원하는 데 큰 도움을 줄 것입니다.

그렇다면, 실제 학교 현장에서 구글 설문지를 활용한 사례를 좀 더 구체적으로 살펴보겠습니다.

다음 4가지 설문지 템플릿의 문항과 질문 종류를 직접 확인해 보시고, 수정하여 활용하시기 바랍니다.

1) 학년초 기초조사 [공통]

학년 초, 담임교사가 학급 학생들을 처음 만나면 가장 먼저 해야 할 일이 있습니다. 인사를 나눈 후, 곧바로 학생들의 기본 정보를 파악하는 과정이 시작됩니다. 과거에는 '학생 이해 자료 카드'라는 이름으로 학생들의 자필을 통해 내용을 수합하곤 했습니다. 그러나 이제 구글 설문지를 활용해 학기 초 첫날 종례 시간 전까지 학생들의 기초조사를 마무리할 수도 있습니다.

joo.is/학년초기초조사

2) 선생님께 드리는 우리 아이 이야기 [공통]

학생을 다방면으로 이해하기 위한 노력은 학부모들과의 대화, 상담으로 이어집니다. 그러나 대면 상담에서 수집하는 정보는 극히 제한되며, 교무실이라는 낯선 환경 때문인지 학부모와의 대화를 통해 얻을 수 있는 학생에 대한 정보는 제한적이기만 합니다. 구글 설문지에 학부모 대상 질문을 미리 작성하여 제공하면, 보다 깊이 있고 다양한 응답을 받을 수 있습니다.

joo.is/학부모기초설문

3) 강의평가 / 과목별 세부능력 및 특기사항 기초자료 [중등]

한 학기 과정을 마치고 학생들에게 받는 강의평가는 다음 학기 수업을 준비하는데 좋은 자양분이 됩니다. 또한 생활기록부가 중요한 중·고등학교에서는 강의평가와 함께 과목별 세부능력 및 특기사항에 대한 기초자료를 수집할 수 있습니다.

joo.is/강의평가과세특설문

4) 모의고사 답안 제출을 통한 오답 분포 분석 [중등]

고등학교에서는 학생들이 정기적으로 모의고사를 치르며, 교과 담당 교사는 학생들의 요청에 따라 해설 강의를 진행합니다. 기존에는 교사가 문제를 직접 풀어본 후, 학생들이 어려워했을 것으로 예상되는 문항을 감에 의존하여 선정하는 경우가 많았습니다. 그러나 구글 설문지를 활용해 학생들의 답안을 수집하면, 정·오답 분포를 분석하고, 정답률이 특히 높거나 낮은 문항을 객관적으로 선별할 수 있습니다. 또한, 학생들이 선택한 오답의 분포를 파악함으로써, 단순한 정답 해설을 넘어 학생들이 개념을 오해한 부분을 보다 효과적으로 파악할 수 있습니다.

이러한 데이터를 기반으로 교사는 학생들이 어려움을 겪는 개념을 정확히 파악하고, 보다 효과적인 맞춤형 해설을 제공할 수 있습니다.

이 과정에서 구글 설문지의 퀴즈(Quiz) 기능이 활용됩니다.

joo.is/오답분포분석설문

그러면 퀴즈 기능의 구글 설문지 제작 방법을 알아보겠습니다.

1 구글 설문지의 퀴즈 모드 설정하기	
• 설문지의 편집화면에서 '설정'탭을 클릭합니다. • '퀴즈로 만들기'를 활성화합니다.	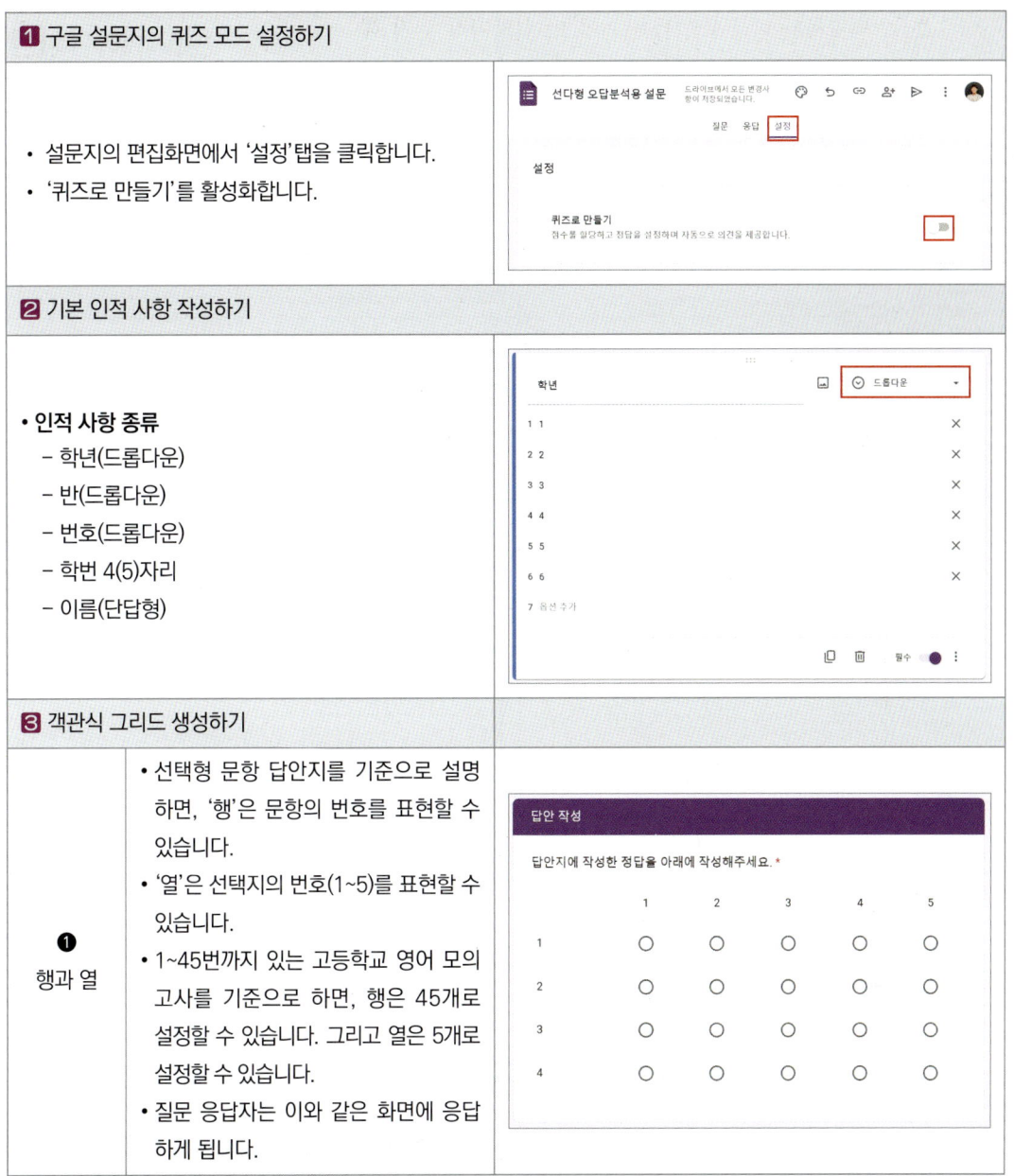
2 기본 인적 사항 작성하기	

• 인적 사항 종류
  – 학년(드롭다운)
  – 반(드롭다운)
  – 번호(드롭다운)
  – 학번 4(5)자리
  – 이름(단답형)	

3 객관식 그리드 생성하기	
❶ 행과 열	• 선택형 문항 답안지를 기준으로 설명하면, '행'은 문항의 번호를 표현할 수 있습니다. • '열'은 선택지의 번호(1~5)를 표현할 수 있습니다. • 1~45번까지 있는 고등학교 영어 모의고사를 기준으로 하면, 행은 45개로 설정할 수 있습니다. 그리고 열은 5개로 설정할 수 있습니다. • 질문 응답자는 이와 같은 화면에 응답하게 됩니다.

Ⅱ 구글 시트 확장하기 117

❷ 정답과 배점 넣기	• 정답과 배점을 입력하기 위해 설문 편집화면에서 '답안' 버튼을 눌러줍니다.	
	❶ 문항별 정답 입력 ❷ 배점 입력 ❸ 완료 버튼 클릭	
❸ 검토하기	• 답안의 총점이 의도한 것과 일치하는지 확인합니다. • '각 행에 응답 필요'에 체크해야 누락되는 문항이 없습니다.	

4 배포 후 응답 분석하기

• 교사가 확인할 수 있는 화면 　- 평균, 중앙값, 총점 범위	

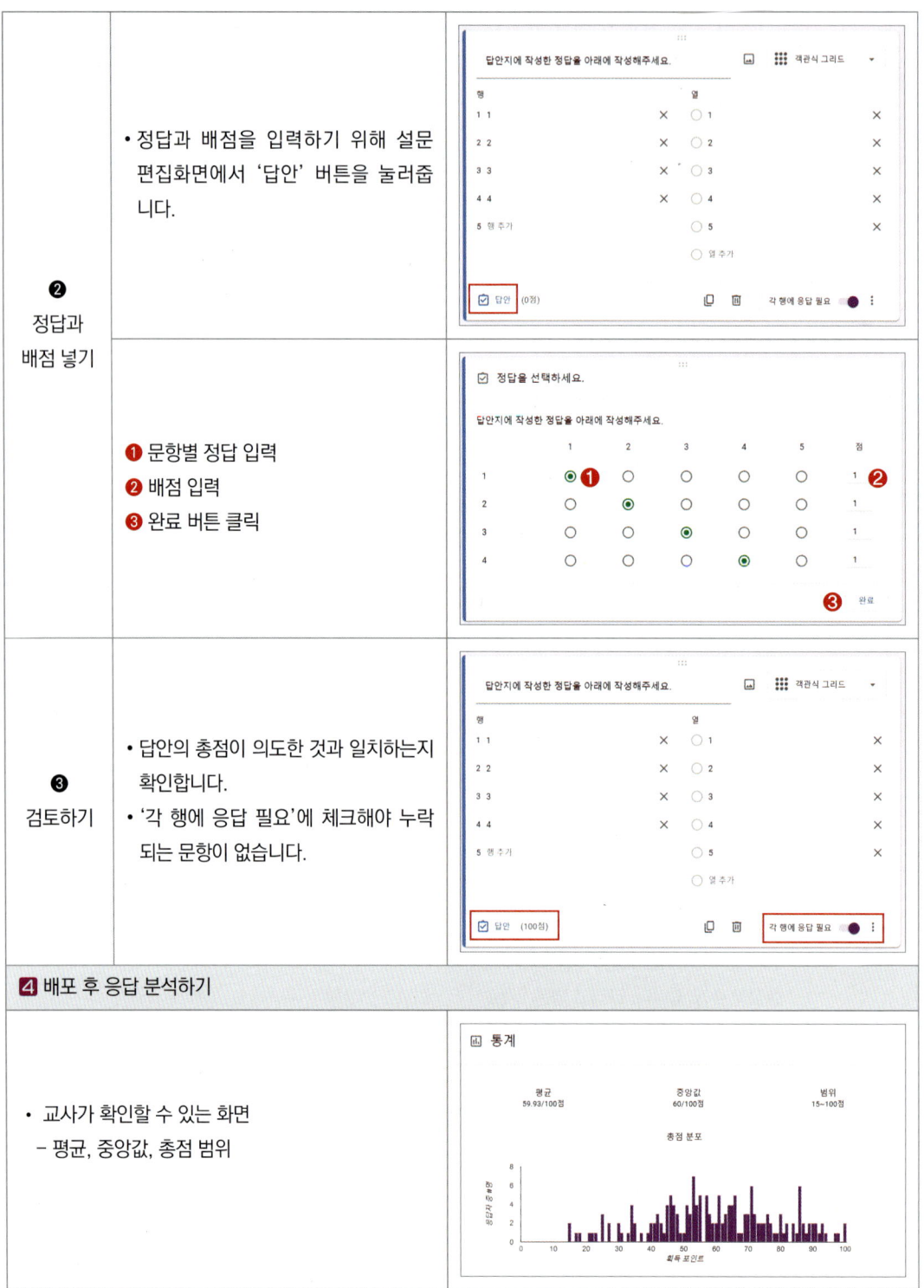

- 자주 놓치는 질문: 정답률 50% 미만인 문항
  - 해당 데이터는 정답률이 50% 미만인 문항들을 나열해주기 때문에, 어떤 문항을 먼저 설명할지 결정하는데 좋은 자료가 됩니다.

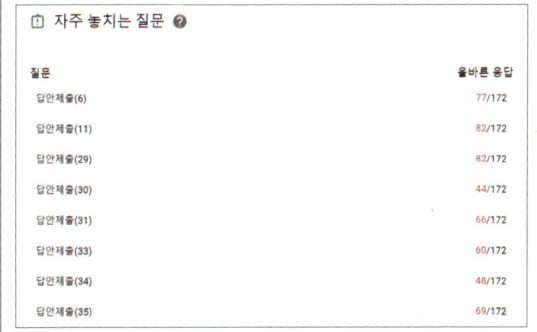

- 문항별 정답분포
  - ①~⑤ 선택지별로 분포를 확인할 수 있어 학생들의 정/오답 경향을 객관적으로 파악할 수 있습니다.

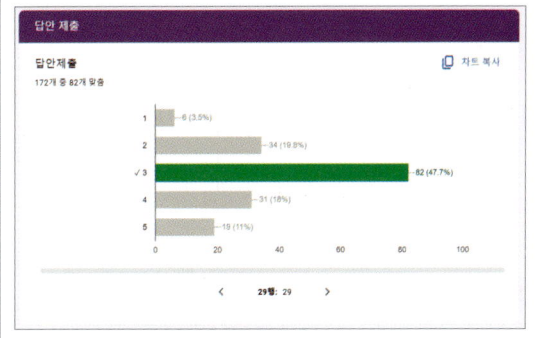

지금까지 구글 설문지를 활용한 다양한 사례를 살펴보며, 단순한 설문조사를 넘어 학생 이해, 학부모 소통, 수업 개선, 평가 분석 등 교육 현장에서 실질적으로 적용할 수 있는 방법들을 알아보았습니다. 특히, 구글 설문지를 구글 시트와 연계하면 수집된 데이터를 체계적으로 정리하고 분석할 수 있어, 단순한 자료 수집을 넘어 데이터 기반의 교육 의사결정이 가능해집니다.

이러한 도구들을 적극적으로 활용한다면 교사의 업무 부담을 줄이는 동시에, 보다 효과적으로 학생들의 학습을 지원하고 교육적 가치를 극대화할 수 있을 것입니다.

② 구글 시트와 제미나이 연결하기: API

가. 구글 시트와 제미나이 API

1) 구글 워크스페이스 랩스

구글 워크스페이스 랩스(Google Workspace Labs)는 사용자를 위해 구글이 제공하는 실험적인 기능들을 시험해 볼 수 있는 플랫폼입니다. 이는 사용자가 새로운 기능을 미리 경험해 볼 수 있게 하여, 이러한 기능들이 최종적으로 공식 제품에 포함될지에 대한 피드백을 구글에 제공할 수 있는 기회를 제공합니다.

구글 워크스페이스 랩스에서 제공하는 기능들은 종종 '알파', '베타' 단계에 있으며, 일반적인 기능보다 불안정할 수 있지만, 사용자에게는 새로운 도구와 기능을 미리 사용해 볼 수 있는 흥미로운 기회를 제공합니다. 예를 들어, 뒤에 소개할 구글 시트 안의 '제미나이에 질문' 같은 경우가 그렇습니다. 구글 시트에서는 다음과 같은 기능을 제공합니다.

- '정리 도우미' 기능을 사용하여 여행 계획 또는 업무 진행 현황표의 초안을 작성할 수 있습니다.
- AI를 사용하면 수동 텍스트 처리 작업을 더 쉽게 실행할 수 있습니다. 불완전한 열을 자동으로 감지하고 나머지 값을 예측합니다. 기존 데이터를 기반으로 피드백 분류 열 작성을 완료할 수 있습니다.
- 구글 시트 측면 패널을 통해 1) 시트 요약, 2) 표 제작 및 수정, 3) 수식 작성, 4) 데이터 분석 자료 및 통계 생성, 5) 차트 및 그래프 작성, 6) Gmail의 이메일과 Drive의 파일 요약 등의 작업을 수행할 수 있습니다.

가) 구글 워크스페이스 랩스 신청하기

구글 워크스페이스 계정에서 제미나이 사이드패널 서비스❷를 사용하려면 유료 구독이 필요합니다. 그러나 조직에 속한 계정이 아닌 개인의 Gmail 계정을 활용하면 구글 워크스페이스 랩스를 통해 해당 기능을 사용해볼 수 있습니다.

joo.is/워크스페이스랩스_도움말
▲ 자세한 기능 설명 및 소개 확인하기

(1) 참여 신청하기

단계	설명
1	구글 워크스페이스 랩스를 검색 후 페이지에 입장합니다.
2	약관 내용에 동의 후 '제출' 버튼을 눌러줍니다.
3	'가입이 완료되었습니다' 메시지를 확인하면 신청이 완료됩니다.

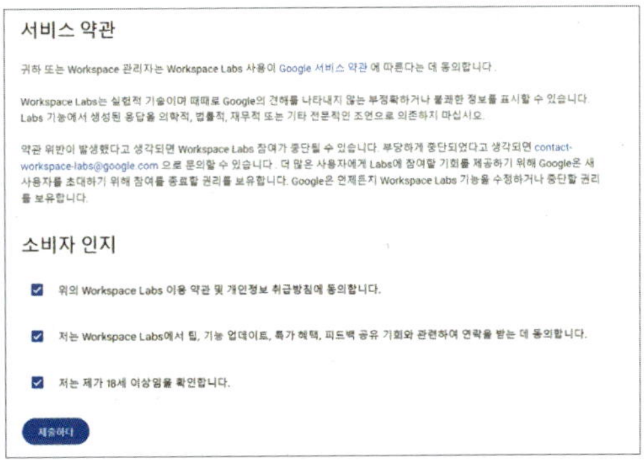

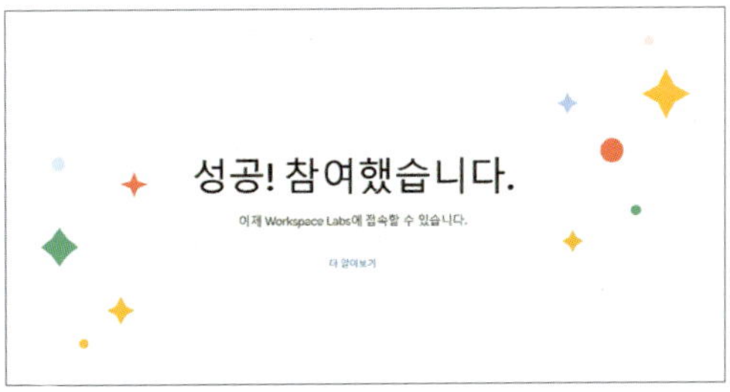

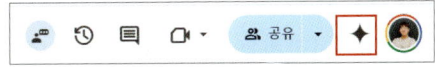

▲ 가입 완료 후 활성화된 제미나이

❷ 구글 도구 내부에서 제미나이를 바로 사용할 수 있는 서비스

2) 구글 시트 안의 제미나이

제미나이(Gemini)는 구글에서 제공하는 생성형 인공지능 플랫폼입니다. 제미나이는 구글 시트 내부에서 '제미나이에 질문'이란 기능을 통해 구글 시트 파일을 기반으로 다양한 작업을 수행할 수 있습니다. 구글 시트 실행화면 우측 상단의 '제미나이에 질문' 버튼을 눌러 다음의 작업을 수행할 수 있습니다.

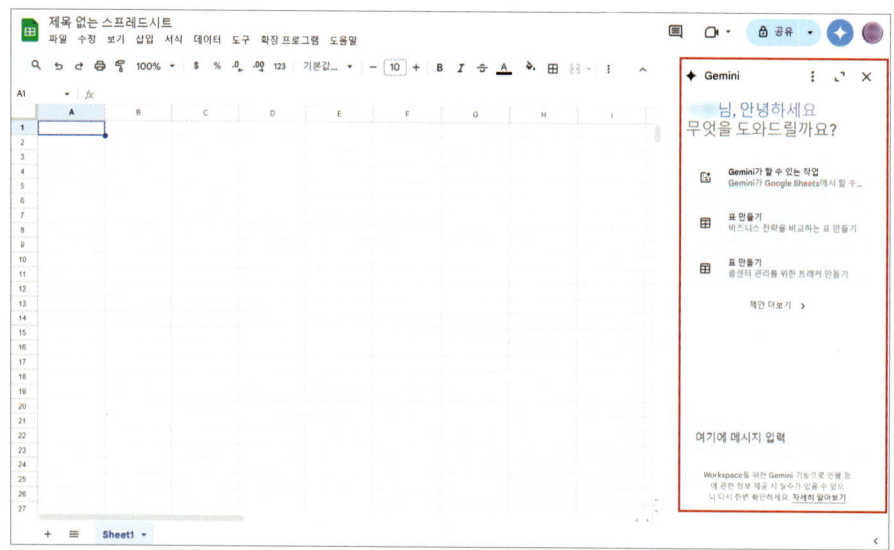

▲ 구글 시트의 사이드패널에서 작동하는 제미나이

작업	프롬프트 예시
시트 요약하기	• 이 시트를 요약해 줘. • 내가 5살이라고 생각하고 이 시트를 설명해 줘.
표 만들기	• 전일 일정으로 진행하는 팀 행사 표 만들어 줘. • 국립공원에서 보낼 휴가를 위한 여행 계획을 세워줘. • 마케팅용 소셜 미디어 트래커를 만들어 줘.
수식 만들기	• 득점을 경기 수로 나누는 수식을 만들어 줘. • D:G 범위에서 C1 셀을 찾고 G열에 값을 출력하는 수식을 만들어 줘.
이미지 만들기	• 안경을 쓴 강아지 이미지를 만들어 줘.
데이터 분석 자료 및 통계 생성	• 이 표에서 추세를 파악해 줘. • 이 데이터의 회귀 및 예측을 표시하려면 어떻게 해야 해? • 이 시트로 어떤 분석을 수행할 수 있어? • 월별 식품 가격을 파악하게 도와줘.
차트 및 그래프 작성하기	• x축에 날짜, y축에 총계를 표시하는 차트를 만들어 줘. • 선 차트 만들어 줘. • 세후 총 수당에서 각 지출이 차지하는 비율을 보여주는 그래프를 만들어 줘. • 이번 달 지출을 분석하는 차트 만들어 줘.

Drive 파일 요약하기	• 회의록: 핵심팀 의견 조율의 요점이 뭐야?
Gmail 이메일 요약하기	• 최근에 온 월간 리뷰 이메일 내용을 알려 줘.
구글 시트 관련 도움 받기	• 색상 스케일로 조건부 서식을 사용하는 방법을 알려 줘. • 중복 항목은 어떻게 삭제하지?
웹에서 제공된 답변 받기	• 웹 검색을 사용해서 오늘 캘리포니아 마운틴뷰의 날씨를 설명하는 단락을 작성해 줘. • 웹의 정보만 사용해서 같은 장소에 번개가 두 번 칠 수 있는지 설명하는 단락을 쓸 수 있게 도와줘.

3) 제미나이 API로 구글 시트 업그레이드하기

API(Application Programming Interface)는 프로그램들이 서로 대화할 수 있도록 도와주는 도구입니다. API는 우리가 스마트폰에서 날씨 앱을 열어 날씨 정보를 받아오는 과정으로 이해해 볼 수 있습니다. 여러분의 날씨 앱은 날씨 정보를 직접 생성하지 않지만, 원격 서버에서 정보를 받아와서 사용자에게 보여줍니다. 이때, 날씨 정보 서버와 앱 사이의 소통을 가능하게 하는 것이 바로 API입니다.

앞서 소개한 '제미나이에 질문' 버튼도 구글에서 작성한 코드에 의해 제미나이의 기능을 API를 통해 구글 시트 작업을 도와주는 기능을 수행하지만 직접 셀에 프롬프트를 넣어서 원하는 값을 얻어낼 수 없습니다. 즉, 보조기능으로서만 기능할 뿐입니다. 그렇지만 지금 소개할 제미나이 API 기능은 사용자가 직접 각 셀에 프롬프트를 넣어 제미나이에서 실행할 수 있는 명령어를 구글 시트에서 직접 실행할 수 있습니다.

가) 구글 시트에 부가기능 설치하기

구글 시트에서 제미나이의 기능을 API로 사용하려면 부가기능인 AI Assist for Gemini™ in Sheets™, Docs™, and Forms™를 설치해야 합니다.

단계	설명	
1 '부가기능 설치하기' 찾기	• [확장프로그램] - [부가기능] - [부가기능 설치하기]를 찾아 클릭합니다.	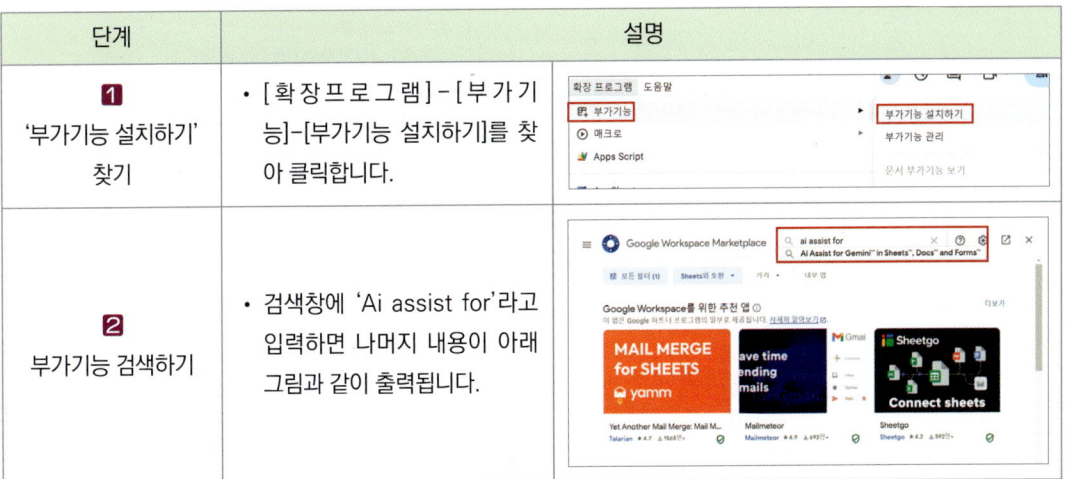
2 부가기능 검색하기	• 검색창에 'Ai assist for'라고 입력하면 나머지 내용이 아래 그림과 같이 출력됩니다.	

Ⅱ 구글 시트 확장하기   123

❸ 부가기능 설치하기	• 설치가 완료되면 [확장 프로그램] 하위 메뉴에 'AI Assist for Gemini™ in Sheets™, Docs™, and Forms™'를 확인할 수 있습니다.	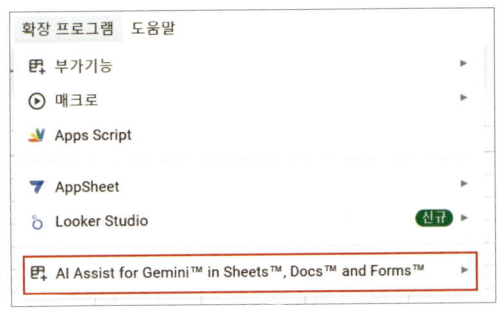

나) 제미나이 API 얻어오기

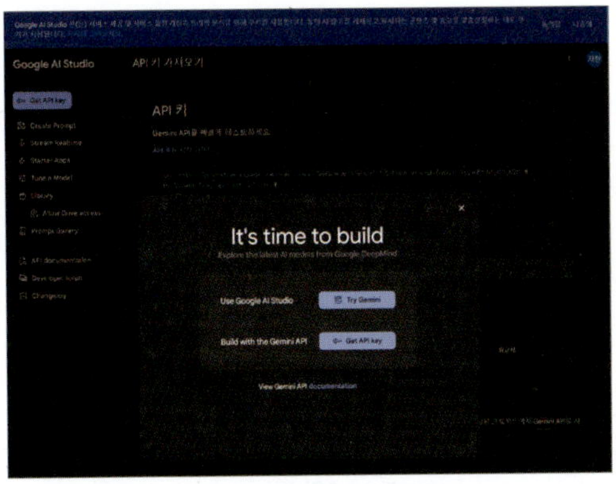	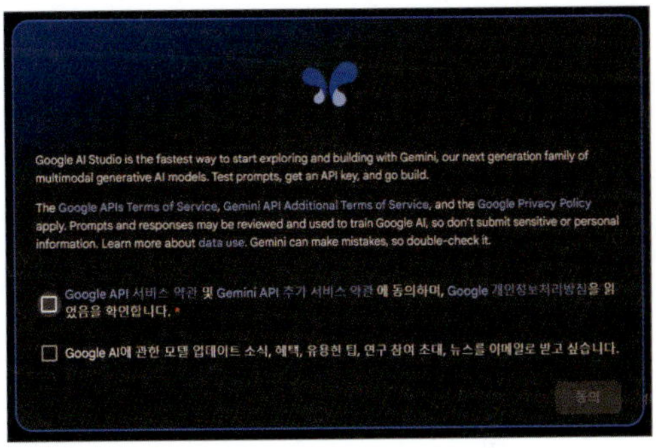
❶ 구글 AI 스튜디오[3] 접속 후 Get API key 누르기	❷ 약관 동의하기
❸ API 키 만들기 누르기	❹ API 키 복사하기

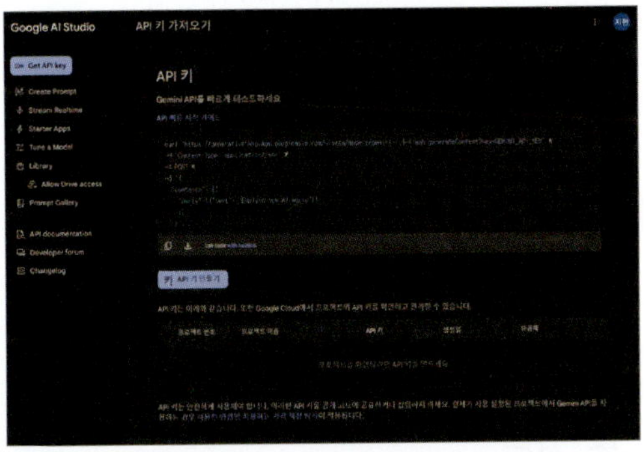

[3] aistudio.google.com/app/apikey

다) 구글 시트와 제미나이 연결하기

구글 시트에 설치한 부가기능을 실행하여 앞서 복사한 API를 적용할 수 있습니다.

단계	설명
1	API 활성화하기 [확장프로그램]-[AI Assist for Gemini™ in Sheets™, Docs™, and Forms™]-[Set API Key]를 눌러줍니다.
2	Add API Key를 눌러줍니다.
3	복사한 API 값을 입력 후 Save를 누릅니다.
4	API 값이 입력된 것을 확인하면 연결이 완료됩니다.

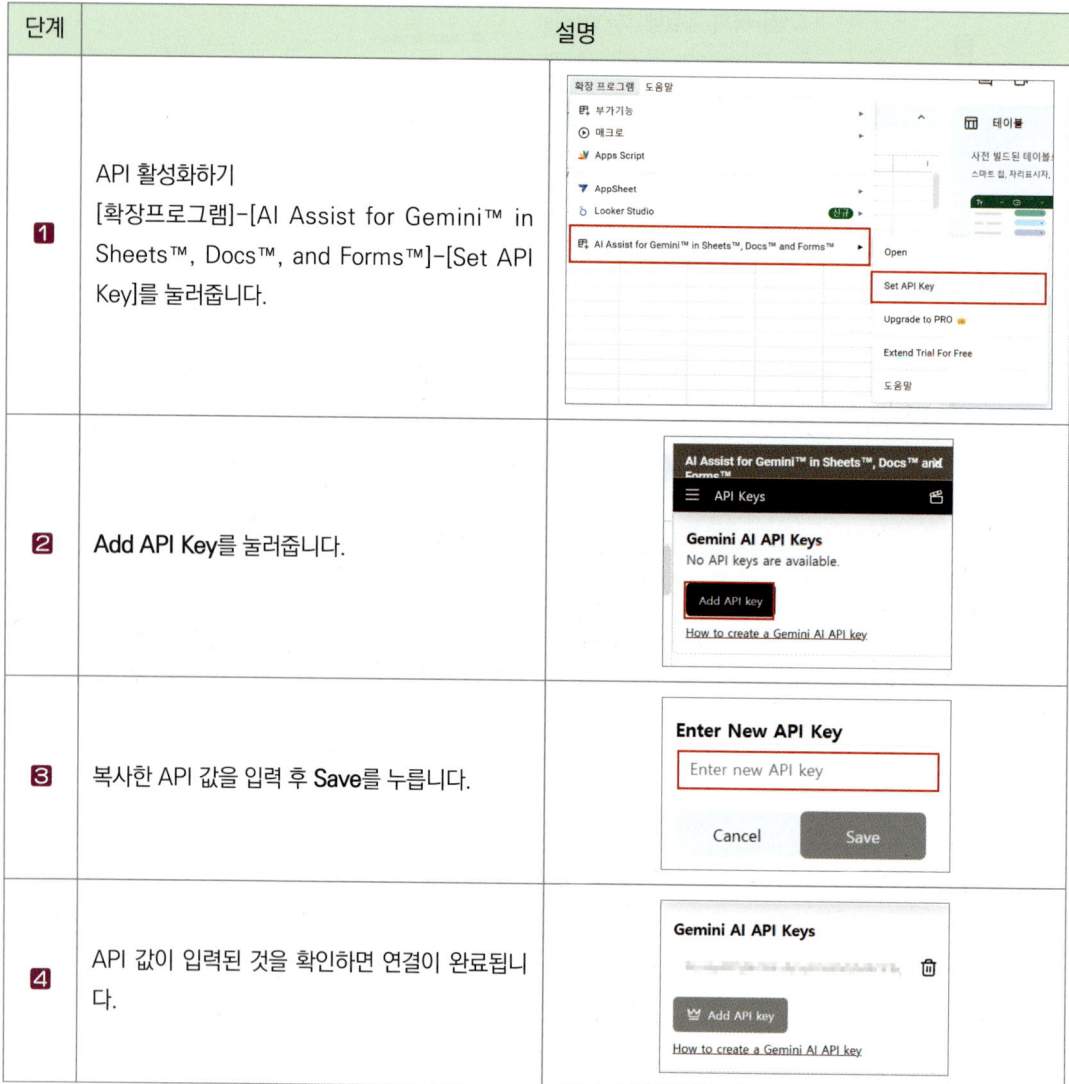

4) 제미나이 API로 구글 시트에서 할 수 있는 것들

제미나이 API를 구글 시트에 연결하면 제미나이에 특화된 다양한 함수를 사용하여 구글 시트 자체에서는 실행할 수 없던 함수들을 호출할 수 있고, 이를 통해 다양한 확장이 가능합니다.

가) 왜 Chat GPT API가 아니라, 제미나이 API 인가?

제미나이 API는 교사들에게 Chat GPT API보다 더 유용한 도구가 될 수 있습니다. 우선, 제미나이 API는 무료 사용량을 제공하여 교육 예산이 제한적인 학교에서도 AI 기술을 부담 없이 활용할 수 있게 합니다.

제미나이의 멀티모달 기능은 텍스트뿐만 아니라 이미지, 오디오, 비디오 등 다양한 형식의 교육 자료를 처리할 수 있어, 다양한 학습 스타일을 가진 학생들을 위한 맞춤형 교육 콘텐츠 제작에 도움이 됩니다.

구글 워크스페이스와의 원활한 연동은 이미 많은 학교에서 사용 중인 구글 교육용 도구들과 쉽게 통합할 수 있어 편리합니다. 또한, 제미나이 API의 실시간 정보 검증 기능은 교사들이 신뢰할 수 있는 최신 정보를 학생들에게 제공하는 데 도움을 줍니다.

안전성과 윤리적 AI 사용에 중점을 둔 제미나이 API의 특성은 학생들의 개인정보 보호와 적절한 AI 사용을 중요시하는 교육 환경에 더욱 적합합니다. 이러한 특징들로 인해 제미나이 API는 교사들이 혁신적이고 효과적인 교육 방법을 개발하고 적용하는 데 있어 더 적합한 선택이 될 수 있습니다.

나) 제미나이 API를 통해 새로 생성되는 주요 함수들

(1) =GEMINI("")
- 활용예시: =GEMINI("학급에 사용할 급훈을 5개 생성해줘.")
- 함수 뒤에 큰따옴표를 활용해 채팅 형태의 AI에서 활용하는 프롬프트를 입력하면, 함수를 입력한 셀에만 제미나이의 응답을 출력합니다.

▲ 구글 시트에서 =GEMINI 함수를 활용해 API를 구동한 결괏값

(2) =GEMINI_LIST("")
- 활용예시: =GEMINI_LIST("학급에 사용할 급훈을 5개 생성해줘.")
- 함수 뒤에 큰따옴표를 활용해 채팅 형태의 AI에서 활용하는 프롬프트를 입력하면, 수식을 입력한 한 행 아래의 셀부터 수직의 리스트 형식으로 나열하여 제미나이의 응답을 출력합니다.

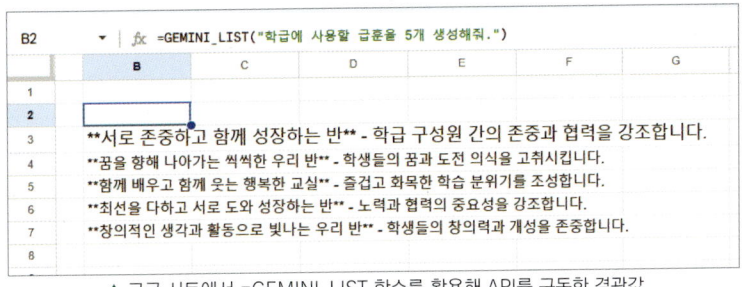

▲ 구글 시트에서 =GEMINI_LIST 함수를 활용해 API를 구동한 결괏값

번호	함수 예시	활용 예시	설명
1	=GEMINI("여행 일정 만들기")	여행 일정을 생성하는 데 사용	함수 뒤에 큰따옴표를 활용해 채팅 형태의 AI에서 활용하는 프롬프트를 입력하면, 함수를 입력한 셀에 한해 제미나이의 응답을 출력합니다.
2	=GEMINI_LIST("AI 예측 나열")	AI를 통한 예측을 리스트로 나열하는 데 사용	함수 뒤에 큰따옴표를 활용해 채팅 형태의 AI에서 활용하는 프롬프트를 입력하면, 수직의 리스트 형식으로 나열하여 제미나이의 응답을 출력합니다.
3	=GEMINI_HLIST("학급에 사용할 급훈을 5개 생성해줘.")	학급에 사용할 급훈을 5개 생성하는 데 사용	함수 뒤에 큰따옴표를 활용해 채팅 형태의 AI에서 활용하는 프롬프트를 입력하면, 수평의 리스트 형식으로 나열하여 제미나이의 응답을 출력합니다.
4	=GEMINI_SPLIT("문단을 문장으로 나누기", "구분자")	문단을 문장으로 나누는 데 사용	지정된 구분자로 텍스트를 나누어 수직으로 리스트 형식으로 출력합니다.
5	=GEMINI_HSPLIT("이름을 이름과 성으로 나누기", "구분자")	이름을 이름과 성으로 수평으로 나누는 데 사용	지정된 구분자로 텍스트를 나누어 수평으로 리스트 형식으로 출력합니다.
6	=GEMINI_FILL("문구 완성하기")	주어진 시작 문자열로 문구를 완성하는 데 사용	주어진 시작 텍스트를 바탕으로 자동 완성하여 반환합니다.
7	=GEMINI_TRANSLATE("프랑스어로 이메일 번역하기", "언어")	텍스트를 프랑스어로 번역하는 데 사용	지정된 언어로 텍스트를 번역합니다.
8	=GEMINI_SUMMARIZE("긴 글 요약하기")	긴 글을 요약하는 데 사용	제공된 텍스트를 요약하여 반환합니다.
9	=GEMINI_EXTRACT("텍스트에서 날짜 추출하기", "쿼리")	텍스트에서 날짜를 추출하는 데 사용	지정된 쿼리에 따라 텍스트에서 특정 정보를 추출하여 반환합니다.
10	=GEMINI_VISION("이미지 설명하기")	이미지를 설명하는 데 사용	이미지 URL을 분석하고 텍스트 설명을 반환합니다.
11	=GEMINI_CODE("스펙에 맞는 파이썬 코드 생성하기")	스펙에 맞는 파이썬 코드를 생성하는 데 사용	주어진 설명을 바탕으로 코드 스니펫을 생성합니다.
12	=GEMINI_TABLE("데이터로 테이블 생성하기")	데이터로 테이블을 생성하는 데 사용	구조화된 텍스트를 테이블 형식으로 변환합니다.
13	=GEMINI_CLASSIFY("감정에 따라 텍스트 분류하기")	감정에 따라 텍스트를 분류하는 데 사용	텍스트를 카테고리로 분류하여 반환합니다.
14	=GEMINI_TAG("중요 키워드 태깅하기")	중요 키워드를 태깅하는 데 사용	텍스트에서 주요 정보나 테마를 태그하여 반환합니다.
15	=GEMINI_FORMAT("APA 스타일로 텍스트 포맷하기", "포맷")	APA 스타일로 텍스트를 포맷하는 데 사용	지정된 포맷 가이드라인에 따라 텍스트를 포맷합니다.

16	=GEMINI_EDIT("공식적인 톤으로 초안 수정하기", "편집 지시")	공식적인 톤으로 초안을 수정하는 데 사용	지시에 따라 텍스트를 편집하여 반환합니다.
17	=GEMINI_MATCH("텍스트에서 이메일 찾기", "패턴")	텍스트에서 이메일을 찾는 데 사용	지정된 패턴에 따라 텍스트에서 일치하는 내용을 찾아 반환합니다.
18	=GEMINI_SPAM("메시지에서 스팸 감지하기")	메시지에서 스팸을 감지하는 데 사용	메시지에서 스팸 내용을 식별하고 표시합니다.
18	=GEMINI_FORMULA("VLOOKUP 수식 만들기")	VLOOKUP 수식을 생성하는 데 사용	설명을 바탕으로 구글 시트 수식을 생성합니다.

지금까지 구글 워크스페이스 랩스, 구글 시트 내 제미나이, 그리고 제미나이 API를 활용하여 구글 시트를 더욱 강력한 도구로 업그레이드하는 다양한 방법을 살펴보았습니다. 이제 단순한 데이터 정리를 넘어, 생성형 AI와의 결합을 통해 더 효율적인 학급 운영과 맞춤형 학습 지원이 가능해졌습니다.

학교 현장에서 구글 시트와 제미나이를 활용하면, 학생별 학습 데이터 분석, 자동화된 평가 결과 정리, 개인 맞춤형 피드백 제공, 수업 자료 자동 생성 등 다양한 방식으로 교사의 업무를 지원할 수 있습니다. 또한, 모의고사 오답 분석, 학생 참여율 모니터링, 개별 성취도 추적 등의 과정에서 AI의 도움을 받으면 보다 정밀한 교육 설계를 할 수 있습니다.

앞으로 구글 시트와 제미나이의 연계를 적극적으로 활용한다면, 교사들은 반복적인 행정 업무에서 벗어나 보다 창의적인 교육 활동과 학생 개별 맞춤 지도를 실현할 수 있을 것입니다. AI 기술을 교육 현장에 효과적으로 접목하여 더 스마트한 학습 환경을 만들어 가는 것, 그것이 지금 우리가 시도해 볼 수 있는 변화입니다.

3 앱스 스크립트 기초 다지기

가. 앱스 스크립트의 개념과 역할

구글 앱스 스크립트(Google Apps Script)는 구글 워크스페이스의 생산성 도구를 확장하고 자동화할 수 있는 **자바스크립트 기반의 프로그래밍 언어**입니다. 사용자는 앱스 스크립트를 활용해 구글 시트, 구글 문서, 구글 프레젠테이션, 구글 드라이브, 구글 캘린더 등 다양한 구글 앱의 기능을 프로그래밍적으로 제어하고, 작업을 자동화하며, 맞춤형 솔루션을 개발할 수 있습니다.

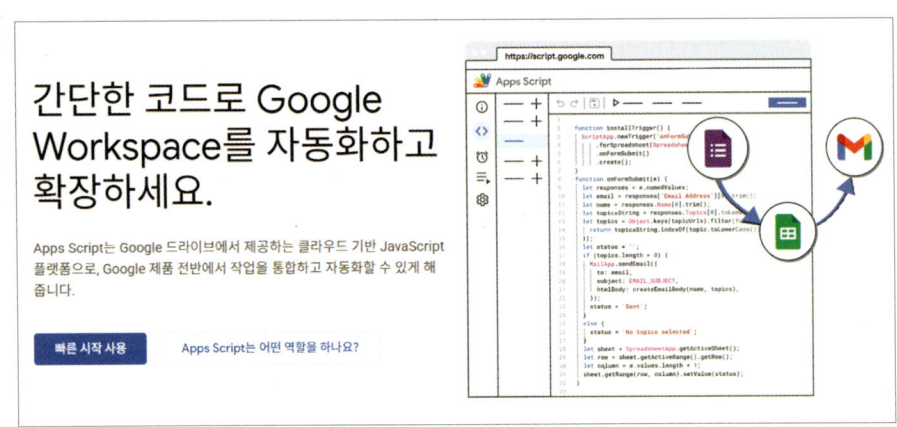

▲ 구글에서 제공하는 앱스 스크립트 소개페이지

앱스 스크립트는 별도의 설치나 복잡한 설정 없이 웹 브라우저에서 바로 시작할 수 있으며, 구글 워크스페이스에 내장된 기능으로 구글 계정을 가진 누구나 사용할 수 있습니다. 교사들에게는 복잡하고 반복적인 학교 업무를 간단하게 처리할 수 있는 강력한 도구입니다.

나. 구글 워크스페이스와의 연동

구글 앱스 스크립트는 구글 워크스페이스의 모든 도구❹를 통합적으로 연결하고 자동화할 수 있는 강력한 도구로, 조직이나 개인의 생산성을 크게 향상시킵니다.

▶ 도구 간 원활한 연동

구글 앱스 스크립트는 구글 워크스페이스 내 모든 애플리케이션과 자연스럽게 연동됩니다. 이를 통해 개별 도구의 기능을 연결하여 새로운 작업 흐름을 만들 수 있습니다. 예를 들어, 구글 시트 데이터를 기반으로 설문지를 자동 생성하고, 설문 응답 데이터를 다시 구글 시트에 저장하며, 결과를 Gmail을 통해 팀원들에게 자동으로 전송할 수 있습니다. 이처럼 도구 간 연계는 기존의 단일 애플리케이션 사용을 넘어서 복합적인 작업 처리가 가능합니다.

▶ 작업 자동화와 효율성 향상

구글 앱스 스크립트를 활용하면, 수작업으로 처리해야 했던 반복적이고 시간이 소모되는 작업을 자동화할 수 있습니다. 이를 통해 Gmail을 이용해 메일 병합 내용을 대량으로 발송하거나, 구글 설문지를 자동으로 생성하는 작업을 간단하게 처리할 수 있습니다. 또한, 구글 캘린더를 이용해 일정 및 이벤트를 자동으로 생성하거나, 구글 시트에서 반복적으로 수행해야 하는 작업을 자동화할 수 있습니다. 이러한 자동화 기능은 조직 내 업무 프로세스를 간소화하여 효율성을 높이고, 구성원들이 더 중요한 작업에 집중할 수 있도록 도와줍니다. 수작업으로 처리해야 했던 반복적이고 시간이 소모되는 작업을 자동화할 수 있습니다.

▶ 사용자 맞춤형 솔루션 개발

구글 앱스 스크립트는 조직의 특정 요구에 맞춘 맞춤형 솔루션을 제공할 수 있는 도구입니다. 예를 들어, 설문 응답 데이터를 기반으로 자동으로 맞춤형 보고서를 생성하고 이를 지정된 사용자와 공유할 수 있습니다. 또한, 구글 드라이브에 저장된 파일을 조직 구조나 지정된 규칙에 따라 자동으로 분류하고 정리하는 스크립트를 작성할 수 있습니다. 이를 통해 구글 워크스페이스의 기본 기능을 확장하고, 특정 업무 환경에 최적화된 도구로 변형하여 더 효율적이고 생산적인 작업을 지원할 수 있습니다.

---

❹ 구글 시트, 구글 설문지, Gmail, 구글 드라이브, 구글 캘린더 등

▶ 확장 가능한 생태계

구글 앱스 스크립트는 구글 워크스페이스뿐만 아니라 외부 API와도 연동 가능하여, 슬랙(Slack)[5], 트렐로(Trello)[6] 같은 다른 서비스와도 쉽게 통합할 수 있습니다. 이 확장성은 구글 워크스페이스의 기본적인 한계를 넘어서 더 넓은 생태계를 지원하며, 조직 전반의 디지털 환경을 하나의 플랫폼에서 관리할 수 있게 합니다.

앱스 스크립트를 사용하면 다음과 같은 방식으로 구글 앱들을 결합하여 생산성을 높일 수 있습니다.

앱	활용 예시
구글 시트	• 데이터를 읽고 쓰며, 자동으로 계산하거나 업데이트 • 대량 데이터를 분석하고 결과를 시각화(가공) • 반복적인 표 작업을 클릭 한 번으로 처리
구글 문서	• 템플릿을 기반으로 문서를 자동 생성 • 데이터를 활용하여 보고서나 공문 작성 자동화 • 텍스트 내용을 프로그래밍적으로 조작
구글 드라이브	• 특정 폴더에 파일을 자동 생성 및 정리 • 파일 권한 설정 및 공유 자동화 • 드라이브 내 데이터 백업 및 복원
구글 설문지	• 설문 응답 데이터를 실시간으로 처리 및 정리 • 응답 데이터를 기반으로 개인화된 알림 발송
Gmail	• 자동화된 이메일 발송 • 대량 이메일 작성 및 맞춤형 메시지 전송 • 특정 조건에 따른 이메일 필터링 및 정리

▲ 구글 앱 중심으로 살펴본 앱스 스크립트 활용 예시

▶ 앱스 스크립트를 배워서 할 수 있는 학교 업무 자동화 사례

앱스 스크립트는 특히 교사들에게 유용한 도구입니다. 아래는 교사들이 실생활에서 앱스 스크립트를 활용하여 자동화할 수 있는 구체적인 사례입니다.

- 결석/지각, 성적 및 분석 학생 정보를 자동으로 이메일로 발송
- 학습 결과를 학부모와 공유할 수 있는 요약 보고서 작성
- 행사나 공지 사항을 미리 설정해 놓고 정해진 날짜에 이메일 발송
- 학급별, 학부모별로 맞춤형 메시지를 자동으로 작성
- 매주 수업 계획을 자동으로 생성하고 공유
- 수업변경원을 자동으로 작성
- 학사 일정이나 창의적 체험활동, 기타 행사 일정을 구글 캘린더에 자동으로 추가
- 구글 드라이브에 있는 자료를 정리하고 링크를 공유
- 상담 후 회의록을 자동으로 생성하여 공유
- 회계 후 정산서 자동 생성
- 예산 사용 내역 이메일 보고

[5] 슬랙(slack.com)은 만든 클라우드 기반 팀 협업 도구입니다.
[6] 트렐로(trello.com)는 웹기반의 프로젝트 관리 소프트웨어입니다.

다. 구글 앱스 스크립트를 사용하기 위한 준비

구글 앱스 스크립트를 활용하려면 몇 가지 기본 설정을 완료해야 합니다. 한가지 예시 코드를 가지고 앱스 스크립트 사용을 위한 준비 과정을 단계별로 안내합니다.

1) 크롬 브라우저에 로그인

크롬 브라우저에 로그인합니다. 구글 앱스 스크립트는 구글 워크스페이스 또는 개인 구글 계정을 통해 사용할 수 있습니다.

▲ 관리콘솔에서 각 앱에 대한 접근허가 화면❼

학교용 구글 워크스페이스 계정을 사용하는 경우, 계정 관리자가 앱스 스크립트 사용 권한을 활성화했는지 확인이 필요한 경우가 있습니다.

2) 구글 시트 생성

〈Ⅰ-1-다. 구글 시트 첫걸음〉에서 배운 방법으로 스프레드시트를 생성합니다.

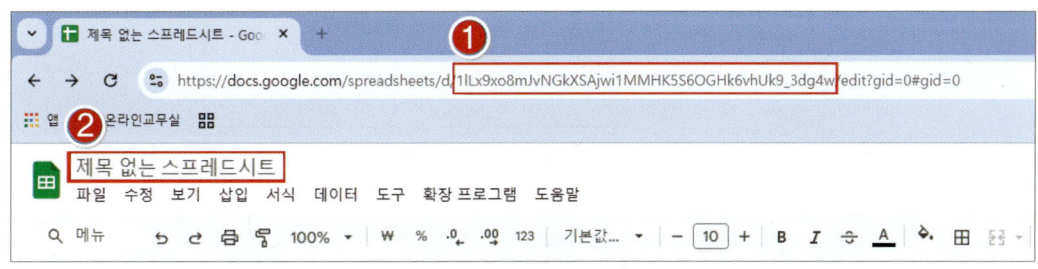

▲ 스프레드시트 생성 후 화면

---

❼ [앱모음 아이콘]-[관리 콘솔]-[Google Apps Script검색] 으로 접근 가능합니다.

영역	설명
❶	• https://docs.google.com/spreadsheets/d/[고유ID]/edit • 구글 시트의 ❽고유 ID를 나타냅니다.
❷	클릭 후, 제목을 입력할 수 있습니다.

생성된 구글 시트 파일은 모두 동기화된 계정의 구글 드라이브에 자동으로 저장됩니다.

3) 스크립트 편집기 열기

▲ 구글 시트에서 앱스 스크립트 실행

구글 앱스 스크립트를 작성하고 실행하기 위해 스크립트 편집기를 열어야 합니다. 구글 시트를 열고 상단 메뉴에서 [확장 프로그램]-[Apps Script]를 클릭합니다. 새로운 탭에서 구글 앱스 스크립트 편집기가 열립니다.

영역	설명
❶	앱스 스크립트를 저장할 제목을 설정합니다. 저장된 앱스 스크립트도 역시 구글 드라이브에 저장됩니다.
❷	편집기에서 코드를 작성하는 영역입니다.
❸	작성된 코드를 실행하기 위해 배포하는 버튼입니다.

▲ 앱스 스크립트 페이지 구성 및 설명

❽ 구글 시트의 고유 ID는 구글 시트의 특정 문서를 찾고, 스크립트에서 조작하며, API를 통해 데이터를 연동하는 데 활용됩니다.

4) 준비된 코드 복사 후 붙여넣기

스크립트 편집기에 간단한 코드를 작성하며 앱스 스크립트를 시작해 보겠습니다.

다음 QR코드에는 구글 설문지가 연결되어 있습니다. 설문지 문항에 이메일을 입력하면 해당 이메일로 코드가 입력된 구글 문서링크를 받아볼 수 있습니다. 해당 코드를 아래와 같은 방법으로 앱스 스크립트 편집기에 넣고 실행해보겠습니다.

joo.is/앱스스크립트체험코드

단계	설명
①	• 새 구글 시트를 생성합니다.
②	• 구글 시트에서 [확장 프로그램]-[Apps Script]를 클릭합니다.
③	• Gmail로 온 링크를 클릭하여 구글 문서에 삽입된 코드를 복사하여, Apps Script 편집기의 Code.gs 안에 붙여넣기 합니다. ❶ [저장] 버튼을 눌러 저장합니다. ❷ [실행] 버튼을 눌러서 실행합니다.
④	• [권한 검토] 버튼을 클릭합니다. • 앱스 스크립트를 처음 실행할 때, 구글 계정에서 특정 권한을 요청합니다. 권한 승인은 코드에 작성된 연동할 구글 앱(구글 시트, 구글 드라이브, Gmail 등)에 접근하도록 허용하는 과정입니다.

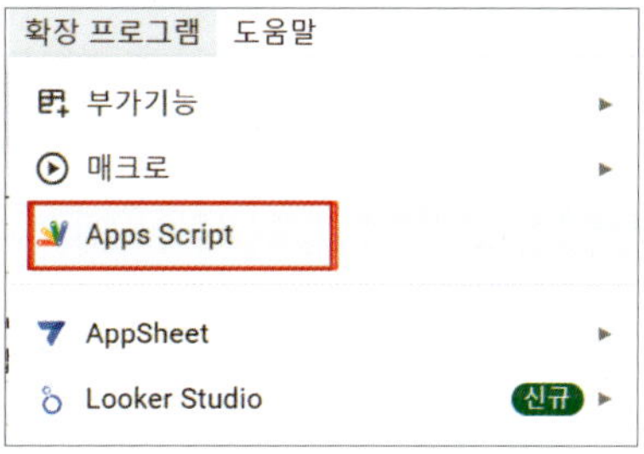

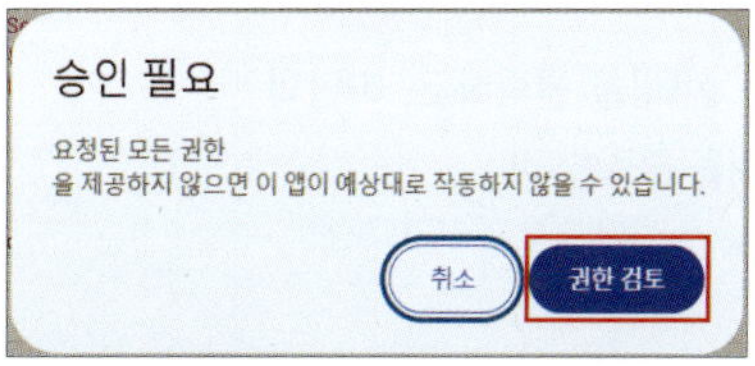

4	• [고급]을 클릭합니다.	
	• [제목 없는 프로젝트(으)로 이동(안전하지 않음)]을 클릭합니다.⑨	
	• [계속]을 클릭합니다.	
	• [모두 선택]을 클릭하고, 하단의 [계속]을 클릭합니다.	
5		
	• 실행 로그 탭에 '실행이 완료됨.' 문구가 출력되었는지 확인합니다.	
	• [구글 드라이브]에 접속하여 앱스 스크립트 코드의 명령대로 파일이 생성되었음을 확인합니다.	

⑨ 구글은 사용자의 데이터 보호를 최우선으로 생각하기 때문에, 검증되지 않은 외부 스크립트의 잠재적 위험성을 '안전하지 않음'이란 문구로 사전에 경고하여 사용자가 신중하게 판단하도록 돕기 위한 것입니다.

해당 앱스 스크립트 코드는 크롬브라우저에 로그인된 계정에서 본 도서 학습에 필요한 정보를 구글 문서, 구글 슬라이드, 구글 시트 각각에 입력한 파일을 자동으로 생성하는 기능을 구현합니다. 실행 결과로, 생성된 파일들은 구글 드라이브의 '최근 문서함'에서 확인할 수 있습니다.

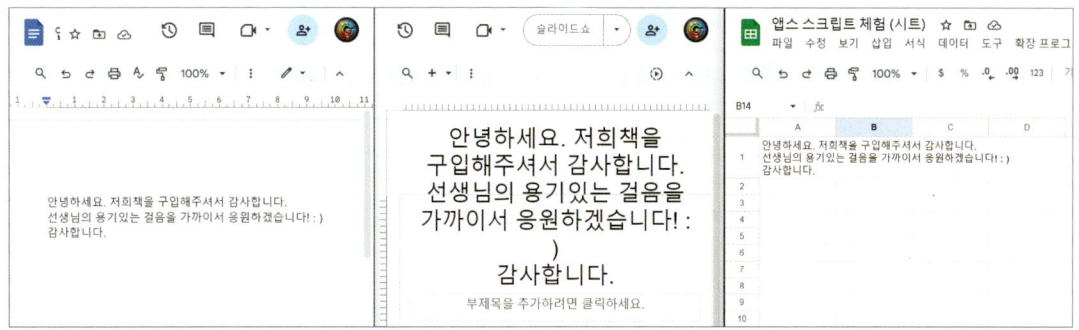

▲ 앱스 스크립트 실행 결과

5) 트리거 설정

트리거를 사용하면 특정 시간 또는 이벤트에 따라 앱스 스크립트를 자동으로 실행할 수 있습니다. 이메일을 입력하였던 설문지에 트리거 기능이 사용되었습니다. 설문지로 들어오는 응답은 시트에 입력됩니다. 시트에 값이 입력될 때 응답자가 입력한 이메일로 정해진 문구를 자동 발송하도록 설정된 코드가 구현되어 있습니다.

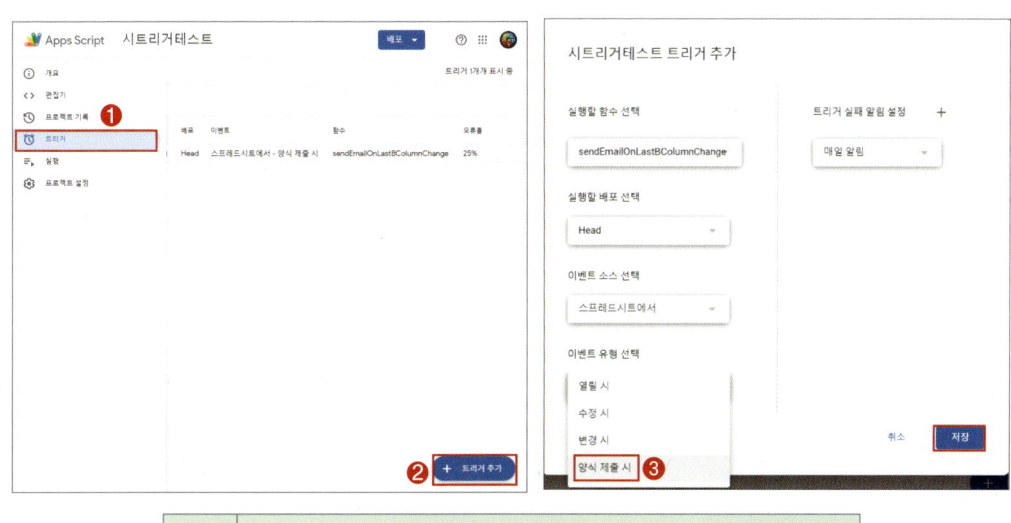

영역	설명
❶	트리거 버튼을 클릭합니다.
❷	트리거 추가 버튼을 클릭합니다.
❸	이벤트 유형 선택에서 "양식 제출시"를 선택하고 저장을 클릭합니다.

▲ 트리거 추가하고 저장하기

Ⅱ 구글 시트 확장하기 137

저장 후 스크립트가 자동 실행되어 정상적으로 메일이 발송 및 수신되었는지 확인합니다.

▲ 트리거를 활용한 메일 발송 결과

만약 트리거와 앱스 스크립트가 없었다면, 코드를 바로 복사 및 붙여넣기 하여 사용할 수 있도록 전달하기 위해 어떻게 했을까요?

교사들의 편의성을 고려한 실용적인 접근 방식이 필요합니다. 코드를 직접 타이핑하는 것은 비효율적이므로, 특정 링크를 통해 코드에 접근할 수 있도록 하는 것이 더 적절합니다.

물론 QR 코드로도 접근할 수도 있지만, QR 코드는 모바일 기기로 스캔한 후 PC에서 실행해야 하는 번거로움이 있습니다. 이러한 불편함을 해소하기 위해, 단축 URL을 사용하는 방법이 효과적일 수 있습니다. PC에서 간단한 주소 입력만으로 필요한 링크에 직접 접속할 수 있게 함으로써, 사용자 경험을 개선하고 작업 효율성을 높일 수 있습니다.

6) 오류 해결 및 디버깅

앱스 스크립트를 실행하다 보면 종종 오류가 발생할 수 있습니다. 이를 해결하기 위해 아래 방법을 활용해 보세요.

- 로그 확인 : Logger.log()를 활용해 디버깅 메시지를 기록하고, 실행 로그에서 확인합니다.

- 디버그 도구 : 스크립트 편집기 상단의 [디버그] 버튼을 클릭해 코드 실행 중 변수를 추적합니다.
- 공식 문서 활용 : 구글 앱스 스크립트 공식 문서[10] 에서 사용법과 API를 확인합니다.

구글 앱스 스크립트를 사용하기 위한 준비는 간단하며, 몇 가지 기본 단계를 완료하면 스크립트를 작성하고 실행할 수 있습니다. 앱스 스크립트를 잘 쓰기 위해서 [앱스스크립트소개]로 부터 이어지는 공식 문서를 활용할 수 있지만, 원하는 기능구현을 위해 생성형 AI를 활용해 보세요. 코드의 생성부터 오류점검, 실행방법, 배포방법까지 해결할 수 있습니다. 구체적인 사례는 〈Ⅲ-2-다-4〉 특별실 예약 페이지 생성 및 관리〉에서 살펴보도록 하겠습니다.

그러면 앱스 스크립트가 익숙하지 않았던 교사의 사례를 살펴보며, 이를 효과적으로 활용할 수 있는 방안에 대해 논의를 이어가보겠습니다. 이를 통해 교육 현장에서 앱스 스크립트의 실질적인 적용 가능성과 그 과정에서 발생할 수 있는 어려움, 그리고 이를 극복하기 위한 전략을 탐색해 볼 수 있을 것입니다.

---

[10] developers.google.com/apps-script?hl=ko

라. 초보도 해낸 '이름 변경하기' 앱스 스크립트

교육 현장에서 디지털 도구를 활용한 수업은 혁신적인 방법을 시도할 수 있는 기회를 제공하지만, 동시에 예상치 못한 문제들과 마주하게 되는 경우가 많습니다. 특히 구글 시트의 기본 기능만으로는 해결하기 어려운 상황에 직면했을 때, 앱스 스크립트가 그 해답이 될 수 있다는 것을 깨닫습니다.

구글 시트와 앱스 스크립트는 분명 다른 영역이지만, 생성형 AI의 도움을 받으면 코드를 모르는 초보자라도 더 많은 문제를 해결할 수 있습니다.

이 과정에서 가장 중요한 것은 포기하지 않는 자세와 지속적인 학습 의지입니다. 특히 생성형 AI를 활용할 때, 명확하고 구체적인 질문을 위해 프롬프트를 반복적으로 수정하고 개선하는 노력이 필요합니다. 이러한 과정을 통해 원하는 해결책을 찾고, 실제로 작동하는 코드를 얻을 수 있습니다.

이러한 도전은 교육자들에게 큰 의미가 있습니다. 기술적 한계에 부딪혔을 때 포기하지 않고 새로운 도구와 방법을 탐구하는 자세가 혁신적인 교육 방법의 발견으로 이어질 수 있기 때문입니다. 앱스 스크립트와 같은 도구를 활용함으로써, 교사들은 더욱 다양하고 효과적인 교육 자료를 제작하고 관리할 수 있게 될 것입니다.

앱스 스크립트를 활용한 초기 경험을 통해 얻은 자신감은 더 복잡한 문제들을 해결하는 데 큰 도움이 되었습니다. 시간이 지나면서 더 효율적인 방법들을 발견하게 되었고, 이제는 함수만으로는 해결하기 어려운 문제에 직면했을 때 자연스럽게 생성형 AI에 앱스 스크립트 코드 작성을 요청하게 되었습니다.

이번에 공유할 경험은 설문 응답에서 학생들의 이름을 익명으로 변경하는 과정과 관련된 것입니다. 단순히 셀에 이름만 있는 경우는 함수로도 변경되지만, 서술식 응답 중간에 포함된 이름들을 변경하는 것은 더 복잡한 문제였습니다. 앱스 스크립트를 활용하여 이 문제를 해결함으로써, 설문 결과에 있는 모든 학생의 이름을 한 번에 익명으로 변환하고 즉시 수업 데이터로 활용할 수 있게 되었습니다.

여러분들도 각자의 교육 현장에서 여러 문제를 마주하고 계실 것입니다. 그 문제들을 어떻게 해결하고 싶으신가요? 앱스 스크립트가 하나의 방법이 될 수 있습니다. 도전해 보시죠!

1) 문제를 발견하다

데이터 리터러시는 'OECD 교육 2030 프로젝트'에서도 문해력, 수리력, 디지털 리터러시, 건강 리터러시와 함께 핵심 기초로 강조하고 있는 영역 중 하나입니다. 그래서 다양한 학생들의 데이터를 성찰의 자료로 이용하고, 이를 학생들이 직접 분석하여 자신과 공동체의 문제를 해결하도록 수업을 구조화하려고 노력하고 있습니다.

그런데 간혹 이름이 언급된 데이터를 익명으로 변경해야 하는 발생하였고, 서술형 문장 중간에 들어간 학생 이름을 하나씩 '찾기 및 바꾸기'[11] 하기도 했습니다. 물론 시간이 오래 걸린 건 당연합니다.

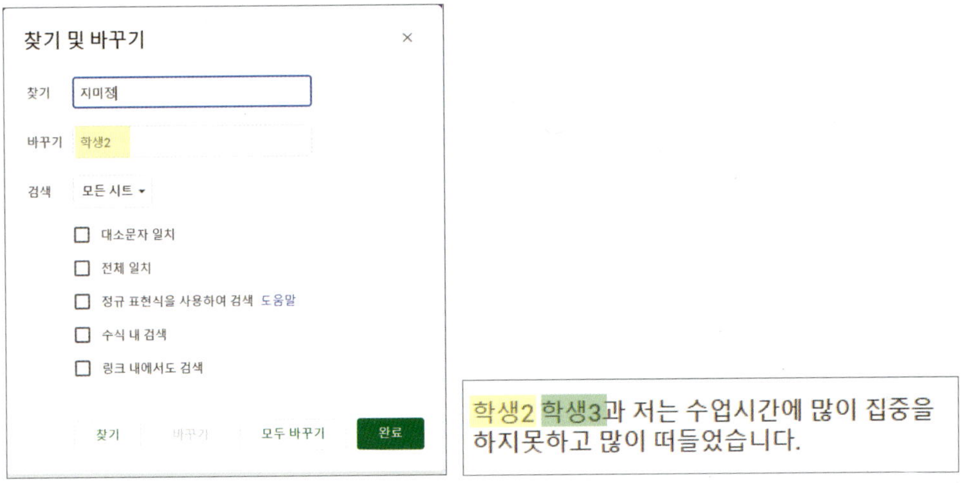

▲ '찾기 및 바꾸기'한 결과

"어떻게 하면 학생들의 이름을 한 번에 변경할 수 있을까?"

문제를 발견한 교사의 도전이 시작됩니다.

2) AI야 도와줘!

	A	B	C
1	번호	이름(가명임)	변경이름
2	1	김민서	학생1
3	2	이지수	학생2
4	3	박하늘	학생3
5	4	최서연	학생4
6	5	정우진	학생5

▲ '이름변경' 시트에 작성된 '이름'과 '변경이름' 데이터[12]

---

[11] 단축키: Ctrl + H
[12] 학생 이름은 모두 가명으로 변경한 것으로, 앞으로 나오는 이름 모두 실명이 아님을 안내합니다.

Ⅱ 구글 시트 확장하기

'이름변경' 시트에 있는 B열의 이름을 C열의 이름으로 변경해줘.

코딩을 잘 모르는 교사들은 지금부터 인내심을 가지고 AI와 상담을 시작하면 됩니다. 생성해준 코드를 앱스 스크랩트에 넣어서 [저장]-[실행]해 보고, 원하는 결과가 나오는지 확인하면서 문제를 해결해 나갑니다.

<프롬프트 과정_ GPT 4o>

구글 시트에 '이름변경'시트의 B 열에 있는 '이름'을 C 열에 있는 '변경이름'으로 모든 시트의 이름을 변경해주는 앱스 스크립트를 제작해줘. B2는 C2에 있는 텍스트로, B20은 C20의 이름으로 매칭해서 변경해주는 거야.

(1차 실패)

구글 시트에 '이름변경'시트의 B 열에 있는 '이름'을 C 열에 있는 '변경이름'으로 모든 시트의 이름을 변경해주는 앱스 스크립트를 제작해줘. 예를 들어, '이름변경'시트의 B2는 C2에 있는 텍스트로, B20은 C20의 이름으로 매칭해서 변경해주는 거야.

(2차 실패)

Sheet with the name '지미정' not found. 이런 식으로 해당 이름을 찾을 수 없다고 떠. 수정해줘.

(3차 실패)

실제 이름에는 ' ' 작은따옴표가 없어. 그래서 오류가 생긴 거 같아. 고쳐줘.

(4차 실패)

시트 이름을 찾는 게 아니라 '이름변경'시트의 B 열에 있는 이름을 C 열에 있는 이름으로 매칭해서 C열로 바꿔주는 거야.

(5차 실패) → 화났음

아니, 시트에서 이름을 찾는 게 아니라 '이름변경' 시트의 B 열에 있는 이름을 찾아서 바로 옆의 셀에 있는 C열의 이름으로 다른 시트의 이름들만 변경해주는 거야.

<6차 성공!>

 이제 요청하신 내용을 정확히 이해했습니다. 스크립트는 이름변경 시트의 B열에 있는 이름을 찾아, 그 옆 C열의 이름으로 스프레드시트 내의 다른 시트 이름을 변경하는 작업을 수행하는 것이 목표입니다.

즉, 스크립트는:
- '이름변경' 시트의 B열에 있는 기존 시트 이름을 기준으로, 스프레드시트 내에서 해당 시트를 찾아,
- 그 시트의 이름을 바로 옆 C열에 있는 이름으로 변경하는 것입니다.

다음은 이를 구현한 Google Apps Script 코드입니다:

▲ 성공적인 코드를 알려줬던 최종 응답(GPT 4o)

다행히 인내심의 한계가 오기 전에 잘 종료되었습니다.

그런데 요즘은 생성형 AI가 많이 발달하여 공유된 코드를 역으로 넣고, 위 코드를 얻기 위해 어떻게 프롬프트를 입력해야 하는지 물어보면 전문적인 프롬프트 예시를 다음과 같이 얻을 수 있습니다.

마지막에 성공한 앱스 스크립트를 네게 알려달라고 요청하려면 어떻게 프롬프트를 써야 한 번에 제대로 알려줄 수 있을까? 명확하고 실수 없는 프롬프트를 제시해줘.

〈AI 응답 결과〉
Google Apps Script 코드를 작성해줘:
1. 함수 이름: renameSheetsFromSheet
2. 현재 스프레드시트에 있는 '이름변경' 시트를 대상으로 함.
3. '이름변경' 시트의 B열(B2~)에 기존 시트 이름, C열(C2~)에 새 시트 이름이 있음.
4. B열의 이름으로 스프레드시트 내 시트를 찾고, C열의 이름으로 바꿈.
5. 시트를 찾지 못하거나 B열/C열이 비어 있으면 건너뛰고 Logger.log()로 기록.
6. 코드만 제공하고, 불필요한 설명은 제외해줘.
7. 시트 이름이나 로깅에 작은따옴표를 넣지 말고, 함수 전체를 정확히 제시해줘.

　위와 같은 식으로 원하는 동작, 함수 이름, 데이터 범위, 예외 처리 방식, 출력 형식을 명확히 지정하고 "추가 설명 없이 코드만 달라"고 요청하면, ChatGPT가 한 번에 제대로 된 코드를 작성해줄 가능성이 커집니다.

GPT o1

과연 결과는 어땠을까요? 분명 AI가 제시해준 방식은 어떤 형식으로 프롬프트를 입력하면 좋을지 좋은 예시가 됩니다. 하지만 가능성이 커질 뿐, 이번에도 원하는 결과를 얻기 위해서 여러 번 수정해야 했습니다. 전문적으로 앱스 스크립트를 활용하시는 분들도 여러 번의 수정작업을 통해 최종 결과물을 만들어냅니다. 이처럼 내가 원하는 코드를 한 번에 성공하는 마법의 프롬프트는 없을지도 모릅니다. 하지만 앱스 스크립트 코드를 입력하고 실행해 보는 방법을 익혔으니 계속 두드려볼 일입니다. 그렇게 두드리다 보면 분명 해결 방법에 효과적으로 접근해 가는 방법을 알게 될 것이기 때문입니다.

제출자 명단부터 서술형 답변에 포함된 이름까지, 모든 학생 이름을 순식간에 일괄 변경할 수 있는 경험은 앱스 스크립트의 효율성과 유용성을 잘 보여줍니다. 이러한 기능은 데이터 관리와 학생 개인정보 보호에 큰 도움을 주며, 교사들이 앱스 스크립트를 활용해야 하는 주요 이유 중 하나가 됩니다. 복잡하고 시간 소모적인 작업을 자동화함으로써, 교사들은 더 중요한 교육 활동에 집중할 수 있게 됩니다.

그러면 **또 다른 문제**를 발견해 볼까요? 우리는 알고 있습니다. 이름을 세글자 모두 정확히 쓸 수도 있지만, '지미정'이라는 이름이 문장에 들어가면 '미정', '미정이', '미정이가', '미정이는', '미정이를' 등과 같이 다양한 조사와 붙어서 다른 데이터가 된다는 것을 말입니다. 이 문제는 어떻게 해결할 수 있을까요?

어쩌면 이 코드는 제 인내심을 한계를 넘어설지도 과제일지도 모릅니다. 그런데 체크박스를 O, X로 변경하는 것을 더 쉬운 방법이 있음에도 앱스 스크립트를 이용하려 했던 에피소드 에서 깨달은 게 하나 있었습니다. 생각보다 우리가 일반적으로 알고 있는 간단한 기능이 더욱 효과적인 결과를 낸다는 것을 말입니다. 그래서 몇 번 앱스 스크립트를 시도해 보다가 잠시 멈추고 뭔가 이미 알고 있는 것에서 방법을 생각해 보았습니다.

코드는 그대로, 하지만 접근 방식을 다르게 해서 이 문제를 하는 방법을 생각해 봅니다. 역시 그럴 줄 알았습니다.

'이름변경' 시트에 있는 <u>B 열의 이름</u>을 <u>C 열의 이름</u>으로 변경해줘.

▲ RIGHT 함수를 이용하여 성을 제외한 '이름'을 추가한 B열 데이터

<u>B 열의 이름</u>에 주목해 봅니다. 이 열에 이름만 추가해 주면 되지 않을까요? 그러면 이름만 추가하는 방법에 활용할 수 있는 함수, RIGHT 함수를 적용하여 우측에 있는 2개의 문자만 추출해 봅니다.

매우 간단하게 문제 해결 완료!

---

❸ 〈Ⅲ-5-라-1) 메일머지 부가 기능 활용하기〉의 내용을 참고하세요.

『이름 변경 앱스 스크립트 연습 템플릿』 통해 어떻게 작동하는지 확인해 보시기 바랍니다.

다른 설문 결과 시트에서 이를 활용하고자 할 때는 안내된 대로 '이름 변경' 시트를 복사하신 후, 꼭 시트 이름을 '이름변경의 사본'에서 '이름 변경'으로 수정해 주세요. 참 간단하죠?

joo.is/이름변경앱스
▲ 이름 변경 앱스 연습 템플릿

앞에서 활용된 RIGHT 함수는 텍스트 추출에 쉽게 활용되는 함수 중 하나입니다. 다음의 표에서 텍스트 추출하는 여러 함수가 어떤 상황에서 활용되는지 고하시고, 필요한 상황에서 떠올려 활용하시기 바랍니다. 물론 생성형 AI에 어떤 함수를 이용하면 좋을지 질문할 수도 있습니다.

함수명	기능	구문	예시	결과
RIGHT	텍스트의 오른쪽에서부터 지정된 수의 문자를 추출	=RIGHT(텍스트, [문자 수])	=RIGHT("안녕하세요", 2)	"세요"
LEFT	텍스트의 왼쪽에서부터 지정된 수의 문자를 추출	=LEFT(텍스트, [문자 수])	=LEFT("안녕하세요", 2)	"안녕"
MID	텍스트의 중간에서 지정된 위치부터 지정된 수의 문자를 추출	=MID(텍스트, 시작 위치, 문자 수)	=MID("안녕하세요", 2, 2)	"녕하"
LEN	텍스트의 총 문자 수를 반환	=LEN(텍스트)	=LEN("안녕하세요")	5
FIND	특정 문자열의 위치를 찾음	=FIND(찾을_텍스트, 원본_텍스트, [시작_위치])	=FIND("하", "안녕하세요")	3
LOWER	모든 문자를 소문자로 변환	=LOWER(텍스트)	=LOWER("HELLO")	"hello"
UPPER	모든 문자를 대문자로 변환	=UPPER(텍스트)	=UPPER("hello")	"HELLO"

▲ 텍스트와 관련된 함수

앱스 스크립트는 분명 기존에 할 수 없었던 작업을 가능하게 만드는 강력한 문제 해결 도구입니다. 비록 코드를 전문적으로 이해하지 못하는 상황에서 100% 완벽하게 활용하기는 어렵겠지만, 우리의 창의성과 협력을 통해 부족한 부분을 보완하고 해결해 나갈 수 있을 것입니다. 이러한 과정을 통해 우리는 앱스 스크립트의 잠재력을 최대한 발휘하며, 교육 현장의 다양한 문제들을 효과적으로 해결해 나갈 수 있을 것입니다.

Ⅲ 구글 시트 업무 효율화

1 의견 및 자료 모으기

가. 공동 작업으로 자료 수집하기

1) 연수 이수 명부

교사들은 매년 법적으로 요구되는 수많은 연수를 이수해야 합니다. 하지만 연수 참여 여부를 증빙하기 위해 교무실에 드나들며 등록부에 서명하고, 연수 담당자가 보낸 수십 개의 안내 메시지에 응답해야 하는 등 불필요하게 많은 시간과 에너지가 소모됩니다.

이 과정에서 연수 이수 현황을 체계적으로 관리하기도 쉽지 않아, 자신이 어떤 연수를 완료했는지조차 헷갈리는 경우가 많습니다. 연수 관리는 교사와 연수 담당자 모두에게 큰 부담이 되고 있습니다.

구글 시트 기반의 연수 이수 관리가 해결책이 될 수 있습니다!

구글 시트를 활용하면 다음과 같은 효율적인 연수 관리가 가능합니다.

- ▶ **실시간 연수 현황 파악**: 연수 정보를 한눈에 확인하고, 이수 여부를 즉시 업데이트할 수 있습니다.
- ▶ **이수증 제출의 간소화**: 구글 설문지를 통해 이수증 PDF 파일을 제출받으면 출력과 제출 과정이 간단해집니다.
- ▶ **데이터 시각화 및 체계화**: 자동 집계, 조건부 서식, 체크박스 기능을 활용해 연수 참여자와 미참여자를 시각적으로 구분하고 데이터를 체계적으로 관리할 수 있습니다.
- ▶ **효율적인 관리와 공유**: 연수 진행 상황이 실시간으로 업데이트되며, 공유 기능을 통해 관리자가 모든 교사의 현황을 간편하게 확인할 수 있습니다.

가) 명단 및 목차(종합 시트) 관리하기

『연수 이수 명부 템플릿』은 '종합 시트'를 제작하여 활용하면 업무 효율을 더욱 효과적으로 향상시킬 수 있습니다. 종합 시트를 통해 교직원 명단을 효과적으로 관리하고, 여러 연수 이수 결과를 한눈에 파악할 수 있기 때문입니다. 그리고 자필 서명이 필요한 연수 이수 관리뿐 아니라 연수 이수증 제출 또한 구글 설문지를 활용하여 관리할 수 있습니다.

이렇게 공동작업으로 모은 연수 이수 결과를 내려받아 기안하여 관리하면 됩니다. 굳이 종이로 출력하여 제출한 후, 업무 담당자가 다시 스캔할 필요가 없습니다.

그러면 시트별로 핵심 기능 중심으로 기존의 템플릿을 변경하여 활용하는 방법을 안내합니다.

템플릿 사본을 편집하여 학교에 맞는 연수 명부를 제작하여 활용하세요.

joo.is/연수이수명부
▲ 연수 이수 명부 템플릿

(1) 명단 및 목차(종합 시트)의 특성

기본 기능	핵심 기능
✓ 데이터 확인(드롭다운) ✓ 메모 삽입 ✓ [보기]-[고정] 기능	✓ 시트 보호

▲ 명단 및 목차(종합 시트)의 구성

영역	설명
❶ 명단	• 연번, 학년/소속, 교직원 구분, 직위, 이름이 정리된 영역입니다. 이 부분은 다른 연수 이수 시트에 그대로 반영되는 영역입니다. • 학기 초 정리된 교직원 명단을 활용하면 됩니다. 명단은 관련 부서의 부장이나 인사 담당 관리자가 책임지고 관리하는 것이 좋습니다. 학교가 클수록 인사이동 정보를 여러 연수 담당자가 명확히 파악하고 관리하기는 어렵기 때문입니다. • 기간제 교직원의 경우에는 '마우스 우클릭'-[메모 삽입]으로 관련 정보를 기록해 놓으면 좋습니다. 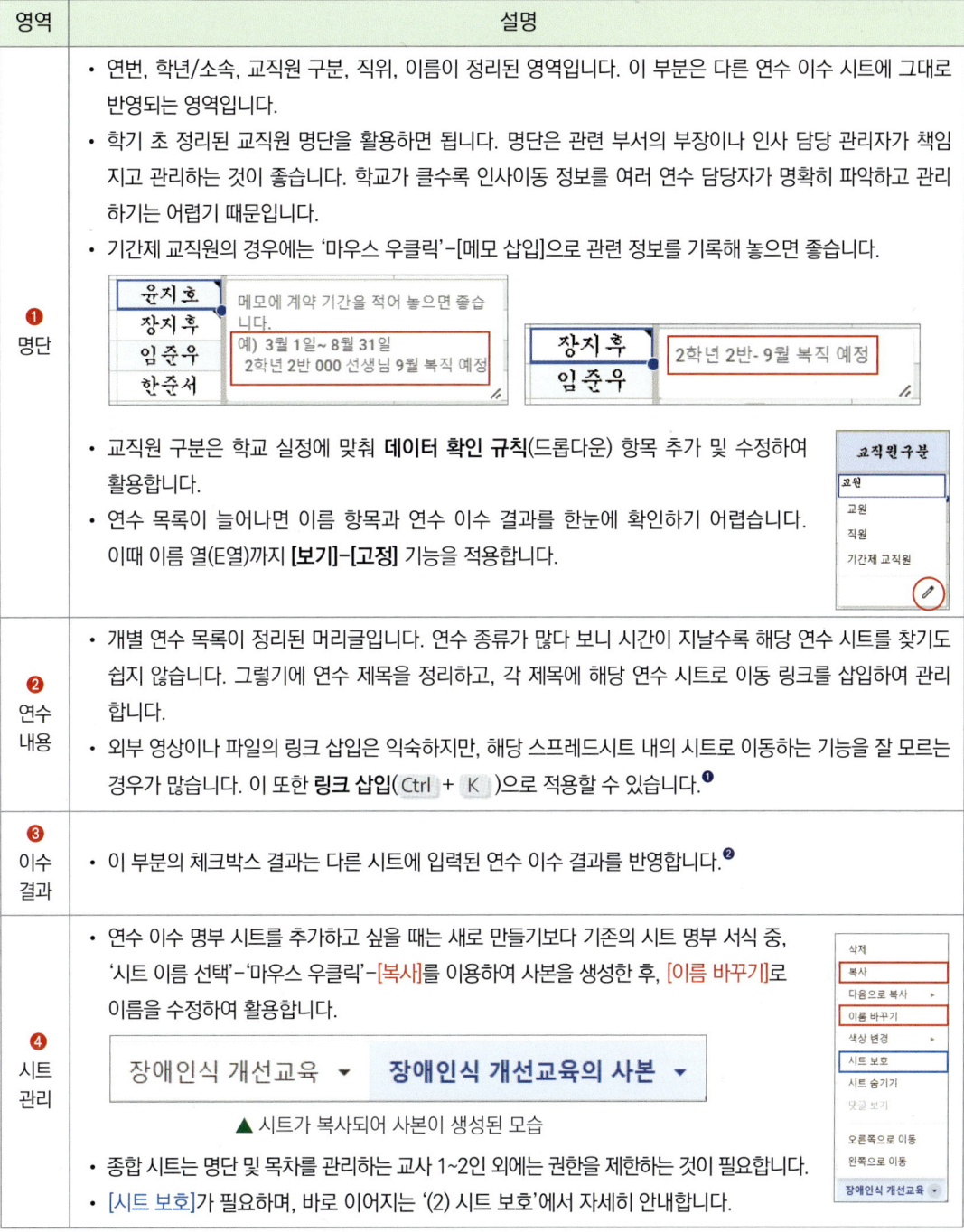 • 교직원 구분은 학교 실정에 맞춰 **데이터 확인 규칙**(드롭다운) 항목 추가 및 수정하여 활용합니다. • 연수 목록이 늘어나면 이름 항목과 연수 이수 결과를 한눈에 확인하기 어렵습니다. 이때 이름 열(E열)까지 [보기]-[고정] 기능을 적용합니다.
❷ 연수 내용	• 개별 연수 목록이 정리된 머리글입니다. 연수 종류가 많다 보니 시간이 지날수록 해당 연수 시트를 찾기도 쉽지 않습니다. 그렇기에 연수 제목을 정리하고, 각 제목에 해당 연수 시트로 이동 링크를 삽입하여 관리합니다. • 외부 영상이나 파일의 링크 삽입은 익숙하지만, 해당 스프레드시트 내의 시트로 이동하는 기능을 잘 모르는 경우가 많습니다. 이 또한 **링크 삽입**(Ctrl + K)으로 적용할 수 있습니다.❶
❸ 이수 결과	• 이 부분의 체크박스 결과는 다른 시트에 입력된 연수 이수 결과를 반영합니다.❷
❹ 시트 관리	• 연수 이수 명부 시트를 추가하고 싶을 때는 새로 만들기보다 기존의 시트 명부 서식 중, '시트 이름 선택'-'마우스 우클릭'-[복사]를 이용하여 사본을 생성한 후, [이름 바꾸기]로 이름을 수정하여 활용합니다. ▲ 시트가 복사되어 사본이 생성된 모습 • 종합 시트는 명단 및 목차를 관리하는 교사 1~2인 외에는 권한을 제한하는 것이 필요합니다. • [시트 보호]가 필요하며, 바로 이어지는 '(2) 시트 보호'에서 자세히 안내합니다.

❶, ❷ '다) 연수별 시트와 종합 시트 연결하기'에서 자세히 안내합니다.

(2) 시트 보호

[시트 보호] 기능은 특정 시트의 편집을 제한하거나, 일부 사용자만 수정할 수 있도록 설정하는 기능입니다. 이 기능을 사용하면 중요한 데이터가 실수로 수정되거나 삭제되는 것을 방지하며, 입력을 제한할 수 있습니다.

특히 여러 사람이 함께 작업할 때, 의도치 않은 데이터 변경을 방지하여 데이터의 신뢰성과 일관성을 정확하게 유지할 수 있습니다.

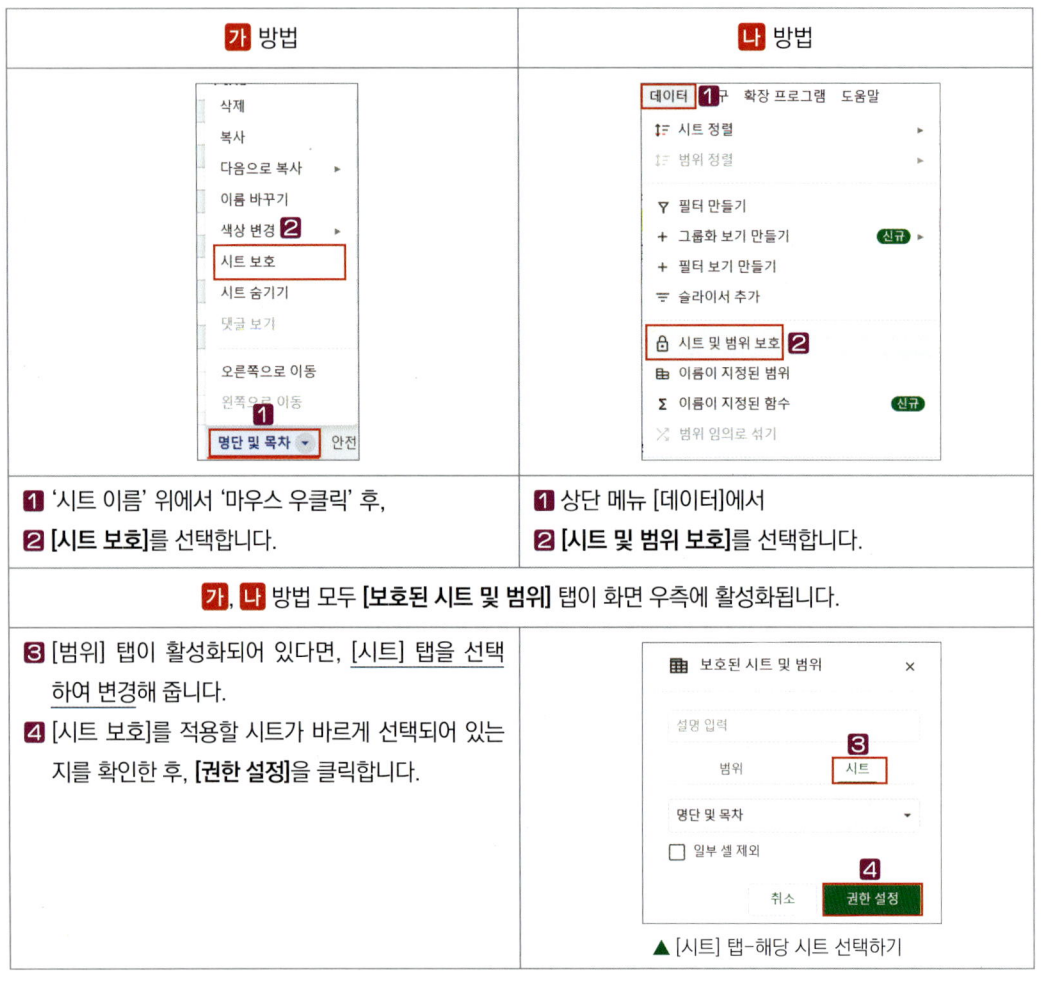

해당 기능은 다음과 같은 옵션을 제공합니다.

이 범위를 수정할 때 경고 표시	이 범위를 수정할 수 있는 사용자 제한
• 사용자가 해당 범위를 편집하려고 시도할 경우, 경고 메시지를 표시합니다. 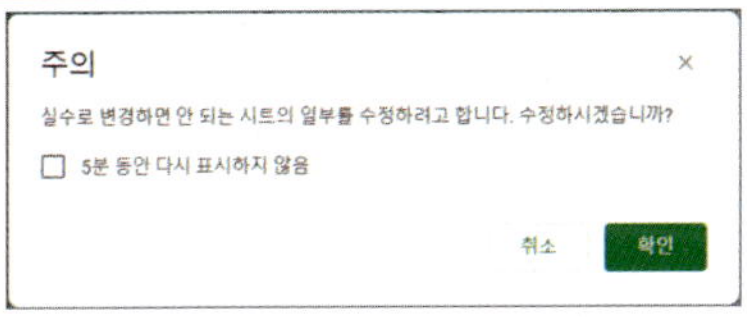 • 경고가 표시될 뿐, 사용자가 편집은 계속 진행할 수 있습니다.	선택한 범위에 대한 편집 권한을 특정 사용자로 제한합니다. ❶ **나만**: 해당 범위를 작성한 사용자(파일 소유자)만 편집하도록 설정합니다. ❷ **맞춤**: 특정 사용자(이메일을 기준으로)만 편집할 수 있도록 직접 설정할 수 있습니다. ❸ **다른 범위에서 권한 복사**: 이미 보호 설정이 적용된 다른 범위의 권한을 그대로 복사하여 적용합니다.

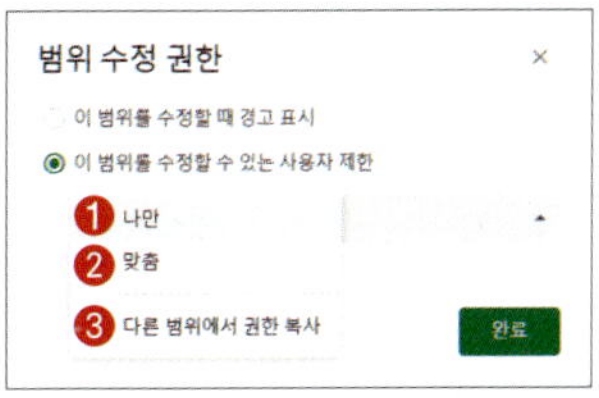

연수 이수 명부의 **[명단 및 목차]** 시트는 소유자 1인이 ❶ "**나만**" 선택하여 관리하거나, ❷ "**맞춤**"을 선택하여 1~2명의 관리자 이메일을 추가하여 함께 관리하면 좋습니다.

이후, 다른 시트에 적용된 권한을 똑같이 적용하고 싶을 경우, ❸ "**다른 범위에서 권한 복사**"를 선택하여 적용하면 됩니다.

나) 연수 이수 결과 기록 시트 관리하기

기본 기능	핵심 기능
✓ 데이터 확인(드롭다운) ✓ COUNTIF 함수로 체크박스 개수 세기 ✓ 링크 삽입❶ 및 범위 보호	✓ 시트 간 참조

---

❶ 단축키: Ctrl + K

(1) 기본 기능 살펴보기

'안전교육 연수' 서식으로 연수 이수 명부 시트에 적용된 기본 기능을 복습해 보도록 하겠습니다.

▲ '안전교육 연수' 시트 서식

영역	설명
❶ 체크박스	• 범위 선택 후, [삽입]-[체크박스]를 선택합니다.
❷ COUNTIF 함수로 체크박스 개수 세기	• 수식 =COUNTIF(F3:F, TRUE) • 특정 범위 내의 체크박스가 선택된(TRUE) 개수를 계산하는 함수입니다. • F3:F 범위를 대상으로 체크박스가 선택(TRUE)된 셀만을 계산합니다. • TRUE는 체크박스가 선택되었을 때 나타나는 논리값(참)을 의미하며, 선택되지 않은 경우는 FALSE(거짓)로 처리됩니다.
❸ 이수율 계산	• 수식 =H1/J1 • 구글 시트에서 두 값을 나누어(/) 비율(퍼센트)을 계산하는 방식입니다. • **연수 이수자 수(H1)를 연수 대상자 수(J1)**로 나누어, 이수율을 계산합니다. • 연수별로 이수 대상이 변경될 수 있으므로 담당자가 해당 인원을 J1에 입력하고, 제외되는 대상자에게 **채우기 색상**이나 **취소선** 서식을 적용하여 표시합니다. • 결과는 소수점 형태(0.64)로 나타나지만, **퍼센트 서식**을 적용하여 64%로 표시됩니다. ▲ 툴바의 '퍼센트 형식' 선택하기
❹ 연수원 링크 연결	• 셀을 선택한 후, 상단 메뉴에서 [삽입]-[링크]를 선택하거나, '마우스 우클릭'-[링크 삽입] 또는 단축키(Ctrl + K)로 해당 연수의 주소를 붙여넣어 연결합니다.
❺ 데이터 확인(범위) 드롭다운	• 연수원에 대한 정보가 이미 시트에 적혀 있으므로, [데이터 확인]-[기준]-**[드롭다운 (범위)]**를 선택한 후, 범위를 ❹의 연수원명 범위를 선택하여 드롭다운 버튼을 만듭니다.

(2) 시트 간 참조

인사이동이 발생할 때마다 여러 연수 시트에서 이름을 변경하는 작업은 번거롭고 비효율적입니다. 그렇기에 "시트 간 참조" 적용이 꼭 필요합니다.

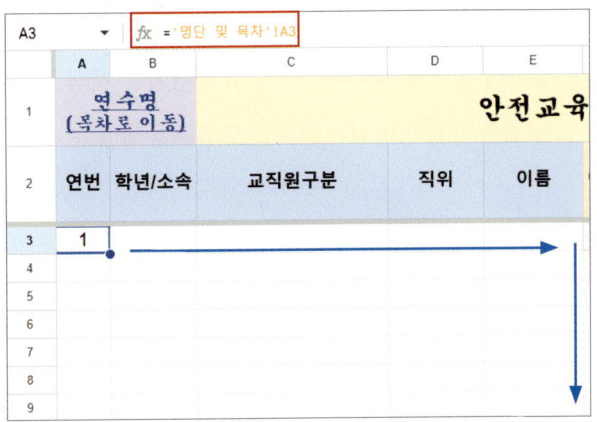

▲ '시트 간 참조'를 적용한 후, 드래그하여 자동 채우기

위 이미지에서 셀 A3에 적용된 수식 ='명단 및 목차'!A3는 시트 간 참조를 활용한 수식입니다. 이 수식은 '명단 및 목차'라는 이름의 다른 시트에서 동일한 위치(A3)에 있는 데이터를 불러오는 역할을 합니다. 해당 수식의 특징은 다음과 같습니다.

수식 ='시트명'!셀 주소

- **시트 참조 구문**: 작은따옴표의 사용은 시트 이름의 특성에 따라 달라집니다.

작은따옴표 사용 여부	조건	예시
필요 없음	영어와 숫자로만 구성된 시트 이름	=Sheet1!A1
	밑줄(_)이 포함된 시트 이름	=Sales_2025!B2
필요함	한글이 포함된 시트 이름	='판매 데이터'!C3
	공백(띄어쓰기)이 포함된 시트 이름	='2025년 매출'!D4
	특수 문자(밑줄 제외)가 포함된 시트 이름	='Q1-Report'!E5

▲ 시트 참조 구문 규칙

- **시트명과 셀 주소 구분**: ! 기호는 시트명과 셀 주소를 구분하는 역할을 합니다.
- **자동 업데이트**: 참조된 시트에서 값이 변경되면, 해당 셀에서도 자동으로 값이 업데이트됩니다.
- **자동 채우기**: 드래그하여 우측이나 아래로 복사하면 셀 주소가 상대적으로 변경되며 연속 데이터 참조가 가능합니다.

구글 시트의 클라우드 기반 환경 덕분에 자동으로 업데이트되어 종합 시트(명단 및 목차)의 명단이 변경되면 다른 연수 이수 명부도 모두 적용되기에 데이터의 일관성을 유지해 줍니다.

이렇게 **시트 간 참조**한 범위나 링크를 연결하거나 정보를 입력해 놓은 셀에 '마우스 우클릭'-[셀 작업 더보기]-**[범위 보호]**를 꼭 설정해 놓아야 합니다. 각 연수 담당자는 서식을 복사하여 편집할 때, 다른 교사가 각자 입력해야 하는 범위를 제외하고 범위 보호를 모두 적용해 놓는 것이 좋습니다.

다) 연수별 시트와 종합 시트 연결하기

기본 기능	핵심 기능
✓ 링크 삽입 ✓ 체크박스 삽입	✓ 시트 및 범위 링크 삽입하기 ✓ 시트 간 참조 응용(TRUE, FALSE 체크박스로 전환하기)

(1) 시트 및 범위 링크 삽입하기

▲ 연수 제목에 해당 시트로 이동하는 '링크'가 적용된 모습

시트 및 지정된 범위에 링크를 삽입하는 기능은 구글 시트에서 사용자가 특정 시트나 셀 범위로 빠르게 이동할 수 있도록 도와주는 유용한 도구입니다. 이를 통해 대규모 데이터를 효율적으로 탐색하고, 관련 정보에 신속하게 접근할 수 있습니다.

사용자는 특정 텍스트나 셀에 하이퍼링크를 삽입하여 클릭만으로 연결된 시트나 셀 범위로 바로 이동할 수 있습니다.

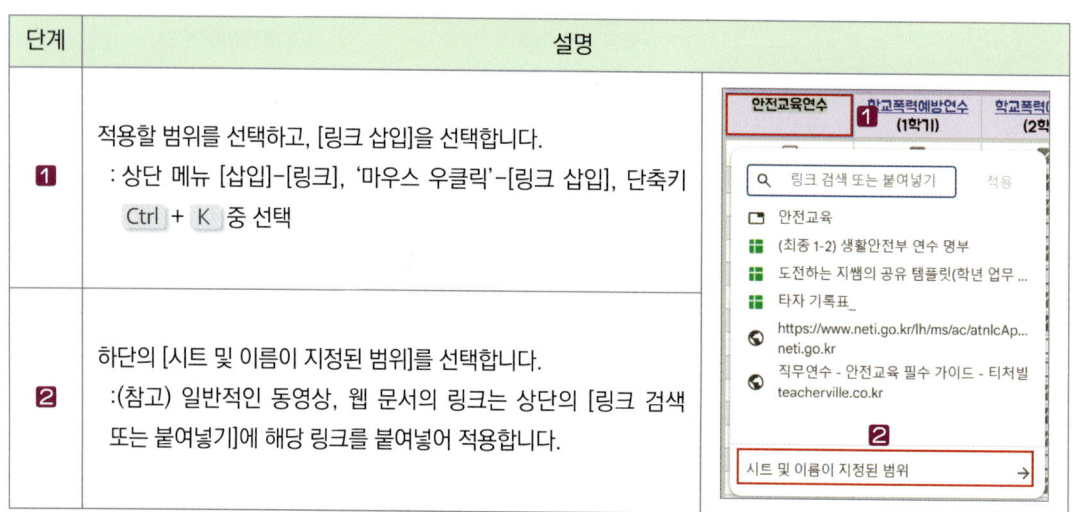

단계	설명	
1	적용할 범위를 선택하고, [링크 삽입]을 선택합니다. : 상단 메뉴 [삽입]-[링크], '마우스 우클릭'-[링크 삽입], 단축키 Ctrl + K 중 선택	
2	하단의 [시트 및 이름이 지정된 범위]를 선택합니다. :(참고) 일반적인 동영상, 웹 문서의 링크는 상단의 [링크 검색 또는 붙여넣기]에 해당 링크를 붙여넣어 적용합니다.	

해당 시트를 선택합니다.

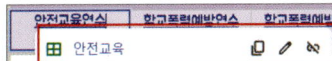

위 이미지처럼 해당 시트로 연결되는 링크가 삽입됩니다.

❸
- **초록색 스프레드시트 아이콘(田)**: 해당 링크가 구글 시트 내 특정 시트(탭)로 연결되어 있음을 의미함
- **시트 이름 표시 (안전교육)**: 현재 연결된 시트의 이름을 나타내며, 클릭 시 해당 시트로 바로 이동 가능
- **복사 아이콘(🗐)**: 링크를 복사할 수 있는 기능으로, 다른 셀이나 외부 문서에 동일한 링크를 붙여넣을 수 있으며, 바로 해당 시트로 연결되는 링크 공유 가능
- **편집 아이콘(✏)**: 링크를 수정할 수 있는 기능으로, 연결할 시트를 변경하거나 링크 텍스트 수정 가능
- **링크 해제 아이콘(⊘)**: 현재 삽입된 링크를 제거할 수 있음

❸에서 시트로 연결하는 방법 외에도 하단의 **[링크할 셀 범위 선택]** 기능을 활용하여 특정 셀 범위로 연결할 수도 있습니다.
- **지정 범위 이동**: 사용자가 특정 셀 범위를 직접 선택하여 해당 위치로 빠르게 이동할 수 있음
- **데이터 강조**: 중요한 데이터가 포함된 범위를 바로 확인할 수 있도록 강조
- **편리한 내비게이션 제공**: 데이터가 많을 때 특정 범위로 빠르게 이동하여 효율적으로 관리할 수 있음

[데이터 범위 선택] 창이 뜨면, 하단의 시트 이름을 선택한 후, 특정 셀(❶)이나 셀 범위(❷)를 드래그하여 적용합니다.

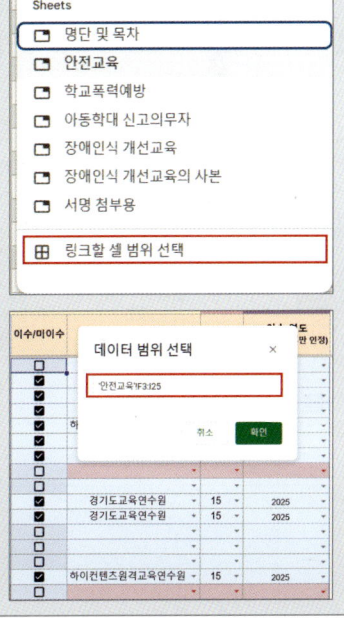

Ⅲ 구글 시트 업무 효율화 155

단계	설명
❶ 특정 셀 중심으로 이동한 모습	
❷ 특정 셀 범위로 이동한 모습	

(2) 시트 간 참조 응용(TRUE, FALSE 체크박스로 전환하기)

앞서 '**명단 및 목차**'라는 이름의 다른 시트에서 연수별 시트에 명단 데이터를 불러오는 시트 간 참조를 직접 입력하는 방법을 알아보았습니다.

수식 ='시트명'!셀 주소

이번에는 연수별 시트의 데이터(연수 이수 여부 체크박스 결괏값)를 <u>클릭으로 간편하게 연결하는 방법</u>을 살펴보겠습니다.

단계	설명
❶	=(등호)를 입력합니다.
❷	데이터를 연결할 '시트'를 선택합니다. ★ 더블클릭이 아니라 한 번만 클릭하고 기다려 주세요. 선택한 시트로 탭이 넘어가고 다음과 같이 함수 입력 창이 뜹니다.

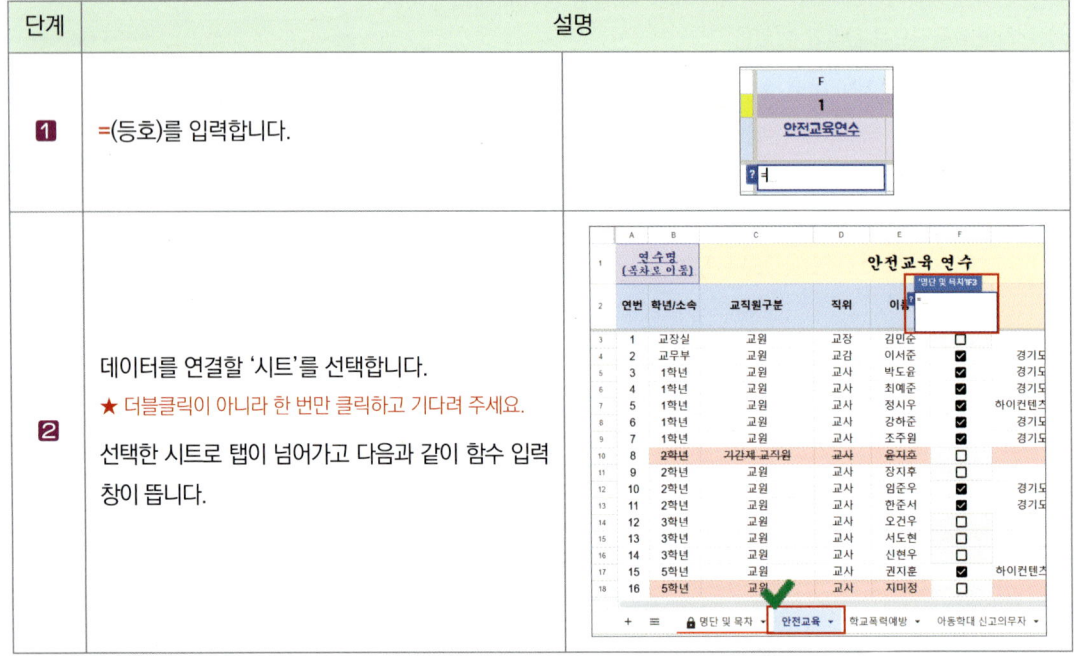

3	가져올 데이터의 **맨 위의 셀**(F3)을 선택하고 Enter 를 누릅니다.	
4	'명단 및 목차(종합 시트)'에 다음과 같이 체크박스의 값이 입력됩니다. : ☑ → TRUE : ☐ → FALSE	
5	채우기 핸들을 아래로 드래그하여 '자동 채우기'를 합니다.	
6	앞의 방법대로 다른 연수 체크박스 결괏값 데이터를 연결합니다.	
7	해당 범위를 선택한 후, **[삽입]-[체크박스]**를 선택하여 TRUE와 FALSE 값을 체크박스 형태로 다시 변경해 줍니다.	

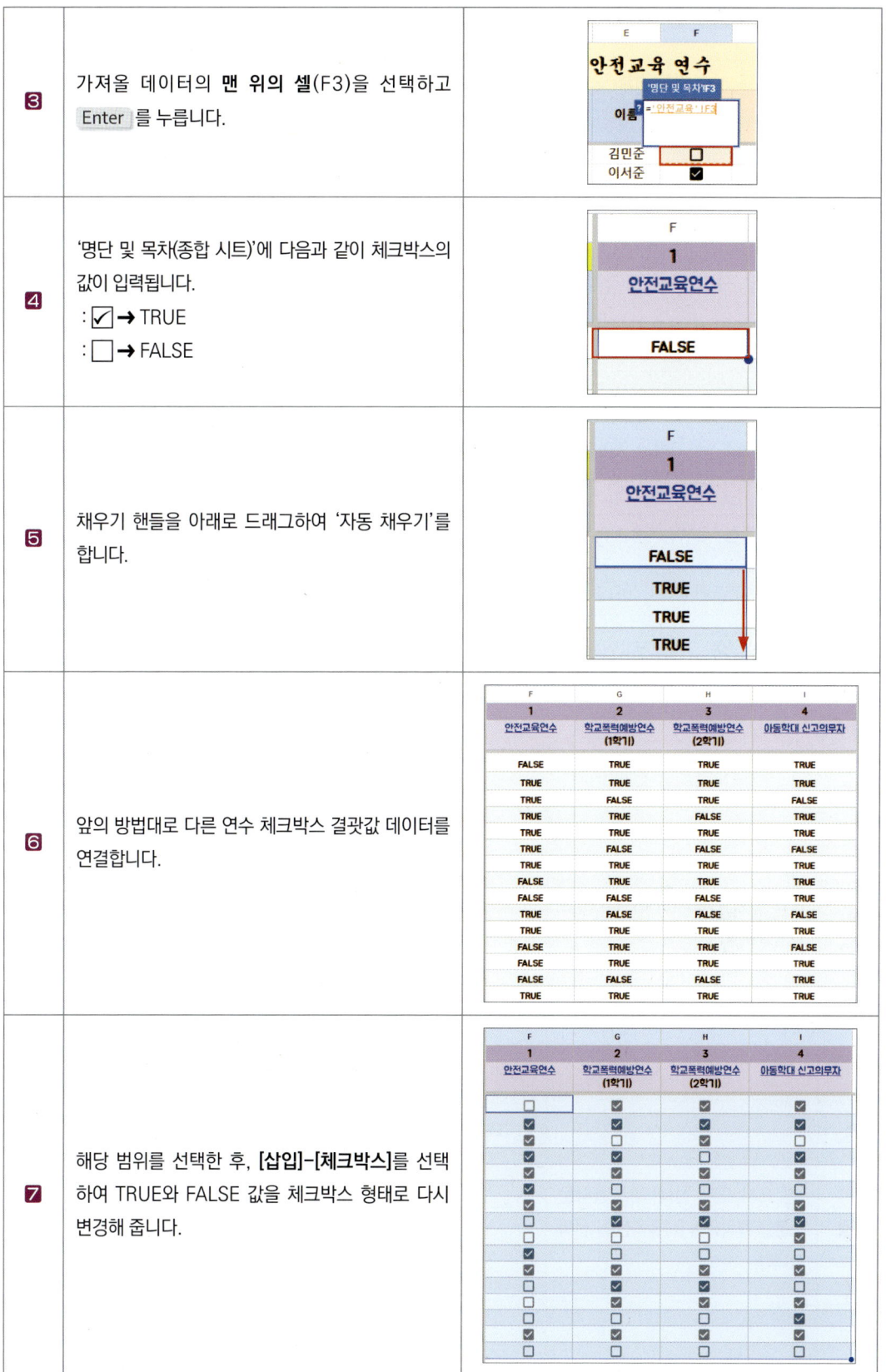

Ⅲ 구글 시트 업무 효율화 157

라) 자필 서명 명부 관리하기

기본 기능	핵심 기능
✓ COUNTIF 함수로 체크박스 개수 세기 ✓ 시트 간 참조 ✓ 데이터 확인(드롭다운) ✓ 체크박스 삽입	✓ 〈자유곡선〉으로 서명하기 ✓ 〈셀 내에 이미지 삽입〉으로 서명 삽입하기

두 가지 자필 서명 방식은 각각 고유한 특성과 활용 목적이 다르므로, 각 방식의 장점을 이해하고 상황에 맞게 선택하여 적용하는 것이 중요합니다.

방식	자유곡선	셀 내에 이미지 삽입
장점	• 손으로 직접 그릴 수 있어 자연스러운 서명 가능 • 추가 프로그램 없이 바로 사용 가능	• 기존의 디지털 서명 파일을 그대로 사용 가능 • 셀에 삽입된 서명을 복사하여 다른 셀에 붙여넣기 가능
단점	• 정교한 서명이 어렵고 마우스로 작성 시 부자연스러움 • 터치스크린 장비가 필요할 수 있음	• 서명 이미지를 별도로 준비해야 함 • 파일 관리와 업로드 과정이 필요

(1) 〈자유곡선〉으로 서명하기

단계	설명
1	상단의 메뉴 중, [삽입]-[그림]을 선택합니다. 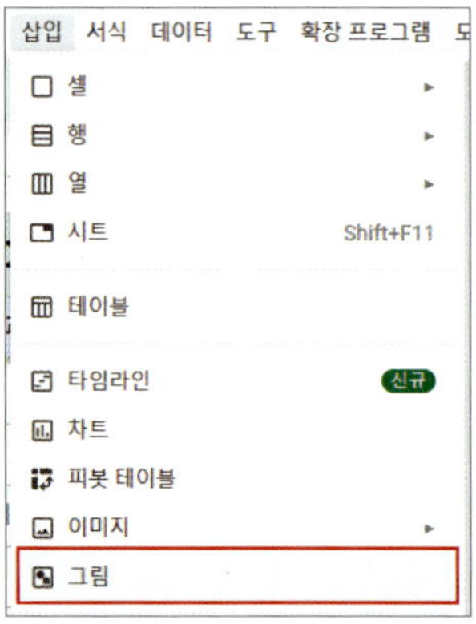
2	[선 표시 도구 선택]의 드롭다운 버튼을 클릭하여 **[자유곡선]**을 선택합니다. 

단계	설명
3	마우스 왼쪽버튼을 누른 상태로 첫 획을 쓴 후, 선 두께를 2~3px로 선택합니다.
4	이름을 다 쓴 후에 우측 상단의 [저장 후 닫기]를 클릭합니다.
5	서명의 이미지를 서명 칸에 맞춰 크기를 조정하여 놓습니다.

(2) '셀 내에 이미지 삽입'하여 서명하기

단계	설명
1	서명 이미지 파일을 준비합니다. 서명 파일이 없으면 **"그림판"**에서 ❶ 연필 선택, 서명 ❷ 영역 선택 ❸ 자르기 ❹ 저장 하여 파일을 준비합니다. (PNG 파일) 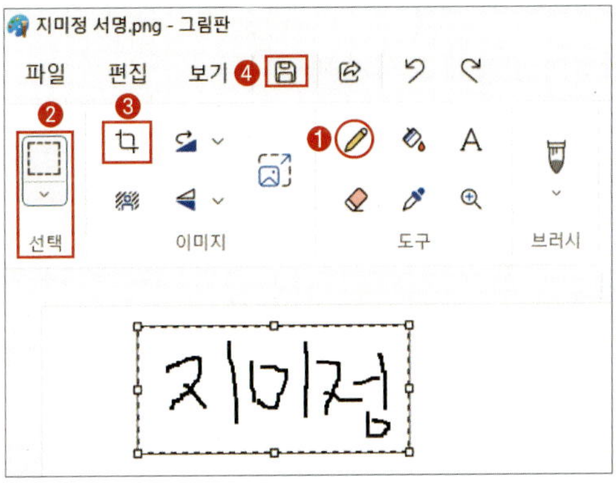
2	❶ 서명을 삽입할 셀을 선택하고, 상단의 메뉴 ❷ [삽입]-❸ [이미지]-❹ [셀 내에 이미지 삽입]을 선택합니다. 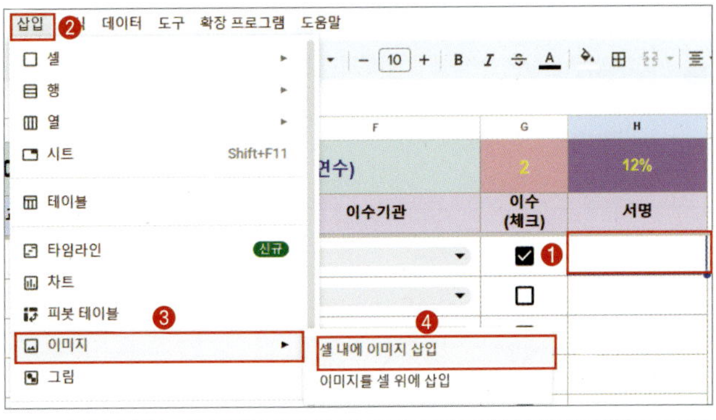

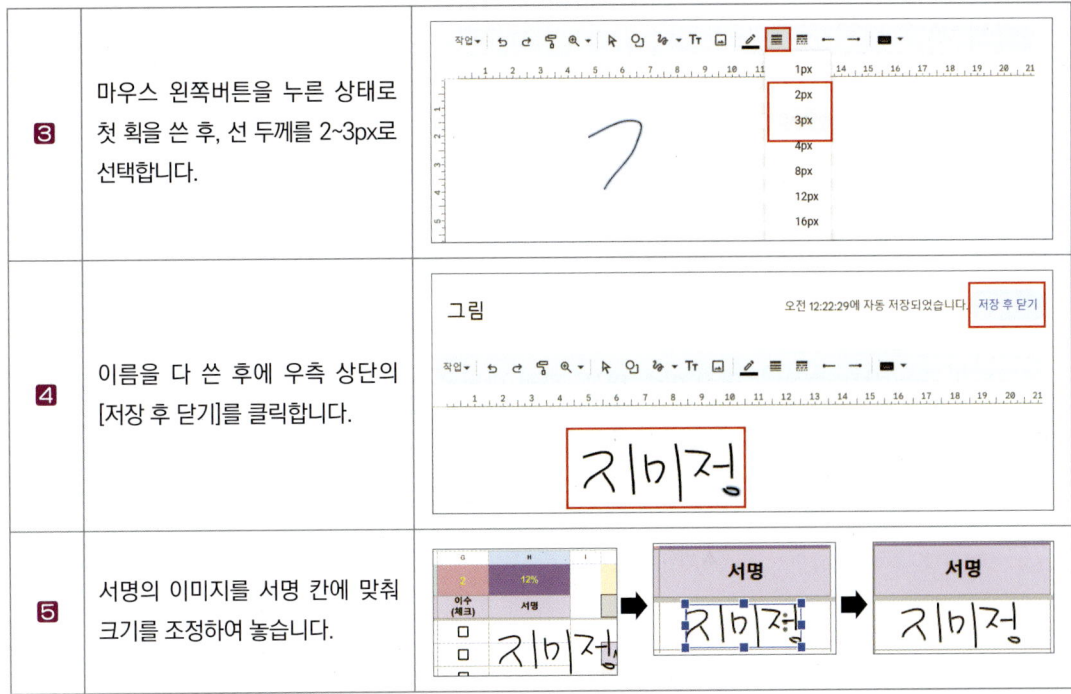

Ⅲ 구글 시트 업무 효율화

3	[이미지 삽입] 창이 뜨면 저장되어 있는 서명 이미지 파일을 첨부합니다. ★ 해당 화면에 파일을 '드래그 앤드 드롭'해도 됩니다.	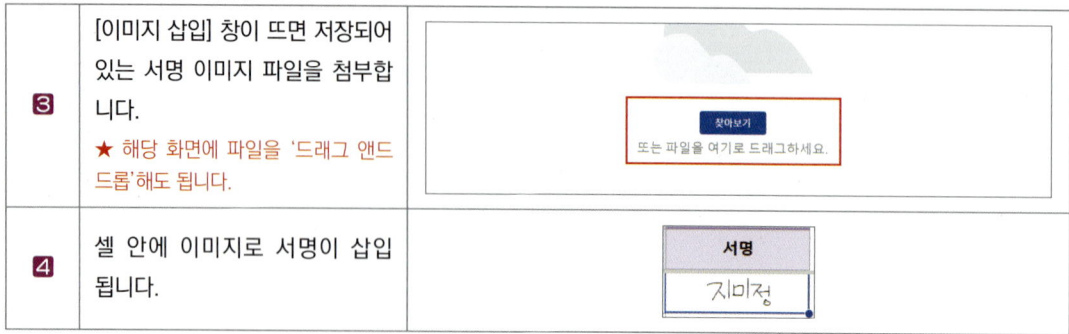
4	셀 안에 이미지로 서명이 삽입됩니다.	

지금까지 구글 시트 중심의 '연수 이수 명부' 관리 방법을 알아보았습니다. 하지만 구글 설문지를 함께 활용하면 효율성을 더 높일 수 있습니다.

▲ 이수증 파일 제출 설문 링크가 삽입된 모습

마) 구글 설문지로 이수증 모으기

기본 기능	핵심 기능
✓ 구글 설문지 제작하기 ✓ 구글 설문지 게시 및 링크 공유하기	✓ 구글 설문지 [파일] 질문 유형

'이수증 설문지' 제작 방법은 매우 간단합니다. 학교별로 상황에 따라 문항과 '응답 설정'을 변경하여 제작하여 활용해 보시기 바랍니다.

단계	설명
1	[질문 추가]를 선택합니다.
2	질문 유형을 **[파일 업로드]**를 선택합니다. * '성함' 문항은 '단답형'을 선택하면 됩니다. * 연수 종류를 선택하는 '드롭다운' 질문을 추가할 수도 있습니다.
3	[계속]을 선택합니다.

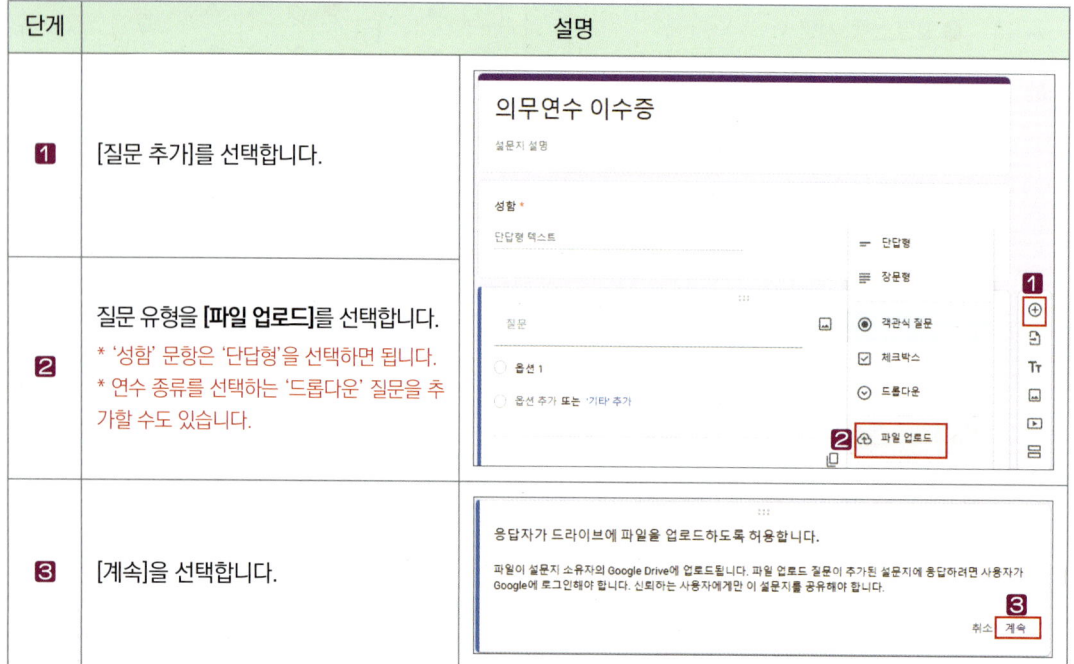

▲ 4 "특정 파일 형식만 허용" 버튼 활성화 모습   ▲ 7 업로드 할 수 있는 최대 파일 용량 선택

4	**특정 파일 형식만 허용:** 파일의 형식을 지정할 수 있습니다. ✓ PDF 형식만 제출하도록 설정 가능
5	**최대 파일 수:** 1회에 제출할 수 있는 파일 개수를 지정합니다. ✓ '1개' 설정 추천
6	**최대 파일 크기:** 파일의 크기를 제한합니다. ✓ 이수증-10MB 적당
7	업로드 파일의 총 용량 한도 변경: [변경]을 누르면 구글 설문지의 [설정] 탭으로 이동하며, 용량 한도를 변경할 수 있습니다.
8	[필수] 문항으로 설정되어 있는지 점검합니다.
9	[폴더 보기]를 클릭하여 제출된 이수증을 확인할 수 있습니다.

완성된 설문은 '게시'하여 링크를 공유❷ 하면 됩니다.

---

❷ 〈Ⅱ-1-가. 구글 설문지 훑어보기〉를 참고하세요.

이때, 구글 설문지 [설정] 탭의 "응답" 부분을 꼭 확인하시기 바랍니다.

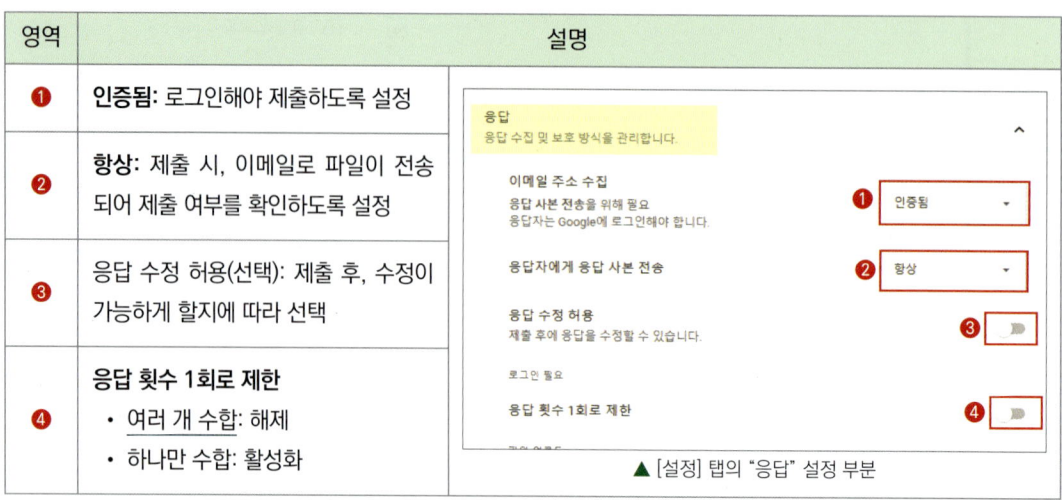

영역	설명
❶	**인증됨**: 로그인해야 제출하도록 설정
❷	**항상**: 제출 시, 이메일로 파일이 전송되어 제출 여부를 확인하도록 설정
❸	**응답 수정 허용(선택)**: 제출 후, 수정이 가능하게 할지에 따라 선택
❹	**응답 횟수 1회로 제한** • 여러 개 수합: 해제 • 하나만 수합: 활성화

▲ [설정] 탭의 "응답" 설정 부분

교사들은 각자 연수를 이수한 후, '이수증 출력 메뉴'에서 종이로 출력하지 않고 파일로 다운로드 ❸ 하여 다음과 같이 제출하면 됩니다.

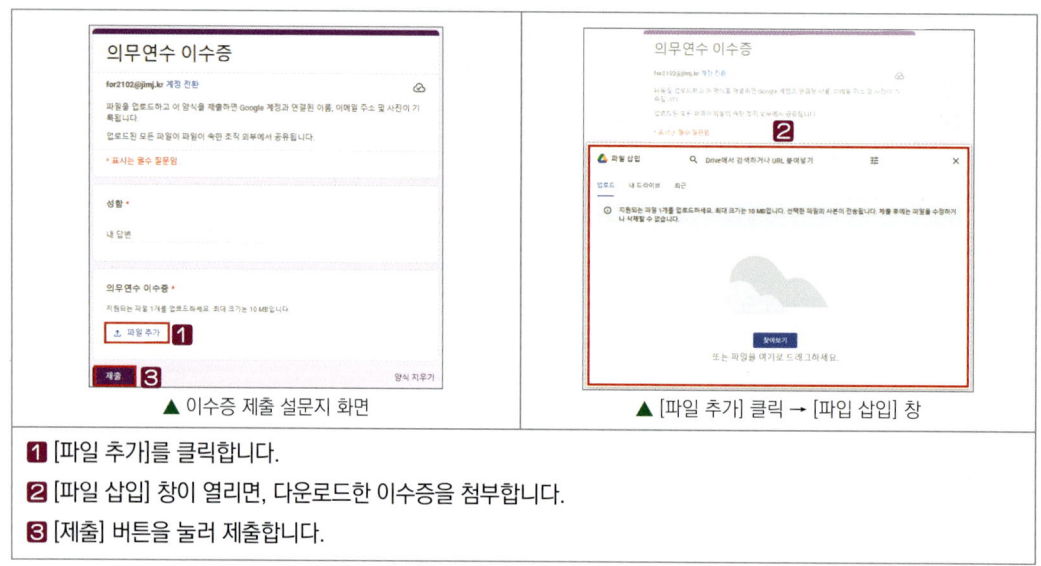

▲ 이수증 제출 설문지 화면   ▲ [파일 추가] 클릭 → [파입 삽입] 창

1 [파일 추가]를 클릭합니다.
2 [파일 삽입] 창이 열리면, 다운로드한 이수증을 첨부합니다.
3 [제출] 버튼을 눌러 제출합니다.

이렇게 제출된 파일은 구글 시트로 제출자를 확인할 수 있으며, 구글 드라이브에 폴더가 생성되어 이수증이 정리됩니다.

---

❸ PDF 파일로 다운로드하여 제출하도록 안내하는 것을 추천합니다.

▲ 구글 시트에 정리된 모습   ▲ 드라이브에 저장된 파일 모습

지금까지 연수 이수 명부를 효과적으로 관리하는 방법을 알아보았습니다.

이 시스템을 도입하면, 교사들은 연수 참여 기록을 투명하게 관리할 수 있고 행정 업무의 효율성도 눈에 띄게 향상됩니다. 또한, 연수 담당자는 반복적인 독촉을 줄이고 관리 업무에 드는 시간을 절약할 수 있습니다.

교사와 담당자 모두를 위한 혁신적인 연수 이수 관리 시스템!

구글 시트로 새로운 세상을 열어보세요. 이제 교사들도 효율적으로 연수를 관리하고, 교육 현장에서 더욱 중요한 일에 집중할 수 있습니다.

2) 학교 도서 신청

학교 도서 신청은 매 학기 또는 분기별로 반복되는 일정 중 하나입니다. 그러나 기존의 엑셀 파일을 주고받는 방식에서는 버전 충돌, 데이터 누락, 수정 사항 혼동 등의 문제가 발생할 수 있습니다. 또한, 업무 담당자는 도서 신청이 접수되기 시작하면 여러 파일을 일일이 열어 중복된 항목을 '제거'하고 '정리'하는 추가적인 업무를 수행해야 합니다. 하지만 구글 시트 기반의 도서 신청 시스템을 활용하면 중복 신청을 방지하고 업무를 보다 효율적으로 진행할 수 있습니다.

joo.is/도서신청공개수업
▲ 도서 신청 제작 영상

joo.is/학교도서신청
▲ 학교 도서 신청 템플릿

유튜브 〈공개수업〉 채널에서 공유한 영상을 보시면 기본적인 특성을 이해할 수 있습니다. 그러면 기존 템플릿을 보완하여 더욱 강력해진 템플릿 기능 위주로 설명합니다.

가) 트리거 추가하기

『개선된 학교 도서 신청 템플릿』에는 중복된 도서명이 입력될 경우 경고창을 띄우는 '중복 값 경고' 앱스 스크립트가 포함되어 있으며, 데이터 수정·변경 시 해당 스크립트를 실행하는 트리거[4]가 설정되어 있습니다.

구글 시트에서 템플릿을 복사할 때, 앱스 스크립트는 함께 복사되지만 트리거는 복사되지 않습니다. 이는 트리거가 원본 소유자의 구글 계정에 종속되어 있기에 새로운 파일 소유자가 직접 트리거를 설정해야 정상적으로 작동합니다. 다음과 같은 방법으로 트리거를 재설정해주시기 바랍니다.

단계	설명	
1	[확장 프로그램]- [Apps Script]-[트리거]를 선택합니다.	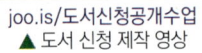
2	우측 하단의 **[트리거 추가]** 버튼을 클릭합니다.	

---

[4] 〈Ⅱ-3-다-5) 트리거 설정〉을 참고하세요.

| ❸ | [이벤트 유형 선택]-"수정 시", "변경 시" 둘 중 하나를 선택하고 [저장]을 클릭합니다. | 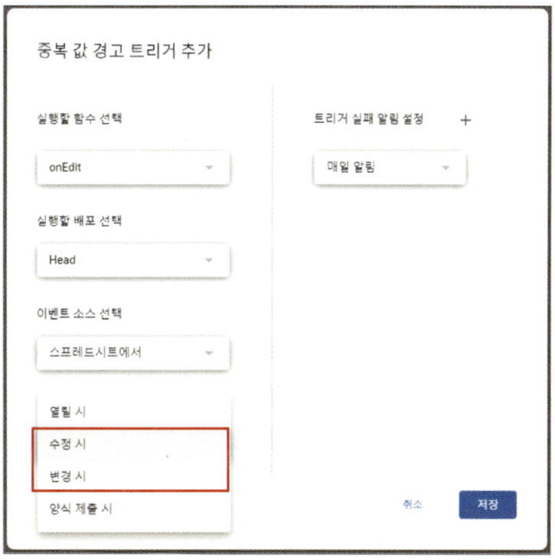 |

▲ 템플릿 복사 후, 트리거 설정 방법

나) '중복 값 경고' 앱스 스크립트 적용

설정된 트리거는 다음과 같은 방식으로 작동합니다. B열에 도서명이 입력되면, 동일한 도서명이 존재할 경우, '중복 값 경고' 앱스 스크립트를 실행합니다. 스크립트는 입력된 값이 기존 값과 중복되었는지 확인하며, 중복이 발견되면 팝업 창을 표시하여 사용자에게 경고 메시지를 제공합니다.

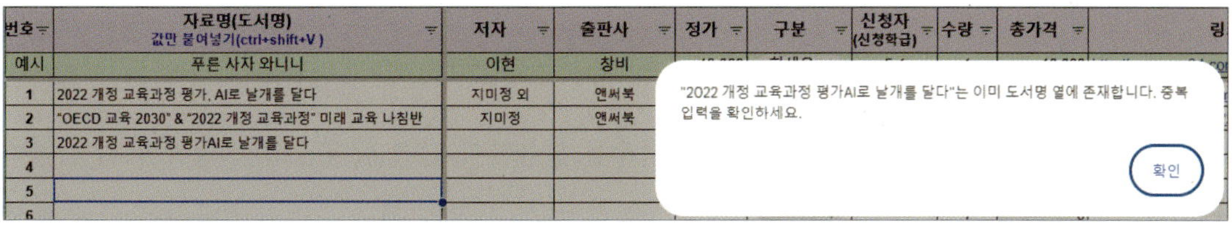

▲ 같은 책이 입력되었을 경우, 경고 팝업창이 뜬 모습

중복 확인 과정에서 텍스트를 분석할 때, 띄어쓰기나 부호❺는 무시하고 순수한 텍스트 값만을 기준으로 비교합니다. 경고 메시지 팝업의 "확인" 버튼을 누르면, 해당 중복 값이 포함된 셀에 조건부 서식이 적용되어 시각적으로 강조됩니다. 이때 연한 빨간색 배경으로 설정되어 사용자가 중복 데이터를 쉽게 확인하고 수정할 수 있도록 도와줍니다.

▲ [확인]을 누르면 중복된 항목에 조건부 서식이 적용된 모습

❺ 예 , (쉼표), ' (작은따옴표) 등

다) 링크 도서 정보의 일치성 확인

학급에서 학생이 신청한 도서를 확인하려고 링크를 클릭했을 때, 도서 정보와 일치하지 않는 링크가 연결될 수도 있습니다. 이를 방지하기 위해, 링크의 URL을 제목 형식으로 대체하여 링크와 자료 간의 불일치를 예방할 수 있습니다. 이 방법은 교사가 신청 도서를 검토하고 승인하는 과정을 효율적으로 지원하며, 데이터의 신뢰성을 높이는 데 기여합니다.

▲ 링크의 URL을 제목 형식으로 대체한 결과

이 외에도 '신청자(신청 학급)' 열에 데이터 확인(드롭다운) 기능을 적용하여 입력 오류를 줄이고 일관성을 유지할 수 있습니다. 또한, SUMIF 함수를 활용하여 신청 반별 또는 신청자별 신청 금액 데이터의 집계와 통계가 가능합니다. 이러한 기능은 도서 신청과 예산 관리의 효율성을 크게 향상하며, 학교 전체의 자료 관리에도 유용하게 활용될 수 있습니다.

학기별로 학생이 직접 도서를 신청하는 활동을 템플릿을 활용하여 실행하고 있습니다. 학교에서의 도서 신청 과정은 학생들의 학습과 독서 습관을 촉진하는 중요한 역할을 합니다. 특히, 학생들이 직접 도서를 검색하고 필요한 책을 신청하는 과정은 단순히 책을 요청하는 것을 넘어 자율적 학습과 정보 활용 능력을 키우는 교육적 의미를 가집니다. 학생들은 자신의 필요를 스스로 탐색하고 도서를 선택하는 과정에서 디지털 리터러시와 자기 주도적 학습 역량을 함께 발전시킬 수 있습니다. 이러한 경험은 단순한 행정 업무를 넘어, 교육적 가치를 실현하는 중요한 기회로 작용합니다.

효율적이고 의미 있는 도서 신청 과정을 위해, 이제 이 템플릿을 활용하여 학교 도서 신청의 새로운 가능성을 경험해 보시기 바랍니다.

나. 효율적이고 체계적인 데이터 관리

학교는 다양한 요소들이 유기적으로 결합하여 하나의 체계를 이루는 복합적인 조직입니다. 이러한 체계는 각 요소가 맡은 역할을 충실히 수행하고 상호작용함으로써 조직이 원활하게 운영될 수 있도록 합니다. 학교를 구성하는 요소들은 크게 인적, 물리적, 교육적, 조직적 측면으로 나눌 수 있으며, 이들 각각은 학교의 목적을 달성하기 위해 필수적인 역할을 합니다.

구성 요소	예시
인적	교사와 학생, 교직원, 학부모 등
물리적	건물, 운동장, 시설, 교실, 교재, 디지털 장비 등
교육적	교육 과정, 수업 계획, 평가, 창의적체험활동, 진로상담 등
조직적	교육 과정, 학교 규칙, 학교문화 등

이처럼 학교를 구성하는 다양한 요소들은 서로 긴밀하게 연결되어 있으며, 각 요소가 조화를 이루며 상호작용할 때 조직의 효율성과 체계성이 극대화됩니다. 이를 통해 학교는 단순히 물리적 공간을 넘어 교육적 가치를 실현하는 장으로 기능하게 됩니다.

결론적으로, 학교를 구성하는 요소들을 종합적으로 살펴보고 이를 체계적으로 관리하는 것은 조직의 성공적인 운영을 위한 핵심이라고 할 수 있습니다.

학적과 같은 학생 정보나 교육 과정, 학사일정 등 조직 차원에서 공통으로 정의된 정보는 각 교사나 부서가 제작한 수업 계획서, 평가 자료, 학습 보고서, 학사일정, 창의적체험활동 등 파생되는 모든 파일에 사용됩니다. 원데이터가 변경되는 경우는 파생되는 모든 파일의 데이터를 수정해야 합니다. 수많은 파일을 수정으로 수정해야 하는 작업부담을 줄이고, 변경사항 누락으로 인한 데이터 불일치 및 오류, 교육적 혼란을 줄여야 할 필요가 있습니다. 따라서, 효율적으로 데이터를 관리하기 위해서 원데이터가 변경되면, 파생된 모든 데이터도 변경 내용이 자동으로 반영되어야 일관성이 유지되고 효율적으로 일할 수 있습니다. 원데이터와 파생 데이터를 중앙화된 데이터베이스 시스템으로 관리하면 다음과 같은 이점을 얻을 수 있습니다.

▶ **데이터 동기화**: 원본 데이터가 변경되면 이를 참조하는 모든 파일이 자동으로 업데이트되도록 설정합니다.
▶ **통합 관리**: 학생 정보와 교육적 구성요소를 통합하여 교사들이 일관된 자료를 기반으로 작업할 수 있도록 지원합니다.

학적, 학사일정, 주간계획, 창의적 체험 활동, 시간표와 같은 정보를 하나의 시트에 통합하여 공동 관리합니다. 학적, 학사일정, 창의적 체험 활동은 업무 담당자가 관리하며, 이들로부터 파생되는 파일이 자동으로 갱신되도록 하는 방법을 배워보겠습니다.

1) 데이터베이스 제작

가) 사전준비

데이터베이스를 만들기 전에 아래 자료들을 준비합니다.

▲ 업무경감양식(모음) 데이터베이스 시트 구성

- **학사일정**: 당해 학년도 학사일정 및 창의 체험 일정
- **학적 정보**: 나이스에서 다운로드한 학년별, 학급별 담임선생님 정보
- **시간표**: 당해 학년도 시간표

나) 작업내용

1. 구글 시트에 접속하여 새 스프레드시트 생성합니다.
2. [명렬표]라는 이름의 시트를 만들고 아래와 같이 머리글을 입력합니다.

	A	B	C	D	E
1	학년	반	번호	학번	이름
2	1	1	1	1101	전호담
3	1	1	2	1102	모민형
4	1	1	3	1103	민현세
5	1	1	4	1104	복영식
6	1	1	5	1105	마찬범
7	1	1	6	1106	변성원
8	1	1	7	1107	엄주노
9	1	1	8	1108	신효송
10	1	1	9	1109	예준빈
11	1	1	10	1110	경서연

▲ 업무경감양식(모음) [명렬표] 시트[6]

학번이 입력된 D열과 이름이 입력된 E열의 값만 정확하게 입력되어 있으면, 템플릿의 수식이 정상적으로 작동합니다.

---

[6] 이 책의 템플릿에 사용된 정보들은 모두 임의로 생성된 가상의 데이터입니다.

3 [교직원부] 시트 내용 입력을 입력합니다.

	A	B	C	D	E
1	순	학교명	성명	학년	반
2	1	구두방고등학교	함예후		
3	2	구두방고등학교	길조영	1	1
4	3	구두방고등학교	목이루		
5	4	구두방고등학교	어다흔	1	2
6	5	구두방고등학교	홍백찬	1	3
7	6	구두방고등학교	안채준		
8	7	구두방고등학교	육경원	1	4
9	8	구두방고등학교	이용주		
10	9	구두방고등학교	류채건	1	5

▲ 업무경감양식(모음) [교직원부] 시트

선생님 학교의 정보로 바꿔서 입력하시면 됩니다. 단, B열은 [초기설정] 시트에서 연결된 값이므로 일일이 바꾸지 않으셔도 됩니다. 본 템플릿에서는 학년, 반 정도의 정보만 입력했지만 업무할 때 필요한 선생님의 정보들도 모두 한 곳에서 관리하면 좋습니다. 예를 들어서, 전공과목이나 당해연도 담당업무나 전화번호가 하나의 시트에 계속 누적된다면, 원하는 정보를 원하는 시간에 원하는 장소에서 찾아볼 수 있습니다.

	A	B	C	D
1	검색할교사	❶ 장성진		
2	년도		업 무	담임
3	2009			
4	2010			
5	2011			
6	2012			
7	2013			
8 ❷	2014			
9	2015			
10	2016	교무부	교무부교무1	1-1
11	2017	교무부	교무부방송	2-6
12	2018	교무부	교무부방송	3-8
13	2019	연구부	연구부평가성적처리	
14	2020	연구부	연구부연수학습지도	3-1
15	2021	인성인권안전부	인성인권안전부생활지도	
16	2022	교육과정부	교육과정부교육과정	3-5
17	2023	교육과정부	교육과정부교육과정	1-7
18	2024	교육과정부	교육과정부교육과정	

▲ [교직원부] 시트에 정보를 누적해서 관리하는 모습

영역	설명
❶	B2 셀에 검색하고자 하는 선생님 성함을 입력합니다.
❷	[교직원명부] 시트에 연도별 데이터가 잘 누적되어 있다면, 구글 시트의 함수를 이용해서 연도별 선생님의 업무를 조회할 수 있습니다.

4 [학사일정] 시트 내용을 입력합니다.

	A	B	C	D	E	F	H
1	월	일	날짜	요일	내용	비고	창체
368	3	1	2024. 3. 1	금		공휴일	
369	3	2	2024. 3. 2	토			
370	3	3	2024. 3. 3	일			
371	3	4	2024. 3. 4	월	교직원회의		교직원회의
372	3	5	2024. 3. 5	화			
373	3	6	2024. 3. 6	수			
374	3	7	2024. 3. 7	목			
375	3	8	2024. 3. 8	금	성취도평가(2)		성취도평가(2)
376	3	9	2024. 3. 9	토			
377	3	10	2024. 3. 10	일			
378	3	11	2024. 3. 11	월	전자칠판연수(4교시)		전자칠판연수(4교시)

▲ [학사일정] 시트 입력 예시

5 [창의적체험활동] 시트 내용을 입력합니다.

	A	B	C	D	E	F	G	H	I	J	K	L	M	N	O
1			창의적 체험활동 운영계획표												
2				자율활동			동아리			봉사활동			진로활동		
3	날짜	교시	활동내용(학년)	1년	2년	3년	1년	2년	3년	1년	2년	3년	1년	2년	3년
4	3월 3일	6교시		1	1	1									
5		7교시	자치활동	1	1	1									
6	3월 10일	6교시		1	1	1									
7		7교시	자치활동	1	1	1									
8	3월 17일	6교시					1	1	1						
9		7교시	동아리활동				1	1	1						
10	3월 24일	6교시	학교폭력예방교육	1	1	1									
11		7교시	동아리활동				1	1	1						
12		6교시	봉사활동 소양교육							1	1	1			

▲ [창의적체험활동] 시트 입력 예시

6 [시간표] 시트 내용을 입력합니다.

	A	B	C	D	E	F	G	H	I
1	순번	교사성명	요일교시 ❶	학년과목(반)	요일	교시 ❷	학년	반	과목
2	1	도명은	월1	1학년 국어(9)	월	1	1	9	국어
3	2	도명은	월2	1학년 국어(10)	월	2	1	10	국어
4	3	도명은	월4	3학년 국어(7)	월	4	3	7	국어
5	4	도명은	월6	1학년 국어(11)	월	6	1	11	국어
6	5	도명은	월7	3학년 국어(6)	월	7	3	6	국어
7	6	도명은	화3	1학년 국어(9)	화	3	1	9	국어

▲ [시간표] 시트 입력 예시

영역	설명
❶	C열과 D열은 나이스에서 다운로드 받은 파일의 구조입니다. 하나의 수업에 대한 요일, 교시, 학년, 반, 과목에 데이터가 하나의 셀 안에 중첩되어 표시되어있습니다.
❷	요일, 교시, 학년, 반, 과목에 대한 데이터를 각각 하나의 셀에 분리되어 표시되어있습니다.

❶과 ❷를 비교해봅시다. 꼭 위와 같은 이미지의 구조로 정리를 하지 않아도 됩니다. 하지만, ❷의 경우가 데이터를 작성하는 표준화된 방법입니다. 이를 정규화하고 합니다. 데이터를 정규화된 형태로 정리하는 것은 데이터 관리와 분석의 효율성을 높이고, 데이터 품질을 유지할 수 있습니다. 이는 단순한 데이터 저장소를 넘어, 구글 시트를 강력한 데이터 관리 및 분석 도구로 활용하는 데 필수적인 단계입니다.

[창의적체험활동] 시트 내용 입력 예시 이미지는 필요한 정보가 행과 열로 구분되어 보기 좋게 잘 정리되어 있지만, 병합된 셀이나 1~3년의 학년 정보가 열 방향으로 중복되어 있습니다. 그래서 C열의 일부 셀에 중첩된 정보가 입력되어 있어서 원하는 형태로 가공이 어렵습니다. 우리가 학교에서 보고나 자료 정리의 목적으로 작성하는 한글 양식의 대부분이 저와 같은 형태입니다. 이러한 방식은 데이터 분석과 관리의 효율성을 저하시킬 수 있습니다. 정규화된 자료를 표의 형태로 정리하는 것이 구글 시트를 활용한 업무 효율화의 첫걸음입니다.

이렇게 정리된 시트는 필요한 사람 누구에게나 권한을 허용하는 절차를 거쳐서 실시간 동기화되어 사용될 수 있습니다.

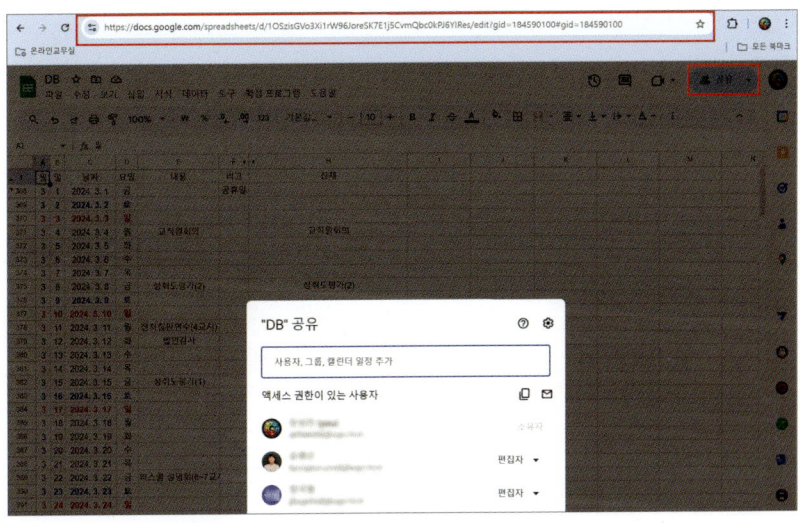

▲ [DB] 스프레드시트 운영 예시

학적, 학사일정, 창의적체험활동이 들어간 구글 시트 파일을 [DB]라는 이름으로 스프레드시트를 생성합니다. 그리고, [공유] 버튼을 눌러서 학적 담당자와 학사일정 및 창의적체험활동 담당자를 편집자로 지정합니다.❶

이 시트를 원데이터로 설정하고, 관련 데이터가 필요한 경우 이 시트를 연결해서 작업하는데 필요한 함수가 있습니다.

---

❶ 〈I-1-나-2〉 공유와 보안〉 내용을 참고하세요.

처음 만난 함수 사전 IMPORTRANGE 함수

다른 스프레드시트를 참조하여 데이터를 가져오는 함수

형식: =IMPORTRANGE("스프레드시트 URL", "시트 이름 및 범위")

- **스프레드시트 URL**: 데이터를 가져올 대상 구글 시트의 URL
- **시트 이름 및 범위**: 가져올 데이터가 있는 시트의 이름과 셀 범위를 지정 지정한 범위의 셀에 있는 숫자들의 합을 계산하는 함수

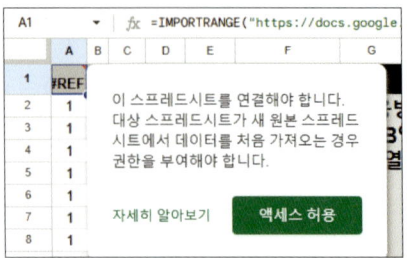

▲ IMPORTRANGE 함수를 처음 입력하는 경우 엑세스 허용 화면

◆ 작동과정
- **권한 요청**: 함수를 처음 사용할 때, 대상 스프레드시트에 접근할 수 있도록 권한을 승인해야 합니다.
- 승인 과정 없이 데이터에 접근할 수 없으며, 권한을 부여하지 않으면 오류가 발생합니다.
- **데이터 가져오기**: 승인된 이후, 지정된 시트와 범위에서 데이터를 가져와 현재 시트에 표시합니다.
- 데이터는 실시간으로 연결되며, 원본 스프레드시트의 데이터가 변경되면 현재 시트에도 업데이트됩니다.

◆ 제한 사항

구분	설명
속도 제한	많은 데이터를 가져오면 로드 시간이 길어질 수 있습니다.
편집 불가	• 가져온 데이터는 편집할 수 없습니다. 데이터가 읽기 전용으로 표시됩니다. • [DB] 스프레드시트에 편집자 권한을 가진 사용자가 편집할 수 있습니다.
권한 필요	• 원본 스프레드시트에 대한 읽기 권한이 없는 경우, 데이터가 표시되지 않습니다.

◆ 오류 메시지

구분	설명
#REF!	권한 승인 문제로 데이터를 가져오지 못할 때 발생합니다.
#VALUE!	잘못된 URL이나 시트 이름/범위를 입력했을 때 발생합니다.
#N/A	가져올 데이터가 없거나 범위를 벗어난 경우 발생합니다.

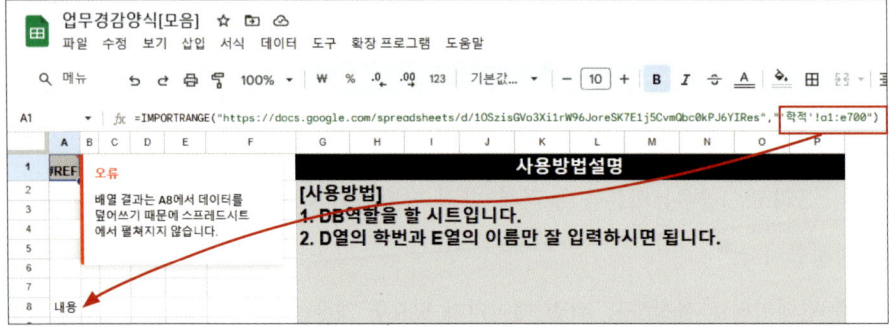

▲ IMPORTRANGE 함수로 가져올 범위에 다른 내용이 입력되어 있을 경우

172 **구글 시트**로 스마트한 학교 만들기

이제, IMPORTRANGE함수에 대한 이해와 함께 [DB] 시트를 사용할 준비를 합니다. 아래 『업무경감 양식(모음) 템플릿』을 사본으로 복사해서 준비해봅시다. 이 템플릿은 학교 단위로 한 분만 만들어서 구성원들과 함께 사용하시는 목적입니다.

◆ 템플릿을 구성하고 있는 시트목록
- 명렬표 자동갱신
- 단표 자동갱신
- 각종 양식 갱신
- 학적 업로드
- 창의적체험활동과 학사일정 업로드
- 시간표 업로드

joo.is/업무경감양식모음
▲ 업무경감양식(모음) 템플릿

2) 데이터베이스 연결

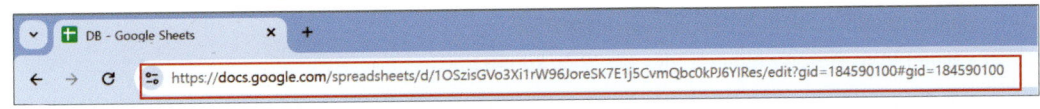

▲ [DB]스프레드시트의 URL

학교의 데이터를 넣고 만들어둔 [DB] 스프레드시트의 URL을 -> 사용합니다. 해당 스프레드시트를 [학적], [교직원부], [학사일정], [창의적체험활동] 시트로 구성하셨다면 각각의 담당자가 각각의 시트에 편집권한을 가지고 최신화해서 유지 -> 관리할 수 있습니다.

- URL에서 중요한 부분은 d/ 다음에 오는 문서 ID , 1OSzisGVo3Xi1rW96JoreSK7E1j5CvmQbc0kPJ6YIRes입니다.
- edit#gid=의 뒷부분은 주로 현재 열려 있는 시트의 ID를 나타내지만, IMPORTRANGE 함수에서는 이 부분이 크게 중요하지 않습니다.

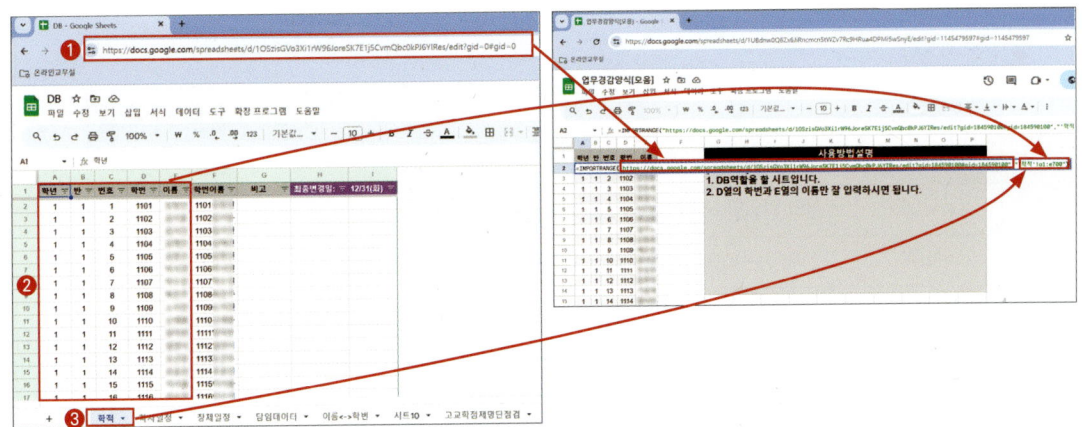

▲ 업무경감양식(모음) 템플릿에 [DB] 스프레드시트의 [학적] 시트 연결하기

영역	설명
❶	[DB] 스프레드시트의 URL을 복사해서 IMPORTRANGE 함수의 첫 번째 구성요소 란에 입력합니다. 이때 주의할 점은 URL을 큰따옴표("")안에 입력해야 합니다.
❷	IMPORTRANGE의 두 번째 구성요소에서 [학적] 시트의 이름을 작은따옴표('') 안에 넣고 느낌표(!)를 입력합니다.
❸	이어서 [학적] 시트의 필요한 정보가 입력된 영역의 범위(a1:e700)를 입력하고 그 내용을 모두 큰따옴표("")로 감쌉니다.

이렇게 수식으로 연결해두면, 각각의 담당자가 각각의 시트에 편집하는 내용은 [학적] 시트의 데이터를 사용하는 다른 모든 시트에 실시간으로 반영됩니다.

처음 만난 함수 사전 FILTER 함수

입력된 조건을 기반으로 범위를 필터링하는 함수

형식:=FILTER(데이터 범위, 조건1, [조건2], …)

- **데이터 범위:** 필터링할 데이터가 있는 셀 범위를 지정합니다.
- **조건:** 데이터를 필터링할 기준을 지정합니다. 하나 이상의 조건을 추가할 수 있습니다.

◆ **작동방식**
- **조건에 따른 데이터 필터링:** 주어진 데이터 범위에서 조건을 만족하는 값만 추출하여 결과로 반환합니다.
- **동적 업데이트:** 원본 데이터가 변경되면 필터링 된 결과도 실시간으로 업데이트됩니다.
- **다중 조건:** 여러 조건을 추가하여 복잡한 필터링을 수행할 수 있습니다.

◆ **제한 사항**

구분	설명
결과가 없을 경우	조건을 만족하는 데이터가 없으면, #N/A 오류를 반환합니다. 필요하면 IFERROR함수를 함께 사용하여 오류 메시지를 대체할 수 있습니다.
다른 데이터와 충돌	FILTER 함수가 결과를 출력할 범위에 다른 데이터가 있으면 #REF! 오류가 발생합니다.
조건의 범위 일치 필요	조건으로 사용되는 셀 범위는 데이터 범위와 크기가 같아야 합니다. 그렇지 않으면 #VALUE! 오류가 발생합니다.

◆ **오류 메시지**

구분	설명
#REF!	결과를 출력할 범위에 다른 데이터가 입력된 경우 발생
#VALUE!	조건의 범위와 데이터 범위 크기가 다를 경우 발생
#N/A	조건에 맞는 데이터가 없거나, 범위가 잘못 지정된 경우 발생

FILTER 함수는 데이터를 조건에 따라 동적으로 필터링하여 분석과 관리에 유용합니다. 조건이 복잡할수록 더 세밀한 필터링이 가능하며, 결과는 실시간으로 업데이트됩니다. 다만, 필터링 된 결과가 출력될 범위와 데이터 조건의 크기를 주의하여 설정해야 합니다.

처음 만난 함수 사전 | INDEX 함수란?

데이터 범위에서 특정 행과 열에 있는 값을 반환하는 함수

형식: =INDEX(데이터 범위, 행 번호, [열 번호])

- **데이터 범위:** 데이터를 찾을 범위를 지정합니다.
- **행 번호:** 반환할 값이 위치한 행 번호를 지정합니다.
- **열 번호(선택):** 2차원 데이터에서 반환할 값이 위치한 열 번호를 지정합니다. 열 번호를 생략하면 기본적으로 첫 번째 열이 선택됩니다.

◆ 작동방식
- **단일 범위에서 데이터 추출:** 지정된 행 번호에 있는 값을 반환합니다.
- **2차원 범위에서 데이터 추출:** 지정된 행 번호와 열 번호에 있는 값을 반환합니다.
- **동적 데이터 관리:** 행 번호와 열 번호를 다른 셀의 값으로 지정하면, 동적으로 데이터를 추출할 수 있습니다.

◆ 제한 사항

구분	설명
범위를 벗어난 행/열 번호	행 번호나 열 번호가 데이터 범위를 벗어나면 #REF! 오류가 발생합니다.
빈 데이터 처리	지정된 위치에 데이터가 없으면 빈 셀이 반환됩니다.
정확한 데이터 범위 지정 필요	잘못된 데이터 범위를 지정하면 결과가 예상과 다를 수 있습니다.

◆ 오류 메시지

구분	설명
#REF!	지정된 행/열 번호가 데이터 범위를 초과할 경우 발생
#VALUE!	잘못된 인수를 입력하거나, 데이터 형식이 올바르지 않을 경우 발생

INDEX 함수는 지정된 데이터 범위에서 특정 위치에 있는 값을 반환하는 강력한 도구입니다. 특히, 다른 함수와 함께 사용하여 동적으로 데이터를 검색하거나 분석할 때 유용합니다. 사용 시 범위와 인덱스(행/열 번호)를 정확히 설정하면 데이터를 효율적으로 추출할 수 있습니다.

처음 만난 함수 사전 | MATCH 함수란?

지정된 검색 범위에서 "찾을 값"이 위치한 인덱스 번호(순서)를 반환

형식: =MATCH(찾을 값, 검색 범위, [일치 유형])

- **찾을 값**: 검색할 데이터 또는 기준값입니다.
- **검색 범위**: 값을 찾을 대상이 되는 셀 범위입니다.
- 일치 유형 (선택)

구분	설명
1(기본값)	찾을 값보다 작거나 같은 가장 큰 값을 반환
0	정확히 일치하는 값을 찾습니다.
-1	찾을 값보다 크거나 같은 가장 작은 값을 반환

◆ 작동방식
- **정확한 일치 값 검색 (일치 유형: 0)**: 검색 범위에서 찾을 값이 위치한 정확한 인덱스 번호를 반환합니다.
- **사치 검색 (일치 유형: 1 또는 -1)**: 찾을 값보다 작거나 같은 값(1) 또는 찾을 값보다 크거나 같은 값(-1)을 반환합니다.
- **검색 방향**: 검색 범위는 왼쪽에서 오른쪽, 또는 위에서 아래로 검색합니다.

◆ 제한 사항

구분	설명
일치 유형에 따른 정렬 필요	근사치 검색(1 또는 -1)을 사용할 경우, 검색 범위가 올바르게 정렬되지 않으면 잘못된 결과를 반환
찾을 값이 없을 경우	값이 검색 범위에 없으면 #N/A 오류가 발생

◆ 오류 메시지

구분	설명
#N/A	찾을 값이 검색 범위에 없거나, 일치 유형에 따른 조건을 만족하지 않을 때 발생
#VALUE!	잘못된 데이터 형식을 입력했을 때 발생

MATCH 함수는 지정된 범위에서 찾고자 하는 값의 위치(인덱스 번호)를 반환하는 매우 유용한 함수입니다. 특히, INDEX 함수와 결합하면 특정 위치의 값을 동적으로 검색할 수 있어 강력한 데이터 조회 도구로 활용됩니다. 사용 시 정렬 상태와 값의 조건을 확인하면 더욱 정확한 결과를 얻을 수 있습니다.

3) 조회 시트 자동화

가) [명렬표작성 및 출력] 시트 자동화하기

사용자가 명렬표가 필요해서 공유된 『업무경감양식(모음) 템플릿』에 접속하면 학년, 반을 입력하여 최신 학적이 반영된 명렬표를 출력할 수 있도록 만들어봅시다.

▲ 업무경감양식(모음) 템플릿에 [명렬표조회및출력] 시트

B6 셀과 D6 셀에는 학년(❶)과 반(❷)을 입력합니다. 사용자가 이 셀의 값을 바꾸면 B9 셀에 해당 학년반 학생의 명렬표(❸)와 담임선생님의 성함(❹)이 자동으로 완성되는 수식을 만들어보겠습니다.

영역	설명
❶	사용자가 직접 학년을 입력합니다.
❷	사용자가 직접 반을 입력합니다.
❸	• ❶, ❷에서 입력된 학년 반에 해당하는 학생들을 [명렬표] 시트에서 불러오는 수식이 입력합니다. 　`B9 수식` =FILTER('명렬표'!$E$2:$E, '명렬표'!A2:A=$B$6, '명렬표'!B2:B=$D$6) <table><tr><th>수식</th><th>결과</th></tr><tr><td>'명렬표'!$E$2:$E</td><td>• 필터링 결과로 추출하려는 데이터 범위 • 여기서는 [명렬표] 시트의 E2부터 마지막 행까지의 데이터를 필터링하여 반환</td></tr><tr><td>'명렬표'!A2:A=$B$6</td><td>• 첫 번째 필터 조건 • [명렬표] 시트의 A2:A 범위에서 $B$6 셀(학년)과 같은 값을 가진 행만 선택</td></tr><tr><td>'명렬표'!B2:B=$D$6</td><td>• 두 번째 필터 조건 • [명렬표] 시트의 B2:B 범위에서 $D$6셀(반)과 같은 값을 가진 행만 선택</td></tr></table>

- ❶, ❷에서 입력된 학년 반에 해당하는 담임선생님 성함을 불러오는 수식을 입력합니다.

  수식 =INDEX('교직원부'!$C$2:$C,MATCH(1,('교직원부'!$D$2:$D=B6)*('교직원부'!$E$2:$E=D6),0),1)

❶ '교직원부'!$C$2:$C: [교직원부] 시트에서 C열의 2행부터 끝까지 데이터 범위는 반환하고자 하는 값이 위치한 범위입니다. INDEX 함수로 이 범위에서 값을 가져옵니다.

❷ MATCH(1,('교직원부'!$D$2:$D=B6)*('교직원부'!$E$2:$E=D6),0) MATCH 함수로 조건을 기반으로 조건을 만족하는 행 번호를 찾는 역할을 합니다.

❹ ◀ 업무경감양식(모음) 템플릿에 [교직원부] 시트에서 수식의 범위

수식	결과
('교직원부'!$D$2:$D=B6)	• '교직원부' 시트에서 D열의 값들이 B6셀의 값(❶)과 같은지 비교 • 결과는 TRUE(1) 또는 FALSE(0)의 **배열**로 반환 (TRUE(1) 조건인 부분은 위 이미지에서 D열에 보라색 음영 처리되어있습니다.)
('교직원부'!$E$2:$E=D6)	• '교직원부' 시트에서 E열의 값들이 D6셀의 값(❷)과 같은지 비교 • 비교 결과 역시 TRUE(1) 또는 FALSE(0)의 **배열**로 반환 (TRUE(1) 조건인 부분은 위 이미지에서 E열에 빨간색 음영 처리되어있습니다.)
('교직원부'!$D$2:$D=B6) ('교직원부'!$E$2:$E=D6)	• 두 조건이 모두 TRUE(1)일 때만 1을 반환 • 하나라도 FALSE(0)인 경우 0을 반환

MATCH(1,…,0)	• 위의 조건 배열에서 값이 1인 첫 번째 위치를 찾음
	  1: 조건을 만족하는 행을 의미
	  0: 정확히 일치하는 값만 검색

❸ INDEX('교직원부'!$C$2:$C,…,1)
MATCH에서 반환된 위치를 사용하여 '교직원부'!$C$2:$C 범위에서 해당 위치의 값을 가져옵니다.
수식은 '교직원부' 시트에서 B6(❶)과 D6(❷)의 조건을 동시에 만족하는 행의 C열(성명) 값을 반환합니다.

TIP 배열

◆ **배열이란?**

배열(Array)은 여러 값이나 데이터 그룹을 한 번에 처리할 수 있는 데이터 구조를 말합니다. 배열은 행(ROW) 또는 열(COLUMN)로 구성되며, 단일 값이 아닌 여러 값의 집합으로 작업할 수 있게 합니다. 배열은 1차원 배열(단일 행/열) 또는 2차원 배열(행과 열이 함께 있는 표 형태)로 표현됩니다.

◆ **배열의 구조**

구분	설명
1차원 배열	• 한 방향(행 또는 열)으로 나열된 값의 집합 • 쉼표(,): 열을 나타냄 (수평 방향) • 세미콜론(;): 행을 나타냄 (수직 방향)
2차원 배열	• 여러 행과 열로 구성된 값의 집합 　예 {1, 2, 3; 4, 5, 6; 7, 8, 9} 　여기서 {}는 배열을 표시하는 기호이며, 값이 행과 열로 나누어져 있음

◆ **배열을 지원하는 주요 함수**

구분	설명
ARRAYFORMULA	• 배열을 처리하거나, 수식의 결과를 배열로 반환 　예 ARRAYFORMULA(A1:A10 * 2) → A1:A10의 값을 각각 2배로 계산 　예 ARRAYFORMULA(A1:A5 * B1:B5) → A1:A5와 B1:B5 범위의 각 값끼리 곱하여 결과를 배열로 반환
FILTER	• 조건을 만족하는 값을 배열로 반환 　예 FILTER(A1:A10, B1:B10 > 5) → B1:B10에서 5보다 큰 값에 해당하는 A열 값을 반환
IMPORTRANGE	• 지정된 범위를 배열로 반환
INDEX	• 배열에서 특정 위치의 값을 반환
MATCH	• 배열에서 값의 위치를 반환
TRANSPOSE	• 배열의 행과 열을 바꿔 반환

◆ **배열의 장점**

- 효율성: 한 번의 수식으로 여러 값을 동시에 처리 가능
- 동적 계산: 원본 데이터가 변경되면 배열 결과도 자동으로 업데이트
- 조건 처리: 특정 조건에 따라 데이터를 필터링하거나 계산 가능
- 대량 데이터 처리: 반복 작업 없이 다수의 데이터를 한 번에 계산 가능

◆ **배열 사용의 제한점**
- 복잡한 계산: 배열 수식은 초보자에게 복잡하게 느껴질 수 있음
- 결과 충돌: 배열 결과를 출력할 셀이 이미 데이터로 채워져 있으면 오류 발생

이처럼 배열은 여러 값을 동시에 처리하거나 결과를 반환하기 위한 도구입니다. 일반 수식은 한번 입력으로 하나의 결과를 얻었지만, 이 장에서 다루었던 함수들은 한번 입력으로 여러 값을 동시에 처리할 수 있는 배열 수식입니다. 배열 수식은 반복 작업을 줄이고 데이터 분석을 동적으로 수행하는 데 유용합니다. 배열은 효율성과 자동화를 제공하지만, 사용 시 데이터 구조와 충돌 오류를 주의해야 합니다. 배열을 이해하고 활용하면 데이터 작업이 훨씬 더 강력하고 효율적으로 이루어질 수 있습니다!

나) [명렬표작성 및 출력] 시트 자동화하기

사용자가 공유된 『업무경감양식(모음) 템플릿』에 접속하면 학년, 반을 입력하여 최신 학적이 반영된 단표를 출력할 수 있도록 만들어봅시다.

▲ 업무경감양식(모음) 템플릿에 [단표조회및출력] 시트

L1 셀(❶)에는 학년이 입력합니다. 해당 셀을 참조하여 해당 학년 단표의 제목과 담임선생님 그리고 학생명단이 자동으로 완성되도록 수식을 만들어보겠습니다.

영역	설명
❶	• 사용자가 직접 학년을 입력합니다.
❷	• 텍스트와 L1 셀(학년 숫자)를 연산자(&)로 연결하여 수식으로 단표의 제목을 완성합니다. 필요에 따라 문장을 수정합니다. `C3  fx =$L$1&"-"&column(A1)` 2024학년도 학생명렬표(1학년)

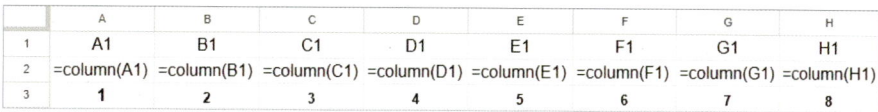

- L1 셀에 입력된 1과 텍스트("-")와 COLUMN(A1)의 결과 1이 결합되어 1-1(학년-반) 텍스트를 완성합니다.

> **처음 만난 함수 사전** COLUMN 함수란?
>
> 지정된 셀 또는 셀 범위의 열 번호(순서)를 반환하는 함수
>
> 형식: =COLUMN([참조])
>
> - 참조 (선택 항목): 열 번호를 확인할 셀이나 범위입니다.
> - 이 값을 생략하면 COLUMN 함수가 입력된 셀의 열 번호를 반환합니다.
> - 숫자 1, 숫자 2: 합계를 계산할 숫자나 범위. 여러 개의 셀, 범위, 상수를 사용할 수 있습니다

❸
- 제공된 템플릿에는 C3 셀에 수식을 입력하고 C3가 선택되었을 때 파란색 네모의 오른쪽 아래 동그란 점을 클릭한 후 J열까지 드래그하여 3행을 완성합니다

	A	B	C	D	E	F	G	H
1	A1	B1	C1	D1	E1	F1	G1	H1
2	=column(A1)	=column(B1)	=column(C1)	=column(D1)	=column(E1)	=column(F1)	=column(G1)	=column(H1)
3	1	2	3	4	5	6	7	8

- 절대 참조된 $L$1 셀은 드래그할 때에 수식이 바뀌지 않지만, COLUMN 함수 안쪽에 있는 A1은 상대 참조되어있어서 열 방향으로 드래그할 때 열 번호가 따라서 바뀝니다.
- C3 셀에 입력한 수식을 드래그하여 비교적 간편하게 L1 셀의 값에 따라 변하는 동적 수식을 만들기는 하였지만, 드래그해서 완성하는 작업의 한 단계를 줄여보도록 하겠습니다. 이전 장에서 배운 배열 수식을 이용하여 수식을 업그레이드해 보겠습니다.

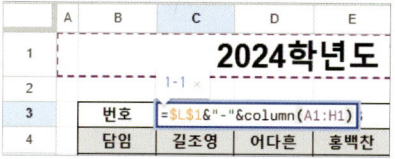

`C3 수식` =ARRAYFORMULA($L$1&"-"&COLUMN(A1:H1))

- ARRAYFORMULA 라고 직접 입력해도 되지만, 위 이미지처럼 COLUMN(A1:H1)이라고 입력값을 변경해주고 단축키 `Ctrl` + `Shift` + `Enter` 을 누르면 배열 수식이 자동으로 완성됩니다.

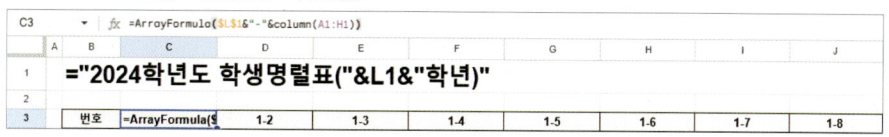

❹

C4 수식 =IFERROR(INDEX('교직원부'!$C$2:$C,MATCH(1,('교직원부'!$D$2:$D=$L$1)*('교직원부'!$E$2:$E=COLUMN(A1)),0),1),"")

- 이 수식은 C3 셀의 '학년-반'에 해당하는 담임선생님 값을 불러오는 수식입니다.
- 추가로 IFERROR 함수를 이용해서 INDEX 함수가 에러가 발생했을 경우 공란으로 처리합니다.
- C4에 완성된 수식을 J열까지 드래그해서 단표양식의 4행을 완성합니다.

❺

C5 수식 =IFERROR(INDEX('명렬표'!$E$2:$E,MATCH(1,('명렬표'!$A$2:$A=$L$1)*('명렬표'!$B$2:$B=COLUMN(A1))*('명렬표'!$C$2:$C=ROW(A1)),0),1),"")

- 이 수식도 ❹에서 [교직원부] 시트에서 담임선생님을 불러오는 수식과 구조가 똑같습니다. 다만, MATCH 함수의 조건이 3개가 사용되었습니다.

수식	결과
('명렬표'!$A$2:$A=$L$1)	학년이 L1 셀이면서
('명렬표'!$B$2:$B=COLUMN(A1))	반이 COLUMN(A1)=1이면서
('명렬표'!$C$2:$C=ROW(A1))	번호가 ROW(A1)=1인 결과를
'명렬표'!$E$2:$E	해당 범위에서 찾아 반환하라는 함수

- 절대 참조된 $L$1 (학년)값과 상대 참조된 반과 번호 수식의 의미를 다시 한번 상기해 보시기 바랍니다.

> **처음 만난 함수 사전** ROW 함수란?
>
> 지정된 셀 또는 셀 범위의 행 번호(순서)를 반환하는 함수
>
> 형식: = ROW([참조])
>
> - 참조 (선택 항목): 행 번호를 확인할 셀이나 범위입니다.
> - 이 값을 생략하면 ROW 함수가 입력된 셀의 행 번호를 반환합니다.

- 추가로 IFERROR 함수를 이용해서 INDEX 함수가 에러가 발생했을 경우(해당 학년 반 번호 학생이 없는 경우) 공란으로 처리합니다.
- C4에 완성된 수식을 J열까지 드래그 후, 원하는 행까지 다시 한번 드래그해서 단표 양식을 완성합니다.

❻

J36 수식 =30-COUNTBLANK(J5:J34)

- ❺의 결과로 공란은 배정된 학생이 학적변동이 생겨서 없는 경우이므로 명렬표에서 인원 계산할 때 제외합니다.
- COUNTBLANK 함수를 이용해서 선택한 범위(J5:J34)에서 공란의 개수를 세고, 30에서 빼주면 원하는 인원수가 나옵니다.

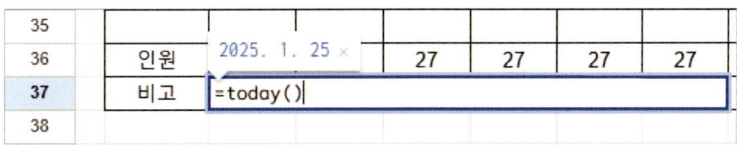

- 학적 담당자 선생님께서 [DB] 스프레드시트 파일에 최신 학적을 유지하고 있다면 출력하는 당시 최신 학적 현황이 반영된 단표를 조회 및 출력할 수 있습니다.
- 37행의 비고란에는 TODAY 함수가 구글 시트에 설정한 시간 기준으로 당일 날짜를 표시합니다.
- [파일]-[설정]에서 언어와 시간대를 설정할 수 있습니다.

❼

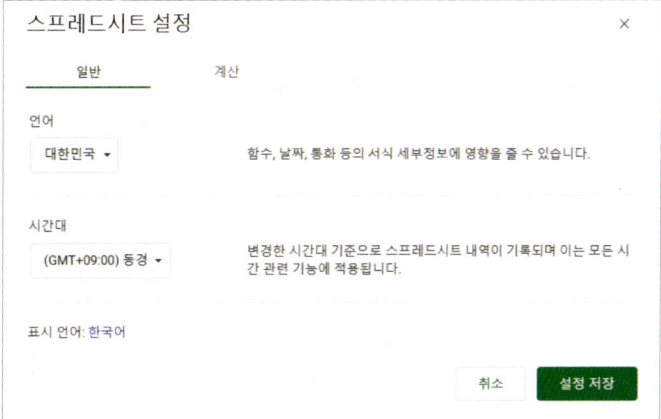

- TEXT 함수를 이용해서 TODAY 함수를 이용해서 표시되는 날짜를 원하는 형태로 바꿀 수 있습니다.

처음 만난 함수 사전 | TEXT 함수란?

숫자, 날짜, 시간 등의 값을 지정된 형식으로 변환하여 텍스트로 표시하는 함수

=TEXT(값, "형식")

- **값**: 변환하려는 숫자, 날짜, 또는 시간 데이터
- **형식**: 표시할 형식을 큰따옴표("")로 감싼 텍스트

패턴	설명	예시(2025년3월4일)
yyyy	연도를 네 자리로 표시	2025
yy	연도를 두 자리로 표시	25
mmmm	월의 전체 이름 영어표시	March
mmm	월의 축약형 영어표시	Mar
mm	월을 두 자리 숫자로 표시	03
m	월을 한 자리 숫자로 표시(필요시)	3
dddd	요일의 전체 이름 영어표시	Tuesday
ddd	요일의 축약형 영어표시	Tue
dd	일을 두 자리 숫자로 표시	04
d	일을 한 자리 숫자로 표시(필요시)	4

◆ 날짜 형식 예시

설명	결과
=TEXT(TODAY(),"yyyy-mm-dd")	2025-03-04
=TEXT(TODAY(),"mmmm d, yyyy")	March 04, 2025
=TEXT(TODAY(),"ddd, mmm dd")	Tue, Mar 25
=TEXT(TODAY(),"m/d/yyyy")	3/04/2025
=TEXT(TODAY(),"dddd, dd-mmm-yyyy")	Tuesday, 04-March-2025
=TEXT(TODAY(),"yyyy년 m월 d일")	2025년 3월 04일
=TEXT(TODAY(),"yyyy년 m월 d일 (dddd)")	2025년 3월 04일 (토요일)
=TEXT(A10,"yyyy년 제"&ISOWEEKNUM(A10)&"주")	2025년 제10주
=TEXT(NOW(),"yyyy-mm-dd h:mm AM/PM")	2025-03-04 12:00 AM

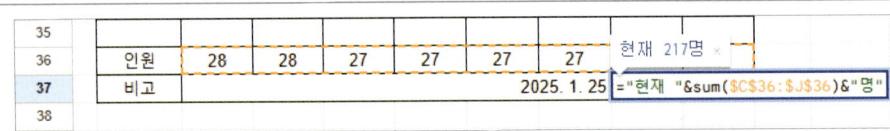

❽ **I37 수식** ="현재 "&SUM($C$36:$J$36)&"명"

- 36행에 계산된 이름이 들어간 비어있지 않은 셀의 개수(학생수)를 모두 더하여 현재시간 기준으로 학년 (L1 셀) 전체의 인원수를 나타내는 수식을 완성합니다.
- "현재"라고 입력된 텍스트의 마지막에 띄어쓰기를 포함합니다. 큰따옴표("") 안에 들어가는 입력값은 모두 텍스트로 간주하여 반영합니다.

이제, L1의 값을 바꿔 입력해 볼까요? 최신화된 각각의 학년 명렬표를 조회하고 출력할 수 있습니다.

다) [학력평가 응시현황표] 시트 자동화하기

모의고사를 볼 때마다 제공되는 새 양식에 우리 반 학생들의 명렬표를 복사해 붙이던 노동을 자동화해 봅시다.

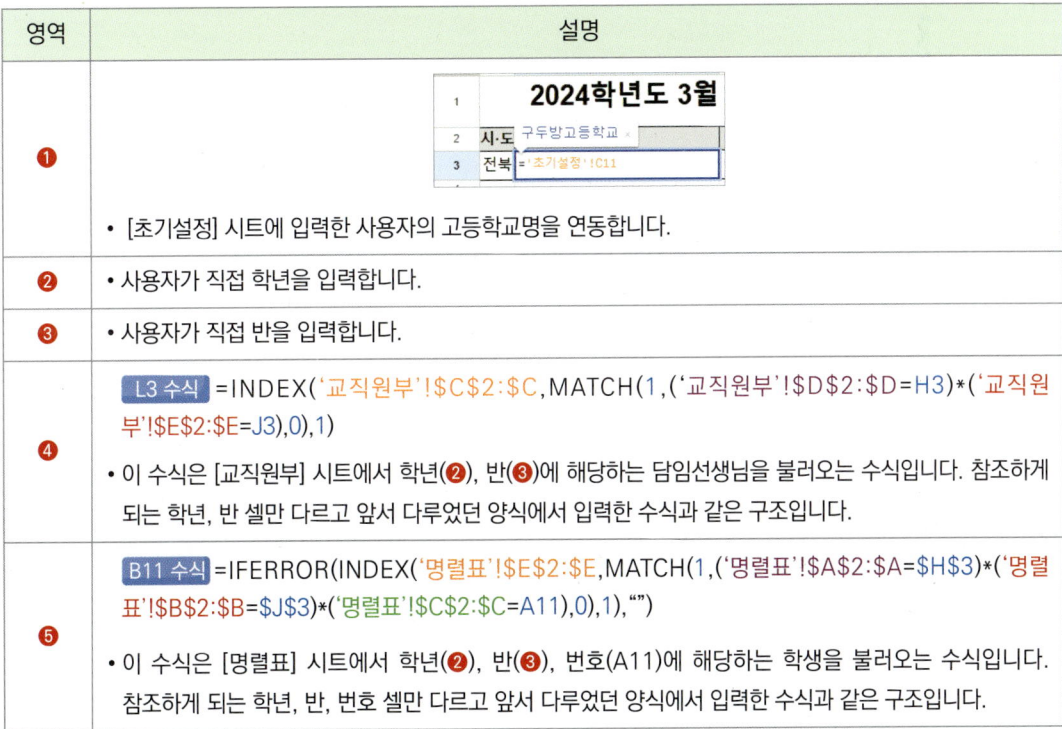

▲ 업무경감양식(모음) 템플릿의 [학력평가 응시현황표] 시트

영역	설명
❶	• [초기설정] 시트에 입력한 사용자의 고등학교명을 연동합니다.
❷	• 사용자가 직접 학년을 입력합니다.
❸	• 사용자가 직접 반을 입력합니다.
❹	L3 수식 =INDEX('교직원부'!$C$2:$C,MATCH(1,('교직원부'!$D$2:$D=H3)*('교직원부'!$E$2:$E=J3),0),1) • 이 수식은 [교직원부] 시트에서 학년(❷), 반(❸)에 해당하는 담임선생님을 불러오는 수식입니다. 참조하게 되는 학년, 반 셀만 다르고 앞서 다루었던 양식에서 입력한 수식과 같은 구조입니다.
❺	B11 수식 =IFERROR(INDEX('명렬표'!$E$2:$E,MATCH(1,('명렬표'!$A$2:$A=$H$3)*('명렬표'!$B$2:$B=$J$3)*('명렬표'!$C$2:$C=A11),0),1),"") • 이 수식은 [명렬표] 시트에서 학년(❷), 반(❸), 번호(A11)에 해당하는 학생을 불러오는 수식입니다. 참조하게 되는 학년, 반, 번호 셀만 다르고 앞서 다루었던 양식에서 입력한 수식과 같은 구조입니다.

학교에서 운영되는 창의적체험활동 중 학급별 봉사활동 양식도 작성할 수 있는 양식입니다.

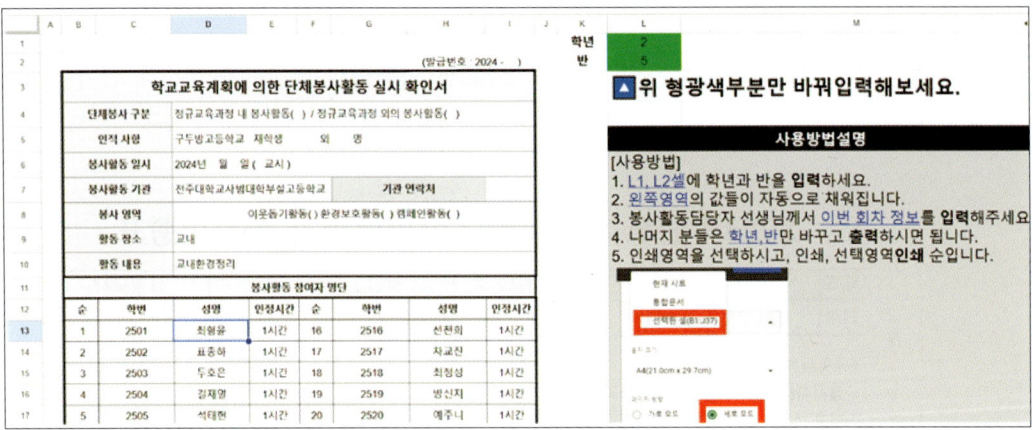

▲ 업무경감양식(모음) 템플릿에 [봉사활동실시확인서] 시트

　　같은 양식에 다수의 학급 담임선생님께서 똑같이 반복하는 작업은 이 템플릿 세팅으로 자동화합니다. 담당자의 갱신은 실시간으로 적용되며 모든 양식에 반영되는 학적 정보가 최신화합니다. 선생님 학교에서 사용하는 또 다른 양식이 있다면 구글 시트로 변형하고 자동화에 한 번 도전해 보실까요!

② 구글 시트 업무 효율화

가. 업무 관리

1) 학년 업무 관리하기

다년간 학년 부장으로 있으면서 기존의 체계가 매우 비효율적이라는 생각을 하게 되는 순간이 많았습니다. 학년 행사 일정이나 날짜 변경과 같은 사안이 생기면, 이와 관련한 문의는 최소 3번 이상이고, 전담 시간 조정을 동반하기에 1년 내내 신경 쓸 수밖에 없습니다.

공용 물품이나 학년 도서를 돌려쓰는 상황에서도 "언제 사용하겠다. 변경하겠다. 다 쓰면 어느 반으로 보내야 하느냐? 감사하다." 등 수없이 많은 메시지가 오갑니다. 그러다 보면 정작 중요한 메시지는 이미 사라진 지 오래죠. 그러면 나중에 중요한 내용에 대해 다시 물어보는 메시지가 올라옵니다. 그렇게 1년 내내 정신이 없습니다.

반별로 간단하게 조사해서 제출해야 하는 것도 마찬가지입니다. 예를 들어 반별 학급 특색을 모아서 제출하라는 명이 떨어진 상황에서 "메시지로 보내주세요." 하는 순간 10개의 메시지가 쌓이는 건 순간입니다. 하지만 업무의 주축이 되는 학년 구글 시트 템플릿을 제작하고 활용하면 링크 하나로 연결되고, 순식간에 정리가 됩니다.

메시지와 관련 문서를 1/10로 축소하는 효과를 통해 시간적 여유를 얻는 방법을 선생님들도 직접 경험해 보시기 바랍니다.

학년 업무 효율화 효과

▶ **일정 중앙화 및 공유**: 학급별, 학년별, 부서별 행사 일정을 한 시트에 통합하여 모든 교사가 동일한 데이터를 확인할 수 있습니다. 이를 통해 일정의 중복이나 누락을 방지하고, 계획을 체계적으로 관리할 수 있습니다.

▶ **실시간 협업 가능**: 여러 사용자가 동시에 접속하여 행사 계획을 수정하거나 업데이트할 수 있어, 회의나 이메일 주고받는 번거로움을 줄이고 의사소통을 간소화합니다.

▶ **자동 알림 및 마감 관리**: 특정 일자에 맞춰 마감일을 강조하는 조건부 서식을 사용하여 중요한 일정을 효과적으로 관리할 수 있습니다.

▶ **업무 할당 및 역할 분담**: 특정 행사에 담당자를 지정하고, 담당자별 체크리스트를 드롭다운 메뉴나 체크박스로 관리할 수 있습니다.

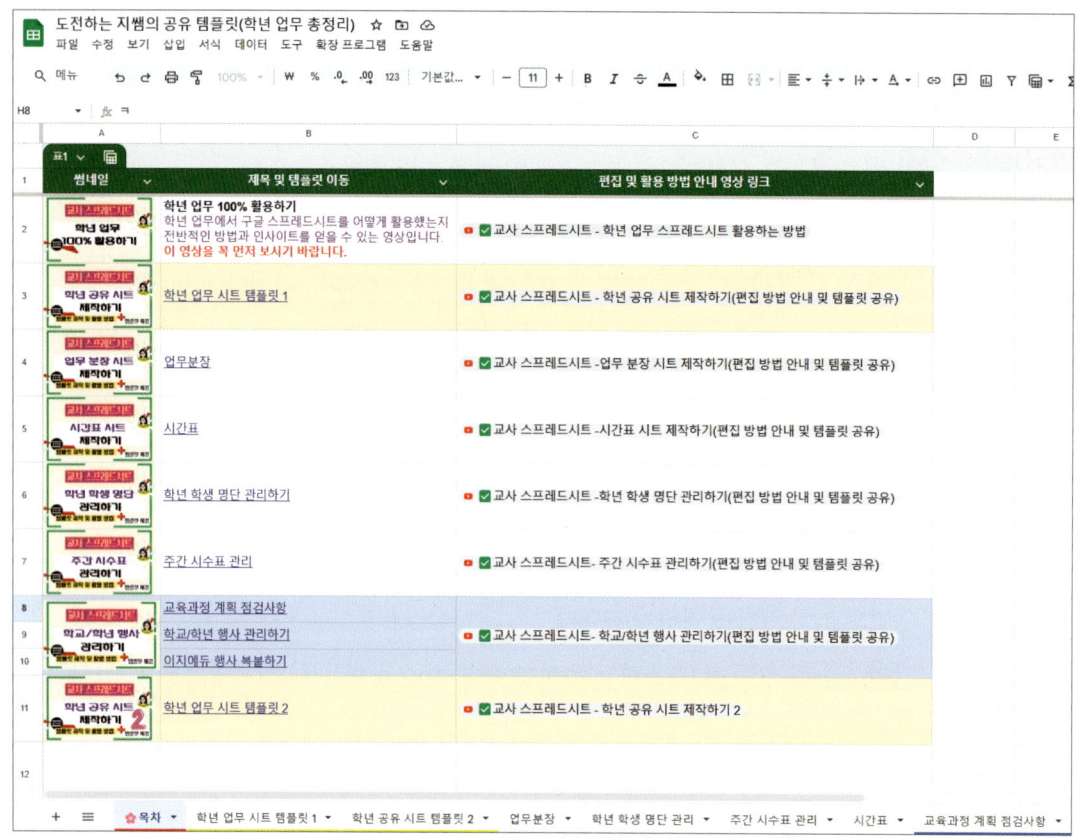

▲ 학년 업무 총정리 템플릿

2월 말부터 3월까지는 학년 부장이 눈코 뜰 새 없이 바쁜 시기입니다. 4년 전, 열 반의 학년 부장이 되었고 생존을 위해 제작하여 활용했던 템플릿입니다. 이제는 학기 초 준비기간이 더는 두렵지 않습니다. 이 템플릿을 활용하면 학년 업무를 효율적으로 진행할 수 있다는 확신이 있기 때문입니다.

책을 집필하면서 그동안 개별적으로 공유했던 활용 자료를 『학년 업무 총정리 템플릿』하나로 정리하여 공유합니다.

그러면 시트별 핵심 기능 중심으로 간단히 설명하겠습니다. 템플릿을 복사하여 시트별로 핵심 기능을 확인하며 따라오세요. 자세한 편집 방법은 영상을 참고하시기 바랍니다.

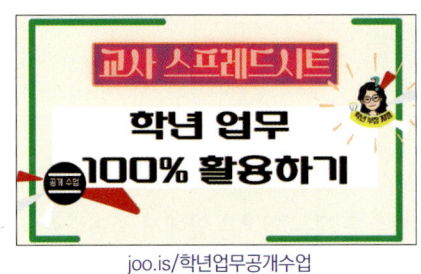
joo.is/학년업무공개수업
▲ 학년 업무 영상 재생 목록

joo.is/학년업무총정리
▲ 학년 업무 총정리 템플릿

가) '학년 업무 시트 템플릿 **1**' 시트

기본 기능	핵심 기능
✓ 체크박스 삽입 ✓ SUM 함수	✓ 조건부 서식(맞춤 수식_하이라이트) ✓ IF 함수

(1) 조건부 서식 응용 (맞춤 수식_하이라이트)

오늘까지 제출해야 하는 것이나, 중요한 전달 사항이 무엇인지 어떻게 하면 효과적으로 전달할 수 있을까요? 다음의 그림과 같이 체크박스를 선택한 항목의 내용이 강조되어 표시되는 방식 어떠신가요?

중요한 내용을 강조하기 위한 시각화 방법을 고민하다가 [체크박스]와 [조건부 서식-맞춤 수식]을 활용하여 적용한 방법입니다.

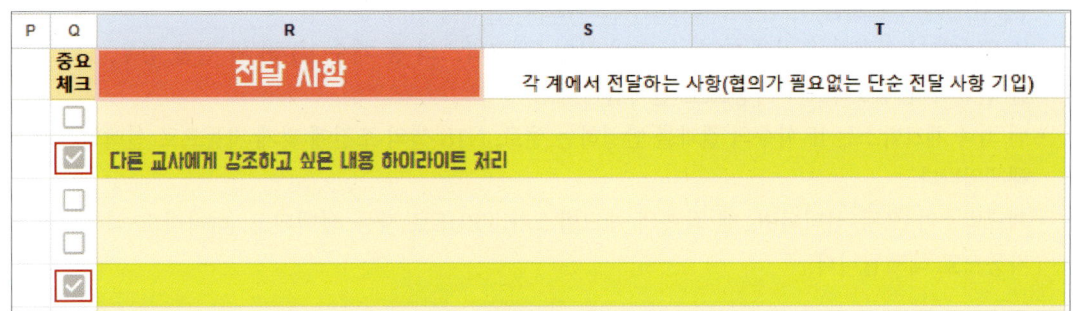
▲ 체크박스 선택 시, 하이라이트 표시 모습

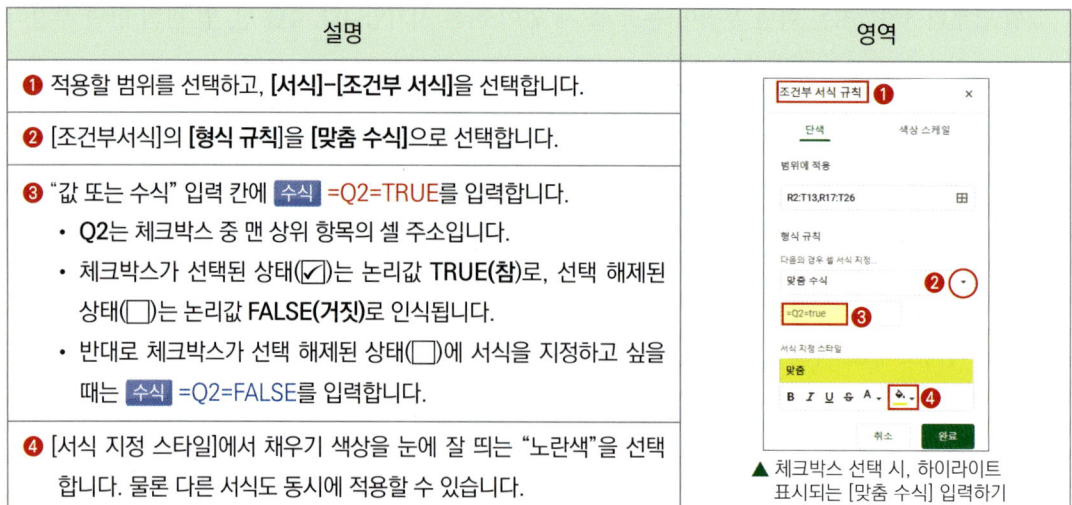

▲ 체크박스 선택 시, 하이라이트 표시되는 [맞춤 수식] 입력하기

(2) IF 함수

COUNTIF 함수를 활용하여 '체크박스의 개수를 세는 것'[1]은 앞에서 설명했습니다. 그런데 모든 반이 완료했다고 체크박스를 표시하면, 자동으로 전체 완료 표시가 뜨도록 할 수 있는 방법은 없을까요?

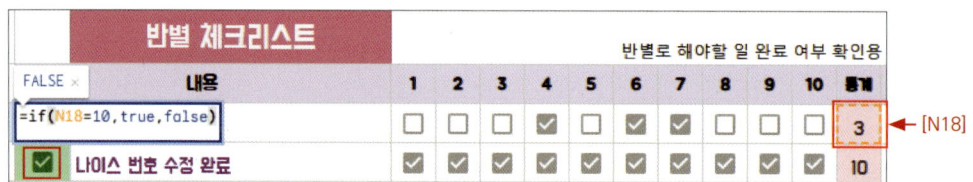

▲ 체크박스 모두 선택 시, 좌측에 자동으로 체크박스가 선택되는 모습

이때, IF 함수를 이용하여 문제를 해결할 수 있습니다.

수식 =IF(N18=10, TRUE, FALSE)

- 함수를 적용할 첫 번째 셀에 이 함수를 입력합니다.
- N18 셀의 값[2]이 10[3]일 경우 TRUE(체크됨)를 반환하고, 그렇지 않으면 FALSE(체크 해제)를 반환합니다.
  - ★ 이때 IF 함수의 결괏값으로 TRUE, FALSE로 반환됩니다. 해당 셀 범위를 선택한 후, 꼭 [삽입]-[체크박스]를 선택하여 형태를 체크박스로 변경해 줘야 합니다.
- IF 함수에서 설정한 조건에 따라, N18의 값이 "체크박스의 총 개수(10개)"와 같을 경우, TRUE를 반환하여 체크박스가 자동으로 선택됩니다.
- 맨 좌측 체크박스는 IF 함수의 결과를 반영하는 셀로, N18 셀의 조건에 맞게 자동으로 선택되거나 해제됩니다.
- 체크박스가 모두 선택되면, 맨 좌측의 체크박스가 TRUE로 자동 선택되고, 하나라도 해제되면 자동으로 해제됩니다.

---

[1] 〈I-2-나-2)-라〉 체크박스 개수 세기_COUNTIF 함수〉의 내용을 참고하세요.
[2] N18 셀은 COUNTIF 함수를 활용하여 '체크박스의 개수'를 센 결괏값이 있는 셀입니다.
[3] 반이 다를 경우에는 반 수에 맞춰서 숫자를 변경합니다.

처음 만난 함수 사전 | IF 함수란?

지정한 범위의 셀에 있는 숫자들의 합을 계산하는 함수

형식: =IF(조건, 참_결과, 거짓_결과)

- 조건: TRUE 또는 FALSE를 반환하는 논리적 테스트
- 참_결과: 조건이 TRUE일 경우 반환할 값
- 거짓_결과: 조건이 FALSE일 경우 반환할 값

◆ 다양한 활용 예시

활용 예시	수식 예시	설명
학생 합격 여부 판별	=IF(B2>=60, "합격", "불합격")	B2 셀의 점수가 60점 이상이면 "합격", 아니면 "불합격"을 반환
출석 여부 확인	=IF(C2="출석", "O", "X")	C2 셀의 값이 "출석"이면 "O", 아니면 "X"를 반환
과제 제출 여부 검사	=IF(D2>0, "제출", "미제출")	D2 셀에 값이 0보다 크면 "제출", 아니면 "미제출"을 반환
성적 등급 부여	=IF(E2>=90, "A", IF(E2>=80, "B", "C"))	E2 점수가 90 이상이면 "A", 80 이상이면 "B", 그 외는 "C"를 반환
결석 여부 검사	=IF(F2="결석", "확인 필요", "정상")	F2가 "결석"이면 "확인 필요", 아니면 "정상"을 반환
학생 평균 점수 검사	=IF(AVERAGE(G2:G10)>=70, "우수", "보통")	G2:G10 범위의 평균 점수가 70 이상이면 "우수", 아니면 "보통"을 반환
출석률 기준 검사	=IF(H2>=90, "우수 출석", "개선 필요")	H2의 출석률이 90% 이상이면 "우수 출석", 아니면 "개선 필요"를 반환
복합 조건 검사	=IF(AND(I2>=60, J2="출석"), "합격", "불합격")	I2 점수가 60 이상이고 J2가 "출석"이면 "합격", 아니면 "불합격"을 반환

◆ IF 함수 사용 팁

활용 예시	공식 예시	설명
중첩 IF 사용	=IF(A1>=90, "A", IF(A1>=80, "B", IF(A1>=70, "C", "F")))	A1의 점수에 따라 A, B, C, F 학점을 부여함
AND와 함께 사용	=IF(AND(B2>=90, C2>=90), "우수", "일반")	국어와 수학 점수가 모두 90점 이상이면 "우수", 아니면 "일반"으로 표시함
OR와 함께 사용	=IF(OR(D2="제출", E2="출석"), "통과", "미통과")	과제 제출 또는 출석 중 하나라도 충족하면 "통과", 둘 다 충족하지 않으면 "미통과"
텍스트와 함께 사용	=IF(F2="출석", "참석 완료", "결석")	F2 셀에 "출석"이 입력되었을 경우 "참석 완료", 아니면 "결석"으로 표시함
숫자와 함께 사용	=IF(G2>=1000000, "목표 달성", "미달성")	G2 셀의 매출이 100만 원 이상일 경우 "목표달성", 그렇지 않으면 "미달성"

나) '학년 업무 시트 템플릿 2' 시트

기본 기능	핵심 기능
✓ 체크박스 삽입 ✓ 데이터 확인(드롭다운)	✓ 조건부 서식(맞춤 수식) 응용

2~3월이 수합과 전달로 바쁜 시기라면 4월 이후부터는 안정기로 들어섭니다. 이때는 1~2주 단위로 활용한 시트를 월 단위로 이용해도 되는 시기이기도 합니다. 그래서 기존의 템플릿을 수정하여 제작하였고, 업무 유형을 드롭다운 버튼❹으로 협의 사항, 체크리스트, 회의 결과, 예산, 건의 사항 등으로 구분하여 확인할 수 있도록 유목화하였습니다.

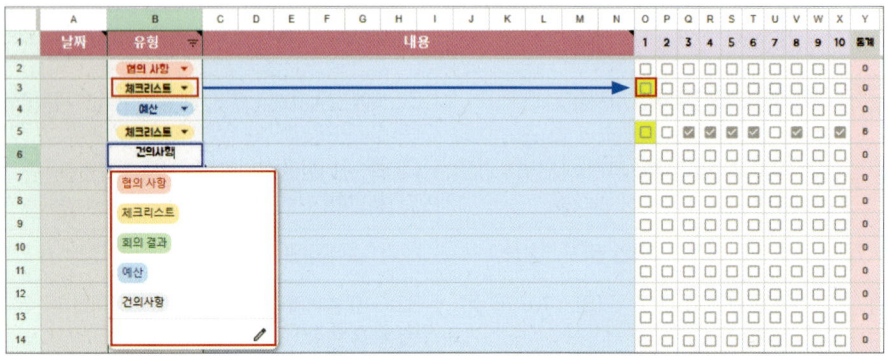

▲ 드롭다운 항목에서 '체크리스트'를 선택되면 하이라이트가 표시되는 모습

그리고 완료 여부를 표시해야 하는 "체크리스트"유형의 경우에는 [조건부 서식]-[맞춤 수식] 수식 =B2="체크리스트"로 하이라이트 처리를 해주면 됩니다

그리고 기존에는 체크박스를 선택하면 하이라이트가 표시되는 방식이었지만, 이제는 해당 날짜가 되면 자동으로 하이라이트가 적용되는 기능을 연구하였습니다.

어떠신가요? 자동으로 정해진 마감일이 되면 하이라이트가 표시되는 기능입니다.

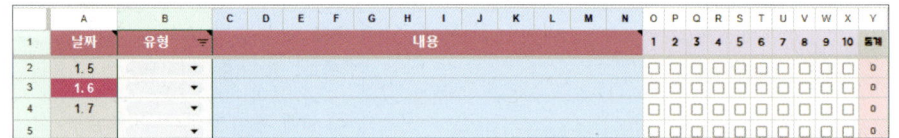

▲ 해당 날짜가 되면, 자동으로 하이라이트가 표시되는 모습

---

❹ 〈Ⅰ-2-나-3)-다〉 드롭다운 메뉴 적용하기〉를 참고해 주세요.

설명	영역
❶ 적용할 범위를 선택하고, **[서식]-[조건부 서식]**을 선택합니다. ❷ [조건부 서식]의 형식 규칙을 **[맞춤 수식]**으로 선택합니다. ❸ "값 또는 수식" 입력 칸에 수식 =today()=A2를 입력합니다. ▶ **TODAY()** 함수는 오늘의 날짜를 자동으로 표시하는 데 사용되는 날짜 함수입니다. ❹ [서식 지정 스타일]에서 채우기 색상을 눈에 잘 띄는 "자홍색"을 선택합니다. 물론 다른 서식도 동시에 적용할 수 있습니다.	 ▲ 당일이 되면, 하이라이트 표시되는 [맞춤 수식] 입력하기

그리고 '학년 업무 시트'로 특별실, 강사 수업, 공용 준비물 활용 시간을 공유하면 더욱 효율적인 운영이 가능합니다. 가장 먼저 활용하는 반이 항목과 반을 입력하면, 다른 반은 해당 시간을 피해 신청하는 방식입니다. 이를 통해 어느 반으로 준비물을 보내야 하는지 별도로 메시지를 주고받을 필요 없이 확인할 수 있으며, 마지막으로 사용한 반이 자연스럽게 반납 및 정리를 담당하게 됩니다.

▲ 특별실, 강사 수업, 준비물 시간표 공유 테이블

다) '업무분장' 시트

기본 기능	핵심 기능
✓ 데이터 확인(드롭다운_범위)	✓ VLOOKUP 함수 ✓ IFERROR 함수

새 학기 반 배정이 시작됨과 동시에 학년 업무분장이 시작됩니다. 반이 많아질수록 서로의 업무를 기억하기란 쉽지 않습니다. 또한 가, 나, 다 정렬을 1, 2, 3반 정렬로 재정리가 필요합니다. 구글 시트에서는 이를 손쉽게 재정리할 수 있습니다. '업무분장' 시트의 활용법을 익혀 업무와 업무 담당자에 대한 정보를 효과적으로 관리해 보시기 바랍니다.

(1) VLOOKUP 함수

VLOOKUP 함수는 '표에서 지정한 값을 기준으로 세로 방향으로 데이터를 검색하는 함수'입니다. 그래서 다음의 그림처럼 "이서준" 이름을 다른 표의 범위에서 찾고 이와 관련된 정보를 데이터를 검색하여 반영합니다.

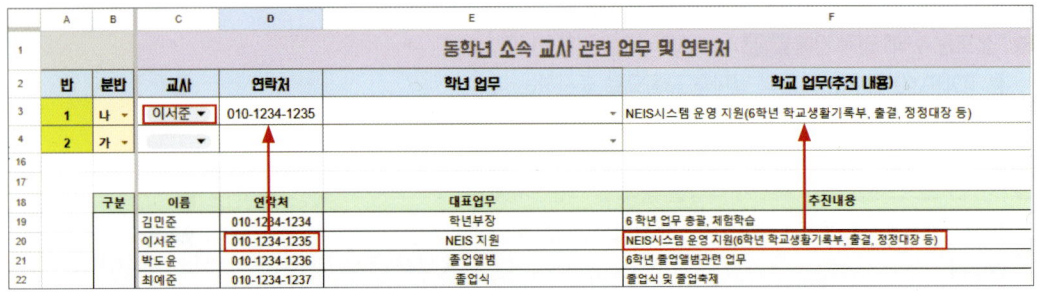

▲ '이름' 입력 시, VLOOKUP 함수로 다른 정보가 자동으로 정리되는 모습

> **TIP** "드롭다운(범위)" 활용의 중요성
>
> VLOOKUP 함수와 같이 데이터를 검색하여 반영하는 함수는 "이서준"과 " 이서준", "이서준 "처럼 띄어쓰기 차이만 있어도 서로 다른 데이터로 인식합니다.
>
> 따라서 [데이터 확인 규칙]의 기준을 "드롭다운(범위)"로 설정합니다. 이를 통해 표의 범위를 드래그하여 자동으로 항목이 입력되도록 함으로써 데이터 오류를 줄일 수 있습니다.

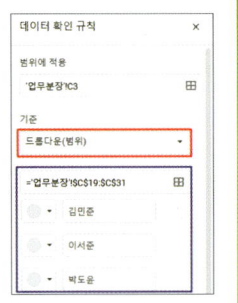

▲ 전화번호 열(D열)에 VLOOKUP 함수가 적용된 모습

> 수식 =VLOOKUP($C3, $C$19:$F$31, 2, FALSE)

- **$C3** (검색 기준 값): C3 셀의 값을 기준으로 검색을 시작합니다.
- **$C$19:$F$31** (데이터 범위): 검색을 수행할 범위를 지정합니다. $를 사용하여 '절대 참조'로 고정합니다.
- **2** (열 인덱스 번호): 검색 범위($C$19:$F$31)의 두 번째 열(열 번호 2_D열)에 해당하는 값을 반환합니다.
- **FALSE** (정확히 일치 검색): 정확히 일치하는 값만 찾습니다. 값이 없으면 #N/A 오류가 발생할 수 있습니다.

처음 만난 함수 사전 | VLOOKUP 함수란?

표에서 지정한 값을 기준으로 열 방향으로 데이터를 검색하는 함수

형식: =VLOOKUP(검색값, 범위, 열 번호, [정확도])

- **검색값**: 찾으려는 값
- **범위**: 검색을 수행할 데이터 범위
- **열 번호**: 반환할 데이터가 위치한 열 번호(1부터 시작)
- **정확도**: TRUE(근사값), FALSE(정확한 값 일치) 중 선택 가능(기본값은 TRUE)

◆ 다양한 활용 예시

활용 예시	수식 예시	설명
학생 이름으로 점수 검색	=VLOOKUP("김철수", A2:C10, 2, FALSE)	A2:C10 범위에서 "김철수"를 찾아 두 번째 열의 점수를 반환
학번으로 학년 확인	=VLOOKUP(101, B2:E20, 3, FALSE)	B2:E20 범위에서 학번 101을 찾아 세 번째 열의 학년을 반환
학생 평균 점수 검색	=VLOOKUP(105, A2:D20, 4, FALSE)	A2:D20 범위에서 학번 105를 찾아 네 번째 열의 평균 점수를 반환
근사치 검색 (정렬 필요)	=VLOOKUP(80, A2:B20, 2, TRUE)	A2:B20 범위에서 80에 가장 가까운 값을 찾아 두 번째 열의 값을 반환
교사 연수 이수 여부 검색	=VLOOKUP("박지연", A2:D20, 3, FALSE)	A2:D20 범위에서 "박지연"을 찾아 세 번째 열의 연수 이수 여부를 반환
학급별 수업 자료 제공	=VLOOKUP("3학년", A2:B10, 2, FALSE)	A2:B10 범위에서 "3학년"을 찾아 두 번째 열의 수업 자료를 반환
중복 데이터 검사	=IF(ISNA(VLOOKUP(A2, B2:B10, 1, FALSE)), "미등록", "등록됨")	A2의 값이 B2:B10 범위에 없으면 "미등록", 있으면 "등록됨"을 반환

◆ VLOOKUP 주의사항

★ **첫 번째 열 기준 검색**: 범위의 첫 열에 찾으려는 값(검색값)이 있어야 함
- **정확한 일치**: FALSE를 사용해야 정확한 값을 찾을 수 있으며, 철자 오류가 있을 경우 #N/A 오류가 발생할 수 있음
- **중복 데이터 주의**: 동일한 이름이 여러 번 입력된 경우, VLOOKUP은 첫 번째 일치 항목만 반환함
- **데이터 정렬**: 근사치 검색(TRUE) 사용 시 반드시 데이터가 오름차순으로 정렬되어야 함

(2) IFERROR 함수

> **FALSE(정확히 일치 검색)**
> : 정확히 일치하는 값만 찾습니다. 값이 없을 경우 #N/A 오류가 발생할 수 있습니다.

앞에서 VLOOKUP 함수 적용 시, #N/A 오류가 발생한다는 것은 유튜브 영상에서 확인할 수 있을 것입니다. VLOOKUP 함수가 이미 입력된 상황에서 이름이 아직 지정되지 않을 경우, #N/A 오류가 발생하고 셀에 #N/A라고 뜹니다.

이 오류 표시가 신경 쓰이지 않는다면 그대로 활용해도 됩니다. 그리고 처음에 영상을 찍을 때만 해도 일부러 함수가 입력되어 있음을 알리기 위해 굳이 IFERROR 함수를 활용하지 않았습니다. 그런데 시간이 지날수록 이 부분이 신경 쓰이더군요. #N/A 오류가 뜰 경우, IFERROR 함수를 활용하여 깔끔하게 정리할 수 있습니다.

<u>수식</u> =IFERROR(VLOOKUP($C3, $C$19:$F$31, 2, FALSE), "")

- **VLOOKUP 함수**: 이 수식은 C3 값을 기준으로 C19:C31에서 검색한 후, 해당 행의 두 번째 열 (D열) 값을 반환합니다.
- **IFERROR 함수**: 만약 VLOOKUP 결괏값이 없으면 오류(#N/A)를 방지하고, 빈 문자열("")을 출력하는 기능을 수행합니다.

처음 만난 함수 사전 | **IFERROR 함수란?**

수식에서 오류가 발생했을 때 사용자 지정 값을 반환하는 함수

형식: =IFERROR(수식, 오류_결과)

- **수식**: 오류 여부를 검사할 계산식
- **오류_결과**: 수식에서 오류가 발생했을 때 대신 표시할 값(생략 가능)

◆ 다양한 활용 예시

활용 예시	수식 예시	설명
0으로 나누기 오류 방지	=IFERROR(A2/B2, "오류")	B2가 0이거나 비어있을 경우 "오류"를 반환
학생 성적 검색 오류 방지	=IFERROR(VLOOKUP("김철수", A2:D10, 2, FALSE), "학생 없음")	"김철수"를 찾을 수 없을 때 "학생 없음"을 반환
합계 계산 오류 방지	=IFERROR(SUM(E2:E10), 0)	E2:E10 범위가 비어있거나 오류 발생 시 0을 반환
성적 평균 계산 오류 방지	=IFERROR(AVERAGE(F2:F10), "데이터 없음")	F2:F10 범위가 비어있을 경우 "데이터 없음"을 반환

활용 예시	수식 예시	설명
출석률 계산 오류 방지	=IFERROR(C2/D2, "데이터 오류")	D2가 비어있거나 0일 경우 "데이터 오류"를 반환
중복 검사 오류 방지	=IFERROR(IF(B2="출석", "확인", "X"), "오류")	B2가 비어있을 경우 "오류"를 반환
조건부 순위 오류 방지	=IFERROR(RANK(G2, G2:G10, 0), "순위 없음")	G2에 유효한 데이터가 없을 경우 "순위 없음"을 반환
연수 참여 여부 검사 오류 방지	=IFERROR(IF(H2="참여", "확인", "미참여"), "오류")	H2가 비어있거나 잘못된 경우 "오류"를 반환

◆ **IFERROR 주의사항**
- **오류 방지:** 복잡한 수식에서 오류를 대비해 안전 장치를 제공
- **VLOOKUP과 함께 사용:** 값을 찾을 수 없을 때 오류 대신 사용자 지정 메시지를 제공
- **연산 오류 방지:** 0으로 나누기, 비어 있는 셀 계산 방지

라) '시간표' 시트

기본 기능	핵심 기능
✓ 조건부 서식	✓ 조건부 서식(맞춤 수식) 응용 ✓ 텍스트로 서식 변경

'시간표' 서식에서는 다양한 [**조건부 서식**]이 사용되었습니다. 이를 통해 전담 시간, 특별실 사용 등을 시각적으로 확인할 수 있습니다.

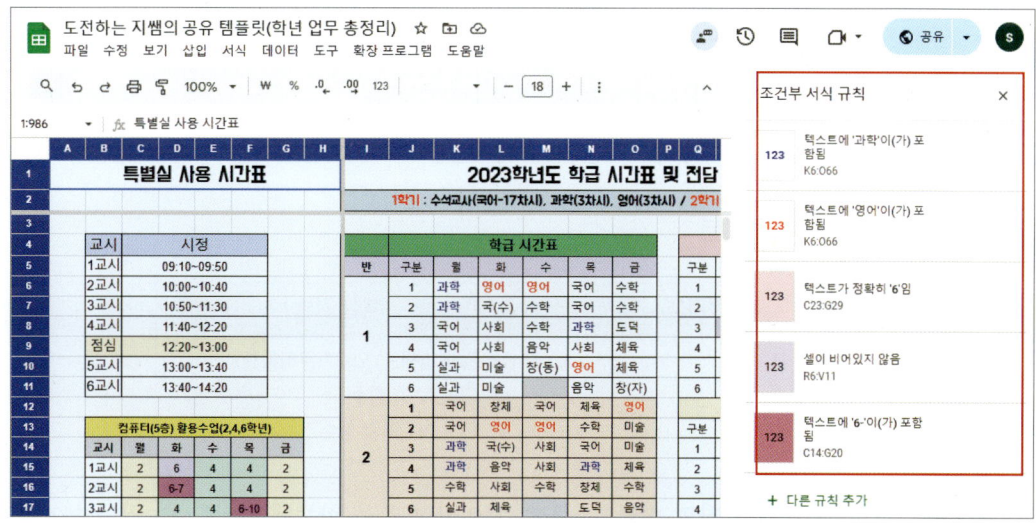

▲ [조건부 서식]으로 전담 시간, 학년 등을 구분하여 적용한 모습

그런데 구글 시트에서는 /(슬래시) 또는 -(하이픈)으로 숫자를 연결하여 작성하면 날짜로 자동 인식합니다. 그래서 '5-1'이나 '5/1'로 반을 입력할 경우, 해당 셀을 더블클릭하면 달력이 뜨게 되는 것이죠. 솔직히 그대로 활용해도 문제는 없습니다. 하지만 이 부분을 해결하고 싶다면 다음과 같은 방법을 적용합니다.

방법 1	문자로 인식시키기 (앞에 ' 추가)	• 입력 예시: '5-1 • 작은따옴표(')를 앞에 추가하여 입력하면 텍스트로 인식됩니다. • 표시: 5-1 (따옴표는 보이지 않고, 텍스트로만 표시)
방법 2	셀 서식 변경 (텍스트로 설정)	• 해당 셀을 선택합니다. • [서식]-[숫자]-[텍스트]를 클릭합니다. • 이후 5-1을 입력하면 날짜가 아닌 텍스트로 인식됩니다.

주별 전담 시수가 주 5일이 아닌 경우에는 전담 시수 조정이 동반됩니다. 따라서 [조건부 서식]-[맞춤 수식] =Z5<5을 다음과 같이 적용하면 효과적입니다.

▲ [조건부 서식]으로 주 5일 수업이 아닌 주간을 시각적으로 구분한 모습

마) '학년 학생 명단 관리' 시트

기본기능	핵심 기능
✓ 연산자 ✓ COUNTIF 함수	✓ &(앰퍼샌드) 와 " "(큰따옴표) ✓ COUNTA 함수 ✓ COUNT 계열 함수

학년 학생 명단 시트를 활용하면 학급별, 성별, 특이사항 등을 한눈에 파악할 수 있어 체계적인 학생 관리가 가능합니다. 또한, 전입, 전출, 쌍둥이, 다문화 등의 정보를 쉽게 추가 및 수정할 수 있어

최신 데이터를 유지할 수 있습니다. 필요에 따라 특정 기준에 맞는 학생 명단을 추출하거나, 각종 통계를 시각화할 수도 있습니다.

(1) &(앰퍼샌드) 와 " "(큰따옴표)

▲ "00명" 형식으로 표현한 모습

개수를 세는 함수를 사용하면 결과가 숫자로 표시됩니다. 그렇다면 "00명" 형식으로 표현하려면 어떻게 해야 할까요? 이때 활용할 수 있는 것이 바로 &(앰퍼샌드) 와 " "(큰따옴표)입니다.

구글 시트는 기본적으로 계산기로 활용할 수 있는 연산 도구입니다. 학생들도 이를 계산기처럼 활용하기도 합니다. 다양한 연산자를 익혀 두면 함수를 활용할 때도 더욱 효과적으로 사용할 수 있습니다.

연산자 종류	연산자 기호	설명	사용 예시	결괏값
산술 연산자	+	덧셈	=5 + 3	8
	−	뺄셈	=10 − 2	8
	*	곱셈	=4 * 2	8
	/	나눗셈	=16 / 2	8
	^	거듭제곱	=2^3	8
비교 연산자	=	같음	=A1 = B1	TRUE 또는 FALSE
	〈〉	같지 않음	=A1 〈〉 B1	TRUE 또는 FALSE
	〉	크다	=A1 〉 B1	TRUE 또는 FALSE
	〈	작다	=A1 〈 B1	TRUE 또는 FALSE
	〉=	크거나 같다	=A1 〉= B1	TRUE 또는 FALSE
	〈=	작거나 같다	=A1 〈= B1	TRUE 또는 FALSE
텍스트 연산자	&	텍스트 연결	="학생 수: " & 30	학생 수: 30
논리 연산자	AND	모두 참일 경우 참	=AND(A1〉5, B1〈10)	TRUE 또는 FALSE
	OR	하나라도 참이면 참	=OR(A1〉5, B1〈10)	TRUE 또는 FALSE
	NOT	논리값 반전	=NOT(A1=5)	TRUE 또는 FALSE
참조 연산자	:	범위 참조	=SUM(A1:A5)	A1부터 A5까지의 합계
	,	범위 병합	=SUM(A1:A3, C1:C3)	A1~A3와 C1~C3의 합계

▲ 연산자의 종류와 사용 예시

그중 & 연산자는 두 개 이상의 텍스트 문자열을 연결하는 연산자로 CONCATENATE 함수, TEXTJOIN 함수를 활용하지 않아도 텍스트를 손쉽게 연결합니다. 다음의 표처럼 다양하게 활용할 수 있습니다.

활용 상황	수식 예시	설명
이름과 성 연결	=A2 & " " & B2	A2와 B2의 값을 공백을 포함하여 연결 예 'A2=김', 'B2=철수'인 경우 → "김 철수"
학생 정보 표시	=A2 & "의 점수는 " & B2 & "점입니다."	A2에 이름, B2에 점수를 표시 예 김철수의 점수는 85점입니다.
날짜 포맷 커스텀	=A2 & "년 " & B2 & "월 " & C2 & "일"	A2, B2, C2 셀의 값을 연결해 날짜 형식으로 표시 예 2023년 10월 15일
과목과 점수 조합	=A2 & " - " & B2	A2와 B2의 값을 하이픈(-)으로 연결 예 수학 - 95
학급 이름 자동 생성	= "3학년 " & B2 & "반"	"3학년"과 B2 값을 연결해 학급 이름 생성 예 3학년 5반
학생 출석 체크	=A2 & " : " & IF(B2="O","출석","결석")	A2에 이름, B2에 출석 여부를 표시 예 김철수 : 출석
교사 연수 제목 조합	= "연수 주제: " & A2	"연수 주제:"와 A2의 주제를 연결 예 연수 주제: 학생 평가 방법
여러 데이터 결합	=A2 & ", " & B2 & ", " & C2	A2, B2, C2 값을 쉼표로 구분해 연결 예 김철수, 수학, 95

▲ &(앰퍼샌드) 연산자의 활용 예시

그런데 앞의 '& 연산자의 활용 예시'에 " "가 자주 등장합니다. 구글 시트에서 " "(큰따옴표)는 텍스트 문자열을 정의하는 기호입니다. 이는 연산자가 아니라 데이터 형식을 지정하는 '문법'의 일부로, 사용자가 수식이나 셀에 텍스트를 직접 입력할 때 해당 값을 텍스트로 인식하도록 하는 역할을 합니다. 다음 예시를 통해 큰따옴표의 활용 방법을 이해하고, 다양한 상황에서 효과적으로 활용해 보시기 바랍니다.

기능	예제	설명	결과 예시
텍스트 정의	"학생"	텍스트로 인식	학생
텍스트 결합	="이름: "&B1	셀 B1의 값을 문자열과 결합	이름: 홍길동
조건 사용	=IF(A1>50,"합격","불합격")	조건에 따라 텍스트 표시	합격 또는 불합격
특수 문자 입력	"3/3"	날짜로 인식되지 않고 텍스트 처리	3/3
숫자 텍스트 처리	"100"	숫자가 아닌 텍스트로 인식	100 (텍스트)

▲ " "(큰따옴표) 기능과 활용 예시

(2) COUNT 계열 함수

명단 서식에서 '재적' 인원수를 계산할 때, COUNT 계열 함수 중 COUNTA 함수를 사용합니다. COUNTA 함수는 비어 있지 않은 모든 셀의 개수를 계산하므로, 남녀 구분 없이 입력된 모든 셀의 개수를 계산하는 데 활용할 수 있습니다.

수식 =COUNTA(H3:H32)

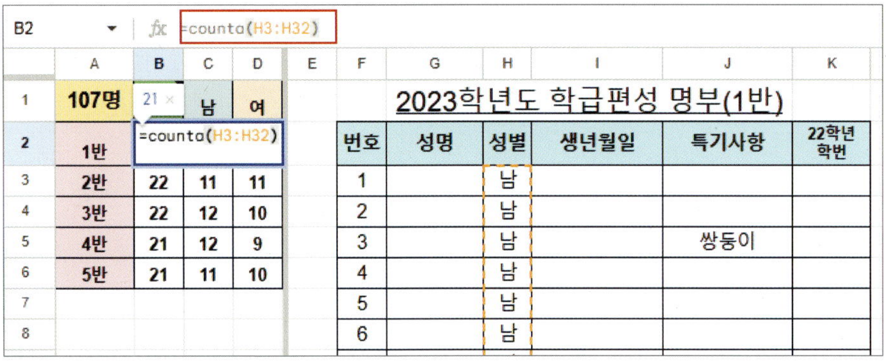

▲ COUNTA 함수로 성별이 입력된 셀의 개수를 세기

★ 전출생이 생기면 성별만 삭제하면 재적수가 자동 반영됩니다. 전출생 이름에 취소선을 적용하고, '마우스 우클릭'-[메모 삽입] 기능을 활용하여 전출과 관련된 특기 사항 및 성별을 입력해서 관리하면 됩니다.

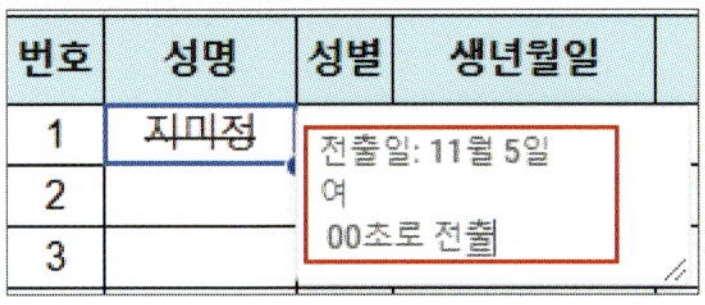

▲ 메모로 전출·전입 학생의 특기 사항 관리하기

그리고 학생 명단 관리에 남자 재적수와 여자 재적수를 각각 파악해야 할 때 COUNTIF 함수[5]도 사용됩니다.

▲ '남', '여' 재적수 COUNTIF 함수로 계산하기

---

[5] 〈Ⅰ-2-나-2)-라〉 체크박스 개수 세기_ COUNTIF 함수〉 내용을 참고하세요..

Ⅲ 구글 시트 업무 효율화

수식 =COUNTIF($H$3:$H$32, C1)

- 수식을 '=COUNTIF($H$3:$H$32, "남")'처럼 직접 입력하면 자동 채우기 기능이 작동하지 않아, "여"로 변경하려면 수식을 직접 수정해야 합니다.
- 이 방식은 반복 작업 시 비효율적이며, 조건을 셀 참조(C1 등)로 설정하는 방식보다 상대적으로 불편합니다.
- =COUNTIF(범위, 조건)에서 조건을 "남" 또는 "여"로 입력해도 되지만, C1 셀에 입력된 "남"을 선택하는 것이 더 효과적입니다.
- 이 방식은 조건을 직접 입력하는 대신 '셀 참조'를 사용하여, <u>C1 셀의 값이 변경될 때 자동으로 결과가 업데이트되어 데이터의 유연성이 강화됩니다.</u>

COUNTIF 함수로 입력된 C2셀의 채우기 핸들을 잡고 우측으로 드래그 하면, '자동 채우기' 기능을 통해 여자 재적수도 자동으로 계산할 수 있습니다.

이는 다음의 특기 사항 인원을 계산할 때도 적용됩니다. 조건을 A15 셀 참조로 설정할 경우, '=COUNTIF($F$3:$AM$32, A15)'가 입력된 B15 셀의 채우기 핸들을 잡고 아래로 드래그하여 '자동 채우기'하면 됩니다. 그리고 언제든지 '다문화, 쌍둥이' 등 특기 사항을 변경하여 데이터를 유연하게 활용할 수 있습니다.

▲ 셀 참조를 활용해 COUNTIF 함수 '자동 채우기'하여 활용하기

COUNT 계열 함수는 데이터의 수치 및 상태를 집계하는 데 사용되는 기본 계산 함수입니다. 이 함수들은 데이터의 특정 특성을 기준으로 집계할 수 있도록 설계되어, 단순 수치 계산부터 복잡한 조건 기반 분석까지 다양한 상황에서 활용됩니다.

함수명	기능 요약	사용 예시	함수 예시
COUNT	숫자가 포함된 셀의 개수를 계산	점수가 기록된 학생 수 계산	=COUNT(A1:A10)
COUNTA	비어 있지 않은 모든 셀의 개수를 계산	출석부에 이름이 입력된 학생 수 계산	=COUNTA(A1:A10)
COUNTIF	특정 조건을 만족하는 셀의 개수를 계산	80점 이상 학생 수 계산	=COUNTIF(A1:A10, ")80")
COUNTIFS	복수 조건을 만족하는 셀의 개수를 계산	80점 초과 & 과목별 특정 점수 이상 학생 수	=COUNTIFS(A1:A10, ")80", B1:B10, ")=90")
COUNTBLANK	빈 셀의 개수를 계산	과제 미제출 학생 수 확인	=COUNTBLANK(A1:A10)

▲ COUNT 계열 함수

처음 만난 함수 사전 — COUNTA 함수란?

범위 내 빈 셀을 제외한 데이터 개수를 계산하는 함수

형식: =COUNTA(값1, [값2], ...)

- 값1, 값2: 계산할 범위나 셀
- 텍스트, 숫자, 오류값등을 모두 포함하여 비어있지 않은 셀을 세어줌

◆ 다양한 활용 예시

활용 예시	수식 예시	설명
출석 체크 인원 계산	=COUNTA(B2:B31)	B2:B31 범위에서 비어있지 않은 셀(출석 기록된 학생 수)을 계산
과제 제출 인원 계산	=COUNTA(C2:C31)	C2:C31 범위에서 과제 제출이 기록된 학생 수를 계산
학생 명단 수 계산	=COUNTA(A2:A50)	A2:A50 범위에서 등록된 학생 수를 계산
연수 참석자 수 계산	=COUNTA(E2:E15)	E2:E15 범위에서 연수에 참석한 인원 수를 계산
설문 응답자 수 계산	=COUNTA(F2:F100)	F2:F100 범위에서 응답이 제출된 셀의 개수를 계산
점수 입력 여부 확인	=COUNTA(G2:G31)	G2:G31 범위에서 점수가 입력된 학생 수를 계산

◆ **COUNTA 사용 팁**
- 빈 셀을 제외하고 데이터 개수를 계산할 때 유용
- 텍스트, 숫자, 날짜, 수식 등 비어 있지 않은 모든 데이터를 포함
- 정확한 수치만 계산할 경우, COUNT 함수 사용 고려

바) '주간 시수표 관리' 시트

기본기능	핵심 기능
✓ 붙여넣기	✓ [선택하여 붙여넣기] ✓ [조건부 서식] 응용

'주간 시수표 관리' 시트는 학기 초 계획이 자주 변경되는 상황에서 시수 데이터를 효과적으로 관리하기 위해 활용한 방법입니다. 이 양식을 활용하기 위한 핵심 내용을 살펴보겠습니다.

(1) 선택하여 붙여넣기

다른 한글 문서나 다른 시트에서 복사하여 붙여넣기 할 때, 기존의 테두리나 글자 크기 등이 일치하지 않아 당황하는 경우가 많습니다. 하지만 '마우스 우클릭'-[**선택하여 붙여넣기**]-[**값만**]을 적용하면 쉽게 해결할 수 있습니다. 이 방법은 기존 서식에 값만 붙여넣어 서식은 그대로 유지되기 때문입니다.

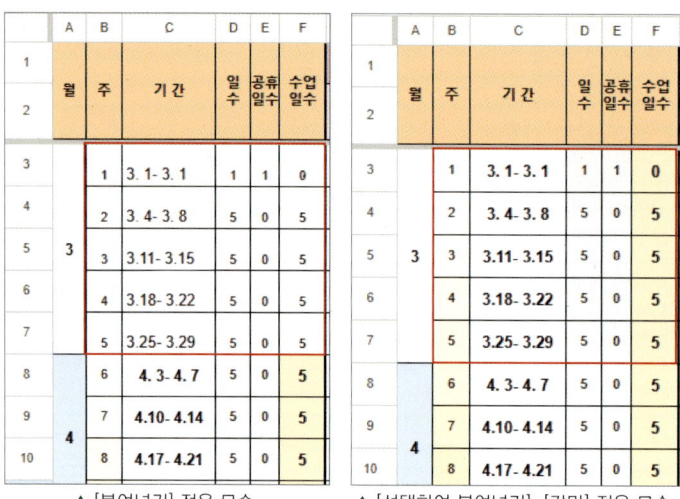

▲ [붙여넣기] 적용 모습   ▲ [선택하여 붙여넣기]-[값만] 적용 모습

기존에 적용한 서식, 수식, 조건부 서식, 데이터 확인, 열 너비 등을 간단하게 복사하여 적용할 때, [**선택하여 붙여넣기**] 기능이 유용하게 활용됩니다.

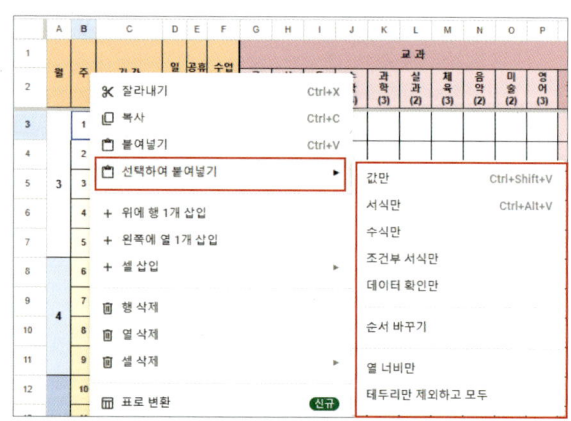

▲ [선택하여 붙여넣기] 메뉴 종류

기능 이름	설명
값만	원본 데이터의 서식과 수식을 제거하고 값만 붙여넣기 ✓ 단축키: Ctrl + Shift + V
서식만	원본 데이터의 값과 수식을 제외하고 서식(글꼴, 색상, 테두리 등)만 붙여넣기 ✓ 단축키: Ctrl + Alt + V
수식만	원본 데이터의 값을 제외하고 수식만 복사하여 붙여넣기
조건부 서식만	데이터와 값은 제외하고 조건부 서식 규칙만 붙여넣기
데이터 확인만	원본 데이터의 유효성 규칙(드롭다운 등)만 복사하여 붙여넣기
순서 바꾸기	선택한 데이터의 순서를 바꿔 붙여넣기(역순으로 정렬)
열 너비만	원본 열의 너비를 복사하여 동일한 열 크기를 적용
테두리만 제외하고 모두	테두리를 제외한 모든 데이터, 서식, 수식을 붙여넣기

▲ [선택하여 붙여넣기] 세부 항목 종류와 특징

[선택하여 붙여넣기]-[순서 바꾸기]는 복사한 데이터의 **열↔행** 방향을 전환해 주기 때문에 자주 활용하게 되는 기능이기도 합니다.

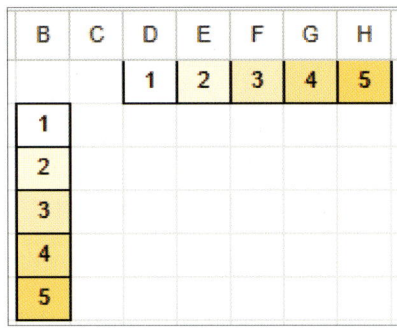

▲ [순서 바꾸기]를 활용하여 붙여넣은 모습

(2) 조건부 서식 응용

	A	B	C	D	E	F	G	H	I	J	K	L	M	N	O	P	Q	R	S	T	U	V	W	X
1							교과											창의적체험활동					총합	기준 총계
2	월	주	기간	일수	공휴일수	수업일수	국어(5)	사회(3)	도덕(1)	수학(4)	과학(3)	실과(2)	체육(3)	음악(2)	미술(2)	영어(3)	소계	자율활동	동아리활동	봉사활동	진로활동	소계		
3	3	1	3.1-3.1	1	1	0	2			2			2	1			7	3				3	10	10
4		2	3.4-3.8	5	0	5	5	3	1	4	3	2	3	2	2	3	28	1				1	29	29
5		3	3.11-3.15	5	0	5		2		3	3		4				12	3	4	1		8	20	29
6		4	3.18-3.22	5	0	5											0					0	0	29
7		5	3.25-3.29	5	0	5											0					0	0	29

▲ W열에 조건부 서식 [같지 않음]을 적용한 모습

수식 =X3

총합(W열: 범위)이 주별 기준 총계(X열: 기준)와 일치하지 않을 경우, 보라색으로 강조되는 조건부 서식이 적용됩니다. 하지만 시간 계획을 조정하여 주별 기준 시수와 일치하게 되면, 조건부 서식이 해제되어 기본 흰색으로 표시됩니다.

이처럼 "같지 않음" 조건을 미리 설정해 두면, 데이터가 일치할 때 서식이 자동으로 해제되어 시각적으로 명확한 피드백을 제공할 수 있습니다.

사) '학교/학년 행사 관리' 시트

기본기능	핵심 기능
✓ 필터 만들기 ✓ 한글 문서 붙여넣기	✓ 조건부 서식(맞춤 수식) 응용

3월 초 교육과정 계획이 수립된 이후에도 변동 사항은 지속적으로 발생할 수 있습니다. 이러한 잦은 변동을 효과적으로 관리하기 위한 구글 시트 활용 방안을 소개합니다.

기존에 이지에듀로 반별 전담 시간을 정리한 경우, 이후의 변동 사항을 전체적으로 반영하기 어려운 한계가 있습니다. 또한 이지에듀는 실시간 데이터 수정 및 반영이 제한적이기 때문에, 더욱 유연하고 효율적인 관리를 위해 구글 시트를 사용하는 것이 적합합니다.

★ 한글 문서의 내용을 구글 시트에 직접 복사하여 붙여넣을 경우, 서식 불일치나 데이터 손상으로 오류가 자주 발생합니다. 이를 방지하기 위해, 빈 시트에 먼저 붙여넣고 서식을 정리한 후, 기존 양식에 '값만 붙여넣기' 방식을 활용하면 오류를 최소화할 수 있습니다.

(1) 조건부 서식(맞춤 수식) 응용

교육과정 운영 중에는 다양한 변경 사항이나 공지할 내용이 생깁니다. 이때, 공지 사항이 있는 항목의 행사를 강조하여 효과적으로 파악하는 방법을 고민하게 되었고, 텍스트가 입력되면 관련 행사명을 강조하는 조건부 서식(맞춤 수식)을 적용해 보았습니다. 이 방법은 출석부나 평가 기록 등 여러 상황에서 다양하게 활용할 수 있는 기능입니다.

	A	B	C	◀ ▶	S
1					
2	순	행사명	날짜(요일)		비고
3	1				
4	2				1
5	3				선생님들의 도전을 응원합니다. 🔥(삭제 후 이용하세요.)
6	4				
7	5				호호호~
8	6				

▲ '비고'란에 내용이 입력되면 '행사명'에 조건부 서식 적용된 모습

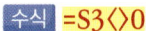 =S3<>0

- S3 셀의 값이 0이 아닌 경우(<>는 '같지 않음'을 의미함) 조건을 만족하며, S3의 값이 0이 아닌 모든 값일 때 서식이 적용됩니다.
- 조건부 서식의 맞춤 수식 기능을 활용하여, 특정 셀에 비고 사항이 입력되었을 때 해당 셀을 강조하는 방식입니다.
- 이 방식은 데이터 시각화를 통해 중요한 정보를 직관적으로 파악할 수 있게 하며, 데이터 누락 방지와 정보 가시성을 동시에 향상시킵니다.

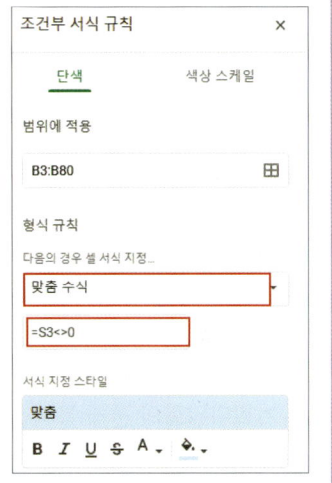

그리고 여러 전달 사항 중, 단순 공지가 필요한 내용도 있지만, 협의가 필요한 내용도 있습니다. 이 부분을 다음과 같이 강조 표시하면, 회의 전에 협의할 내용을 미리 파악하고 준비하도록 안내할 수 있습니다.

	A	B	C	D	E
1					이지에듀 점검 체크리스트
2	학기	날짜/과목	협의		내용
3			☑		
4			☐		
5			☑		
6			☐		
7			☐		

▲ '교육과정 계획 점검 사항' 시트에 적용된 맞춤 수식

수식 =C3=TRUE

- **체크박스**는 선택되었을 경우 TRUE, 선택 해제 시 FALSE로 인식됩니다.
- C3:C32 범위의 각 셀에 대해 <u>TRUE(체크박스가 선택된 경우)</u>일 때 해당 셀의 서식이 노란색으로 강조됩니다.
- C3와 같은 상대 참조를 사용했으므로, 각 셀에 조건을 검사할 때 해당 셀이 참조됩니다.
- TRUE를 FALSE로도 변경하여 적용해 보세요!

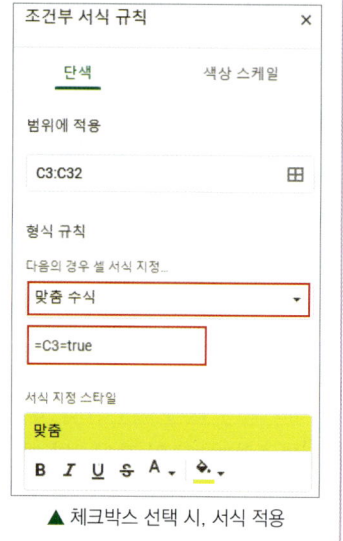

▲ 체크박스 선택 시, 서식 적용

2) 기획위원회 업무 관리하기

학교 운영의 중심 역할을 하는 기획위원회는 효율적인 의사소통과 정확한 기록이 매우 중요합니다. 그러나 많은 학교에서 여전히 회의 시간 대부분이 논의보다는 단순한 전달에 소비되는 경우가 많습니다. 이는 기획위원회의 본래 목적을 흐리게 하고, 중요한 결정을 내리는 데 걸림돌이 될 수 있습니다.

『기획위원회 업무 관리 템플릿』은 이러한 문제를 해결하기 위한 도구로, 회의 준비와 진행 과정을 체계적으로 관리할 수 있도록 설계되었습니다. 회의 전에 모든 내용을 스프레드시트에 미리 기록하고, 이를 바탕으로 실질적인 논의와 결정을 진행하는 방식으로 시간을 절약하고 업무의 투명성을 높일 수 있습니다. 각 담당자가 자신의 내용을 효율적으로 정리하고 공유하며, 드롭다운 메뉴와 필터 기능을 활용해 필요한 정보를 빠르게 확인할 수 있도록 지원합니다.

이 템플릿은 단순한 기록 도구를 넘어, 학교 업무의 효율성과 정확성을 한층 높이는 새로운 문화를 제안합니다. 익숙한 방식을 넘어선 새로운 시도는 기획위원회의 질적 향상뿐만 아니라, 학교 전반의 업무 개선에도 긍정적인 영향을 미칠 것으로 생각합니다. 이제, 『기획위원회 업무 관리 템플릿』을 통해 투명하고 체계적으로 업무 문화를 변화시켜 보는 건 어떨까요?

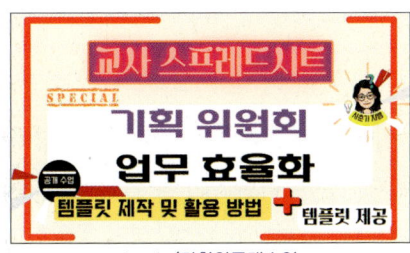
joo.is/기획위공개수업
▲ 기획위원회 업무 효율화 영상

joo.is/기획위업무관리
▲ 기획위원회 업무 관리 템플릿

이 템플릿은 학교의 상황에 맞게 우측의 범위를 수정하면 아래의 ❶번 영역에 [데이터 확인(드롭다운)] 항목이 변경되도록 설정되어 있습니다. 학교에 맞게 수정하여 이용하시면 됩니다.

▲ 학교 실정에 맞게 수정하는 부분

▲ 기획위원회 업무 관리 템플릿

❷번의 '마감일'(F) 열에는 기존의 템플릿에는 없는 마감일이 되면 서식이 적용되는 [조건부 서식]-[맞춤 수식]: =TODAY()=F2 기능이 적용되어 있습니다.

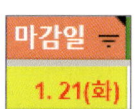

그 외 내용은 유튜브에 공유된 템플릿과 거의 유사하므로, 영상을 참고하여 학교에 알맞은 효과적인 활용법을 고민하고 적용해 보시기 바랍니다.

Ⅲ 구글 시트 업무 효율화 209

나. 행사 및 자치 활동 관리

　학교에서는 크고 작은 행사와 학생 자치 활동이 매월 반복적으로 이루어집니다. 학사 운영과 학생들의 자율적인 참여를 원활하게 하기 위해서는 이러한 일정과 활동을 체계적으로 정리하고 효율적으로 관리할 수 있는 시스템이 필요합니다. 특히, 교사와 학생이 동일한 데이터를 실시간으로 공유하며 활용할 수 있다면, 중복 업무를 줄이고 누락 없이 정확한 정보를 관리할 수 있으며, 행정 업무의 효율성을 높일 수 있습니다.

　기존에는 행사 일정과 학생 자치 활동을 개별적으로 기록하거나, 종이 문서 또는 엑셀 파일을 활용하여 수작업으로 관리하는 경우가 많았습니다. 그러나 이러한 방식은 정보가 분산되거나 최신 데이터가 즉시 반영되지 않는 문제가 발생할 수 있습니다. 또한, 여러 담당자가 동시에 접근하여 수정하기 어려워 협업이 원활하지 않은 경우도 많았습니다. 이러한 한계를 극복하기 위해 구글 시트를 활용하면, 모든 일정과 활동을 한곳에서 실시간으로 관리하고, 필요할 때 즉시 업데이트하며, 여러 사용자가 동시에 접근하여 협업할 수 있습니다.

　이번 장에서는 구글 시트를 활용하여 학교의 월중 행사와 학생 자치 활동을 효과적으로 관리하는 방법을 소개합니다. 먼저, 학교에서 진행되는 다양한 행사를 체계적으로 정리하고 이를 바탕으로 효율적인 의사결정을 지원하는 『학교 월중 행사 관리하기 템플릿』을 살펴봅니다. 이 템플릿을 활용하면 행사 일정이 한눈에 정리되며, 담당 교사와 관련 업무를 명확하게 지정하여 혼선을 줄일 수 있습니다.

　또한, 학생들의 자율적인 활동을 효과적으로 지원하고, 참여 내용과 성과를 기록할 수 있는 『학생 자치 활동 지원 템플릿』도 함께 소개합니다. 이 템플릿은 학생들이 직접 자신의 활동을 기록하고 공유할 수 있도록 구성되어 있으며, 지도 교사는 이를 기반으로 학생들의 성장과 활동 결과를 쉽게 파악할 수 있습니다. 이를 통해 학생들은 주도적으로 자신의 활동을 관리하고 성과를 체계적으로 정리할 수 있으며, 교사와 학생 간의 원활한 소통이 이루어질 수 있습니다.

　이처럼 구글 시트를 활용한 행사 및 활동 관리 시스템은 기존의 수작업 방식보다 훨씬 효율적이며, 정확하고 체계적인 기록을 가능하게 합니다. 이를 통해 학교 구성원들은 더욱 효과적으로 정보를 공유하고 협업할 수 있으며, 행정 부담을 줄이는 동시에 학생들의 자율성을 더욱 강화할 수 있습니다.

　이제, 『학교 월중 행사 관리하기 템플릿』 및 『학생 자치 활동 지원 템플릿』을 활용하여 체계적이고 효율적인 학교 운영을 실현해 보시기 바랍니다.

1) 학교 월중 행사 관리하기

　학교의 월간 일정과 주요 행사를 체계적으로 관리하는 것은 교육 계획의 효율성을 높이고 구성원 간의 원활한 협업을 돕는 핵심 요소입니다. 『학교 월중 행사 관리하기 템플릿』은 부서별 책임을 명확히 하고, 일정과 관련된 정보를 한눈에 확인할 수 있도록 설계되었습니다.

이 템플릿은 종합 시트와 부서별 세부 시트로 구성되며, '주요 기능'으로는 ❶ 부서별 행사 관리, ❷ 자동화된 일정 요약, ❸ 효율적인 일정 공유가 포함됩니다. 이를 통해 모든 부서가 일정을 조율할 수 있으며, 협업 기반의 조직 관리를 실현할 수 있습니다. 또한, 개별 부서 및 학년 관리 시트로도 편집하여 학교 운영에 맞춰 유연하게 활용할 수 있습니다.

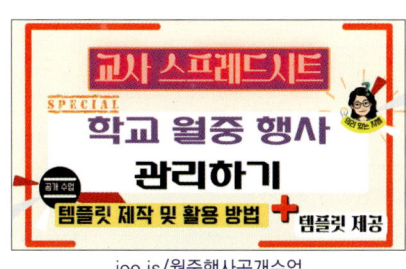
joo.is/월중행사공개수업
▲ 학교 월중 행사 관리 영상

joo.is/학교월중행사관리
▲ 학교 월중 행사 관리 템플릿

유튜브 〈공개수업〉 채널에서 공유한 템플릿을 보완하여, 연도에 따라 자동 변경되도록 업그레이드한 버전을 안내합니다. 기본적인 사항은 교사 스프레드시트 재생목록에서 제공되는 영상을 참고하시기 바랍니다.

가) 월중 행사 관리 종합 시트

'부서별 시트'에 입력된 부서별 월중 행사는 '종합 시트'에서 자동으로 정리되어 한눈에 파악할 수 있도록 구성되었습니다. 이를 통해 전체 일정을 보다 체계적으로 관리할 수 있습니다.

학교나 부서별 특성에 맞게 항목을 조정한 후, 월별 시트를 복사하여 월별 관리 시트를 생성하면 더욱 효율적인 활용이 가능합니다. 또한, 월별 관리 시트의 링크를 연결하여 사용하면 손쉽게 이동하며 일정 관리가 가능하므로, 실무에서 효과적으로 활용할 수 있습니다.

▲ 연간 행사 관리 종합 시트 예시

이제 '월중 행사 관리 종합 시트'의 각 부분이 어떤 역할을 하는지 살펴보겠습니다.

★ 종합 시트는 각 부서에서 입력한 데이터가 자동으로 반영되는 핵심 부분이므로, 실수로 수정되거나 삭제되지 않도록 [시트 보호] 기능을 반드시 설정해야 합니다.

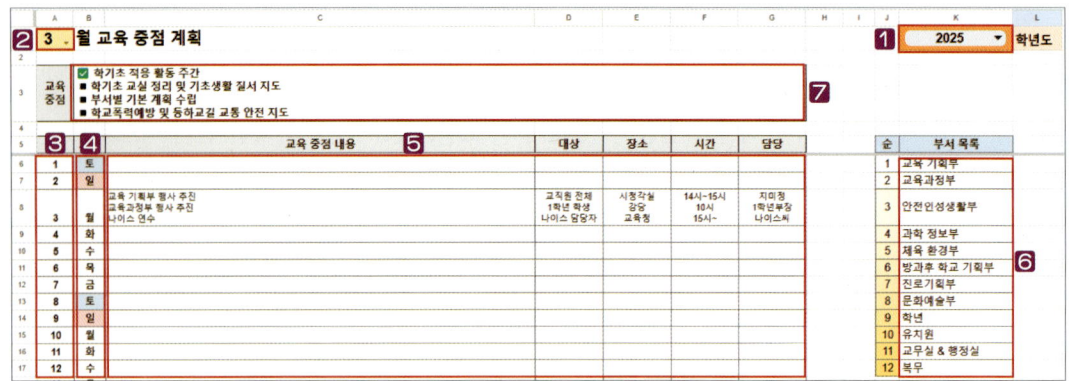

▲ 월중 행사 관리 종합 시트

단계	설명
1	• 드롭다운 버튼으로 **학년도**를 선택합니다. • 편집 버튼으로 연도를 추가하거나 편집할 수 있습니다. 
2	• 드롭다운 버튼을 클릭하여 해당 **월**을 선택합니다.
3	❷번의 월이 변동되면 자동으로 해당 **일**이 변동됩니다. (월에 맞춰 28~31로 자동 적용) ▶ IF, OR, MOD, ROW, AND 함수 활용[1]
4	• 앞에서 선택한 연월일에 맞춰 **요일**이 반영(IF 함수)됩니다. • 토요일과 일요일에 조건부 서식이 적용되어 있습니다. ▶ IF, TEXT, DATE, IF 함수 활용
5	• '부서별 시트'에 일정이 입력되면, 해당 날짜에 대한 공지 사항을 한눈에 확인할 수 있습니다. 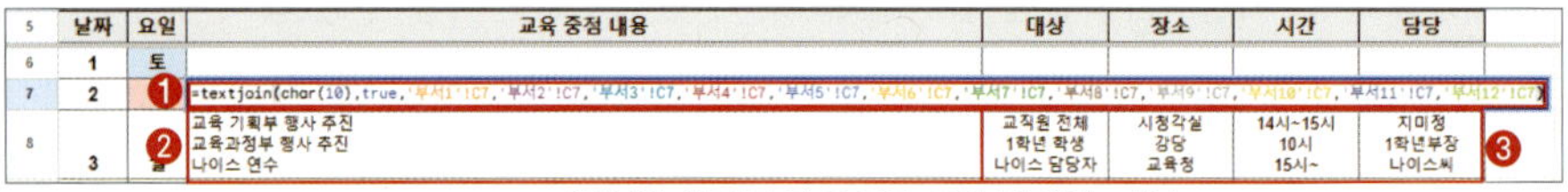 ▲ '부서별 시트'의 값을 모두 모아 정리하는 함수 ❶ 각 시트의 여러 텍스트 문자열을 하나의 문자열로 결합할 수 있는 **TEXTJOIN 함수**와 텍스트를 다음 줄로 바꿔주는 용도로 활용도가 높은 **CHAR(10) 함수**가 활용됩니다. 예 =TEXTJOIN(CHAR(char(10),TRUE,'부서1'!C6,'부서2'!C6,'부서3'!C6,'부서4'!C6,'부서5'!C6,'부서6'!C6,'부서7'!C6,'부서8'!C6,'부서9'!C6,'부서10'!C6,'부서11'!C6,'부서12'!C6) ❷ 함수의 결과로 부서별 시트의 각 셀의 값을 반영합니다. ❸ ❷에 함수를 입력 후, 우측으로 드래그하여 '자동 채우기'합니다.
6	• 해당 부서의 이름을 학교나 부서에 맞게 수정합니다. • 해당 부분은 '부서별 시트'의 제목 열의 드롭다운 버튼 항목으로 반영됩니다. 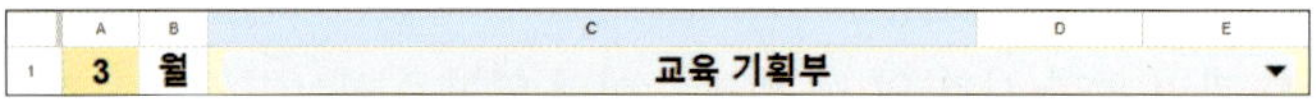 ▲ '부서별 시트'에서 적용되는 드롭다운 버튼
7	• 학교나 부서의 월별 교육 중점이나 공지 사항을 입력해 놓으면 '부서별 시트'에서도 같은 내용을 확인할 수 있습니다.

[1] 적용된 함수에 대한 자세한 안내가 없는 이유는 'TIP의 "함수" 의미가 궁금하다면?'에서 안내합니다.

TIP "함수" 의미가 궁금하다면?

이 도서의 템플릿에는 다소 복잡한 중첩 함수가 사용되는 경우가 있습니다. 중첩 함수는 여러 개의 함수가 겹쳐서 사용되기 때문에, 각 함수에 대한 설명을 모두 다루다 보면 설명이 길어지고 지면을 많이 차지하게 됩니다. 그렇기에 함수의 종류만 간략하게 언급하고, 활용 방법에 초점을 두어 템플릿을 쉽게 수정하고 활용할 수 있도록 안내하는 방식을 채택했습니다. 필요한 함수의 세부적인 의미나 설명이 궁금하다면, 템플릿에 사용된 함수를 복사하여 생성형 AI에 물어보는 방법을 추천합니다.

템플릿에 사용된 함수의 의미가 궁금하다면, 함수를 복사하여 '생성형 AI'에 "함수의 의미를 설명해줘"라고 입력해 보세요. 또한 '쉽게', '구체적으로', '전문적으로'와 같은 수식어를 추가하여 프롬프트를 수정하면, 원하는 수준의 설명을 확인할 수 있습니다.

5	날짜	요일	교육 중점 내용
6	1	?	=IF(A6<>"", TEXT(DATE(IF($A$1<=2, $K$1+1, $K$1), $A$1, A6), "ddd"), "")
7	2	일	

▲ 함수가 적용된 셀을 클릭하여 함수 복사하기

```
=IF(A6<>"", TEXT(DATE(IF($A$1<=2, $K$1+1, $K$1),
$A$1, A6), "ddd"), "")
함수의 의미를 설명해줘.
```

〈AI 응답 결과〉
이 함수는 날짜를 계산하고, 특정 조건에 맞는 요일을 출력하는 기능을 합니다. 아래는 각 부분에 대한 설명입니다.

1. IF(A6〈〉"", ...)
- A6 셀이 비어 있지 않다면 (A6〈〉""), 즉 A6에 값이 있다면 ...부분을 실행합니다.
- A6가 비어 있으면 함수는 ""(빈 문자열)을 반환합니다.

2. TEXT(DATE(...), "ddd")
- 이 부분은 날짜를 계산하고 그 날짜의 요일을 텍스트로 변환합니다.
- TEXT 함수는 날짜 형식을 "ddd"로 설정하여 요일의 약어(예 "Mon", "Tue", "Wed")로 출력합니다.

3. DATE(IF($A$1〈=2, $K$1+1, $K$1), $A$1, A6)
- DATE함수는 연도, 월, 일 정보를 이용해 날짜를 생성합니다.
- 이 날짜를 구성하는 요소들은 아래와 같습니다:
    - 연도: IF($A$1〈=2, $K$1+1, $K$1)
        - $A$1값이 2 이하이면 $K$1에 1을 더한 값을 사용합니다.
        - $A$1값이 2보다 크면 $K$1그대로 사용합니다.
    - **월:** $A$1셀의 값을 사용합니다.
    - **일:** A6셀의 값을 사용합니다.

〈중략〉

출처 : ChatGPT

이렇게 '생성형 AI'를 활용하면 구글 시트에서 사용된 함수나 기능에 대한 전문적인 설명을 빠르게 확인할 수 있습니다. 구글 시트를 공부할 때 AI 비서와 함께하면 더 효과적으로 학습을 진행할 수 있습니다.

처음 만난 함수 사전 — TEXTJOIN 함수란?

특정 구분자를 사용해 여러 텍스트를 연결하는 함수

형식: =TEXTJOIN(구분자, 빈 셀 무시 여부, 텍스트1, [텍스트2], ...)

- 구분자: 연결할 텍스트 사이에 삽입할 문자(예 ", ", " | ")
- 빈 셀 무시 여부: TRUE(빈 셀 무시), FALSE(빈 셀 포함)
- 텍스트1, 텍스트2: 연결할 텍스트나 셀 범위

◆ 다양한 활용 예시

활용 예시	수식 예시	설명
학생 이름 목록 생성	=TEXTJOIN(", ", TRUE, A2:A10)	A2:A10 범위의 이름을 쉼표와 공백으로 구분하여 연결
과목과 점수 조합	=TEXTJOIN(": ", TRUE, "국어", D2, "수학", E2)	"국어: 점수, 수학: 점수" 형식으로 연결
날짜와 시간 조합	=TEXTJOIN(" ", FALSE, TEXT(F2, "yyyy-mm-dd"), TEXT(G2, "hh:mm:ss"))	날짜와 시간을 공백으로 구분해 연결
특정 구분 기호로 정리	=TEXTJOIN(" / ", TRUE, H2:H10)	H2:H10 범위의 데이터를 " / "로 구분하여 연결
점수 합격/불합격 상태 표시	=TEXTJOIN(", ", TRUE, IF(D2:D10)=60, "합격", "불합격"))	D2:D10 범위의 점수를 기준으로 "합격/불합격" 상태를 연결

◆ TEXTJOIN 사용 팁
- 구분자 활용: 쉼표, 슬래시, 공백 등 다양한 구분자를 지정 가능
- 범위와 배열 처리: 텍스트 범위 전체를 간단히 연결 가능
- 빈 셀 무시: TRUE 옵션으로 빈 데이터를 제외한 결과를 얻을 수 있음
- 다양한 데이터 결합: 숫자, 텍스트, 계산식 결과를 자유롭게 조합 가능

처음 만난 함수 사전 — CHAR 함수란?

숫자로 지정된 ASCII 코드[2] 값을 해당 문자로 변환하는 함수

형식: =CHAR(숫자)

- 숫자: 변환할 ASCII 코드 값(1~255 범위의 숫자)

◆ 다양한 활용 예시

숫자(코드)	기능/출력	설명	예시 함수	결과
10	줄바꿈	텍스트를 다음 줄로 이동시키는 줄바꿈 문자입니다.	=TEXTJOIN(CHAR(10), TRUE, "A", "B", "C")	A B C
32	공백	일반적인 빈 칸을 추가합니다.	="Hello" & CHAR(32) & "World"	Hello World
33	!	감탄사 느낌표로 사용됩니다.	="Wow" & CHAR(33)	Wow!
34	"	문자열을 감싸는 쌍따옴표를 추가합니다.	=CHAR(34) & "Data" & CHAR(34)	"Data"
42	*	곱셈 기호 또는 별표를 출력합니다.	="A" & CHAR(42) & "B"	A*B
44	,	데이터 간 구분을 위한 쉼표를 추가합니다.	="A" & CHAR(44) & "B" & CHAR(44) & "C"	A,B,C
47	/	나눗셈 기호 또는 슬래시를 출력합니다.	="A" & CHAR(47) & "B"	A/B

◆ CHAR 사용 팁
- 텍스트 조합 활용: CONCATENATE, TEXTJOIN 등과 함께 사용하여 가독성 향상
- 목록/표 서식 개선: 줄 바꿈(CHAR(10))을 활용해 셀 안에서 여러 줄 표현 가능
- 이모지 및 기호 출력: CHAR(9733)로 ★, CHAR(10003)으로 ✓ 등의 기호 활용

---

[2] ASCII(아스키) 코드 값은 컴퓨터가 문자를 숫자로 변환하여 이해할 수 있도록 하는 일종의 "고유한 식별 번호"입니다. 예를 들어, "A"라는 글자는 숫자 65에 해당하고, "a"는 97, 공백은 32입니다. 컴퓨터는 이런 숫자들을 사용해서 텍스트를 저장하고 표시합니다. 즉, 문자를 숫자로 바꿔서 컴퓨터가 쉽게 처리할 수 있게 도와주는 표준이 바로 ASCII입니다.

나) 부서별 시트

'부서별 시트'는 다음과 같이 구성되어 있습니다. '종합 시트'의 내용이 [시트 간 참조] 기능을 통해 자동으로 반영됩니다.

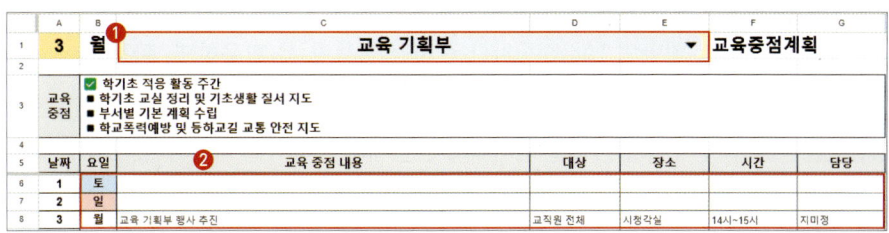

▲ 월중 행사 관리 '부서별 시트'

'부서별 시트' ❶번 [드롭다운] 버튼에서 선택 항목을 수정해야 하는 경우, '종합 시트'의 ❻번 영역을 수정하여 반영합니다. 이렇게 함으로써, 모든 부서에 일관된 선택 항목을 유지할 수 있으며, 수정 사항이 자동으로 반영되기 때문에 관리가 용이해집니다.

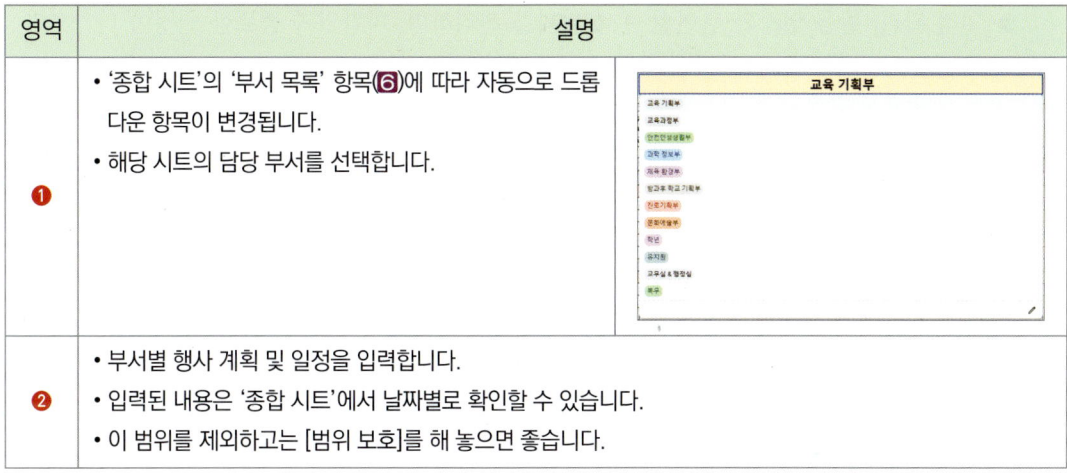

영역	설명
❶	• '종합 시트'의 '부서 목록' 항목(❻)에 따라 자동으로 드롭다운 항목이 변경됩니다. • 해당 시트의 담당 부서를 선택합니다.
❷	• 부서별 행사 계획 및 일정을 입력합니다. • 입력된 내용은 '종합 시트'에서 날짜별로 확인할 수 있습니다. • 이 범위를 제외하고는 [범위 보호]를 해 놓으면 좋습니다.

2) 학생 자치활동 지원

학생 자치활동은 민주적 의사결정과 책임감을 키울 수 있는 중요한 학습의 장입니다. 그러나 다양한 부서와 역할이 연계된 활동은 체계적인 계획과 관리가 없으면 혼란스럽기 쉽습니다. 이를 해결하기 위해 구글 시트 기반의 『학생 자치활동 지원 템플릿』을 활용하면, 활동 내용 정리, 일정 관리, 부서별 업무 분담을 명확히 할 수 있어 효율적인 관리와 운영이 가능합니다.

이 템플릿은 학생들이 자신의 역할을 인식하고 공동체의 방향성을 확인하며, 협력적으로 목표를 향해 나아갈 수 있도록 설계되었습니다. 학생들은 각자의 담당 업무와 일정을 관리하며, 조직 내에서의 역할을 충실히 수행할 수 있습니다. 동시에 교사는 전체 활동을 한눈에 파악하고 필요한 피드백과 지원을 제공할 수 있어 학생들의 자율성을 더욱 강화할 수 있습니다.

이 템플릿은 다음과 같은 기능을 제공합니다.

- ▶ **활동 내용 정리**: 학생들의 활동과 관련된 정보를 체계적으로 기록하고 관리할 수 있습니다. 각 활동의 목표와 진행 상황을 쉽게 확인할 수 있어 효과적인 의사소통이 가능합니다.
- ▶ **일정 관리**: 활동 일정과 관련된 주요 날짜를 관리하며, 마감일과 중요한 일정이 다가오면 자동으로 알림을 받을 수 있습니다. 이를 통해 일정을 효율적으로 관리하고, 중요한 활동을 놓치지 않도록 돕습니다.
- ▶ **부서별 업무 분담**: 각 부서 또는 담당자에게 구체적인 업무를 할당하고, 진행 상황을 추적할 수 있습니다. 부서별로 작업을 분담하여 협력하고, 각자의 역할을 명확히 함으로써 효율적인 작업 흐름을 유지할 수 있습니다.

이 템플릿은 학생 자치활동을 더욱 체계적으로 관리하고 운영할 수 있게 하여, 학생들이 자율적이고 책임감 있게 활동에 참여할 수 있도록 도와줍니다. 또한, 교사는 학생들의 진행 상황을 실시간으로 확인하고, 필요한 지원을 제공하여 보다 원활한 학습 환경을 조성할 수 있습니다.

이 학생 자치활동 지원 템플릿은 〈"OECD 교육 2030" & "2022 개정 교육과정" 미래 교육 나침반〉 도서에 "Ⅳ '웰빙'은 민주시민교육에서 '꽃' 핀다"라는 부분에도 소개된 실제 활용 템플릿입니다.

그 당시 기록된 학생들의 깨알 같은 고민의 흔적과 함께 템플릿으로 공유합니다. 이런 고민이 학생의 어떤 성장으로 이어졌을지 상상해 보시기 바랍니다.

joo.is/학생자치활동지원
▲ 학생 자치활동 지원 템플릿

가) 학급 자치활동 종합 시트

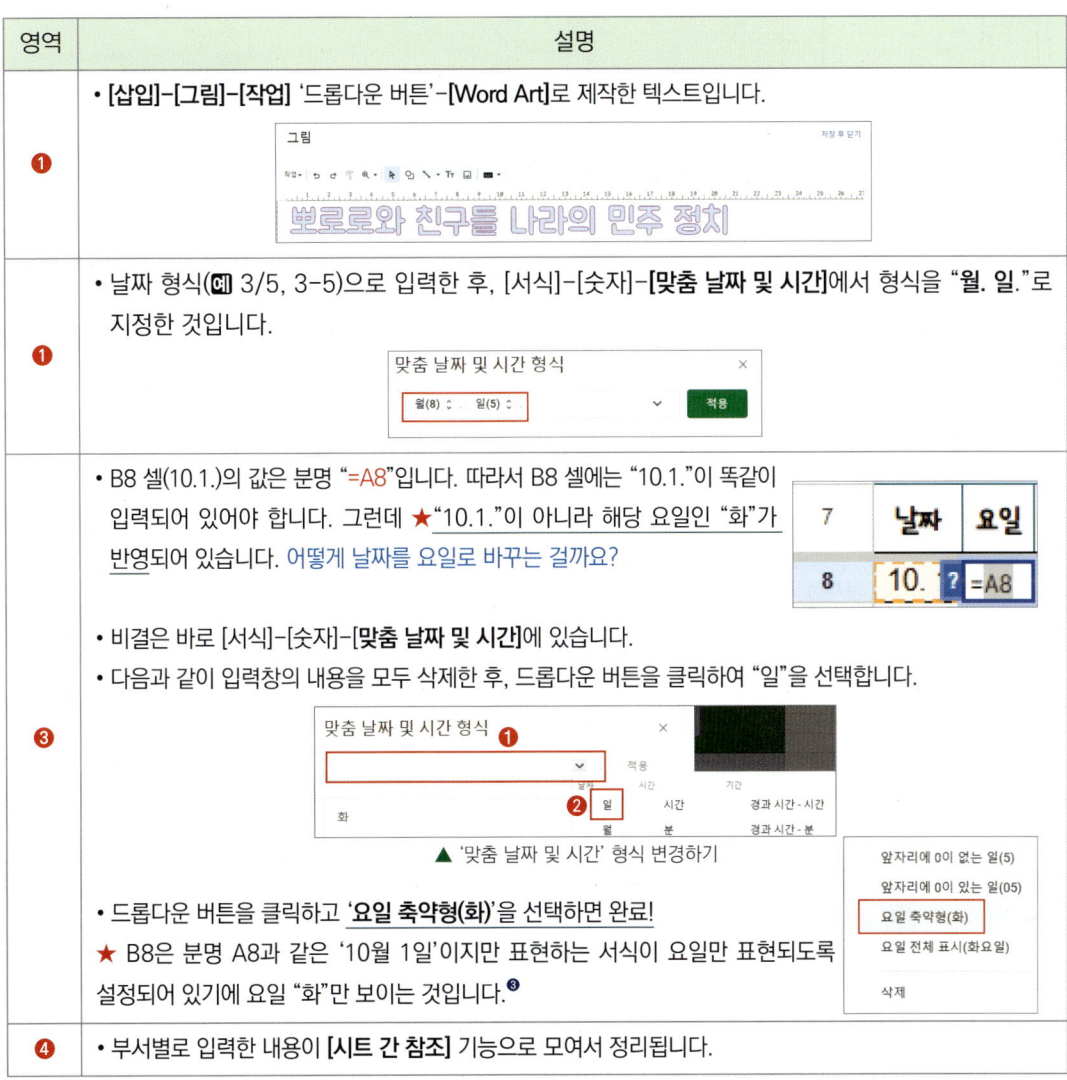
▲ 학급 자치활동 '종합 시트'

영역	설명
❶	• [삽입]-[그림]-[작업] '드롭다운 버튼'-[Word Art]로 제작한 텍스트입니다.
❷	• 날짜 형식(예 3/5, 3-5)으로 입력한 후, [서식]-[숫자]-[맞춤 날짜 및 시간]에서 형식을 "월. 일."로 지정한 것입니다.
❸	• B8 셀(10.1.)의 값은 분명 "=A8"입니다. 따라서 B8 셀에는 "10.1."이 똑같이 입력되어 있어야 합니다. 그런데 ★"10.1."이 아니라 해당 요일인 "화"가 반영되어 있습니다. 어떻게 날짜를 요일로 바꾸는 걸까요? • 비결은 바로 [서식]-[숫자]-[맞춤 날짜 및 시간]에 있습니다. • 다음과 같이 입력창의 내용을 모두 삭제한 후, 드롭다운 버튼을 클릭하여 "일"을 선택합니다. ▲ '맞춤 날짜 및 시간' 형식 변경하기 • 드롭다운 버튼을 클릭하고 '**요일 축약형(화)**'을 선택하면 완료! ★ B8은 분명 A8과 같은 '10월 1일'이지만 표현하는 서식이 요일만 표현되도록 설정되어 있기에 요일 "화"만 보이는 것입니다.❸
❹	• 부서별로 입력한 내용이 [시트 간 참조] 기능으로 모여서 정리됩니다.

❸ 템플릿에서 해당 셀의 날짜 서식을 다양하게 변경하면서 연습해 보세요.

나) 부서별 시트

'부서별 시트'는 부서와 담당자, 날짜별 활동 내용, 건의 사항과 개선사항을 입력하도록 제작되었습니다.

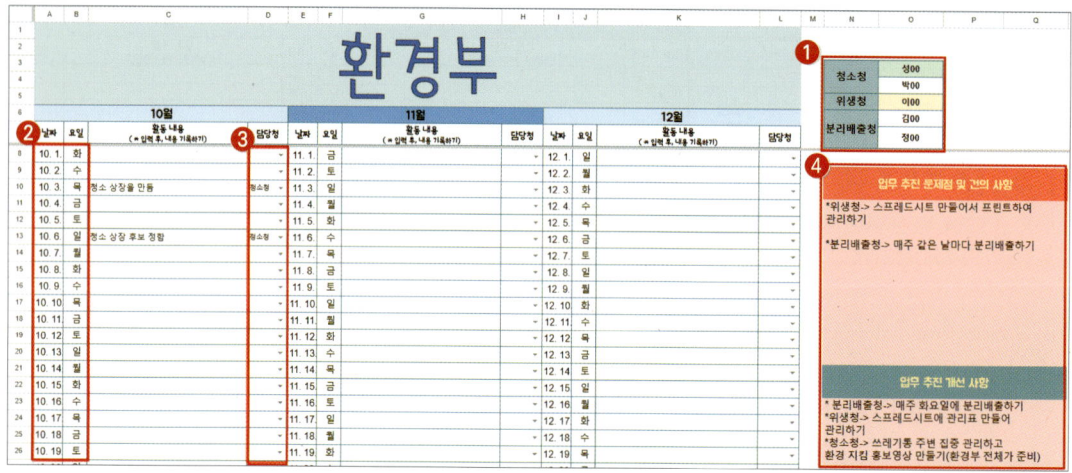

▲ 학급 자치 '부서별 시트' 예시

영역	설명
❶	• 세부 청과 부원 이름을 작성합니다. • 이 부분은 ❸번 영역의 [데이터 확인(드롭다운: 범위)]의 데이터가 됩니다.
❷	• 종합 시트의 데이터가 [시트 간 참조]로 똑같이 반영됩니다. • [범위 보호]를 해 놓는 것이 좋습니다.
❸	• 담당자의 이름이나 소속청의 이름이 표시하도록 드롭다운 형식으로 제작합니다. • 드롭다운 형식으로 했을 때, COUNTIF 함수를 통해 기록된 항목의 개수를 세어, 자치활동 참여도의 데이터로 활용할 수도 있습니다.
❹	• '업무 추진 문제점'과 '업무 추진 개선 사항'을 기록하여 공유하도록 합니다. • 이 부분은 다음의 "문제/건의 종합 시트"에서 부서별 데이터를 [시트 간 참조] 기능으로 한눈에 파악할 수 있습니다.

▲ 문제/건의 종합 시트

부서별로 입력된 내용은 회의 자료로 활용됩니다. 이를 바탕으로 학급 회의가 진행되며, 회의 내용은 앞의 시트 하단에 누적되어 기록됩니다. 학생들은 이러한 데이터를 기반으로 회의를 진행하며, 다음 회의에서는 이전 회의 데이터를 참고하여 연속적으로 논의와 계획을 이어나갈 수 있습니다.

▲ 문제/건의 종합 시트 하단의 자치 회의 결과 기록표

학급의 자치 시스템에 맞춰 이 템플릿을 편집하여 활용하면, 데이터를 효율적으로 공유하고 학생들이 자치활동을 체계적으로 진행할 수 있도록 지원할 수 있습니다. 데이터 기반 자치활동은 학생들에게 책임감을 부여하고, 자율성 및 협력 능력을 향상하는 데 큰 도움이 될 것입니다.

다. 학사 및 주간 일정 관리

학교는 다양한 교육활동과 행정업무가 유기적으로 연결된 공간으로, 이를 효율적으로 운영하기 위해서는 체계적인 계획과 관리가 필수적입니다. 특히, 1년간의 학사일정, 월중행사 계획, 주간운영계획, 일일업무계획은 교직원 모두가 학교 운영의 큰 그림을 이해하고, 각자의 역할을 명확히 수행할 수 있도록 돕는 중요한 도구입니다. 학사일정은 1년간의 교육적 목표와 방향을 설정하고, 월중행사 계획은 이를 세부적으로 실현하기 위한 구체적인 일정과 과정을 담습니다. 또한, 주간운영계획과 일일업무계획은 학교 내의 다양한 활동과 수업, 행사를 조율하며, 변화와 돌발 상황에도 신속히 대응할 수 있도록 유연성을 제공합니다.

이러한 계획을 작성하고 공유하는 과정은 비록 시간이 들고 반복적인 작업일 수 있지만, 학교 구성원의 협업과 목표 달성의 기반을 마련하는 중요한 역할을 합니다. 이는 단순히 문서를 작성하는 것을 넘어, 학생들의 교육 환경을 최적화하고, 교직원의 업무 효율성을 높이며, 학교 전체의 비전을 실현하는 데 기여한다는 점에서 공감과 이해가 필요합니다.

그렇다면, 어떻게 시스템을 만들고 운영하면 효율적일까요?

학교 업무를 효율적으로 관리하기 위해 구글 설문지, 구글 문서, 구글 시트, 구글 캘린더를 연계하여 운영했던 사례를 말씀드리고자 합니다. 각 도구의 역할과 장단점을 살펴보시고 선생님의 학교현장에 적합한 체계적이고 생산적인 시스템이 무엇인지 알아봅시다.

1) 주간계획 관리

구글 설문지를 활용하면 학사일정과 월중행사 계획을 위한 의견 수렴, 행사 참석 여부 조사, 교직원 의견 취합, 만족도 조사 등을 효과적으로 진행할 수 있습니다. 설문 결과는 구글 시트로 자동 연계되어 데이터 관리가 간편해지고, 실시간으로 정리된 데이터를 통해 후속 작업이 용이합니다. 또한, 설문은 직관적이고 간편하게 작성할 수 있으며, 단답형이나 다중선택형 등 다양한 형식의 질문을 지원해 유연성을 제공합니다. 설문지는 이메일, 채팅, 링크를 통해 손쉽게 공유할 수 있어 접근성도 뛰어납니다.

다음은 구글설문지를 이용해서, 주간계획을 수집하는 설문지에 대한 설명입니다.

화면	요소	설명
(주간계획표 작성 화면 - 작성자성함)	❶	• 작성자 성함을 적습니다. • 작성된 계획에 대한 오기입이나 세부사항을 확인하기 위해 필요합니다.
(주관부서: 1 교무부, 2 연구부, 3 인성부, 4 교육혁신, 5 정보부, 6 교육과정부, 7 창의적체험활동부)	❷	• 주관부서는 [드롭다운]으로 목록상자에서 선택할 수 있도록 합니다.
(내용 - 장문형 텍스트)	❸	• 전달할 내용을 적도록 합니다. • 통상적으로 제목과 내용으로 구성합니다.
(행사날짜 - 월, 일, 년)	❹	• 행사가 진행되는 날짜를 지정합니다. • 질문유형 중 [날짜]항목을 이용하면, 응답값이 날짜로 인식됩니다.
(관련파일 - 파일 추가)	❺	• 행사와 관련된 홍보자료나 내부기안문과 같은 파일을 첨부할 수 있습니다. • 구글드라이브의 특정 폴더에 제출된 자료가 자동으로 저장됩니다.

그러나 한번 작성하는 설문지에는 하나의 행사만 입력가능하므로 다수의 행사를 입력하는 경우에는 이 방법은 비효율적일 수 있습니다. 또 제출된 응답을 직접 수정할 수 없다는 점과 설문 결과의 즉각적으로 활용하거나 시각화 작업은 추가적인 작업이 필요합니다.

구글 설문지의 응답 결과는 모두 구글 시트로 정리됩니다. 구글 시트를 활용하면 학사일정, 월중행사, 주간운영계획 등을 표 형식으로 체계적으로 정리할 수 있습니다. 다만, 구글 시트를 활용하려면 학교의 모든 구성원들이 기본적인 사용 방법을 익혀야 한다는 점에서 진입장벽이 높습니다. 이러한 관점에서는 구글 설문지가 좀 더 간편하지만 한 번 익히고 나면 그 효율성이 매우 높습니다.

▲ 전북학급업무경감 플랫폼에 주간 교육활동 운영계획 시트

서식활용법

QR코드나 단축주소로 접속하여 『주간월간통합서식 템플릿』을 '사본 만들기' 합니다.

- 해당 스프레드시트는 학교구성원들에게 공유하여 [월중행사] 시트를 공동편집 합니다.
- 구성원들이 [월중행사] 시트를 작성하는 동시에 [주간 운영계획] 시트와 [일일 업무계획] 시트가 자동으로 완성됩니다.

joo.is/주간계획시트
▲ 주간 교육활동 운영계획 템플릿

구글 시트를 활용하면 모아둔 자료를 단순히 저장하는 것뿐 아니라 다양한 방식으로 관리하고 분석할 수 있습니다. 피벗 테이블과 차트를 통해 데이터를 요약하거나 시각화할 수 있고, 조건부 서식을 활용해 특정 조건에 따라 데이터를 쉽게 파악할 수 있습니다. 또한, 함수와 자동 필터를 사용해 반복 작업을 자동화하고, 실시간 동기화와 데이터 유효성 검사를 통해 협업과 데이터 정확성을 높일 수 있습니다.

이처럼 체계적으로 누적된 자료는 업무 현황 파악과 인수인계에도 유용하게 활용될 수 있어 학교 업무의 효율성을 크게 향상시킵니다.

▲ [주간 교육활동 운영계획] 스프레드시트의 [주간 운영계획] 시트

다만, 초기 데이터 구조화와 설정에 많은 시간이 필요할 수 있으며, 데이터가 복잡해질수록 비직관적으로 느껴질 가능성도 있습니다. 이러한 점을 고려하여 조건부 서식 등의 시각화 도구를 이용하여 시스템을 설계하면 좋습니다.

> **TIP** 구글 문서로 주간계획 관리하기
>
> 구글 문서를 활용하면 학사일정 및 월중행사 계획을 작성하고 공유하며, 협업 문서로 활용할 수 있습니다. 또한, 주간운영계획과 일일업무계획의 초안을 작성하거나 회의록 및 보고서를 작성하는 데 유용합니다. 문서 내 주석과 제안 모드 기능을 통해 팀원 간 피드백과 협업도 효율적으로 진행할 수 있습니다.
>
> 구글 문서는 실시간 공동 작업이 가능하며, 수정 이력이 자동으로 저장되어 작업 내역을 손쉽게 추적할 수 있습니다. 또한, 문서 링크를 통해 손쉽게 공유할 수 있어 접근성과 편리성이 뛰어납니다. 다만, 복잡한 데이터 분석이나 계산 작업에는 한계가 있으며, 대량의 데이터 관리보다는 간단한 문서 작업에 더 적합하다는 점은 단점으로 작용할 수 있습니다.
>
>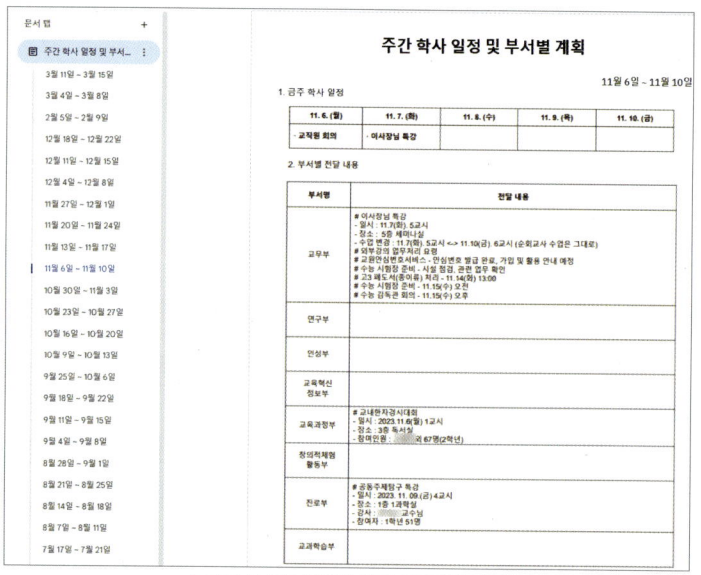
>
> ▲ 구글 문서를 활용한 주간 운영계획 사례

2) 구글 캘린더 VS 구글 시트

구글 설문지로 시작해서 구글 시트로 데이터가 수집되고 분석되는 방식은 대부분의 데이터 처리 과정을 아우를 수 있는 보편적인 과정이지만, 일정관리를 목적으로 하기에는 부족한 기능들이 있습니다. 구글에서는 일정관리를 목적으로 만든 앱이 따로 있습니다. 구글 킵(Keep), 구글 태스크(Task), 구글 캘린더입니다. 일정관리를 목적으로 구글 캘린더와 구글 시트의 장단점을 비교해보겠습니다.

구분	구글 시트	구글 캘린더
데이터 구조화	• 데이터를 표 형식으로 체계적으로 관리 가능 • 여러 시트 활용으로 세부 업무 분리 가능	• 일정과 시간을 시각적으로 관리 가능 • 각 교직원의 캘린더와 연계해 실시간 공유 가능
유연성	• 복잡한 데이터 처리 및 분석 가능 (피벗 테이블, 조건부 서식 등 활용)	• 알림 설정 및 초대 기능으로 일정 관리 효율화 • 모바일 기기와 연동되어 장소와 시간에 제약이 없음
공유 및 협업	• 링크를 통해 손쉽게 공유 가능 • 실시간 편집과 협업 기능 제공	• 실시간 일정 확인 및 변경 사항 공유 • 업무별 캘린더를 구분하여 일정 그룹 관리 가능
기타	• 특정 열/행에 권한을 부여해 데이터 보안 강화 • 설문지 및 기타 구글 도구와 통합하여 연계 가능	• 구글 클래스룸과 연동해 학교 일정과 개인 일정을 한 번에 파악 가능 • 초대 및 알림 기능으로 시간 관리 효율화
시각적 한계	• 시간표 형태의 시각적 관리가 어렵고, 일정을 바로 확인하기 어려움	• 복잡한 데이터 분석이나 상세한 내용 기록은 어려움
복잡도 및 사용 편의성	• 대량의 데이터가 있을 경우 비직관적일 수 있음 • 데이터 구조화 및 초기 설정에 시간이 소요됨	• 데이터 구조화 및 초기 설정에 시간이 소요됨 • 상세한 업무 내용 기록이 어렵고, 보완 도구 필요 • 일정 외의 데이터를 별도로 관리해야 함

구글 시트는 데이터 구조화와 분석에 강점이 있으며, 복잡한 데이터를 체계적으로 관리할 때 유용합니다. 하지만 시각적 관리기능이 부족하고, 일정 확인이 직관적이지 않은 단점이 있습니다.

구글 캘린더는 시각적 일정 관리와 실시간 공유, 알림 기능에서 강점을 가지며, 개인 및 팀의 시간 관리에 효율적입니다. 하지만 복잡한 데이터 분석이나 상세한 업무 기록에는 보완 도구가 필요합니다.

종합 장단점 및 권장 운영 방안

구글 워크스페이스를 활용하면 통합된 플랫폼 내에서 모든 작업이 연계되어 데이터의 연속성을 보장할 수 있습니다. 특히, 실시간 협업 기능을 통해 여러 교직원이 동시에 참여하여 데이터를 수정하거나 확인할 수 있어 업무의 효율성이 크게 향상됩니다. 인터넷만 있으면 어디서든 작업할 수 있는 유연한 접근성 덕분에 장소와 시간의 제약 없이 업무를 진행할 수 있으며, 구글 앱스 스크립트를 활용하면 데이터 처리와 작업을 자동화하여 생산성을 높일 수 있습니다.

운영을 효율적으로 하기 위해 학사일정 및 월중행사는 1년간의 계획이 연초에 정해지고 거의 변경 사항이 없으므로 구글 캘린더에 입력해두면 좋습니다.

주간운영계획의 경우, 구글 설문지로 의견을 수렴하고 그 결과를 구글 시트에 반영한 뒤, 구글 문서를 통해 최종 계획을 작성하는 것이 도구의 각각의 장점을 잘 살릴 수 있습니다. 그러나 현실적으로는 구글 시트를 활용해 세부 일정을 입력 및 관리하며, 최종 일정을 웹배포를 통해 교직원들과 공유하는 것이 좋습니다. 만약, 전체 구성원들의 구글 시트 사용이 원활하지 않다면 메신저로 오는 쪽지를 구글 캘린더에 차곡차곡 업로드 해서 구글 캘린더를 공유해보세요. 개인적인 수업일정부터 학교의 학사일정뿐만 아니라 부서별 일정까지 원하는 시간에 알림을 받으며 진행 및 관리할 수 있습니다. 적어도 메신저로 오늘의 할 일을 뒤져야 하는 불상사를 막을 수 있습니다.

3) 구글 캘린더 업로드 자동화

구글 캘린더에 일정을 등록한 뒤 알림 기능을 활성화하여 관리하면 업무의 누락을 방지할 수 있다는 장점이 있으나, 캘린더에 직접 일정을 입력하는 것은 번거롭고 전체적인 운영 및 관리가 어렵습니다. 그러나, 캘린더는 일정관리 본연의 목적을 달성할 수 있는 좋은 기능들이 정말 많이 있습니다. 캘린더를 잘 사용하기 위한 노력의 사례를 소개합니다.

joo.is/구글캘린더업로더
▲ [구글캘린더자동업로드]템플릿

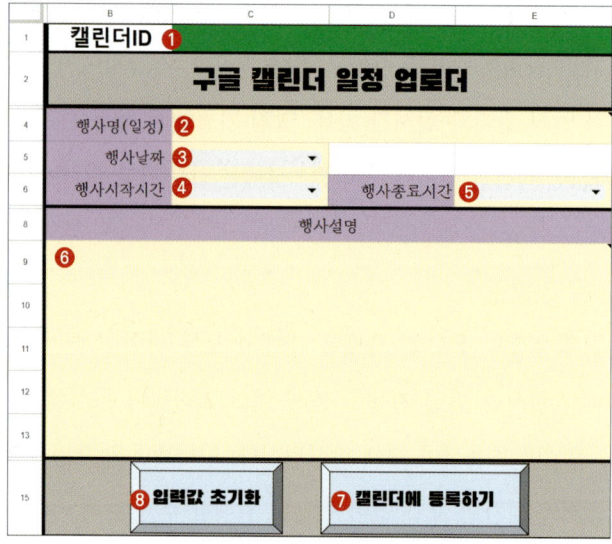

▲ [구글 캘린더 자동업로드] 템플릿 화면

영역	설명
❶	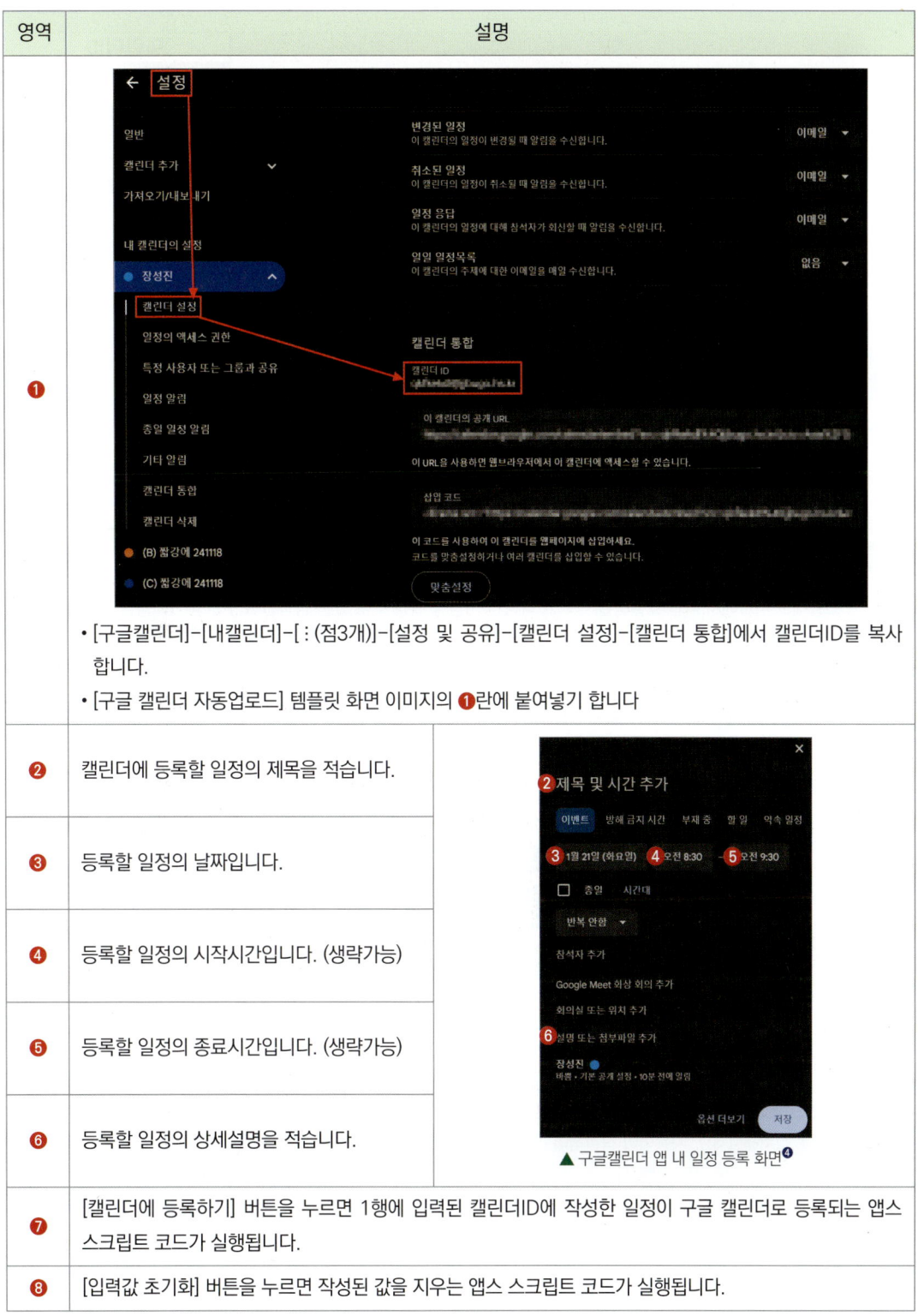 • [구글캘린더]-[내캘린더]-[: (점3개)]-[설정 및 공유]-[캘린더 설정]-[캘린더 통합]에서 캘린더ID를 복사합니다. • [구글 캘린더 자동업로드] 템플릿 화면 이미지의 ❶란에 붙여넣기 합니다
❷	캘린더에 등록할 일정의 제목을 적습니다.
❸	등록할 일정의 날짜입니다.
❹	등록할 일정의 시작시간입니다. (생략가능)
❺	등록할 일정의 종료시간입니다. (생략가능)
❻	등록할 일정의 상세설명을 적습니다.
❼	[캘린더에 등록하기] 버튼을 누르면 1행에 입력된 캘린더ID에 작성한 일정이 구글 캘린더로 등록되는 앱스 스크립트 코드가 실행됩니다.
❽	[입력값 초기화] 버튼을 누르면 작성된 값을 지우는 앱스 스크립트 코드가 실행됩니다.

▲ 구글캘린더 앱 내 일정 등록 화면❹

❹ 시트에 입력하는 내용과 구글캘린더 앱 내에서 입력하는 내용을 비교해보세요.

▲ [구글캘린더자동업로더] 스프레드시트의 [행사일정등록하기(여러개)] 시트

한 건의 일정을 입력하는 것은 구글캘린더에서 하는게 훨씬 좋습니다. 그러나 여러 일정을 입력하는 경우에는 비효율적입니다. 이것을 해결하기 위해 다음과 같이 목록화하면 앱스 스크립트를 이용해서 주간계획, 1년간의 학사일정 모두 원클릭으로 구글 캘린더에 등록할 수 있습니다.

> **TIP** 부가기능 사용하기
>
> 구글 스프레드 시트에서 작업 효율성을 높이고 다양한 기능을 확장할 수 있는 강력한 도구인 부가기능을 사용해 보겠습니다.
>
> [구글 시트]-[확장 프로그램]-[부가기능]-[부가기능 설치하기]를 클릭합니다.
>
>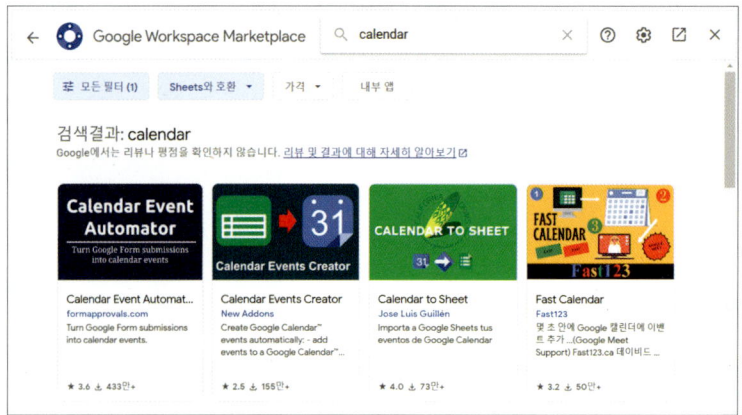
>
> ▲ Google Workspace Marketplace에서 'calendar' 검색화면
>
> Google Workspace Marketplace에서 간단히 검색하고 클릭만으로 설치가 가능합니다. 다운로드 수와 평점을 보고 원하는 기능을 설치해보세요. 사용법이 직관적이고 친숙한 인터페이스로 구성되어 있는 누구나 쉽게 활용할 수 있습니다. 위 이미지에서는 'calendar'를 검색해서 일정관리에 대한 솔루션을 얻었지만, 선생님들의 특정 업무나 조직의 요구에 맞게 부가기능을 선택하여 맞춤형 솔루션을 구성할 수 있습니다. 많은 부가기능이 무료로 제공되며, 일부는 고급 기능을 위한 유료 플랜을 선택할 수 있습니다.

> 심화 학습

AI를 활용해서 앱스 스크립트 코드 만들기

원하는 프로세스가 있다면, 생성형 AI의 도움을 받아서 제작할 수 있습니다. 과거에는 코드를 작성하거나 자동화를 구현하기 위해 많은 것을 배워야 했습니다. 프로그래밍 언어를 익히고, 구조와 배경지식을 충분히 이해해야만 원하는 작업을 수행할 수 있었죠. 이러한 진입장벽은 많은 사람들에게 부담이 되었고, 실제로 자동화를 실현하기 어려운 요인이 되기도 했습니다. 그러나 이제는 생성형 AI의 도움으로 누구나 쉽게 자동화를 구현할 수 있는 시대가 열렸습니다. 복잡한 코드를 작성하지 않아도, 원하는 프로세스나 작업에 대한 아이디어만 있다면 AI를 활용해 그 과정을 간단히 설계하고 실행할 수 있습니다. AI는 코드 작성뿐만 아니라, 효율적인 워크플로우 설계와 반복 작업의 자동화까지 지원하며, 전문적인 지식 없이도 사용자 친화적인 방식으로 자동화 솔루션을 제공합니다.

이제 중요한 것은 '어떻게'가 아니라 '무엇을' 자동화할지 아이디어를 구체화하는 것입니다. 기술의 복잡함은 AI가 처리하고, 사용자는 단순히 필요한 결과를 정의하는 데 집중하면 됩니다. 이는 업무 효율성과 생산성을 높이며, 누구나 쉽게 기술의 혜택을 누릴 수 있는 기회를 제공합니다.

현재 활성화된 시트에서 특정영역을 PDF로 만들고, 지정된 이메일로 보내는 앱스 스크립트 코드를 생성해보겠습니다. 여기서는 [주간 교육활동 운영계획] 스프레드시트의 [주간 운영계획] 시트를 사용해보겠습니다.

단계	설명
1	ChatGPT에 접속합니다.
2	프롬프트로 아래와 같이 입력합니다.
3	생성된 코드를 복사합니다.
4	[구글 시트]-[확장 프로그램]-[Apps Script]를 클릭합니다
5	Apps Script 편집기에 복사한 코드를 붙여넣기 합니다.
6	[저장]버튼을 누르고 [실행] 버튼을 누릅니다.
7	[권한검토]-[계정선택]-[엑세스허용]-[계속]을 누릅니다.❺
8	화면 하단에 [실행로그]에서 완료 여부를 확인할 수 있습니다. 혹, 생성된 코드에 오류가 발생하면 오류 문구를 그대로 복사해서 GPT에게 '에러 발생' 이라고 입력해서 해결할 수 있습니다.
9	[실행 로그] 탭에서 '실행이 완료됨'을 확인하면 이메일로 가서 작성된 PDF를 확인합니다.
10	이메일은 구글 시트가 로그인된 계정으로 발송이 되는 것을 확인할 수 있습니다. 코드안에 이메일 제목과 내용, PDF 파일의 제목을 설정해달라고 추가로 요청해서 완성해 보세요.

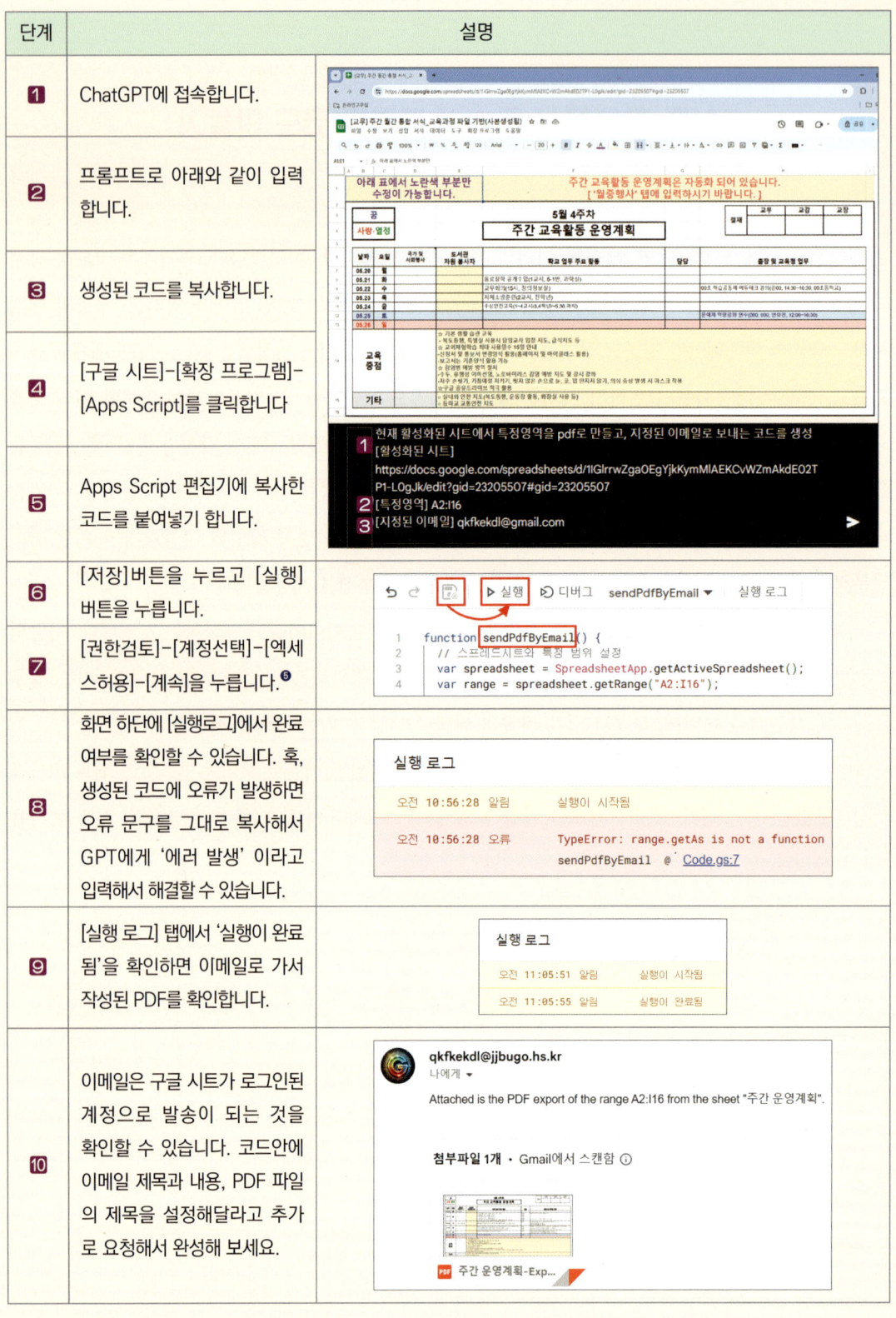

❺ 자세한 설명은 〈 Ⅱ-3-나-1〉 앱스 스크립트를 사용하기 위한 준비〉을 참고하세요.

4) 특별실 예약 페이지 생성 및 관리

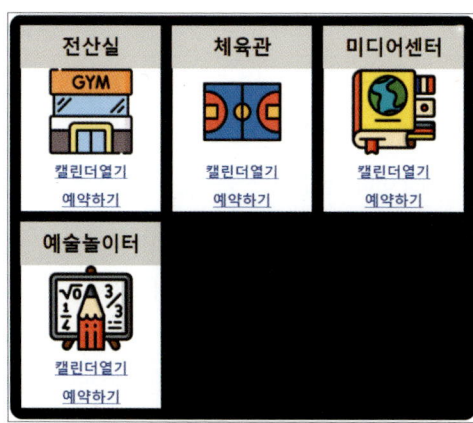

▲ 구글 시트로 생성된 [특별실예약페이지] 시트

학교에서 특별실[2]을 효율적으로 관리하고 예약 시스템을 디지털화하는 『특별실 예약 템플릿』을 소개해드립니다. 이 페이지는 예약 충돌을 방지하고, 사용자들이 실시간으로 예약 현황을 확인하며 간편하게 예약할 수 있도록 돕습니다. 구글 캘린더의 약속 일정 기능을 활용하면 예약 페이지가 자동 생성되고, 관리자는 효율적으로 예약을 관리할 수 있습니다.

다량의 특별실을 수동으로 캘린더 생성 및 관리하려면 시간이 많이 소요되고, 실수가 발생할 가능성이 높습니다.

앱스 스크립트를 활용하면 다량의 특별실 캘린더와 약속 일정 생성, 예약 페이지 관리 등을 자동화하여 업무 부담을 줄일 수 있습니다.

캘린더 생성 규칙, 설정값, 예약 페이지 링크 등에서 사용자별 편차를 없애고, 표준화된 형식으로 생성 및 관리가 가능합니다.

한 번의 스크립트 실행으로 다수의 캘린더와 예약 페이지를 생성 및 업데이트하여 반복적인 작업 시간을 단축합니다.

이번 장에서는 템플릿을 사본 만들기 하고 아래와 같은 순서로 따라 하면서 만들어봅시다.

joo.is/특별실예약시트
▲ [특별실예약페이지] 템플릿

---

[2] 컴퓨터실, 미술실, 음악실, 전산실, 예술놀이터 등 학교에서 사용하는 공간을 일컫는 말

단계	설명
1	위 링크에 접속하여 [특별실예약페이지] 스프레드시트의 사본을 만들기를 클릭합니다.
2	[세팅] 시트에 A2셀부터 예약하여 관리하고자 하는 특별실 이름을 입력합니다.
3	플래티콘 사이트❸ 접속하여 특별실과 적합한 아이콘을 영어로 검색합니다.
4	원하는 이미지를 찾았다면, 해당 이미지를 [마우스우클릭]-[이미지 주소 복사]를 클릭합니다.
5	[세팅] 시트의 G열에 복사한 이미지 주소를 특별실 이름과 동일한 행에 붙여넣습니다.
6	[설정] 시트에서 [특별실 예약 페이지 생성 버튼]을 클릭합니다. 버튼 클릭 시 구글 앱스 스크립트가 실행되어 특별실별로 캘린더와 예약 페이지를 생성합니다.❹
7	스크립트 실행이 완료되면 [세팅] 시트의 E열에 각 특별실별로 생성된 캘린더 구독 링크가 표시됩니다. E열의 캘린더 구독 링크를 클릭하여 해당 특별실의 캘린더 페이지로 이동합니다
8	캘린더 페이지에서 [만들기] 클릭한 후, 〉이동한 캘린더 페이지에서 [만들기] 버튼을 클릭 〉 [약속 일정] 선택〉 생성 옵션 중 [약속 일정]을 선택 〉 약속 시간 설정 〉 예약 가능한 시간대를 설정하고, 일정을 생성 〉 예약 링크 복사 〉 생성된 약속 일정에서 예약 페이지 링크를 복사하여 [세팅] 시트의 F열에 붙여넣습니다. 자세한 설명은 QR코드 속 페이지의 영상을 참고해보세요.❺
9	완성된 [특별실예약페이지] 시트를 공유합니다.❻

❸ www.flaticon.com
❹ 〈Ⅱ-3-나-1〉 권한 및 엑세스 허용〉과 관련된 자세한 설명을 참고하세요.
❺ 자세한 설명은 QR코드 속 페이지의 영상을 참고하세요.
❻ 공유설정과 관련된 자세한 설명은 〈Ⅱ-3-나-1〉 권한 및 엑세스 허용〉을 참고하세요.

> 심화 학습

구글 시트를 웹으로 공유하는 방법

만들어진 스프레드시트에 대한 강력한 보안은 구글의 자랑입니다. 스프레드시트 파일 자체에 대한 권한설정에서부터 각각의 시트에 대한 보호 뿐만아니라 원하는 범위영역, 셀 단위까지도 [시트 보호] 기능을 이용해서 보안 설정이 가능했습니다. 지금부터는 만들어준 구글 시트를 공유하는 다양한 방식을 살펴보겠습니다.

위와 같은 [특별실예약페이지] 경우는 편집자가 세팅하는 시트들은 접근을 제한하고, [예약판] 시트만 사용자에게 공유하면 됩니다

1 **[특별실예약페이지]** 구글 시트 파일 링크에 대한 QR 코드로 생성하여 학교 공지 게시판이나 특별실 앞에 출력해서 게시할 수 있습니다. QR코드에 삽입된 링크는 모바일로도 접근이 가능하지만, 구글 시트 앱이 설치가 되어있어야 편집이 가능하고, 일부 앱스 스크립트는 모바일에서 작동이 불가능합니다. 또, 인쇄된 QR코드는 핸드폰이 있으면 누구나 접근이 가능하므로 분명히 접근을 제한하는 설정이 필요합니다.

2 **[특별실예약페이지]** 링크를 각종 메신저를 통해 직접 배포하는 방법이 있습니다.

직접 이메일을 입력(❶)하여 사용자를 추가(❷)하거나, 구글 워크스페이스가 구축이 되어있다면, 조직구성원(❸)에게만 접근을 설정할 수 있습니다. 링크가 있는 모든 사용자에게 뷰어 권한을 설정하고 배포할 수 있습니다.

Ⅲ 구글 시트 업무 효율화

❸ 하나의 특별한 방법으로 웹에 게시기능이 있습니다. [구글 시트]-[파일]-[공유]-[웹에 게시]을 클릭합니다.

링크(❶)를 클릭하고 게시하고자 하는 시트(❷)를 선택합니다. 게시된 페이지 링크(❸)를 선택하여 복사합니다. 해당 링크는 웹페이지 형태로 공유되어 구글 시트 앱이 없어도 모바일에서 캘린더 예약페이지로 접근이 가능하고 만들어 구현하고자 했던 구글 시트를 통한 캘린더 예약의 기능을 온전히 실행할 수 있습니다.

❹ 구글 사이트를 활용하는 방법도 있습니다. 원하는 모든 링크를 한곳에 모은 구글 사이트를 제작하여, 교사들이 필요한 특별실 예약을 쉽게 할 수 있도록 구성이 가능합니다.

구글 시트와 구글 캘린더를 통합함으로써 데이터 관리 및 예약 관리가 단일 시스템에서 이루어질 수 있습니다. 데이터를 기반으로 한 일정관리는 교사 및 관리자들이 반복적인 작업에서 벗어나 중요한 업무에 집중할 수 있도록 돕습니다. 학교 또는 조직의 디지털 전환 노력의 일환으로 간소화된 일정관리 툴을 사용하여 사용자 경험을 개선하고 효율성을 극대화해 보세요.

라. 시간표 관리 <중등>

시간표는 학교의 모든 활동과 운영을 통합적으로 계획하고 조정하는 기본 틀이며, 학습의 질을 높이고 학교 구성원의 삶을 체계적으로 조직하는 데 필수적인 역할을 합니다. 나이스에서 다운로드한 시간표 파일을 통해 원하는 자료를 검색할 수 있는 양식을 만들 수 있고, 학생들의 성장과 발전을 위한 최적의 환경을 제공할 수 있습니다.

1) 나이스 시간표로 가공

정규화된 시간표 데이터가 필요합니다. 나이스에 등록된 시간표[1]를 다운로드하여 정규화된 시간표 데이터를 만들도록 하겠습니다.

1 나이스에서 시간표를 다운로드합니다.[2]

- '정규화 매크로' 파일을 다운로드합니다.
    - 해당 파일은 엑셀 파일입니다.
    - 버전에 상관없이 작동하는 VBA 매크로가 포함되어있습니다.

joo.is/시간표정규화
▲ 나이스 시간표 정규화 파일 복사하기

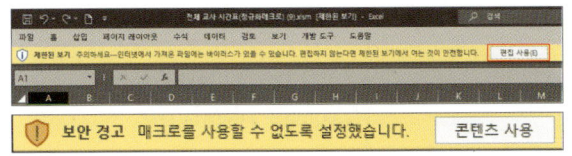

- 다운로드 후 처음 시작하면, 편집사용 버튼을 누르고 매크로 콘텐츠 사용 버튼을 눌러야 합니다.

▲ 위 링크에 접속 후, 정규화 매크로 파일다운로드 안내

2 '정규화 매크로' 파일을 열고, [시간표 변환] 버튼을 클릭합니다.

3 나이스에서 다운로드한 파일을 선택합니다.

4 매크로 변환이 완료되었다는 팝업창이 뜹니다.

---

[1] 중학교, 고등학교 시간표만 가능합니다.
[2] [나이스]-[교과담임]-[교육 과정]-[시간표 관리]-[교사별 시간표 조회]-[엑셀다운로드]

5 SHEET2를 복사하여 『업무경감양식(모음) 템플릿』에서 [시간표] 시트에 붙여넣기를 합니다.

순번	교사성명	요일교시	학년과목(반)	요일	교시	학년	반	과목
1	도명은	월1	1학년 국어(9)	월	1	1	9	국어
2	도명은	월2	1학년 국어(10)	월	2	1	10	국어
3	도명은	월4	3학년 국어(7)	월	4	3	7	국어
4	도명은	월6	1학년 국어(11)	월	6	1	11	국어
5	도명은	월7	3학년 국어(6)	월	7	3	6	국어
6	도명은	화3	1학년 국어(9)	화	3	1	9	국어
7	도명은	화5	1학년 국어(10)	화	5	1	10	국어

▲ 업무경감양식(모음) [시간표] 시트 입력결과

TIP   VBA와 구글 앱스 스크립트

항목	VBA (Visual Basic for Applications)	구글 앱스 스크립트
플랫폼	• Microsoft Office	• 구글 워크스페이스
언어	• Visual Basic for Applications	• 자바스크립트 기반
대상 프로그램	• Excel, Word, PowerPoint 등 MS Office 제품군	• 구글 시트, 구글 문서, 구글 드라이브, 구글 설문지 등
사용 용도	• Office 내에서의 매크로 및 자동화 작업	• 구글 워크스페이스 내에서의 자동화 및 통합 작업
환경	• 로컬 애플리케이션 기반	• 클라우드 기반
사용자 인터페이스	• VBA 편집기 (Excel 내장)	• 구글 앱스 스크립트 편집기
코드 실행 방식	• 로컬 컴퓨터에서 실행	• 클라우드 서버에서 실행
협업 지원	• 기본적으로 협업 기능이 제한적	• 실시간 협업 및 클라우드 기반 공유 가능
보안	• 파일 수준 보안 (매크로 허용 설정 필요)	• 구글 워크스페이스의 계정 권한 및 OAuth 인증
코드 배포	• 매크로 포함 파일 (*.xlsm, *.docm)로 공유	• 웹앱, 스크립트 라이브러리 또는 프로젝트 복사로 배포
학습 난이도	• 비 개발자에게 상대적으로 쉬움	• 자바스크립트 지식이 필요하여 초보자에게 약간의 어려움이 있음
호환성	• Windows 및 Mac(제한적)	• 모든 플랫폼(브라우저 기반)
데이터 저장	• 로컬 저장소	• 구글 시트, 구글 드라이브, 또는 외부 API
API 지원	• 제한적	• 구글 워크스페이스 API 및 웹 서비스 지원
주요 장점	• Office 기능과 통합 • 고급 인터페이스 제작 가능	• 클라우드 기반으로 어디서나 접근 • 구글 서비스 간 강력한 통합
주요 장점	• 로컬 의존성으로 협업 어려움 • 클라우드 통합 제한적	• 인터넷 연결 필수 • 클라우드 환경에 익숙하지 않으면 학습 필요

VBA는 Microsoft Office와 긴밀하게 통합되어 있어 Office 기능을 활용한 작업 자동화와 고급 사용자 인터페이스 제작에 적합한 장점이 있습니다. 그러나 로컬 환경에 의존하기 때문에 협업이 어려울 수 있으며, 클라우드 통합이 제한적이라는 단점이 있습니다. 반면, 구글 앱스 스크립트는 클라우드 기반으로 어디서나 접근 가능하며, 구글 서비스 간의 강력한 통합을 지원하는 것이 큰 장점입니다. 하지만 인터넷 연결이 필수이고, 클라우드 환경에 익숙하지 않은 사용자에게는 학습이 필요하다는 점에서 단점이 존재합니다.

2) 각종 시트 자동화

가) [개인 시간표 출력] 시트 자동화하기

▲ 업무경감양식(모음) [개인 시간표 출력] 시트

이 함수는 '시간표' 시트에서 특정 조건(두 개의 열값)에 부합하는 데이터를 찾고, 이를 하나의 문자열로 조합하여 반환합니다. 만약 조건에 맞는 데이터가 없으면 빈 문자열을 반환합니다.

영역	설명
❶	• B2 셀에 선생님 성함을 직접 입력합니다.
❷	[수식 구조 이미지] **D5 수식** =IFERROR(INDEX() & "-" & INDEX() & CHAR(10) & INDEX() ,"") 입력된 수식은 3개의 INDEX 함수가 IFERROR 안에서 연산자와 결합하여 (INDEX & INDEX & INDEX)의 구조로 작성합니다. INDEX, MATCH 함수는 조금 친숙해지셨을 테니, 순서대로 맥락만 살펴보겠습니다. • 첫 번째 **수식** INDEX('시간표'!$G$2:$G,MATCH(1,('시간표'!$B$2:$B=$B$2)*('시간표'!$C$2:$C$1084=D$4&$C5),0),1)

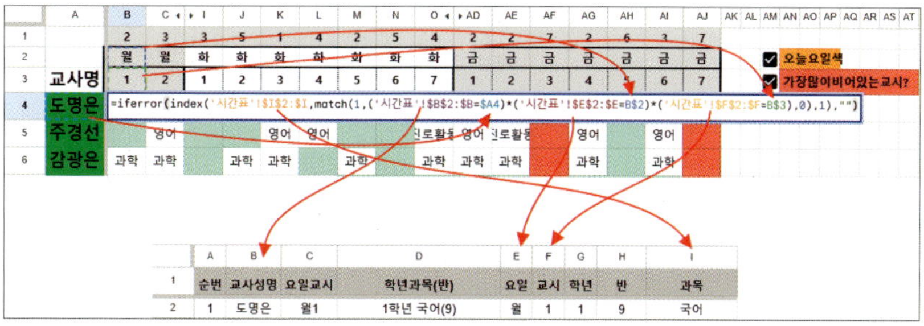

수식	설명
('시간표'!$B$2:$B=$B$2)	'시간표'!$B$2:$B(교사)가 $B$2(입력된 교사명)이면서
('시간표'!$C$2:$C$1084=D$4&$C5)	'시간표'!$C$2:$C$1084(요일교시)가 D$4(요일),$C5(교시) 인 행을 찾아 MATCH가 행 번호를 반환해주면,
'시간표'!$G$2:$G	해당 행의 '시간표'!$G$2:$G(학년) 데이터를 반환

- 두 번째

  수식 INDEX('시간표'!$H$2:$H,MATCH(1,('시간표'!$B$2:$B=$B$2)*('시간표'!$C$2:$C$1084=D$4&$C5),0),1)

수식	설명
('시간표'!$B$2:$B=$B$2)	'시간표'!$B$2:$B(교사)가 $B$2(입력된 교사명)이면서
('시간표'!$C$2:$C$1084=D$4&$C5)	'시간표'!$C$2:$C$1084(요일 교시)가 D$4(요일), $C5(교시) 인 행을 찾아 MATCH가 행 번호를 반환해주면,
'시간표'!$H$2:$H	해당 행의 '시간표'!$H$2:$H(반)데이터를 반환

- 세 번째

  수식 INDEX('시간표'!$I$2:$I,MATCH(1,('시간표'!$B$2:$B=$B$2)*('시간표'!$C$2:$C$1084=D$4&$C5),0),1)

수식	설명
('시간표'!$B$2:$B=$B$2)	'시간표'!$B$2:$B(교사)가 $B$2(입력된 교사명)이면서
('시간표'!$C$2:$C$1084=D$4&$C5)	'시간표'!$C$2:$C$1084(요일 교시)가 D$4(요일), $C5(교시) 인 행을 찾아 MATCH가 행 번호를 반환해주면,
'시간표'!$I$2:$I	해당 행의 '시간표'!$I$2:$I(과목) 데이터를 반환

❷ 따라서, 위 결과를 종합해보면 D5=IFERROR(INDEX()&"-"&INDEX()&CHAR(10)&INDEX(),"")의 결과는 D5=IFERROR(**학년**&"-"&**반**&CHAR(10)&**과목**,"")으로 정리되며, 줄 바꿈 함수 CHAR(10)까지 결합하여 학년, 반, 과목으로 하나의 셀이 완성됩니다.

- D$4(요일), $C5(교시)의 참조방식을 봅시다.

  D5에 작성된 수식은 D5:H11 영역에 드래그해서 채웁니다.

- D$4(요일)은 열 방향으로는 변하지만, D5 기준으로 아래 방향으로 드래그될 때 변하지 말아야 하니, 행 번호에만 고정($)표시를 입력합니다.

- $C5(교시)은 행 방향으로 변하지만, 오른쪽으로 드래그될 때 변하지 말아야 하니, 열 번호에만 고정($)표시를 입력합니다.

- D5=IFERROR(…,"")에서 3가지 INDEX의 결괏값이 에러가 나면 공백을 결괏값으로 반환합니다.

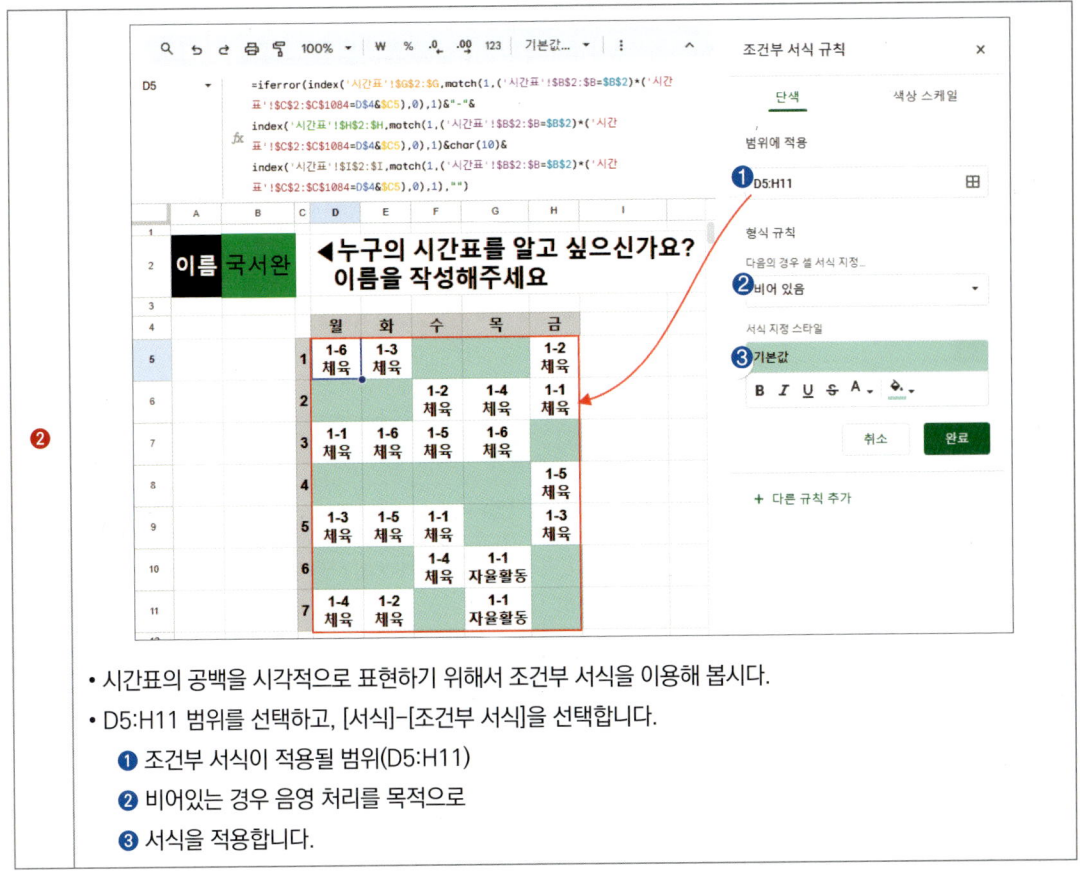

- 시간표의 공백을 시각적으로 표현하기 위해서 조건부 서식을 이용해 봅시다.
- D5:H11 범위를 선택하고, [서식]-[조건부 서식]을 선택합니다.
  ❶ 조건부 서식이 적용될 범위(D5:H11)
  ❷ 비어있는 경우 음영 처리를 목적으로
  ❸ 서식을 적용합니다.

이제, B2 셀에 선생님 이름을 바꿔 입력하면 일주일 1~7교시까지 해당 선생님의 개인 시간표가 출력됩니다.

나) [함께 비어있는 시간 찾기] 시트 자동화하기

다른 선생님의 시간표를 볼 일도 참 많습니다. 오늘 4교시는 어떤 선생님이 비어있어서, 밥 친구와 언제 점심을 함께 먹을 수 있을지, 소속된 교과 선생님들과 언제 회의할 수 있을지, 소속된 작은 공동체에서 소모임이 가능한 시간은 언제인지 등 [시간표] 시트에 입력된 정보만 있으면, 구글 시트의 몇 가지 함수를 이용해서 사용자가 원하는 형태로 가공할 수 있음을 이해하셨을 것입니다. 중요한 것은 나이스에 입력된 시간표를 바탕으로 정형화된 데이터를 준비된 양식에 복사 붙여넣기만 하면, 다음 학기에도 내년에도 최신화되어 평생 사용할 수 있습니다. 해당 시트가 어떻게 구성되었는지 살펴보겠습니다.

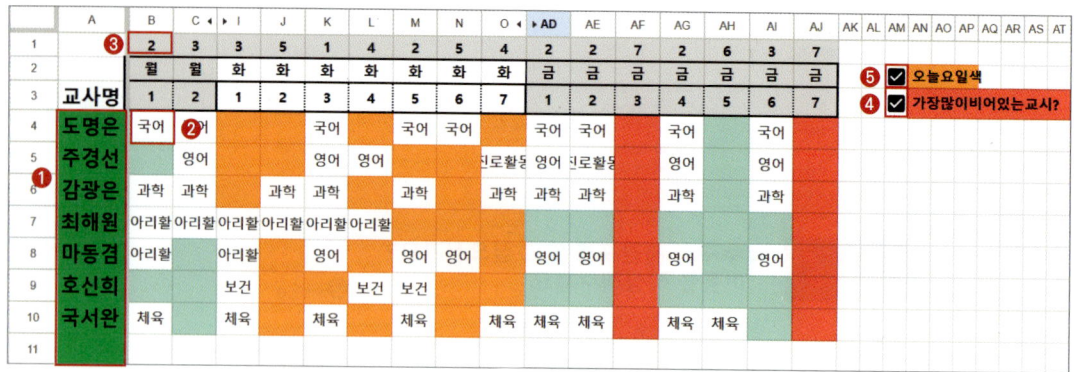

▲ 업무경감양식(모음) 템플릿의 [함께 비어있는 시간 찾기] 시트

영역	설명
❶	• B열에 조회하고자 하는 선생님들의 성함을 직접 입력합니다.
❷	**B4 수식** =IFERROR(INDEX('시간표'!$I$2:$I,MATCH(1,('시간표'!$B$2:$B=$A4)*('시간표'!$E$2:$E=B$2)*('시간표'!$F$2:$F=B$3), 0),1),"")

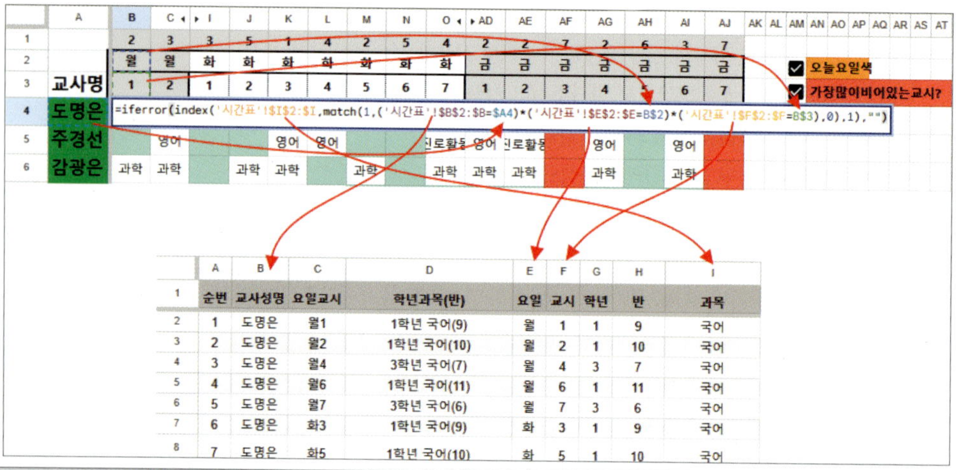

수식	설명
('시간표'!$B$2:$B=$A4)	'시간표'!$B$2:$B(교사 성명) 중에 $A4와 같은 선생님 중에
('시간표'!$E$2:$E=B$2)	'시간표'!$E$2:$E(요일)이 B$2랑 같고
('시간표'!$F$2:$F=B$3)	'시간표'!$F$2:$F(교시)이 B$3랑 같은 행번호를 MATCH를 통해 받아서
'시간표'!$I$2:$I	'시간표'!$I$2:$I(과목)을 결과로 반환

❷

- **$A4, B$2, B$3** 참조방식을 봅시다.
  B4에 입력된 수식을 AJ열의 몇 개 행까지 드래그로 긁어서 채워줍니다.
  - **$A4(교사명)**은 행방향으로는 변하지만, B4기준으로 오른쪽 방향으로 드래그될 때 변하지 말아야 하니, 열 번호에만 고정($)표시를 입력합니다.
  - **B$2(요일), B$3(교시)**은 열 방향으로 변하지만, 아랫 방향으로 드래그될 때 변하지 말아야 하니, 행 번호에만 고정($)표시를 입력합니다.
- IFERROR(…,"")에 의해 INDEX 결과가 에러가 나면 공백("")으로 표시됩니다.

❸

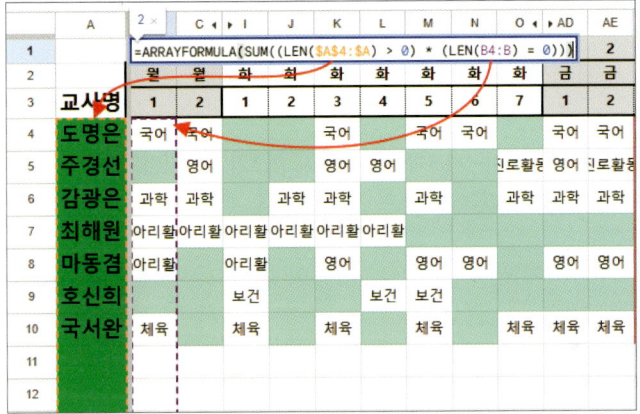

- `B1 수식` =ARRAYFORMULA(SUM((LEN($A$4:$A) > 0) * (LEN(B4:B) = 0)))
- **$A$4:$A**(교사명이 입력된 열)의 각 셀에 입력된 글자 수가 0보다 크고 **B4:B**(요일 교시가 출력된 열)의 각 셀에 입력된 글자 수가 0보다 큰 행의 개수를 더하여(SUM) B1에 반환합니다.
- ARRAYFORMULA가 배열 수식이라는 것을 배웠습니다. 위 수식을 좀 더 쉽게 설명하면, A열에는 교사명이 입력되어 있고, B열이 비어있는 행이 몇 개인지를 첫 행에 계산합니다.
- B1에 입력된 수식을 AJ열 까지 드래그로 수식을 완성할 것이므로 교사명이 적혀진 **$A$4:$A**은 절대 참조로 요일과 교시에 해당하는 열 범위인 B4:B은 상대 참조로 설정해 줍니다.

❸
> **처음 만난 함수 사전** **LEN 함수란?**
>
> 지정된 셀이나 텍스트 문자열의 문자 수를 반환하는 함수
>
> 형식: =LEN(텍스트)
>
> - **텍스트:** 길이를 계산할 문자열 또는 셀 참조를 지정합니다. 텍스트가 숫자라면 이를 문자열로 간주하여 길이를 계산합니다.
>
> | 수식 예시 | 결과 | 비고 |
> |---|---|---|
> | =LEN("Hello구글") | 7 | 영어와 한글 모두 글자당 1로 계산 |
> | =LEN(12345) | 5 | 숫자 당 1로 계산 |
> | =LEN("Gemini AI 2.0") | 12 | 띄어쓰기도 1로 계산 |
> | =LEN(A1)
A1="구글 시트"인 경우 | 9 | A1 셀에 연결된 텍스트를 인식하여 계산 |
> | =LEN(B1)
B1=""인 경우 | 0 | 아무것도 입력되지 않은 경우, 0으로 계산 |

❹ ❸에서 비어있는 행의 개수를 계산한 이유는 가장 많이 비어있는 교시를 찾기 위해서입니다.

	AL	AM	AN	AO	AP	AQ	AR	AS	AT	AU
1										
2		✓	오늘요일색							
3		✓	가장많이비어있는교시?							

- AM3에는 [삽입]-[체크박스]를 넣어서 체크가 되면 TRUE를, 체크가 안 되면 FALSE를 반환받을 수 있도록 합니다.

❺ - AM2도 마찬가지로 [삽입]-[체크박스]를 넣어서 체크가 되었다면 TRUE를 체크가 안 되어있다면 FALSE를 반환받을 수 있도록 합니다.

> 심화 학습

조건부 서식

조건부 서식은 셀의 값이나 수식의 결과에 따라 셀의 서식을 자동으로 변경하는 기능입니다. 구글 시트에서 특정 조건이 충족되었을 때 텍스트 색상, 배경색, 글꼴 스타일 등을 자동으로 변경하여 데이터를 강조하거나 쉽게 식별할 수 있도록 도와줍니다.

조건부 서식의 적용 순위

- **규칙의 우선순위**: 구글 시트에서는 조건부 서식을 정의한 순서가 중요합니다. 상단의 규칙이 우선순위를 가집니다. 조건부 서식 패널에서 규칙은 위에서 아래로 나열되며, 위에 있는 규칙이 먼저 적용됩니다. 같은 범위에 여러 규칙이 설정되어 충돌하면, 상단 규칙이 적용되고 하단 규칙은 무시됩니다.
- **범위와 조건의 관계**: 특정 셀에 대해 조건부 서식이 설정된 경우, 그 셀에 적용되는 보다 구체적인 범위의 서식이 우선됩니다. 조건부 서식은 정의된 조건이 참(TRUE)인 셀에만 적용됩니다. 조건이 충족되지 않으면 해당 규칙은 건너뛰고, 다음 규칙을 적용합니다.
- **충돌이 발생할 때 적용 규칙**: 한 셀에 여러 규칙이 적용될 수 있지만, 한 번에 하나의 서식만 표시됩니다. 상단 규칙이 조건을 충족하면 하단 규칙은 무시됩니다.

조건부 서식에서 맞춤 수식 형식 사용 시 주의사항

- 시트나 셀을 마우스 클릭하여 참조할 수 없으며, 수식을 직접 입력해야 함
- 맞춤 수식을 작성하는 동안, 수식에 색상이 표시되지 않음
- 선택된 범위의 왼쪽 가장 위 셀 번호를 기준으로 작성
- 다른 시트를 참조할 때는 INDIRECT 함수를 사용해야 함

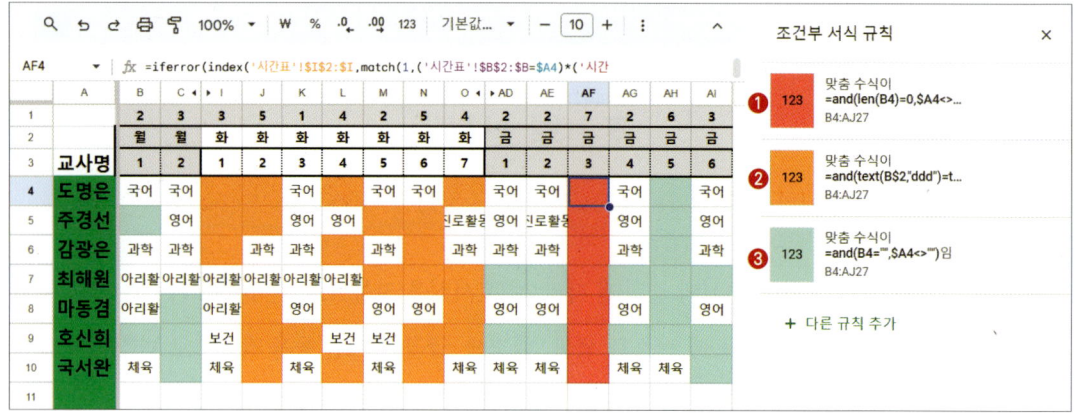

▲ 업무경감양식(모음) [함께 비어있는 시간 찾기] 시트에 적용된 조건부 서식

영역	설명
❶	**수식** =AND(LEN(B4)=0,$A4<>"",$AM$3,MAX($B$1:$AJ$1)=B$1) <table><tr><th>AND 조건</th><th>설명</th></tr><tr><td>LEN(B4)=0</td><td>B4 셀이 비어있고</td></tr><tr><td>$A4<>""</td><td>선생님 성함은 공백이 아니며(입력값이 있으며)</td></tr><tr><td>$AM$3</td><td>가장 많이 비어있는 교시를 보고 싶다고 체크를 했고,</td></tr><tr><td>MAX($B$1:$AJ$1)=B$1</td><td>월요일 1교시($B$1)부터 금요일 7교시($AJ$1)까지 비어 있는 시간이 가장 많은 값과 B$1(월요일 1교시) 값과 같다면 (즉, 월요일 1교시가 가장 많이 비어있는 교시라면)</td></tr></table> 4가지 조건을 모두 만족하는 경우, AND 함수에 의해 TRUE가 반환됩니다. 조건부 서식이 TRUE 값일 때, 지정한 서식을 적용합니다. • B4:AJ27 범위에 해당하는 각각의 셀에 적용할 서식을 결정하는 수식을 B4 셀 기준으로 작성해야 합니다. 따라서 위 수식에서 고정($)된 셀의 관계를 유심히 살펴볼 필요가 있습니다. 예를 들어, B4:AJ27 범위에 포함된 V7에 적용되는 수식은=AND(LEN(V7)=0,$A7<>"",$AM$3,MAX($B$1:$AJ$1)=V$1)입니다. B4기준으로 작성했지만, V7셀에 적용될 때는 고정($)된 참조를 제외하고는 모두 V7기준으로 바뀌어 적용됩니다. **처음 만난 함수 사전** AND 함수란? 여러 조건이 모두 TRUE일 때 TRUE를 반환하고, 하나라도 FALSE일 경우 FALSE를 반환하는 논리 함수 형식: =AND(조건1, [조건2], …) • 조건1, 조건2, …: TRUE 또는 FALSE로 평가되는 조건입니다. 최소 1개의 조건을 입력합니다. • 조건은 숫자, 텍스트, 셀 참조, 또는 비교 연산식으로 구성됩니다.

❶
처음 만난 함수 사전 MAX 함수란?

지정된 숫자나 셀 범위에서 가장 큰 값(최댓값)을 반환하는 함수

형식: =MAX(값1, [값2], …)

- 값1, 값2, …: 비교할 숫자, 셀 참조, 또는 숫자가 포함된 범위입니다.
- 최대 30개의 개별 값이나 범위를 입력할 수 있습니다.

❷
수식 =AND(TEXT(B$2,"ddd")=TEXT(TODAY(),"ddd"),LEN(B4)=0,$A4<>"",

AND의 조건	설명
TEXT(B$2,"ddd")=TEXT(TODAY(),"ddd")	B$2에 입력된 요일이 TODAY 요일과 같고,
LEN(B4)=0	B4 셀이 비어있고
$A4<>""	선생님 성함은 공백이 아니며(입력값이 있으며)
$AM$2	오늘 요일 색을 보고 싶다고 체크를 한다면,

4가지 조건을 모두 만족하는 경우, AND 함수에 의해 TRUE가 반환됩니다. 조건부 서식이 TRUE 값일 때, 지정한 서식을 적용합니다.

❸
수식 =AND(B4="",$A4<>"")

AND의 조건	설명
B4=""	B4 셀이 비어있고
$A4<>""	선생님 성함은 공백이 아니면(입력값이 있으며)

2가지 조건을 모두 만족하는 경우, AND 함수에 의해 TRUE가 반환됩니다. 조건부 서식이 TRUE 값일 때, 지정한 서식을 적용합니다.

다) [수업변경프로그램] 시트 자동화하기

갑작스러운 일로 수업을 변경해야 하면, 수업을 대신해 줄 다른 선생님을 어떻게 찾으시나요? [시간표] 시트에 입력된 정보만 있으면, 바꿔야 할 수업 시간에 수업이 없는 선생님이면서, 해당 학급을 들어가시는 선생님을 바로 찾을 수 있습니다. 해당 시트의 구성을 살펴보겠습니다.

	A	B	C	D	E	F	G	H	I	J	K	L	M	N	O	P	Q	R	W
1		교사성명	요일	교시	학년	반 ❷	과목		월	월	월	월	월	월	월	화	화	화	수
2	❶	형찬중	목	4	1	8	도덕		1	2	3	4	5	6	7	1	2	3	1
3		▲위 형광색부분만 바꿔입력해보세요.							1-8 도덕	❸		1-6 도덕	1-5 도덕		1-7 도덕		1-11 도덕		1-9 도덕
7		순번 ❺	교사성명	요일	교시	학년	반	과목											
8	1	우미야	월	4	1	8	국어	❹		1-5 국어	1-8 국어	1-7 국어		1-6 국어		1-5 국어	1-7 국어		1-7 국어
9	2	우미야	화	6	1	8	국어			1-5 국어	1-8 국어	1-7 국어		1-6 국어		1-5 국어	1-7 국어		1-7 국어
10	3	우미야	수	4	1	8	국어			1-5 국어	1-8 국어	1-7 국어		1-6 국어		1-5 국어	1-7 국어		1-7 국어
11	4	우미야	금	3	1	8	국어			1-5 국어	1-8 국어	1-7 국어		1-6 국어		1-5 국어	1-7 국어		1-7 국어
12	5	최혜원	수	2	1	8	동아리활동		3-4 동아	3-7 동아	3-10 동아	2-4 동아				3-4 동아	3-7 동아	3-10 동아	1-4 동아
13	6	감광은	월	5	1	8	과학		1-11 과학	1-6 과학		1-7 과학	1-8 과학		1-9 과학		1-6 과학	1-10 과학	
14	7	감광은	수	3	1	8	과학		1-11 과학	1-6 과학		1-7 과학	1-8 과학		1-9 과학		1-6 과학	1-10 과학	
15	8	감광은	금	2	1	8	과학		1-11 과학	1-6 과학		1-7 과학	1-8 과학		1-9 과학		1-6 과학	1-10 과학	
16	9	황라원	월	7	1	8	미술				1-10 미술	3-3 미술		3-4 미술	1-8 미술	1-7 미술	3-2 미술		

▲ 업무경감양식(모음) [수업변경프로그램] 시트

영역	설명
❶	• 수업을 바꾸고자 희망하는 선생님의 성함(B2 셀)과 변경을 원하는 요일(C2 셀)과 교시(D2 셀)를 직접 입력합니다.
❷	**E2 수식** =INDEX('시간표'!$G$2:$I,MATCH(1,('시간표'!$C$2:$C=$C$2&$D$2)*('시간표'!$B$2:$B=$B$2),0),COLUMN(A1)) **AND의 조건 / 설명** ('시간표'!$C$2:$C=$C$2&$D$2) : '시간표'!$C$2:$C(요일교시)에서 입력된 $C$2(요일)&$D$2(교시)와 같으면서, ('시간표'!$B$2:$B=$B$2) : '시간표'!$B$2:$B(교사성명)이 입력된 $B$2(교사성명)과 같은 행 번호를 MATCH로 받아와서 '시간표'!$G$2:$I : '시간표'!$G$2:$I(학년,반,과목) 중에 COLUMN(A1)=1번째 열에 해당하는 학년 값을 반환 • E2 셀에 입력된 수식은 오른쪽으로 드래그해서 G2 셀까지 채워졌습니다. 상대 참조로 작성된 COLUMN(A1) 함수가 오른쪽으로 한 칸씩 채워질 때마다, COLUMN(B1)=2, COLUMN(C1)=3으로 바뀌므로 '시간표'!$G$2:$I(학년, 반, 과목)에서 입력된 선생님($B$2)의 변경을 희망하는 $C$2(요일)&$D$2(교시)의 '반'과 '과목'을 차례로 완성할 수 있습니다.

❸ **I3 수식** =IFERROR(INDEX('시간표'!$G$2:$G,MATCH(1,(I1&I2='시간표'!$C$2:$C)*('시간표'!$B$2:$B=$B$2),0),1)&"-"&INDEX('시간표'!$H$2:$H,MATCH(1,(I1&I2='시간표'!$C$2:$C)*('시간표'!$B$2:$B=$B$2),0),1)&CHAR(10)&INDEX('시간표'!$I$2:$I,MATCH(1,(I1&I2='시간표'!$C$2:$C)*('시간표'!$B$2:$B=$B$2),0),1),"")

- I3 셀에 입력된 수식은 [개인 시간표 출력] 시트의 D5를 작성했던 수식과 교사성명($B$2), I1(요일)&I2(교시)가 입력된 셀의 번호만 다르고 나머지는 일치합니다.

❹ **I8 수식** =IFERROR(INDEX('시간표'!$G$2:$G,MATCH(1,(I1&I2='시간표'!$C$2:$C)*('시간표'!$B$2:$B=$B8),0),1)&"-"&INDEX('시간표'!$H$2:$H,MATCH(1,(I1&I2='시간표'!$C$2:$C)*('시간표'!$B$2:$B=$B8),0),1)&CHAR(10)&INDEX('시간표'!$I$2:$I,MATCH(1,(I1&I2='시간표'!$C$2:$C)*('시간표'!$B$2:$B=$B8),0),1),"")

- I8셀에 입력된 수식은 ❸의 수식과 교사 성명($B8)이 입력된 셀의 번호만 다르고 나머지는 일치합니다.

❺ **B8 수식** =QUERY('시간표'!$A2:$I, "select B, E, F, G, H, I where G = "&E2&" AND H = "&F2&" AND B <> '"&B2&"'")

- 이 수식은 QUERY 함수를 사용하여 '시간표'!$A2:$I 범위에서 특정 조건을 만족하는 데이터를 추출합니다.
- '시간표'!$A2:$I 범위에서 G열이 E2(학년)와 같고, H열이 F2(반)와 같으며, B열이 B2(교사성명)와 다를 때 B(교사성명), E(요일), F(교시), G(학년), H(반), I(과목) 열의 데이터를 반환합니다.

수식	설명
'시간표'!$A2:$I	검색할 데이터 범위
select B, E, F, G, H, I	범위에서 반환할 열을 지정
where G = "&E2&	G열의 값이 E2 셀의 값과 같은 데이터를 필터링
" AND H = "&F2&	H열의 값이 F2 셀의 값과 같은 데이터를 추가로 필터링
" AND B <> '"&B2&"'	B열의 값이 B2 셀의 값과 다른 데이터를 추가로 필터링

> **처음 만난 함수 사전** QUERY 함수란?
>
> 지정된 데이터 범위에서 SQL 스타일의 쿼리를 사용해 데이터를 필터링, 정렬, 계산하는 함수
>
> 형식: =QUERY(데이터, 쿼리, [헤더])
>
> - 데이터: 데이터를 검색하거나 분석할 범위를 지정합니다.
> - 쿼리: SQL 스타일의 명령어로 데이터를 필터링, 정렬, 계산할 조건과 구문을 작성합니다.
> - 헤더 (선택 항목): 데이터 범위의 첫 번째 행에 헤더가 포함되었는지 지정합니다.
>   ▶ 1: 첫 번째 행을 헤더로 간주
>   ▶ 0: 데이터 전체를 값으로 간주
>
> ◆ 다양한 활용 예시
>
> | 예시 | 설명 |
> |---|---|
> | =QUERY(A1:C10, "select A, B") | A열과 B열 데이터를 반환 |
> | =QUERY(A1:C10, "select A, B where C > 50") | C열 값이 50보다 큰 경우에만 A열과 B열 값을 반환 |
> | =QUERY(A1:C10, "select A, B order by C desc") | C열 값을 기준으로 내림차순 정렬하여 A열과 B열 데이터를 반환 |
> | =QUERY(A1:C10, "select A, SUM(B) group by A") | A열의 값을 기준으로 그룹화하고, 각 그룹의 B열 합계를 계산 |
> | =QUERY(A2:C10, "select A, B where C > 10", 0) | 첫 번째 행을 헤더로 간주하지 않고 데이터를 처리 |

변경하고자 하는 E2(학년), F2(반)에 수업을 들어가시는 선생님들(본인 제외)의 목록을 [시간표] 시트로부터 가져옵니다. 이제, B2(교사 성명)와 교체가 가능한 선생님들을 조건부 서식으로 시각화해 봅시다.

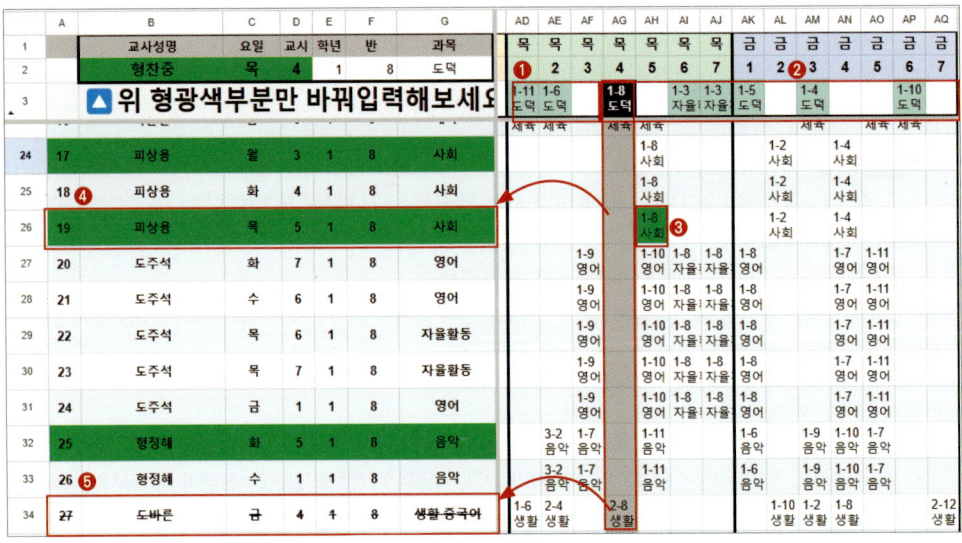

▲ 업무경감양식(모음) [수업변경프로그램] 시트에 적용된 조건부 서식

영역	설명
①	• I3:AQ3의 범위에 포함된 각각의 셀이 비어 있지 않는다면 서식이 지정된 모습을 확인할 수 있습니다. 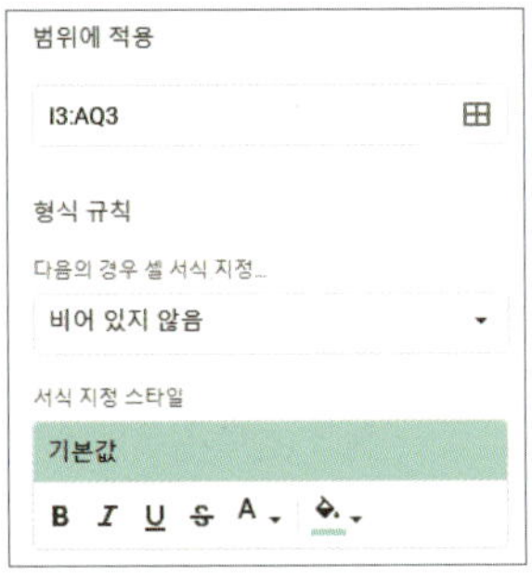
	• I3:AQ3의 범위에 포함된 각각의 셀에 대하여 수식 =$C$2&$D$2=I$1&I$2 맞춤 수식을 만족하면 서식이 지정되도록 설정합니다. ▶ I$1&I$2: I열부터 시작인데 고정($)되어 있지 않으니, 각각의 열에 1행(요일)과 2행(교시)을 고정으로 참조합니다. ▶ $C$2(바꾸고 싶은 수업의 요일)과 $D$2(바꾸고 싶은 수업의 교시)가 일치하면 해당 셀에 서식이 지정된 것을 확인할 수 있습니다.

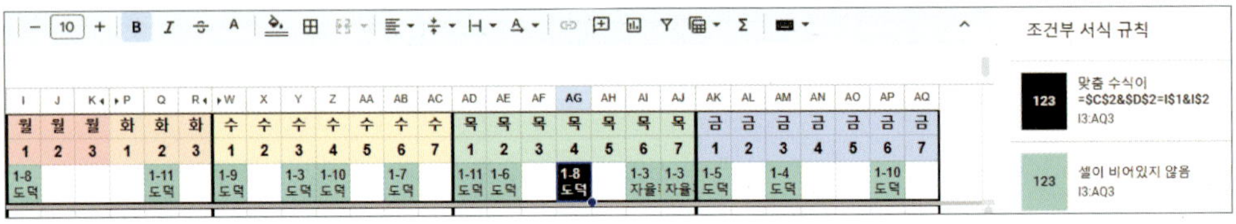

❷
- I8:AQ60 범위에 적용된 조건부 서식도 서식만 다를 뿐 맞춤 수식으로 위와 동일합니다.

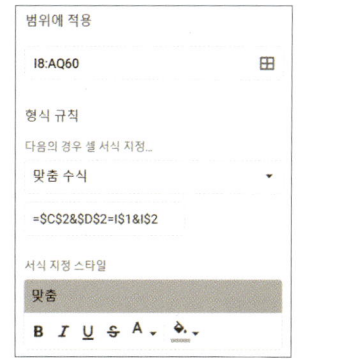

❸
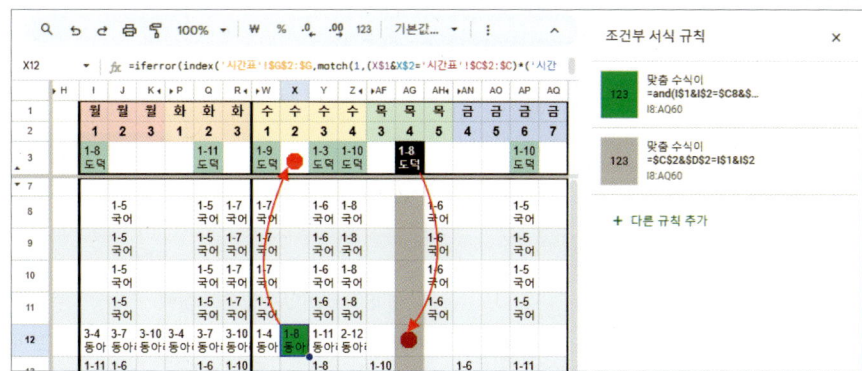

- I8:AQ60의 범위에 포함된 각각의 셀에 대하여 맞춤 수식을 만족하면 서식이 지정되도록 설정합니다.

  수식 =AND(I8<>"",I$3="",I$1&I$2=$C8&$D8,COUNTIFS(INDIRECT("'시간표'!b2:$b"),$B8, INDIRECT("'시간표'!c2:$c"),$C$2&$D$2)=0)

AND의 조건	설명
I8<>""	셀 I8이 비어있지 않으면 실행
I$3=""	셀 I3이 비어있어야 함
I$1&I$2=$C8&$D8	셀 I1과 I2의 값 조합이 C8 셀과 D8 셀의 값 조합과 같아야 함
COUNTIFS(…) = 0	'시간표' 시트에서 조건을 만족하는 데이터가 없어야 함(=0)
COUNTIFS(…) 조건1	'시간표' 시트에서 B열(교사성명)의 값이 B8셀과 동일
COUNTIFS(…) 조건2	'시간표' 시트에서 C열(요일 교시)의 값이 C2 셀과 D2 셀 조합의 값과 동일

> **처음 만난 함수 사전** **INDIRECT 함수란?**
>
> **문자열로 지정된 셀 참조나 범위를 실제 참조로 변환하는 함수**
>
> 형식: =INDIRECT(ref_TEXT, [a1])
>
> - **ref_TEXT:** 참조하려는 셀 주소 또는 범위를 나타내는 문자열입니다.
> - **[a1] (선택):** 참조 형식 지정(기본값: TRUE)
>   - **TRUE 또는 생략:** A1 스타일 참조(예 "A1", "B2:B10")
>   - **FALSE:** R1C1 스타일 참조(예 R1C1, R[2]C[3])
>   - **값1, 값2, …:** 비교할 숫자, 셀 참조, 또는 숫자가 포함된 범위입니다.

❸	• 조건부 서식은 복잡한 함수 계산이 많으면 속도가 느려질 수 있습니다. 그러나, 조건부 서식에서 다른 시트를 직접 참조하는 기능은 없기에 INDIRECT를 반드시 사용해야 합니다. • 구글 시트의 조건부 서식은 기본적으로 현재 시트에 제한되지만, INDIRECT 함수를 사용하면 다른 시트를 참조하여 동적이고 강력한 조건 설정이 가능합니다. 이를 통해 복잡한 데이터 세트를 보다 효율적으로 관리하고 분석할 수 있습니다.
❹	• A8:G60의 범위에 포함된 각각의 셀에 대하여 맞춤 수식을 만족하면 서식이 지정되도록 설정합니다. 　수식 =AND(A8<>"", 　　　COUNTIFS(INDIRECT("'시간표'!b2:$b"),$B$2, 　　　INDIRECT("'시간표'!$c$2:$c"),$C8&$D8)=0, 　　　COUNTIFS(INDIRECT("'시간표'!b2:$b"),$B8, 　　　INDIRECT("'시간표'!c2:$c"),$C$2&$D$2)=0)  | AND의 조건	설명
A8<>""	셀 I8이 비어있지 않으면 실행
COUNTIFS(⋯, $B$2, ⋯, $C8&$D8) = 0	'시간표' 시트에서 B열(교사성명) 값이 $B$2이고 C열(요일교시) 값이 $C8 & $D8 조합인 데이터가 없을 때 참
COUNTIFS(⋯, $B8, ⋯, $C$2&$D$2) = 0	'시간표' 시트에서 B열(교사성명) 값이 $B8이고 C열(요일교시) 값이 $C$2 & $D$2 조합인 데이터가 없을 때 참
COUNTIFS(⋯) = 0	'시간표' 시트에서 조건을 만족하는 데이터가 없어야 함(=0)
COUNTIFS(⋯) 조건1	'시간표' 시트에서 B열(교사성명)의 값이 B8셀과 동일
COUNTIFS(⋯) 조건2	'시간표' 시트에서 C열(요일 교시)의 값이 C2 셀과 D2 셀 조합의 값과 동일 | • AND 함수에 의해 쉼표(,)로 구분 된 모든 조건을 만족했을 때, 지정된 서식을 적용합니다.
❺	• ❹와 같은 조건으로 서식이 다르게 적용합니다. 

> 심화 학습

앱스 스크립트를 이용한 자동화

자동화의 목적 및 필요성

반복적인 작업의 효율성을 높이기 위해 자동화가 필요합니다. 현재, 한 가지 수업을 변경하려면 요일, 학년, 반, 교사 이름 등 관련 데이터를 직접 입력하고 해당 내용을 수동으로 확인해야 합니다. 특히, 변경해야 하는 수업이 여러 개일 경우 이 과정을 반복적으로 수행해야 하며, 이는 많은 시간이 소요될 뿐만 아니라 종합적인 현황 파악이 어렵고 오류가 발생할 가능성이 커집니다.

이런 상황에서 구글 앱스 스크립트를 활용하면 해당 작업을 자동화하여 시간을 절약하고 정확성을 크게 향상할 수 있습니다. 같은 규칙과 조건을 기반으로 여러 시트나 데이터 범위에서 일관된 변경이 가능하며, 데이터 처리 과정에서의 오류를 줄이고 작업 효율성을 극대화할 수 있습니다. 자동화는 단순히 작업을 빠르게 처리하는 것을 넘어, 데이터 관리의 정확성과 일관성을 보장하는 강력한 도구가 될 수 있습니다.

구글 앱스스크립트를 이용한 구현 사례

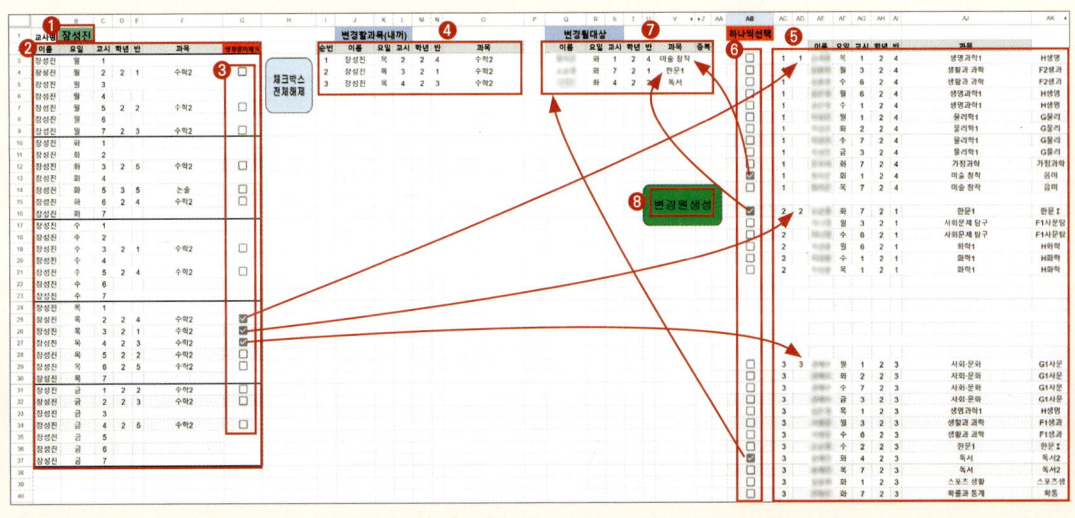

▲ [수업변경원자동완성프로그램]구성 예시

Ⅲ 구글 시트 업무 효율화 249

영역	설명
❶	• B1 셀에 변경을 희망하는 교사명을 직접 입력합니다.
❷	• 교사명을 입력하면 월요일 1교시부터 금요일 7교시까지 해당 교사의 수업시간표가 로딩됩니다.
❸	• 로딩된 수업 중 변경할 수업을 체크합니다.
❹	• 체크된 수업이 변경할 과목(내꺼) 영역에 표시됩니다.
❺	• 선택한 수업과 변경 가능한 수업목록이 로딩됩니다. • [수업변경프로그램] 자동화하기에서 형광색으로 표시했던 과목들입니다.
❻	• 변경할 수업을 체크박스에 직접 클릭합니다. • 2가지가 선택되면 오류가 출력됩니다.
❼	• 선택된 수업은 변경될 대상 영역에 표시됩니다. • 만약 바꿀 수업이 중복된다면 [중복] 란에 표시됩니다.
❽	• [변경원생성] 버튼을 클릭하면 담겨있는 앱스 스크립트 코드가 실행되고, 선택한 내용으로 변경원이 생성됩니다. 　이 시스템은 반복적인 수작업을 제거하고 생산성을 크게 향상할 수 있습니다. 명확한 로직과 조건을 기반으로 작업이 수행되기 때문에 데이터 누락이나 실수를 방지할 수 있으며, 복잡한 데이터 구조에서도 빠르고 정확한 처리가 가능합니다. 또한, 간단한 버튼 클릭이나 메뉴를 통해 스크립트를 실행할 수 있어 누구나 쉽게 활용할 수 있습니다.

> **TIP** 함수와 앱스 스크립트의 역할
>
> 함수와 구글 앱스 스크립트는 각각 고유한 역할을 가지고 있으며, 둘 다 시간표 관리와 같은 작업을 자동화하고 효율적으로 수행하는 데 중요한 도구입니다.
>
> 함수는 스프레드시트 내에서 주어진 데이터를 바탕으로 사용자에게 필요한 값을 입력받고 동적으로 계산하고 처리하는 데 사용합니다. 조건부 데이터를 필터링하고 특정 조건에 맞는 값을 반환하는 작업은 모두 구글 시트의 함수를 사용한 것입니다.
>
> 구글 앱스 스크립트는 함수로 처리하기 어려운 복잡한 작업을 대신할 수 있습니다. 사용자가 최종적으로 변경하고자 선택한 수업 정보를 바탕으로 지정된 형식에 맞춰 값을 넣어주는 작업은 모든 선생님께서 수업을 변경할 때마다 해야 하는 반복적인 작업입니다.
>
> 이 두 가지 도구는 상호보완적으로 작동합니다. 함수는 간단한 계산과 데이터 처리를, 앱스 스크립트는 복잡한 로직과 반복 작업의 자동화를 담당합니다. 따라서, 두 도구를 모두 학습하고 익히는 것은 데이터 관리와 작업 자동화를 더 효과적으로 수행하는 데 필수적입니다.

3 예산 및 물품 관리

가. 예산 관리

교사의 역할은 단순히 교육에 그치지 않고, 교육 활동의 질을 높이기 위한 자원 관리도 포함됩니다. 특히, 학교 예산의 효율적 관리는 교육 자료 구매, 특별 활동 지원, 시설 개선 등 다양한 교육 활동의 기반을 마련하는 데 필수적입니다. 하지만 많은 교사들이 예산 관리에 대한 체계적인 준비나 교육을 받지 못해 어려움을 겪는 경우가 많습니다.

이런 문제 해결에 구글 시트와 같은 도구를 활용하는 것이 유용합니다. 구글 시트는 사용이 간편하고 접근성이 높으며, 데이터를 입력하고 자동 계산 기능으로 총액을 파악하거나 시각적 도구를 통해 예산 사용 트렌드를 분석할 수 있습니다. 이를 통해 교사는 자원을 효과적으로 관리하고 예산 효율성을 극대화할 수 있습니다.

또한, 구글 시트의 협업 기능은 여러 교사와 관리자가 실시간으로 데이터를 공유하고 업데이트할 수 있게 하여 예산 상태를 지속적으로 모니터링하고 신속히 조정할 수 있도록 돕습니다. 이러한 도구 활용은 교사가 교육의 질을 높이는 데 더 많은 시간과 자원을 집중할 수 있게 하며, 결과적으로 교육 현장에서의 교사 역할을 강화하고 교육 결과를 향상시킬 것입니다.

1) 예산관리를 위한 시트 구성하기

교사들이 학교 활동과 프로젝트의 예산을 효과적으로 관리하기 위해, 구글 시트를 사용하여 예산 관리 시스템을 구축하는 것은 매우 유용합니다. 이때, 이 시스템은 수입과 지출의 모든 측면을 포함하고 각각의 프로젝트에 맞게 조정될 수 있어야 합니다. 이렇게 구글 시트를 사용함으로써 실시간 데이터 업데이트와 효율적인 재정 관리가 가능해집니다.

예산관리 구글 시트의 기본 구성은 수입, 지출, 예산액, 예산 범주를 포함해야 합니다. 각 카테고리별로 예산을 할당하고, 이에 따른 실제 지출을 추적함으로써 예산 계획의 정확성을 높일 수 있습니다.

『예산관리 템플릿』을 복사하여 따라해 보시기 바랍니다. 예산 총액이 5,000,000원인 사업의 예산 관리 예시이며, 예산을 사용할 수 있는 범주는 1) 교육운영비, 2) 업무추진비, 3) 운영수당입니다. 예산의 지출 내역을 '입출내역' 시트에서 관리하고, '항목별 통계' 시트에서 범주 별 지출 합계 및 진행률을 확인하고 관리할 수 있습니다.

joo.is/예산관리템플릿
▲ 예산관리 템플릿

가) 시트 구성하기

(1) 항목, 머리글 등 입력하기

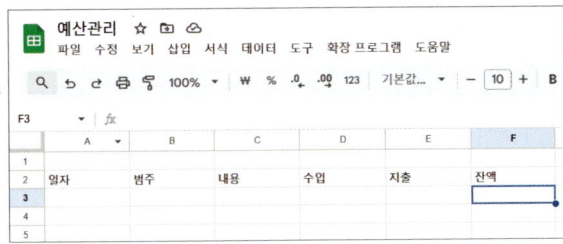

▲ 시트 생성 후 내용 입력하기

(2) 예산 범주 설정하기

예산의 성격에 따른 교육운영비, 업무추진비, 운영수당 등의 범주를 설정합니다. 이 내용은 직접 입력할 수도 있지만, 드롭다운 목록을 만들어 범주별 합산이 용이하게 설정할 수 있습니다.

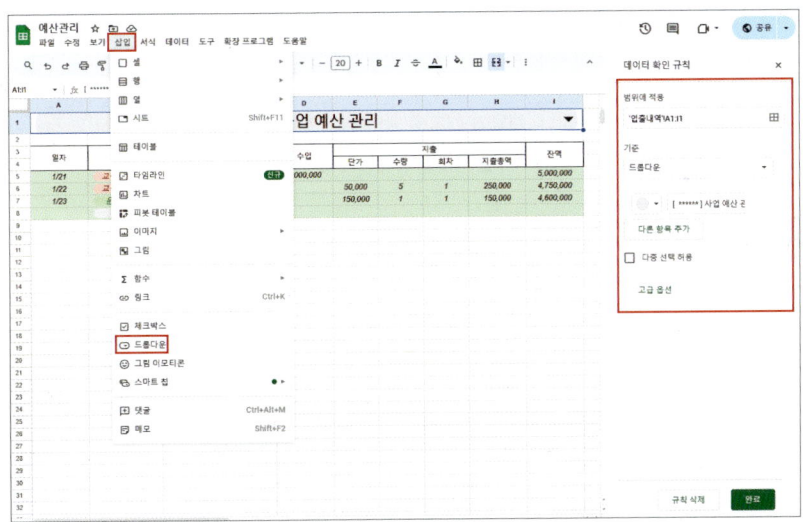

▲ 드롭다운 메뉴 활용방법

- [삽입]-[드롭다운] 누른 후, 통일하고자 하는 항목을 입력합니다.
- '범주'는 교육운영비, 운영수당, 업무추진비 등 미리 설정된 드롭다운 목록으로 정해져있으므로, B5~B7중 하나의 셀을 복사하여 붙여넣은 후 사용할 수 있습니다.

나) 예산관리에 필요한 함수 생각하기

예산 관리를 자동화하고 효율적으로 만들기 위한 구글 시트 내에서 사용할 수 있는 함수는 다음과 같습니다.

(1) 필요한 함수

함수	설명
사칙연산(+,-,*,/)	지출에 따른 잔액을 계산하는데 사용할 수 있습니다.
SUM	특정 범위 내 모든 수치를 더하여 총액을 계산합니다. 예를 들어, 한 달 동안의 총 지출이나 총 수입을 계산할 때 사용할 수 있습니다.
SUMIF	특정 조건을 충족하는 범위 내 수치의 합을 계산합니다. 예를 들어, '교육 자료비' 범주의 총 지출만을 계산하고자 할 때 유용합니다.

(2) 함수 입력하기

- "입출내역" 시트에 다음과 같이 수식을 입력합니다.

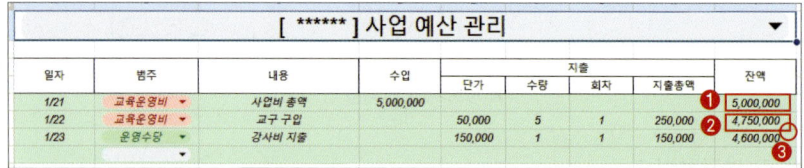

번호	위치	입력 값	해설
❶	I5	=D5	D5(사업총액) 값을 I5에 출력
❷	I6	=I5-H6	I5~I7(잔액)에서 H6~H8에 대한 뺄셈 값을 입력합니다.
	I7	=I6-H7	
	I8	=I7-H8	
❸	-	채우기 핸들	채우기 핸들을 끌어 위에 적용된 수식을 아래 셀에 일괄 적용합니다.

▲ 위치별 수식 입력 값

- "항목별 통계" 시트에 다음과 같이 내용과 수식을 입력합니다.

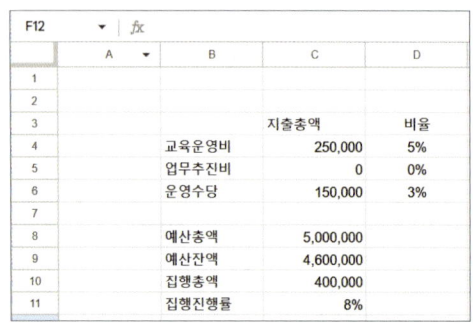

▲ 예산 범주 및 항목 입력하기

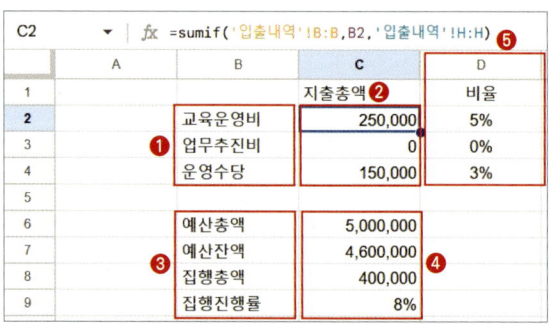

▲ SUMIF 함수 입력하기

번호	위치	입력 값	설명
❶	B2:B4	교육운영비, 업무추진비, 운영수당	'범주'로 활용될 값을 입력합니다.
❷	C2	=SUMIF('입출내역'!B:B,B2,'입출내역'!H:H)	'입출내역' 시트의 B:B 영역에서, B2~B4의 값('교육운영비')과 일치하는 항목을 찾은 후, '입출내역' 시트의 H:H범위에서 '교육운영비'의 값을 갖는 값을 모두 더합니다.
❷	C3	=SUMIF('입출내역'!B:B,B3,'입출내역'!H:H)	
❷	C4	=SUMIF('입출내역'!B:B,B4,'입출내역'!H:H)	
❸	B6	'예산총액', '예산잔액', '집행총액', '집행진행률'	'범주'로 활용될 값을 입력합니다.
❹	C6	='입출내역'!D5	'입출내역' 시트의 D5값을 불러옵니다.
❹	C7	=C6-SUM(C2:C4)	C6(예산총액)에서 C2:C4범위의 합(교육운영비, 업무추진비, 운영수당의 합)을 뺍니다.
❹	C8	=SUM(C2:C4)	C2:C4(교육운영비, 업무추진비, 운영수당)범위의 합을 구합니다.
❹	C9	=C8/C6*100&"%"	C6셀의 값(예산총액)으로 C8셀의 값(집행총액)을 나눈 후 100을 곱해 백분율을 구한다. 그리고 "%"를 출력하도록 합니다.
❺	D1	비율	'범주'로 활용될 값을 입력합니다.
❺	D2	=C2/$C$6*100&"%"	C2(교육운영비),C3(업무추진비), C4(운영수당)을 C6(예산총액)으로 나눈 값에 100을 곱해 백분율을 구한 후 %가 출력되도록 합니다.
❺	D3	=C3/$C$6*100&"%"	
❺	D4	=C4/$C$6*100&"%"	

위의 함수를 입력 후 "입출내역" 시트에서 내용을 작성하면 "항목별 통계" 시트에 항목별 지출현황과 집행비율 등이 연동되어 작성되는 것을 확인할 수 있습니다.

이번 장에서는 예산 관리를 위한 스프레드시트 구성 방법과 필요한 함수들을 소개하였습니다. 예산 범주 설정, 입출내역 관리, 항목별 통계 분석 등을 통해 예산 집행의 투명성을 보장하고, 교육 자원을 더욱 효율적으로 사용할 수 있습니다. 이러한 과정을 통해 교사들은 더욱 집중적으로 교육의 질을 향상시키고, 학생들에게 더 나은 학습 환경을 제공할 수 있습니다.

따라서, 스프레드시트를 활용한 예산 관리 시스템은 교육 현장에서 교사들이 자원을 효과적으로 관리하고, 교육 결과를 향상시키는 데 중요한 도구입니다. 이 시스템을 통해 예산 관리의 복잡성을 줄이고, 교육 활동에 필요한 자금을 적절히 배분하여 교육의 효과를 극대화할 수 있습니다.

2) 예산 사용을 위한 물품 신청

학교에서 물품 신청은 1년 내내 지속되는 중요한 업무입니다. 특히, 물품 신청을 처리하는 과정에서 중간 관리자인 학년 부장이나 업무 부장들이 역할을 맡고 있을 경우, 이들에게 과중한 업무가 집중되는 경우가 많으며, 구글 시트를 활용한 일괄 수합 방식은 큰 도움이 됩니다.

학교 내에서 다양한 물품 신청이 매년 반복될 때, 여러 부서나 학년에서 각각 신청하는 물품을 수합하는 일은 많은 시간이 소요되고, 업무 부담을 가중시키는 요소입니다. 특히, 부장들은 학년별, 부서별로 들어오는 물품 신청서를 모두 처리하고 조정하는 업무를 맡고 있기에, 업무 과부하가 발생할 수 있습니다. 이 과정에서 중요한 것은, 업무의 중복을 줄이고, 효율적으로 데이터를 처리할 수 있는 방법을 찾는 것입니다.

구글 시트를 활용한 일괄 수합 방식은 이러한 문제를 해결할 수 있는 중요한 방법입니다. 물품 신청 및 품의 시트를 공유함으로써, 모든 데이터를 하나의 문서에서 실시간으로 수집하고 관리할 수 있습니다. 이를 통해 부장들이 따로 모든 정보를 확인하고 처리할 필요 없이, 각 담당자가 직접 정보를 입력하고 이를 한 번에 수합할 수 있습니다.

- ▶ **효율성 향상**: 모든 물품 신청 데이터를 하나의 구글 시트에서 수합할 수 있어, 여러 학년이나 부서에서 개별적으로 작성한 신청서를 종합하는 번거로움이 사라집니다.
- ▶ **업무 과중 감소**: 중간 관리자인 부장들은 학년별, 부서별 신청 내용을 일일이 확인하고 조정해야 했던 업무에서 벗어나게 됩니다. 각 담당자가 직접 필요한 데이터를 입력하는 방식으로, 부장들의 업무 부담을 크게 줄일 수 있습니다.
- ▶ **데이터의 투명성과 정확성**: 모든 물품 신청 정보가 하나의 구글 시트에 기록되므로, 부장들은 신청 내용을 실시간으로 확인하고, 필요한 경우 수정할 수 있습니다. 또한, 물품 신청 현황을 언제든지 투명하게 열람할 수 있어, 관리의 정확성과 신뢰성이 높아집니다.
- ▶ **시간 절약**: 수동으로 입력하거나 여러 문서를 통해 수합하던 기존 방식에 비해, 하나의 플랫폼을 통해 실시간으로 데이터를 공유하고 관리할 수 있기에, 시간을 절약할 수 있습니다. 또한, 학교 내 모든 담당자가 같은 문서를 활용하므로, 중복된 작업을 피하고, 각자 필요한 정보를 빠르게 찾을 수 있습니다.
- ▶ **적시 피드백 및 조정 가능**: 구글 시트는 실시간으로 변경 사항을 반영할 수 있기에, 담당자들이 물품 신청 현황을 보고 필요한 조치를 신속하게 취할 수 있습니다. 또한, 오류가 발생한 경우, 즉시 수정할 수 있어, 데이터를 더욱 정확하게 관리할 수 있습니다.

구글 시트를 활용한 일괄 수합 방식은 학교에서 물품 신청과 예산 수합 업무를 효율적으로 처리하는 데 중요한 도구입니다. 중간 관리자인 부장들의 업무 부담을 줄이고, 업무 효율성을 극대화할 수 있는 이 방법은 물품 신청과 예산 수합뿐만 아니라, 다른 부서나 학년에서 발생하는 다양한 관리 업무에도 적용할 수 있는 유용한 방식입니다. 이로 인해 학교 내 행정 업무가 더 투명하고 체계적으로 이루어지며, 결국 학교의 전체적인 업무 효율을 높이는 데 기여할 것입니다.

이 장에서는 가) 공통 물품을 정해서 신청하는 경우와 나) 개별적으로 물품을 신청하는 경우의 예산 수합 방법을 사례와 템플릿 중심으로 살펴보겠습니다.

가) 공통 물품을 정해서 신청하는 경우

구글 시트를 활용한 공통 물품 수합 템플릿 제작과 수합 과정에 대해 안내합니다. 실제 사례 중심으로 안내하므로, 개별적인 업무 상황에 맞게 확장하여 적용해 보시기 바랍니다.

〈공개수업〉 채널에서 『청소 물품 신청 수합하기 템플릿』과 영상을 확인하실 수 있습니다. 영상을 보시면서 기본적인 내용을 익혀 보시기 바랍니다.

설명은 책에 수록된 업그레이드한 템플릿으로 안내합니다.

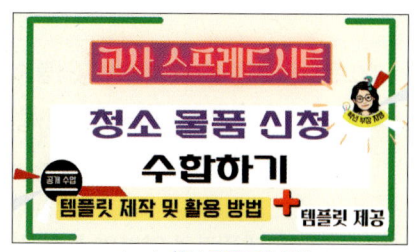

joo.is/청소물품공개수업
▲ 청소 물품 신청 수합하기 영상

(1) 물품 신청과정 이해하기

- 업무 담당자는 <u>예산 신청 대상</u>에 맞게 템플릿을 제작합니다. 3개 학년, 15개 반을 대상으로 물품 신청 수합을 위한 것이기에 이미지와 같이 서식이 제작됩니다.

▲ 업그레이드된 청소 물품 신청 템플릿

- 빨간 테두리 안쪽 영역을 제외하고는 모두 **[범위 보호]**를 설정❶합니다.
- 민감한 정보가 없으므로, [공유]-"링크가 있는 모든 사용자"에게 [편집자] 권한으로 설정한 후, 링크를 복사하여 안내합니다.
- **"링크를 공유받은 교사들"**은 각자 구글 시트에 들어와서 자신의 학년 반을 확인하고, 물품 개수를 입력합니다. 물품을 모두 신청했으면, 완료 표시 [체크박스]를 표시(☑)합니다.
- 업무 담당자는 체크박스가 모두 표시되었는지 점검하여 완료되면, 권한을 [공유]-"링크가 있는 모든 사용자"에게 [뷰어] 권한으로 변경합니다. 또는 보안상 중요한 사항이 있다면, [일반 엑세스] 권한을 "제한됨"으로 변경합니다.

---

❶ 〈Ⅰ-1-나-3) 강력한 데이터 보호 전략〉의 내용을 참고하세요. 상황에 따라 '권한 설정' 방법이 달라집니다.

- 수합이 완료된 파일을 상단 메뉴의 [파일]-[다운로드]에서 필요한 서식(엑셀, PDF 등)으로 다운로드 하여 물품 구매 품의를 요청합니다.

이렇게 업무가 추진되면, 더는 다음과 같은 메시지가 오가지 않고, 중간 단계의 업무가 사라집니다.

> "00 용품을 구입하고자 학년 부장님들께 메시지 드립니다. 보내드린 파일에 있는 물품 외에 필요한 물품이 있으면 메시지 주시고, 학년별로 필요한 물품 상의하셔서(0월 0일)까지 파일 보내주시면 감사하겠습니다."

▲ 각종 업무 담당자에게 부장이 주로 받는 메시지 예시

그러면 이 템플릿의 영역별 특성을 알아보겠습니다.

(2) 템플릿 제작하기

당연히 청소용품뿐만 아니라 모든 물품 신청에 적용할 수 있습니다. 각자의 업무에서 전문성을 발휘하여 템플릿을 제작하고, 학교의 업무 효율화를 이끌어 가시기 바랍니다.

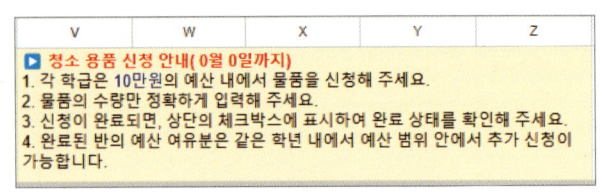

▲ 안내 사항이 입력된 영역

joo.is/공통물품신청
▲ 청소 용품 신청 예시 템플릿

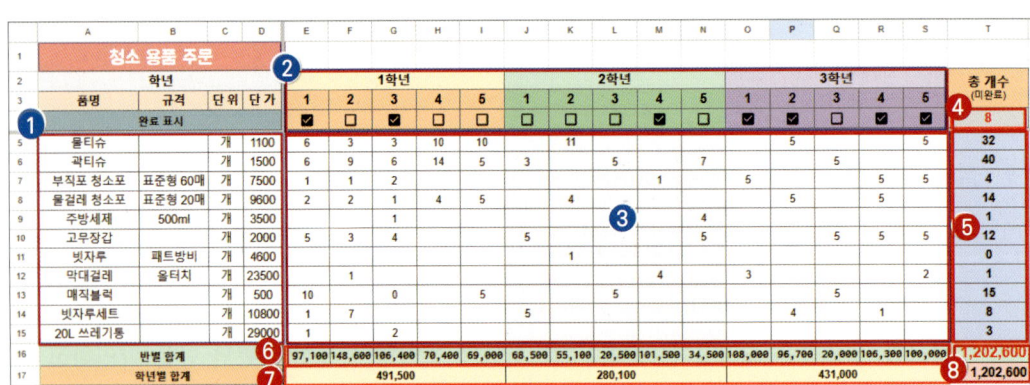

▲ 업그레이드된 '청소 물품 신청 템플릿' 모습 ❷

---

❷ 수식 활용 여부에 따라 빨간색(수식○)과 파란색(수식×) 영역으로 표시하였으니 참고하시기 바랍니다.

영역	설명
❶	• 신청 물품에 대한 정보를 입력하는 부분입니다. • 해당 영역을 다른 물품 정보로 변경하여 활용하면 됩니다. • 물품 링크가 있다면 '품명'에 링크를 연결하여 정보를 제공합니다. • '단가' 항목에는 숫자만 입력합니다. • 추가 물품을 다른 사람들이 추가하도록 할 경우는 행을 추가하고 해당 범위는 [범위 보호]를 설정하지 않습니다.
❷	• 물품을 신청하는 대상 정보를 입력하여 영역을 구분해 줍니다. • 학년 반 정보 하단에 완료 표시 [체크박스]를 삽입해 놓습니다.
❸	• 물품의 신청 수량을 숫자로 입력합니다. • 수량 변동에 따라, ❻번의 '반별 합계' 액수가 자동으로 변동됩니다. 총액을 확인하며 수량을 조정하여 신청합니다.
❹	• 미완료 반의 개수가 표시되며, 이를 통해 아직 신청을 완료하지 않은 반을 한눈에 확인할 수 있습니다. • 해당 셀의 값이 0이 되면, 모든 반이 신청을 완료한 것으로 간주하여 최종 수합이 완료됩니다. • E4부터 S4 범위에서 "FALSE" 값을 가진 셀의 개수를 계산하는 함수가 입력되어 있습니다. 　수식 =COUNTIF(E4:S4,FALSE)
❺	• 물품별 개수의 합계가 계산됩니다. • E5부터 S5까지의 셀 값을 모두 합산하는 함수가 입력되어 있습니다. 　수식 =SUM(E5:S5)
❻	• 반별 신청 금액이 자동 계산됩니다. • 다른 반의 신청 금액을 확인하고, 부족하거나 넘치는 예산을 융통성 있게 조정하여 효율적으로 활용할 수 있습니다. • D5부터 D15까지의 값(**단가**)과 E5부터 E15까지의 값(**신청 수량**)을 각각 곱한 후, 그 결과를 모두 합산하는 함수가 입력되어 있습니다. 　수식 =SUMPRODUCT($D$5:$D$15*E5:E15) 　• $D$5:$D$15: 이 범위는 D5부터 D15까지의 값을 참조합니다. $ 기호는 절대 참조로, 범위가 다른 셀로 복사될 때 변하지 않습니다. 　• E5:E15: 이 범위는 E5부터 E15까지의 값을 참조합니다. 　• 곱셈: SUMPRODUCT 함수는 각 행에 있는 D열 값과 E열 값을 곱합니다. 즉, D5와 E5를 곱하고, D6과 E6을 곱하는 식입니다. 　• 합산: 각 곱의 결과를 모두 더하여 최종 합산된 값을 반환합니다.
❼	• 학년별 합계액을 계산합니다. • 학년별로 신청한 총금액을 직관적으로 확인할 수 있습니다. • E16부터 I16까지의 셀 값을 모두 합산하는 함수가 입력되어 있습니다. 　수식 =SUM(E165:I16)
❽	• '반별 합계'와 '학년별 합계' 금액의 합계를 계산합니다. • 총예산만 넘지 않으면 되므로, 학년에서도 확인하여 상호 조정합니다. • 다음의 영역의 셀 값을 모두 합산하는 함수가 입력되어 있으며, 이 두 값이 일치해야 오류가 없는 것입니다. 　수식 =SUM(E16:S16), =SUM(E17:S17)

> **처음 만난 함수 사전** SUMPROUCT 함수란?
>
> **여러 범위의 데이터를 곱한 후 합계를 계산하는 함수**
>
> <mark>형식: =SUMPRODUCT(배열1, [배열2], ...)</mark>
>
> - **배열1, 배열2**: 곱셈 및 합계를 계산할 숫자 범위
> - 각 **배열은 동일한 크기**여야 하며, 여러 배열을 조합하여 사용할 수 있음
>
> ◆ 다양한 활용 예시
>
> | 활용 예시 | 수식 예시 | 설명 |
> |---|---|---|
> | 학생 성적 합계 계산 | =SUMPRODUCT(B2:B31, C2:C31) | B열(학생 점수)과 C열(가중치)을 곱한 후 합계를 계산 |
> | 판매 금액 계산 | =SUMPRODUCT(D2:D10, E2:E10) | D열(판매 수량)과 E열(단가)을 곱하여 총 판매 금액을 계산 |
> | 교육비 예산 산출 | =SUMPRODUCT(F2:F10, G2:G10) | F열(교육 자료 수량)과 G열(자료 단가)을 곱해 전체 예산을 계산 |
> | 시간당 비용 계산 | =SUMPRODUCT(H2:H15, I2:I15) | H열(작업 시간)과 I열(시간당 비용)을 곱하여 총 작업 비용을 산출 |
> | 조건부 합계 계산 | =SUMPRODUCT((J2:J20="A")*(K2:K20)) | J열에서 "A"인 조건에 해당하는 K열 값들의 합계를 계산 |
> | 평균 점수 가중치 적용 | =SUMPRODUCT(L2:L30, M2:M30)/SUM(M2:M30) | L열(점수)과 M열(가중치)을 곱한 후 총 가중치를 나눠 평균 점수를 계산 |
>
> ◆ SUMPROUCT 사용 팁
> - 배열 간 크기가 동일해야 정상적으로 작동
> - 조건부 계산 시 배열 내 논리식을 활용해 특정 조건을 설정 가능
> - 복잡한 데이터 분석 시 다른 함수(IF, FILTER 등)와 함께 사용하면 더욱 유용
> - 단순 합계가 필요할 경우 SUM 함수, 조건부 합계는 SUMIF 또는 SUMIFS 함수와 비교하여 적절히 선택

지금까지 '가) 공통 물품을 정해서 신청하는 경우'에 대해 청소 용품 신청 사례와 템플릿을 통해 알아보았습니다. 이번에는 '나) 개별적으로 물품을 신청하는 경우'의 예산 수합 방법을 학년에서 학급별로 학습 준비물을 신청하는 사례와 템플릿으로 살펴보겠습니다.

나) 개별적으로 물품을 신청하는 경우

〈공개수업〉 채널에서 『학습 준비물 신청하기 템플릿』과 영상을 확인하실 수 있습니다. 영상을 보시면서 기본적인 내용을 익혀 보시기 바랍니다.

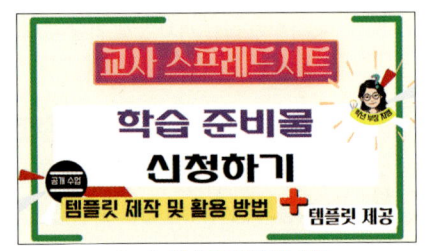

joo.is/학습준비물공개수업
▲ 학습 준비물 신청하기 영상

▲ 〈공개수업〉 유튜브 채널의 '학습 준비물 신청' 템플릿

〈공개수업〉 채널의 '학습 준비물 신청' 템플릿은 반별로 주문할 물품이 적을 경우, 하나의 시트에 여러 반이 동시에 입력할 수 있도록 구성되어있습니다. 해당 영상에서 제공된 링크에서 템플릿을 다운로드하여 활용하시기 바랍니다 이 템플릿은 '5반용'과 '10반용' 두 가지 양식으로 구성되어 있어, 필요에 따라 적절한 형식을 선택할 수 있습니다.

이번에는 반별로 주문할 물품이 많을 경우, 반마다 별도의 시트를 만들어 수합하고, 이를 '종합 시트'에서 효율적으로 관리하는 방식에 대해 알아보겠습니다.

개별화된 주문이 증가하는 요즘, 이를 효과적으로 처리하기 위해 『학습 준비물 개별 신청 템플릿』을 활용할 수 있습니다. 이 템플릿은 '종합 시트'와 '반별 신청 시트'로 구성되어 있으며, 각각의 특성과 활용법을 자세히 살펴보겠습니다.

joo.is/학습준비물개별신청
▲ 학습준비물 개별 신청 템플릿

(1) '종합 시트' 활용 방법

▲ 학습준비물 개별 신청 템플릿 '종합 시트' 화면 구성[3]

---

[3] '종합 시트'와 '반별 개별 시트' 모두 수식 활용 여부에 따라 빨간색(수식○)과 파란색(수식×) 영역으로 표시하였으니 참고하시기 바랍니다.

영역	설명
❶	• 학급당 배정된 예산 금액을 숫자로 입력합니다. • 입력된 금액이 변경되면, '셀 참조' 기능을 통해 ❸번 영역의 금액도 자동으로 업데이트됩니다.
❷	• 예산 신청과 관련된 안내 사항을 기입합니다. • 내용이 바뀌면 '반별 신청 시트'의 안내 사항도 함께 수정됩니다.
❸	• ❶에 입력된 금액을 '셀 참조'하여 반영합니다. • 아래 행으로 '자동 채우기'할 때 값이 변하지 않도록 '절대 참조'를 적용합니다. 　수식 =$D$2
❹	• '반별 신청 시트'에서 반별 주문 예산의 총합을 '시트 간 참조'로 반영합니다. • '반별 신청 시트'의 주문 금액이 변경될 경우, 종합 시트에도 자동 반영됩니다. 　수식 ='1반'!G24
❺	• ❸번 영역의 값에서 ❹번 영역의 값을 차감하여 반별 잔액을 계산합니다. 　수식 =B5-C5
❻	• '반별 신청 시트'에서 각 반이 신청을 완료하면 체크 표시합니다. • 마지막으로 주문하는 반은 전체 예산의 잔액을 확인한 후, 이를 고려하여 신청합니다.
❼	• ❸, ❹, ❺번 각 영역의 합계를 반영합니다. 　수식 ❸=SUM(B5:B9), ❹=SUM(C5:C9), ❺=SUM(D5:D9)
❽	• 학교에서 주문 가능한 사이트 관련 정보와 학교 아이디, 비밀번호를 공유합니다. • 학교 아이디와 비밀번호가 포함되어 있으므로 반드시 공유할 때, [특정 사용자/그룹]을 직접 추가하여 공유합니다.❹ • 사이트명에 링크를 삽입하면, 사용자가 더욱 편리하게 접근하고 활용할 수 있습니다.	▲ 이메일로 사용자 초대하기

(2) '반별 신청 시트' 활용 방법

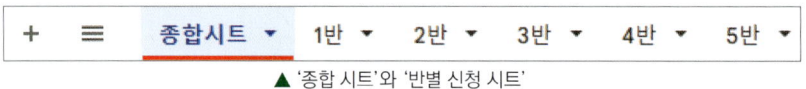

▲ '종합 시트'와 '반별 신청 시트'

시트 이름(🔲 1반)을 확인한 후, 반별로 다음의 양식에 물품 신청 내용을 입력합니다.

---

❹ 〈Ⅰ-1-나. 2) 링크 및 권한 설정으로 간편한 공유〉의 내용을 참고하시기 바랍니다.

▲ '반별 신청 시트'의 화면 구성

영역	설명
❶	• '종합 시트'의 반을 시트 간 참조로 반영합니다. • 직접 반 정보를 입력해도 됩니다. 수식 ='종합시트'!A5&"반"
❷	• '종합 시트'에 있는 예산 신청과 관련된 안내 사항을 '셀 참조'를 사용하여 반영합니다. • '종합 시트'의 내용이 변경되면, 해당 안내 사항이 자동으로 실시간 업데이트됩니다. 수식 ='종합시트'!G2
❸	• '종합 시트'의 학급당 배정 금액(종합시트 ❶번 영역)에서 총 신청 금액의 합계(❻번 영역)의 값을 차감하여 신청 가능 금액을 계산합니다. 수식 ='종합시트'!D2-G24
❹	• 품목과 규격, 단위 단가, 수량을 입력합니다. • '단가'와 '수량'은 숫자로 입력해야 계산 결과가 ❺번 영역에 자동으로 반영됩니다. | 단 가 | 수량 | 금 액(자동 계산) | |---|---|---| | 5,000 | 5 | 25,000 |
❺	• ❹번 영역에 입력된 '단가'와 '수량'을 바탕으로 항목별 최종 금액이 자동으로 계산됩니다. 수식 =E5*F5
❻	• '반별 개별 시트'에서 각 반이 신청을 완료하면 체크 표시합니다. • 마지막으로 주문하는 반은 전체 예산의 잔액을 확인한 후, 이를 고려하여 신청합니다. 수식 =SUM(G5:G23)
❼	• 비고란에는 주문 사이트명 또는 링크 첨부하여 관련 정보를 입력합니다. • 링크를 입력하면, 다른 반에서도 공유된 시트를 통해 해당 물품에 대한 정보를 쉽게 확인할 수 있습니다.

『학습 준비물 개별 신청 템플릿』에는 5개 반 활용을 기준으로 제작되어 있습니다. 반이 더 많을 경우는 〈Ⅲ-3-나-1) 대출 반납 관리〉에서 물품 시트를 추가하는 방법을 참고하시기 바랍니다.

3) 예산 정산 자동화

『예산 정산 자동화 템플릿』은 예산 관리, 지출 내역 기록, 정산서 작성, 파일 관리 등의 기능을 체계적으로 구성하여 영수증을 스캔하여 정산서 작성을 자동화할 수 있는 템플릿입니다. 구글 시트와 구글 드라이브, Gmail 간의 앱스 스크립트 상호 연계로 효율적인 예산 관리와 정산 작업을 수행할 수 있도록 설계했습니다.

joo.is/예산정산자동화
▲ 예산정산자동화 템플릿

『예산정산자동화 템플릿』의 구성을 살펴보겠습니다.

가) [세출예산집행현황목록] 시트[5]

	A	B	C	D	E	F	G
1	세출예산집행현황목록						
2							
3	세부사업/세부항목/원가통계비목	산출내역	예산현액(A)	원인행위액(B)	집행률(B/A)	예산잔액(A-B)	정산재원
4	교직원복지비	동호회운영	1,000,000	0	0	1,000,000	0
5	교육운영비	교과용도서구입	3,000,000	1,666,970	55.57	1,333,030	0
6	학습준비물	학습준비물	600,000	0	0	600,000	0
7	교육운영비	파이데이행사	700,000	649,400	92.77	50,600	0
8	교육운영비	수학캠프경비	1,000,000	0	0	1,000,000	0
9	교육운영비	수학중점학교운영비	9,000,000	6,478,110	71.98	2,521,890	0
10	목적사업업무추진비	협의회비	1,000,000	237,500	23.75	762,500	0

▲ [세출예산집행현황목록] 시트 모습

[나이스]-[K-에듀파인]-[학교회계]-[사업관리카드(담당)]-[현액관리]-[파일(다운로드)] 경로로 세출 예산 집행 현황목록 파일을 다운로드해서 그대로 복사, 붙여넣기를 합니다. 일부 병합된 셀이나, 비어 있는 셀이 있다면 위 이미지와 같이 정리해 주세요.

나) [설정] 시트

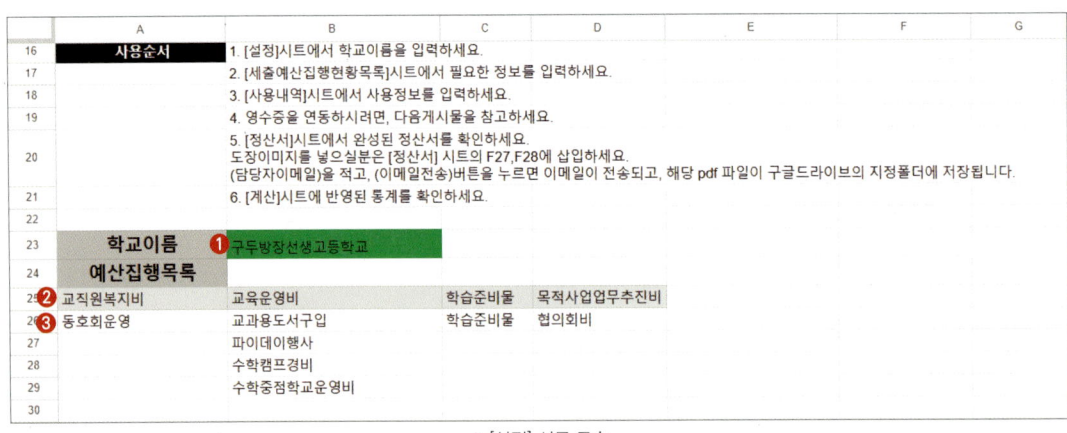

▲ [설정] 시트 모습

[5] [세출예산집행현황목록]와 같이 '시트명'의 띄어쓰기를 제대로 하지 않은 경우가 많습니다. 이는 여러 시트를 한눈에 파악하고, '시트 간 참조'를 용이하게 하기 위함입니다.

영역	설명
❶	• 정산서에 사용될 학교 이름을 직접 작성합니다.
❷	• [세출예산집행현황목록] 시트에 세부사업명 중 고윳값을 추출합니다. [사용내역] 시트를 작성할 때 드롭다운 목록을 작성하기 위함입니다. 　A25 수식 =TRANSPOSE(UNIQUE('세출예산집행현황목록'!$A$4:$A)) • UNIQUE('세출예산집행현황목록'!$A$4:$A): [세출예산집행현황목록] 시트의 A4:A 범위에서 중복을 제거한 고윳값을 추출합니다. • TRANSPOSE(…): 추출된 고윳값을 행(가로)으로 변환하여 표시합니다. **처음 만난 함수 사전 　TRANSPOSE 함수란?** 행 데이터를 열로, 열 데이터를 행으로 변환하여 배열의 형태를 전환하는 함수 　형식: =TRANSPOSE(배열) • 배열: 변환하려는 셀 범위 또는 배열입니다.
❸	• ❷에서 추출된 세출예산 세부사업 목록의 하위 카테고리인 산출내역 목록을 필터링하기 위하여, 각각의 세부사업별로 산출내역목록을 FILTER 함수를 이용해 출력합니다. 　A26 수식 =FILTER('세출예산집행현황목록'!$B$4:$B,'세출예산집행현황목록'!$A$4:$A=A25) | 수식 | 설명 | |---|---| | '세출예산집행현황목록'!$B$4:$B | 반환할 데이터 범위 | | '세출예산집행현황목록'!$A$4:$A=A25 | '세출예산집행현황목록'! $A$4:$A 범위에서 값이 A25와 같은 행만 필터링 |

다) [사용내역] 시트

▲ [사용내역] 시트 모습

[세출예산집행현황목록]시트의 내용을 바탕으로 예산과 사용내역에 따라 잔액을 계산할 수 있도록 수식을 구성합니다.

영역	설명
❶	• 사용집행내역을 한 건에 한 행씩 관련 내용을 직접 입력합니다.
❷	• B2:B 범위를 선택하고 [삽입]-[드롭다운]을 클릭하거나 [데이터]-[데이터 확인]을 클릭하여 데이터 확인규칙을 작성합니다. • 드롭다운(범위)을 기준으로 선택하고, 범위는 [설정] 시트(②-❷)에서 수식으로 작성한 범위(A25:ZZ25)를 적용합니다. ★ [세출예산집행현황목록]시트에 다른 데이터가 삽입되어도 수식으로 관련된 항목이 자동으로 갱신됩니다. 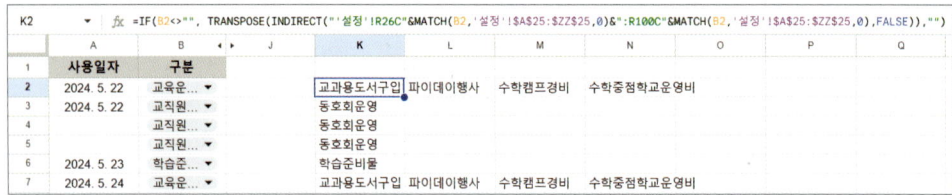
❸	B열(구분)에 입력된 세부 사업명의 하위 목록을 C열에 드롭다운으로 표시하려고 합니다. 이를 위해 K열에 보조수식이 하나 작성합니다. K2 수식 =IF(B2<>"", TRANSPOSE(INDIRECT("'설정'!R26C"&MATCH(B2,'설정'!$A$25:$ZZ$25,0)&":R100C"&MATCH(B2,'설정'!$A$25:$ZZ$25,0),FALSE)),"")

수식	설명
IF(B2<>"", …)	B2에 값이 있는 경우에만 다음 동작을 실행, 비어있으면 빈 문자열("") 반환
MATCH(B2, '설정'!$A$25:$ZZ$25, 0)	'설정'!$A$25:$ZZ$25에서 B2와 같은 값을 찾아 열 번호를 반환
INDIRECT("'설정'!R26C"&…&":R100C"&…, FALSE)	MATCH로 찾은 열 번호를 사용해 '설정' 시트의 R26C~R100C 범위 데이터를 참조
TRANSPOSE(…)	참조한 범위 데이터를 행과 열을 변환하여 표시

• 이 수식은 '설정' 시트에서 B2 셀에 해당하는 열(세부 사업명)의 데이터(하위 목록)를 행으로 변환하여 표시합니다.

❸	• C2:C 범위를 선택하고 [삽입]-[드롭다운]을 클릭하거나 [데이터]-[데이터확인]을 클릭하여 데이터 확인규칙을 작성합니다. • 드롭다운(범위)을 기준으로 선택하고, 범위는 보조수식으로 작성한 K열부터 AL 열까지로 (='사용내역'!K2:AL2) 넉넉하게 설정합니다. • C열 범위에 선택된 세부 사업명 각각에 해당하는 하위 목록이 K열에 출력되므로 범위로 작성된 수식에는 고정($)표시가 붙지 않은 상대 참조로 작성합니다.
❹	• 구글 드라이브에 업로드된 영수증 파일의 링크를 붙여넣기를 합니다.
❺	• 집행내역은 하나의 품의에 대해 여러 건일 수 있으므로 품의 번호와 품의 제목은 같은 정산서에 관한 내용으로 동일하게 작성될 수 있습니다.

라) [계산] 시트

▲ [계산] 시트 모습

영역	설명
❶	**A2 수식** =QUERY('세출예산집행현황목록'!$A$4:$C) • [세출예산집행현황목록] 시트에서 A4부터 C열까지 포함된 모든 데이터를 그대로 반환합니다.
❷	• [사용내역] 시트에 기록된 A열(구분), B열(항목)에 대한 집행내역에 대해 사용 누계에 대한 계산식을 작성합니다. **D2 수식** =IF(B2<>"",SUMIFS('사용내역'!$F$2:$F,'사용내역'!$B$2:$B,A2,'사용내역'!$C$2:$C,B2), SUMIFS('사용내역'!$F$2:$F,'사용내역'!$B$2:$B,A2)) | 수식 | 설명 | |---|---| | IF(B2<>"", ⋯) | B2에 값이 있는 경우와 비어있는 경우에 따라 다른 동작을 수행 | | SUMIFS('사용내역'!$F$2:$F,'사용내역'!$B$2:$B,A2,'사용내역'!$C$2:$C,B2) | SUMIFS로 '사용내역' 시트의 F열에서 B열 값이 A2와 같고, C열 값이 B2와 같은 데이터의 합계를 계산 | | SUMIFS('사용내역'!$F$2:$F,'사용내역'!$B$2:$B,A2) | SUMIFS로 '사용내역' 시트의 F열에서 B열 값이 A2와 같은 데이터의 합계를 계산 | | TRANSPOSE(⋯) | 참조한 범위 데이터를 행과 열을 변환하여 표시 | B2 셀은 세부 사업명의 하위 카테고리였습니다. 비어있는 경우가 있어서 IF 함수로 비어있는 경우와 비어있지 않은 경우 계산식이 다르게 작성됩니다.
❸	• (원금)-(사용 누계)=(잔액)으로 작성합니다.

마) [드라이브내파일정보불러오기] 시트

영수증은 전산처리를 원하지 않는다면, 이 작업은 생략할 수 있지만, 해보시는 걸 추천합니다! 수령 즉시 스캔 앱을 이용해서 영수증을 촬영하고 구글 드라이브의 특정 폴더로 업로드하면, 구글 시트에서 정산서를 쉽게 완성할 수 있습니다.

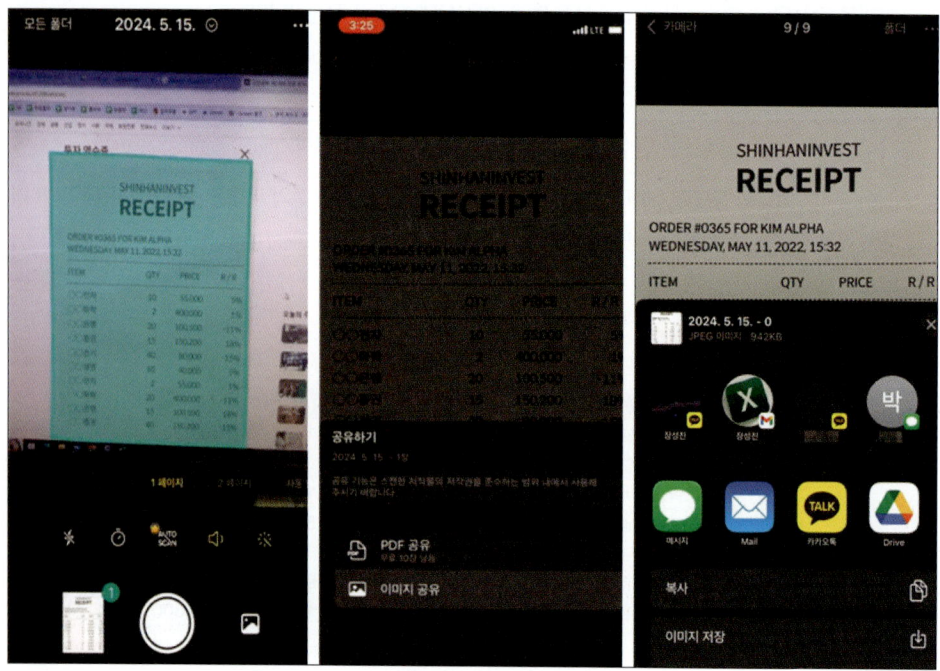

▲ 스캔 앱에서 영수증 찍고 구글 드라이브로 바로 올리는 화면❻

영역	설명
❶	• 구글 드라이브에서 '정산서영수증'이라는 폴더를 만듭니다. • [오른쪽 마우스 버튼 클릭] - [공유] - [엑세스 설정] - [링크가 있는 모든 사용자] - [뷰어]로 권한을 설정해 줍니다. • 권한설정이 완료되면 ❹와 같은 아이콘이 표시됩니다. • 이렇게 설정한 폴더 내 업로드되는 모든 파일은 같은 수준의 권한으로 설정됩니다.

❻ 앱실행-원하는 영역 촬영-[이미지공유]-구글 드라이브 앱 선택-폴더선택-올리기

❷	• 스캔 앱에 의해 해당 폴더로 업로드되는 파일의 링크를 받아보겠습니다. • [오른쪽 마우스 클릭]-[공유]-[링크복사] 후 [사용내역] 시트에서 해당 정산내역 행의 G열(영수증)에 붙여넣기를 합니다.
❸	• 정산서를 작성할 때마다, 영수증을 촬영하고 업로드하여 해당 파일의 링크를 복사, 붙여넣기를 하는 과정이 번거로우니 앱스 스크립트를 이용해서 자동화해보겠습니다. • 해당 폴더의 ID를 복사합니다. • [드라이브내파일정보불러오기] 시트의 B1 셀에 복사한 폴더 ID를 붙여넣습니다.

▲ [드라이브내파일정보불러오기] 시트 모습

영역	설명
❶	• 폴더 ID를 붙여넣고, [로딩] 버튼을 누르면 해당 폴더 내 파일들에 대한 URL 링크를 포함한 파일 정보가 표시됩니다.
❷	• 지정된 폴더에 들어있는 모든 파일의 정보가 3행부터 표시됩니다. E열에 해당 파일의 다운로드 링크를 [사용내역] 시트의 G열(영수증)에 복사, 붙여넣기 합니다.
❸	• B1 셀에 입력된 ID 해당 폴더로 이동할 수 있는 하이퍼링크입니다. 많은 셀이 링크로 나타나면 열너비가 길어지고 보기가 불편한 점을 해결하기 위해 해당 링크를 지정된 텍스트로 대체해보겠습니다. 　E1 수식 =HYPERLINK("https://drive.google.com/drive/u/0/folders/" & B1,"✓ 폴더바로가기") <table><tr><th>수식</th><th>설명</th></tr><tr><td>"https://drive.google.com/drive/u/0/folders/" & B1</td><td>B1 셀에 입력된 구글 드라이브 폴더 ID를 URL에 연결하여 폴더의 직접 링크를 생성</td></tr><tr><td>HYPERLINK(…)</td><td>• 링크를 클릭하면 해당 구글 드라이브 폴더로 이동 • 표시되는 텍스트는 "✓ 폴더 바로 가기"</td></tr></table> • "✓폴더바로가기"를 클릭하면 B1 셀에 입력된 구글 드라이브 폴더로 이동합니다 **처음 만난 함수 사전　HYPERLINK 함수란?** 클릭하면 다른 URL 또는 셀로 이동할 수 있는 하이퍼링크를 생성하는 함수 형식: =HYPERLINK(링크_주소, [표시_텍스트]) • 링크_주소: 이동할 URL 또는 대상 경로입니다. • 표시_텍스트: 링크에 표시할 텍스트 또는 셀 값(선택). 생략하면 링크 주소가 그대로 표시됩니다.

바) [정산서]시트

[사용내역] 시트에 입력된 내용 중 정산서 작성이 필요한 항목을 불러와서 정산서가 자동으로 작성될 수 있도록 구성합니다.

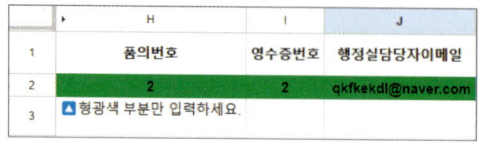

- H2셀: [사용내역]시트에 있는 품의번호를 입력
- I2셀: 불러올 영수증 번호 입력❼
- 단축키(Ctrl + `) 버튼을 누르면 해당 시트에 구성된 수식을 볼 수 있습니다.

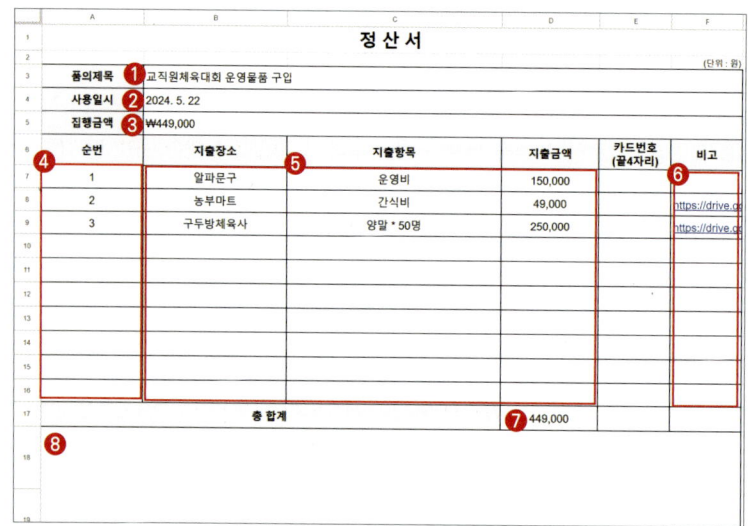

▲ [정산서] 시트 모습

영역	설명
❶	• H2 셀(품의 번호)과 일치하는 데이터의 품의 제목을 '사용내역'!$I$1:$I에서 가져옵니다. 　B3 수식 =IF(H2<>"", VLOOKUP(H2,'사용내역'!$H$2:$I,2,FALSE),"") <table><tr><th>수식</th><th>설명</th></tr><tr><td>IF(H2<>"", …)</td><td>• H2셀에 값이 있는 경우 VLOOKUP 실행 • H2가 비어있으면 빈 문자열("") 반환</td></tr><tr><td>VLOOKUP(H2,'사용내역'!$H$2:$I,2,FALSE)</td><td>• '사용내역'!$H$2:$H에서 H2셀과 일치하는 행을 찾고, 해당 행의 두번째열 I열(품의제목) 값을 반환</td></tr></table>

❼ 영수증은 실물만 인정되는 경우가 많으므로, 기능상 가능성을 보여주는 측면으로 1개의 영수증밖에 표시되지 않습니다. 사용자의 필요에 따라 복수 개의 영수증을 표시할 수 있도록 변경할 수 있습니다.

❷

B4 수식 =IF(H2<>"", xlookup(H2,'사용내역'!$H$2:$H,'사용내역'!$A$2:$A),"")

수식	설명
IF(H2<>"", …)	• H2셀에 값이 있는 경우 XLOOKUP 실행 • H2가 비어있으면 빈 문자열("") 반환
XLOOKUP(H2,'사용내역'!$H$2:$H,'사용내역'!$A$2:$A)	• '사용내역'!$H$2:$H에서 H2셀과 일치하는 행을 찾고, 해당 행의 '사용내역'!$A$2:$A 값(날짜)을 반환

❸

B5 수식 =IF(H2<>"", SUMIFS('사용내역'!$F$2:$F,'사용내역'!$H$2:$H,H2),"")

수식	설명
IF(H2<>"", …)	• H2셀에 값이 있는 경우 SUMIFS 실행 • H2셀이 비어있으면 빈 문자열("") 반환
SUMIFS('사용내역'!$F$2:$F,'사용내역'!$H$2:$H,H2)	• '사용내역'!$H$2:$H에서 H2셀과 일치하는 행을 찾고, 해당 행의 '사용내역'!$F$2:$F 값(금액)을 모두 더해서 반환

❹

• B7에 작성된 수식으로 B열에 값이 나타나지 않는 행은 A열에 번호도 표시하지 않으려는 목적입니다.

A7 수식 =IF(B7<>"",ROW(A1),"")

수식	설명
IF(B7<>"", …)	• B7 셀에 값이 있는 경우 ROW 실행 • B7 셀이 비어있으면 빈 문자열("") 반환
ROW(A1)	• ROW 함수로 A1 셀의 행번호 1을 반환

❺

B7 수식 =IF(H2<>"", FILTER('사용내역'!$D$2:$F,'사용내역'!$H$2:$H=$H$2),"")

수식	설명
IF(H2<>"", …)	• H2 셀에 값이 있는 경우 FILTER 실행 • H2 셀이 비어있으면 빈 문자열("") 반환
FILTER('사용내역'!$D$2:$F,'사용내역'!$H$2:$H=$H$2)	• '사용내역'!$H$2:$H에서 H2셀과 일치하는 행을 찾고, 해당 행의 '사용내역'!$D$2:$F 값(장소, 구매내역, 금액)을 순서대로 모두 반환

❻

F7 수식 =IF(H2<>"", FILTER('사용내역'!$G$2:$G,'사용내역'!$H$2:$H=$H$2),"")

수식	설명
IF(H2<>"", …)	• H2 셀에 값이 있는 경우 FILTER 실행 • H2 셀이 비어 있으면 빈 문자열("") 반환
FILTER('사용내역'!$G$2:$G,'사용내역'!$H$2:$H=$H$2)	• '사용내역'!$H$2:$H에서 H2셀과 일치하는 행을 찾고, 해당 행의 '사용내역'!$G$2:$G 값을 순서대로 모두 반환

❼

D17 수식 =SUM(D7:D16)

• ❻수식으로 H2 셀 품의 번호로 집행된 사용내역의 모든 지출금액의 합계를 SUM 함수로 계산합니다.

❽

A18 수식 =IMAGE(INDIRECT("f"&6+I2))

• F열에 표시된 영수증링크 중 I2 셀에 입력한 영수증의 번호를 따라 참조한 이미지 URL을 삽입하여 표시됩니다.

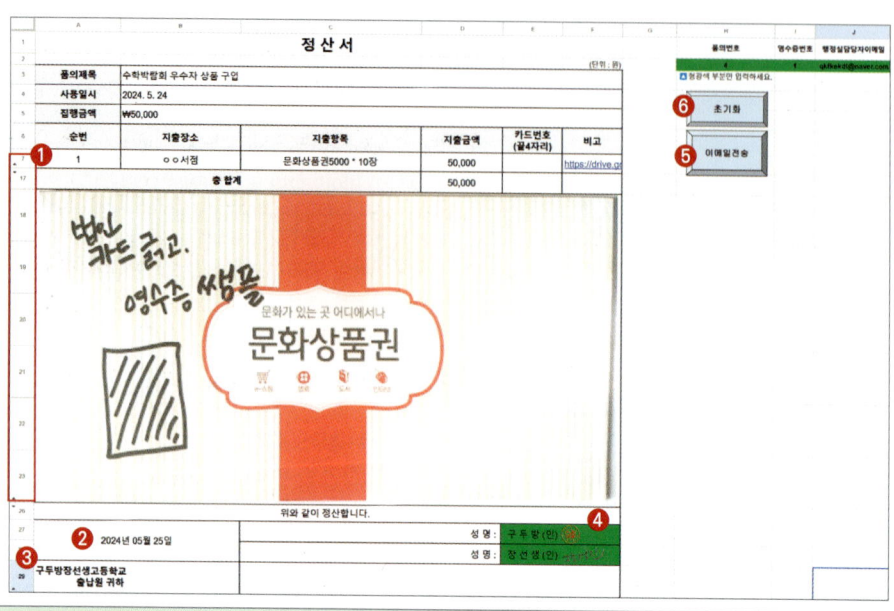

영역	설명
❶	• 하나의 품의에 대한 사용내역이 작성되지 않은 행은 [해당 행 번호 마우스 우클릭]-[행 숨기기] 처리합니다.
❷	A27 수식 =TEXT(B4+1, "yyyy년 mm월 dd일") • B4 셀은 [사용내역] 시트에서 작성된 날짜입니다. 해당 날짜에 하루(+1)를 더해 "yyyy년 mm월 dd일" 형태로 날짜를 표시하기 위해 TEXT 함수를 사용합니다.
❸	A29 수식 ='설정'!B23&" 출납원 귀하" • '설정'!B23 에 입력한 학교 이름과 "출납원 귀하"라는 텍스트가 띄어쓰기와 줄 바꿈(Alt+Enter)을 추가하여 원래 양식과 같은 모양으로 작성합니다.
❹	• 정산서에 서명 이미지를 사용하는 경우가 있습니다. ❽
❺	• 완성된 정산서는 PDF 파일로 저장하고 담당자의 Email로 전송하는 절차를 앱스 스크립트로 완성합니다. 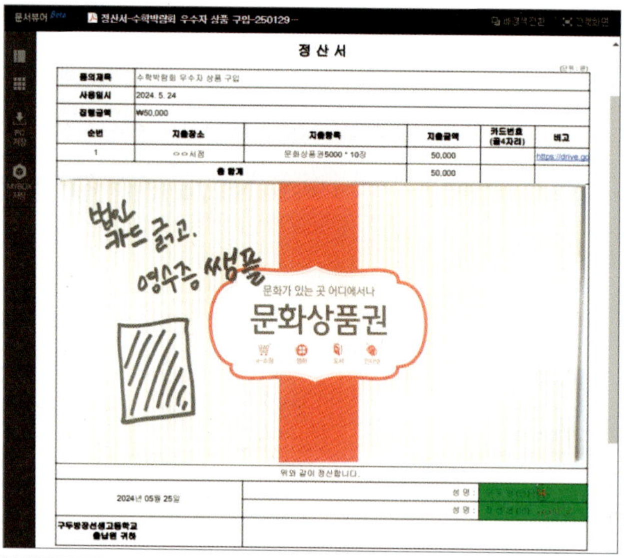

❽ 서명 이미지를 만드는 방법은〈Ⅲ-1-가-1〉 연수 이수 명부 관리〉를 참고하세요.

❺ • [이메일전송] 버튼을 클릭하면 J2 셀에 입력된 Email로 PDF 파일과 미리 설정해 놓은 Email 내용이 전송됩니다.

❻ • [초기화] 버튼을 클릭하면, [정산서] 시트의 양식을 제외하고 사용자가 작성한 내용을 삭제하는 앱스 스크립트 코드가 실행되어 빈 양식을 재사용할 수 있습니다.

학교 업무에서 사용하는 예산에 대해 사용 내역을 기록 관리하고 반복적으로 작성하는 정산서 작업을 자동화해 보았습니다.

해당 과정에서 영수증 및 증빙 자료는 구글 드라이브에 저장됩니다. 저장된 파일은 앱스 스크립트로 불러와서 구글 시트에 함수로 구현 합니다. 완성된 문서는 정해진 형식에 맞춰 자동으로 작성되며, 담당자가 검토 및 품의 절차를 거쳐 정산 업무를 원활하게 처리할 수 있습니다. 이를 통해 데이터 입력 오류를 줄이고, 더욱 체계적인 문서 관리가 가능해집니다.

구글 시트와 앱스 스크립트를 활용한 예산 정산서 작성 시스템은 학교 행정업무의 효율성을 높이는 데 큰 도움이 됩니다. 현재 담당하는 업무에서 자주 사용하는 양식을 자동화하여 더욱 스마트한 업무 환경을 만들어보시기 바랍니다!

나. 물품 관리

1) 대출 반납 관리

학교에는 학생들과 교사들이 함께 사용하는 다양한 공용 물품이 있습니다. 음악실, 미술실, 체육관 등 특별실에서 사용하는 물품뿐만 아니라, 학년별 특성과 교과별 요구에 따라 필요한 물품들도 매우 다양합니다. 그러나 실제로는 이러한 물품이 존재한다는 사실조차 알지 못하거나, 있다 하더라도 어디에 있고 누가 어떻게 활용하고 있는지를 파악하는 일이 쉽지 않습니다. 이는 물품의 비효율적인 사용과 관리의 어려움으로 이어집니다.

이런 상황에서 공용 물품들을 관리하기 위해 구글 시트를 활용하는 것은 매우 유용한 방법입니다. 물품별로 관리 시트를 구성해 놓으면, 물품의 보유 현황과 활용 상황을 쉽게 파악할 수 있을 뿐만 아니라, 관리의 효율성과 투명성도 크게 향상됩니다. 이를 통해 교사들은 필요할 때 적절한 물품을 신속하게 찾고 활용할 수 있으며, 학교 차원에서도 자원의 낭비를 줄이고 체계적인 운영을 도모할 수 있습니다.

『**대출 반납 관리 템플릿**』은 물품 대여와 반납 과정을 보다 체계적이고 효율적으로 관리할 수 있도록 돕는 도구입니다. 이 템플릿을 활용하면 물품의 대여 가능 여부를 실시간으로 확인할 수 있어, 불필요한 이동 없이도 대여 상황을 파악할 수 있습니다. 또한, 현재 물품을 사용 중인 학급 정보를 기반으로 개별적으로 연락하여 일정을 조율할 수 있어 효율적인 소통이 가능합니다.

또한 반납 날짜를 확인하고 미리 대출 날짜와 함께 학급 정보를 입력해 놓으면 예약과 같은 기능으로 작동합니다. 이를 통해 대여와 반납 절차가 투명해지고, 물품 관리의 편리함과 신속함을 제공하여 공용 물품 활용에 있어 최적의 환경을 지원합니다.

먼저 학년별 도서 대출 및 반납에 활용한 예시 자료를 살펴보겠습니다. 이후, 수정 및 보완된 『**대출 반납 관리 템플릿**』의 핵심 기능을 중심으로 활용 방법을 안내합니다.

가) 도서 대출 반납 관리 예시 살펴보기

학년에서 도서를 돌려 가며 사용할 때, 책의 보유 수량, 어떤 반에서 활용 중인지, 사용 기간, 반납 예정일 등 궁금한 점이 끊이질 않습니다. 이런 정보를 확인하려면 대화방에 물어보고 답하는 과정이 반복되었고, 결국 학년 대화방이 조용할 날이 없었습니다.

이러한 문제를 해결하고자 학년 도서 대출 반납 관리 템플릿을 제작하게 되었습니다. 그 결과, 도서 관리가 간편해지고, 불필요한 소통이 줄어들며, 학년 내 도서 활용의 투명성과 효율성을 높일 수 있었습니다.

joo.is/도서대출반납관리
▲ 도서 대출 반납 관리 템플릿

▲ 도서의 전체 '목록' 시트 구성

영역	설명
❶	• '셀 선택'–'마우스 우클릭'–[링크 삽입]–[시트 및 이름이 지정된 범위]를 선택한 후, ❸의 해당 시트로 연결합니다. • '도서명'을 클릭하면 해당 시트로 이동합니다.
❷	• 각 시트에 계산된 값을 **[시트 간 참조]** 기능으로 불러옵니다. 수식 ='위험한 (29)'!$I$2
❸	• 시트 이름을 길게 작성하면 보이지 않는 시트 항목이 많아지므로, 되도록 짧게 정리합니다.

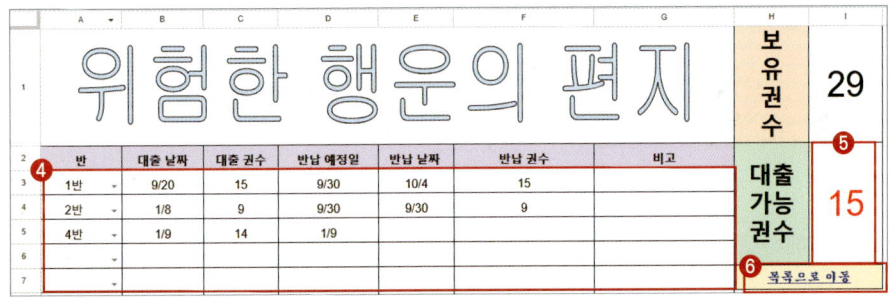

▲ 개별 도서 대출 반납 시트 구성

영역	설명
❹	• 대출 관련 정보를 직접 입력하는 부분입니다. • 그 외의 부분은 모두 [범위 보호]를 해놓는 것이 좋습니다.

Ⅲ 구글 시트 업무 효율화

❺	• 책의 (보유 권수)-(대출 권수의 총합)+(반납 권수의 총합)의 계산식으로 대출 가능 권수를 계산합니다. • 해당 계산 값의 결과는 '**목록**' 시트의 ❷번 영역에 반영됩니다. 　수식 =I1-SUM(C3:C)+SUM(F3:F) 　　I1: 보유 권수가 입력된 셀 주소입니다. 　　SUM(C3:C): 대출 권수의 총합입니다. 　　SUM(F3:F): 반납 권수의 총합입니다.
❻	• '목록' 시트로 이동할 수 있는 링크를 시트마다 넣어두면 편리합니다. • '셀 선택'-'마우스 우클릭'-[링크 삽입]-[시트 및 이름이 지정된 범위]를 선택한 후, '목록' 시트로 연결합니다.

　개별 도서 대출 반납 기록 시트는 하나의 기본 양식을 학교 상황에 맞게 잘 설계한 후, 테스트해 보는 것이 좋습니다. 그 후 시트를 복사하여 시트 이름과 도서명만 변경하면 됩니다. 처음부터 시트를 여러 개 만들어 놓고 작업하면 수정할 사항이 생길 때마다 각각 수정해야 하는 번거로움이 있습니다. 그러니 개별 시트의 양식 정리가 완료되면 이를 충분히 점검해 보시고, [시트 복사]하여 이름만 수정하시는 것을 추천합니다.

　물론 뒤늦게 수정해야 하거나 개선한 부분이 발생할 수도 있습니다. ❻ 항목은 뒤늦게 목록으로 가는 것이 불편하여 개선된 항목입니다. 이때는 시트별로 각각 링크를 만들지 말고, 작업한 것을 '복사'하여 시트마다 '붙여넣기'[9]하면 됩니다.

　『도서 대출 반납 템플릿』은 실제 활용한 내용을 일부 포함한 예시로, 기본 기능을 이해하는 데 도움이 됩니다. 이를 충분히 확인한 후, 다음에 소개될 『**대출 반납 관리 템플릿**』을 목적과 상황에 맞게 편집하여 활용해 보시기 바랍니다. 더욱 향상된 기능을 통해 효과적인 관리가 가능할 것입니다.

나) 대출 반납 관리 템플릿 활용법

　지금부터는 다양한 물품 관리와 활용에 효과적인 템플릿의 핵심 기능과 제작 방법을 안내합니다.

　각 기능을 이해하고, 목적과 상황에 맞게 편집하여 활용해 보시기 바랍니다.

　이 템플릿은 '목록' 시트와 '개별 대출 반납 관리' 시트로 구성됩니다.

joo.is/대출반납관리
▲ 대출 반납 관리 템플릿

---

[9] '복사하기' 단축키: Ctrl + C , '붙여넣기' 단축키: Ctrl + V

(1) '목록' 시트

'목록' 시트에서는 전반적인 물품 개수와 대출 가능 개수, 분실 및 파손의 누가 내용 등을 종합적으로 확인할 수 있습니다. 다음 이미지에서 파란색 영역은 '목록' 시트에서 직접 수정하는 부분이고, 빨간색 영역은 '개별 대출 반납 관리' 시트의 데이터를 자동으로 반영하는 부분입니다. '목록' 시트는 담당자만 수정할 수 있도록 [시트 보호] 기능을 설정하여 데이터의 무분별한 변경을 방지하는 것이 중요합니다.

▲ 물품 내용이 한눈에 보이는 '목록' 시트 구성

영역	설명
❶	• 물품명을 기록하고, **[링크 삽입]-[시트 및 이름이 지정된 범위]**로 해당 대출 반납 시트를 연결합니다.
❷	• 물품 수량을 파악하여 입력합니다. 파손된 물품이 생기면 관리자가 이를 반영하여 보유 개수를 수정합니다.
❸	• 물품별 대출 가능 개수를 개별 시트의 데이터를 참조하여 자동으로 반영합니다. • 사용자가 실수로 데이터를 수정하는 것을 방지하기 위해 **[시트 보호]**분만 아니라, 특정 중요 영역에 대해 **[범위 보호]**를 추가로 설정하는 것이 좋습니다. 이렇게 하면, 필요한 부분만 수정 가능하도록 제한할 수 있어 데이터의 무결성을 유지할 수 있습니다.
❹	• '분류' 열에는 보관 장소나 물품의 특성, 활용 과목, 담당자 등 항목을 목적에 따라 수정하여 이용합니다. • 열을 추가하여 세부적인 정보를 추가할 수도 있습니다.
❺	• 물품별 '비고(분실 및 파손 내용)'을 개별 시트의 데이터를 참조하여 자동으로 반영합니다. • 비고 항목이 많아지면 안 보이는 내용이 생길 수 있으므로, **[행 크기 조정]-[데이터에 맞추기]**로 설정해 놓는 것이 좋습니다. • 해당 셀에는 다음과 같은 함수가 적용되어 있습니다.

❺	**수식** =IFERROR(TEXTJOIN(CHAR(10), TRUE, ARRAYFORMULA("• " & FILTER('물품1'!I3:I, '물품1'!I3:I <> ""))), "특이사항 없음.") : 이 수식은 특정 범위에서 데이터를 필터링하여 조건을 충족하는 값만을 가져온 후, 각 값을 목록으로 연결하는 작업을 수행합니다. 또한, 오류가 발생할 경우, 대체값으로 "특이사항 없음."을 반환합니다. ▶ FILTER('물품1'!I3:I, '물품1'!I3:I <> "") • '물품1'!I3:I: 물품1 시트의 I3부터 I 열 데이터를 가져옵니다. • '물품1'!I3:I <> "": I3부터 I 열 데이터 중 비어있지 않은 값만 필터링합니다. ▶ ARRAYFORMULA("• " & ...) • "• ": 각 값 앞에 "• "를 추가합니다. • ARRAYFORMULA: 필터링된 모든 값에 대해 "• "를 추가하는 작업을 배열 형태로 처리합니다. ▶ TEXTJOIN(CHAR(10), TRUE, ...) • CHAR(10): 줄바꿈 문자를 사용하여 항목들을 구분합니다. • TRUE: 빈 값을 무시합니다. ▶ IFERROR(..., "특이 사항 없음.") • IFERROR: 함수 실행 중 오류가 발생하면 지정된 대체 텍스트("특이사항 없음.")를 반환합니다.
❻	• 학교 실태에 맞게 학년 반을 편집합니다. 물론 이름이나 소속 등으로 변경할 수도 있습니다. • 이 범위는 '개별 대출 반납 관리' 시트에서 [데이터 확인]-[드롭다운(범위)]로 반영되는 부분입니다.

(2) 개별 대출 반납 관리 시트

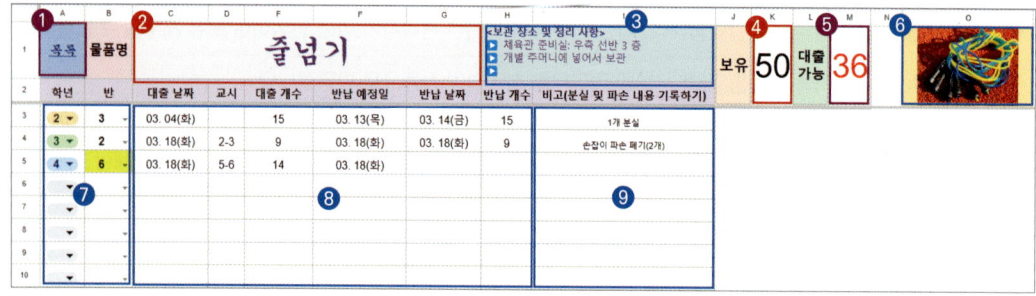

▲ '개별 대출 반납 관리' 시트 구성

앞의 이미지에서 ❶, ❺의 보라색 영역은 수정할 필요가 없는 영역을 뜻합니다. 그리고 ❷, ❹의 빨간색 영역은 '목록' 시트 데이터를 반영하는 부분으로 물품에 맞게 수정이 필요한 부분입니다. 그리고 나머지 파란색 영역은 해당 시트 안에서 내용을 개별적으로 입력하여 활용하는 부분입니다. 각 영역의 특성을 자세히 안내합니다.

영역	설명
❶	• '목록' 시트로 이동 링크가 삽입된 부분입니다. • 시트 복사 시, 이미 목차 시트의 링크가 삽입되어 있기에 수정할 필요가 없습니다.

❷	• '목록' 시트의 B 열에 입력된 '물품 목록' 데이터를 반영합니다. 　`수식` =‘목록’!B2 • 물품의 행 번호에 따라 위 참조의 빨간 부분, 숫자 부분만 변경하여 주면 됩니다.
❸	• '보관 장소 및 정리 사항'과 관련된 지침을 공유합니다. • 담당자 및 문의 시 연락처, 해당 도구 활용 방법 영상, 정리 방법 안내 PDF 등 효율적인 업무에 도움이 될만한 정보를 엄선하여 공유해 보시기 바랍니다.
❹	• '목록' 시트의 C 열에 입력된 '개수' 데이터를 반영합니다. 　`수식` =‘목록’!B2 • 물품의 행 번호에 따라 위 참조의 빨간 부분, 숫자 부분만 변경하여 주면 됩니다.
❺	• 해당 계산 값의 결과는 '**목록**' 시트의 ❸번 영역에 반영됩니다. 　`수식` =K1-SUM(E3:E)+SUM(H3:H) 　• K1: 보유 개수가 입력된 셀 주소입니다. 　• SUM(E3:E): 대출 개수의 총합입니다. 　• SUM(H3:H): 반납 개수의 총합입니다. • 시트 복사 시, 수정할 필요가 없는 영역입니다.
❻	• 해당 물품의 이미지가 삽입된 영역입니다. 인터넷에서 관련 이미지를 찾아 첨부해도 되지만, 정리된 상태의 사진을 찍어서 공유하면 더 좋습니다. • O1 셀에 [삽입]-[이미지]-[셀 내에 이미지 삽입]으로 정리합니다. 여러 사진 공유가 필요한 경우에 J:O 열의 빈 셀 영역에 [삽입]-[이미지]-[이미지를 셀 위에 삽입]으로 하여 자유롭게 크기와 위치를 달리하여 사진을 배치합니다.
❼	• '목록' 시트의 I:J 열에 입력된 '학년', '반' 데이터의 범위를 드롭다운 버튼으로 선택하게 되어 있습니다. • 해당 드롭다운 선택 항목을 수정하고자 할 경우는 '목록' 시트의 I:J 열에 입력된 데이터를 수정합니다.
❽	• 대출 반납과 관련한 정보가 입력되는 영역입니다. • 이 영역에는 조건부 서식 2가지가 적용되어 있으며, 아래에서 자세히 설명합니다.
❽-①	〈조건부 서식 ❶〉: '대출 개수'와 '반납 개수'가 일치하지 않을 시, B 열(반)에 노란색 채우기 색상 서식이 적용됩니다. 　• 아직 반납하지 않아 반납 개수가 입력되지 않은 경우 　• 파손이나 분실이 발생하여 반납 개수가 일치하지 않은 경우 　`맞춤 수식` =E3〈〉H3 　: 셀 E3의 값이 셀 H3의 값과 같지 않으면 TRUE를 반환(조건을 적용)하고, 같으면 FALSE를 반환(조건 미적용)합니다

Ⅲ 구글 시트 업무 효율화

❽-②	**〈조건부 서식 ❷〉**: '대출 개수'와 '반납 개수' 입력 시, '9개'처럼 단위를 입력하여 숫자로 인식하지 않을 시, 해당 셀에 빨간색으로 채우기 색상 서식이 적용됩니다. • '개'를 삭제하고 숫자만 입력하면 적용된 서식이 사라집니다. • 숫자로 인식되지 않아 M1 셀의 '대출 가능 개수' 계산에 오류가 생기는 것을 방지하기 위함입니다. 맞춤 수식 =ISERROR(VALUE(E3)) : E3의 값이 숫자로 변환되지 않으면 TRUE를 반환합니다. • VALUE(E3): 셀 E3의 값을 숫자로 변환하려고 시도합니다. • ISERROR(...): 괄호 안에서 오류가 발생하면 TRUE를 반환하고, 그렇지 않으면 FALSE를 반환합니다.	
❾	• 물품의 파손이나 분실과 같은 특이사항을 '비고(분실 및 파손 내용)' 열에 입력합니다. • 이 열에 입력된 내용은 모두 '**목록**' 시트의 ❺번 영역에 반영됩니다. • '목록' 시트에 해당 날짜에 대한 정보나 해당 반에 대한 정보를 확인하고자 할 경우는 입력하는 방식의 예시를 입력해 줍니다. 📝 1개 분실(10/4, 5-1)	

(3) 물품 항목 추가하며 정리하기

앞에서 '목록' 시트와 '개별 대출 반납 관리' 시트를 목적에 맞게 잘 편집하셨나요? 이 두 시트가 제대로 구성되어야 이후의 작업이 원활해지고 불필요한 수정 작업을 줄일 수 있습니다. 다시 한번 두 시트를 검토하여 추가할 내용이 있는지, 수정·보완할 부분이 없는지 점검해 보시기 바랍니다.

이제 물품 항목을 하나씩 추가하여 정리하는 방법을 단계별로 살펴보겠습니다. 단계별로 어떤 시트에서 작업하는지 '목록', '개별'로 구분하여 안내합니다.

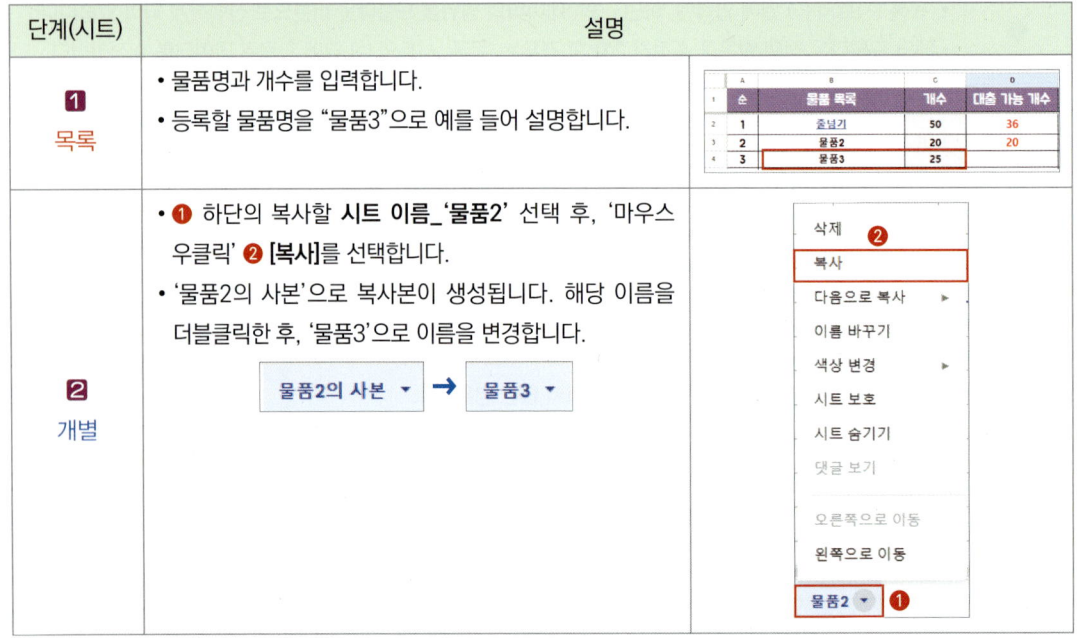

단계(시트)	설명	
❶ 목록	• 물품명과 개수를 입력합니다. • 등록할 물품명을 "물품3"으로 예를 들어 설명합니다.	
❷ 개별	• ❶ 하단의 복사할 **시트 이름_'물품2'** 선택 후, '**마우스 우클릭**' ❷ **[복사]**를 선택합니다. • '물품2의 사본'으로 복사본이 생성됩니다. 해당 이름을 더블클릭한 후, '물품3'으로 이름을 변경합니다. 물품2의 사본 ▸ → 물품3 ▸	

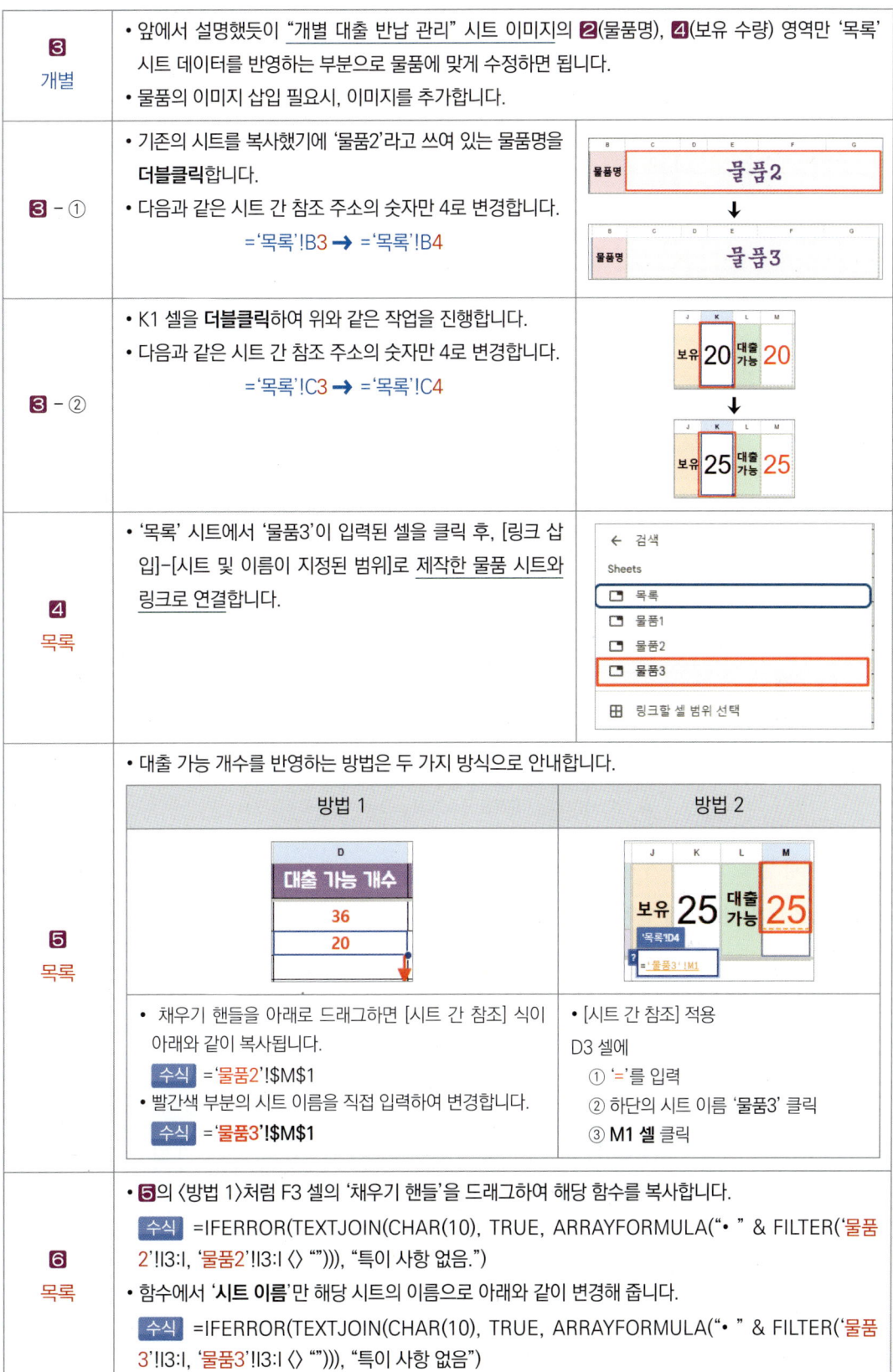

앞처럼 6단계를 반복하면 됩니다. 대부분 숫자와 이름만 변경하면 되는 간단한 작업입니다. 작업이 익숙해지면 물품 하나 정리에 3분이면 충분합니다.

순	물품 목록	개수	대출 가능 개수	분류	비고(분실 및 파손 내용)
1	줄넘기	50	36		• 1개 분실 • 손잡이 파손 폐기(2개)
2	물품2	20	20		특이 사항 없음.
3	물품3	25	25		특이 사항 없음.

▲ 목록이 추가되어 정리된 목록 시트 모습

구글 시트로 새로운 템플릿을 만들고, 좀 더 효율적인 방법을 찾아 수정해 나가는 과정에는 창의력이 필요합니다.

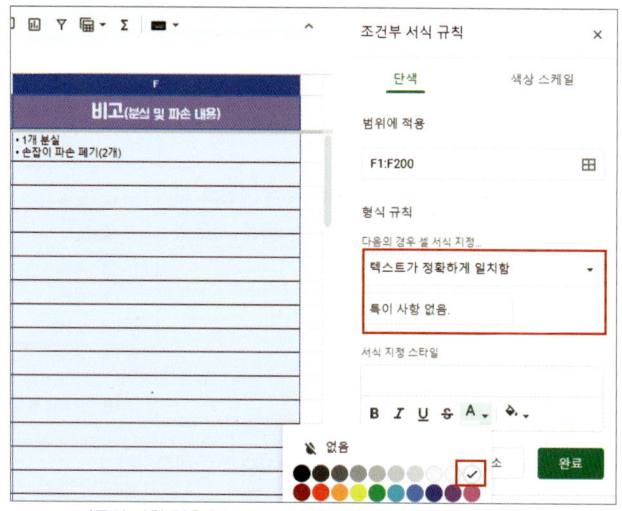

▲ '특이 사항 없음.' 문자를 안 보이게 조건부 서식을 적용한 모습

'특이사항 없음.' 텍스트가 반복되는 것을 제거하기 위해 함수를 수정할 수도 있었지만, 대신 [조건부 서식]-[텍스트가 정확하게 일치함]-'특이 사항 없음.'에 글자 색을 '흰색'으로 설정해 적용해 보았습니다. 물론 내용이 보이지 않으면 함수가 제대로 적용되었는지 불안해하실 분들을 위해 템플릿에는 이 방식이 적용되지 않았습니다.

선생님들께서도 불편한 요소를 발견하고, 더 나은 방식을 상상하며 직접 적용해 보는 과정을 통해 자신만의 완성된 템플릿을 만들어 가시길 바랍니다. 이러한 작은 변화들이 일상의 업무를 더욱 효율적이고 즐겁게 만들어 줄 것입니다. 함께 성장하는 모든 순간을 응원합니다!

2) 스캔한 바코드를 구글 시트로 전송하기

구글 시트의 다양한 함수를 활용하면 학교 현장에서의 업무 부담을 효과적으로 줄일 수 있는 강력한 도구가 됩니다. 특히, 클라우드 기반으로 운영되기 때문에 인터넷이 연결된 환경에서는 그 활용도가 더욱 극대화됩니다.

예를 들어, 학급이나 학교에서 관리하는 물품에 일련번호를 부여하고, 이를 바코드나 QR코드로 변환하여 스마트폰으로 스캔하면 구글 시트에 자동으로 기록할 수 있습니다. 이러한 시스템을 도입하면 물품 관리의 효율성이 크게 향상되며, 데이터의 정확성과 접근성 또한 강화됩니다.

구글 시트와 바코드 스캔을 활용하여 다음과 같은 상황을 어떻게 간소화할 수 있을지 고민해 봅시다.

> 〈상황〉
> A교사는 학교에서 업무담당으로 관리중인 교원용 노트북 60대의 대여 및 반납 과정을 간소화하고 싶습니다. 어떻게 할 수 있을까요?

가) 관리 물품 데이터베이스 생성하기

단계	설명
1	• 새로운 구글 시트를 열어줍니다. (sheets.new)
2	• '시트1'의 이름을 '기기 데이터베이스'로 바꿔줍니다. ▲ 시트 이름 변경하기
3	• 기기 데이터베이스 템플릿을 만듭니다. 　– '기기 데이터베이스' 시트에서 A1 셀에 '교원용 노트북 데이터베이스'를 입력합니다. 　– A1:E1의 범위를 선택 후 '셀 병합' 버튼을 눌러줍니다. 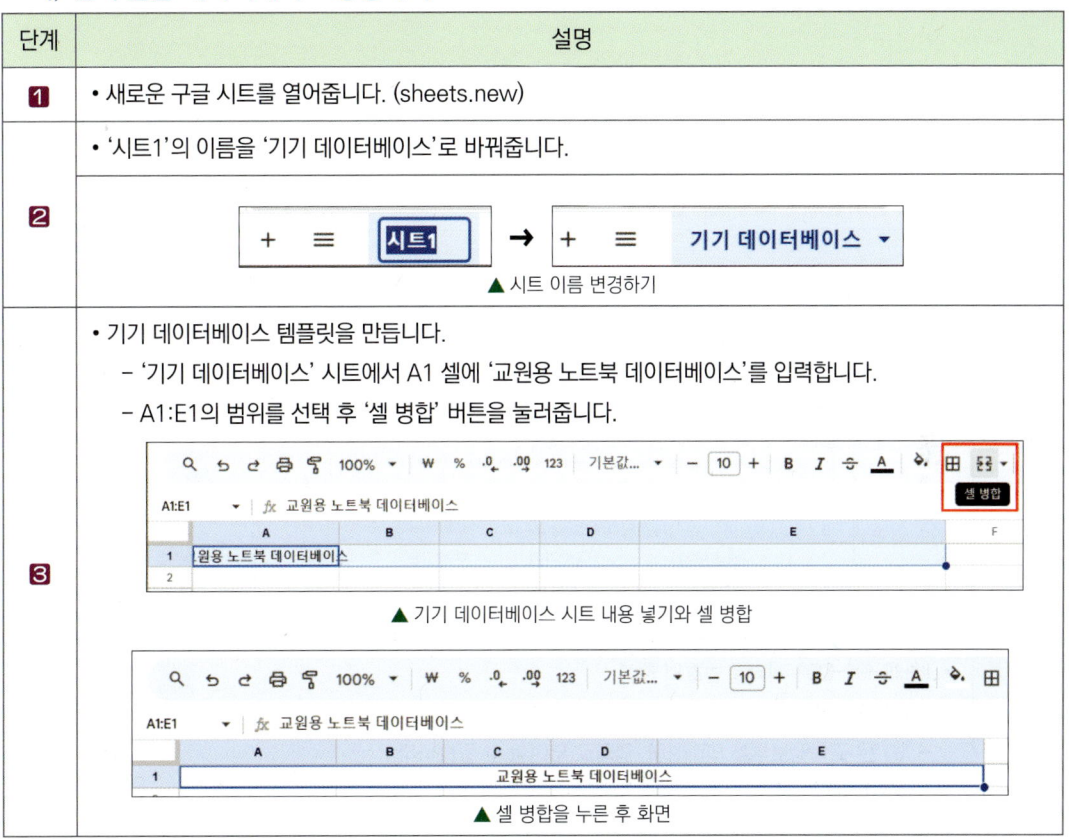▲ 기기 데이터베이스 시트 내용 넣기와 셀 병합 ▲ 셀 병합을 누른 후 화면

4	• A3:E3 범위에 다음 내용을 입력합니다. : 관리부서, 대상기기, 부서코드, 번호, 시리얼번호, 바코드 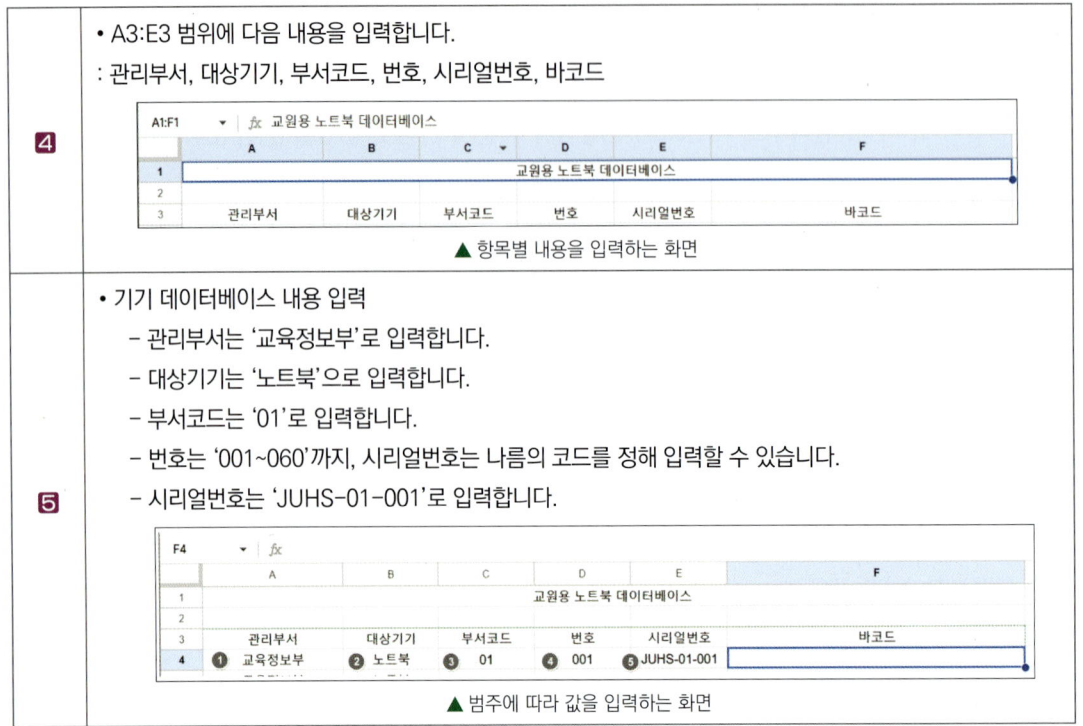 ▲ 항목별 내용을 입력하는 화면
5	• 기기 데이터베이스 내용 입력 　- 관리부서는 '교육정보부'로 입력합니다. 　- 대상기기는 '노트북'으로 입력합니다. 　- 부서코드는 '01'로 입력합니다. 　- 번호는 '001~060'까지, 시리얼번호는 나름의 코드를 정해 입력할 수 있습니다. 　- 시리얼번호는 'JUHS-01-001'로 입력합니다. ▲ 범주에 따라 값을 입력하는 화면

나) 시리얼번호 만들기

시리얼번호를 생성해 이를 바코드로 변환하기 때문에 시리얼번호는 제작하려는 바코드의 규격(Code 128[10])에서 허용하는 문자를 활용해 생성합니다.

단계	설명
	• 데이터를 합쳐 시리얼 번호 일괄 생성하기 　- E4 셀에 다음의 수식을 입력합니다. 　수식 ="JUHS-"&C4&"-"&D4 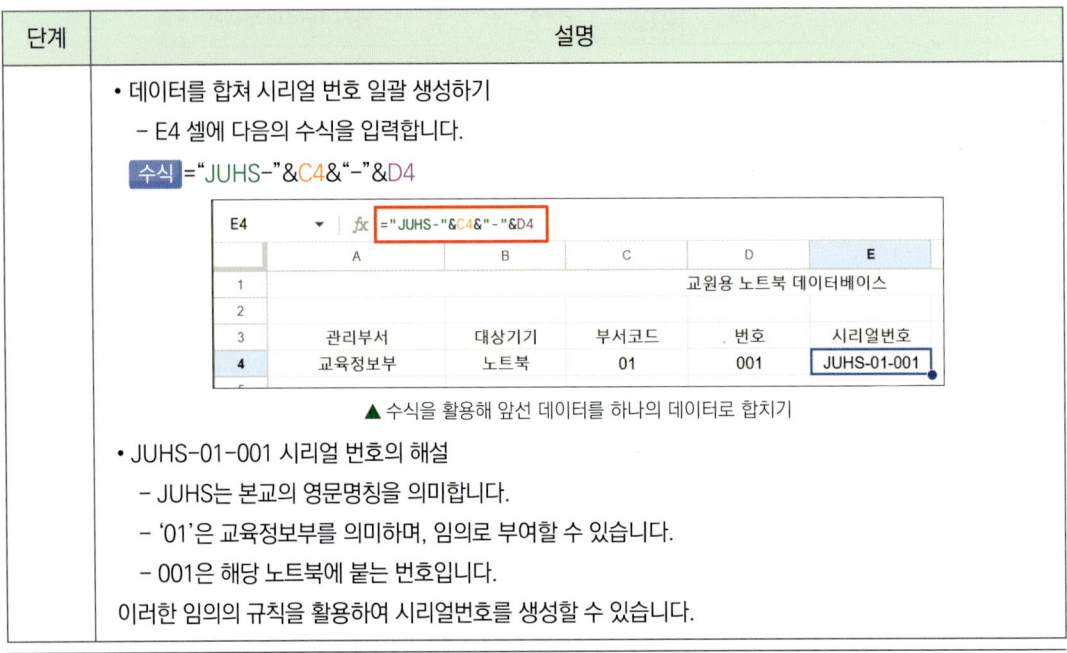 ▲ 수식을 활용해 앞선 데이터를 하나의 데이터로 합치기 • JUHS-01-001 시리얼 번호의 해설 　- JUHS는 본교의 영문명칭을 의미합니다. 　- '01'은 교육정보부를 의미하며, 임의로 부여할 수 있습니다. 　- 001은 해당 노트북에 붙는 번호입니다. 이러한 임의의 규칙을 활용하여 시리얼번호를 생성할 수 있습니다.

[10] 대부분의 표준 알파벳과 특수문자를 인코딩 할 수 있는 규격

- 반복되는 데이터 복사하여 붙여넣기
  - A4:C4 범위를 선택하여 Ctrl + C 를 눌러 복사 후, A5:C63 범위를 선택 후 Ctrl + V 를 눌러 복사한 값을 붙여넣습니다.

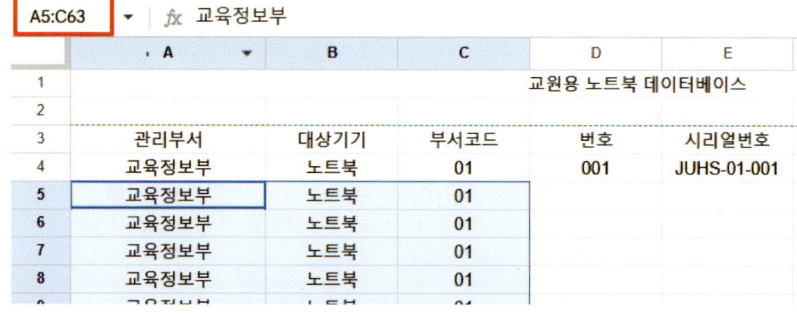

▲ 범위 선택 후 Ctrl+V를 눌러 데이터를 한번에 채운 화면

- 채우기 핸들 활용하여 내용 일괄 적용하기
  - 번호는 001~060으로 분포해야하므로, D4셀의 채우기 핸들을 더블클릭하여 D4:D63까지 범위에 걸쳐 001~060 숫자가 들어가도록 합니다.
  - E4셀의 채우기 핸들을 다시 더블클릭하여 이전에 적용한 수식이 D4:D63 범위에 입력되도록 합니다.

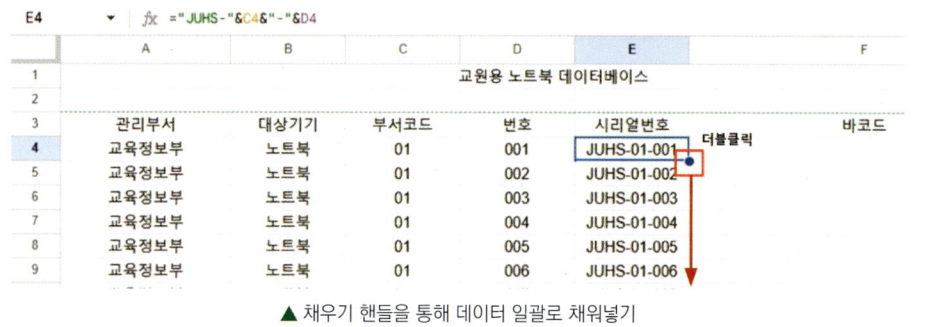

▲ 채우기 핸들을 통해 데이터 일괄로 채워넣기

수식 ="JUHS-"&C4&"-"&D4

- **학급・"JUHS-"**
  등호(=) 이후에 쌍따옴표("")를 사용 후 그 사이에 문자를 입력하면, 해당 내용은 함수 연산과 함께 입력한 문자 그대로 표기됩니다.

- **&C4**
  함수와 함수를 이어줄 때 활용하는 문자입니다. 앞선 "JUHS-"에 이어 C4셀의 값인 '01'을 이어서 표시한다는 의미입니다.

- **&"-"&D4**
  앞선 ="JUHS-"&C4에 이어 '-'를 표시 후 D4에 있는 '001' 값을 표시한다는 의미입니다.

- 최종 출력 내용: JUHS-01-001

다) 시리얼번호 기반으로 바코드/QR코드 생성하기

시리얼번호 생성을 위한 나름의 규칙을 생성하고, 시리얼번호를 부여했다면 이를 바탕으로 바코드를 생성할 차례입니다. 앱스스크립트를 활용해 바코드를 생성하는 방법을 알아보겠습니다.

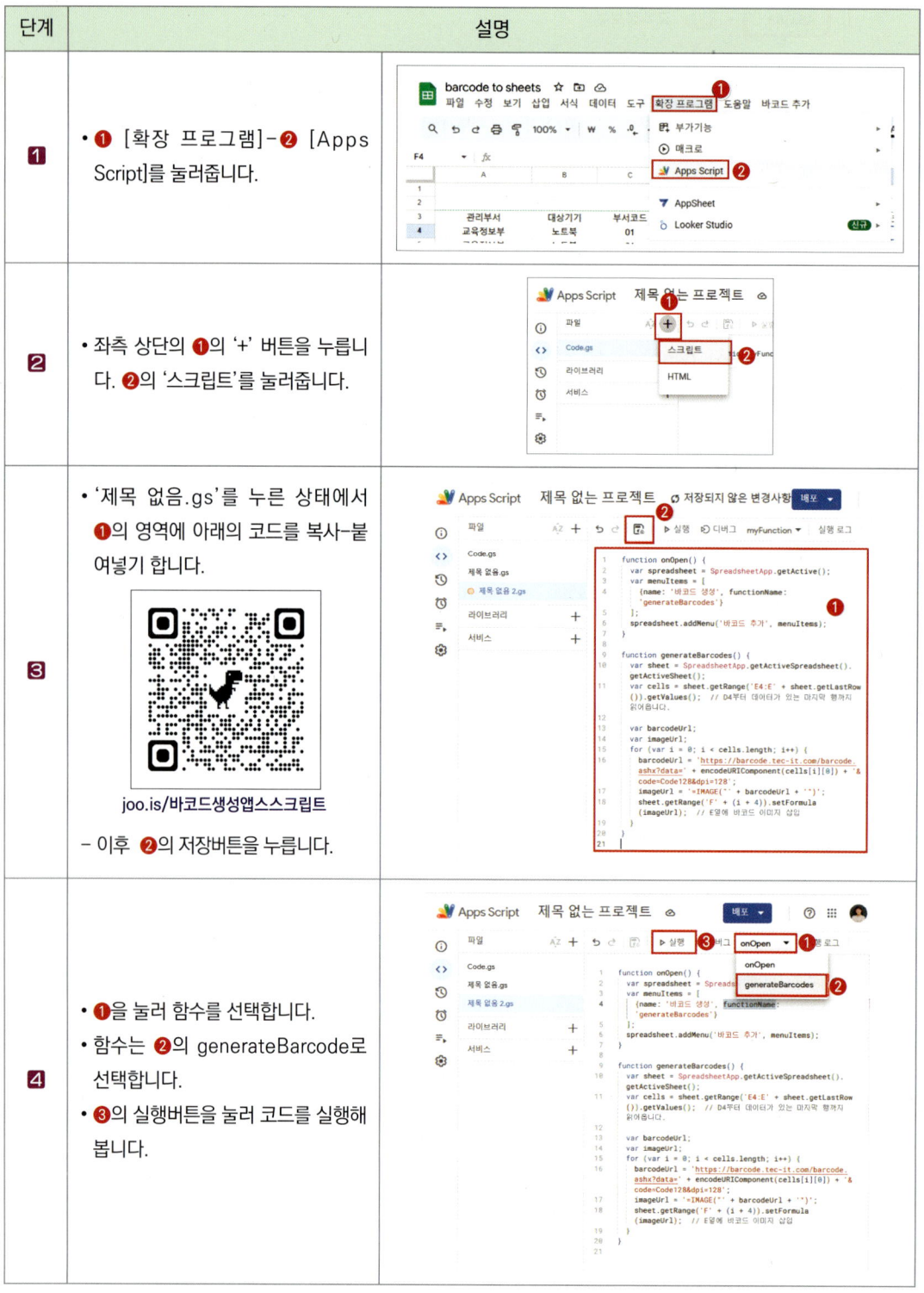

단계	설명
1	• ❶ [확장 프로그램]-❷ [Apps Script]를 눌러줍니다.
2	• 좌측 상단의 ❶의 '+' 버튼을 누릅니다. ❷의 '스크립트'를 눌러줍니다.
3	• '제목 없음.gs'를 누른 상태에서 ❶의 영역에 아래의 코드를 복사-붙여넣기 합니다. joo.is/바코드생성앱스스크립트 - 이후 ❷의 저장버튼을 누릅니다.
4	• ❶을 눌러 함수를 선택합니다. • 함수는 ❷의 generateBarcode로 선택합니다. • ❸의 실행버튼을 눌러 코드를 실행해 봅니다.

❺	• 메뉴바에 ❶ '바코드 추가'합니다. • ❷ F4:F63범위에 바코드가 생성되었는지 확인합니다.	
❻	• 셀의 크기를 조정하여 바코드를 원하는 크기로 만들 수 있습니다.	

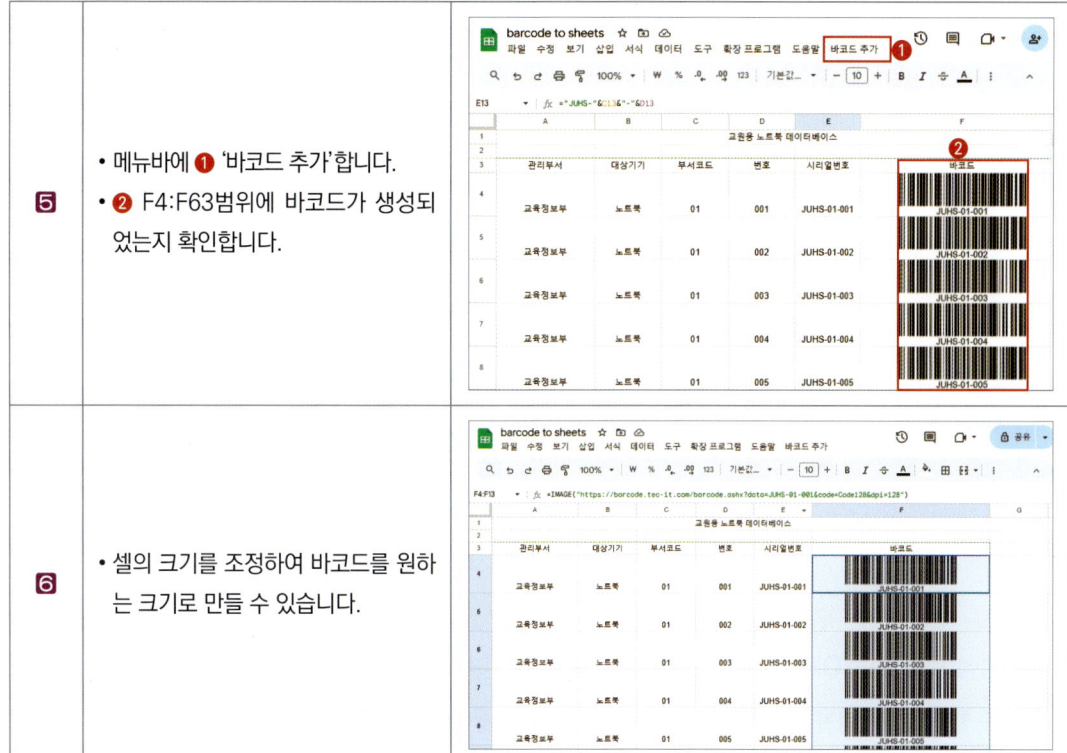

코드 자세히 보기: joo.is/바코드생성앱스스크립트

```
function onOpen() {
   var spreadsheet = SpreadsheetApp.getActive();
   var menuItems = [
      {name: '바코드 생성', functionName: 'generateBarcodes'}
   ];
   spreadsheet.addMenu('바코드 추가', menuItems);
}

function generateBarcodes() {
   var sheet = SpreadsheetApp.getActiveSpreadsheet().getActiveSheet();
   var cells = sheet.getRange('E4:E' + sheet.getLastRow()).getValues(); // E4부터 데이터가
있는 마지막 행까지 읽어옵니다.

   var barcodeUrl;
   var imageUrl;
   for (var i = 0; i < cells.length; i++) {
      barcodeUrl = 'https://barcode.tec-it.com/barcode.ashx?data=' +
encodeURIComponent(cells[i][0]) + '&code=Code128&dpi=128';
      imageUrl = '=IMAGE("' + barcodeUrl + '")';
      sheet.getRange('F' + (i + 4)).setFormula(imageUrl); // F열에 바코드 이미지 삽입
   }
}
```

소스설명

이 스크립트는 구글 시트에서 사용하는 간단한 프로그램입니다. 이 프로그램은 스프레드시트에 바코드를 만들고 추가하는 기능을 수행합니다. 아래에서는 프로그램의 각 부분이 어떻게 작동하는지 쉬운 용어로 설명하겠습니다.

onOpen함수
- onOpen함수는 스프레드시트를 열 때 자동으로 실행되는 함수입니다. 이 함수는 스프레드시트 상단의 메뉴에 새로운 옵션을 추가합니다.
- "바코드 추가"라는 새 메뉴를 만들고, 이 메뉴 안에는 "바코드 생성"이라는 선택사항이 있습니다. 이 선택사항을 클릭하면 바코드를 만드는 작업이 시작됩니다.

generateBarcodes함수
- generateBarcodes함수는 "바코드 생성"을 클릭했을 때 실행됩니다. 이 함수는 스프레드시트의 특정 열(E열)에서 데이터를 읽어서 그 데이터를 바탕으로 바코드를 만듭니다.
- 스프레드시트에서 F열의 4번째 행부터 마지막 행까지 데이터를 확인합니다.
- 확인한 각 데이터에 대해 인터넷을 통해 바코드를 만드는 웹사이트로 정보를 보내고, 그 결과로 받은 바코드 이미지 주소를 스프레드시트의 F열에 넣습니다.
- 이렇게 하면 E열의 각 행에 해당하는 바코드가 F열에 이미지로 나타납니다.

라) 생성한 바코드/QR코드 스캔하여 구글 시트로 전송하기

바코드를 생성 후 이를 구글 시트로 전송하기 위한 앱을 설치합니다. 안드로이드와 iOS가 사용법이 상이하므로 아래의 내용을 따라 진행할 수 있습니다.

(1) 안드로이드 기준

단계	설명
1	• Play Store에서 Barcode to Sheets를 검색 후 다운로드 합니다. 혹은 좌측 QR코드를 스캔하여 앱을 설치합니다.
2	• 앱을 설치합니다.

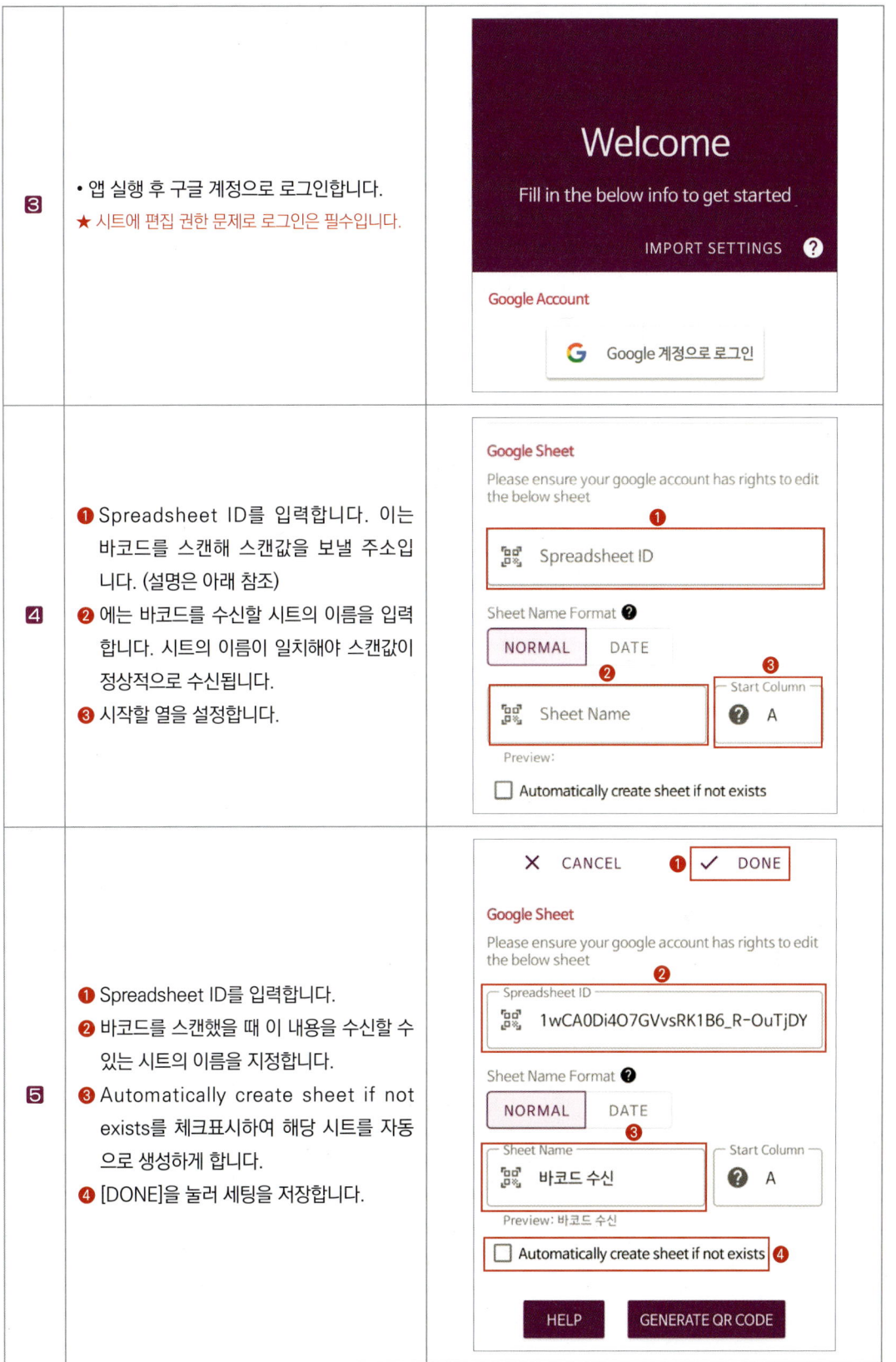

6	- Setting 메뉴에서 'Timestamp'를 활성화 합니다. - 수신되는 바코드와 함께 스캔했던 시점을 함께 저장해줍니다. - A열에는 스캔한 시간이 B열에는 스캔한 바코드 값이 입력됩니다.	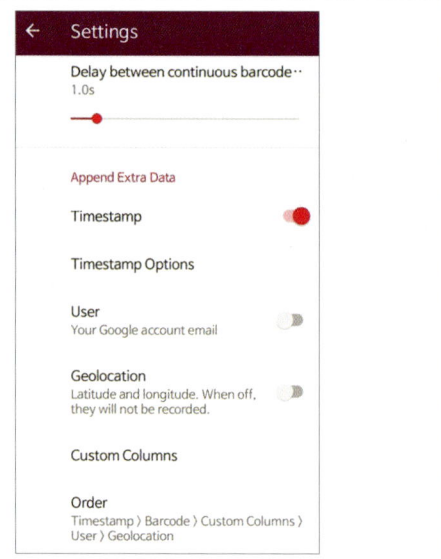

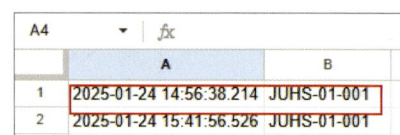

▲ A1셀에는 스캔한 시점이, B1셀에는 스캔한 값이 출력

> **TIP** Spreadsheet ID는 무엇인가요?
>
> 시트의 주소는 해당 시트를 편집하고 있는 브라우저 주소창에 나타난 URL을 말합니다.
>
>
>
> ▲ 주소창에 나타난 Sheet의 주소
>
> 시트의 ID〉 붉은 글씨로 처리된 부분이 시트의 ID입니다.
> https://docs.google.com/spreadsheets/d/`1wCA0Di4O7GVvsRK1B6_R-OuTjDYNL8RMzd_FG-ejOTg`/edit?gid=0#gid=0

(2) iOS 기준

단계	설명	
1	- AppStore에서 Scan to Sheets – QR & Barcode를 검색 후 다운로드 합니다. • 혹은 좌측 QR코드를 스캔하여 앱을 설치합니다.	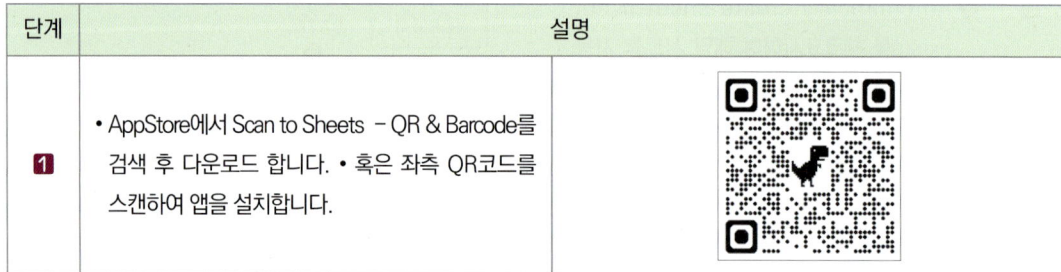

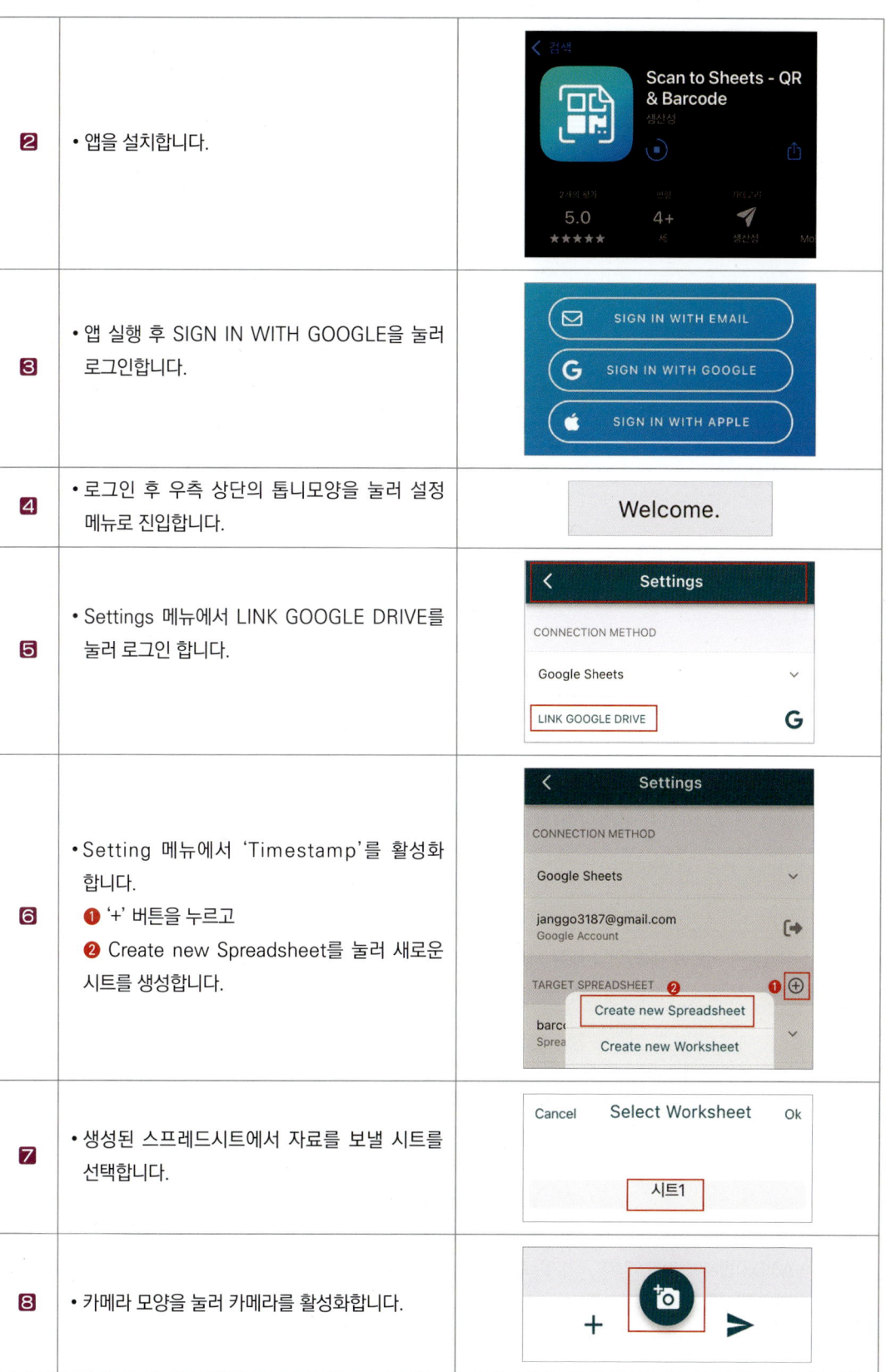

단계	설명	
9	• 가운데 적색선에 스캔할 바코드를 일치시킵니다.	
10	• 스캔한 바코드 값이 입력된 것을 확인합니다.	
11	• 스캔한 값을 확인 후 전송 버튼을 눌러 목표 시트로 전송합니다.	
12	• 전송한 내용이 시트에 잘 전송되었는지 확인합니다.	

마. 바코드/QR코드를 기반으로 하는 대출/반납 대장 만들어 관리하기

바코드를 생성하고 이를 스마트폰으로 스캔해 시트를 작성했으면 이를 바탕으로 대출/반납 대장을 만들어 활용할 수 있습니다. 아래의 절차를 따라 활용할 수 있습니다.

▶ 대출/반납 시트 생성하기

단계	설명	
1	• 작업하던 시트에 대출/반납 대장 시트를 생성합니다.	
2	• A1 셀에 '기기 대출/반납 대장'이라고 입력합니다.	
3	• A3:D3 범위에 각각 '일자', '기기', '대출/반납', '대상자', '확인'을 입력합니다.	

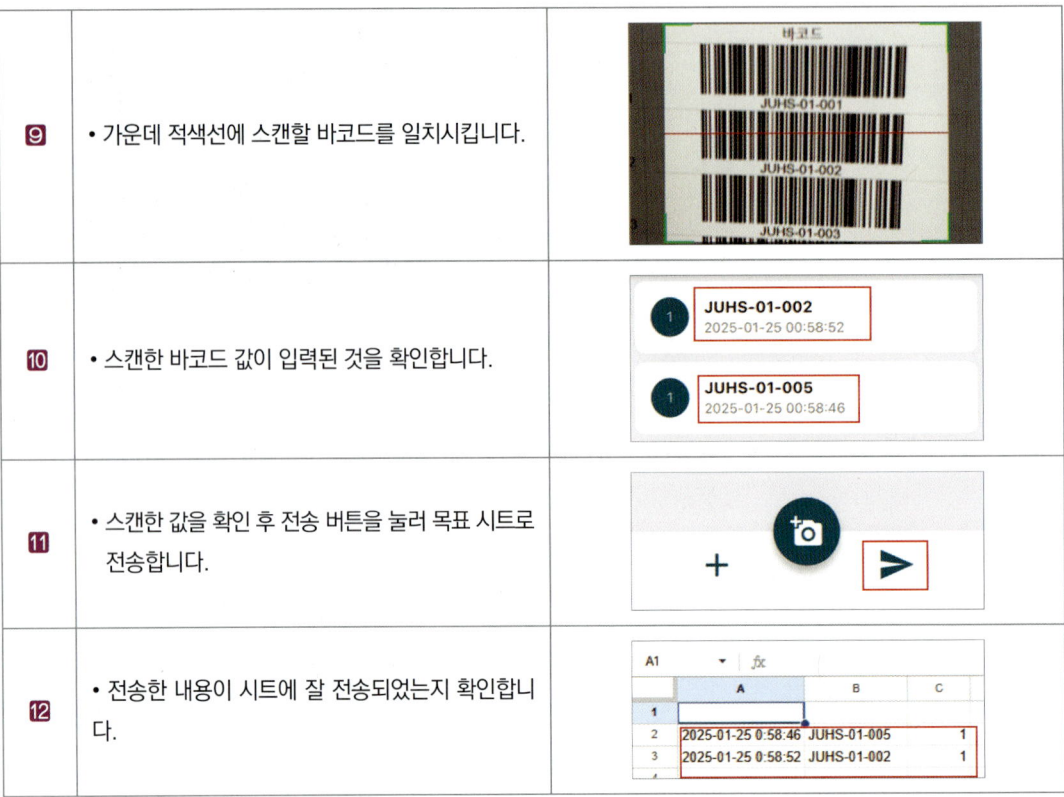

292 구글 시트로 스마트한 학교 만들기

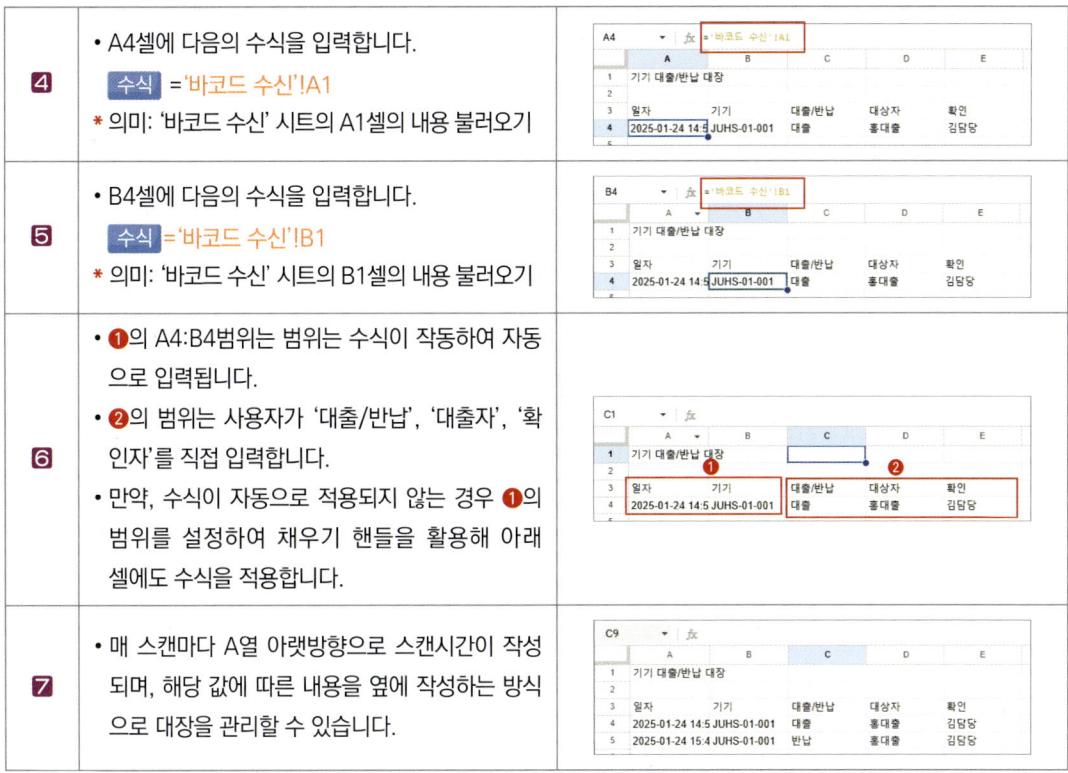

결국, A교사가 고민했던 교원용 노트북 60대의 대여 및 반납 과정을 간소화하는 해결책은 구글 시트와 바코드/QR코드 시스템을 적극적으로 활용하는 것이었습니다. 기존에는 대여 장부를 출력하여 수기로 작성하는 방식이 일반적이었지만, 이는 시간이 오래 걸리고 실수나 분실의 위험이 컸습니다. 그러나 바코드 기반의 관리 시스템을 도입하면 노트북의 시리얼번호를 활용해 바코드를 생성하고, 스마트폰으로 이를 스캔하여 구글 시트에 자동으로 기록할 수 있습니다. 이를 통해 교사는 대여 및 반납 과정을 실시간으로 확인하고, 데이터가 자동 정리되어 업무의 효율성을 극대화할 수 있습니다. 또한, 수기로 기록할 때 발생할 수 있는 오류를 줄이고, 필요할 때 언제든 검색 및 분석이 가능하다는 점에서 보다 체계적인 자산 관리가 가능합니다.

이러한 디지털 전환은 단순히 노트북 대여 시스템을 개선하는 것에서 그치는 것이 아니라, 학교 내 다양한 행정 업무에 적용할 수 있는 확장성을 갖고 있습니다. 예를 들어, 교과서 대여, 실험 기자재 관리, 교내 시설 예약 등에서도 바코드 시스템과 구글 시트를 활용하면 유사한 방식으로 효율적인 관리가 가능합니다. 무엇보다, 이러한 자동화 시스템은 업무 부담을 줄이는 동시에 기록의 투명성과 신뢰성을 높여줄 수 있어 장기적으로 학교 운영 전반에 긍정적인 영향을 미칠 것입니다. A교사의 고민처럼, 반복적이고 비효율적인 업무를 자동화하는 작은 변화가 학교 현장에서 큰 차이를 만들어낼 수 있으며, 궁극적으로 교사들이 보다 본질적인 교육 활동에 집중할 수 있도록 도와줄 것입니다.

3) 검인정도서 선정 자동화

『검인정 도서 선정 자동화 템플릿』은 2015, 2022 개정교육과정 중고등학교 교과서 선정을 위하여 정해진 도서목록에서 각 교과의 과목과 평가 기준을 선택하고, 평가위원들의 개인별 평가 점수를 자동 합산하고 총괄평가표 등 선정과 관련된 서류 일체를 자동으로 완성해주는 템플릿입니다. 구글 시트만으로 효율적인 선정 관리와 서류 작업을 수행할 수 있도록 설계합니다.

joo.is/검인정도서선정자동화
▲ 검인정도서 선정 자동화 템플릿

[검인정도서선정자동화] 서식의 구성을 살펴보겠습니다.

시트목록	설명
메뉴얼	사용 지침 또는 전체 스프레드시트의 활용 방법을 안내하는 시트
설정	스프레드시트에서 사용하는 기본 설정 및 환경을 조정하는 곳
평가 기준선택	도서 평가를 위한 기준을 선택하거나 설정하는 시트
도서목록	검인정도서의 목록을 기록하는 시트
도서목록설정	도서목록과 관련된 추가 설정을 관리하는 시트
검인정도서선정평가표(양식)	평가에 필요한 템플릿이나 양식 제공
1 ~ 12	도서 평가와 관련된 세부 항목들을 기록하거나 관리하는 시트
검인정도서선정기준평가총괄표	평가 기준의 총괄 결과를 요약하는 시트
추천검인정도서및추천의견서	추천된 도서와 관련 의견서를 기록하는 시트
의견예시	추천 의견 작성 시 참고할 예시 제공
점수생성	평가 점수 계산 또는 자동화된 점수생성과 관련된 시트
교과협의회참고정보	교과 협의회에서 참고할 정보를 담은 시트
부조리예방안내	부정행위나 부조리를 예방하기 위한 안내 정보
정보	추가 참고 정보 또는 메타 데이터를 기록한 시트

각 시트의 주요 구조와 작성된 주요 수식을 살펴보겠습니다.

가) [도서목록] 시트

- 중학교와 고등학교의 2015 교육 과정, 2022 개정 교육 과정에 관한 교과서 목록 데이터가 들어있습니다.

▲ [도서목록] 시트

나) [도서목록설정] 시트

- [설정] 시트에서 교과서 선정 대상이 되는 과목을 선택받아 해당 과목의 도서목록을 반환하기 위해 데이터확인의 목록을 완성하는 수식을 입력합니다.

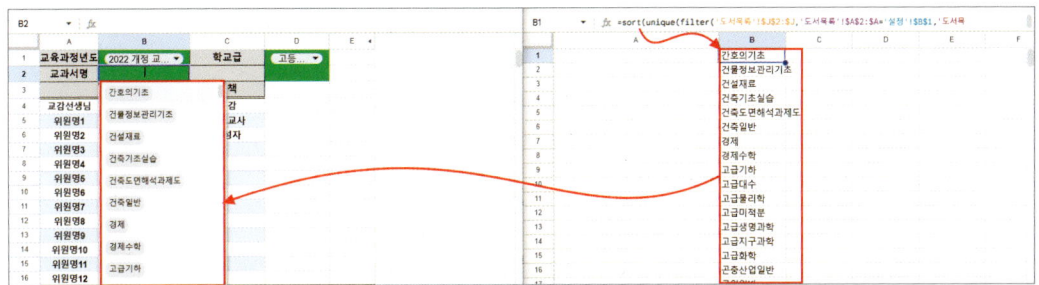

B1 수식 =SORT(UNIQUE(FILTER('도서목록'!$J$2:$J,'도서목록'!$A$2:$A='설정'!$B$1,'도서목록'!$E$2:$E='설정'!$D$1)),1,1)

수식	설명
FILTER('도서목록'!$J$2:$J, …)	'도서목록' 시트의 J열에서 아래 두 조건을 만족하는 값을 필터링 • A열(교육 과정 차수)값이 '설정'!$B$1과 같음 • E열(학교급)값이 '설정'!$D$1과 같음
UNIQUE(…)	필터링 된 데이터에서 중복을 제거
SORT(…, 1, 1)	1열 기준으로 오름차순(1) 정렬

다) [설정] 시트

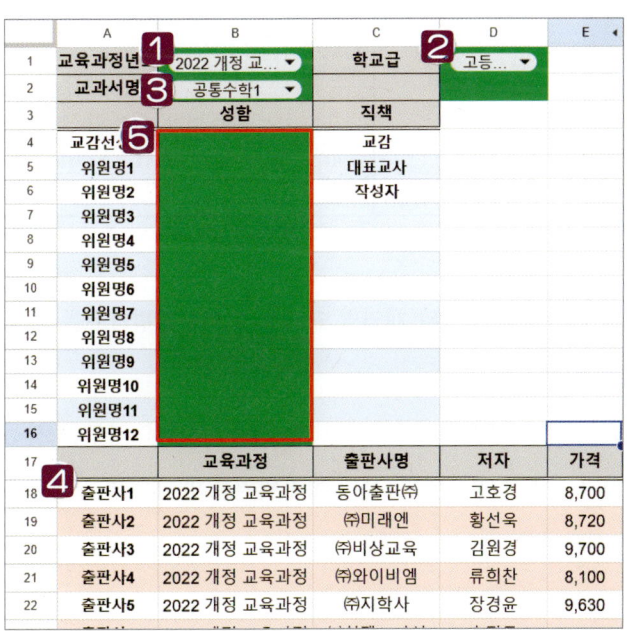

단계	설명
1	• 선정해야 하는 과목의 교육 과정 연수를 2015, 2022중에 선택합니다.
2	• 중학교, 고등학교 중에 학교급을 선택합니다.
3	• 선택할 과목의 교과 서명을 선택합니다. • 해당 목록은 [데이터]-[데이터확인규칙]을 클릭하고, 드롭다운(범위)으로 [도서목록설정] 시트에서 작성한 수식의 결괏값의 범위를 참조합니다.
4	• ❶, ❷, ❸을 선택하면 해당 교과서명으로 출판된 교과서 정보가 출력되는 수식을 작성합니다. B18 수식 =FILTER('도서목록'!$A$2:$A,'도서목록'!$J$2:$J=$B$2,'도서목록'!$A$2:$A=$B$1,'도서목록'!$E$2:$E=$D$1)
5	• 해당 교과서 선정에 참여할 위원들의 명단을 C열의 직책을 참고하면서 작성합니다.

단계 4 내부 표:

수식	설명
FILTER('도서목록'!$A$2:$A, …)	'도서목록' 시트의 A열에서 아래 두 조건을 만족하는 값을 필터링 • J열(도서명)값이 $B$2과 같음 • A열(교육 과정 차수)값이 $B$1과 같음 • E열(학교급)값이 $B$1과 같음

라) [평가 기준선택] 시트

	A	B	C	D
1	평가영역	평가반영	평가기준	평가항목
2	교육과정	☑	교육과정 부합성	시·도 교육과정의 성격 및 목표에 부합하는가?
3	교육과정	☐		학교 교육과정의 성격 및 목표에 부합하는가?
4	교육과정	☐	학습 분량의 적절성	학습 분량이 단원별로 균형 있게 구성되어 있는가?
5	교육과정	☐		학습 분량이 주어진 전체 수업시수에 적절한가?
6	학습내용선정	☑	내용 수준의 적정성	학습자의 학년 수준에 맞는 학습 내용과 활동을 다루고 있는가?
7	학습내용선정	☐		어려운 개념이나 용어를 이해하기 쉽게 설명하고 있는가?
8	학습내용선정	☐	정확성	개념 및 이론이 정확하고 검증된 자료에 근거하고 있는가?
9	학습내용선정	☐		지도 및 각종 통계 자료(표, 그래프)가 최신의 것인가?
10	학습내용선정	☑	중립성	인물, 성, 종교, 이념, 민족, 계층, 지역 등과 관련하여 부정적 또는 일방적인 견해 등이 없는가?
11	학습내용선정	☐		개방적이고 균형적인 관점과 사고를 가질 수 있는 내용을 다루고 있는가?
12	학습내용선정	☐	학습동기 유발	학습자의 흥미를 유발하고 호기심을 자극할 수 있는 내용이나 소재를 다루고 있는가?
13	학습내용선정	☐		학습자의 창의성을 자극할 수 있도록 내용을 구성하고 있는가?
14	학습내용조직	☑	충과성	학습 요소(학습목표, 도입, 본문, 정리, 그림 및 도표, 참고 자료 등)가 유용하게 구성되어 있는가?

• 교과용 도서 선정 매뉴얼에 제시된 개인별 교과용 도서선정평가표를 구성하기 위한 평가 기준을 선택할 수 있는 시트입니다.

• 체크박스를 이용해서 각각의 평가항목에 대한 사용/비사용 여부를 사용자에게 선택받습니다. 이렇게 선택된 평가 기준은 평가위원1부터 평가위원12의 개인별 교과용 도서 선정평가표 시트의 평가항목으로 구성됩니다.

마) [검인정도서선정평가표(양식)] 시트

영역	설명
❶	• 다) [설정] 시 ❹에서 작성된 수식 때문에 출력된 교과서 출판사명을 양식의 정해진 자리에 배치하도록 수식을 작성합니다. 　D5 수식 =INDIRECT("'설정'!c"&17+COLUMN(A1)) | 수식	설명 | |---|---| | INDIRECT("'설정'!c"&(행번호)) | '설정' 시트의 C열에서 계산된 행 번호의 값을 참조 | | 17+COLUMN(A1) | • 열 번호에 17을 더하여 참조할 행 번호를 동적으로 계산 • COLUMN(A1)이 1이면 C18, 　COLUMN(B1)이 2이면 C19를 참조하므로 오른쪽으로 드래그해서 수식을 완성함 |
❷	• [평가 기준선택] 시트에서 평가 기준으로 사용하기로 체크한 기준으로 선정평가표를 구성하기 위해 선택된 행만 가져오는 수식을 작성합니다. 　A6 수식 =FILTER('평가 기준선택'!$A$2:$A$35,'평가 기준선택'!$B$2:$B$35=TRUE) | 수식 | 설명 | \|---\|---\| \| FILTER('평가 기준선택'!$A$2:$A$35, \| [평가 기준선택] 시트 A열 에서 \| \| '평가 기준선택'!$B$2:$B$35=TRUE | [평가 기준선택] 시트 B열의 체크박스에 체크가 되어 TRUE인 행을 반환 |
❸	• 각 평가 기준에 부여할 점수를 직접 입력합니다.
❹	C16 수식 =SUM(C6:C15) • 평가 기준 점수가 100점인지 확인을 위해 SUM 함수를 이용해서 합계수식을 작성합니다.

바) [1]시트~[12]시트

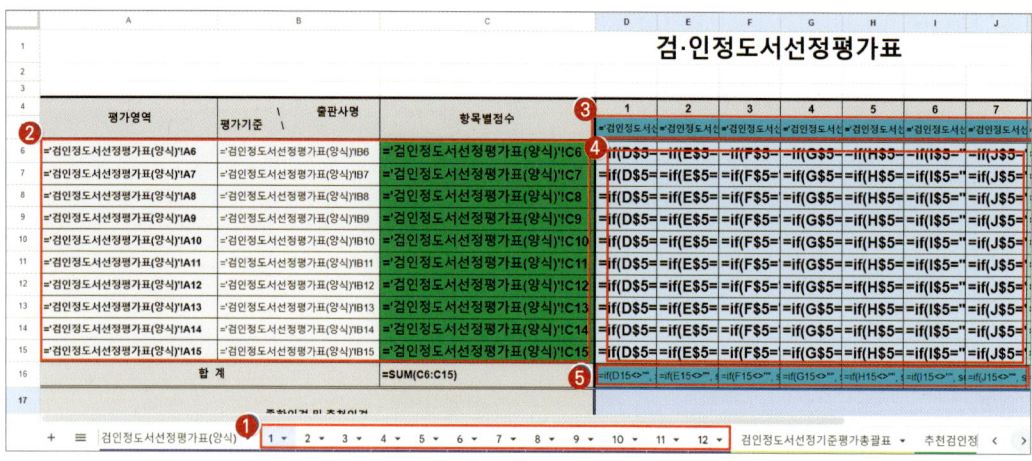

영역	설명
❶	• [설정] 시트에서 입력된 위원명 1부터 위원명 12까지 각각의 시트에 맞춰 세팅되도록 수식을 작성합니다. 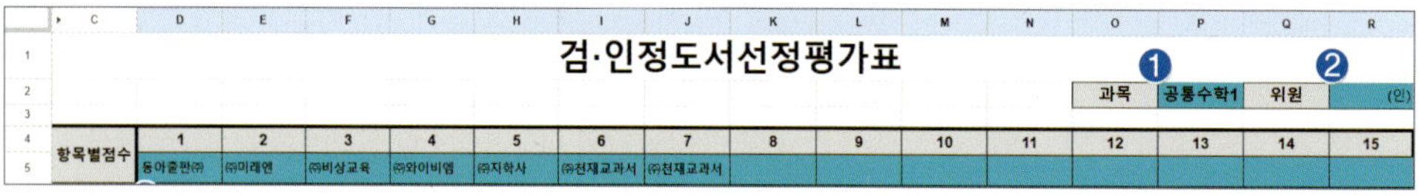 ❶ P2 수식 ='설정'!$B$2 ❷ R2 수식 ='설정'!B5&"(인)" • 시트 번호를 가져오면 R2 셀에 들어가는 수식을 동적으로 작성할 수 있지만, 앱스 스크립트를 짜는 것보다 12번의 노동으로 '설정'!B5 부분을 시트 번호에 맞춰 바꿔줍니다.
❷ ❸	• [검인정도서선정평가표(양식)] 시트에서 작성된 내용 시트 명만 다르게 그대로 행과 열 번호 맞춰서 연결합니다. • 단축키(Ctrl + `)를 눌러서 작성된 수식을 모두 확인할 수 있습니다.
❹ ❺	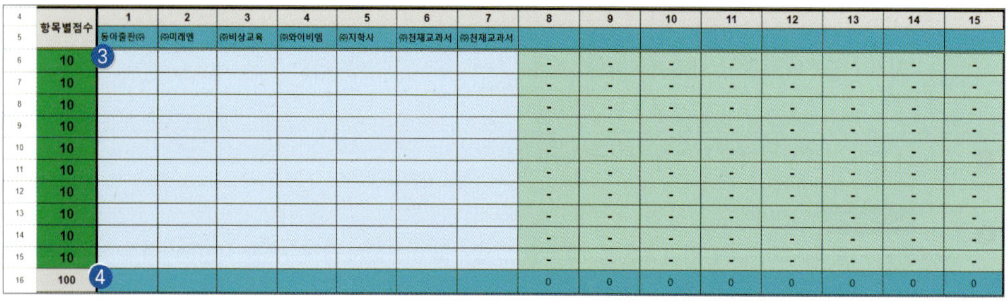 ❸ D6 수식 =IF(D$5="","-","") • D$5(출판사명)이 비어있는 경우 셀 값을 입력하지 못하도록 "-" 텍스트를 넣습니다. ❹ D16 수식 =IF(COUNTBLANK(D6:D15)<>10, SUM(D6:D15),"-") • 평가위원들께서 각 시트에 접속하셔서 점수를 하나라도 입력하셨다면(COUNTBLANK(D6:D15)<>10), 합계(SUM(D6:D15))가 계산되도록 IF 수식을 작성합니다.

- D6:R15 범위에 적용된 조건부 서식 규칙을 알아봅시다.

수식	설명
"-"와 정확히 일치함	점수가 작성되지 않는 셀에 대한 구분으로 민트색 배경을 지정합니다.
=D6>$C6	$C6(항목별 점수)보다 입력된 점수가 더 큰 경우, 빨간색 배경을 적용합니다.
=D$16 =LARGE($D$16:$M$16,1)	적용된 범위 모든 셀은 16행을 참조하여 합계란($D$16:$M$16)의 값이 1번째로 LARGE 한 경우 빨강
=D$16 =LARGE($D$16:$M$16,2)	적용된 범위 모든 셀은 16행을 참조하여 합계란($D$16:$M$16)의 값이 2번째로 LARGE 한 경우 주황
=D$16 =LARGE($D$16:$M$16,3)	적용된 범위 모든 셀은 16행을 참조하여 합계란($D$16:$M$16)의 값이 3번째로 LARGE 한 경우 노랑

- 수식의 구성에 따라 합계란($D$16:$M$16)의 점수가 높은 순서대로 E열, H열, I열, J열에 빨강, 주황, 노랑이 적용됩니다.

사) [검인정도서선정기준평가총괄표] 시트

세팅된 선정평가표(양식)에 의해 구성된 평가위원1부터 평가위원12의 개인별교과용도서 선정평가표시트의 점수는 검인정도서 선정기준 평가 총괄표로 수식을 연결합니다.

영역	설명
❶	**B3 수식** =`설정`!B2 (교과서명)
❷	**O24 수식** =`설정`!B6 (직책이 작성자인 위원명2 선생님의 성함)
❸	**O25 수식** =`설정`!B5 (직책이 대표교사인 위원명1 선생님의 성함)
❹	**B6 수식** =TRANSPOSE(`설정`!$B$5:$B$16) • TRANSPOSE로 `설정`!$B$5:$B$16(위원명)을 가로세로를 바꿔서 반환합니다.
❺	**A7 수식** =ARRAYFORMULA(`설정`!C18:C32) • ARRAYFORMULA로 `설정`!C18:C32(출판사명)을 범위 그대로 가져옵니다. • ❹번 수식과 비교해보면 TRANSPOSE 함수와 ARRAYFORMULA 함수는 배열함수입니다. 단일 셀에 입력될 범위이므로 절대 참조여부와 관계없이 입력하셔도 됩니다.
❻	**N7 수식** =IF(SUM(B7:M7)=0,"",SUM(B7:M7)) | 수식 | 설명 | |---|---| | SUM(B7:M7) | B7에서 M7까지의 값을 모두 합산[평가 기준선택] 시트 A열 에서 | | =IF(SUM(B7:M7)=0,"",SUM(B7:M7)) | • 합계가 0이면 빈칸("")을 표시 • 합계가 0이 아니면 그대로 표시 | • N7에서 채우기 핸들을 잡고 N22까지 내려 완성합니다.
❼	**O7 수식** =IF(OR(B7="-",N7=""),"-",N7/(12-COUNTBLANK($B$6:$M$6))) \| 수식 \| 설명 \| \|---\|---\| \| OR(B7="-",N7="") \| B7(점수)이 "-" 이거나 N7(총점)이 빈 값이면 결과를 "-"로 표시 \| \| COUNTBLANK($B$6:$M$6) \| B6:M6 범위에서 빈 셀 개수를 계산 \| \| N7/(12-COUNTBLANK($B$6:$M$6)) | N7 값을 (12에서 빈 셀 개수를 뺀 값: 평가가 된 것만 셈)으로 나눔 | • O7에서 채우기 핸들을 잡고 O22까지 내려 완성합니다.
❽	**B7 수식** =IF(OR(B$6="",$A7=""),"-",INDIRECT(""&B$5&"'!r16c"&3+ROW(A1),FALSE)) | 수식 | 설명 | |---|---| | IF(OR(B$6="",$A7=""),"-",…) | • B6 또는 A7이 비어있으면 "-" 출력 • 그렇지 않으면 INDIRECT 실행 | | INDIRECT(""&B$5&"'!r16c"&3+ROW(A1),FALSE) | • B5에 입력된 시트 이름을 참조 • 해당 시트에서 R16C(3 + 현재 행 번호) 셀의 값을 가져옴 • FALSE → R1C1 형식(1번행, 1번열 기준)으로 참조 | • 각 위원들의 시트에서 각 출판사에 평가한 점수를 가져옵니다. • B7에서 채우기 핸들을 잡고 M22까지 내려 완성합니다.

해당 시트에도 조건부 서식을 적용합니다. 순위에 따른 출판사 추천까지 자동으로 완성되는 템플릿이기에 시각화가 불필요할 수 있지만 [서식]-[조건부 서식]을 클릭해서 적용된 서식을 살펴보세요.

아) [추천 검인정도서 및 추천의견서] 시트

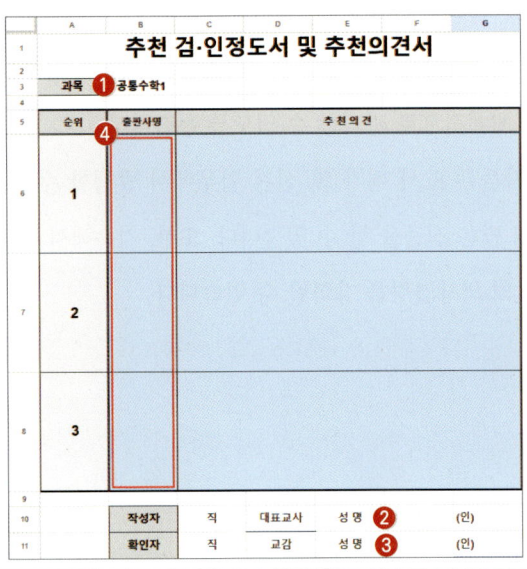

영역	설명
❶	B3 수식 ='설정'!B2 (교과서명)
❷	F10 수식 ='설정'!B5 (직책이 대표교사인 위원명1 선생님의 성함)
❸	F11 수식 ='설정'!B5 (직책이 교감인 선생님의 성함)
❹	B5 수식 =IFERROR(INDEX('검인정도서선정기준평가총괄표'!$A$7:$A$22,MATCH(LARGE('검인정도서선정기준평가총괄표'!$N$7:$N$22,ROW(A1)),'검인정도서선정기준평가총괄표'!$N$7:$N$22,0),1),"")

수식	설명
LARGE(…, ROW(A1))	• '검인정도서선정기준평가총괄표'!N7:N22 범위에서 가장 큰 값부터 순서대로 가져옴 • ROW(A1)는 1부터 증가하여 1위, 2위, 3위… 순으로 값 선택
MATCH(…, '검인정도서선정기준평가총괄표'!N$7:N$22, 0)	LARGE 함수로 찾은 값이 N열에서 몇 번째 위치인지 찾음
INDEX('검인정도서선정기준평가총괄표'!A$7:A$22, …, 1)	찾은 위치를 이용해 A열(도서명)의 해당 값을 반환
IFERROR(…, "")	오류 발생 시 빈 값("") 출력

• [검인정도서선정기준평가총괄표] 시트에서 1, 2, 3순위의 출판사명을 해당 위치에 표시합니다.

검인정도서 선정 자동화 서식은 단순히 도서를 선정하는 과정을 넘어, 효율성과 공정성을 강화하고 작업의 투명성을 높이는 데 초점이 맞춰져 있습니다. 이 스프레드시트는 세부적인 데이터 관리와 직관적인 시각화를 통해 교직원들이 시간과 노력을 절약하면서 효율적으로 결과를 처리할 수 있도록 설계되었습니다.

각 시트는 명확한 역할과 목적을 가지며, 사용자에게 필요한 데이터를 정확하고 신속하게 제공할 수 있도록 구성합니다. 특히, 자동화된 수식과 체크박스 기능, 평가 점수가 입력된 양식의 사용으로 반복적이고 복잡한 업무를 체계적으로 관리할 수 있도록 돕습니다.

이를 통해 교사와 관리자들은 도서 평가 및 선정 업무에서 발생할 수 있는 실수를 줄이고, 중요한 교육적 결정을 내리는 데 더 많은 집중을 할 수 있습니다. 또한, 지속해서 활용 가능한 이 양식은 학교와 교육 현장에서 데이터 기반의 의사결정을 강화할 수 있습니다.

4 수업 및 학급 관리

가. 출석 관리

효율적인 학급 운영에서 가장 기본적인 요소는 출석 관리입니다. 학생들의 출석 상태(체험학습, 결석, 지각 등)를 체계적으로 기록하고 누계 데이터를 빠르게 파악하는 것은 교사의 업무 효율성을 높이는 핵심 요소 중 하나입니다. 구글 시트는 이러한 출석 관리 업무를 간단하면서도 정확하게 수행할 수 있도록 지원합니다.

본 장에서는 두 가지 주요 템플릿을 통해 출석 관리 업무를 보다 효율적으로 처리하는 방법을 제안합니다.

▶ 『나이스 출석부 +1 템플릿』: 학생별 출석 기록을 직관적으로 확인하고, 누적 데이터를 자동으로 계산하여 학급 출석 현황을 한눈에 파악할 수 있습니다.

▶ 『체험학습 누적 일수 자동 관리 템플릿』: 학생별 체험학습 일수를 자동으로 계산하고, 남은 사용 가능 일수와 보고서 제출 여부를 실시간으로 모니터링할 수 있는 강력한 도구입니다.

이제 출석 관리 업무에 필요한 기본 작업을 자동화하고, 데이터를 활용한 학급 관리의 새로운 기준을 만나보시길 바랍니다.

1) 나이스 출석부 +1

구글 시트를 활용해 디지털 출석부를 만들면 기존의 수기 방식보다 더욱 정확하고, 실시간으로 데이터를 관리할 수 있어 학습자의 출석 현황을 직관적으로 확인할 수 있습니다. 클라우드 기반의 구글 시트는 어디서나 접근 가능하고, 수식과 데이터 연동으로 출결 관리 자동화가 가능합니다.

공개수업 유튜브 채널에 출석부 관련 영상과 템플릿을 소개한 이후, 많은 분이 긍정적인 반응을 보여주셨습니다.

구글 시트 활용이 능숙하지 않으시다면, 영상의 기본 템플릿으로 연습한 후, 추가된 기능을 살펴보시면 도움이 될 것입니다.

joo.is/출석부공개수업
▲ 학급 출석부 관리하기 영상

출석부의 완성도와 효율성을 한층 강화했습니다. 지금부터 더욱 강력해진 『나이스 출석부 +1 템플릿』의 특성과 활용법을 안내합니다.

사용된 함수에 대한 설명은 해당 기능의 의미를 궁금해하시는 분들을 위해 제공되지만, 이를 몰라도 템플릿을 활용하는 데에는 전혀 문제가 없습니다.

joo.is/도전하는지쌤출석부
▲ 나이스 출석부 +1 템플릿

『나이스 출석부 +1 템플릿』은 세 가지 부분으로 나뉩니다. 첫째, 종합 시트에 해당하는 '**명단 및 비고 확인표**', 둘째, 월별 출결 데이터를 입력하고 관리하는 '**월별 출석 입력 시트**' (3월부터 2월까지), 셋째, 월별 출결 통계를 한눈에 파악할 수 있는 '**출결 통계표**'입니다. 이제 각 구성요소의 특징을 살펴보겠습니다.

가) 명단 및 비고 확인표(종합 시트)

기본 기능	핵심 기능
✓ 데이터 확인(드롭다운) ✓ [보기]-[고정] 기능	✓ 시트 간 참조 ✓ VLOOKUP 함수 응용

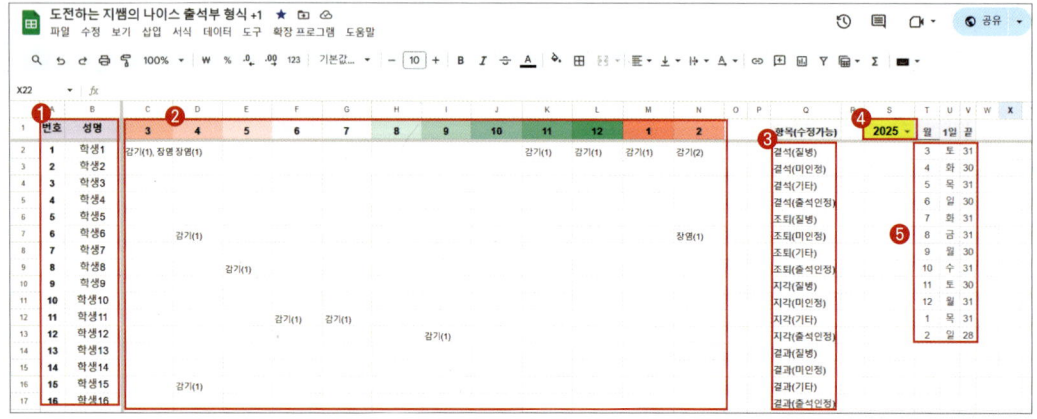

▲ 명단 및 비고 확인표(종합 시트)의 구성

영역	설명
❶ 명단	• 학생 번호와 이름을 딱 한 번만 입력하면 '출석 통계표'와 '3월~2월의 출석부' 시트에 이 데이터가 모두 반영됩니다. ★ 전입과 전출생 발생 시, '명단 및 비고 확인표' 시트의 번호와 이름만 수정합니다.
❷ 비교 모음	• '월별 시트'에 기록된 특기사항에 입력된 모든 내용을 '명단 및 비고 확인표'의 비고란에서 모두 확인할 수 있습니다. • 이 영역의 각 셀에는 다음과 같은 함수가 입력되어 있습니다. 이 부분은 수정하지 않습니다. 　수식 =IFERROR(VLOOKUP($B$2,'3월'!$B:$AI,34,FALSE),"") ▲ 월별 출석부 비고란 : B2 값이 '3월' 시트의 B 열에서 일치하는지 찾고, 해당 행의 34번째 열 값을 가져옵니다. 오류가 발생하면 빈 문자열 " "을 반환합니다. ▶ VLOOKUP($B$2, '3월'!$B:$AI, 34, FALSE) 　• $B$2에 입력된 값을 기준으로 '3월' 시트의 B열부터 AI열 사이에서 값을 검색합니다. 　• 34는 검색 범위의 34번째 열(비고란)의 데이터를 반환합니다. 　• 참고로 2월은 32번째 열의 데이터를 반환합니다. 　• FALSE는 정확히 일치하는 값을 찾도록 합니다. ▶ IFERROR(…, "") 　• IFERROR는 VLOOKUP 수행 중 오류가 발생할 경우, 빈칸(" ")을 반환합니다. 　• 오류 없이 값을 찾으면 해당 값을 반환합니다.
❸ 출결 항목	• 출결 항목은 나이스의 항목을 바탕으로 구성한 것입니다. 출결 항목을 수정하고자 할 때는 반드시 '종합 시트'의 항목을 수정하시기 바랍니다. • 그러나 되도록 이 항목을 수정하지 않는 것을 권장합니다. 연동된 데이터의 오류가 발생할 수도 있습니다.
❹ 연도 설정	• 기존에 〈공개수업〉 채널에 공유된 템플릿에서는 월별 1일의 요일을 수동으로 변경해야 '월별 출석부'의 날짜에 맞춰 요일이 연동되었습니다. 그러나 개선된 템플릿에서는 드롭다운 버튼을 통해 해당 연도를 선택하면, ❺번 영역에 자동으로 반영되도록 설정되었습니다. • 2030년 이후의 연도를 추가하고 싶을 때는 연필 아이콘(✏)을 눌러 데이터 확인 규칙을 편집하거나, 직접 연도를 입력합니다.

나) 월별 출석 입력 시트

기본 기능	핵심 기능
✓ 데이터 확인(드롭다운(범위)) ✓ 시트 간 참조 ✓ [보기]-[고정] 기능	✓ VLOOKUP 함수 응용 ✓ IFS 함수 응용 ✓ 조건부 서식(맞춤 수식) 응용

(1) 월별 출결 입력

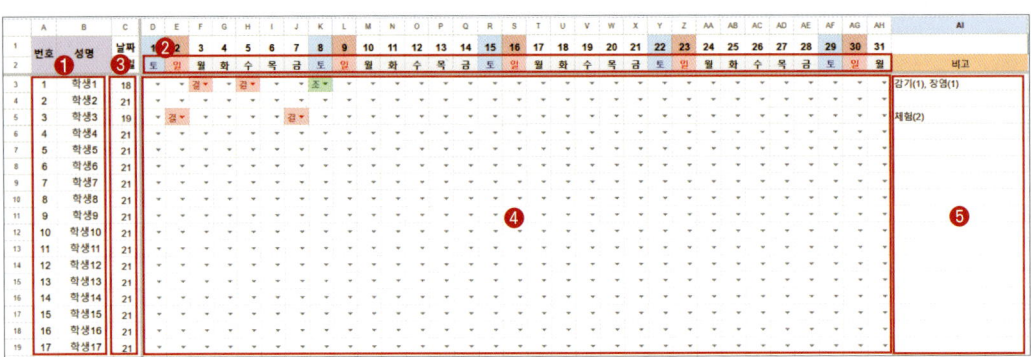

▲ 월별 출석 입력 시트의 구성 1(좌측)

영역	설명
❶ 명단	• '명단 및 비고 확인표' 시트의 번호와 이름 데이터를 반환합니다. • 월별 시트에서는 번호와 명단을 수정하지 않습니다. 데이터 호환 및 일관성에 오류가 발생합니다. 　수식 =‘◎명단 및 비고 확인표’!B2
❷ 요일	• 월별로 날짜에 맞춰 요일 자동으로 반영됩니다. • 매월의 시작일인 1일의 요일을 반영하기 위해 D2 셀에는 다음과 같은 함수가 입력되어 있습니다. 　수식 =VLOOKUP(AK1, ‘◎명단 및 비고 확인표’!$T$2:$V$14, 2, FALSE) VLOOKUP(AK1, ...) AK1(월 숫자) 셀의 값을 기준으로 찾습니다. ▶ ‘◎명단 및 비고 확인표’!$T$2:$V$14 　• ‘◎명단 및 비고 확인표’ 시트의 T2부터 V14 범위에서 데이터를 검색합니다. 　• $ 기호로 절대 참조되어 있어, 수식을 복사해도 범위가 고정됩니다. ▶ 2 　• 검색 범위의 두 번째 열(U)의 값을 반환합니다. 　• T열에서 AK1(월 숫자)과 일치하는 값을 찾은 후, 그 오른쪽 두 번째 열(U)의 값(요일)을 반환합니다. ▶ FALSE 　• 정확히 일치하는 값만 반환합니다. • 위 수식으로 매월 1일의 요일이 D2셀에 반영되면, 다음 수식으로 이어지는 요일을 반영할 수 있습니다. • E2 셀에는 다음과 같이 D2를 시작으로 다음 날의 요일을 자동 변경하는 함수가 반영되어 있습니다. 　수식 =IFS(D2=“월”,“화”,D2=“화”,“수”,D2=“수”,“목”,D2=“목”,“금”,D2=“금”,“토”,D2=“토”,“일”,D2=“일”,“월”) • IFS(D2=“월”,“화”,: D2가 “월”이라면 “화”를 반환합니다. • 이어지는 조건들은 D2가 “화”→“수”, “수”→“목” 등 위의 셀값에 따라 변형되도록 한 것입니다. • 요일과 날짜를 반영할 때, 애를 먹은 달이 있습니다. 어떤 달일까요? 바로 2월입니다. 4년마다 변동되는 28일과 29일 학년도를 2027학년도로 변경하여 2028년 2월의 29일❶에 따라 적용되는 것이 달라지는 문제를 이렇게 해결해 봤습니다.

---

❶ 연도를 2027학년도로 변경하여 2028년 2월의 29일 날짜가 보이는지 확인해 보시기 바랍니다.

❷ 요일	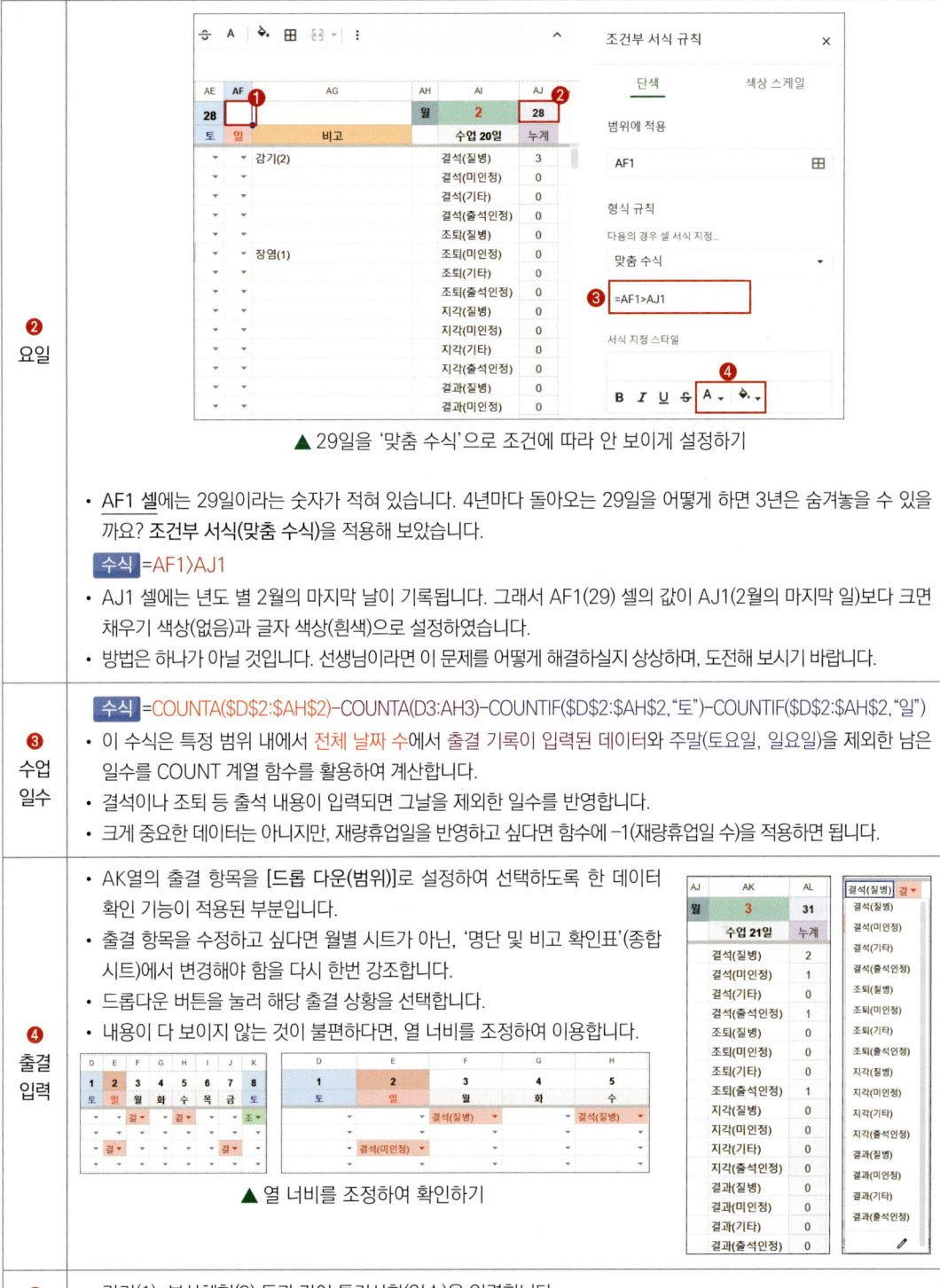 ▲ 29일을 '맞춤 수식'으로 조건에 따라 안 보이게 설정하기 • **AF1 셀**에는 29일이라는 숫자가 적혀 있습니다. 4년마다 돌아오는 29일을 어떻게 하면 3년은 숨겨놓을 수 있을까요? 조건부 서식(맞춤 수식)을 적용해 보았습니다. 　수식 =AF1〉AJ1 • AJ1 셀에는 년도 별 2월의 마지막 날이 기록됩니다. 그래서 AF1(29) 셀의 값이 AJ1(2월의 마지막 일)보다 크면 채우기 색상(없음)과 글자 색상(흰색)으로 설정하였습니다. • 방법은 하나가 아닐 것입니다. 선생님이라면 이 문제를 어떻게 해결하실지 상상하며, 도전해 보시기 바랍니다.
❸ 수업 일수	수식 =COUNTA($D$2:$AH$2)−COUNTA(D3:AH3)−COUNTIF($D$2:$AH$2,"토")−COUNTIF($D$2:$AH$2,"일") • 이 수식은 특정 범위 내에서 전체 날짜 수에서 출결 기록이 입력된 데이터와 주말(토요일, 일요일)을 제외한 남은 일수를 COUNT 계열 함수를 활용하여 계산합니다. • 결석이나 조퇴 등 출석 내용이 입력되면 그날을 제외한 일수를 반영합니다. • 크게 중요한 데이터는 아니지만, 재량휴업일을 반영하고 싶다면 함수에 −1(재량휴업일 수)을 적용하면 됩니다.
❹ 출결 입력	• AK열의 출결 항목을 [드롭 다운(범위)]로 설정하여 선택하도록 한 데이터 확인 기능이 적용된 부분입니다. • 출결 항목을 수정하고 싶다면 월별 시트가 아닌, '명단 및 비고 확인표'(종합 시트)에서 변경해야 함을 다시 한번 강조합니다. • 드롭다운 버튼을 눌러 해당 출결 상황을 선택합니다. • 내용이 다 보이지 않는 것이 불편하다면, 열 너비를 조정하여 이용합니다. ▲ 열 너비를 조정하여 확인하기
❺ 비고	• 감기(1), 부산체험(3) 등과 같이 특기사항(일수)을 입력합니다. • 월별 비고란에 입력된 내용은 '명단 및 비고 확인표'(종합 시트)에서 모두 확인할 수 있습니다.

Ⅲ 구글 시트 업무 효율화

(2) 학생별 월별 출결 현황표

다음 이미지 '월별 출석부 시트'의 좌측 부분은 영상으로 설명했던 기존 템플릿과 크게 달라지지 않았습니다. 하지만 우측에 학생별 월별 출결 현황표 기능이 추가되었습니다. 통계 기능이 포함되어 있어, 더욱 효율적인 출석 관리가 가능해졌습니다. 개별 학생의 출결 내용(드롭다운)이 입력되면 자동으로 월별 출결 상황을 항목별로 확인할 수 있습니다.

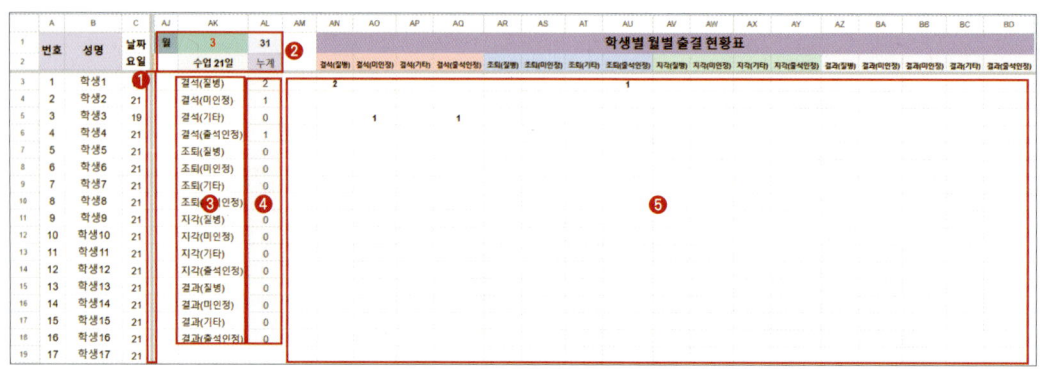

▲ 월별 출석 입력 시트의 구성 2(우측)

영역	설명
❶ 고정	• 데이터의 너비가 넓어질 경우, 반드시 [고정] 기능을 적용해야 합니다. 이를 통해 학생별 출결 기록을 더욱 쉽게 확인할 수 있으며, 데이터 오류를 줄이고 검토의 효율성을 높일 수 있습니다.
❷ 월일 데이터	수식 ='◎명단 및 비고 확인표'!V2 '◎명단 및 비고 확인표' 시트의 V2 셀 값을 현재 시트에 그대로 표시합니다. AK2 셀에는 다음과 같은 함수가 입력되어 있습니다. 수식 ="수업 "&COUNTA($D$2:$AF$2) - COUNTIF($D$2:$AF$2,"토") - COUNTIF($D$2:$AF$2,"일")&"일" ▶ ="수업 "& ... &"일" • "수업"과 "일"을 결합하여 최종적으로 "수업 0일" 형식으로 결과를 만듭니다. ▶ COUNTA($D$2:$AF$2) • $D$2:$AF$2 범위에서 비어있지 않은 셀 수를 계산합니다. • 이 범위는 수업 날짜가 기록된 영역으로 가정합니다. ▶ - COUNTIF($D$2:$AF$2,"토") - COUNTIF($D$2:$AF$2,"일") • "토"와 "일"(토요일, 일요일)로 표시된 셀을 제외합니다. • 각 COUNTIF는 해당 범위에서 "토"와 "일"의 수를 각각 세어줍니다.
❸ 출력 항목	수식 ='◎명단 및 비고 확인표'!Q2 • '◎명단 및 비고 확인표' 시트의 Q2 셀 값을 현재 시트에 그대로 표시합니다. • 채우기 핸들을 아래로 드래그하여 Q17까지 반영합니다.

❷ 〈Ⅰ-2-가-6)-나〉 행과 열 고정〉을 참고하세요.

❹ 출결 입력	• 전체 학생의 출결 항목별 통계를 계산하여 반영해 줍니다. **수식** =COUNTIF($D$3:$AH$37, AK3) : 범위 $D$3:$AH$37에서 AK3 값과 같은 항목이 몇 개 있는지 계산합니다. ▶ **$D$3:$AH$37 (범위)** 　• $D$3:$AH$37은 절대 참조된 범위(전체 학생의 출결 데이터)입니다. 　• D3부터 AH37까지의 셀을 참조하며, 드래그 시 범위가 고정됩니다. ▶ **AK3 (조건)** 　• AK3에 입력된 값을 기준으로 범위 내에서 일치하는 데이터 수를 계산합니다.
❺ 학생별 출석 통계	**학생별 월별 출결 현황표** • 학생별 월별 출결 현황표는 각 학생의 월별 출결 데이터를 체계적으로 기록하고 시각적으로 제공하는 데이터 표입니다. • 이 표는 결석, 조퇴, 지각, 결과 등의 출결 상태를 세부 항목별로 구분하여 표시하며, 각 출결 유형의 발생 빈도를 정량적으로 집계합니다. 이를 통해 교사는 학생의 출결 현황을 한눈에 파악할 수 있습니다. **수식** =ARRAYFORMULA(IF(COUNTIF($D3:$AH3, AN$2))0, COUNTIF($D3:$AH3, AN$2), "")) : 이 수식은 특정 범위 내에서 AN2의 값과 일치하는 데이터 개수를 계산하며, 해당 값이 0보다 클 경우 개수를 표시하고, 0일 경우 공백을 반환합니다. ▶ **ARRAYFORMULA(배열 수식)** 　• 배열 범위를 한 번에 처리하고, 결과를 여러 셀에 적용할 수 있게 합니다. 　• 이 경우 IF와 COUNTIF를 포함한 전체 계산을 배열 단위로 수행합니다. ▶ **COUNTIF($D3:$AH3,AN$2)** 　• 범위 $D3:$AH3에서 AN2에 입력된 값을 세는 함수입니다. 　• COUNTIF는 해당 범위 내에서 AN2와 일치하는 셀 수를 반환합니다. ▶ **IF 조건문** 　• IF 함수는 특정 조건을 만족하는 경우 다른 값을 반환합니다. 　• COUNTIF(…) 〉 0: 만약 COUNTIF의 결과가 0보다 크다면, COUNTIF의 값을 표시합니다. 그렇지 않으면 ""(빈 셀)를 반환합니다.

다) 출결 통계표

기본기능	핵심 기능
✓ 조건부 서식	✓ SUM 함수 응용

'출결 통계표'는 구글 시트가 지닌 강력한 기능을 적용한 예일 것입니다. 시트 간 데이터를 연동하여 월별 출결 현황을 통합하고, 하나의 시트에서 전체 출결 데이터를 실시간으로 확인할 수 있습니다. 또한 특정 셀에 입력된 데이터를 기반으로 전체 통계가 자동 갱신되므로, 데이터 누락이나 실수 가능성을 최소화합니다.

▲ 출결 통계표 구성

영역	설명
❶ 전체 영역	• 3월~2월의 출결 데이터 통계를 실시간으로 확인할 수 있습니다. 수식 =SUM('3월'!AN3, '4월'!AN3, '5월'!AN3, '6월'!AN3, '7월'!AN3, '8월'!AN3, '9월'!AN3, '10월'!AN3, '11월'!AN3, '12월'!AN3, '1월'!AN3, '2월'!AN3) • 이 수식은 12개월(3월부터 2월까지)의 시트에서 각 AN3 셀의 값을 모두 합산합니다. • SUM 함수는 개별 참조를 쉼표로 구분하여 합산합니다.
❷ 항목별 합계	• 각 출결 항목별 범위를 각각 SUM 함수로 계산합니다. • 결석: =SUM(C2:F2) • 조퇴: =SUM(G2:J2) • 지각: =SUM(K2:N2) • 결과: =SUM(O2:S2) '출결 통계표' 시트에는 다음과 같이 '값이 1보다 크거나 같음'의 조건부 서식이 각각 적용되어 있습니다. ❶ 결석 항목에만 적용 ❷ 결석 외 항목에 적용 ❸ 항목별 합계 항목에 적용 선생님이 확인하고자 하는 조건과 서식으로 변형하여 활용해 보시기 바랍니다. ▲ 목적에 따라 다르게 적용된 서식

지금까지 구글 시트를 활용하여 출결 관리를 효과적으로 할 수 있는 『나이스 출석부 +1 템플릿』의 기능과 활용 방법에 대해 알아보았습니다. '+1'로 출석부의 완성도와 효율성이 한층 강화되지 않았나요? 선생님들도 필요에 맞게 나에 딱 맞는 서식으로 업그레이드하여 더욱 효과적으로 활용해 보시기 바랍니다.

2) 체험학습 누적 일수 자동 관리

체험학습이 빈번하게 이뤄지는 요즘, 이를 관리하는 데 많은 시간과 에너지를 쏟고 있는 게 현실입니다. 어떻게 하면 체험학습 누적 일수를 효과적으로 관리할 수 있을까요?

『체험학습 누적 일수 자동 관리 템플릿』은 체험학습 일수를 효율적으로 관리할 수 있도록 다양한 기능을 제공합니다. 학생별로 체험학습 시작일과 종료일을 입력하면 공휴일을 제외한 실제 체험학습 일수가 자동으로 계산됩니다. 또한, 보고서를 미제출한 학생을 한눈에 확인할 수 있도록 표시하여 관리의 편의성을 높였습니다.

이 템플릿은 학기 또는 연간 체험학습 누적 일수를 실시간으로 업데이트하며, 남은 체험학습 가능 일수를 자동으로 계산하여 규정 초과 여부를 모니터링할 수 있습니다. 조건부 서식을 활용해 중요한 정보를 강조하고, 실시간 데이터 반영 기능을 통해 체험학습 관리의 효율성을 극대화할 수 있습니다.

유튜브 〈공개수업〉 채널 영상을 통해 기본적인 특성을 이해할 수 있습니다. 업그레이드된 이 템플릿은 '앱스 스크립트' 코드와 '트리거' 기능을 활용하여 작동합니다.

joo.is/체험누적공개수업
▲ 체험학습 누적 일수 영상

joo.is/체험학습누적일수
▲ 체험학습 누적 일수 템플릿

★ 템플릿을 복사한 후, 〈Ⅲ-1-가-2)-가〉 트리거 추가하기〉를 참고하여 트리거를 꼭 설정해 주시기 바랍니다.❸

이제 기존 템플릿을 보완하여 더욱 강력해진 기능 중심으로 설명합니다.

	A	B	C	D	E	F	G	H	I	J	K	L	M
1		이름 ❶	체험학습 누적 일수 ❷	남은 일수		이름 ❸	시작일 ❹	종료일	일수	보고서 제출여부 ❺		체험학습 가능 일수	20
2	1	학생1	17	3		학생1	03월 05일(수)	03월 18일(화)	10	☑			
3	2	학생2	0	20		학생1	03월 06일(목)	03월 14일(금)	7	☑			
4	3	학생3	0	20		학생10	03월 07일(금)	03월 10일(월)	2	☐			
5	4	학생4	0	20						☐			
6	5	학생5	0	20						☐			
7	6	학생6	0	20						☐			
8	7	학생7	0	20						☐			
9	8	학생8	0	20						☐			
10	9	학생9	0	20						☐			
11	10	학생10	2	18						☐			

▲ 체험학습 누적 일수 템플릿의 구성

---

❸ 구글 시트에서 템플릿을 복사할 때, 앱스 스크립트는 함께 복사되지만 트리거는 복사되지 않습니다. 따라서 새로운 파일 소유자가 직접 설정해야만 정상적으로 작동합니다.

단계	설명
1/3	• 명렬표를 복사하여 마우스 우클릭 [선택하여 붙여넣기]-[값만]을 선택하여 서식을 유지하며 붙여넣습니다. • 입력된 이름은 ❸번의 데이터 확인(드롭다운) 항목으로 자동 반영됩니다.
2	• 우측 상단의 M2의 "체험학습 가능 일수"를 반영하여 자동으로 누적 일수와 남은 일수를 각각 계산해 줍니다. • 학생 개별 누적일 수 계산 　수식 =SUMIF($F$2:$F$200, B2, $I$2:$I$200) 　: $F$2:$F$200 범위에서 B2와 동일한 값(조건에 부합하는 값)을 찾습니다 　• $F$2:$F$200: 조건 범위 　• B2: 조건 　• $I$2:$I$200: 합산 범위 • 학생 개별 남은 일수 계산 　수식 =$M$1-C2 　: 20일에서 앞에서 계산된 누적 일수를 빼서 계산합니다. • 남은 일수가 0이 되면 채우기 색상(노란색)으로 표시됩니다. • 남은 일수가 5일 이하면 연한 빨간색으로 표시됩니다.
4	★ 시작일과 종료일을 입력하면 공휴일을 제외한 일수가 '앱스 스크립트'와 '트리거'에 의해 자동으로 계산됩니다. • 물론 재량휴업일을 반영해야 하는 경우 직접 수정하여 입력하면 됩니다.
5	• 보고서를 제출하면 체크박스를 표시합니다. 그러면 연노란색으로 '이름' 항목의 색상이 변경됩니다. • 날짜가 입력되었는데 보고서를 제출하지 않은 경우, 이름에 연한 빨간색으로 표시됩니다.

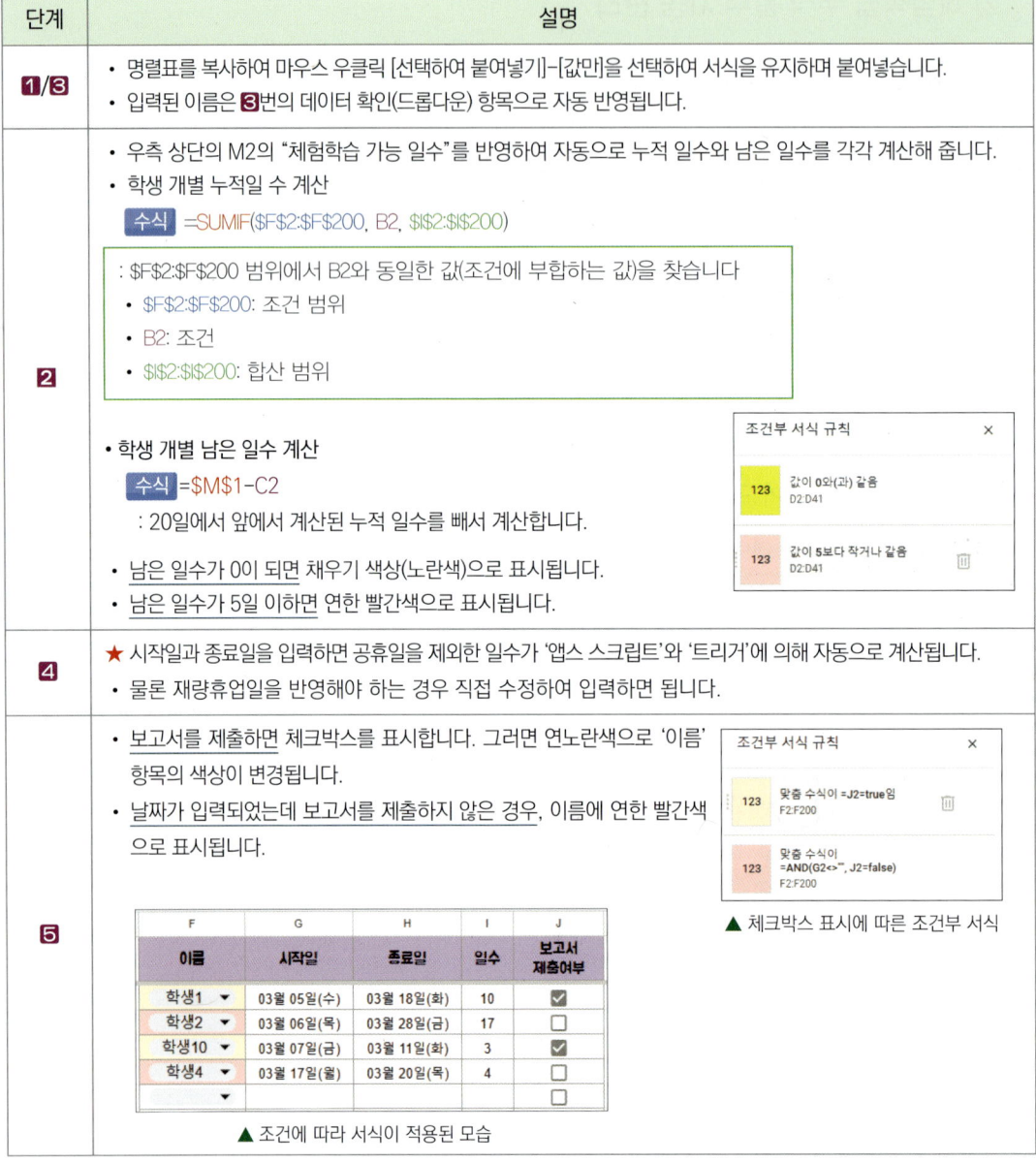

▲ 체크박스 표시에 따른 조건부 서식

▲ 조건에 따라 서식이 적용된 모습

처음 만난 함수 사전   SUMIF 함수

특정 조건을 만족하는 셀의 합계를 계산하는 함수

==형식: =SUMIF(범위, 조건, [합계_범위])==

- 범위: 조건을 적용할 셀 범위
- 조건: 합계를 계산할 조건(예 "=A", ")=90")
- 합계_범위: 합계를 계산할 데이터 범위(선택사항, 생략 시 조건 범위 사용)

◆ 다양한 활용 예시

활용 상황	수식 예시	설명
특정 학급의 점수 합계	=SUMIF(A2:A10, "3학년", B2:B10)	A2:A10 범위에서 "3학년"인 학생의 점수(B2:B10)를 합산
60점 이상 점수 합계	=SUMIF(B2:B10, ")=60")	B2:B10 범위에서 60점 이상인 점수를 합산
과목별 점수 합계	=SUMIF(C2:C20, "수학", D2:D20)	C2:C20 범위에서 "수학" 과목의 점수(D2:D20)를 합산
특정 날짜의 예산 합계	=SUMIF(E2:E15, "2025-01-20", F2:F15)	E2:E15 범위에서 날짜가 "2025-01-20"인 경우, 해당 예산(F2:F15)을 합산
결석일수 기준 합계	=SUMIF(G2:G10, ")5", H2:H10)	G2:G10 범위에서 결석일수가 5일 이상인 경우, 관련 데이터를 합산
출석자만 합계 계산	=SUMIF(I2:I30, "출석", J2:J30)	I2:I30 범위에서 "출석"인 학생의 점수(J2:J30)를 합산
빈 셀 제외 하고 합산	=SUMIF(K2:K20, "〈〉")	K2:K20 범위에서 비어 있지 않은 셀의 값을 합산
조건에 따른 비용 합계	=SUMIF(L2:L20, "회의", M2:M20)	L2:L20 범위에서 "회의"와 관련된 비용(M2:M20)을 합산

◆ SUMIF 사용 팁

- 조건 범위와 합계 범위 길이는 같아야 함
- 조건은 숫자, 텍스트, 날짜 등 다양한 형식으로 지정 가능
- **기호 사용 가능:** ")=60", "〈〉0", "수학" 등 조건을 자유롭게 설정 가능
- 정확한 값 비교: 텍스트 조건 시 큰따옴표로 감싸야 정확히 일치하는 값을 찾을 수 있음
- 다양한 데이터 결합: 숫자, 텍스트, 계산식 결과를 자유롭게 조합 가능

Ⅲ 구글 시트 업무 효율화

나. 학급 운영

1) 누가 기록표(feat. 타자)

학습 과정에서 얻어진 학생의 데이터가 기록된 표는 단순한 데이터 기록을 넘어서 학생들의 성장을 촉진하고 교사의 업무 효율성을 높이는 중요한 도구입니다. 또한, 자기주도 학습과 협업 능력을 향상하는 데 중요한 역할을 합니다.

▶ 학생 성장의 시각화 및 동기 부여

학생들의 데이터를 장기적으로 기록하고 성장 과정을 시각적으로 확인할 수 있도록 돕습니다. 매주 혹은 매월의 데이터를 기록하고 이를 바탕으로 성장 그래프를 생성하면 학생 개개인의 발전 상황을 명확히 보여줄 수 있습니다.

이를 통해 학생들은 자신의 성장 과정을 한눈에 파악하며, 이전 기록과 비교해 성취감을 느끼고 지속적인 동기를 얻을 수 있습니다. 특히, 목표 대비 실적을 명확히 볼 수 있는 표 구성은 학생들이 자기 주도적으로 목표를 설정하고 노력하게 만드는 효과를 제공합니다.

▶ 교사의 효율적인 데이터 관리 및 의사결정

단순히 학생 데이터를 기록하는 데 그치지 않고, 교사가 학급 전체의 데이터를 체계적으로 관리하고 분석하는 데 큰 도움을 줍니다. 예를 들어, 목표 달성 여부를 쉽게 확인하거나, 특정 시점에서 집단의 패턴을 파악할 수 있습니다.

이를 통해 교사는 각 학생의 약점과 강점을 분석하여 개별 지도에 활용하거나 학급 전체의 학습 및 활동 방향을 조정할 수 있습니다. 또한, 누적 데이터를 기반으로 한 그래프와 비교 분석은 학부모 상담 시 유용한 자료로 활용할 수 있습니다.

▶ 협업 및 자기관리 능력 배양

학생 스스로 자신의 데이터를 기록하게 하거나, 협업을 통해 상호 점검하게 할 경우, 자기관리 능력과 협업 역량을 키울 수 있습니다. 예를 들어, 줄넘기 횟수, 달리기 기록, 학습 시간과 같은 기록을 학생들이 직접 입력하도록 하면 자기주도 학습 태도를 배양할 수 있습니다. 또한, 다른 학생들과 데이터를 비교하며 긍정적인 경쟁 분위기를 형성하고, 목표 설정과 성취를 공유하는 협력 활동으로 발전시킬 수 있습니다.

가) 누가 기록표(feat. 타자)

기본기능	핵심 기능
✓ 합계와 평균(SUM, AVERAGE) ✓ 데이터 확인(드롭다운 버튼) ✓ [보기]-[고정] ✓ 열 숨기기	✓ 날짜 데이터 입력 및 관리 ✓ 조건부 서식 응용(맞춤 수식) ✓ SPARKLINE 함수

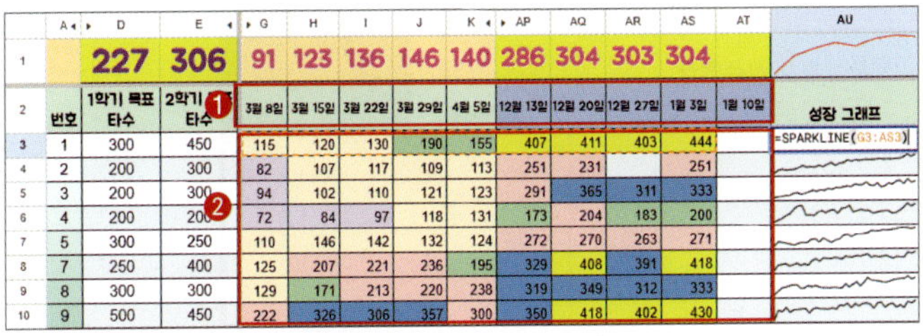

▲ ❶: 날짜 입력 영역, ❷: 조건부 서식 적용 영역   ▲ 학생 타자 기록 관리하기 영상
joo.is/타자기록공개수업

(1) 날짜 데이터 입력 및 관리

기능	설명
날짜 입력 방식	❶ YYYY-MM-DD, M/D/YYYY 등의 형식으로 직접 입력합니다. 　예) 2025-03-03, 3/3/2025 ❷ 숫자를 /(슬래시), -(하이픈)으로 연결합니다. 예) 3/3, 3-3 • 위 방식으로 입력 시, '날짜'로 자동 인식하며, 더블클릭하면 '달력 창'이 열립니다. • 달력에서 클릭으로 날짜 수정이 가능하며, 하단의 [오늘]을 클릭하면 오늘 날짜가 반영됩니다. • "3-3"을 "03월 03일"처럼 날짜 서식을 부여하고 싶을 때는 다음 방식으로 서식을 변경합니다. 
자동 날짜 서식 지정	• [서식]-[숫자]-[맞춤 날짜 및 시간] 메뉴에서 원하는 서식을 선택하여 적용합니다. 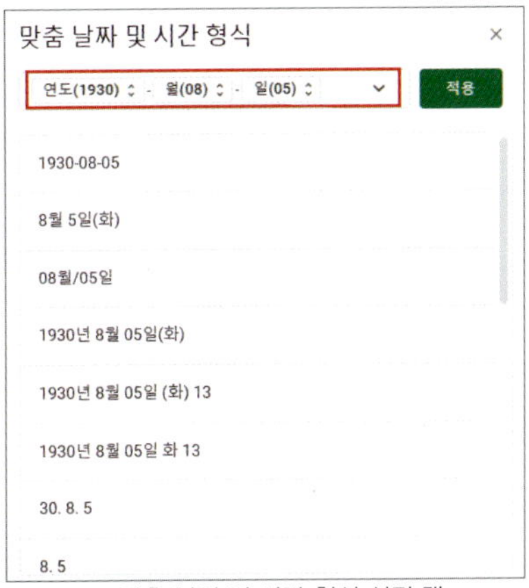 ▲ 맞춤 날짜 및 시간 형식 설정 탭 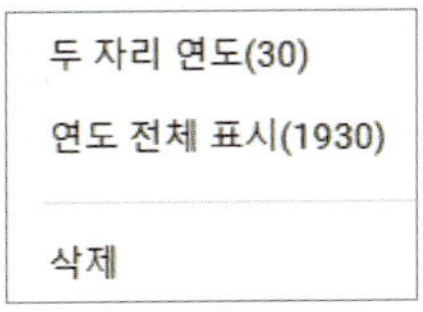 ▲ '연도' 옵션 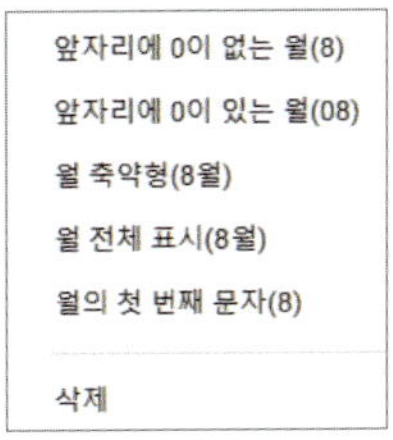　▲ '월' 옵션 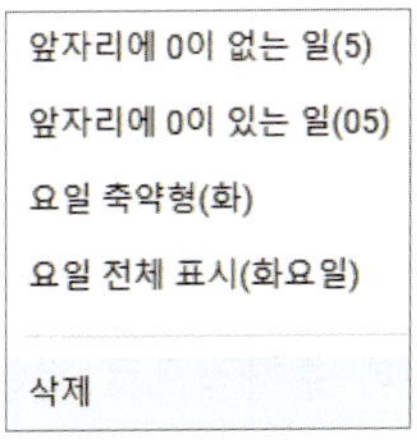　▲ '일' 옵션 • 날짜 형식을 예시에서 선택하여 활용하면 되지만, 원하는 스타일로 자유롭게 제작하여 활용할 수도 있습니다.

자동 날짜 서식 지정	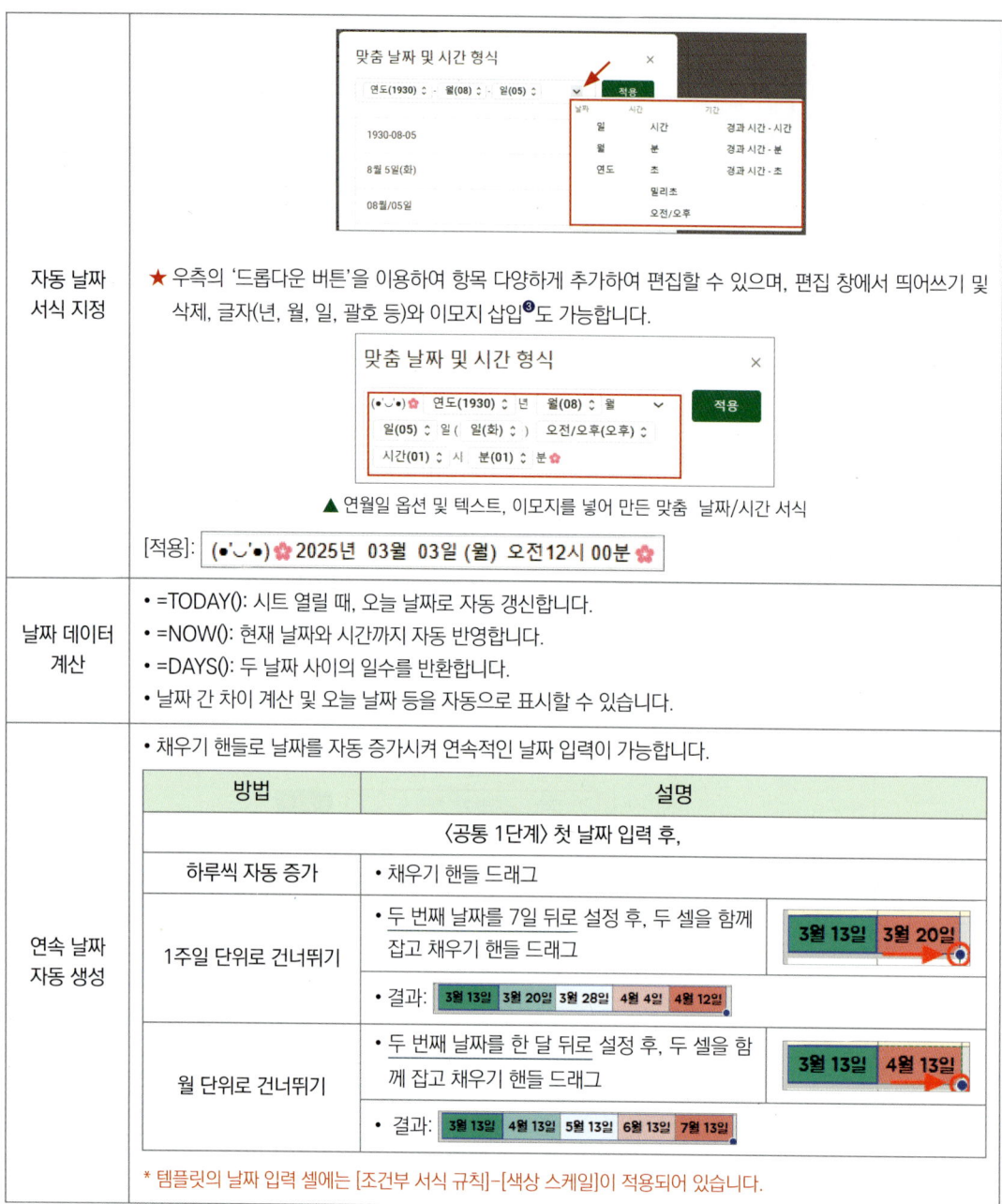 ★ 우측의 '드롭다운 버튼'을 이용하여 항목 다양하게 추가하여 편집할 수 있으며, 편집 창에서 띄어쓰기 및 삭제, 글자(년, 월, 일, 괄호 등)와 이모지 삽입[3]도 가능합니다. ▲ 연월일 옵션 및 텍스트, 이모지를 넣어 만든 맞춤 날짜/시간 서식 [적용]: (•‿•)🌸 2025년 03월 03일 (월) 오전12시 00분🌸
날짜 데이터 계산	• =TODAY(): 시트 열릴 때, 오늘 날짜로 자동 갱신합니다. • =NOW(): 현재 날짜와 시간까지 자동 반영합니다. • =DAYS(): 두 날짜 사이의 일수를 반환합니다. • 날짜 간 차이 계산 및 오늘 날짜 등을 자동으로 표시할 수 있습니다.
연속 날짜 자동 생성	• 채우기 핸들로 날짜를 자동 증가시켜 연속적인 날짜 입력이 가능합니다. | 방법	설명
	〈공통 1단계〉 첫 날짜 입력 후,
하루씩 자동 증가	• 채우기 핸들 드래그
1주일 단위로 건너뛰기	• 두 번째 날짜를 7일 뒤로 설정 후, 두 셀을 함께 잡고 채우기 핸들 드래그 • 결과: 3월 13일 3월 20일 3월 28일 4월 4일 4월 12일
월 단위로 건너뛰기	• 두 번째 날짜를 한 달 뒤로 설정 후, 두 셀을 함께 잡고 채우기 핸들 드래그 • 결과: 3월 13일 4월 13일 5월 13일 6월 13일 7월 13일 | * 템플릿의 날짜 입력 셀에는 [조건부 서식 규칙]-[색상 스케일]이 적용되어 있습니다.

(2) 조건부 서식 응용 _ 맞춤 수식

간혹 조건부 서식이 적용되지 않는 경우, 조건부 서식의 '순서'를 살펴봐야 합니다. 조건부 서식은 상위의 규칙부터 순차적으로 적용되며, 상위 규칙이 이미 해당 셀에 스타일을 적용했을 경우, 하위 규칙은 무시될 수 있습니다.

---

[3] Windows 이모지 삽입하기: ⊞ + . (마침표).

MISSION ▶ 조건부 서식, 맞춤 수식의 규칙 찾기

조건부 서식은 정말 다양하게 활용할 수 있습니다. 그리고 조건부 서식의 **[맞춤 수식]**은 난이도는 다소 있지만, 여러 상황에서 다양하게 활용할 수 있습니다. 앞으로도 여러 템플릿에서 [맞춤 수식]의 활용법이 나오겠지만, 몸풀이로 아래의 조건부 서식에 반영된 맞춤 수식 규칙을 찾아보세요.

☑ 제한 시간: 3분)

G	H	I	J	K	L	M	N
91	**123**	**136**	**146**	**140**	**154**	**159**	**157**
3월 8일	3월 15일	3월 22일	3월 29일	4월 5일	4월 12일	4월 19일	4월 26일
115	120	130	190	155	170	169	153
82	107	117	109	113	116	131	153
94	102	110	121	123	154	166	140
72	84	97	118	131	167	188	191
110	146	142	132	124	117	132	140
125	207	221	236	195	213	241	203
129	171	213	220	238	248	250	206

▲ 조건부 서식(맞춤 수식)이 적용된 예시

[맞춤 수식] 적용법

1. 셀 선택하기: 조건부 서식을 적용할 셀 범위를 선택합니다.
2. 상단 메뉴 [서식]-[조건부 서식], 또는 우클릭 [셀 작업 더보기]-[조건부 서식]을 클릭합니다.
3. 조건부 서식 규칙 패널이 화면 우측에 나타납니다.
4. **[형식 규칙]** 설정 메뉴에서 마지막 선택 항목인 **[맞춤 수식]**을 선택합니다.
5. '값 또는 수식' 입력란에 수식을 작성합니다. ★ 맞춤 수식 입력란에서는 셀을 클릭해도 자동으로 셀 주소가 입력되지 않으므로, 직접 수식을 입력해야 합니다.

   수식 =H3>G3 (H3의 값이 G3 값보다 크면 해당 범위 전체에 같은 규칙의 서식 적용)
6. 서식 스타일 지정: 글꼴 색상, 배경색 등을 지정하여 강조 효과를 설정합니다.
7. [완료] 버튼을 클릭하여 적용합니다.

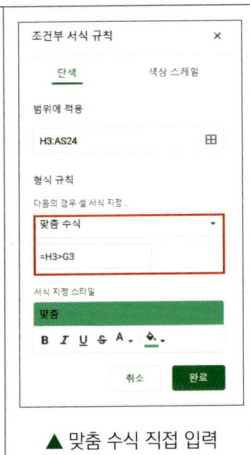

▲ 맞춤 수식 직접 입력

- 이 [맞춤 수식]은 이전 주보다 실력이 향상되었을 때, 서식이 적용되도록 설정한 조건부 서식입니다. 맞추셨나요?
- 생각보다 적용법이 쉽지 않나요? 모두 교사가 무엇을 상상하느냐에 따라 맞춤 수식의 세계는 무궁무진하답니다.
- ★ **맞춤 수식에는 대표 셀(지정된 범위의 첫 번째 셀)**을 기준으로 수식을 입력합니다. 처음 맞춤 수식을 접했을 때, 알고 있던 모든 함수를 총동원하며 방법을 찾아 헤맸던 기억이 떠오릅니다. [맞춤 수식] 적용 시, 첫 번째 셀을 기준으로 단순하게 생각하여 수식을 입력해 보시기 바랍니다.

(3) SPARKLINE 함수

SPARKLINE 함수는 데이터의 변화와 추세를 직관적으로 시각화할 수 있어, 복잡한 수치 데이터를 한눈에 파악할 수 있도록 도와줍니다. 특히 소형 차트로 셀에 직접 표시되기 때문에 공간을 절약하면서도 데이터의 패턴을 강조할 수 있습니다. 이를 통해 교사는 학생들의 성취도 변화, 목표 달성 여부 등을 효율적으로 분석하고 을 지원할 수 있습니다.

이때, [보기]-[고정] 기능을 활용하여 특정 학생이나 기간의 데이터를 항상 표시하고, 다음의 이미지처럼 [열/행 숨기기]를 통해 불필요한 정보를 감춰 데이터 가독성을 높일 수 있습니다.

열/행을 추가할 경우, 기존에 적용된 함수의 범위가 변동되어 SPARKLINE 함수의 범위를 수정해야 하는 경우가 발생하기도 합니다. 따라서 학기 초에 1학기(1년)의 데이터를 모두 설정한 후, 열 및 행 숨기기 기능을 활용하여 효과적으로 데이터를 관리하는 것이 좋습니다. 학기 초에 1학기(1년)의 테이블을 모두 제작해 놓은 후 열/행 숨기기 기능을 활용하는 것을 추천합니다.

▲ SPARKLINE 함수가 적용된 타자 누가 기록표

1 셀 선택하기: SPARKLINE을 적용할 셀을 선택합니다.

2 함수 입력: 선택한 셀에 =SPARKLINE(을 입력합니다.

3 데이터 범위 지정: 괄호 안에 시각화할 데이터 범위를 지정합니다.
=SPARKLINE(G3:AS3) 범위만 입력하고, 스타일을 입력하지 않으면 기본값인 선형 그래프가 생성됩니다.

4 (선택 사항) 차트 스타일 지정: 쉼표를 추가하고, 원하는 스타일 옵션을 입력합니다.
예 =SPARKLINE(A2:A10, {"charttype", "bar"})

5 엔터키 입력: 엔터를 눌러 SPARKLINE을 적용하고, 미니 차트를 확인합니다.

6 자동 적용: 채우기 핸들을 사용해 다른 셀에도 동일한 SPARKLINE을 적용합니다.

> **TIP** SPARKLINE 함수의 차트 스타일

차트 스타일	적용 예시(수식)	설명	교육적 활용 예시
선형 그래프 (line)	=SPARKLINE(A2:A10, {"charttype","line"})	데이터의 변화 추이를 선으로 연결하여 시각화	학생의 주간 시험 점수 변화 추적
막대 그래프 (bar)	=SPARKLINE(A2:A10, {"charttype","bar"})	누적 데이터를 막대 그래프로 표현	개별 학생의 과제 제출 횟수 시각화
컬럼 그래프 (column)	=SPARKLINE(A2:A10, {"charttype","column"})	세로 막대 형태로 개별 데이터를 강조	반별 학력평가 결과 비교
위/아래 그래프 (winloss)	=SPARKLINE(A2:A10, {"charttype","winloss"})	양수/음수 여부만을 시각적으로 표현	체력 측정 결과에서 기준 점수 이상/미만 시각화

2) 진급 사정안 자동화 <중등>

해마다 12월이 되면 진급 사정안을 작성하는 작업이 진행됩니다. 이 과정에서 가장 많은 시간이 소요되는 작업은 학생들의 출결 현황을 파악하고, 이를 바탕으로 학생이 '개근', '정근', 혹은 두 조건 모두 해당하지 않는지를 판단하는 것입니다.

이 작업을 더욱 효율적으로 처리하기 위해, 일정한 조건에 따라 학생의 출결이 '개근'인지 '정근'인지를 자동으로 판단하고, 해당 값을 자동으로 출력할 수 있다면 얼마나 편리할까요? 더 나아가, 이러한 데이터를 기반으로 '진급 사정안' 문서를 자동으로 생성하고, 이를 바로 출력할 수 있도록 시스템을 구축할 수 있다면, 그 효율성은 더욱 극대화될 것입니다.

가) 진급 사정안의 분석

진급 사정안은 일반적으로 1년 동안 한 학급에 대하여 다음과 같은 정보를 담는 형식으로 사용됩니다.

❶ 학급의 정원 변동 현황
❷ 학급 학생 개·정근 현황
❸ 1년 개근 및 정근 인원수

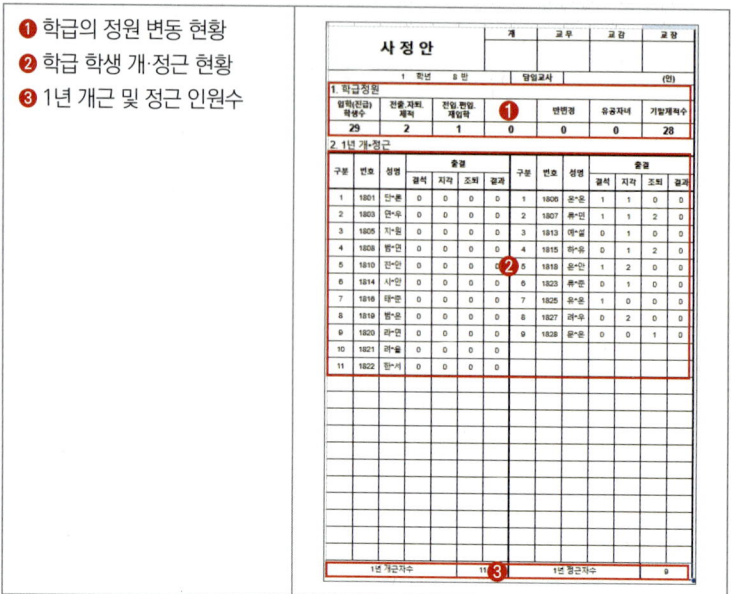

나) 자동화할 수 있는 요소 찾아보기

(1) 학생별 개·정근 판별

NEIS에서 제공하는 학급별 출결 현황에는 학생의 개근 및 정근 여부를 판별할 수 있는 결석, 지각, 조퇴, 결과와 같은 데이터가 포함되어 있습니다. 이 데이터를 바탕으로 개근과 정근을 판별할 수 있습니다.

(2) 학생별 개·정근 현황

NEIS에서 제공하는 학급별 출결 현황을 분석하여 얻은 학생의 개근 및 정근 값을 활용해, 개근과 정근 현황을 정리한 표를 작성할 수 있습니다.

(3) 개근 및 정근 학생 수의 합

개근 및 정근 학생 현황 표가 작성되면, 각 항목에 해당하는 학생 수를 자동으로 계산하여 표기합니다.

다) 구글 시트로 진급 사정안 작성 자동화하기

(1) 개근·정근을 계산하는 수식 세워보기

학생의 출결특기사항에 개근 혹은 정근으로 기록하기 위해서는 다음과 같은 조건을 충족해야 합니다.

> ▶ 개근: 지각, 조퇴, 결과, 결석의 수 = 0
> ▶ 정근: 결석 3일 미만 (지각, 조퇴, 결과는 종류에 관계없이 3회를 1일의 결석으로 처리)
> ▶ 공란: 결석이 3일 이상인 경우

▲ 출결 특기사항 작성 기준

이를 수식으로 표현하면 다음과 같이 표현할 수 있습니다.

> **수식** =IF(SUM(결석총계, 지각총계, 조퇴총계, 결과총계의 범위)=0,"개근",IF(SUM(SUM(지각총계, 조퇴총계, 결과총계의 범위)/3,결석총계)<3,"정근",""))

▲ 개근·정근 조건을 수식으로 표현해 보기

=IF(SUM(결석총계, 지각총계, 조퇴총계, 결과총계의 범위)=0,"개근", ...)

1단계 개근 확인: 이 부분에서는 학생의 결석, 지각, 조퇴, 그리고 추가적인 '결과총계의 범위'를 모두 더한 값이 0인지 확인합니다. 값이 0이라는 것은 학생이 학기 동안 단 한 번도 결석, 지각, 조퇴, 결과가 없었음을 의미합니다. 이 경우, 학생은 "개근"으로 평가받습니다.

IF(SUM(SUM(지각총계, 조퇴총계, 결과총계의 범위)/3,결석총계)<3,"정근"

2단계 정근 확인: 1단계 '개근'의 조건이 충족되지 않았을 경우, 두 번째 조건을 검토합니다. 여기서는 지각, 조퇴, 그리고 결과의 범위를 더한 뒤 3으로 나눕니다. 이는 지각과 조퇴, 결과의 평균을 구하는 과정입니다. 그 다음, 이 평균 값에 결석총계를 더합니다. 최종 합이 3 미만이면, 학생은 비교적 출석 상태가 양호한 것으로 간주되어 "정근"으로 평가받습니다.

이 수식은 학생의 출결 기록을 분석하여 "개근" 또는 "정근" 등의 결과를 제공합니다. 첫 번째 조건은 완벽한 출석을, 두 번째 조건은 좋은 출석을 나타냅니다. 어떤 조건에도 해당하지 않으면 결과는 빈 문자열("" 즉, 아무것도 표시되지 않음)이 됩니다.

(2) NEIS 자료 출력 및 수식 넣기

수식을 완성했으니 이제 NEIS에서 학생들의 1년간 출결 정보를 불러와 수식을 입력 후 자동으로 계산합니다.

❶ 출결 현황 조회 및 저장

설명	단계
1 [나이스]-[학급담임]-[학적]-[출결 현황 및 통계] 클릭	▲ NEIS - 학급담임 - 학적 - 출결 현황 및 통계

Ⅲ 구글 시트 업무 효율화 321

설명	단계
❷ [학급별 출결 현황] - [기간설정 (연초~사정기준일)] - [조회] 클릭	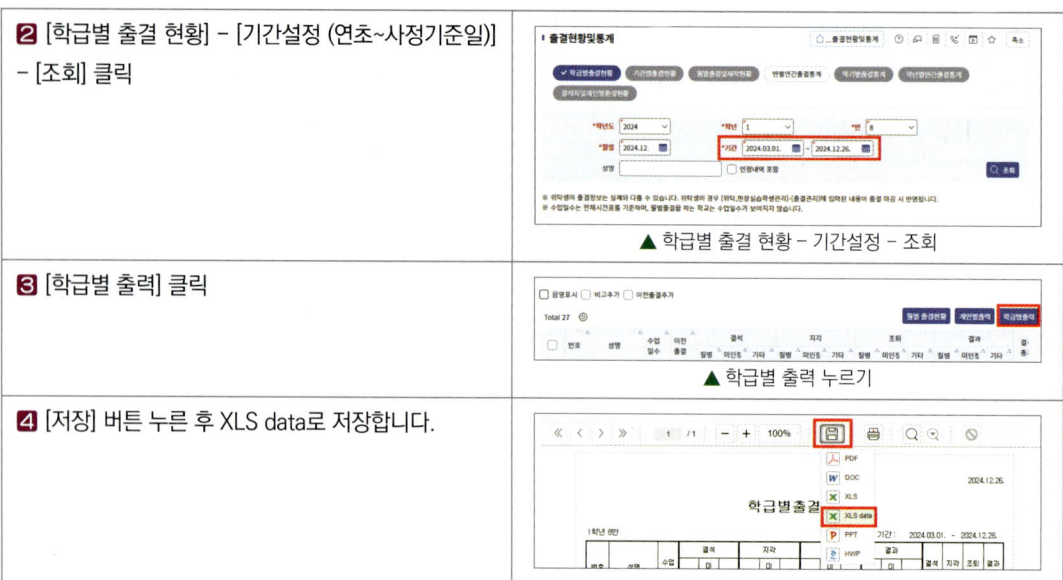 ▲ 학급별 출결 현황 - 기간설정 - 조회
❸ [학급별 출력] 클릭	▲ 학급별 출력 누르기
❹ [저장] 버튼 누른 후 XLS data로 저장합니다.	

❷ 개/정근 판단 수식 넣기

설명	단계
❶ 받아온 파일을 열어 T6셀에 다음의 수식을 입력합니다. 수식 =IF(SUM(P6:S6)=0, "개근",IF(SUM(SUM(Q6:S6)/3,P6)<3,"정근",""))	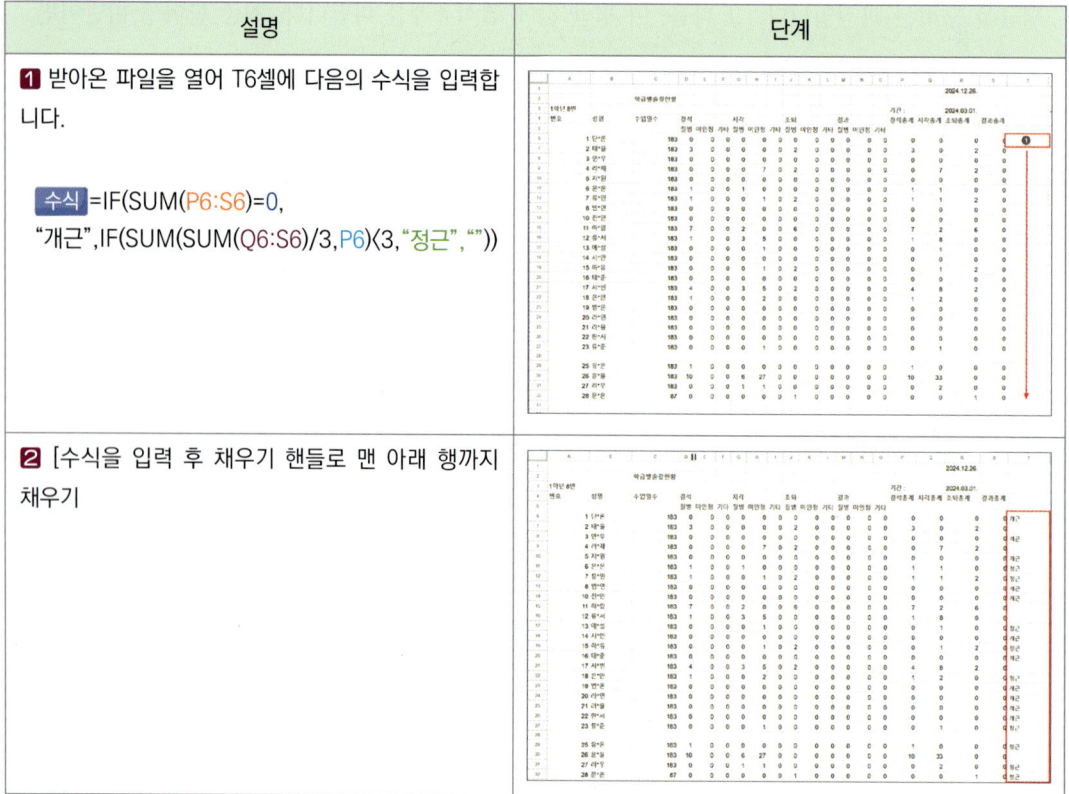
❷ [수식을 입력 후 채우기 핸들로 맨 아래 행까지 채우기	

(3) 진급사정안 문서 생성의 자동화

위에서 제시한 수식을 활용하면 단순히 학생의 개·정근 상태만 계산하게 됩니다. 이는 '자동화'보다는 '계산'에 가깝습니다. 그러나 무언가가 '자동화'라고 불리우려면 적어도 한번의 조작으로 두 개 이상의 동작이 실행되어야 할 것입니다.

joo.is/진급사정안작성기
▲ 진급사정안작성 템플릿

아래의 템플릿은 필자가 미리 제작해 둔 1개 학급용 진급사정안 작성기입니다. 이를 제작한 과정을 살펴보며 진급사정안 문서 생성을 위해 사용된 요소들을 알아보겠습니다.

이 템플릿은 "학급출결현황" 시트와 "사정안" 시트로 구성됩니다. 각 시트의 구성은 다음과 같습니다.

▶ **"학급출결현황" 시트**

　❶ 학급현황: 입학(진급)학생 수 등 학급 인원 수 변동에 대한 전반적인 내용을 입력하는 영역입니다.

　❷ 출결현황: NEIS에서 저장한 자료를 붙여넣는 영역입니다.

　❸ 개·정근 현황: ❷의 데이터를 바탕으로 개·정근을 판단하는 영역입니다.

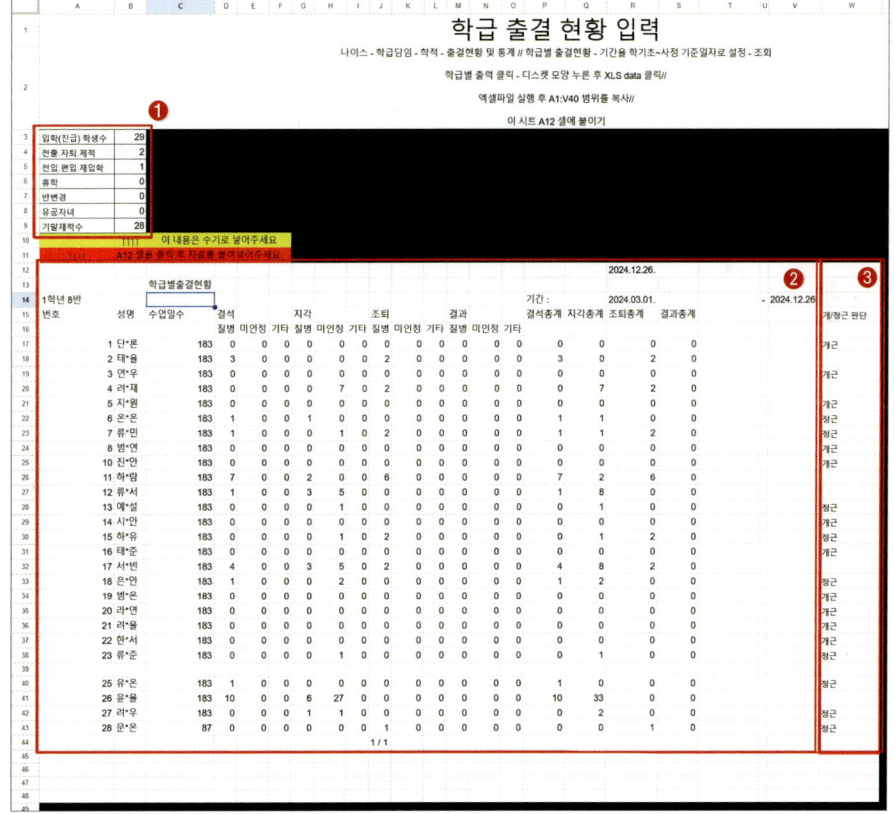

▲ "학급출결현황" 시트

▶ "사정안" 시트

❶ 학급현황: "학급출결현황"에서 입력한 값이 연동되는 영역입니다.

❷ 1년 개·정근: "학급출결현황"에서 입력한 값이 연동된 후 좌측 표에는 개근자의 명단과 현황이, 우측 표에는 정근자의 명단과 현황이 출력됩니다.

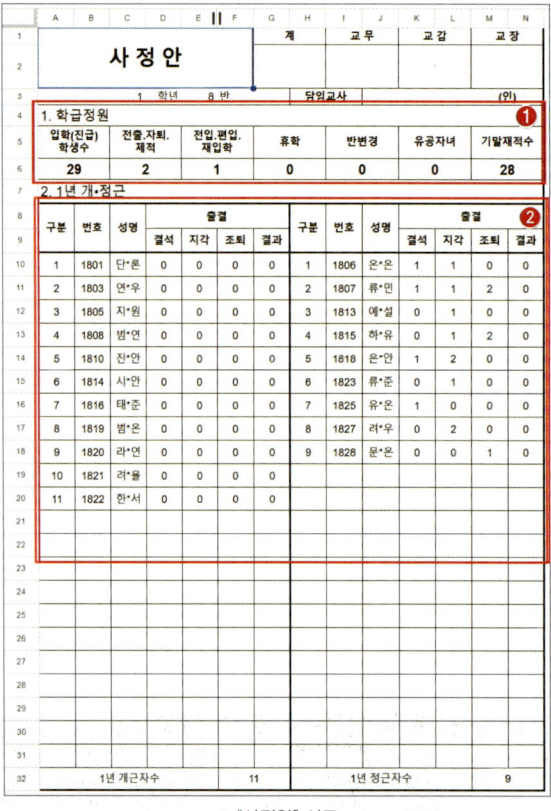

▲ "사정안" 시트

❶ 학급의 정원 변동 현황 작성

"학급출결현황" 시트에서 A3:B8 항목은 수기로 입력합니다. B9셀은 자동으로 계산됩니다.

이 내용은 "사정안" 시트로 연동됩니다.

	A	B
3	입학(진급) 학생수	29
4	전출.자퇴.제적	2
5	전입.편입.재입학	1
6	휴학	0
7	반변경	0
8	유공자녀	0
9	기말재적수	28

❷ 개근·정근 현황판 작성

시트	화면	설명
"학급출결현황"	(학급출결현황 표 이미지)	'(2) NEIS 자료 출력 및 수식 넣기'에서 저장한 파일을 열어 A1:T35❷ 범위를 복사합니다. 그리고 "학급출결 현황" 시트의 A12셀에서 Ctrl + V 를 눌러 값을 붙여넣습니다.
"사정안"	(사정안 표 이미지)	"학급출결 현황" 시트에서 작성한 내용을 기반으로 개근 및 정근 현황이 자동으로 작성됩니다.

"사정안" 시트의 A열(H열), '구분' 항목에 대한 수식

- 'A열(H열) '구분'의 첫 행(A10/H10)에는 1을 입력합니다. A11(H11)에는 다음의 함수가 입력되어 있습니다.

A10	H10
=if(C11="","",A10+1)	=if(J11="","",H10+1)

수식이 수행하는 연산을 정리하면 다음과 같습니다.
- C11(J11)셀이 비어있으면 빈칸을 출력합니다.
- 값이 있다면 그 값에 1을 더한 값을 출력하도록 합니다.

"사정안" 시트의 B열(I열), '번호' 항목에 대한 수식

B열(I열) '번호'의 첫 행(B10/I10)에는 다음의 수식이 입력되어 있습니다.

B10	=IF(C10<>"", VALUE(LEFT('학급출결현황'!$A$14, 1))*1000 + VALUE(MID('학급출결현황'!$A$14, LEN('학급출결현황'!$A$14)-1, 1))*100 + INDEX('학급출결현황'!$A:$A, MATCH(C10, '학급출결현황'!$B:$B, 0)), "")
I10	=IF(J10<>"", VALUE(LEFT('학급출결현황'!$A$14, 1))*1000 + VALUE(MID('학급출결현황'!$A$14, LEN('학급출결현황'!$A$14)-1, 1))*100 + INDEX('학급출결현황'!$A:$A, MATCH(J10, '학급출결현황'!$B:$B, 0)), "")

※ I10셀에 대한 수식에서는 C10셀이 J10셀로 변경됨

❷ A1:T35 범위는 학생 수가 많거나 적음에 따라 T값이 조정될 수 있음

수식이 수행하는 연산을 정리하면 다음과 같습니다.
- C10(J10)이 비어 있지 않은 경우 실행됨
- 학번 작성을 위해 '학급출결현황'!A14(예 "1학년 8반")의 첫 번째 문자("1")를 추출하여 숫자로 변환한 후 *1000을 적용
- '학급출결현황'!A14(예 "1학년 8반")의 마지막에서 두 번째 문자("8")를 추출하여 숫자로 변환한 후 *100을 적용
- '학급출결현황'!B:B에서 C10(J10) 값과 일치하는 학생을 찾아 해당하는 행 번호를 구함
- '학급출결현황'!A:A에서 찾은 행의 값을 가져와 합산
- (A14에서 가져온 첫 번째 문자) * 1000 + (A14에서 가져온 마지막에서 두 번째 문자) * 100 + (B열에서 찾은 행의 A열 값)을 최종적으로 반환

"사정안" 시트의 C열(J열), '성명' 항목에 대한 수식

C열(개근), J열(정근) '성명'의 첫 행(C10 / J10)에는 다음의 수식이 입력되어 있습니다.

C10	=IFERROR(INDEX(FILTER('학급출결현황'!$B$17:$B$45, '학급출결현황'!$W$17:$W$45="개근"), ROW()-ROW($C$10)+1), "")
J10	=IFERROR(INDEX(FILTER('학급출결현황'!$B$17:$B$45, '학급출결현황'!$W$17:$W$45="정근"), ROW()-ROW($C$10)+1), "")

수식이 수행하는 연산을 정리하면 다음과 같습니다.
- '학급출결현황'!W17:W45에서 "개근(정근)" 상태인 행을 찾음
- 해당 행의 '학급출결현황'!B17:B45 값을 필터링하여 목록을 생성
- 현재 수식이 위치한 행을 기준으로 해당하는 순번의 값을 INDEX로 가져옴
- 만약 값이 없거나 오류가 발생하면 IFERROR를 통해 빈 문자열("")을 반환

"사정안" 시트의 D열(K열)~G열(N열), '결석'~'결과'에 대한 수식

첫 행에는 다음의 수식이 입력되어 있습니다.

D10	=IF(C10<>"", INDEX('학급출결현황'!P:P, MATCH($C10, '학급출결현황'!B:B, 0)), "")
E10	=IF(C10<>"", INDEX('학급출결현황'!Q:Q, MATCH($C10, '학급출결현황'!B:B, 0)), "")
F10	=IF(C10<>"", INDEX('학급출결현황'!R:R, MATCH($C10, '학급출결현황'!B:B, 0)), "")
G10	=IF(C10<>"", INDEX('학급출결현황'!S:S, MATCH($C10, '학급출결현황'!B:B, 0)), "")
K10	=IF(J10<>"", INDEX('학급출결현황'!P:P, MATCH($J10, '학급출결현황'!B:B, 0)), "")
L10	=IF(J10<>"", INDEX('학급출결현황'!Q:Q, MATCH($J10, '학급출결현황'!B:B, 0)), "")
M10	=IF(J10<>"", INDEX('학급출결현황'!R:R, MATCH($J10, '학급출결현황'!B:B, 0)), "")
N10	=IF(J10<>"", INDEX('학급출결현황'!S:S, MATCH($J10, '학급출결현황'!B:B, 0)), "")

수식이 수행하는 연산을 정리하면 다음과 같습니다.
- C10이 비어 있지 않은 경우 실행됨
- '학급출결현황'!B:B에서 C10(J10) 값과 일치하는 학생의 행 번호를 찾음
- '학급출결현황'!P:P(Q:Q, R:R, S:S)에서 해당 행의 값을 가져옴
- C10(J10)이 비어 있으면 빈 문자열("")을 반환하여 오류방지

▶ 개근자(정근자)수 합산하기

"학급출결 현황" 시트에서

F32:G32(M32:N32) 범위에는 다음의 수식이 입력되어 있습니다.

F32:G32	=ARRAYFORMULA(SUM(IF(LEN(C10:C31))0, 1, 0)))
M32:N32	=ARRAYFORMULA(SUM(IF(LEN(I10:I31))0, 1, 0)))

수식이 수행하는 연산을 정리하면 다음과 같습니다.
- C10:C31 범위에서 각 셀의 길이(LEN)를 확인
- 비어 있지 않은 셀은 1, 비어 있는 셀은 0으로 변환
- SUM(…)을 사용하여 1의 개수를 모두 더함
- ARRAYFORMULA를 사용하여 배열 전체에 대해 연산을 수행

처음 만난 함수 사전 · ARRAYFORMULA 함수

범위 전체에 한 번에 수식을 적용할 수 있도록 도와주는 배열 연산 함수

형식: =ARRAYFORMULA(수식)

- 수식: 배열(범위)을 입력으로 받아 여러 개의 값을 동시에 계산할 수 있는 수식
- 기본적으로 단일 셀에서 동작하는 수식을 범위 전체에 확장하여 한 번에 계산 가능
- Ctrl + Shift + Enter 를 누르지 않고도 배열 수식을 사용할 수 있음

◆ 다양한 활용 예시

활용 상황	수식 예시	설명
범위 전체의 합산	=ARRAYFORMULA(A2:A10 + B2:B10)	A열과 B열의 값을 각각 더하여 배열 형태로 반환
IF 조건문과 함께 사용	=ARRAYFORMULA(IF(A2:A10)50, "합격", "불합격"))	A2:A10 범위에서 50보다 큰 값이면 "합격", 아니면 "불합격"을 반환
텍스트 조합	=ARRAYFORMULA(A2:A10 & "님")	A2:A10 범위의 이름 뒤에 "님"을 추가하여 전체 적용
LEN 함수와 함께 사용	=ARRAYFORMULA(LEN(A2:A10))	A2:A10 범위의 각 셀의 문자 길이를 한 번에 계산
비어 있지 않은 셀 개수 계산	=ARRAYFORMULA(SUM(IF(LEN(A2:A10))0, 1, 0)))	A2:A10에서 값이 있는 셀 개수를 세어 합산
조건부 연산 수행	=ARRAYFORMULA(IF(A2:A10="홍길동", B2:B10*1.1, B2:B10))	A열이 "홍길동"이면 B열의 값을 1.1배로 조정
텍스트 변환 연산	=ARRAYFORMULA(TEXT(A2:A10, "YYYY-MM-DD"))	A2:A10 범위의 날짜 값을 "YYYY-MM-DD" 형식으로 변환
행렬 연산 적용	=ARRAYFORMULA(A2:A10 * B2:B10)	A2:A10과 B2:B10 범위의 값을 각각 곱하여 배열로 반환

진급 사정안 작성은 단순한 출결 관리 이상의 중요성을 지닙니다. 이는 학생들의 학사 기록을 종합적으로 평가하여, 그들이 다음 학년으로 진급할 자격이 있는지를 결정하는 중요한 과정입니다. 교사는 각 학생의 출결 현황을 면밀히 분석하고, 이를 바탕으로 개근 및 정근 여부를 정확히 판별해야 하며, 학급 전체의 정원 변동 사항도 체계적으로 정리해야 합니다. 이러한 과정은 학사 기록의 정확성과 진급 여부를 판단하는 신속성을 동시에 요구하며, 많은 시간과 노력이 소요될 수 있습니다.

이번 장에서는 NEIS 출결 데이터를 활용해 학생의 개근·정근 여부를 자동으로 판별하고, 이를 구글 시트를 이용해 진급 사정안 문서를 자동으로 작성하는 방법을 살펴보았습니다. 이를 통해 교사는 학생들의 출결 데이터를 효율적으로 정리하고, 개근·정근 판별 결과를 바탕으로 학급별 진급 사정안을 신속하게 작성할 수 있습니다. 또한, 반복적인 작업을 자동화함으로써 학생 지도와 개별 상담에 더 많은 시간을 집중할 수 있게 됩니다.

진급 사정안 작성의 자동화는 교사의 업무 부담을 줄이고, 보다 체계적이고 신뢰할 수 있는 학사 행정을 운영하는 데 중요한 역할을 합니다. 스프레드시트를 활용한 자동화 시스템을 통해 데이터 입력 오류를 최소화하고, 효율적인 자료 관리 및 분석이 가능해집니다. 이를 통해 진급 심사는 더욱 공정하고 객관적으로 진행될 수 있으며, 학생들의 학업 이력과 출결 상태를 정확하게 반영한 체계적인 평가가 가능해집니다.

교육 행정에서 디지털 도구의 활용은 앞으로 점차 더 중요해질 것입니다. 이를 적극적으로 도입하고 발전시키는 것이 교육 현장의 효율성을 높이는 핵심 요소로 자리잡을 것입니다. 구글 시트를 활용한 진급사정안 자동화 시스템이 교사들에게 더 효과적인 데이터 관리와 분석을 지원하는 실질적인 도구로 자리매김할 수 있기를 기대합니다.

다. 수업 활용

수업에서는 학생들의 참여도를 파악하고, 이를 기반으로 개별 피드백과 동료 간 피드백을 효과적으로 제공하는 것이 중요합니다. 구글 시트는 교사가 수업 데이터를 체계적으로 관리하고 실시간으로 분석하며, 학생들에게 필요한 정보를 시각적으로 제공할 수 있는 다양한 기능을 갖추고 있습니다.

'피봇 테이블'을 활용하면 제출 인원뿐만 아니라 미제출 학생까지 신속하게 파악하여 즉각적인 피드백이 가능합니다. 또한, 자기평가나 동료 평가의 결과를 빠르게 분석하고 확인할 수 있어, 학생들의 학습 진행 상황과 피드백을 즉시 반영할 수 있습니다. 이를 통해 교사는 학생들의 성취도를 효과적으로 파악하고, 맞춤형 피드백을 제공할 수 있습니다.

또한 구글 설문지와 함께 활용하여 학습과 평가를 지원합니다. 수업 중 교사의 발문을 통해 학생들이 자기 생각을 기록하도록 유도하고, 이를 바탕으로 학생 간 의견을 공유하며 상호 피드백을 주고받을 수 있습니다. 또한, 누적된 응답 데이터를 분석하여 즉각적인 피드백을 제공함으로써 심층적인 이해와 논리적 사고력을 향상할 수 있습니다.

구글 시트는 과제 제출 현황과 학습 진도를 시각화하는 방식으로 거꾸로 학습(Flipped Learning) 방식의 수업 관리에 효과적으로 활용할 수 있습니다. 이를 통해 학생들의 학습 진행 상황을 한눈에 파악하고, 맞춤형 피드백을 제공함으로써 주도적인 학습을 더욱 효과적으로 지원할 수 있습니다.

스프레드시트의 다양한 함수와 차트 기능은 교사뿐만 아니라 학생들이 직접 활용할 수 있어, 디지털 리터러시 역량을 향상하는 데 큰 도움이 됩니다. 이를 통해 학생들은 데이터를 분석하고 시각화하는 실질적인 경험을 쌓을 수 있으며, 자신의 학습 데이터를 기반으로 목표와 성과를 명확히 파악할 수 있게 됩니다.

마지막으로, 구글 시트를 진도 기록과 차시 계산에 활용함으로써 교사는 한 학기 수업의 전체적인 흐름을 파악하고 차시를 효과적으로 운영할 수 있습니다. 또한, 학급별 진도 현황을 명확히 확인할 수 있어 수업 진행 상황을 쉽게 관리할 수 있습니다. 이러한 서비스를 바탕으로 교사는 수업의 본질적인 부분에 더 집중할 수 있게 됩니다.

1) 제출 현황과 분석을 한눈에! '피봇 테이블' 활용법

수업에서 학생들이 과제를 잘 이해했는지, 그리고 학습 활동에 얼마나 적극적으로 참여하고 있는지를 파악하는 것은 매우 중요합니다. 수업 중, 구글 설문을 통해 수집된 데이터를 구글 시트의 **'피봇 테이블'**로 분석하면, 학생들의 과제 제출 여부를 빠르고 정확하게 확인할 수 있습니다.

이렇게 누적된 데이터는 학생의 수업 참여 태도에 대한 평가 데이터가 됩니다. 피봇 테이블을 통해 교사는 실시간으로 미제출 학생을 식별하고, 이들에게 필요한 개별 피드백을 제공하거나, 추가적인 학습 지원을 제공할 수 있는 기반을 마련할 수 있습니다. 이를 통해 수업 참여도를 높이고, 학생들의 학습 경험을 더욱 풍부하게 만드는 데 효과적으로 작용합니다.

피봇 테이블(Pivot Table)은 데이터를 요약하고 분석하기 위한 강력한 도구로, 구글 시트와 같은 데이터 처리 도구에서 쉽게 사용할 수 있습니다. 많은 양의 데이터를 간단하게 정리하고, 특정 조건에 따라 그룹화하여 원하는 정보를 빠르게 추출할 수 있는 기능입니다. 예를 들어, 학생들의 설문 응답 데이터에서 제출 여부를 집계하거나, 성적 데이터를 분석해 학급별 평균 점수를 확인하는 작업을 몇 번의 클릭만으로 손쉽게 수행할 수 있습니다.

본 책에서는 특히 수업 상황에 초점을 맞추어 피봇 테이블의 실질적인 활용 방법과 교육적 효과를 살펴보겠습니다. 업무에서도 다양하게 확장하여 적용해 보시기 바랍니다.

2인 1조 발표의 구글 설문 응답(동료 평가) 데이터를 활용하여 피봇 테이블의 특성과 유용성을 이해해 보겠습니다.

joo.is/피봇테이블연습
▲ 피봇 테이블 연습 시트

가) 동료 평가 데이터, '피봇 테이블'로 손쉽게 분석하기

교사는 다음과 같은 방식으로 동료 평가 결과의 평균을 비교하여 즉각적인 피드백을 제공할 수 있습니다. 이를 통해 학생들은 항목별 점수를 명확히 확인하고, 부족한 부분을 성찰하며 개선 방향을 스스로 모색할 수 있습니다. 이러한 과정은 학생들이 다음 학습 계획을 세우고 주도적으로 실천하는데 큰 도움을 줍니다.

단계	설명
1	• 구글 설문지로 추가 입력되는 모든 데이터를 분석하기 위해 전체 범위를 선택(❶)합니다. • 상단 메뉴에서 ❷ **[삽입]**-❸ **[피봇 테이블]**을 선택합니다. 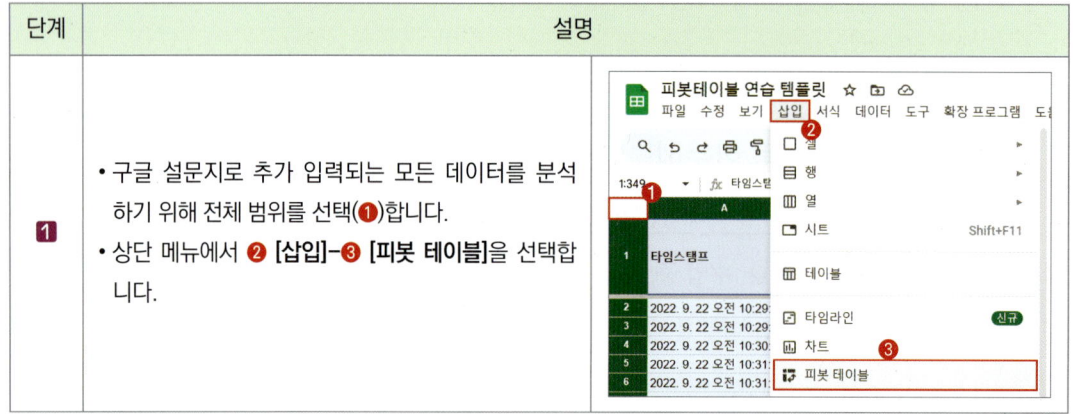

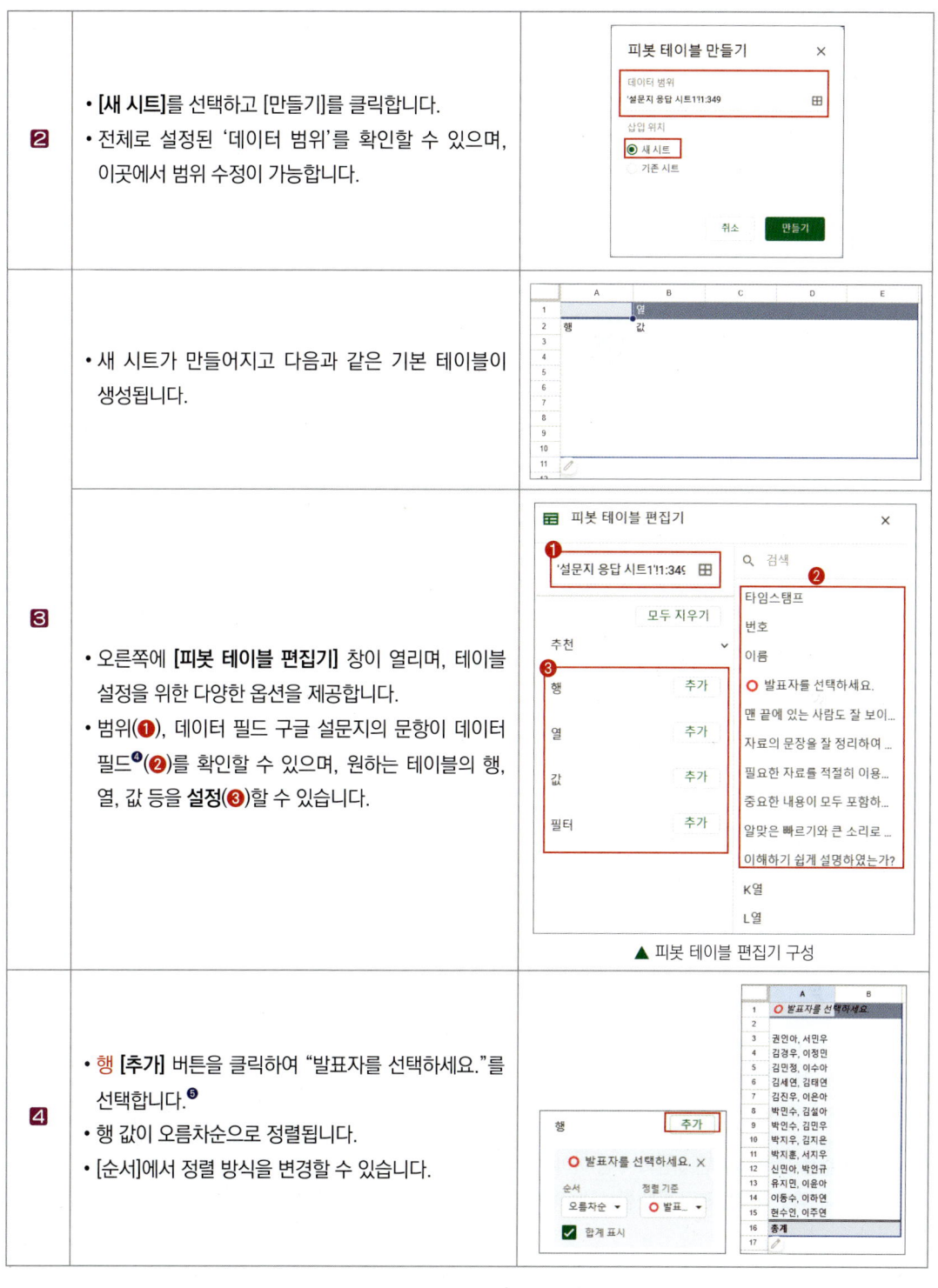

❷	• **[새 시트]**를 선택하고 [만들기]를 클릭합니다. • 전체로 설정된 '데이터 범위'를 확인할 수 있으며, 이곳에서 범위 수정이 가능합니다.
	• 새 시트가 만들어지고 다음과 같은 기본 테이블이 생성됩니다.
❸	• 오른쪽에 **[피봇 테이블 편집기]** 창이 열리며, 테이블 설정을 위한 다양한 옵션을 제공합니다. • 범위(❶), 데이터 필드 구글 설문지의 문항이 데이터 필드❹(❷)를 확인할 수 있으며, 원하는 테이블의 행, 열, 값 등을 **설정**(❸)할 수 있습니다.
❹	• 행 **[추가]** 버튼을 클릭하여 "발표자를 선택하세요."를 선택합니다.❺ • 행 값이 오름차순으로 정렬됩니다. • [순서]에서 정렬 방식을 변경할 수 있습니다.

▲ 피봇 테이블 편집기 구성

---

❹ 구글 설문지의 문항이 데이터 필드가 됩니다. 문항이 길 경우, 응답 시트를 복사하여 사본의 머리글을 짧게 편집하여 데이터를 분석해도 됩니다.
❺ 학생 이름은 모두 가명으로 변경한 것으로, 앞으로 나오는 이름 모두 실명이 아님을 안내합니다.

Ⅲ 구글 시트 업무 효율화 331

5
- **값 [추가]** 버튼을 클릭(❶)한 후, ❷번의 문항을 하나씩 모두 추가합니다.
- **[요약 기준]** 중, 평균을 구하는 함수인 'AVERAGE'로 모두 변경합니다.

▲ 통계 데이터 항목을 '값'에 추가하기

6
▲ 편집 전, '피봇 테이블' 생성 모습   ▲ [필터]로 오류 해결하는 방법

- 피봇 테이블이 완성됩니다. 간단한 편집을 통해 더 보기 좋은 형태로 정리할 수 있습니다.
- 1행의 머리글이 모두 보이도록 **[텍스트 줄바꿈]** 해줍니다.
- 2행의 #DIV/0! 오류(❶)는 공백이나 0 값이 포함된 데이터로 인해 발생합니다. 해당 부분을 그대로 두어도 되지만, 편집하고 싶다면 아래의 방법으로 해결해 보시기 바랍니다.
  - 첫째, **[행 숨기기]** 기능으로 행이 보이지 않도록 숨깁니다.
  - 둘째, 하단의 **[필터]**를 클릭하고 아무 항목이 선택한 후, 다음과 같이 "공백" 체크 <u>해제</u>하여 적용합니다. (상단 우측 이미지 참고)
  - 셋째, 데이터 범위를 전체가 아니라 항목이 입력된 부분만 설정합니다. 다만, 이 방식은 추가로 입력되는 응답이 자동으로 반영되지 않습니다.
- 3~16행(❷)을 선택한 후, 툴바의 [소수점 이하 자릿수 감소] 아이콘( )을 클릭하여 정리합니다.

7
- 수정사항이 생기면 하단의 **수정 아이콘**( )을 선택하여 **[피봇 테이블 편집기]**를 활성화하여 편집합니다.

332 **구글 시트**로 스마트한 학교 만들기

나) 미제출 학생은 누구? 제출 인원 즉시 파악하기

과제 제출 여부를 일일이 확인하는 데 시간을 들이기보다는, 한눈에 미제출 학생을 파악할 수 있다면 얼마나 효율적일까요? 구글 시트의 '피봇 테이블' 기능은 설문 데이터를 기반으로 제출자와 미제출자를 손쉽게 분류하고, 데이터를 요약하여 직관적으로 보여줍니다. 이를 통해 교사는 제출 현황을 빠르게 점검하고, 미제출 학생에게 즉각적인 피드백을 제공할 수 있습니다. 피봇 테이블을 활용한 제출 관리로 과제 확인의 번거로움을 줄이고 수업 준비 시간을 더 효과적으로 활용해 보세요.

단계	설명	
❶~❸	• 앞의 피봇 테이블 단계와 동일합니다.	
❹	• 행 [추가] 버튼을 클릭하여 "번호" 선택하여 추가합니다. • 다시 행 [추가] 버튼을 클릭하여 "이름"을 추가합니다. • 두 번째 "이름" 선택 시, 이미 선택한 "번호" 항목은 제외된 것을 확인할 수 있습니다.	
❺	• "이름" 항목의 [합계 표시]를 체크 표시한 상태에서는 우측의 테이블처럼 보입니다. • 체크를 해제하여 '총계' 행을 제거합니다.	
❻	• 값 [추가] 버튼을 클릭한 후, 설문 문항 중 하나를 선택합니다. • 이때 구글 설문지에서 "필수" 문항일 때, 응답 데이터의 정확성이 보장됩니다. • [요약 기준]을 개수를 세는 함수인 COUNTA로 변경합니다.	

Ⅲ 구글 시트 업무 효율화 333

| 7 | • 학생들의 제출 개수를 실시간으로 한눈에 파악할 수 있습니다.
• 미제출 항목이 파악된 경우, 즉각적 피드백으로 제출 완료하도록 안내합니다. | 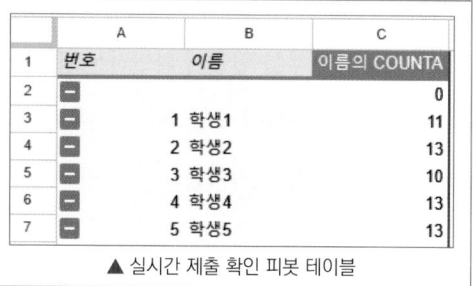
▲ 실시간 제출 확인 피봇 테이블 |

2) 사고력을 키우는 질의응답과 상호 피드백

수업에서 학생들이 배운 내용을 바탕으로 자기 생각을 명확히 표현하고, 이를 통해 서로 소통하며 성장하는 것은 매우 중요합니다. 구글 시트는 사고력을 키우는 질의응답과 상호 피드백을 효과적으로 구현하는 강력한 도구가 될 수 있습니다.

학생들은 교사의 질문에 즉각적으로 자기 생각을 서술하며, 답변을 통해 자신의 사고를 정리할 뿐만 아니라 동료 학생들의 의견을 읽고 피드백함으로써 다양한 관점을 배우게 됩니다. 이러한 과정은 단순한 지식 전달을 넘어, 비판적 사고와 소통 능력을 함양하는 데 기여하며, 학생들이 미래 사회에서 요구되는 문제 해결력과 협업 능력을 자연스럽게 익히는 기회를 제공합니다. 이 장에서는 이러한 평가와 피드백 방식을 효과적으로 활용할 수 있는 방법을 살펴보겠습니다.

가) 모두의 생각 들어보기

"왜 발표하는 학생만 발표하는가?", "몇몇 학생의 생각을 들어보는 걸로 충분한가?", "평가가 결과가 아니라 과정이 모여 하나의 결과가 될 수 있도록 하는 방법은 없을까?" 여러 고민이 머물다 시도한 방법은 매우 단순하지만, 효과적이었습니다. 이 방법을 선생님들께 소개하고자 합니다.

이 장에서는 단순히 기술 활용을 넘어, 교육적 관점의 변화가 에듀테크 도구의 활용 방식에 어떤 영향을 미칠 수 있는지 함께 고민하며 읽어보시길 권합니다.

(1) 초 간단 구글 설문지 만들기

수업 중 진행되는 구글 설문지 평가는 그 준비 방식에 따라 서로 다른 특징과 활용 목적을 가집니다. 미리 준비된 문항으로 진행되는 평가는 학습 목표에 따른 계획된 질문을 통해 학습 내용을 점검하고, 사전에 설계된 데이터 분석이 용이하다는 장점이 있습니다. 반면, 수업 중 교사가 즉각적으로 확인하고자 하는 사항을 실시간으로 묻고 확인하는 평가는 학생들의 이해도를 즉시 파악하고, 수업의 흐름에 따라 유연하게 대처할 수 있다는 점에서 효과적입니다.

1분이면 제작 가능한 설문지를 바로 따라 제작해 보시죠.

단계	설명
❶ 문항 제작	❶ 번호: 드롭다운 ❷ 이름: 드롭다운 ❸ 잘 듣고 대답하세요.: 장문형 • 세 문항이면 준비 완료입니다.
❷ 응답 설정	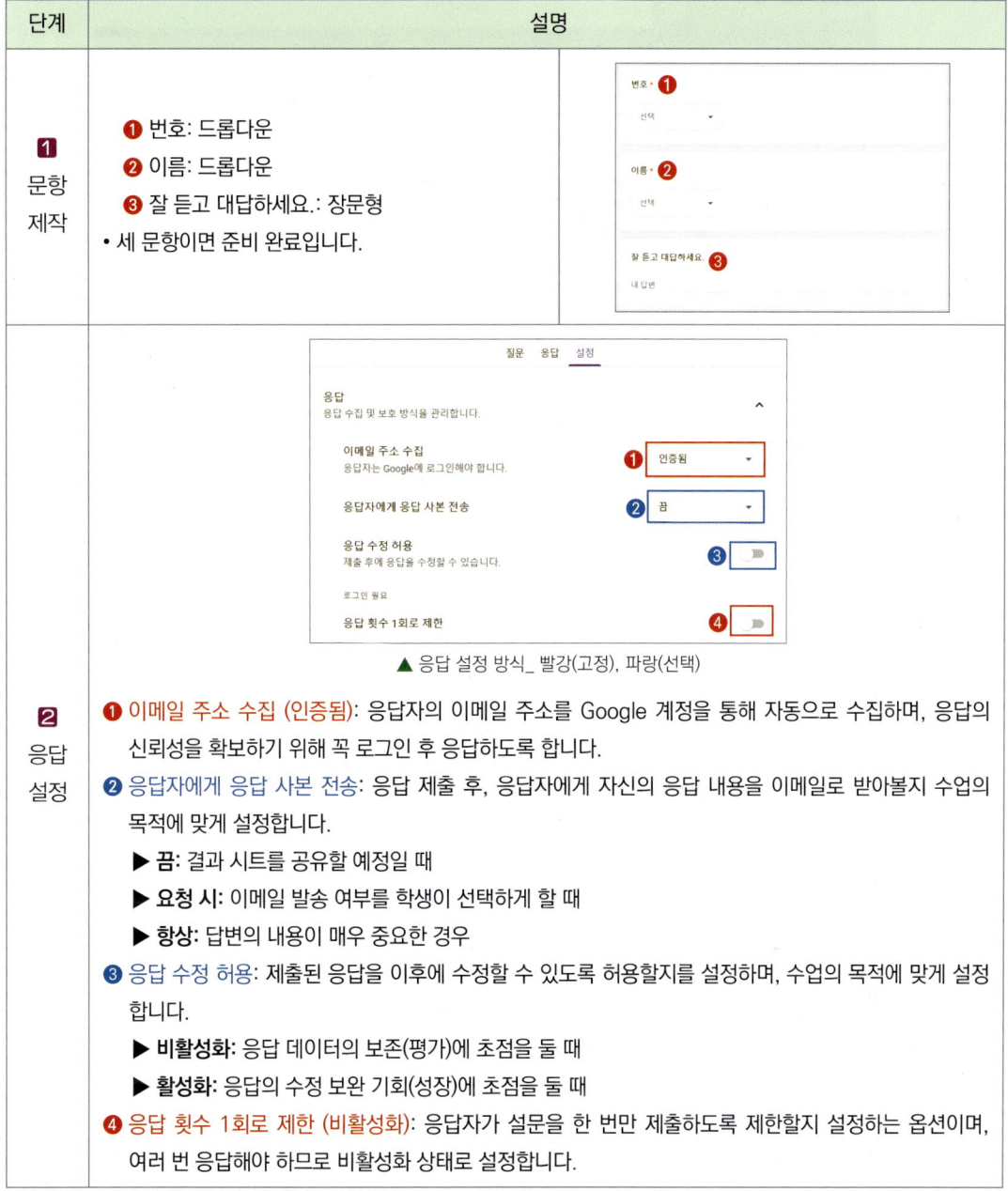 ▲ 응답 설정 방식_ 빨강(고정), 파랑(선택) ❶ **이메일 주소 수집 (인증됨)**: 응답자의 이메일 주소를 Google 계정을 통해 자동으로 수집하며, 응답의 신뢰성을 확보하기 위해 꼭 로그인 후 응답하도록 합니다. ❷ **응답자에게 응답 사본 전송**: 응답 제출 후, 응답자에게 자신의 응답 내용을 이메일로 받아볼지 수업의 목적에 맞게 설정합니다. 　▶ **끔**: 결과 시트를 공유할 예정일 때 　▶ **요청 시**: 이메일 발송 여부를 학생이 선택하게 할 때 　▶ **항상**: 답변의 내용이 매우 중요한 경우 ❸ **응답 수정 허용**: 제출된 응답을 이후에 수정할 수 있도록 허용할지를 설정하며, 수업의 목적에 맞게 설정합니다. 　▶ **비활성화**: 응답 데이터의 보존(평가)에 초점을 둘 때 　▶ **활성화**: 응답의 수정 보완 기회(성장)에 초점을 둘 때 ❹ **응답 횟수 1회로 제한 (비활성화)**: 응답자가 설문을 한 번만 제출하도록 제한할지 설정하는 옵션이며, 여러 번 응답해야 하므로 비활성화 상태로 설정합니다.

(2) 구글 설문지 활용은 이렇게!

이렇게 제작된 설문은 다양한 맥락과 상황에서 활용할 수 있습니다. 단원별, 과목별, 주별, 월별 등 목적에 따라 유연하게 응용할 수 있으며, 주로 특정 과목의 단원별 학생 응답 데이터를 모아 평가에 활용하곤 했습니다. 또한, 특정 단원의 응답 데이터가 적을 때는 주별 또는 월별 데이터를 통합하여 수합한 후, 정렬 기능을 통해 데이터를 분류하고 분석하는 방식으로 진행합니다.

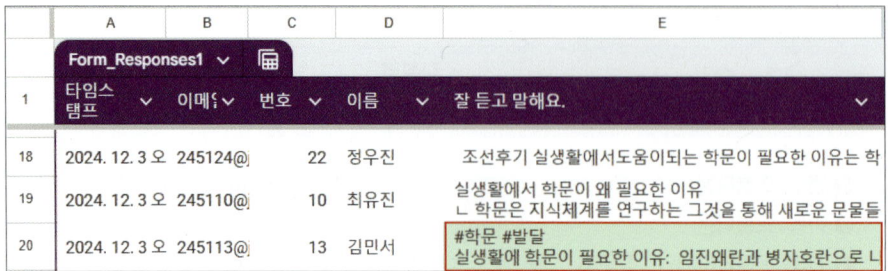

▲ 구글 시트의 응답 결과와 피드백(색상으로 강조) 모습

응답 결과를 실시간으로 확인하며 교사는 학생 개개인의 생각과 이해도를 파악할 수 있습니다. 학생들의 응답 중 부족하거나 보완이 필요한 부분이 있다면 '채우기 색상'을 활용해 강조 표시하거나, 참고할 만한 추가 자료나 힌트를 시각적으로 표시하여 학습의 방향성을 제시할 수 있습니다. 이러한 방식은 단순히 응답을 수합하는 것에 그치지 않고, 학습 과정 중 피드백을 통해 즉각적인 개선과 성찰의 기회를 제공하며, 수업의 상호작용을 활성화하는 데 효과적입니다.

질문과 응답이 누적되면 어떤 질문의 응답이었는지 확인하기 어렵습니다. '응답 결과 시트'의 빈 열에 다음과 같이 열 제목을 추가하고 질문을 기록합니다. 질문별로 서식(채우기 색상)을 다르게 하여 관리하면 좋습니다.

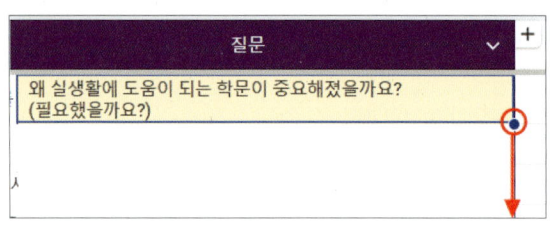

▲ 질문 입력하기_ 질문 입력하고 색상 적용 후, 자동 채우기

그리고 질문은 학생들이 응답을 입력하는 동안 입력해 두었다가 첫 번째 학생 응답이 입력되면 복사하여 붙여넣고 채우기 핸들을 더블클릭하거나 드래그하여 자동 채우기를 하면 됩니다.

이때, '피봇 테이블'을 제작하지 않아도 해당 질문이나 학생의 응답 개수를 직관적으로 확인하는 방법이 있습니다. 같은 질문의 응답 셀을 드래그하면서 우측 하단의 **"상태 표시줄"**을 확인합니다. 다음 이미지처럼 제출된 개수를 확인할 수 있습니다.

▲ 드래그한 항목의 개수를 확인하는 '상태 표시줄'

학생별로 전체적인 수업 태도와 개별 성취도를 효과적으로 분석하기 위해, 여러 번 응답한 내용을 [필터]를 적용하여 '정렬'합니다. '번호' 필드를 기준으로 오름차순 정렬을 적용함으로써, 각 학생의 응답을 하나의 연속된 데이터로 정리하고, 이를 통해 전체 패턴과 개별 성취도를 명확하게 파악할 수 있습니다.

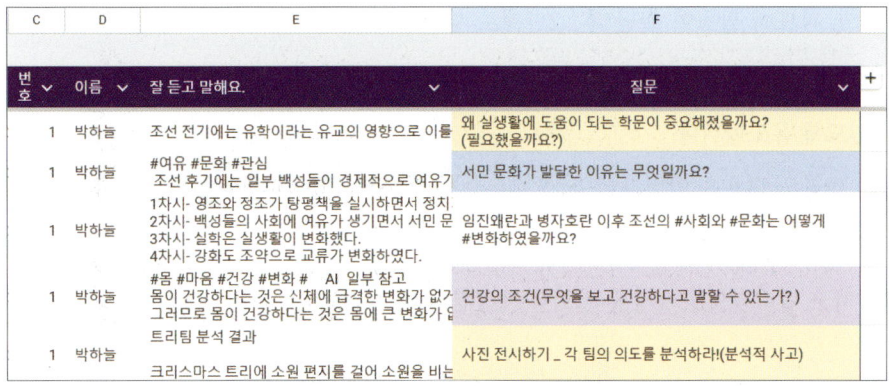
▲ [필터]를 적용하여 학생별로 정렬한 모습

학생별 정렬된 데이터 분석을 통해 교사는 각 학생의 학습 이해도와 참여도를 명확하게 파악할 수 있으며, 특정 문항에서 학생이 어려움을 겪었는지 또는 우수한 성과를 보였는지 효과적으로 분석할 수 있습니다.

정렬과 분석 과정을 통해 단순히 성취도를 평가하는 것에 그치지 않고, 이를 바탕으로 학생 개인과 전체를 위한 맞춤형 피드백과 학습 기회를 제공함으로써 학습 효과를 극대화할 수 있습니다.

나) 상호 피드백

상호 피드백을 시작하기 전, 학생들이 자신의 응답 결과와 친구들의 답변을 비교하며 확인만 할 수 있도록 [공유] 설정에서 [뷰어] 권한을 부여하는 것이 좋습니다. 이를 통해 학생들은 서로의 답변을 참고하고, 이를 바탕으로 학습적인 자극을 받아 더 깊은 사고와 이해를 도울 수 있습니다.

그러나 상호 피드백이 시작되는 시점에서는 권한 변경과 함께 몇 가지 추가 조치가 필요합니다.

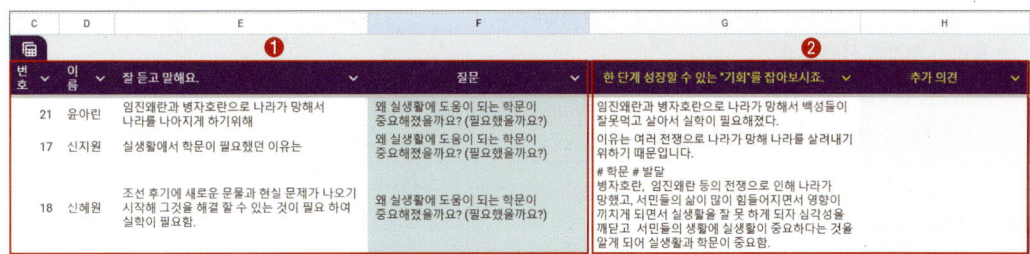
▲ 범위 보호된 부분(❶)과 학생들이 자유롭게 피드백을 주고받는 부분(❷)

설문 응답 데이터를 보호하기 위해 [범위 보호] 기능을 설정하여 의도치 않은 수정이나 데이터 손실을 예방합니다. 이를 통해 중요한 데이터의 무결성을 유지하면서도, 학생들이 적극적으로 참여할 수 있는 기반을 마련할 수 있습니다. 이후, 학생들에게 '편집자 권한'을 부여해 자신의 응답을 재수정하거나 친구들의 응답에 추가 의견을 작성하며 상호 피드백을 주고받을 수 있도록 지도합니다.

1단계 상호 피드백 활동이 끝난 후, 2단계로 넘어가기 전에 1단계 피드백 열의 범위를 보호하여 더는 답변을 수정할 수 없도록 설정하는 것이 좋습니다. 이렇게 함으로써 학생들이 다음 활동에만 집중할 수 있도록 유도합니다.

머리글에 새로운 내용을 입력하면 표가 자동으로 확장됩니다. 추가 질문, 생각 이어 쓰기, 짝/모둠 간 상호 피드백 등 다양한 학습 활동을 유연하게 진행할 수 있습니다. 이 과정은 학생들이 자신의 학습 과정을 성찰하고 협력적으로 성장할 기회를 제공합니다.

다) 자동 줄바꿈 트리거(Trigger) 활용하기

실시간으로 학생의 응답이 입력되는 상황에서 불편한 상황이 생깁니다. 텍스트 정렬의 기본 설정이 "오버플로우"로 설정되어 있어서 학생의 응답을 보기 위해서는 "텍스트 줄바꿈"으로 매번 버튼을 눌러야 하는 상황이 발생합니다. 자동으로 "텍스트 줄바꿈" 해주는 방법은 없을까요?

앱스 스크립트와 친하지 않은 저는 바로 AI와 상담을 시작했습니다.

구글 설문에서 받은 구글 시트 결과의 텍스트가 텍스트 정렬의 기본값이 "오버플로우"로 되어 있어서 불편해. 이를 응답이 들어올 때, 앱스 스크립트를 활용하여 자동으로 '텍스트 줄바꿈'하도록 변경하는 방법이 없을까?

<AI 응답 결과>
1. 구글 시트 메뉴에서 확장 프로그램>스크립트 편집기를 엽니다.
2. 아래 코드를 복사하여 붙여넣고 저장합니다.
〈 onFormSubmit 코드 생략 〉❻

3. 트리거 설정:
- **편집기**상단에서 시계 모양 아이콘(트리거)을 클릭합니다.
- **트리거 추가**를 선택한 후
    - 함수: onFormSubmit
    - 이벤트 소스: **폼이 제출될 때** 저장합니다.

---

❻ 직접 프롬프트를 입력하여 코드를 생성하고 실행해 보시기 바랍니다.

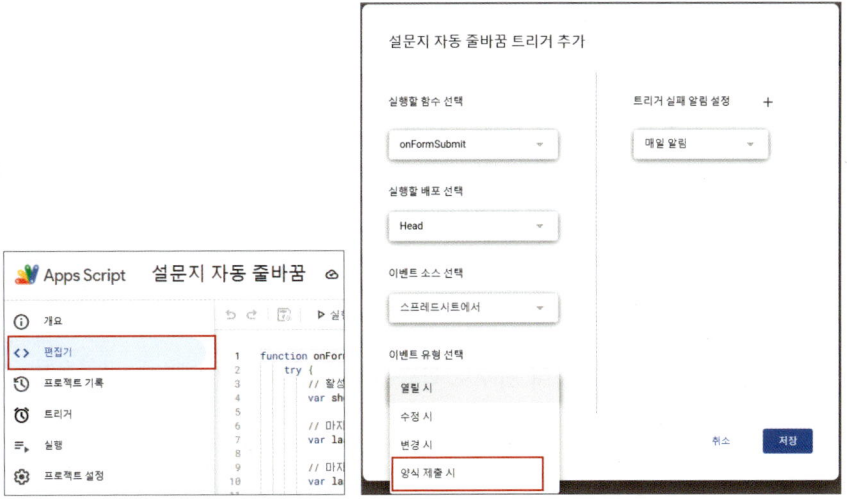

▲ [앱스 스크립트]-[트리거]-이벤트 유형 "양식 제출 시" 설정

물론, 웹 기반 응답이 동시에 많이 들어올 때 간혹 오류가 발생하기도 했습니다. 하지만 일반적인 상황에서 실시간으로 자동 변경되는 응답을 보며 교사와 학생 모두 감탄했던 첫 테스트 날의 기억이 생생합니다. 이제 선생님들께서는 '트리거' 기능의 유용성을 인지하셨을 테니, 해결하고 싶은 문제가 발생할 때 AI의 도움을 받아 도전해 보시기 바랍니다.

3) 거꾸로 학습 구현하기

거꾸로 학습(Flipped Learning)은 교실에서의 학습 방식을 혁신적으로 바꿀 수 있는 학습 모델로, 학생이 수업 전에 학습 자료를 스스로 학습하고, 수업 시간에는 교사와 동료 학생들과 함께 학습 내용을 심화하고 문제를 해결하는 데 집중하는 방식입니다. 이 방법은 학생의 주도적 학습 역량을 강화하고, 교사가 수업 시간 동안 개별 피드백과 심화 학습을 지원할 수 있도록 합니다.

구글 시트는 거꾸로 학습을 효과적으로 지원하는 유용한 도구로 활용될 수 있습니다.

▶ **학습 데이터 관리**: 학생들에게 사전에 제공된 학습 자료를 구글 시트에 정리하고, 학습 완료 여부를 데이터 확인(드롭다운)이나 체크박스 형식으로 관리합니다. 이를 통해 학습 진도를 효과적으로 파악할 수 있습니다.
▶ **성과 분석 및 피드백 제공**: 학생별 학습 성과를 스프레드시트의 조건부 서식과 차트를 활용해 시각적으로 표현하여, 학생 스스로 자신의 학습 상태를 점검할 수 있도록 합니다.

거꾸로 학습은 학생들이 사전에 학습 내용을 숙지함으로써 교실 내에서 더욱 심층적인 논의와 고차원적인 사고 활동을 가능하게 만드는 강력한 학습 전략입니다. 구글 시트를 통해 거꾸로 학습 활동을 효율적으로 관리하고, 학생들의 참여와 학습 성과를 극대화할 수 있습니다.

이 거꾸로 학습 예제는 〈"OECD 교육 2030" & "2022 개정 교육과정" 미래 교육 나침반(앤써북)〉 도서에 "잘 모르는 걸 가르칠 수 있을까?"라는 부분에 소개된 〈엔트리 프로젝트〉에 실제 활용된 템플릿입니다.

그러면 구글 시트를 어떻게 활용하여 거꾸로 학습을 구현했는지 살펴보겠습니다.

joo.is/거꾸로학습템플릿
▲ 거꾸로 학습 예제(엔트리) 템플릿

거꾸로 학습을 효과적으로 지원하기 위해 학습 데이터 관리와 분석 방법을 사전 학습 데이터 관리와 학습 성과 분석 및 피드백 제공에 초점을 맞춘 스프레드시트 기능을 중심으로 간단히 설명합니다.

가) 사전 학습 데이터 관리

거꾸로 학습의 성공 비결은 교사의 관리와 통제에만 의존하지 않습니다. 오히려 사전 학습 활동 이후에 더욱 의미 있는 학습 활동이 기다리고 있다는 목표를 학생들과 공유하며, 사전 학습을 하나의 과정으로 인식하게 하는 것이 중요합니다. 이러한 목적의식을 바탕으로, 구글 시트는 사전 학습 데이터를 관리하고 활용하는 데 효과적인 도구로 활용될 수 있습니다.

학생들은 구글 시트를 통해 자신의 학습 진행 상태를 확인하고, 친구들과 학습 진행률을 비교하며 자극을 받아 함께 성장하려는 동기를 얻을 수 있습니다. 이를 위해 다음과 같은 구글 시트 기능과 전략을 활용할 수 있습니다.

▲ 사전 학습 데이터 관리 시트

구글 시트를 활용하여 거꾸로 학습을 구현하는 과정은 학생들의 학습 참여도를 높이고, 교사에게는 효과적인 학습 관리 도구를 제공합니다.

첫째, 학습 자료를 체계적으로 관리합니다. 구글 시트에 학습 자료[3]를 삽입하여 학생들이 손쉽게 접근할 수 있도록 단계별로 구성하여 체계적으로 제공합니다.

둘째, 학생들의 학습 진도를 실시간으로 파악합니다. 단계별 학습 완료 여부를 표시하는 체크박스를 활용하거나, 드롭다운 메뉴에 '쉽게 해결', '보통', '어려움' 등 난이도 정보를 추가하여 학생들의 학습 상태를 파악합니다. 이를 통해 교사는 어떤 부분에서 학생들이 어려움을 겪는지 즉각적으로 확인할 수 있습니다.

셋째, 데이터를 활용해 학습 성과를 분석합니다. COUNTIF 함수를 사용하여 학생들이 완료한 학습 단계의 개수를 집계하고, 난이도별 점수를 부여하여 학습 성과를 정량적으로 평가합니다. 예를 들어, '보통'은 5점, '어려움'은 10점을 부여하여 학생별 총점을 계산할 수 있습니다.

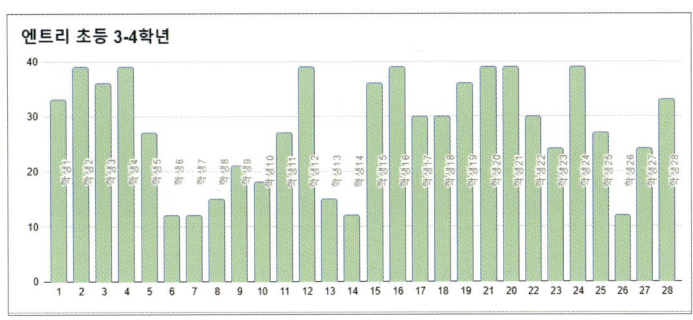

▲ 개별 단계의 결과 분석 차트(열 차트)

나) 성과 분석 및 피드백 제공

성과 분석과 피드백 제공의 관점에서 3단계 사전 준비 학습 시트의 정보를 한눈에 파악할 수 있는 '종합 시트'는 중요한 역할을 합니다. 이 '종합 시트'는 학습 데이터의 통합 분석과 피드백 제공을 위한 핵심 자료로, 학생들의 학습 성과를 종합적으로 평가하고 다음 학습 계획에 반영할 수 있도록 돕습니다.

	A	B	C	D	E	F	G	H
1	반 점수 합계 ❻		5338	목표:5000점 목표 달성률(%) ❼	106.8	80%이상 달성 인원 ❽	24명	
3			초등 3,4학년	초등 5,6학년	중등 이상	총 합계 (234점) ❸	80% 이상 달성 달성률 ❹	랭킹 ❺
4			3절식	5절식	10절식			
5	번호 ❶	성명	점수(39점)	점수(65점) ❷	점수(130점)			
6	1	학생1	='초등 3-4학년'!Q4 ❼	50	130	213	91.0	8
7	2	학생2	39	65	130	234	100.0	1
8	3	학생3	36	60	100	196	83.8	12
9	4	학생4	39	65	130	234	100.0	1
10	5	학생5	27	45	120	192	82.1	13
11	6	학생6	12	30	110	152	65.0	26

▲ 3단계 사전 학습 데이터의 결과 분석 '종합 시트'

[3] 예 동영상 링크, 읽기 자료 등

'종합 시트'의 각 부분의 특성을 살펴보겠습니다.

번호	설명	예
❶	맞춤 수식으로 80% 이상의 목표에 도달한 학생의 이름에 채우기 색상(연노랑)이 적용됩니다.	=G6>=80
❷	3단계의 개별 시트에 기록된 '미션 완료' 개수에 따라 자동 계산된 점수를 '시트 간 참조'로 데이터를 불러옵니다.	='초등 3·4학년'!Q4
❸	3단계의 총점을 SUM 함수로 계산합니다.	=SUM(C6:E6)
❹	달성률을 백분율로 표시합니다.	=F6/234*100
❺	총점의 변동을 반영한 순위를 계산합니다.	=RANK(F6,$F$6:$F$33,0)
❻	공동체 전체의 총점을 계산합니다.	=SUM(F6:F33)
❼	공동체 전체의 목표 점수(5000점)에 대한 달성률을 표시합니다.	=C1/5000*100
❽	개별 목표인 80%에 달성한 인원을 계산합니다.	=COUNTIF($G$6:$G$33,">=80")&"명"

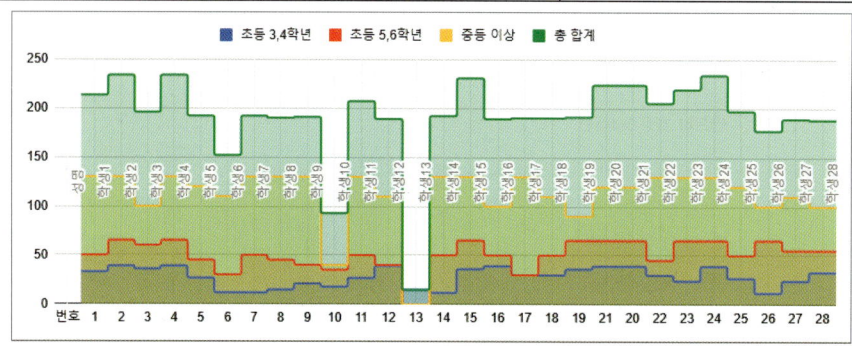

▲ 전체 결과에 대한 차트(계단식 영역 차트)

이처럼 **성과 분석 및 피드백 제공**은 학생 스스로 자신의 학습 상태를 점검할 수 있도록 합니다.

첫째, 목표 달성 정도를 확인합니다. 학생들과 협의하여 개인과 전체의 학습 목표 달성률을 설정하는 것은 매우 중요합니다. 이 토의 과정에서 학생들은 주체성을 지니게 되고 책임감을 느끼게 됩니다. 이를 반영한 목표 달성 여부를 스프레드시트에서 자동으로 계산하여 데이터를 제공합니다.

둘째, 조건부 서식을 활용하여 데이터를 시각적으로 표현합니다. 목표를 달성한 학생의 이름은 색상으로 강조하여 시각적인 효과를 줍니다. 이를 통해 학습 달성 상태를 한눈에 파악할 수 있으며, 학생들에게 학습 동기를 부여합니다.

셋째, 학급 전체 데이터를 기반으로 성과를 시각화합니다. 차트 기능을 활용해 학급 전체의 학습 달성률이나 난이도별 분포를 시각적으로 표현합니다. 학생들은 자신의 학습 상태를 학급 평균과 비교하며 성찰할 수 있습니다.

넷째, 학생 개별 피드백과 집단 피드백을 제공합니다. 분석된 데이터를 바탕으로 교사는 학생들에게 맞춤형 피드백을 제공합니다. 또한, 공통로 어려움을 느낀 학습 요소를 중심으로 집단 피드백을 제공하고, 이후 수업 계획에 이를 반영합니다.

이처럼 구글 시트를 활용한 거꾸로 학습은 학습 데이터를 체계적으로 관리하고, 학생들의 성취도를 시각화하여 학습 효과를 극대화할 수 있습니다. 이를 통해 학생들은 주도적으로 학습에 참여하고, 교사는 데이터를 기반으로 수업을 설계하고 피드백을 제공하는 강력한 도구로 활용할 수 있습니다.

선생님도 한번 도전해 보시죠!

4) 진도 기록 및 차시 계산

수업을 운영하다 보면 학교 행사, 공휴일, 학사 일정 변경, 수업 변경 등으로 계획된 차시가 원활하게 진행되지 않는 경우가 많습니다. 이러한 변수들이 누적되면 교사는 수업 흐름을 혼동하기 쉬워 전체적인 진행 상황을 체계적으로 관리하는 데 어려움을 겪을 수 있습니다.

이러한 문제를 해결하는 데 구글 시트를 활용하면 유용합니다. 주차별로 계획한 수업과 실제 운영된 차시를 비교하여 한눈에 확인할 수 있습니다. 특히, 결손된 수업이나 보충이 필요한 부분을 색상으로 강조하고, 일정 변경 사항을 메모로 정리하여 직관적으로 관리할 수 있습니다. 이를 통해 수업의 진행 상황을 더욱 효과적으로 추적하고, 필요한 조치를 신속하게 취할 수 있습니다.

이번 장에서는 구글 시트를 활용하여 수업 진도를 기록하고 차시 변동 사항을 효과적으로 관리하는 방법을 살펴보겠습니다. 학사 일정 변경이나 예상치 못한 수업 조정이 발생했을 때 이를 즉시 반영하고, 전체적인 수업 흐름을 정리하는 방안을 구체적으로 소개합니다. 이를 통해 교사는 계획된 일정과 실제 진행 상황을 쉽게 비교할 수 있으며, 수업 운영을 보다 체계적이고 효율적으로 관리할 수 있게 될 것입니다.

가) 진도 기록을 위한 시트 생성

▶ 진도 및 차시 계산을 위한 구글 시트에 수업 내용과 차시 진행 현황을 표현할 수 있습니다.

joo.is/진도기록시트
▲ 진도기록시트 템플릿

템플릿을 열어 나만의 진도 기록장을 만들어 봅시다. 이를 통해 수업 내용을 체계적으로 관리하고, 변경 사항이나 결손된 부분을 빠르게 반영할 수 있습니다.

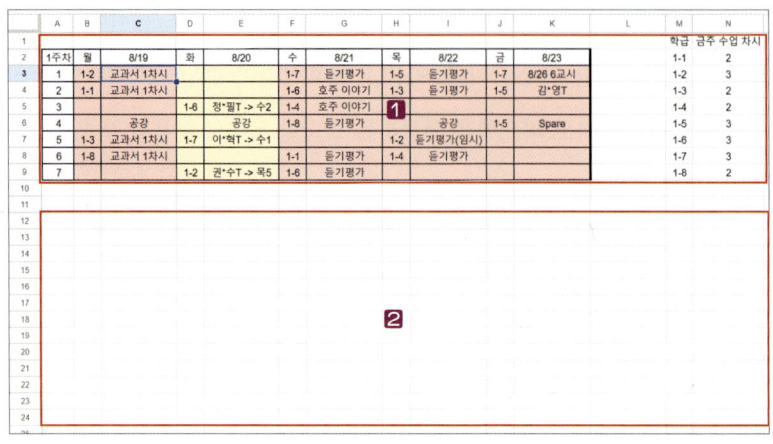
▲ 진도기록시트 템플릿

번호	설명
❶ 템플릿 영역	• A1:N9 영역을 드래그 후 Ctrl + C 를 눌러 복사합니다.
❷ 붙여넣을 영역	• A12 셀을 눌러 Ctrl + V 를 눌러 붙여넣기 합니다. • 붙여넣은 템플릿의 왼쪽 가장 위의 주차 정보를 수정해줍니다. • 필요한 만큼 복사-붙여넣기 및 수정 작업을 반복합니다.

나) 원활한 수업 운영을 위한 진도 기록

구글 시트를 활용해 진도 기록표를 작성할 때 포함되어야 할 요소들은 다음과 같습니다. 이 요소들은 수업의 진행 상황을 명확히 파악하고, 효율적으로 관리하는 데 도움을 줍니다.

▲ 진도 기록 운영 예시

영역	설명
❶ 주차별 일정 기록	• 차시단위는 주 단위로 이뤄지기 때문에 '주차'와 '요일', 그리고 '날짜'를 표기합니다. • 월요일에 날짜만 입력하면 화~금요일 날짜는 자동으로 기록됩니다.
❷ 시간표 기록	• 수업이 있는 학급을 해당하는 교시와 요일에 기록합니다. • 수업 시간 외에 '공강' 등 시간표를 작성할 수 있습니다.
❸ 수업 내용 기록	• 해당 차시에 진행할 내용을 기록합니다. • 수업 계획과 다르게 진행된내용을 기록할 수도 있습니다. • 수업을 마쳤다는 표시로 각 셀에 음영을 넣을 수 있습니다.
❹ 공휴일	• 공휴일, 정기고사, 학교 행사 등으로 결강이 생기는 경우 표기할 수 있습니다. • '셀 병합' 기능을 활용해 눈에 띄게 만들면 식별하기에 용이합니다.
❺ 수업 변경	• 계획되었던 일정이 수업변경 등으로 변경되는 경우 취소선을 활용해 기존 일정과 취소된 일정을 함께 표기할 수 있습니다.

수업 운영에서 가장 중요한 요소 중 하나는 체계적인 진도 관리입니다. 예상치 못한 학사 일정 변경, 공휴일, 학교 행사 등으로 인해 수업이 계획대로 진행되지 않는 경우가 많기 때문에, 교사는 현재까지의 진행 상황을 한눈에 파악하고 빠르게 조정할 수 있는 체계를 갖추는 것이 필수적입니다.

본 장에서는 구글 시트를 활용한 진도 기록 및 차시 관리 방법을 살펴보았습니다. 주차별 일정 기록, 시간표 관리, 차시별 수업 내용 정리, 공휴일 및 수업 변경 사항 반영 등 다양한 요소를 고려하여 수업을 기록하는 방법을 다루었습니다. 특히, 자동 날짜 입력, 셀 병합, 음영 처리, 취소선 활용과 같은 기능을 적용함으로써 더욱 직관적이고 효율적인 수업 운영이 가능하도록 구성하였습니다.

구글 시트는 단순한 기록 도구를 넘어, 실시간으로 데이터를 수정하고 공유할 수 있는 강력한 기능을 제공합니다. 이를 통해 교사는 수업 계획과 실제 진행 상황을 쉽게 비교하며, 필요할 때 즉각적으로 변동 사항을 반영할 수 있습니다. 또한, 학기 말에는 기록된 데이터를 바탕으로 전체적인 수업 흐름을 분석하고, 수업 성과를 점검하는 데 활용할 수도 있습니다.

디지털 도구를 활용한 체계적인 수업 관리는 교사의 업무 부담을 줄이는 동시에, 학생들에게 더욱 일관성 있는 학습 경험을 제공하는 데 기여할 것입니다. 본 장에서 소개한 구글 시트를 활용한 진도 관리 방법이 더욱 효율적인 수업 운영을 위한 실질적인 도구로 자리 잡기를 기대합니다.

5 평가 및 성적 처리

구글 시트는 데이터 기반의 평가 및 성적 관리를 효과적으로 수행할 수 있는 도구입니다. 수업 전·중·후 과정에서 이루어지는 개별 평가, 동료 평가, 피드백 수집, 성적 처리 등을 체계적으로 기록하고, 자동화된 계산 및 시각화를 통해 학습 성과를 분석할 수 있습니다. 이를 활용하면 데이터의 정확성을 유지하고, 학생별 학습 성취도를 손쉽게 비교하고 분석할 수 있습니다.

평가는 성취기준 분석을 바탕으로 체계적인 계획을 수립하는 것에서 시작됩니다. 저는 효과적인 평가와 수업 재구성을 위해, 성취기준에 따른 단원 분석을 진행하며 이를 보다 효율적으로 관리하기 위해 구글 시트에 정리하여 활용합니다.

▲ 5-2 국어 단원의 성취기준과 관련 단원을 정리해 놓은 시트

이렇게 정리된 데이터는 [필터] 기능을 활용하여 목적에 맞게 손쉽게 필터링하고 확인할 수 있으며, '평가 계획 수립' 및 '교육과정 재구성'에 활용할 수 있습니다.

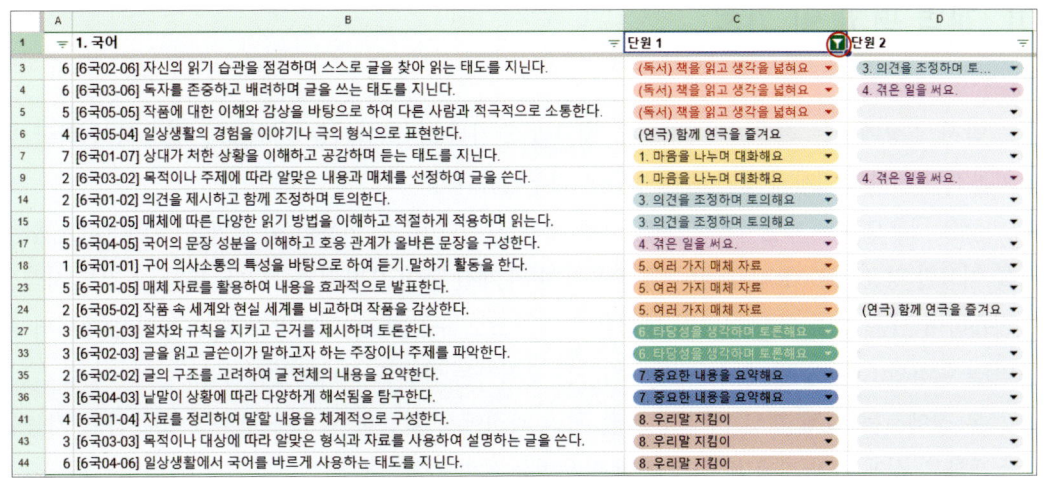

▲ '필터' 기능을 활용해 단원별로 정렬한 예시

그러면 실제 평가가 진행되는 상황에서는 어떻게 구글 시트를 활용할 수 있을까요? 본 장에서는 구글 시트를 활용한 다양한 평가 및 분석 기능을 집중적으로 다룹니다.

▶ **개별 평가 및 기록**: 수행평가 과정과 결과를 효율적으로 정리하고, 자동 환산 및 맞춤형 평어 작성 방법을 소개합니다.

▶ **동료 평가 및 결과 분석**: 구글 설문지를 활용한 동료 평가 데이터를 분석하고, 이를 바탕으로 모둠 조직과 협업을 증진하는 방법을 설명합니다.

▶ **성취도 분석과 시각화**: 평가 결과와 누적 데이터를 직관적으로 분석하고, 차트를 활용하여 시각적으로 표현하는 방법을 제시합니다.

▶ **개인정보를 보호하는 피드백**: 개인정보 보호를 고려한 피드백 과정을 통해 학생들에게 개인화된 피드백을 제공하는 방법을 안내합니다.

이를 통해 교사들은 학생들의 학습 성과를 보다 효과적으로 분석하고, 성취도와 피드백을 자동화하여 교육의 질을 높일 수 있습니다.

가. 개별 평가 및 기록

앞서 Ⅰ장에서는 진단평가 기록표, 체크박스 기록표, 드롭다운 기록표를 활용하여 학급 내 기본적인 데이터 기록과 평가 관리 방안을 다루었습니다.

주요 내용으로는 계산식을 활용한 점수 계산, SUM 함수를 이용한 총점 계산, AVERAGE 함수를 이용한 평균 계산, RANK 함수를 활용한 순위 계산 등이 포함되었습니다. 또한, 조건부 서식을 적용하여 기준 점수 이상·이하의 학생을 시각적으로 구분하고, 체크박스 및 드롭다운(데이터 확인)을 활용한 COUNTIF 함수로 평가 결과를 분석하는 방법도 살펴보았습니다.

본 장에서는 실제 개별 평가와 성적 처리 과정에서 활용하는 평가 템플릿으로 관련 기능을 소개하고, 실제 평가 기록 및 성적 처리 활용법을 살펴보겠습니다.

1) 수행평가 과정과 결과 기록하기

가) 학기별 평가 기록표

구글 시트에 평가 결과를 기록하기 시작한 지 벌써 5년이 되었습니다. 이를 통해 학생별·평가별 결과를 한눈에 파악하고 분석할 수 있으며, 체계적인 관리가 가능해졌습니다. 이제 학기별 평가 기록표는 수업 운영의 필수 도구가 되었습니다.

joo.is/학기별평가기록표
▲ 학기별 평가 기록표 템플릿

선생님들도 평가 계획안 결재가 완료되면, 이 기록표를 활용하여 평가를 체계적으로 준비해 보시기 바랍니다.

그러면 『학기별 평가 기록표 템플릿』의 특징과 활용 방법을 영역별로 나누어 자세히 안내합니다.

▲ 학기별 평가 기록표(종합 시트) 예시

영역	설명
❶ 평가 내용	• 과목, 단원명, 성취기준, 평가 요소 등 평가와 관련된 정보를 입력하는 영역입니다. • 완료된 평가는 **채우기 색상**이나 **체크박스**를 활용하여 표시하면 진행 상황을 쉽게 파악할 수 있습니다. • 파란 텍스트는 해당 평가와 관련된 수행 과제, 온라인 설문 결과 등의 **자료를 링크**로 연결한 것입니다. • 평가별로 관련 자료를 체계적으로 연결해 두면 보다 효과적인 데이터 관리가 가능합니다.
❷ 평가결과	• 학기별 모든 평가 결과가 기록되는 영역입니다. • 각 과목·영역별 평가 결과를 관리하기 위해 별도의 시트가 필요하며, 때에 따라 '평가 결과 기록표 (종합 시트)'에 직접 결과를 입력하기도 합니다. ▲ 각 과목·영역별 평가 기록 시트 예시(템플릿에 포함) • 평가 결과는 '**시트 간 참조**' 기능을 활용하여 "평가 결과 기록표(종합시트)"에 자동 연동됩니다. • 이를 통해 개별 평가 시트의 점수가 종합 시트로 실시간 업데이트되므로, 반복적인 수작업 없이 전체 평가 결과를 효율적으로 관리할 수 있습니다. • 또한, 자동 연동 기능을 활용하면 데이터 불일치를 예방하고, 정확성과 일관성을 유지할 수 있습니다.
❸ 결과 통계	• COUNTIF 함수를 활용하여 평가 결과를 정량화하면, 각 평가 항목(매우 잘함, 잘함, 보통, 노력 요함)에 해당하는 학생 수를 한눈에 확인할 수 있어 데이터 해석이 더욱 명확하고 직관적으로 이루어집니다. • 개별 평가 데이터만으로는 학급 전체의 경향을 파악하기 어려울 수 있지만, COUNTIF 함수를 이용한 집계표를 통해 특정 평가 항목에 속하는 학생 수를 객관적으로 분석할 수 있습니다. • 이를 통해 학급 수준의 성취도와 학습 이해도를 한눈에 파악할 수 있으며, 교사는 학습 목표 달성 여부를 평가하고, 추가 학습이나 보충 지도가 필요한 영역을 효과적으로 진단할 수 있습니다.
❹ 평가 세부 정보	• 실제 템플릿에서는 5~10행까지의 데이터가 '**행 숨기기**' 기능을 통해 기본적으로 숨겨져 있으며, 필요할 때만 해제하여 확인한 후 다시 숨겨서 관리할 수 있습니다. 이는 평가와 관련된 방대한 정보를 효율적으로 정리하는 데 유용합니다. ▲ '행 숨기기' 되어 있는 평가 관련 정보 • 하단의 체크박스는 평가와 관련된 주요 항목의 완료 여부를 확인하는 용도로 활용됩니다. 예를 들어, 나이스(NEIS) 기록 여부, 평가 완료 여부, 특기사항 입력 여부 등을 한눈에 점검할 수 있습니다. • 체크박스를 시기별로 다른 항목으로 변경하여 활용하거나, 여러 개를 제작하여 세부적인 관리가 가능하도록 구성할 수도 있습니다.

나) 수행 과정 기록하기

'과정 중심 평가'와 '학습으로의 평가'가 강조되는 오늘날, 학생 스스로 학습 과정을 기록하고 성찰할 수 있도록 지원하는 것은 매우 중요한 의미를 갖습니다. 이를 통해 교사는 학생 개개인의 학습 과정을 자세히 살펴보고, 필요에 따라 적절한 피드백을 제공하여 학습을 더욱 효과적으로 이끌어갈 수 있습니다.

다음 예시는 학생들이 수행 과정에서 진행 상황을 단계별로 기록하고, 잘 수행되는 요소와 추가 연습이 필요한 부분을 성찰하며 작성한 시트입니다. 교사는 학생들이 학습 과정 중 겪는 어려움과 필요 사항을 구체적으로 파악할 수 있으며, 개별 맞춤 피드백과 전체 학습 피드백을 효과적으로 제공할 수 있습니다.

▲ 과정을 기록하고 성찰할 수 있는 시트 예시

이러한 기록표는 단순한 과정 관리 도구를 넘어, 정해진 시간 내 수행 완료 여부와 과제 완성도를 반영하는 평가 데이터로도 활용될 수 있습니다. 이를 통해 학생들은 자신의 학습 과정을 되돌아보며 성찰할 수 있고, 교사는 평가의 객관성과 타당성을 높이는 자료로 사용할 수 있습니다.

다) 평가 결과 기록하기

다음으로 학생들이 수행 과제를 발표하는 과정에서 개인별 및 모둠별로 복합적인 평가를 체계적으로 기록하고 정리하는 방법을 안내합니다.

(1) 필터 적용하고 기록하기

'**필터**' 기능을 적용하면 학생 이름, 모둠, 평가 항목 등 특정 기준에 따라 데이터를 효율적으로 정렬하고 분류할 수 있습니다. 이를 통해 대규모 학급 데이터를 체계적으로 관리할 수 있으며, 특정 모둠이나 개별 학생의 기록을 신속하게 확인하고, 입력 오류를 최소화할 수 있습니다.

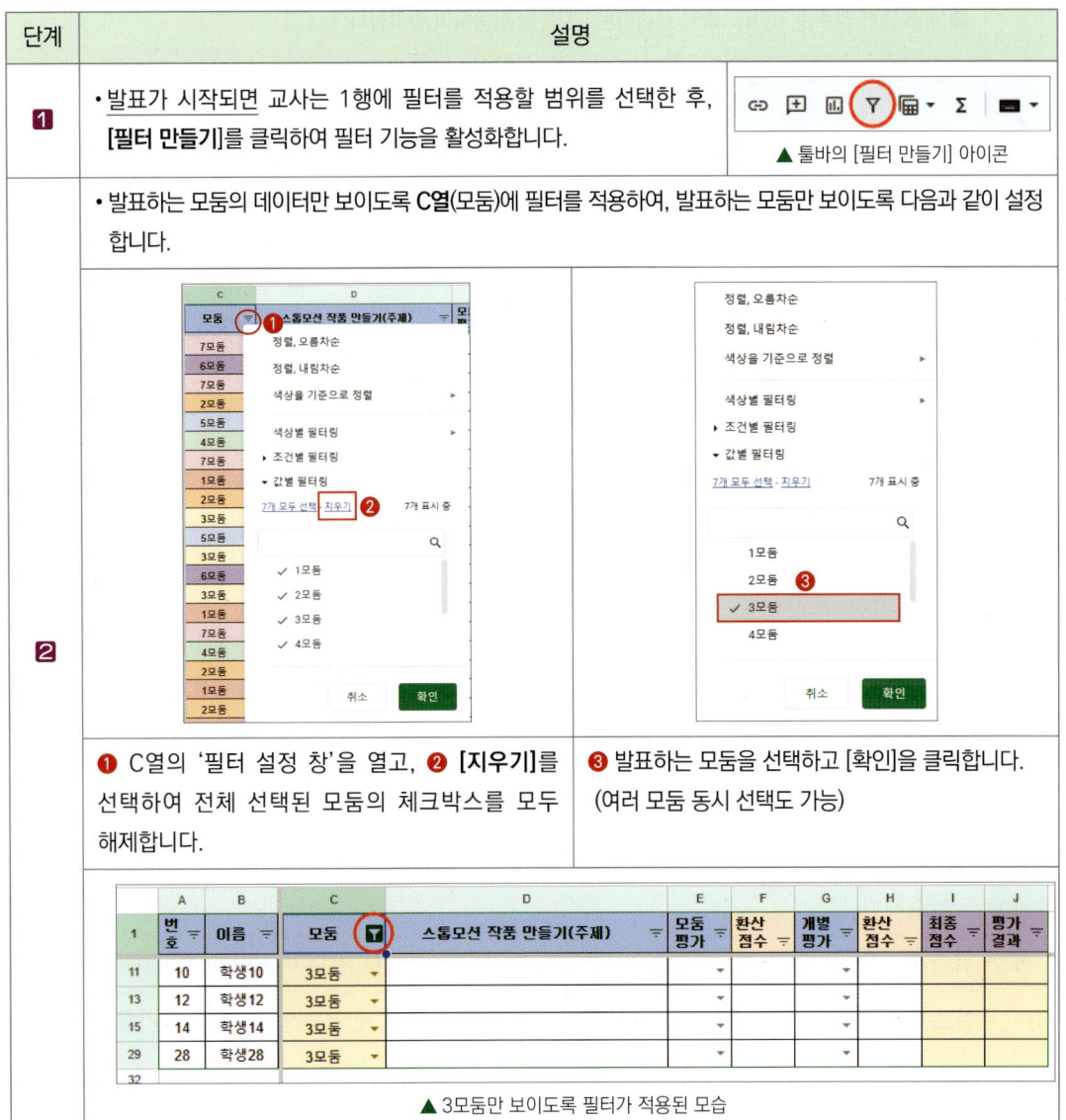

▲ 1행에 필터가 적용된 모습

단계	설명
1	• 발표가 시작되면 교사는 1행에 필터를 적용할 범위를 선택한 후, **[필터 만들기]**를 클릭하여 필터 기능을 활성화합니다. ▲ 툴바의 [필터 만들기] 아이콘
2	• 발표하는 모둠의 데이터만 보이도록 C열(모둠)에 필터를 적용하여, 발표하는 모둠만 보이도록 다음과 같이 설정합니다. ❶ C열의 '필터 설정 창'을 열고, ❷ **[지우기]**를 선택하여 전체 선택된 모둠의 체크박스를 모두 해제합니다. ❸ 발표하는 모둠을 선택하고 [확인]을 클릭합니다. (여러 모둠 동시 선택도 가능) ▲ 3모둠만 보이도록 필터가 적용된 모습

Ⅲ 구글 시트 업무 효율화 351

❸		▲ 모둠과 개별 평가 결과 입력 방법 ❶ **주제와 모둠 평가 점수**는 동일하므로, 첫 번째 행에 입력한 후 '채우기 핸들'을 드래그하여 해당 값을 복사합니다. ❷ **개별 평가 점수**는 '데이터 확인(드롭다운)' 기능을 활용하여 입력합니다.
❹		• 발표 모둠이 바뀔 때마다 모둠 필터를 변경하여 위와 같은 방식으로 기록합니다. 　- 특이 사항은 '메모'를 활용하여 기록하는 것도 좋은 방법입니다. 　- 예시에서는 모둠과 개별로 나누어 기록했지만, 평가 요소별로 나누어 기록할 수도 있습니다. 　- 이처럼 기록하면 평가 입력 오류를 최소화할 수 있으며, 빠르게 기록을 남길 수 있습니다.
❺		• 모둠별 평가가 완료되어 전체 평가 결과를 확인하려면, [필터] 옵션에서 **[모두 선택]**을 클릭한 후 [확인]을 눌러 모든 데이터를 표시합니다. ▲ 필터링 해제하기

(2) 평가 점수 환산하기

VLOOKUP 함수는 특정 기준에 따라 미리 정의된 참조 범위의 값을 찾아 자동으로 점수를 반환하는 기능을 제공합니다. 이를 활용하면 수기로 데이터를 입력하는 과정을 줄이고, 데이터 입력 오류를 방지할 수 있습니다.

또한 기준값이 변경되었을 때, '참조표'의 값을 수정하는 것만으로 전체 데이터가 자동으로 업데이트되어 유지보수가 편리합니다. 평가 기준이 체계적으로 정리되며, 반복적인 데이터 처리를 자동화함으로써 업무의 효율성을 높일 수 있습니다.

E	F	G	H	I	J	K	L	M	N
모둠 평가	환산 점수	개별 평가	환산 점수	최종 점수	평가 결과		❶	❷	❸
B ❶	=VLOOKUP(E2,$L$3:$N$6,3,0)			12	B		기준	환산 점수1	환산 점수2
D	2	B	8	10	B		A	10	5
B	4	A	10	14	A		B	8	4
B	4	A	10	14	A		C	6	3
A	5	A	10	15	A		D	4	2

▲ VLOOKUP 함수로 ❸번째 열의 환산 점수를 자동 입력한 모습

수식 =VLOOKUP(E2, $L$3:$N$6, 3, 0)

- E2: 찾고자 하는 기준값입니다. 현재 E2 셀에 입력된 값을 기준으로 합니다.
- $L$3:$N$6: 검색 범위입니다. $ 기호는 절대 참조를 의미하며, 범위를 고정하여 드래그해도 변경되지 않습니다. 이 범위 내에서 기준값과 일치하는 항목을 찾습니다. 참조할 범위의 ❶번째 열(여기서는 L열)에 기준값(A, B, C, D)이 있어야 합니다.
- 3: 검색 범위에서 반환할 열 번호입니다. 여기서는 ❸번째 열에 해당하는 값을 반환합니다.
- 0(또는 FALSE): 정확히 일치하는 값을 찾도록 설정합니다. 일치하지 않을 경우 #N/A 오류를 반환합니다.

개별 평가는 범위에서의 ❷번째 열값을 반영하기에 열 번호가 2가 됩니다.

수식 =VLOOKUP(G2, $L$3:$N$6, 2, 0)

E	F	G	H	I	J	K	L	M	N
모둠 평가	환산 점수	개별 평가	환산 점수	최종 점수	평가 결과			❷	
B	4	B	=VLOOKUP(G2,$L$3:$N$6,2,0)				기준	환산 점수1	환산 점수2
D	2	B	8	10	B		A	10	5
B	4	A	10	14	A		B	8	4
B	4	A	10	14	A		C	6	3
A	5	A	10	15	A		D	4	2

▲ VLOOKUP 함수로 ❷번째 열(M)의 환산 점수를 자동 입력한 모습

이렇게 VLOOKUP 함수로 모둠 평가와 개별 평가 점수를 합산하여 최종 점수(=F2+H2)를 구합니다. 그러면 이어서 '최종 점수'를 각 점수가 해당하는 구간에 맞게 '평가 결과'로 변환하는 방법을 알아 보겠습니다.

2) 수행평가 결과 자동 환산하기

교사가 학생들의 점수를 일일이 수작업으로 평가 결과와 매칭하고 등급을 작성하는 작업은 시간이 많이 소요됩니다. 하지만 IFS 함수를 사용하면 점수만 입력해도 자동으로 평가 결과가 도출되므로, 평가 시간을 대폭 단축할 수 있습니다.

IFS 함수는 여러 개의 조건을 설정하여 점수에 맞는 등급을 자동으로 계산할 수 있게 도와줍니다. 한 번 수식을 설정해 두면 반복하여 적용할 수 있으며, 다른 시트로 복사할 때는 [복사]-[선택하여 붙여넣기]-[수식만] 옵션을 이용하여 수식만 쉽게 복사하고 활용할 수 있습니다. 이를 통해 효율적으로 다수의 학생 데이터를 처리할 수 있습니다.

IFS 함수에 점수를 직접 입력하는 방법과 '셀 참조'를 활용하는 구하는 두 가지 방법으로 나눠서 안내합니다.

가) IFS 함수에 점수를 직접 입력하는 방법

먼저 점수를 직접 IFS 함수에 입력하여 평가 결과를 반영하는 방법을 안내합니다.

▲ 점수를 직접 입력하는 IFS 함수 예시

점수별 등급 기준이 다음과 같을 경우, IFS 함수를 사용하여 아래와 같이 수식을 작성할 수 있습니다.

잘함	30~38
보통	22~29
노력요함	0~21

수식 =IFS(L4>29, "잘함", L4>21, "보통", L4<=21, "노력요함")

> : IFS 함수를 사용하여 여러 조건을 평가하고, 조건에 맞는 결과를 반환합니다.
> - L4>29, "잘함": L4 셀의 값이 29보다 크면 "잘함"을 반환합니다.
> - L4>21, "보통": L4 셀의 값이 21보다 크고 29 이내라면 "보통"을 반환합니다.
> - L4<=21, "노력요함": L4 셀의 값이 21 이하라면 "노력요함"을 반환합니다.

이 수식을 응용하여 4단 척도로 변경해 보겠습니다.

등급 ❶	등급 ❷	점수 범위
매우잘함	A	34~38
잘함	B	27~33
보통	C	20~26
노력요함	D	0~19

▲ 등급별 점수 범위

등급 종류	수식 예시
등급 ❶	=IFS(L4>33, "매우잘함", L4>26, "잘함", L4>19, "보통", L4<=19, "노력요함") =IFS(L4>=34, "매우잘함", L4>=27, "잘함", L4>=20, "보통", L4<20, "노력요함")
등급 ❷	=IFS(L4>33, "A", L4>26, "B", L4>19, "C", L4<=19, "D") =IFS(L4>=34, "A", L4>=27, "B", L4>=20, "C", L4<20, "D")

이렇게 '초과'와 '이상', '미만'과 '이하'에 따라 수식이 변형되어 사용됩니다.

나) IFS 함수에 '셀 참조'를 활용하는 방법

위처럼 점수를 직접 IFS 함수에 입력하여 구할 수도 있지만, 다음과 같이 **'셀 참조'**를 사용하여 계산할 수도 있습니다. 이때, 셀 참조 범위가 변하지 않도록 '절대 참조'를 사용하여 설정합니다.

▲ '셀 참조'를 활용한 IFS 함수 예시

수식 =IFS(I2>=$M$9, "A", I2>=$M$10, "B", I2>=$M$11, "C", I2<$M$12, "D")

이 경우, 점수 구간을 수동으로 입력하는 대신, 셀 참조(예 M9, M10, M11, M12)에 정의된 값에 따라 자동으로 등급을 계산합니다. 이렇게 하면 다양한 평가에서 점수 구간을 쉽게 수정하고 변경할 수 있어, 유연하게 관리할 수 있습니다.

또한 기준 점수($M9, $M10, $M11, $M12)를 별도 셀에 기록해 놓았기 때문에 기준을 한눈에 확인할 수 있고, 점수 변경이 필요할 경우, 해당 셀의 값을 수정하는 것만으로 평가 기준이 자동으로 업데이트됩니다. 기준별 인원수 조정이 필요한 경우에는 기준 점수를 변경하는 것만으로도 자동으로 인원수가 달라지기에 기준 조정 시, 매우 효과적입니다.

기준	기준점수	급간	O9 =COUNTIF($J$2:$J$31,L9)
A	13	13~15	
B	10	10~12	6
C	7	7~9	0
D	6	0~6	0

▲ 기준별 인원수를 세주는 COUNTIF 함수

처음 만난 함수 사전 — IFS 함수란?

여러 조건을 설정하고, 각 조건에 맞는 값을 반환하는 함수

형식: =IFS(조건1, 값1, 조건2, 값2, ...)

- **조건1, 조건2:** 판단할 조건을 입력
- **값1, 값2:** 조건이 참일 때 반환할 값을 입력
- 여러 개의 조건과 값을 조합하여 사용할 수 있음

◆ 다양한 활용 예제

활용 상황	수식 예시	설명
학생 점수 평가	=IFS(A1>=90, "A", A1>=80, "B", A1>=70, "C", A1<70, "F")	학생 점수(A1)를 기준으로 성적을 계산. 90점 이상은 A, 80점 이상은 B 등으로 평가
학급별 분류	=IFS(B2="1반", "해님팀", B2="2반", "달님팀")	학급(B2)에 따라 '해님팀' 또는 '달님팀'으로 분류
포인트 계산	=IFS(C2>=100, 5, C2>=50, 2)	금액(C2)에 따라 포인트를 계산 예 100 이상: 5, 50 이상: 2
교육 자료 구분	=IFS(D2="교재", "책자", D2="영상", "파일")	자료 유형(D2)에 따라 '책자' 또는 '파일'로 구분
시간대 구분	=IFS(E2<12, "오전", E2<18, "오후", E2>=18, "저녁")	시간(E2)을 기준으로 오전/오후/저녁으로 나눔
평균 점수 평가	=IFS(G2>=90, "우수", G2>=70, "양호", G2<70, "노력 필요")	평균 점수(G2)를 기준으로 학생의 상태를 평가

◆ IFS 함수 사용 팁

- **조건 순서 중요:** 조건이 순차적으로 평가되고, 첫 번째 참인 조건을 기준으로 결과가 반환되므로 조건 순서를 신중하게 설정
- **가독성 향상:** 여러 개의 IF를 중첩하는 것보다 IFS를 사용하면 코드가 간결하고 가독성이 좋아짐
- **수식 오류 방지:** IFS 함수에서 모든 조건이 거짓일 경우 오류를 방지하려면 마지막 조건에 TRUE를 추가하여 기본값을 반환하도록 설정
  예 =IFS(A1>10, "크다", A1<5, "작다", TRUE, "기본값")

3) 주제와 성취도별 맞춤 평어 제작하기

주제 및 평가 결과에 따른 맞춤형 평어를 작성하는 과정은 각 학생의 개별 특성을 반영하여 피드백을 제공하는 중요한 작업이지만, 수작업으로 작성할 경우, 많은 시간과 노력이 소요됩니다. 이를 효율적으로 처리하기 위해, 구글 시트의 자동화 기능을 활용하면 맞춤형 평어를 빠르게 제작할 수 있습니다.

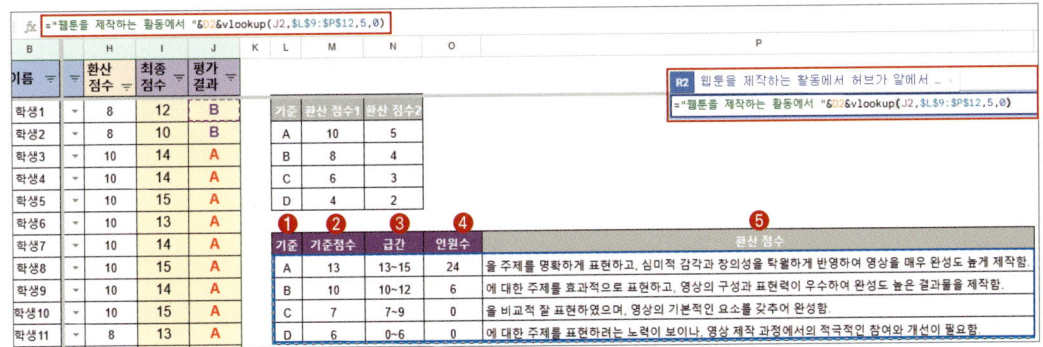

▲ 평가 결과에 따라 문장을 달리하여 최종 평어에 반영하기

수식 ="웹툰을 제작하는 활동에서 "&D2&VLOOKUP(J2, $L$9:$P$12, 5, 0)

- "웹툰을 제작하는 활동에서 " : 고정 텍스트 문자열입니다.
- &: 연결 연산자(&)를 사용하여 D2 셀의 값(주제)을 이어 붙입니다.
- D2: 해당 셀에 들어 있는 개별 학생의 '주제'를 반영합니다.
- VLOOKUP(J2, $L$9:$P$12, 5, 0): J2(평가 결과)에 해당하는 결과에 따른 평어를 $L$9:$P$12의 데이터 범위에서 J2(평가 결과)와 일치하는 값이 있는 행의 ❺번째 열(P열)의 값(평어)을 반환합니다.

위 수식의 결과 다음과 같은 평어가 자동으로 완성됩니다.

- ☑ 웹툰을 제작하는 활동에서 (고정 텍스트 문자열) 허브가 알에서 나오는 장면(학생별 주제)에 대한 주제를 효과적으로 표현하고, 영상의 구성과 표현력이 우수하여 완성도 높은 결과물을 제작함.(B 평어)
- ☑ 웹툰을 제작하는 활동에서 (고정 텍스트 문자열) 나무가 사계절을 겪는 과정(학생별 주제)을 주제를 명확하게 표현하고, 심미적 감각과 창의성을 탁월하게 반영하여 영상을 매우 완성도 높게 제작함.(A 평어)

▲ 학생별 주제와 평가 결과에 따라 적용된 평어 예시

이렇게 완성된 평어는 복사하여 붙여넣을 때, ★반드시 해당 영역을 복사한 후, [선택하여 붙여넣기]-[값만] 옵션을 사용해야 합니다. 이를 통해 수식 대신 계산된 값(평어 텍스트)만 붙여넣을 수 있습니다.

나. 동료 평가 및 결과 분석

구글 설문지를 활용한 동료 평가는 학생들 간의 협력과 책임감을 증진시키며, 개별 및 집단 활동의 질적 수준을 평가할 수 있는 매우 효과적인 도구입니다. 이를 통해 교사는 학생들의 주관적 관점과 학급 내 상호작용을 데이터로 수집하여, 정량적·정성적 분석을 동시에 진행할 수 있습니다.

수집된 데이터를 바탕으로, 교사는 모둠 조직과 역할 분배를 최적화할 수 있으며, 공정한 평가와 피드백을 반영할 수 있습니다. 이 장에서는 동료 평가 데이터를 구글 설문지를 통해 효과적으로 수집하고, 이를 분석하여 학급 운영 및 협력 학습에 어떻게 활용할 수 있는지에 대해 구체적인 방법을 안내합니다.

구글 설문지를 활용한 동료 평가에서 체크박스 형태로 여러 명을 선택할 수 있는 기능은 유용하지만, 설문 결과는 선택한 이름이나 항목들이 하나의 셀에 쉼표로 구분되어 저장됩니다. 이를 통해 그래프 형태로는 쉽게 확인할 수 있지만, 데이터를 표 형태로 정리하거나 개별적으로 분석하려면 어려움이 따릅니다.

이럴 때, 구글 시트의 [데이터를 열 분할] 기능은 매우 효과적인 해결책을 제공합니다. 데이터를 쉼표나 다른 구분 기호를 기준으로 여러 열로 나누어 정리할 수 있어, 응답 데이터를 각 선택 항목별로 분리하여 가독성을 높이고 추가적인 분석 작업을 쉽게 할 수 있습니다. 특히, 분리된 데이터는 COUNTIF 함수나 조건부 서식을 활용해 각 항목의 빈도 분석이나 패턴 파악에 유리하며, 특정 평가 항목 간의 상호 연관성을 시각적으로 쉽게 이해할 수 있습니다.

결론적으로, [데이터를 열 분할] 기능을 활용하면 구글 설문지의 체크박스 응답 데이터를 단순한 시각화에서 벗어나, 세부적인 정량 분석과 동료 평가 결과를 기반으로 한 피드백이 가능합니다. 이를 통해 교사는 학생들의 평가 결과를 더욱 정교하게 분석하고, 공정하고 체계적인 방식으로 피드백을 제공할 수 있습니다. 이러한 데이터 기반 피드백은 학습자 간의 협력과 참여도를 증진시키며, 학생들이 더 나은 상호작용을 통해 성장하는 기회를 제공합니다.

1) 구글 설문지 동료 평가 데이터 분석

동료 평가를 진행할 때, 평가 방식에 따라 구글 설문지에서 사용할 질문 유형이 달라집니다. 예를 들어, "나에게 가장 많이 도움이 된 친구"를 한 명만 선택하도록 할 때는 '객관식'이나 '드롭다운' 형식을 이용하는 것이 적합합니다. 반면, 2명 이상의 친구나 모두 선택하게 할 때는 여러 항목을 선택할 수 있는 '체크박스' 질문 유형을 선택해야 합니다.

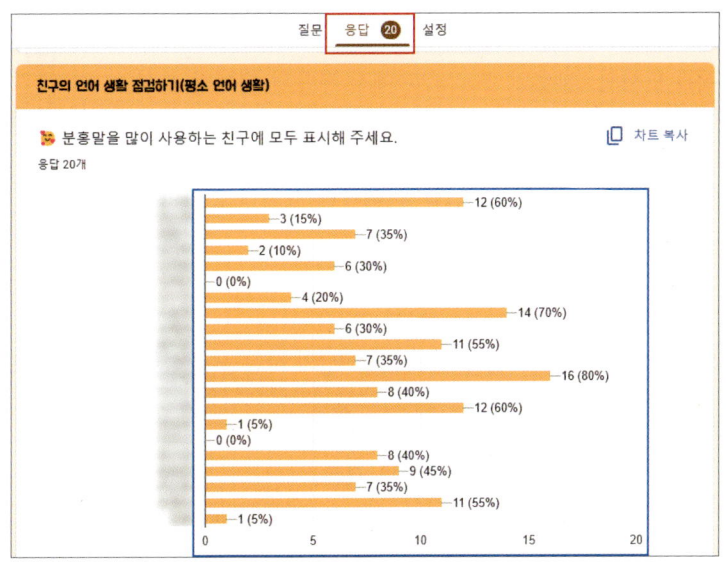

▲ '체크박스' 질문 유형 구글 설문지 응답 결과

이처럼 구글 설문지의 [응답]에서는 그래프 형식으로 결과를 시각화하여 확인할 수 있습니다. 시각화된 그래프는 피드백을 제공하는 데 유용하지만, 여러 데이터를 종합적으로 연결하여 분석하고자 할 때는 그래프 형식보다는 표 형식으로 데이터를 변환하여 사용하는 것이 효율적입니다. 표 형식으로 데이터를 정리하면, 항목별 세부 분석이 쉬워지고, 이를 바탕으로 더욱 깊이 있는 피드백과 의사결정을 할 수 있습니다.

K	L	M	N
분홍말을 많이 사용하는 친구에 모두 표시해 주세요.	갈색말을 많이 사용하는 친구에 모두 표시해 주세요.	수업을 살리는 분홍말을 많이 사용하는 친구에 모두 표시해 주세요.	수업을 방해하는 갈색말을 많이 사용하는 친구에 모두 표시해 주세요.
이하은, 정우진	조승현, 신지원, 신혜원	정민호, 조현우, 강민규, 신혜원	강동현, 윤서영, 신지원
박하늘, 김민서, 최서연, 윤아린	조승현, 정민호, 강동현, 김태윤, 윤서영, 박건우, 최유진, 강민규, 조현우, 신지원, 이하은, 정우진	박하늘, 정민호, 윤서영, 조현우, 강민규, 김민서, 정우진	조승현, 강동현, 한수민, 신지원, 윤아린
박하늘, 조승현, 조현우, 강민규, 김민서, 신혜원, 이하은	조승현, 강동현, 윤서영, 조현우, 최유진, 강민규, 신지원	박하늘, 조현우, 신혜원	조승현, 강동현, 윤서영, 신지원
조현우	조승현, 정민호, 윤서영, 한수민, 신지원, 이하은	박하늘, 정민호, 조현우, 강민규, 신혜원	강동현, 윤서영, 한수민, 윤아린

▲ '체크박스' 질문 유형의 구글 시트 응답 결과(가명)❶

체크박스 질문의 응답은 여러 선택 항목을 동시에 선택할 수 있어, 응답 내용이 쉼표(,)로 구분되어 하나의 셀에 여러 데이터가 포함됩니다. 그러나 이러한 데이터는 각각의 항목을 독립적인 값으로 인식하지 않기 때문에, 개별 항목을 분석하거나 빈도를 계산하려면 먼저 데이터를 분리해야 합니다. 이 분리 작업을 통해 각 항목이 독립적인 데이터로 변환되어 보다 쉽게 분석하고 필요한 통계를 추출할 수 있게 됩니다.

---

❶ 학생 이름은 모두 가명으로 변경한 것으로, 앞으로 나오는 이름 모두 실명이 아님을 안내합니다.

이 템플릿은 〈"OECD 교육 2030" & "2022 개정 교육과정" 미래 교육 나침반(앤써북)〉 도서의 〈분홍말 프로젝트〉에서 활용된 데이터 분석 방법입니다.

그러면 구글 설문지의 '체크박스' 질문 유형 결과를 어떻게 분석하여 활용했는지 살펴보겠습니다.

joo.is/동료평가결과분석
▲ 동표 평가 결과 분석 템플릿

다음 단계를 참고하여 『동료 평가 결과 분석 템플릿』의 사본을 생성하여 따라 해 보시기 바랍니다.

단계	설명
1	• '설문지 응답 시트1'의 K열(분홍말)을 복사하여 '연습 시트' 우측의 빈 열에 붙여넣습니다.
2	• 해당 범위를 선택한 후, [데이터]-[텍스트를 열로 분할]을 선택합니다. • 해당 범위를 선택할 때, 열 번호를 클릭하여 전체 열을 선택하거나, 분할할 범위를 직접 드래그하여 선택할 수 있습니다.
3	• 그러면 다음과 같이 구분선을 자동 감지하여 이름이 한 셀마다 각각 나눠서 정리됩니다. 이 자료의 구분선은 쉼표(,)로 쉼표를 기준으로 데이터를 구분하여 정렬하는 것입니다. • 쉼표(,)를 기준으로 데이터가 분리되어 이름이 각 셀에 나누어 정리됩니다. • [텍스트를 열로 분할] 과정에서 쉼표(,)를 구분선으로 '자동 감지'하여 반영된 것입니다. • 여러 기호가 포함된 응답은 원하는 구분선을 자동 감지하지 못할 수도 있습니다. 이럴 때는 하단의 '구분선 선택 버튼'을 클릭하여 직접 선택합니다. ▲ 쉼표를 자동 감지하여 텍스트를 열로 분할한 모습

4
- 이제 데이터가 분리되었으므로, 각 학생의 이름을 기준으로 빈도수를 계산하여 통계적으로 분석할 수 있습니다.

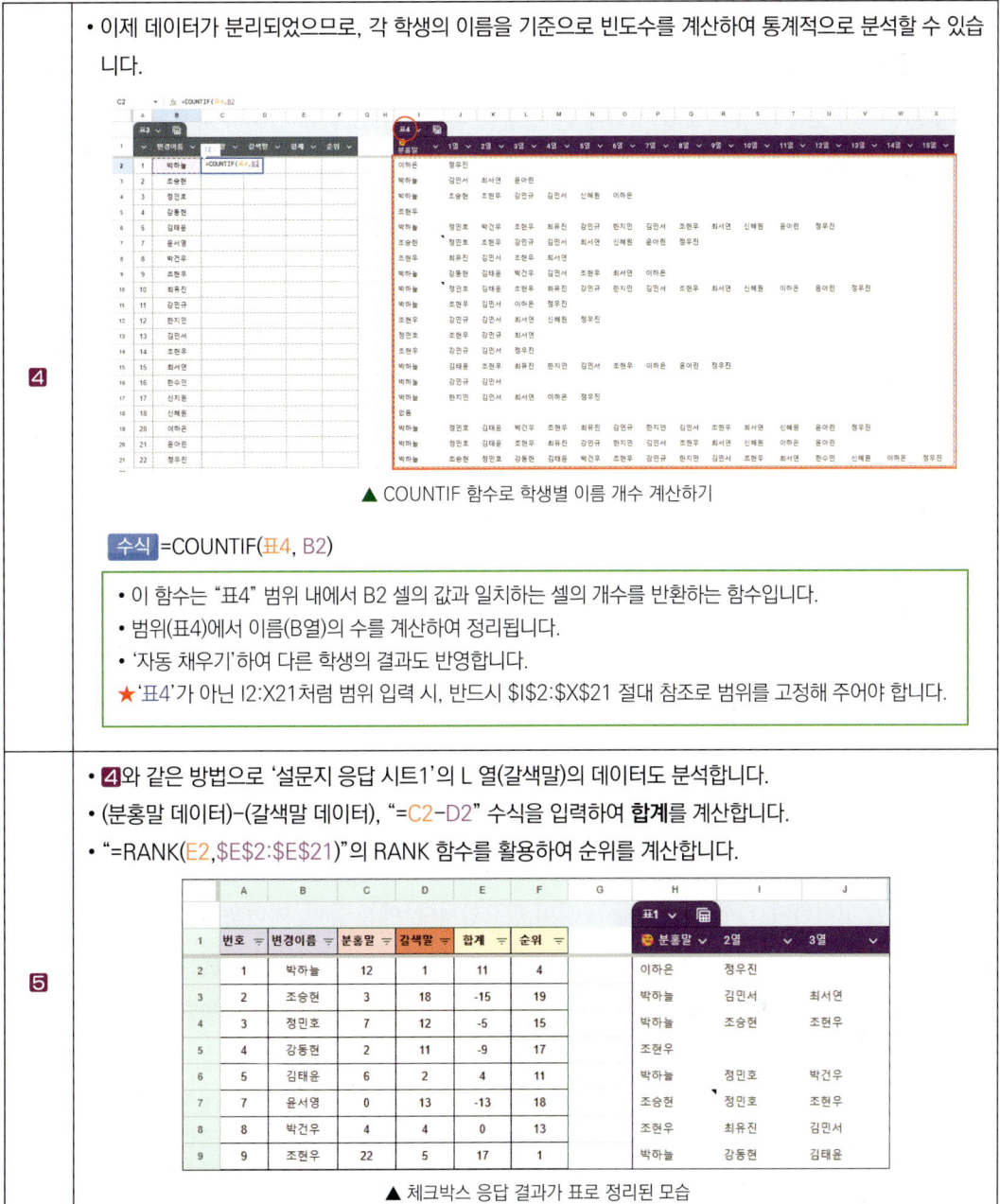

▲ COUNTIF 함수로 학생별 이름 개수 계산하기

수식 =COUNTIF(표4, B2)

- 이 함수는 "표4" 범위 내에서 B2 셀의 값과 일치하는 셀의 개수를 반환하는 함수입니다.
- 범위(표4)에서 이름(B열)의 수를 계산하여 정리됩니다.
- '자동 채우기'하여 다른 학생의 결과도 반영합니다.
- ★ '표4'가 아닌 I2:X21처럼 범위 입력 시, 반드시 $I$2:$X$21 절대 참조로 범위를 고정해 주어야 합니다.

5
- 4와 같은 방법으로 '설문지 응답 시트1'의 L 열(갈색말)의 데이터도 분석합니다.
- (분홍말 데이터)−(갈색말 데이터), "=C2−D2" 수식을 입력하여 **합계**를 계산합니다.
- "=RANK(E2,$E$2:$E$21)"의 RANK 함수를 활용하여 순위를 계산합니다.

▲ 체크박스 응답 결과가 표로 정리된 모습

이렇게 합계와 순위에 대한 기본적인 데이터 분석이 완료되면, 교사는 이를 바탕으로 더욱 심층적인 학습 전략을 수립할 수 있습니다.[2]

---

[2] 데이터를 분석하여 〈분홍말 프로젝트〉가 어떻게 진행되었는지는 〈"OECD 교육 2030" & "2022 개정 교육과정" 미래 교육 나침반〉 도서 내용을 참고하시기 바랍니다.

2) 분석 결과를 반영한 모둠 조직

가) 전략적 모둠 구성의 필요성

수업 활동에서 모둠 구성은 학습 성과에 큰 영향을 미칩니다. 모둠은 단순히 학생들의 협업을 위한 단위가 아니라, 그 자체로 학습 효과를 극대화하고, 학생들의 다양한 역량을 개발하는 기회를 제공합니다. 모둠을 무작위로 구성하는 것이 효과적일 때도 있지만, 학생의 성별이나 개별 역량에 따라 성취도가 달라질 수 있는 상황에서는 전략적인 모둠 구성이 더욱 중요해집니다.

▶ 무작위 모둠 구성의 장점

학생의 성별이나 능력에 상관없이, 다양한 배경을 가진 학생들이 함께 작업하는 기회를 제공하는 것은 협업 능력을 기르는 데 큰 도움이 됩니다. 서로 다른 시각을 공유하고, 각자의 강점을 발휘하면서 협력하는 과정에서 학생들은 창의적이고 효과적인 문제 해결 능력을 키울 수 있습니다. 이러한 접근은 특히 성취도나 역량의 격차가 크지 않은 활동에서 유용합니다. 무작위로 배정된 모둠은 학생들이 새로운 경험을 통해 다양한 관점을 배우고, 더 넓은 범위에서 협력하는 능력을 향상하도록 합니다.

▶ 전략적 모둠 구성이 필요한 경우

반면, 학생의 개별적인 학습 역량이나 경험이 결과에 큰 영향을 미치는 활동의 경우, 단순히 무작위로 모둠을 구성하는 것은 최적의 학습 환경을 제공하지 못할 수 있습니다. 이러한 활동에서는 학생들의 능력과 경험을 고려하여, 그에 맞는 모둠 구성이 필요합니다. 예를 들어, 어려운 문제를 해결하는 활동이나 높은 수준의 협력이 필요한 과제에서는 특정 학생들의 강점을 서로 보완할 수 있도록 모둠을 조정하는 것이 중요합니다. 학습자의 성취도, 이해도, 경험을 고려해 모둠을 전략적으로 구성하면, 학습 목표를 보다 효율적으로 달성할 수 있습니다.

▶ 데이터 기반의 평가와 모둠 구성

교사는 학생들의 성취도, 참여도, 협력 능력, 의사소통 능력 등을 정량화하여 다양한 평가 데이터를 수집할 수 있습니다. 이러한 데이터를 분석하면, 각 학생의 특성과 강점을 파악하고, 그에 맞는 최적의 모둠 구성이 가능합니다. 예를 들어, 한 학생이 주도적인 역할을 맡고, 다른 학생이 보완적인 역할을 할 수 있도록 배정할 수 있습니다. 이러한 맞춤형 모둠 구성은 학습 효과를 극대화하고, 학생들이 각자의 능력을 최대로 발휘하는 기회를 제공합니다.

▶ 협업 능력과 학습 동기 향상

전략적 모둠 구성을 통해 협업 능력뿐만 아니라 자기주도 학습 능력을 향상할 수 있습니다. 학생들은 각자의 강점을 바탕으로 서로 협력하며 문제를 해결하고, 이 과정에서 지속적인 피드백을 통해 학습의 질을 높일 수 있습니다. 또한, 개개인의 학습 격차를 최소화할 수 있습니다. 예를 들어, 잘하는 학생은 동료를 돕고, 덜 잘하는 학생은 더 많은 지원을 받을 수 있어, 학습의 균형을 맞추는 데 도움이 됩니다. 이는 학습 동기를 높이고, 학습 성취도를 향상하는 데 기여할 수 있습니다.

▶ 공정하고 효과적인 학습 환경 조성

교사는 데이터 기반의 평가와 전략적 모둠 구성을 통해 공정하고 효과적인 학습 환경을 만들 수 있습니다. 학생들의 특성을 고려한 맞춤형 모둠 구성은 학습자 간의 불균형을 해소하고, 학습의 질을 향상하며, 개별 학생의 학습 동기를 자극합니다. 또한, 이러한 접근법은 교사가 수업을 진행하는 동안 학습 성과를 보다 효과적으로 관리하고, 전반적인 수업의 질을 높이는 데 기여할 수 있습니다.

따라서 교사는 학생들의 학습 역량을 세밀하게 분석하고, 이를 바탕으로 학습 활동에 적합한 모둠을 전략적으로 구성하는 것이 중요합니다. 이를 통해 학생들이 협력적인 학습 환경에서 더욱 효과적으로 성장하는 기회를 제공하고, 학습 격차를 해소하는 데에도 큰 도움이 될 것입니다.

나) 전략적 모둠 구성의 예(수학 모둠 조직)

수학 수업에서 중요한 학습 목표는 다양한 수학적 개념을 이해하고 문제 해결 능력을 기르는 것입니다. 이를 달성하기 위해서는 학생들의 학습 성취도에 맞춰 전략적으로 모둠을 구성하는 것이 효과적입니다. 성취도와 능력을 고려하여 적절히 배치된 모둠은 각기 다른 학생들의 강점을 결합하여 협력 학습을 극대화하는 데 중요한 역할을 합니다.

한 단원이 끝나면, <u>성취도 평가 결과, 과제 수행 점수, 학습 태도 등의 요소를 정량화하여 총점을 산출하고</u>, 이를 기반으로 개별 순위를 계산합니다. 이렇게 도출된 데이터는 다음 단원의 모둠 구성에 활용되며, 학생들의 학습 수준과 협업 역량을 균형 있게 배분하는 데 도움을 줍니다.

또한, 단순히 교사가 일방적으로 모둠을 조직하는 것이 아니라, 학생들에게 모둠 구성 방식에 대한 의견을 수렴하고 이를 일정 부분 반영하는 과정도 필요합니다. 이를 통해 학생들은 더욱 적극적으로 협력 학습에 참여하게 되며, 모둠 활동의 만족도와 학습 동기도 향상될 수 있습니다.

수학 모둠 조직은 분석한 데이터를 바탕으로 학생들과의 회의를 통해 효율적인 모둠 조직 방법에 대한 의견 수렴 후, 세 가지 방법을 실행하여 효과를 비교하였습니다.

각 방법을 일정 기간 적용하여 학생들의 <u>학습 만족도, 협업 효과, 성취도 변화 등을 종합적으로 분석</u>하여 가장 적합한 모둠 조직 방식을 선정하였습니다. 이후, 학급의 특성과 학습 목표에 가장 부합하는 조직 방식을 지속적으로 적용하여 운영하였으니 참고하시기 바랍니다.

▲ 1차 방식 모둠 정렬   ▲ 2차 방식 모둠 정렬   ▲ 3차 방식 모둠 정렬

앞의 이미지에서 순위와 모둠 숫자를 확인하면, 각 모둠 구성이 어떻게 정렬되었는지 파악할 수 있습니다. 또한, 아래의 표를 참고하시면 각 방식의 특징을 더욱 명확하게 이해할 수 있습니다.

모둠 조직 방식	구성 기준	특징 및 효과	학생 반응 및 적용 여부
1차 멘토멘티형	상위권(12등) + 하위권 (뒤에서 12등)	• 상위권 학생이 개념을 설명하며 내용 정리 • 하위권 학생이 개별 지도 및 추가 설명을 받음	효과는 있었으나, 일부 상위권 학생이 부담을 느끼거나 비효율적이라는 의견이 나옴
2차 실력별	유사한 실력의 학생끼리 구성	• 비슷한 수준의 학생들이 함께 문제 해결 • 유사한 난이도의 과제를 수행하는 데 집중 가능	특정 수준의 학생들끼리 협력은 잘 되었으나, 하위권 모둠에서는 문제 해결이 어려웠다는 의견이 나옴
3차 균형형	다양한 수준의 학생을 균형 있게 배치	• 학습 수준이 다양한 학생들이 협력하여 서로의 강점을 보완 • 협력 학습을 통한 균형적 성취 기대	수학 학습에 가장 효과적이라는 의견이 많았으며, 4단원부터 지속적으로 적용함

물론, 학급의 특성에 따라 최적의 모둠 조직 방식은 달라질 수 있으며, 학생들의 의견을 최대한 반영하여 운영하는 것이 필수적입니다.

이런 모둠 편성은 [순위] 열을 기준으로 [필터]-[정렬, 오름차순]을 선택한 후, 다음의 예시처럼 방식에 따라 모둠 숫자를 입력하면 됩니다.

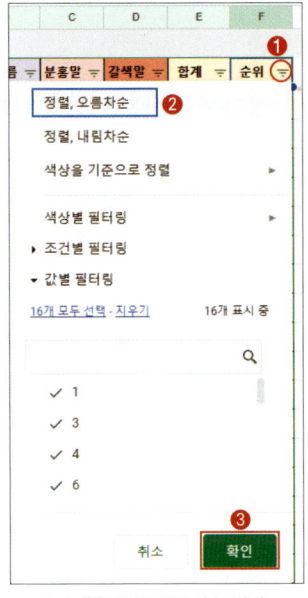

H	I	J	K	L
총점	순위	1차	2차	3차
43	1	1	1	1
43	1	1	1	2
43	1	2	1	3
42	4	2	1	4
41	5	3	2	5
41	5	3	2	5
39	7	4	2	3
39	7	4	2	3
38	9	5	3	2
37	10	5	3	1
37	10	5	3	1
35	12	5	4	4
35	12	4	4	3
35	12	4	3	2
34	15	3	4	5
34	15	3	4	5
33	17	2	5	4
29	18	2	5	3
26	19	1	5	2
25	20	1	5	1

▲ 순위에 따라 오름차순 정렬　　　　▲ 1~3차 방식에 따른 모둠 배정 예시

모둠 배정이 끝나면, 해당 차시(예 2차)의 [필터]-[정렬, 오름차순]을 선택하여 모둠 순으로 정렬하여 확인합니다.

학생들은 다음 단원에서 더 좋은 순위를 얻기 위해 노력하게 되었으며, 자신의 태도가 다음 단원의 모둠 조직에 영향을 미친다는 인식으로 더욱 열심히 참여하는 효과가 있었습니다. 교사의 주관적인 판단이 아닌 데이터를 기반으로 한 모둠 조직은 객관성과 공정성을 확보하는 데 중요한 역할을 합니다.

이를 통해 학생들은 자신의 성취 결과와 행동이 다음 모둠 구성에 반영된다는 점을 명확하게 인식하게 되어, 자연스럽게 동기 부여가 극대화되었습니다.

이와 같은 데이터 중심의 모둠 조직은 교사의 평가 기준을 일관되게 유지하고, 학급 내 학습 분위기를 긍정적으로 형성하는 데 기여합니다. 장기적으로 보면, 이러한 방식은 학습 결과의 향상뿐만 아니라 협력 문화의 정착에도 긍정적인 영향을 미치며, 효과적인 교육적 접근 방식으로 자리 잡을 수 있을 것입니다.

다. 성취도 분석과 시각화

성취도 분석과 시각화는 학생들의 학습 결과를 직관적으로 파악하고, 교육적 결정을 내리는 데 중요한 역할을 합니다. 이를 통해 학생들의 학습 진행 상황을 면밀히 분석하고, 수업의 효과성을 평가할 수 있습니다. 성취도 분석은 학생들의 개별 및 집단 성과를 종합적으로 이해하는 데 도움을 주며, 그래프 시각화는 복잡한 데이터를 쉽게 해석할 수 있는 유용한 도구로 활용됩니다.

성취도 분석은 학생들의 평가 결과를 기반으로 학습 성과를 체계적으로 분석하여, 학습자의 강점과 개선점을 식별하는 데 도움을 줍니다. 이를 통해 교사는 더욱 효과적인 피드백을 제공하고, 학습 지원을 강화할 수 있습니다.

그래프 시각화는 성취도 분석 결과를 더욱 명확하게 전달할 수 있는 강력한 방법입니다. 시각화된 차트는 학생들에게 성취도를 직관적으로 보여주며, 학습 동기를 유발할 수 있습니다.

이러한 성취도 분석과 시각화 기법들은 교육 현장에서 학생들의 성과를 명확하게 평가하고, 수업의 질을 향상하는데 중요한 도구로 활용될 수 있습니다.

1) 성취도 분석

점수 배점이 일정하게 설정된 단원 평가 결과와 문항별 배점이 다르게 구성된 평가 결과를 함께 살펴보겠습니다. 각 사례를 통해 평가 데이터의 입력 방식과 분석 과정을 이해하고, 이를 바탕으로 다양한 평가 상황에 적합한 데이터 처리 방법을 학습할 수 있습니다.

제공된 『성취도 분석 연습 템플릿』을 따라 하면서 평가 데이터를 효과적으로 관리하고 분석하는 방법을 익혀보시기를 바랍니다.

joo.is/성취도분석
▲ 성취도 분석 연습 템플릿

가) 배점이 같은 평가의 성취도 분석

▲ 배점이 같은 평가 성취도 분석 예시

위 단원 평가는 각 5점씩 20문항으로 구성된 평가입니다. 이렇게 문항별 점수가 일정할 때는 체크박스 형식으로 학생들이 틀린 문항만 표시하여 성취도를 분석하는 것이 효율적입니다. 틀린 문항을 표시할 때, 이름에 설정된 **[필터]**를 적용하여 해당 학생만 보이게 해 놓은 상태에서 표시해야 데이터의 오류를 줄일 수 있습니다.

▲ 필터를 적용하여 해당 학생만 필터링 후, 표시하기

수식 =COUNTIF(D6:D25, TRUE)

- 체크박스가 선택된 상태를 TRUE로 인식하기에 틀린 문항에 표시된 TRUE 값(☑)의 개수를 세어서 집계 합니다.

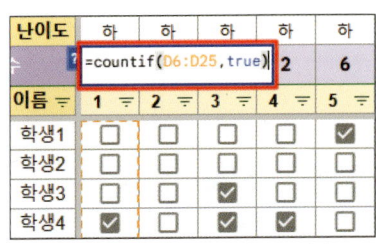

▲ COUNTIF 함수로 틀린 개수 세기

▲ 8 이상일 경우 빨간색 조건부 서식이 적용된 모습

Ⅲ 구글 시트 업무 효율화 367

- 문항별 틀린 인원수'를 세는 셀에는 우측과 같이 조건부 서식 규칙(값이 8보다 크거나 같음)이 적용되어 있습니다.
- 교사가 기준을 설정하여 전체 피드백이 필요한 문항을 빠르게 파악할 수 있습니다.
- 조건부 서식 규칙을 여러 단계로 설정할 수도 있습니다.
    예 80%, 60%, 40% 단계별 적용

▲ 8 이상일 경우의 조건부 서식

이렇게 문항별 오답자의 수를 계산하여 문항별 통계를 분석함으로써, 교사는 학습자의 이해도를 더욱 세밀하게 파악할 수 있습니다. 이를 기반으로 교사는 학습 수준에 맞는 맞춤형 추가 설명이나 보충 자료를 제공할 수 있으며, 수업에서 취약한 영역을 강화하는 전략을 세울 수 있습니다. 또한, 문항별 분석은 교육적 개입의 우선순위를 설정하는 데 중요한 정보를 제공하여 학습자의 성취도를 향상하는데 효과적인 방법이 됩니다.

학생별 오답 분석은 개별 학습자의 필요에 맞춘 지원 방안을 마련하는 데 중요한 역할을 합니다. 이제 개별 학생 점수의 데이터 분석 방법에 대해 살펴보겠습니다.

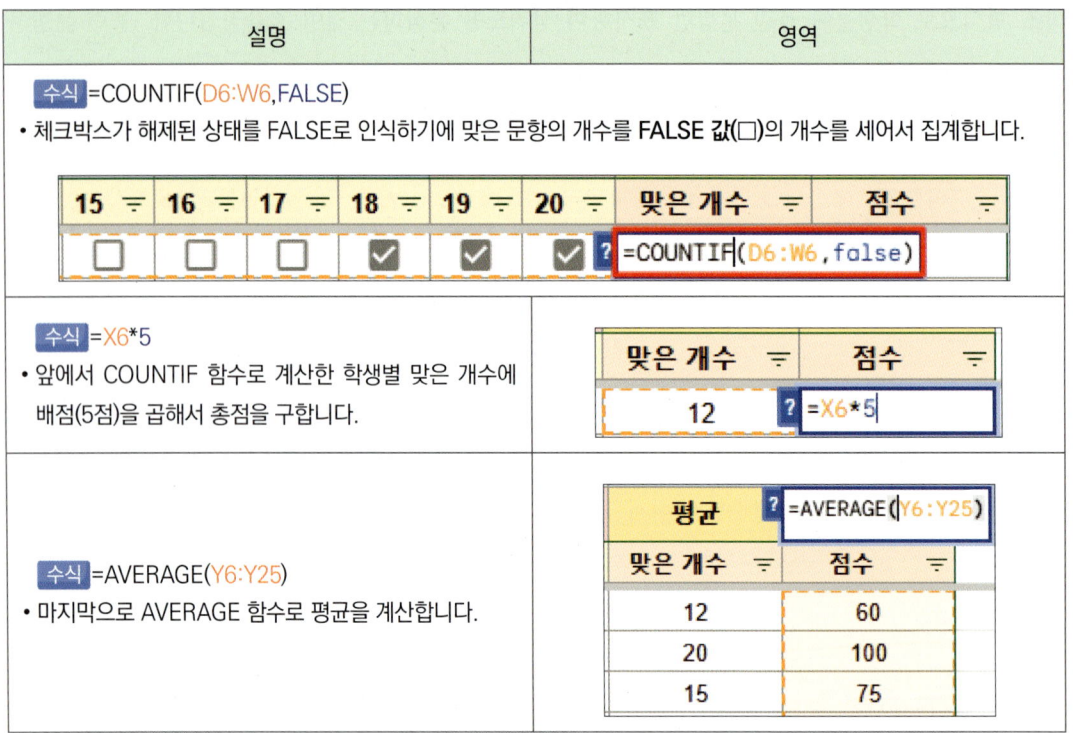

물론 이렇게 정리해 놓은 자료를 바탕으로 조건부 서식을 이용하여 90점 이상인 학생, 60점 미만인 학생 등을 시각적으로 확인할 수 있습니다. 이번에는 평균점을 기준으로 조건부 서식(맞춤 수식)을 적용하는 방법에 대해 간단히 안내합니다.

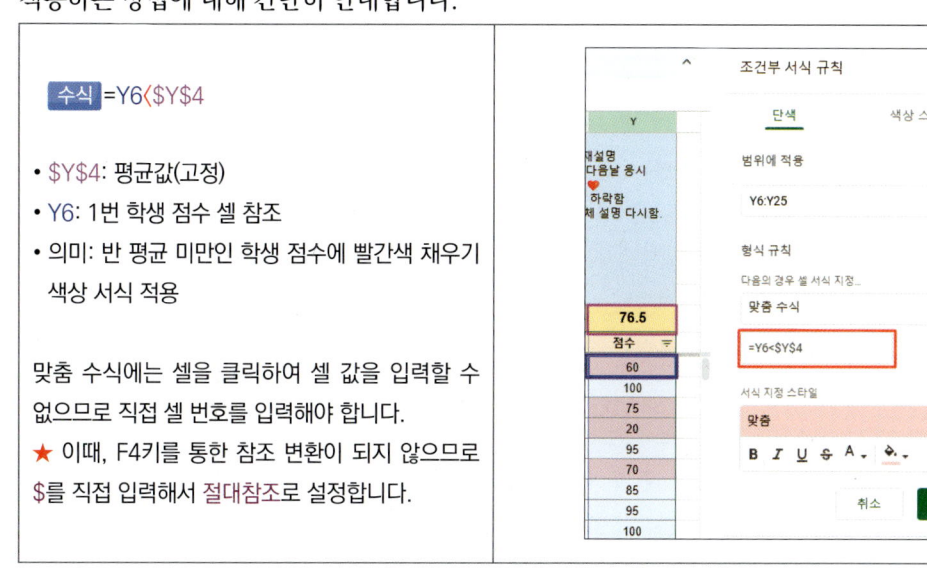

수식 =Y6<$Y$4

- $Y$4: 평균값(고정)
- Y6: 1번 학생 점수 셀 참조
- 의미: 반 평균 미만인 학생 점수에 빨간색 채우기 색상 서식 적용

맞춤 수식에는 셀을 클릭하여 셀 값을 입력할 수 없으므로 직접 셀 번호를 입력해야 합니다.
★ 이때, F4키를 통한 참조 변환이 되지 않으므로 $를 직접 입력해서 절대참조로 설정합니다.

나) 배점이 다른 평가의 성취도 분석

배점이 다른 경우에는 체크박스를 이용한 분석 적용이 어렵습니다. 또한 부분 점수가 적용되기도 하므로 다른 방식으로 접근이 필요합니다.

▲ 배점이 다른 평가 성취도 분석 예시

(1) 점수별 조건부 서식

앞의 그림의 ❶번 영역에는 3가지의 채우기 색상 서식이 적용되어 있습니다.

▲ 0점인 경우	▲ 문항별 만점인 경우	▲ 부분 점수를 받은 경우
[같음] 0	[맞춤 수식] =C4=C$3	[맞춤 수식] =AND(C4<C$3,C4>0)

'0점인 경우'와 '문항별 만점인 경우'는 조건부 서식 적용이 비교적 간단하므로, 이번에는 보다 복잡한 '부분 점수를 받은 경우'에 대한 조건부 서식(맞춤 수식) 적용 원리만 설명합니다.

<u>수식</u> =AND(C4<C$3,C4>0)

> : C4 셀의 값(개별점수)이 C3 셀의 값(문항별 점수)보다 작고, C4 셀의 값(개별점수)이 0보다 클 때 TRUE를 반환(서식을 적용)합니다.
> - AND 함수: 모든 조건이 TRUE일 때 결과를 TRUE로 반환
> - C$3: 문항별 배점
> - C4: 1번 학생 점수 셀 참조
> - C4<C$3: C4 셀의 값이 C$3 셀의 값보다 작은지 확인
> - C4>0: C4 셀의 값이 0보다 큰지 확인

(2) 총점 및 평가 결과 반영❸

이전에 학습했던 함수를 이용해서 총점, 평가 결과, 평가 등급별 인원수를 파악하여 성취도를 분석합니다.

---

❸ 배점이 다른 평가 성취도 분석 예시의 ❷번 영역에 대한 설명입니다.

항목	설명	영역
총점	**수식** =SUM(C4:K4) • C4부터 K4까지의 셀 값을 모두 합산하는 함수입니다.	5 | 38 5 | ?=sum(C4:K4)
평가 결과	**수식** =IFS(L4>29, "잘함", L4>21, "보통", L4<=21, "노력요함") • L4의 값이 29 초과이면 "잘함", 21 초과 29 이하이면 "보통", 21 이하이면 "노력요함"을 반환하는 함수입니다. • IFS 함수의 결과에 따라 시작 텍스트를 조건으로 서식 적용이 가능합니다.	조건부 서식 규칙 123 시작 텍스트: '잘' N4:N23 123 시작 텍스트: '보' N4:N23 123 시작 텍스트: '노' N4:N23
등급별 인원수	**수식** =COUNTIF($N$4:$N$23, L27) • N4:N23 범위에서 L27과 같은 값을 가진 셀의 개수를 계산하는 함수입니다.	평가 등급 | 점수 범위 | 인원수 잘함 | 30~38 | ?=countif($N$4:$N$23,L27) 보통 | 22~29 | 5 노력요함 | 0~21 | 2

(3) 문항별 백분율 분석[4]

▲ 문항별 백분율로 성취도 파악 및 분석하기

수식 =COUNTIF(C$4:C$23, ">="&C$3*$B26)

- **COUNTIF**: 범위(C$4:C$23) 내에서 조건(">="&C$3*$B26)을 만족하는 셀의 수를 세는 함수입니다.
- **C$4:C$23**: 이 범위는 한 문항에 대한 점수 데이터 셀 범위이며, **혼합 참조($)**로 드래그할 경우 열만 고정되고, 행 번호는 고정되지 않습니다.
- **">="&C$3*$B26**: 조건을 정의하는 부분입니다. C3에 입력된 배점(2점)과 B26에 입력된 기준 비율(**예** 100%, 80%)을 곱한 값(*)과 비교하여 이상인 경우의 인원수를 반환합니다. 부분 점수가 있는 문항의 경우, 성취도를 보다 세부적으로 파악하기 위해 활용할 수 있는 방법입니다.

> ">="는 **텍스트 형식**이고, C$3*$B26은 **수치 계산 결과**입니다.
> 결합 예시: C$3 = 2, B26 = 0.8일 경우 → ">="&2*0.8은 ">=1.6"이 됩니다.
> COUNTIF 함수는 조건을 문자열로만 인식하므로 ">=1.6"처럼 변환이 필요합니다.

[4] 배점이 다른 평가 성취도 분석 예시의 [3]번 영역에 대한 설명입니다.

Ⅲ 구글 시트 업무 효율화 371

31	이하	20%	=COUNTIF(C$4:C$23, "<="&C$3*$B31)		1
32		40%	8	3	1
33		60%	8	3	3
34		80%	8	3	3
35		100%	20	20	20

▲ 문항별 백분율로 성취도 파악 및 분석 예시

수식 =COUNTIF(C$4:C$23, "<="&C$3*$B31)

이 함수는 앞의 함수에서 이상(">=")을 이하("<=")로 변경하여 분석한 결과입니다. 이와 같은 방식으로 개별 문항에 대한 성취도를 분석할 수 있습니다. 물론 B 열의 %의 숫자를 원하는 비율로 변경하여 그 변화를 확인하는 것도 가능합니다.

2) 그래프 시각화

〈Ⅲ-4-나-1〉 누가 기록표(feat. 타자)〉에서 SPARKLINE 함수를 활용한 미니 그래프 삽입 방법을 살펴보았습니다. SPARKLINE 함수와 차트는 각각의 특성과 활용 목적이 다르므로, 데이터의 성격에 맞게 적절히 활용하는 것이 중요합니다.

항목	SPARKLINE 함수	차트(그래프)
주요 특징	• 셀 내부에 작은 미니 그래프를 삽입하여 데이터를 요약적으로 표현	• 다양한 차트 유형(막대, 선, 원형 등)을 활용하여 데이터를 상세하게 시각화
장점	• 공간 절약, 빠른 개괄적 분석 가능 • 데이터의 상대적 변화 및 경향 파악 용이 • 다량의 데이터 트렌드 확인에 효과적	• 정확한 데이터 비교 및 분석 가능 • 세부적인 값 강조 및 다중 데이터 세트 비교 가능 • 축(Label), 범례, 색상 등을 활용하여 해석력 극대화
단점	• 수치 표시 기능이 없어 정확한 값 비교가 어려움 • 복잡한 패턴 분석과 특정 값 강조에 한계 • 다중 데이터 세트 간 상세 비교가 어려움	• SPARKLINE 보다 공간을 많이 차지함 • 초기 설정 및 커스터마이징이 필요 • 실시간 업데이트 및 동적 분석에는 추가 기능 필요
활용 목적	• 데이터를 개괄적으로 살펴보고 경향을 빠르게 파악할 때	• 특정 데이터 비교, 패턴 분석, 학습 성과 평가 및 보고서 작성 시
추천 사용 사례	• 학생별 성적 변화 흐름, 출석 패턴 확인, 간단한 트렌드 분석	• 학급 내 성취도 비교, 평가 결과 분석, 학부모 상담 자료 작성
효율적 활용 전략	• 데이터의 전체적인 흐름과 변화를 빠르게 확인할 때 활용	• 세부적인 비교 분석과 명확한 수치적 해석이 필요할 때 사용

▲ SPARKLINE 함수와 차트 비교 분석표

SPARKLINE 함수와 차트(그래프)는 데이터 시각화의 두 가지 강력한 도구로, 각각의 특징을 이해하고 상황에 맞게 적절히 활용하는 것이 중요합니다. SPARKLINE은 데이터를 빠르게 요약하는 데 효과적이지만, 상세한 비교와 분석이 필요한 경우 차트를 함께 활용하여 더욱 체계적인 데이터 분석을 수행하는 것이 바람직합니다.

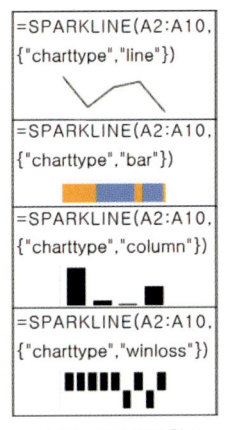
▲ SPARKLINE 함수

▲ '차트'를 활용한 개별 성취도 그래프(열 차트)

이러한 시각화 전략을 활용하면 교육 데이터의 활용도를 극대화할 수 있으며, 학생별 맞춤형 지도와 학습 성과 개선에 효과적으로 기여할 수 있습니다.

앞서 살펴본 배점이 다른 평가의 성취도 분석 예시인 '**국어 논술형 평가 기록표**'를 차트로 시각화하면, 데이터를 더욱 직관적으로 파악할 수 있습니다. 기본적인 텍스트 기반의 데이터는 조건부 서식을 통해 일부 시각화가 가능하지만, 한계가 있어 데이터를 효과적으로 분석하고 전달하는 데 어려움이 있을 수 있습니다. 차트를 활용하면 더욱 명확하고 직관적으로 성취도와 패턴을 확인할 수 있어 분석의 깊이를 더할 수 있습니다.

▲ 조건부 서식을 반영한 점수표

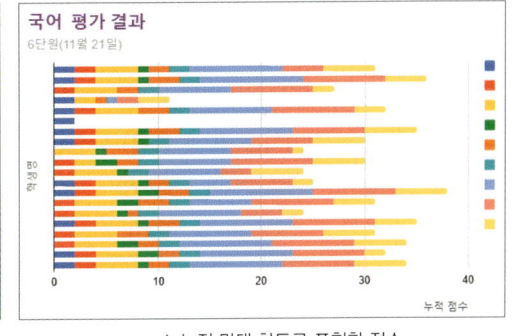
▲ 누적 막대 차트로 표현한 점수

이번 장에서는 '**논술형 평가 결과 차트**' 만들기와 '**누가 기록표 차트**' 만들기의 과정을 살펴보겠습니다.

먼저, 점수에 따라 성취도를 시각화하고, 학생별 평가 결과를 비교할 수 있는 차트를 생성합니다. 그 후, 학생들의 성장 정도를 시각적으로 확인할 수 있는 차트를 제작합니다.

두 차트 모두 데이터를 그래픽 형태로 변환하여 빠르게 분석하고 의사결정에 활용할 수 있도록 도와줍니다.

가) 논술형 평가 결과 차트

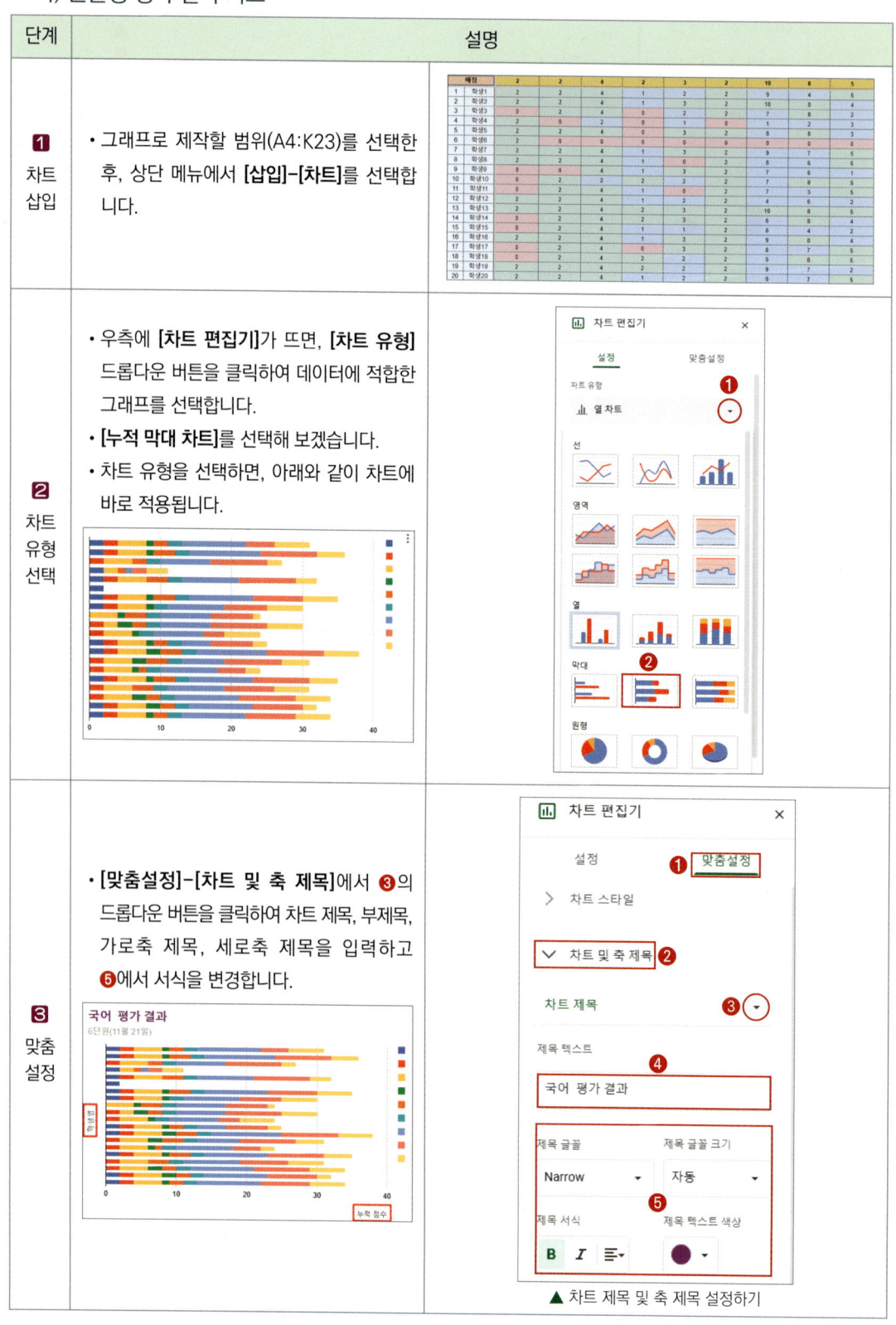

4
- 차트 우측의 **범례는 [맞춤설정]-[범례]**에서 편집할 수 있지만, 범례 아이콘을 더블클릭하여 입력하는 것이 편리합니다.

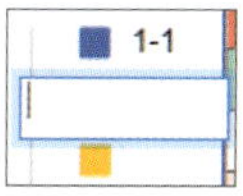

▲ 범례 더블클릭하여 수정하기

- 우측의 이미지처럼 범례를 클릭했을 때 뜨는 **[텍스트 라벨]** 입력창에 입력해도 됩니다.

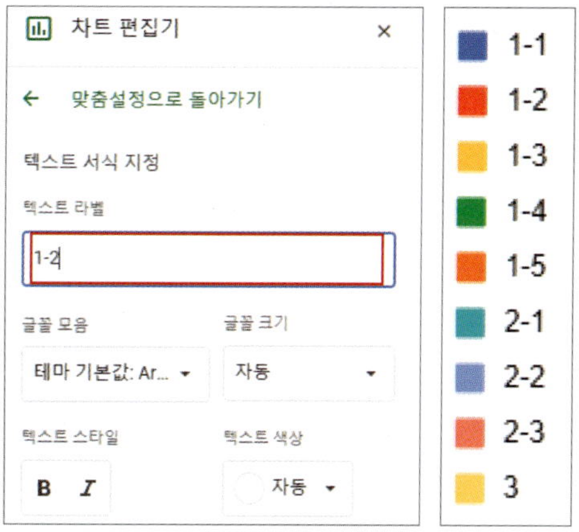

▲ 차트의 범례 편집하기

5
- **[맞춤설정]-[계열]**에서 ❸의 드롭다운 버튼으로 특정 계열을 선택한 후 적용할 수도 있습니다. 이번에는 **[모든 계열에 적용]**해 보겠습니다.

- ❹번 **[총 데이터 라벨]** 체크박스를 선택하면 다음처럼 총점이 보입니다.

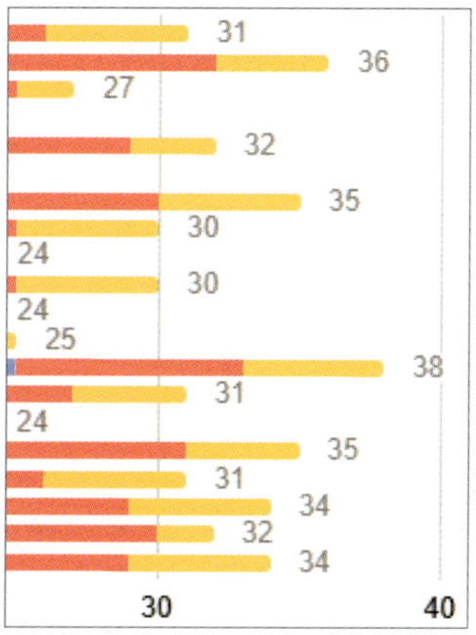

- **[데이터 라벨]** 체크 시, 각각의 항목에 라벨이 생성됩니다.

- Y축에 번호나 이름을 추가하려면, ❶ **[설정]**- ❷ **[Y축-Y축 추가]** 클릭하여 해당 열을 ❸ 선택합니다.

- 숫자인 A 열을 선택한 경우, 하단의 체크박스를 선택해줘야 모든 번호 확인이 가능합니다.

▲ 계열 범위 및 '총 데이터 라벨' 설정

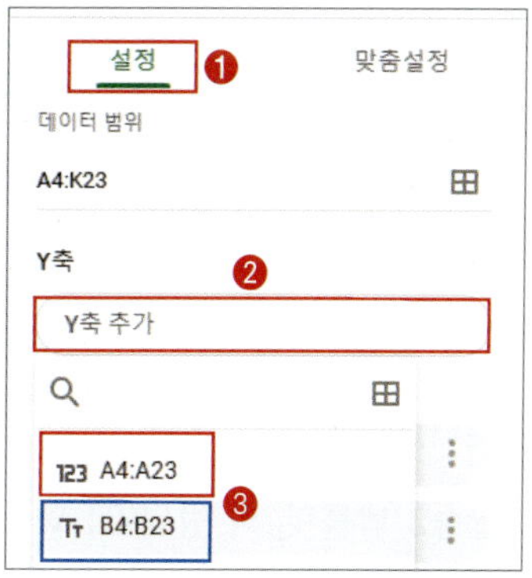

▲ X축과 Y축 추가 설정하기

Ⅲ 구글 시트 업무 효율화 375

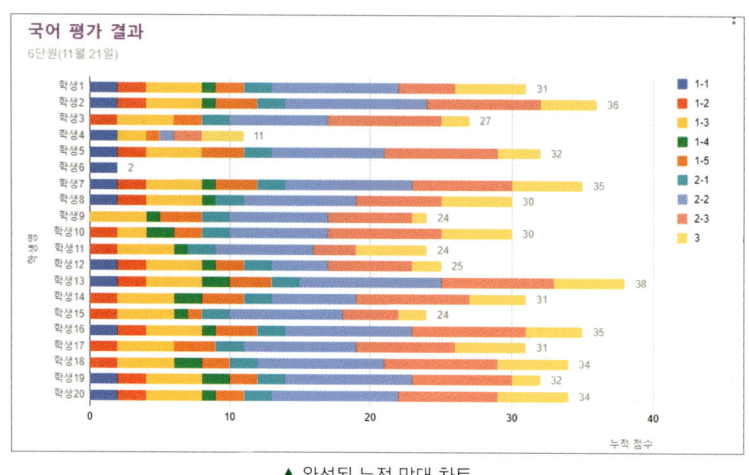

▲ 완성된 누적 막대 차트

그러면 '논술형 평가 결과 차트' 만들기에 이어 **'누가 기록표 차트'** 만들기 과정을 살펴보겠습니다.

나) 누가 기록표 차트 만들기

누적된 데이터를 기반으로 만든 차트의 주요 목적은 학생들의 변화와 성장 과정을 시각적으로 파악하는 데 있습니다. 특히, 장기 프로젝트나 지속적인 학습 과정에서는 학생들의 주도성을 중심으로 데이터를 구조화하는 것이 중요합니다. 이를 통해 학생들은 스스로 목표를 설정하고, 목표 달성을 위해 지속적으로 노력할 수 있게 되며, 교사는 그들의 성취도를 체계적으로 추적하고 필요한 지원을 적시에 제공할 수 있습니다. 또한, 누적 데이터를 활용한 분석은 학생들이 시간 경과에 따른 자신들의 발전을 명확하게 확인할 수 있도록 하여, 학습 동기 부여에 중요한 역할을 합니다.

	A	B	C	D	E	F	G	H
1		반평균	227	91	123	136	146	140
2	번호	이름	1학기 목표	3월 8일	3월 15일	3월 22일	3월 29일	4월 5일
3	1	학생1	300	115	120	130	190	155
4	2	학생2	200	82	107	117	109	113

▲ 기존 형태

	A	B	C	D	E	F	G	H
1	번호	이름	1학기 목표	3월 8일	3월 15일	3월 22일	3월 29일	4월 5일
2		반평균	227	91	123	136	146	140
3	1	학생1	300	115	120	130	190	155
4	2	학생2	200	82	107	117	109	113

▲ 변경된 형태

차트를 만들 때, 1행을 머리글로 자동 인식하는 기능을 고려해야 합니다. 따라서 기존의 기록표에서 1행을 날짜나 학생 이름 등 중요한 정보를 포함하는 머리글로 변경한 후 차트를 생성하는 것이 좋습니다. 이렇게 하면 차트를 만들 때 데이터 항목을 정확하게 구분하고, 각 항목이 무엇을 나타내는지 명확하게 시각화할 수 있습니다. 이 과정은 데이터의 가독성을 높이고, 분석이 더 효율적으로 이루어지도록 돕습니다.

『그래프 연습2 템플릿』의 범위(B1:W22)를 선택한 후, [삽입]-[차트]-[설정]-[차트 유형]에서 차트 유형을 변경해 가면서 가장 적합한 유형을 찾아보시기를 바랍니다.

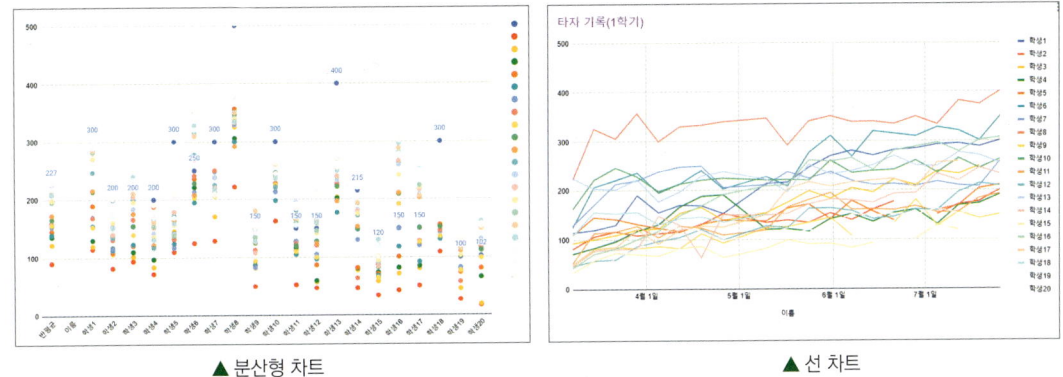

▲ 분산형 차트　　　　　　　　　　　　　　▲ 선 차트

'열 차트'를 기준으로 제작 방법을 안내합니다.

단계	설명	
1 차트 삽입	• 그래프로 제작할 범위(B1:W22)를 선택한 후, **[삽입]-[차트]-[열 차트]**를 선택합니다.	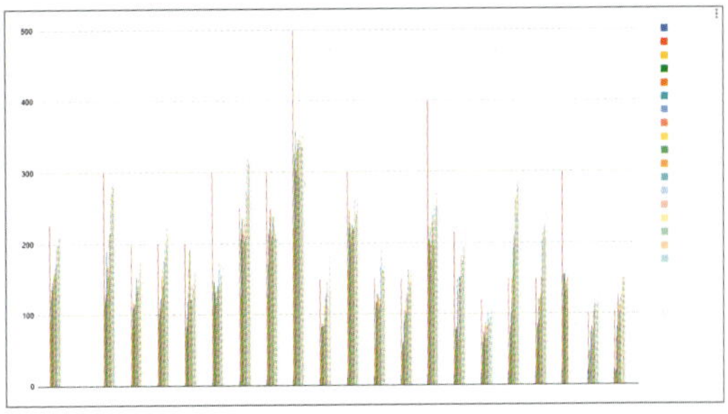
2 차트 설정	• **[설정]**에서 X축을 '이름' 열(B1:B22)로 선택합니다. • **[설정]-[1행을 헤더로 사용]** 체크박스를 선택합니다.	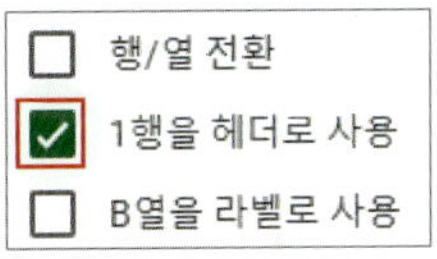
3 맞춤 설정	• **[맞춤설정]-[차트 및 축 제목]**에서 제목을 입력합니다. • **[계열]**에서 **[데이터 라벨]**을 적용할 부분, "1학기 목표"를 선택한 후, 관련 서식을 변경합니다.	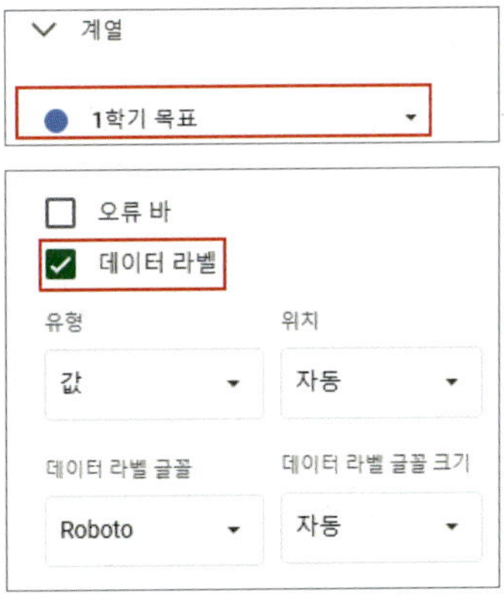 ▲ 차트 제목 및 축 제목 설정하기

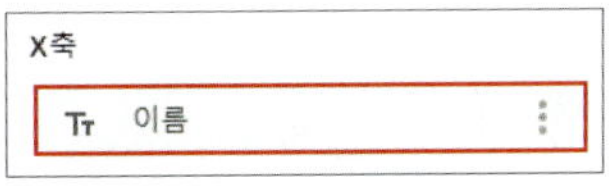

Ⅲ 구글 시트 업무 효율화　377

4 가젯 시트 만들기	• 차트 우측 상단의 **[더보기]-[해당 가젯 시트로 이동]** 기능을 적용하여, 독립적인 시트로 만들어 확인하고 관리합니다.	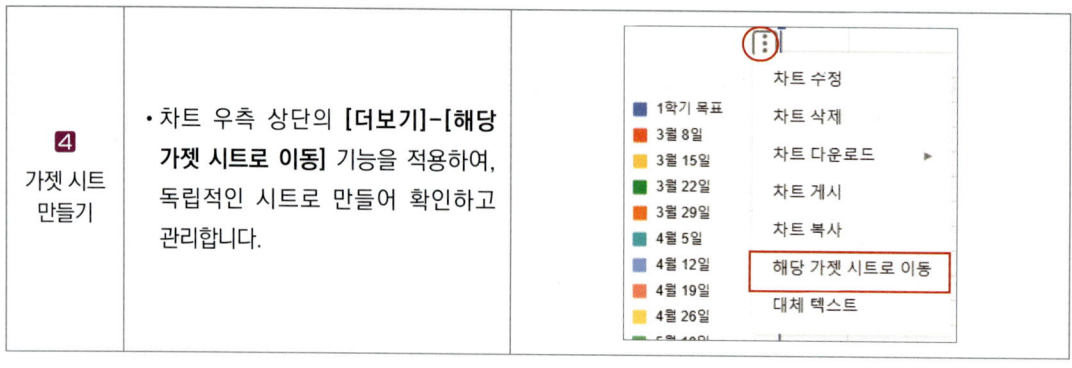

차트 [더보기(⋮)] 기능을 정리하면 다음과 같습니다.

더보기 옵션	설명
차트 수정	차트의 데이터 범위, 축, 색상, 레이블 등의 설정을 변경할 수 있는 편집 도구를 열어줍니다.
차트 삭제	선택한 차트를 스프레드시트에서 삭제하여 제거합니다.
차트 다운로드	차트를 PNG, PDF 또는 SVG 파일 형식으로 다운로드하여 외부 파일로 저장할 수 있습니다.
차트 게시	생성된 차트를 웹에 게시하여 공유 링크를 생성하거나 HTML 코드로 삽입할 수 있습니다.
차트 복사	현재 차트를 복사하여 동일한 스프레드시트의 다른 위치나 다른 스프레드시트에 붙여넣을 수 있습니다.
해당 가젯 시트로 이동	차트를 독립적인 차트 전용 시트로 이동시켜 더 넓은 화면에서 차트를 확인하고 관리할 수 있습니다.
대체 텍스트	차트를 설명하는 대체 텍스트를 추가하여 시각적 콘텐츠에 접근성이 필요한 사용자에게 정보를 제공할 수 있습니다.

▲ 차트 [더보기] 메뉴 설명

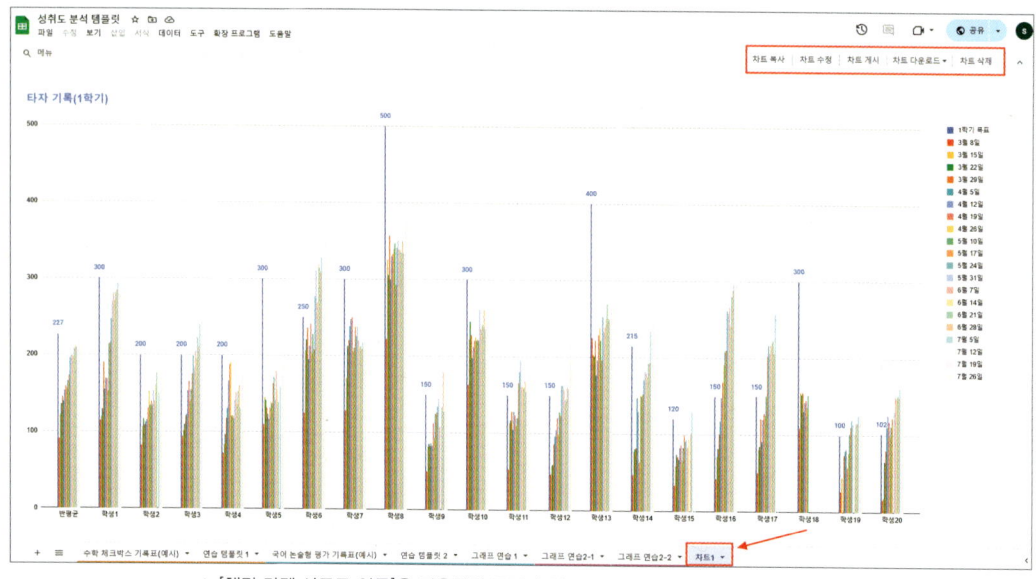

▲ [해당 가젯 시트로 이동]을 적용하여 독립된 차트 시트가 만들어진 모습

차트 [더보기] 메뉴 중, [해당 가젯 시트로 이동] 기능과 함께 [차트 게시] 기능을 주목할 필요가 있습니다. [차트 게시] 기능은 차트를 웹페이지 링크로 독립적으로 공유할 수 있는 기능으로, 이 기능을 활용하면 교사는 학생들의 성과나 수업 결과를 쉽게 외부와 공유할 수 있습니다. 이를 통해 교사와 학부모, 또는 학생들 간의 효율적인 소통이 가능해지고, 평가 결과나 진행 상황을 실시간으로 확인할 수 있는 장점이 있습니다. 또한, 웹 링크를 통해 차트를 다른 사용자와 공유하면서 각자의 의견을 교환하거나 피드백을 주고받는 등 상호작용을 촉진할 수 있습니다. 이와 같은 기능은 교실 밖에서도 학습 관리와 평가의 투명성을 높이고, 데이터 기반 의사결정 과정을 지원하는 데 큰 도움이 됩니다.

[차트 게시]의 웹 게시 설정 방법은 다음과 같습니다.

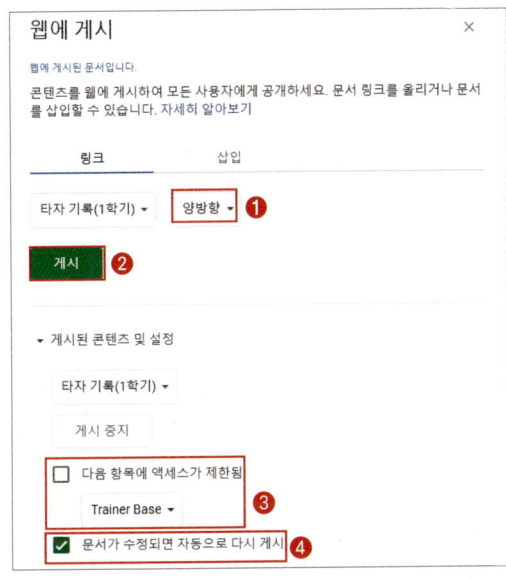

▲ [차트 게시] 메뉴 설정 창

❶ **게시 방향 설정**: "양방향"과 "이미지" 중 선택할 수 있으며, 양방향 선택 시, 선택한 시트를 웹에 게시하여 양방향 데이터 확인[5]이 가능합니다. 필요에 따라 특정 시트나 전체 문서를 선택할 수도 있습니다.

❷ **게시 시작**: "게시" 버튼을 클릭하면 선택한 콘텐츠가 웹에 게시됩니다. 게시 후 생성된 링크를 복사하여 원하는 플랫폼에 공유할 수 있습니다.

❸ **접근 제한 설정**: 특정 사용자나 그룹에게만 문서의 액세스를 허용하려면 "다음 항목에 액세스가 제한됨" 옵션을 활성화합니다.

❹ **자동 재게시 옵션**: "문서가 수정되면 자동으로 다시 게시"를 활성화하면 문서 변경 시 게시된 링크에 자동으로 업데이트가 반영됩니다.

---

[5] 양방향 데이터 확인이란 데이터베이스에서 변동이 발생할 때, 이를 실시간으로 웹에서 확인하고 반영할 수 있는 기능을 말합니다. 이는 웹 애플리케이션과 데이터베이스 간의 상호 작용을 통해, 데이터의 변화가 즉시 웹페이지에 반영되어 사용자가 최신 정보를 실시간으로 볼 수 있도록 합니다.

다) 웹기반 차트_고3 타임랩스 사례

일반고 3학년 학생들은 1학기가 마무리될 즈음, 대부분 대입 수시 원서 접수를 완료합니다. 이 시기는 학생들에게 중요한 전환점이지만, 동시에 학습 의욕이 급격히 저하되는 시기이기도 합니다. 오랜 기간 목표를 향해 달려온 학생들은 일시적인 해방감을 느끼며, 이에 따라 학습 분위기가 흔들리기 쉽습니다. 이러한 흐름이 학급 전체, 나아가 학교 전체로 확산하면 남은 학습 기간을 효과적으로 활용하기 어려워질 수 있습니다.

이를 해결하기 위해 학생들이 스스로 학습을 관리하고 동기를 유지할 수 있도록, 스마트폰을 활용한 타이머와 타임랩스 촬영 방식을 도입하였습니다. 학생들은 자신의 공부하는 모습을 타임랩스로 촬영한 후, 학습 시간을 합산하여 학급별 대항전을 진행했습니다. 촬영한 학습 시간은 구글 설문을 통해 제출되었으며, 이를 구글 시트와 연동하여 학급별 학습량을 실시간으로 비교할 수 있는 차트를 구성하였습니다.

실시간 변화하는 데이터 시각화는 학생들에게 학습에 대한 긴장감과 박진감을 제공하였으며, 학급 간 경쟁을 통해 서로 자극받으며 학습에 대한 몰입도를 높이는 효과를 가져왔습니다. 이번 장에서는 구글 설문과 스프레드시트를 활용하여 실시간 웹 기반 차트를 구성하는 방법과, 이를 통해 학습 분위기를 조성하고 학업 지속성을 유지한 사례를 살펴보고자 합니다.

(1) 구글 설문 제출받기

학생들의 적극적인 참여를 유도하고 정확한 데이터 수집을 위해 구글 설문을 활용합니다. 공부하는 모습을 녹화하는 것은 학습 기록을 남기는 좋은 습관이 될 뿐만 아니라, 스마트폰을 무의식적으로 사용하는 시간을 줄이는 효과도 있습니다. 설문지는 다음과 같은 요소로 구성됩니다.

joo.is/타임랩스제출설문
▲ 영상 제출을 위한 설문 복사

(2) 시트에서 설문 결과 받은 후에 할 일

앞에서❻ 소개한 것처럼, 구글 설문으로 모은 데이터는 구글 시트에서 불러와 활용할 수 있습니다. 학생들에게 수집한 데이터를 분석해 의도하는 결과물을 만들어낼 수 있습니다.

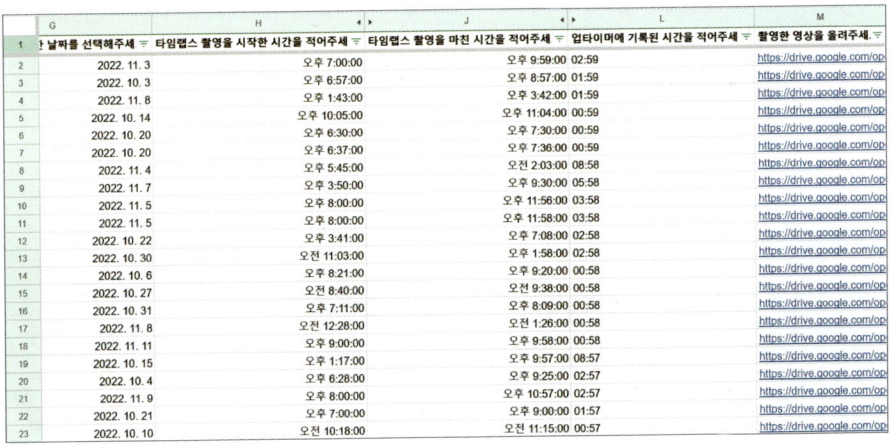

▲ 구글 설문으로 수집한 데이터 구글 시트로 연결하기

❻ 〈Ⅱ-1-가. 구글 시트와 찰떡궁합 구글 설문지〉

Ⅲ 구글 시트 업무 효율화　381

▶ 수집된 데이터를 정량화할 수 있는 상태로 만들기(분, 초 만들기)

설문지로 제출받은 데이터[7] 중 일부는 간접적인 데이터입니다. 그러나 실시간으로 변하는 차트를 만들기 위해 직접적으로 분석해야하는 데이터가 있습니다. 그것은 바로 학생이 녹화를 하며 보낸 시간, 즉 '업타이머에 기록된 시간'의 형식(HH:mm)에서 분(mm) 형식으로 변환해야 데이터 비교가 더욱 용이해집니다.

▲ 시간을 '분'단위로 계산하기

단계		설명
1	시간 변환	수식 =MID(L2,1,2)*60 • L2:L에 제출된 시간을 '분'으로 변환하는 수식 • L2셀에 있는 값 즉, '02:59'로 제출된 값에서 첫 번째 시작하는 문자로부터 두 번째 글자까지의 데이터에 60을 곱합니다.
2	분 변환	수식 =MID(L2,4,2) • 분으로 변환된 시간과의 합산을 위해 '분'으로 응답된 값을 출력 • L2셀에 있는 값 즉, '02:59'로 제출된 값에서 네 번째 시작하는 문자로부터 두 번째 글자까지의 데이터를 출력합니다.
3	합산	수식 = O2+P2 • 앞 단계에서 변환된 값을 합산해 학생 1명이 제출한 시간의 총 '분'을 계산

▶ 트리거 활용하여 수식 입력 자동화하기

O1:Q2에 입력된 제목과 수식 값은 설문지 제작과는 관계없이 설문지의 응답을 불러온 구글 시트에 사용자가 추가한 내용입니다. 구글 설문에 제출된 값이 구글 시트로 연동될 때, 위에서 입력한 수식은 자동으로 입력되지 않습니다. 이때, 앱스 스크립트를 설정 후 '트리거'를 활용하여 이 문제를 해결할 수 있습니다.

joo.is/설문제출트리거
▲ 코드 복사를 위한 링크

[7] 제출 일자, 녹화 시작 시간, 녹화 종료 시간, 파일 업로드 등

단계	설명
1	• [확장 프로그램]-[Apps Script]를 눌러 앱스 스크립트를 실행합니다.
2	❶ '+' 버튼을 눌러 새로운 코드를 추가합니다. ❷ 코드의 이름을 설정합니다. ❸ 아래 제시하는 코드를 복사 후 붙여넣기 합니다. ❹ 코드를 저장합니다.
3	• '실행' 버튼을 눌러 코드를 테스트 실행합니다.
4	• '권한검토'를 눌러 액세스를 허용합니다.
5	• 실행 로그를 확인하여 스크립트가 정상 작동하는지 확인합니다.

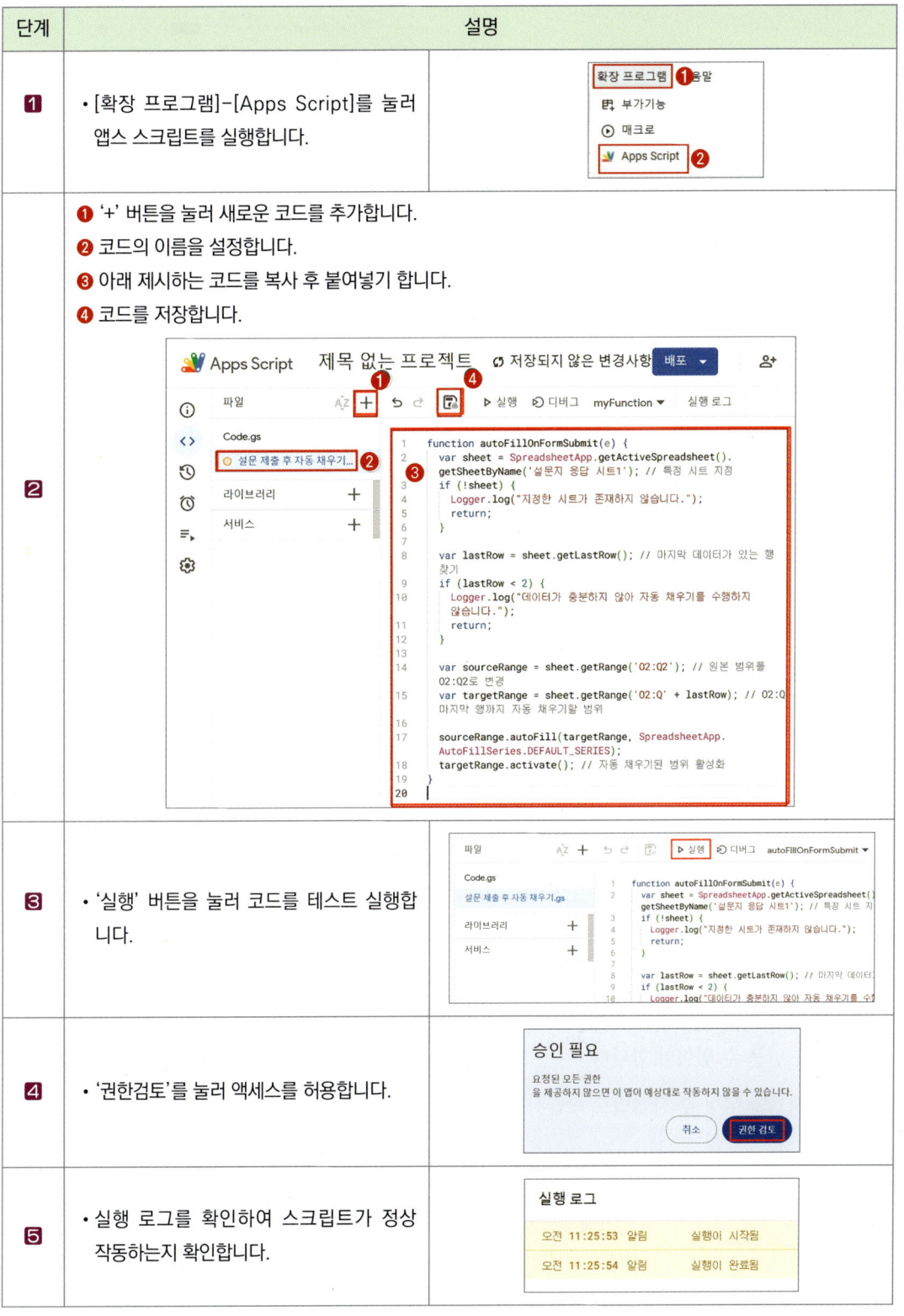

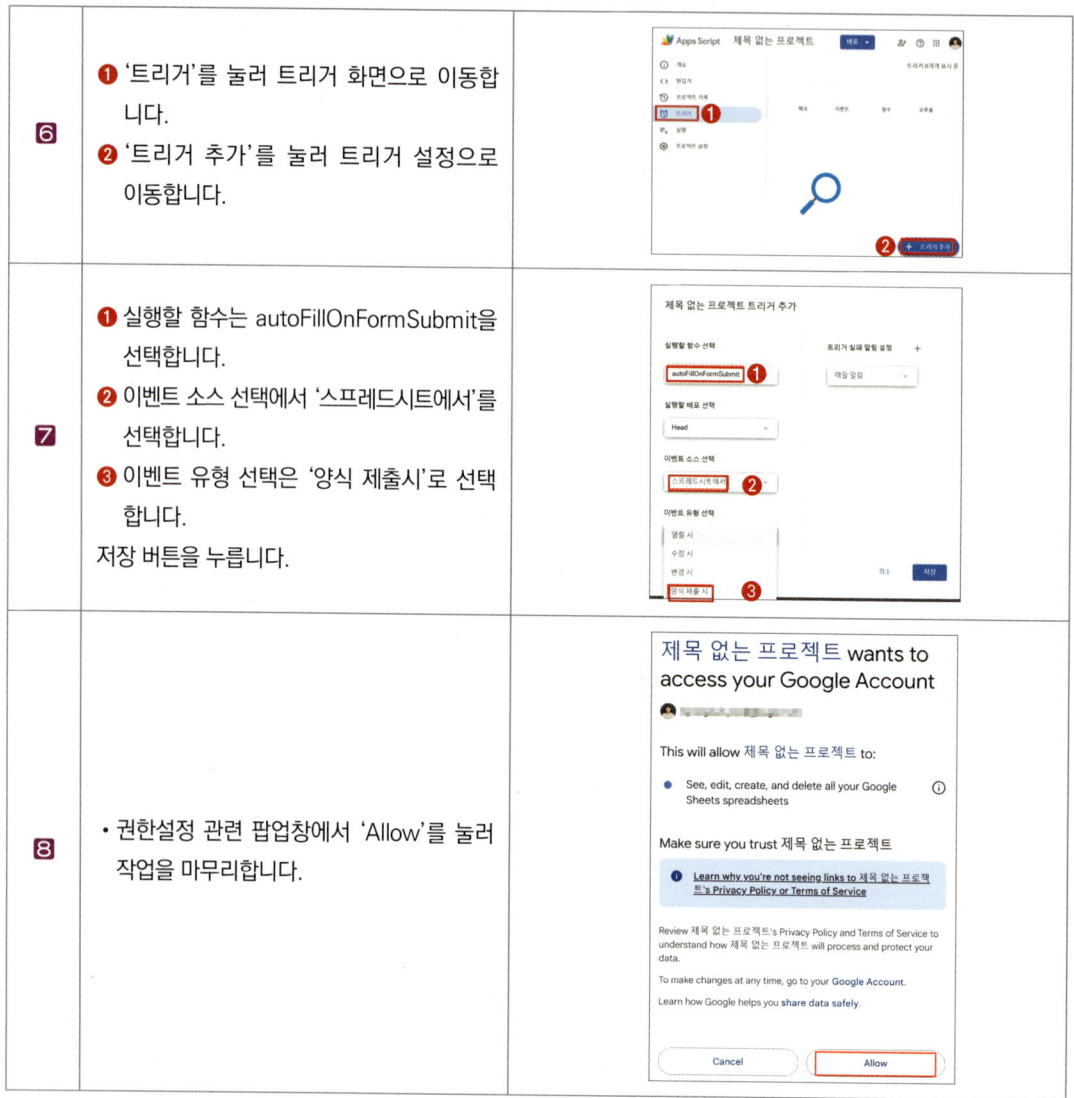

❻	❶ '트리거'를 눌러 트리거 화면으로 이동합니다. ❷ '트리거 추가'를 눌러 트리거 설정으로 이동합니다.	
❼	❶ 실행할 함수는 autoFillOnFormSubmit을 선택합니다. ❷ 이벤트 소스 선택에서 '스프레드시트에서'를 선택합니다. ❸ 이벤트 유형 선택은 '양식 제출시'로 선택합니다. 저장 버튼을 누릅니다.	
❽	• 권한설정 관련 팝업창에서 'Allow'를 눌러 작업을 마무리합니다.	

▶ 학급별 학습 시간의 합 구하기(SUMIF 활용)

위에서 개인별 학습 시간의 합을 구하는 식을 만들어 적용했습니다. 이제는 그 값을 학급별로 합산하여 순위를 만들 수 있어야 합니다.

새로운 시트를 생성 후 학급별로 학습시간을 합산할 수 있는 표를 만듭니다.

항목	설명
(타임랩스 챌린지 현황 표: 학급/시간 합산 — 1:48385, 2:47656, 3:621, 4:397, 5:853, 6:3367, 7:170, 8:3823)	**수식** SUMIF('설문지 응답 시트1'!$C:$C,A3,'설문지 응답 시트1'!$Q:$Q) • B3셀에 위 수식을 입력합니다. • **의미:** "설문지 응답 시트1"에서 C:C열(학생의 학급 정보)에서 A3의 값 즉, 1(반)이라고 응답한 학생들의 값을 찾아 Q:Q에 있는 값을 합산합니다. • 채우기 핸들을 이용해 B10셀까지 적용합니다.

▶ 학급별 학습시간으로 차트 만들기

위에서 작성한 학급별 시간합산 표를 기반으로 차트를 작성할 수 있습니다. 이 차트는 한번 생성한 뒤에 고정된 형태로 있는 것이 아니라 설문지에 새로운 값이 제출될 때마다 새로운 내용을 반영하여 차트를 실시간으로 변경할 수 있습니다.

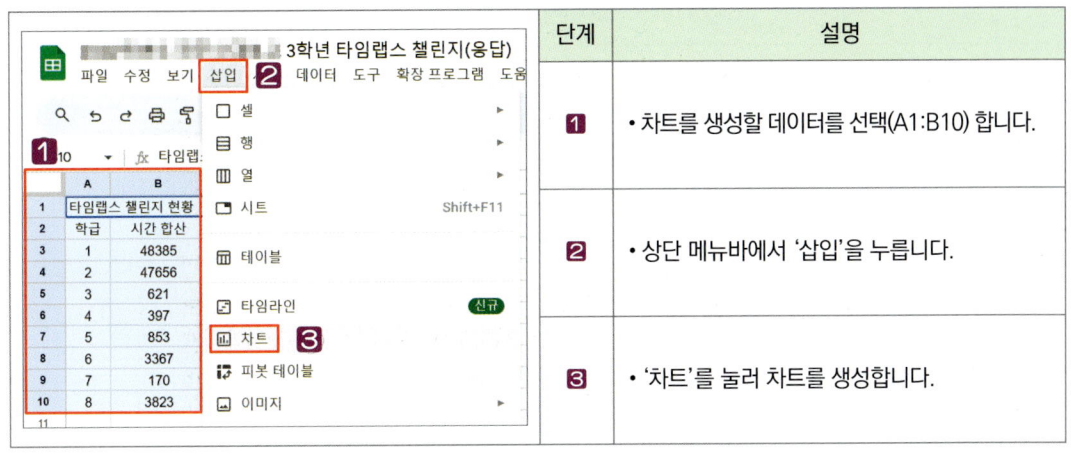

단계	설명
1	• 차트를 생성할 데이터를 선택(A1:B10) 합니다.
2	• 상단 메뉴바에서 '삽입'을 누릅니다.
3	• '차트'를 눌러 차트를 생성합니다.

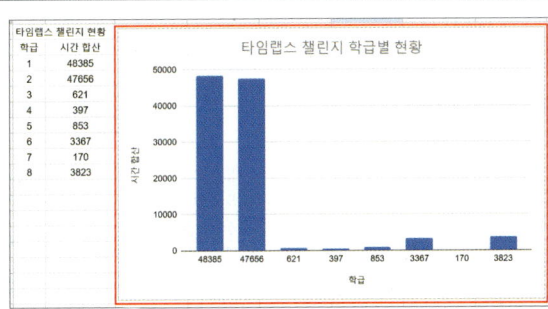

▲ 생성된 차트의 모습

(3) 차트를 웹에 게시하기

'웹에 게시' 기능을 사용하면 앞에서 생성한 차트를 웹상에 공개 자료로 활용할 수 있습니다. 이를 통해 시각화된 데이터를 실시간으로 공유할 수 있으며, 기반이 되는 자료가 변경되는 경우 차트도 자동으로 업데이트되어 현황판처럼 활용할 수 있습니다.

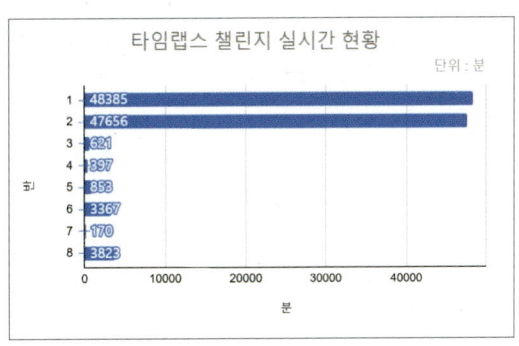

▲ 웹에 게시를 통해 게시된 차트의 모습

단계	설명	
1	• ❶ [파일] - ❷ [공유] - ❸ [웹에 게시]를 누릅니다.	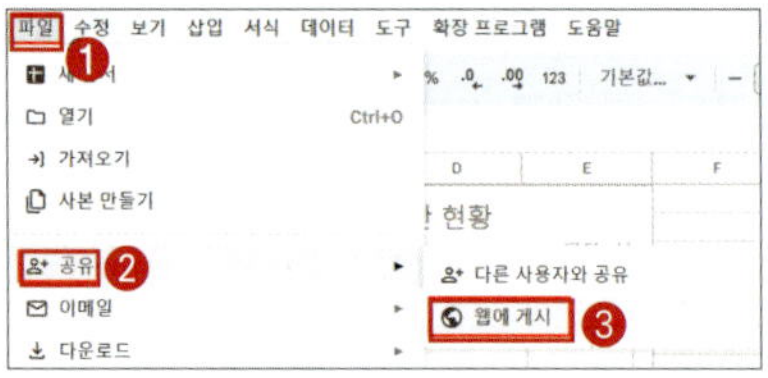
2	• ❶ 공유를 원하는 시트나 그래프를 선택합니다. • ❷ 게시를 눌러 웹에 게시합니다.	
3	• 생성된 URL을 활용해 웹을 통해 차트나 시트를 공유할 수 있습니다.	

(4) 구글 사이트에 차트 넣기

구글 사이트에 차트를 삽입하면 이미지, 영상, 텍스트 등 다양한 자료와 결합하여 더욱 풍부한 사용자 경험을 제공할 수 있습니다. 구글 시트의 웹에 게시 기능이 단순한 표현에 그친다면, 구글 사이트를 활용한 차트 게시 방식은 더 고차원적인 메시지를 전달할 수 있어 더욱 효과적으로 정보를 공유할 수 있습니다.

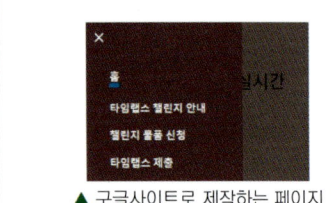
▲ 구글사이트로 제작하는 페이지

- 구글 사이트 형식으로 자료를 게시하기 때문에 다양한 링크를 함께 제시할 수 있는 장점이 있습니다.
- 타임랩스 챌린지 안내, 물품 신청, 타임랩스 제출까지 하나의 링크 안에서 해결할 수 있습니다.
- 이러한 방식으로 기획자의 의도를 효과적으로 전달할 수 있습니다.

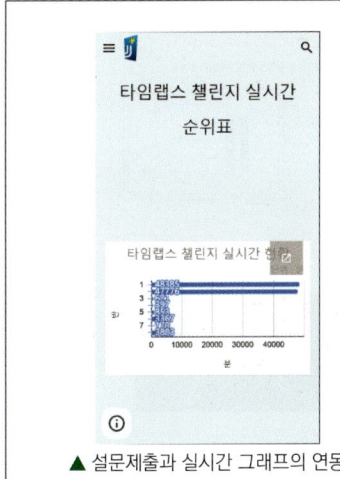 ▲ 설문제출과 실시간 그래프의 연동	• 구글 사이트로 타임랩스 챌린지 실시간 경쟁현황을 차트로 출력할 수 있습니다. • 학생들은 타임랩스 시간을 지속적으로 기록하지만 차트에 해당 내용이 실시간으로 반영됩니다.

단계	설명	항목
1	• 구글 사이트 도구[8] 에서 '새 사이트 시작'을 누릅니다. • 또는 브라우저 주소창에 sites.new라고 입력하여 새로운 사이트를 개설합니다.	
2	• 화면 우측 상단의 '삽입'을 눌러 메뉴를 호출합니다.	
3	• 최하단의 '차트'를 선택하여 삽입하려는 차트를 삽입합니다.	
4	• 삽입 하려는 차트가 있는 구글 파일을 선택 후 삽입합니다.	

[8] sites.google.com

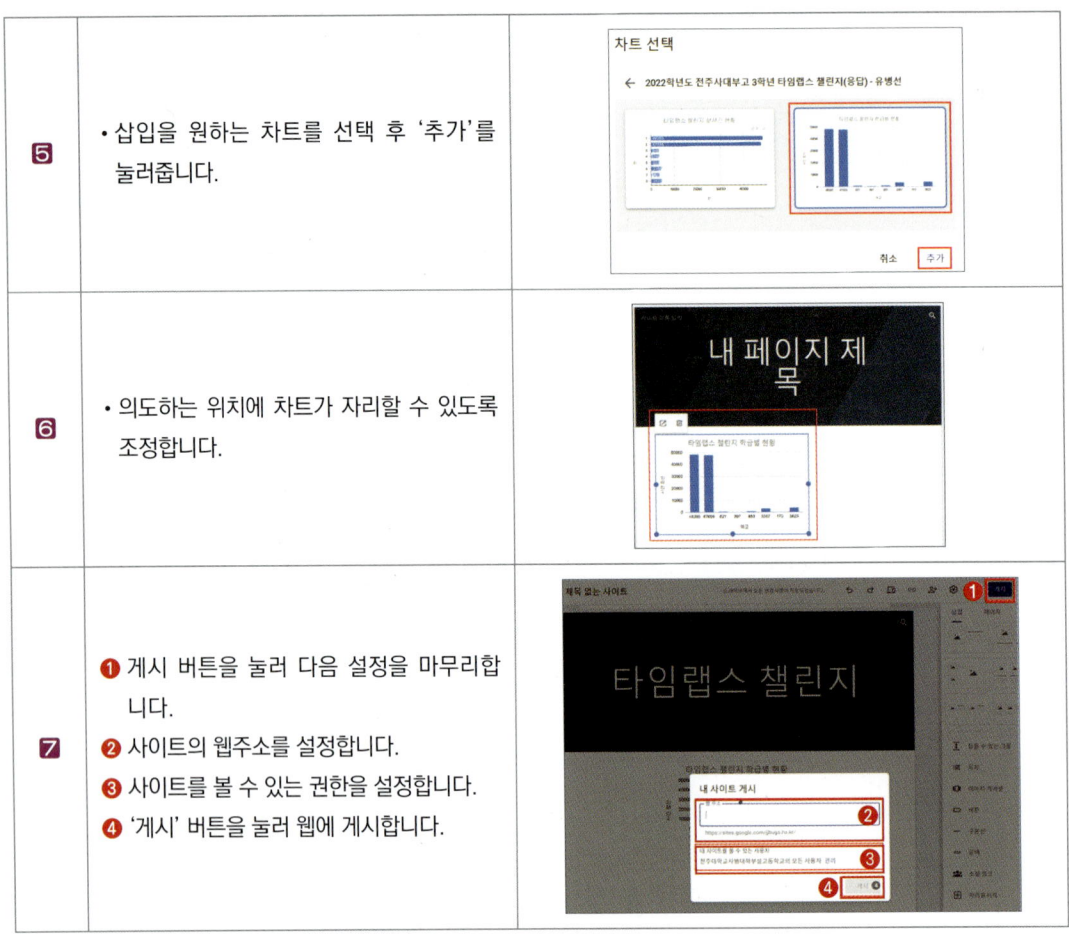

❺	• 삽입을 원하는 차트를 선택 후 '추가'를 눌러줍니다.
❻	• 의도하는 위치에 차트가 자리할 수 있도록 조정합니다.
❼	❶ 게시 버튼을 눌러 다음 설정을 마무리합니다. ❷ 사이트의 웹주소를 설정합니다. ❸ 사이트를 볼 수 있는 권한을 설정합니다. ❹ '게시' 버튼을 눌러 웹에 게시합니다.

구글 시트는 단순한 데이터 입력 도구를 넘어 학습 활동을 분석하고 실시간으로 시각화하는 강력한 기능을 제공합니다. 본 장에서는 구글 설문과 스프레드시트를 활용하여 학생들의 학습 시간을 자동으로 수집하고, 이를 실시간으로 분석하여 학급 간 경쟁을 유도하는 방법에 대해 살펴보았습니다. 이를 통해 학생들은 학습 동기를 유지하며 학습 효과를 극대화할 수 있으며, 교사는 학급별 학습 상황을 쉽게 추적하고 관리할 수 있습니다. 이 과정은 학습동기를 부여하고 교사의 업무를 경감시키며, 전체 학습상황을 보다 직관적으로 관리할 수 있게 합니다.

또한, 구글 시트에서 제공하는 차트 기능을 활용하여 학급별 학습 시간을 시각적으로 표현하고, '웹에 게시' 기능을 통해 실시간으로 갱신되는 차트를 공유함으로써 학생들의 학습 동기를 높일 수 있었습니다. 뿐만 아니라, 구글 사이트와 연동하여 학습 데이터를 한눈에 볼 수 있도록 구성함으로써, 단순한 데이터 분석을 넘어 직관적인 학습 관리 환경을 조성하는 방법도 함께 다루었습니다.

이처럼 구글 시트는 교육 현장에서 데이터 기반 학습 관리와 평가를 효과적으로 지원하는 도구로 자리 잡을 수 있습니다. 앞으로도 구글 시트의 다양한 기능을 적극 활용하여, 보다 체계적이고 효율적인 학습 관리 시스템을 구축할 수 있기를 기대합니다.

라. 개인정보를 보호하는 피드백

학생 개별 맞춤 교육을 실현하는 데 있어 개별 피드백은 핵심적인 역할을 합니다. 적절한 피드백은 학습 동기를 높이고, 학생이 자신의 강점과 보완할 점을 명확히 인식할 수 있도록 도와줍니다. 그러나 평가와 피드백 과정에서 학생들의 성적과 이름과 같은 개인정보를 보호하는 것은 매우 중요합니다. 개별 성적이나 평가 결과를 제공할 때는 반드시 다른 학생들에게 노출되지 않도록 철저한 관리가 필요합니다.

구글 시트는 개인정보 보호와 개별 피드백 제공을 효과적으로 지원하는 다양한 도구와 기능을 제공합니다. 메일머지 부가 기능을 활용하면 대량의 성적 데이터를 자동으로 개별 학생에게 전송할 수 있으며, 앱스 스크립트를 이용하면 자동화된 방식으로 피드백 이메일을 발송할 수 있습니다. 또한, 웹사이트를 활용한 조회 페이지를 제작하면 학생이 본인의 성적과 피드백을 직접 확인할 수 있는 시스템을 구축할 수 있습니다.

이 장에서는 이러한 기술적 방법을 활용하여 학생 개개인에게 맞춤형 피드백을 제공하면서도 개인정보 보호를 철저히 유지하는 방법을 살펴보겠습니다. 이를 통해 교사는 더욱 체계적으로 평가 결과를 관리하고, 학생들의 학습 효과를 극대화할 수 있습니다.

1) 메일머지 부가 기능 활용하기

구글 시트에서 메일머지(Mail Merge) 부가 기능은 데이터를 바탕으로 이메일을 자동 생성하고 개별적으로 발송하는 데 매우 유용합니다. 특히 학생 개별 성적이나 평가 결과를 전달할 때, 메일머지를 사용하면 시간과 노력을 절약하면서도 정확하고 체계적으로 정보를 전달할 수 있습니다. 이 과정에서 학생의 이름, 점수, 피드백 내용을 스프레드시트 데이터와 연동하여 개인화된 이메일을 생성할 수 있어, 학생들의 개인정보를 안전하게 보호하며 효율적인 소통이 가능합니다.

가) 메일머지 부가 기능 설치하기

단계	설명
1	• 상단 메뉴 [확장 프로그램]-[부가기능]-[부가기능 설치하기]를 선택합니다.

2	• "Google Workspace Marketplace" 창이 뜨면, 검색창에 "Mail Merge"를 입력합니다.	
3	• 다양한 메일머지 제품 중, "MailMerge for Gmail"로 실습을 진행해 보겠습니다. • 해당 이미지를 선택 후, [설치]를 클릭하여 계정 로그인 과정 및 액세스 허용을 진행하여 설치를 완료합니다.	

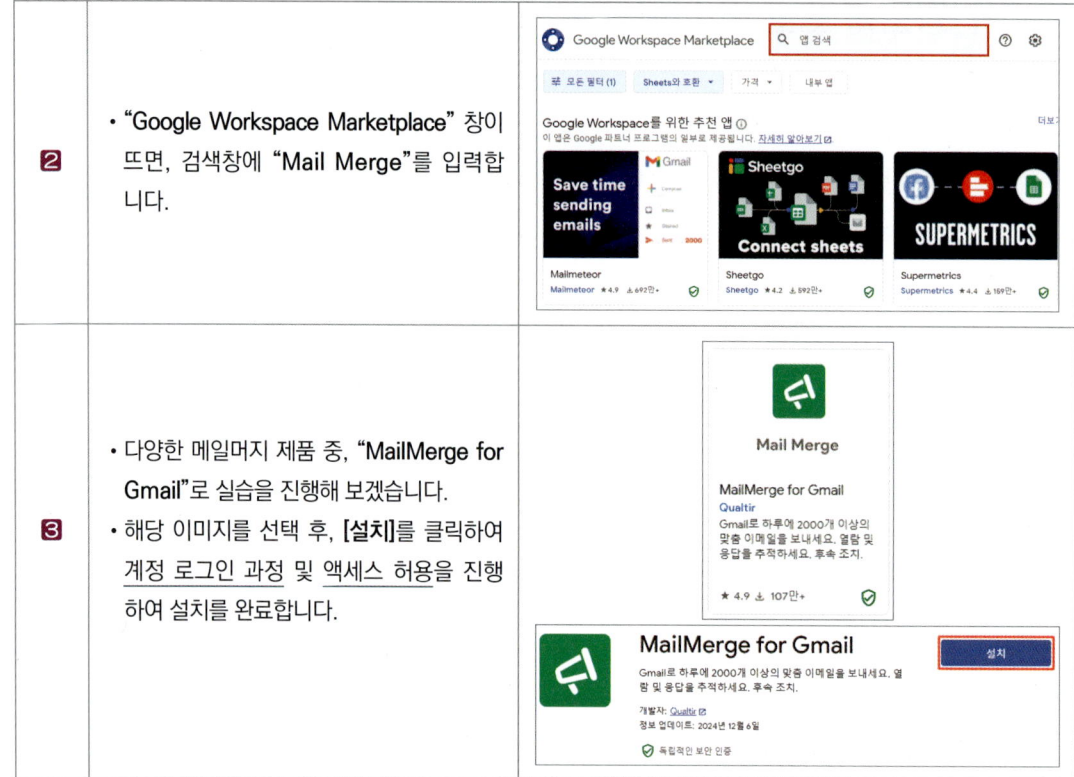

나) 메일 작성하여 발송하기

『메일머지 연습 템플릿』을 복사하여 다음의 실습 과정을 따라오세요.

연습 템플릿은

　가 점수가 입력된 평가 기록표

　나 체크박스 형태의 기록표

로 구성되어 있습니다.

템플릿에 이메일 주소가 입력되어 있지 않으니, 본인의 이메일 주소를 입력하여 실습하시기 바랍니다.

joo.is/메일머지연습
▲ 메일머지 연습 템플릿

먼저, '가 점수가 입력된 평가 기록표'에서 메일머지를 적용하여 메일을 발송하는 방법을 안내합니다.

단계	설명	
1	• 해당 시트에 이메일이 있는지, 학생 데이터와 이메일이 일치하는지 확인합니다. • 이메일이 없을 시, 우측의 메시지가 뜹니다. ★ 학생 데이터와 이메일 불일치 시, 개별 데이터를 다른 학생이 볼 수도 있으므로 꼭 점검합니다.	⚠ No email address found in your sheet Looks like your sheet has no contacts. Make sure to add emails inside one of your column to start a mail merge. ▲ 시트에 이메일이 없을 때, 알림창

❷	• 시트 한쪽에 머리글 항목을 복사하여 붙여 넣고, 메일로 발송할 항목만 남기고 편집합니다. • 메일머지 편집 창에서 활용하기 위해 **복사**(Ctrl + C)해 놓습니다.	▲ 표 형식을 미리 복사 해놓기
❸	• [부가기능]을 설치하면 [확장 프로그램] 하단에서 설치된 프로그램을 확인할 수 있습니다. • [MailMerge for Gmail]을 선택하고 [Start]를 클릭합니다.	▲ 설치된 메일머지 실행하기
메뉴 설정	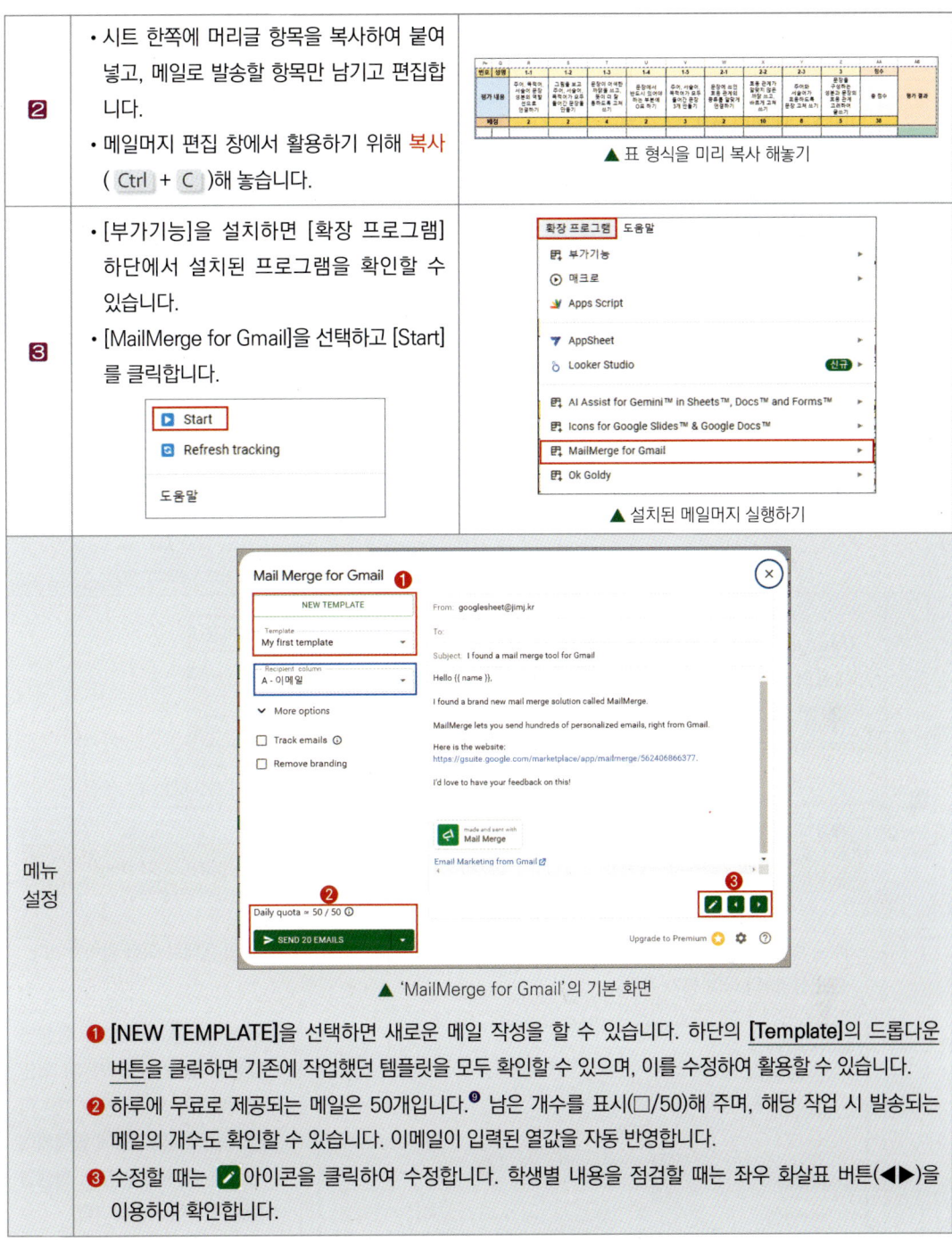 ▲ 'MailMerge for Gmail'의 기본 화면	

❶ [NEW TEMPLATE]을 선택하면 새로운 메일 작성을 할 수 있습니다. 하단의 [Template]의 드롭다운 버튼을 클릭하면 기존에 작업했던 템플릿을 모두 확인할 수 있으며, 이를 수정하여 활용할 수 있습니다.

❷ 하루에 무료로 제공되는 메일은 50개입니다.❾ 남은 개수를 표시(□/50)해 주며, 해당 작업 시 발송되는 메일의 개수도 확인할 수 있습니다. 이메일이 입력된 열값을 자동 반영합니다.

❸ 수정할 때는 ✏ 아이콘을 클릭하여 수정합니다. 학생별 내용을 점검할 때는 좌우 화살표 버튼(◀▶)을 이용하여 확인합니다.

---

❾ 하루 50개 이상 발송했을 경우, 다른 구글 계정을 활용하여 발송할 수도 있습니다.

❹	• [NEW TEMPLATE]을 선택하거나, 기존 템플릿을 선택하고 수정 아이콘(연필)을 선택하여 메일 입력창을 엽니다. • ❷의 단계에서 미리 복사해 놓은 내용을 붙여넣기(Ctrl + V) 합니다.	
❺	• 메일로 발송할 제목과 내용, 서식 변경 등 내용과 형식을 편집합니다.	
❻	• [Merge Tag] 드롭다운 버튼을 눌러서 각 표의 하단에 들어갈 항목을 알맞게 각각 설정합니다. • 직접 {{머리글}}의 형식으로 입력해도 됩니다. ▲ [Merge Tag] 설정하기 ▲ [Merge Tag]를 표에 삽입한 결과(노란 영역) • '메일 제목'에도 학생 개별 이름을 적용하고 싶을 때는 Merge Tag를 {{머리글}}의 형태로 직접 입력합니다. 예 {{성명}}의 국어 평가 결과	
❼	▲ 작성 완료 후, 점검화면	❶ ◀▶버튼을 클릭하여 학생별 내용이 잘 반영되었는지 확인합니다. 이 시트에서는 1번 학생의 이메일이 4행에 입력되어 있기에 4번째 문서부터 학생별 내용 확인이 가능합니다. ❷ Merge Tag가 잘 반영되지 않은 항목이 있을 때는 [수정] 버튼을 클릭하여 재편집합니다. ❸ 오류가 없이 잘 들어간 것이 확인되면, [보내기] 버튼을 클릭합니다.

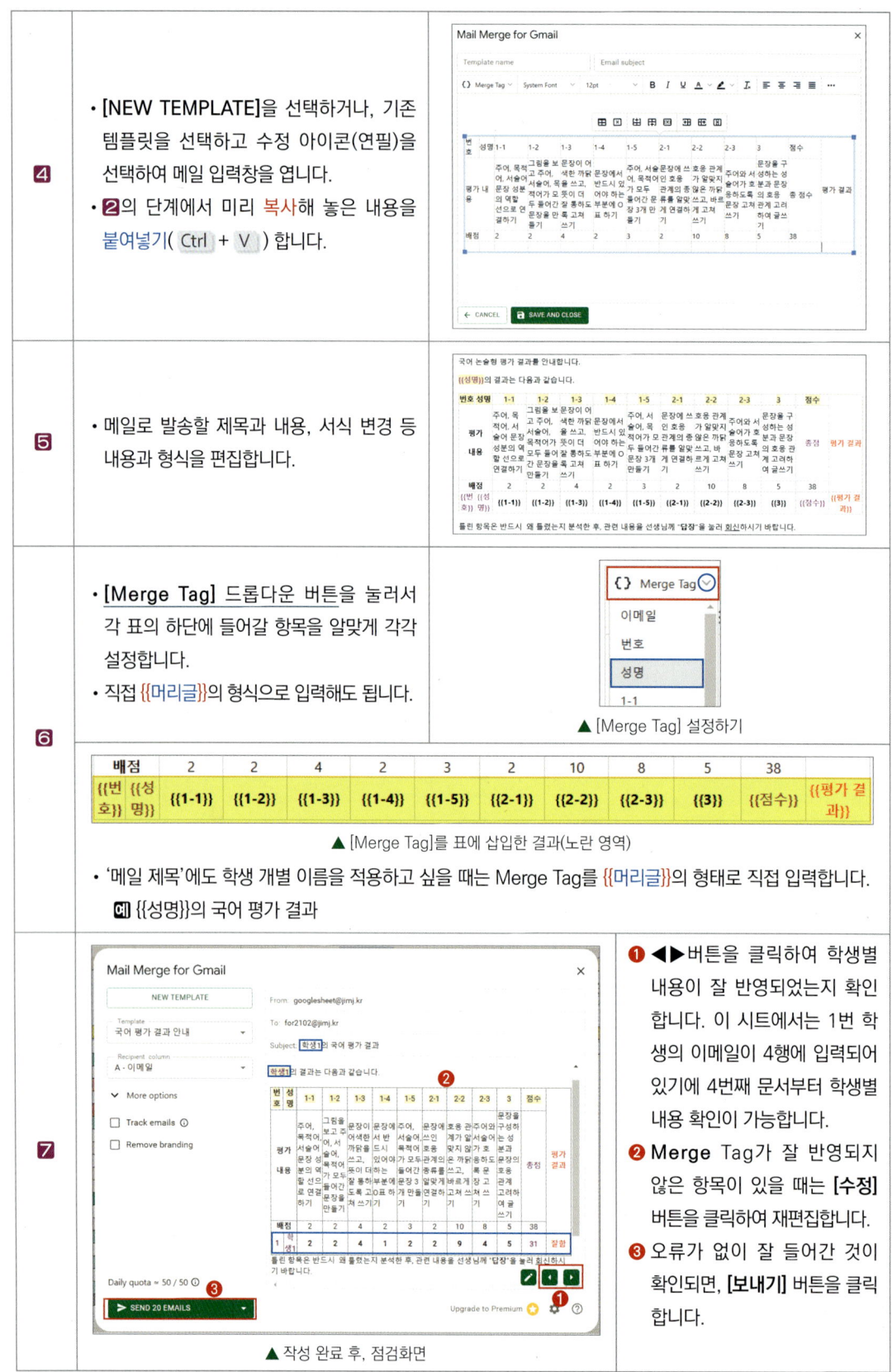

❽	• 데이터가 있는 마지막 열의 우측에 다음처럼 발송이 완료된 항목에 [Sent]라고 순차적으로 입력되는 것을 확인할 수 있습니다. 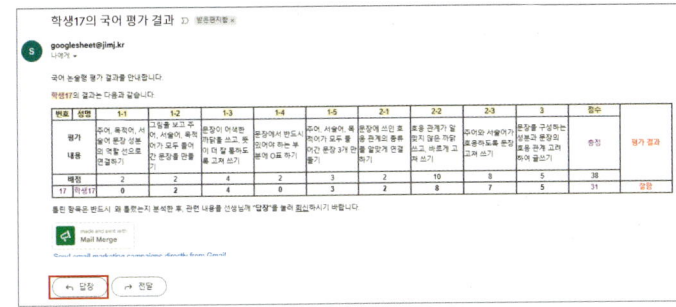 ▲ 발송 완료가 표시되는 모습
❾	▲ 발송된 이메일 모습 • 학생에게 개별 이메일이 발송됩니다.❿ • 결과 통지에서 끝나지 않고, 이 데이터를 바탕으로 학생이 자신의 실력을 분석하고 '성찰'하여 [답장]할 수 있도록 안내합니다. • 교사는 학생이 [답장]을 보내오면 평가 결과 이메일과 함께 학생의 성찰과 계획을 점검해 줄 수 있으며, [답장]을 통해 개별 맞춤 피드백을 이어서 진행할 수 있습니다.

이어서 『메일머지 연습 템플릿』의 '나 체크박스 형태의 기록표'에서 메일머지를 발송하는 방법을 안내합니다.

체크박스 형태는 가번 방식으로 Merge Tag를 적용할 경우, ☑: True, ☐: False로 반영됩니다. 그러나 이메일을 받는 학생들이 True/False로 된 정보를 직관적으로 이해하기 어려울 수 있습니다. True, False를 O, X 형태로 어떻게 변경할 수 있을까요?

생성형 AI를 활용한 앱스 스크립트에 관심이 있을 때, 다음 유튜브 영상의 방식으로 문제를 해결하기도 했습니다.

joo.is/체크박스공개수업
▲ 체크박스 O, X로 변환하기 영상

혹시 앱스 스크립트 연습이 더 필요하신 분들은 따라 해 보시기 바랍니다.

---

❿ 간혹, 스팸함에 보관되는 경우가 있으니 참고하시기 바랍니다. 이런 경우 스팸함에서 메일을 확인한 후, "스팸 해제" 버튼을 클릭하여 해제하도록 한 번만 안내하면 됩니다.

체크박스 데이터를 변환하는 복잡한 방법을 고민하던 중, 문득 '[찾기 및 바꾸기] 기능을 활용하면 간단하게 해결할 수 있지 않을까?'라는 생각이 들었습니다.

실제로 체크박스 데이터(TRUE/FALSE)를 O/X 형태로 변환할 때, [찾기 및 바꾸기] 기능을 활용하면 훨씬 직관적이고 간편하게 처리할 수 있습니다.

단계	설명	
1	• **찾기**(Ctrl + F)의 단축키를 눌러 창을 활성화하고, **[옵션 더보기]**를 클릭합니다.	
2	• ★ **찾기 및 바꾸기**(Ctrl + H)의 단축키로 바로 창을 활성화할 수도 있습니다. • TRUE→O, FALSE→X로 찾기와 바꾸기 항목을 각각 입력하여 2번 실행합니다. • 원본 시트 데이터를 보호하기 위해 **사본을** 만들어 진행하는 것이 좋습니다. • 이때, 여러 시트에 영향이 있을 때는 반드시 [이 시트]를 선택하고, **[모두 바꾸기]**를 선택합니다	
3	• 다음과 같은 메시지가 표시되더라도 Merge Tag는 정상적으로 반영됩니다.	

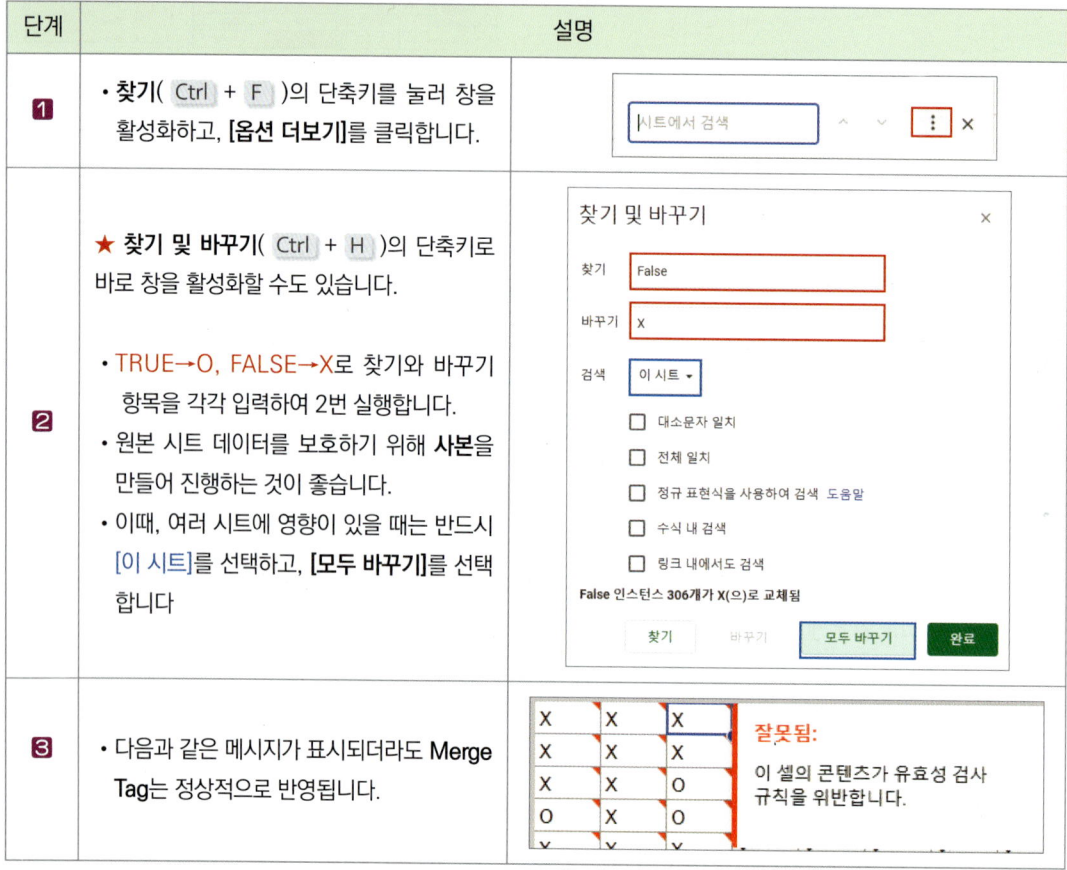

이후의 과정은 '가 점수가 입력된 평가 기록표'에서 메일머지를 적용하여 메일을 발송하는 방법과 동일합니다.

이제 『메일머지 연습 템플릿』을 활용한 실습 과정을 모두 완료하였습니다. 실습 내용을 바탕으로, 다양한 평가 상황에서도 개별 맞춤 피드백을 효과적으로 제공할 수 있도록 응용해 보시기 바랍니다.

2) 앱스 스크립트로 개별 메일 발송하기

성적을 학생들에게 확인받고 서명을 받는 과정에서, 학생들이 다른 친구들의 점수를 보게 되는 경우가 발생할 수 있습니다. 이는 개인정보 보호법 위반의 소지가 있으며, 불필요한 민원으로 이어질 수 있습니다. 기존의 아날로그 방식(종이로 가리는 방법 등)은 불편함이 크고, 성적이 복잡하거나 점수가 많을 경우에는 한계가 있습니다.

joo.is/성적메일발송
▲ 성적메일발송 템플릿

구글 앱스 스크립트를 사용하면 개인정보 보호법을 준수하면서도 성적 확인 및 서명 과정을 효율적으로 자동화할 수 있습니다. 각 학생이 자신의 성적만 확인하고, 교사가 별도의 수작업 없이 전자적으로 서명을 받을 수 있는 시스템을 구현할 수 있습니다.

가) 사전준비

단계	설명	
1	템플릿 링크를 클릭하여 [템플릿사용] 버튼을 누릅니다.	
2	[학적] 시트의 데이터를 본인에게 맞게 변경합니다.	
	[성적] 시트의 데이터를 본인에게 맞게 변경합니다.	
	[수행평가기록] 시트의 데이터를 본인에게 맞게 변경합니다.	

나) [조회] 시트

▲ [조회] 시트

영역	설명
1	• 조회하고자 하는 학번을 직접 입력합니다. • A2 셀에 입력한 학번을 기준으로 [학적], [성적], [수행평가] 시트에서 정보를 가져오는 수식을 작성할 겁니다.
2	**B2 수식** =IFERROR(VLOOKUP($A$2,'성적'!$C$2:$I,COLUMN(B2),FALSE),"") <table><tr><th>수식</th><th>설명</th></tr><tr><td>VLOOKUP($A$2,'성적'!$C$2:$I,COLUMN(B2),FALSE)</td><td>• '성적' 시트에서 A2 값을 C2:I 범위에서 검색 • COLUMN(B2) → 현재 열 번호를 기준으로 반환할 열 결정 • FALSE → 정확히 일치하는 값만 찾음</td></tr></table> • [성적] 시트에서 A2셀 학번에 해당하는 성명을 가져옵니다.
3	• 2에서 VLOOKUP 함수의 세 번째 구성요소는 찾아오는 열 번호를 뜻합니다. • COLUMN(B2)에서 B2는 상대 참조되어 있으므로 B2 셀에서 채우기 핸들을 잡고 G2까지 채워주면 완성됩니다.
4	**C4 수식** =IFERROR(VLOOKUP($A$2,'수행평가기록'!$A$2:$G,ROW(A3),FALSE),"") <table><tr><th>수식</th><th>설명</th></tr><tr><td>VLOOKUP($A$2,'수행평가기록'!$A$2:$G,ROW(A3),FALSE)</td><td>• '수행평가기록' 시트에서 A2 값을 A2:G 범위에서 검색 • ROW(A3) → 현재 행 번호 • FALSE → 정확히 일치하는 값만 찾음</td></tr></table> • [수행평가기록] 시트에서 A2 셀 학번에 해당하는 값을 가져옵니다. • C4에서 드래그 핸들을 잡고 C7까지 채워주면 완성됩니다.

⑤

C8 수식 =IFERROR(IMAGE(VLOOKUP($A$2,'수행평가기록'!$A$2:$G,ROW(A3),FALSE),FALSE),"")

- VLOOKUP 함수식을 이용한 결과는 '관련 이미지'에 대한 구글 드라이브 링크입니다.⓫

> **처음 만난 함수 사전** **IMAGE 함수란?**
>
> 웹상의 이미지 URL을 가져와 셀 안에 표시하는 함수
>
> 형식: =IMAGE(이미지_URL, [모드], [너비], [높이])
>
> - 이미지_URL: 표시할 이미지의 웹 주소(URL)
> - 모드 (선택값, 기본 1)
>   - 1: 셀 크기에 맞게 이미지 조정 (기본값)
>   - 2: 원본 크기로 표시
>   - 3: 셀을 꽉 채우며 비율 유지
>   - 4: 지정한 크기(너비, 높이)로 표시
> - 너비, 높이 (선택값, 모드 4에서만 사용): 픽셀 단위로 이미지 크기 조정. 클릭하면 다른 URL 또는 셀로 이동할 수 있는 하이퍼링크를 생성하는 함수

해당 시트는 학생 개별 정보를 VLOOKUP 함수로 필터링하여 해당 학생만 볼 수 있도록 구성합니다. VLOOKUP 함수를 활용해 특정 학생 정보를 동적으로 조회 경우는 앞서 다양한 사례에서 만나보았습니다.

이 장에서는 이메일을 통해 개별 성적 화면을 PDF로 생성하고 학생 이메일로 자동 발송하는 사례는 앞서 〈Ⅲ-3-가-4〉 예산정산 자동화〉에서 정산서를 PDF로 만들고 영수증을 첨부해서 담당자에게 이메일로 발송하는 과정과 똑같지만, 담당자 한 명에게 보내는 것에서 시트에 등록된 학생 전체에게 보내는 경우로 대상을 확장합니다.

다) [성적] 시트

	A	B ❷	C ❶	D	E	F	G	H	I
1	❹ 발송	이메일정보	반/번호	성명	말하자 (만점 10.00, 10.00%)	쓰자 (만점 10.00, 10.00%)	태도점수 (만점 10.00, 10.00%)	발표점수 (만점 10.00, 10.00%)	합계
2	☐	20241801@jjgo.hs.kr	1801	임지언	10	9	5.5	8.5	33
3	☐	qkfkekdl@jjbugo.hs.kr	1802	남준빈	7	5.5	10.5	6	29
4	☐	20241803@jjgo.hs.kr	1803	편수미	5	6	9	7.5	27.5
5	❸ ☐	20241804@jjgo.hs.kr	1804	유세예	10	7.5	8	8.5	34
6	☐	20241805@jjgo.hs.kr	1805	표병늘	5	10.5	6	7	28.5
7	☐	20241806@jjgo.hs.kr	1806	주규율	9	7	9.5	5.5	31
8	☐	20241807@jjgo.hs.kr	1807	오고당	10.5	9.5	9.5	10.5	40
9	☐	20241808@jjgo.hs.kr	1808	은연솔	10	6	5.5	7	28.5

▲ [성적] 시트 기본 구성

⓫ 구글 드라이브에 있는 파일링크를 쉽게 가져오는 방법은 Ⅲ.3.가.3)의 설명을 참고하세요.

단계	설명
1	• 나이스에서 수행평가 성적 파일을 다운로드 받아서 붙여넣기를 합니다. 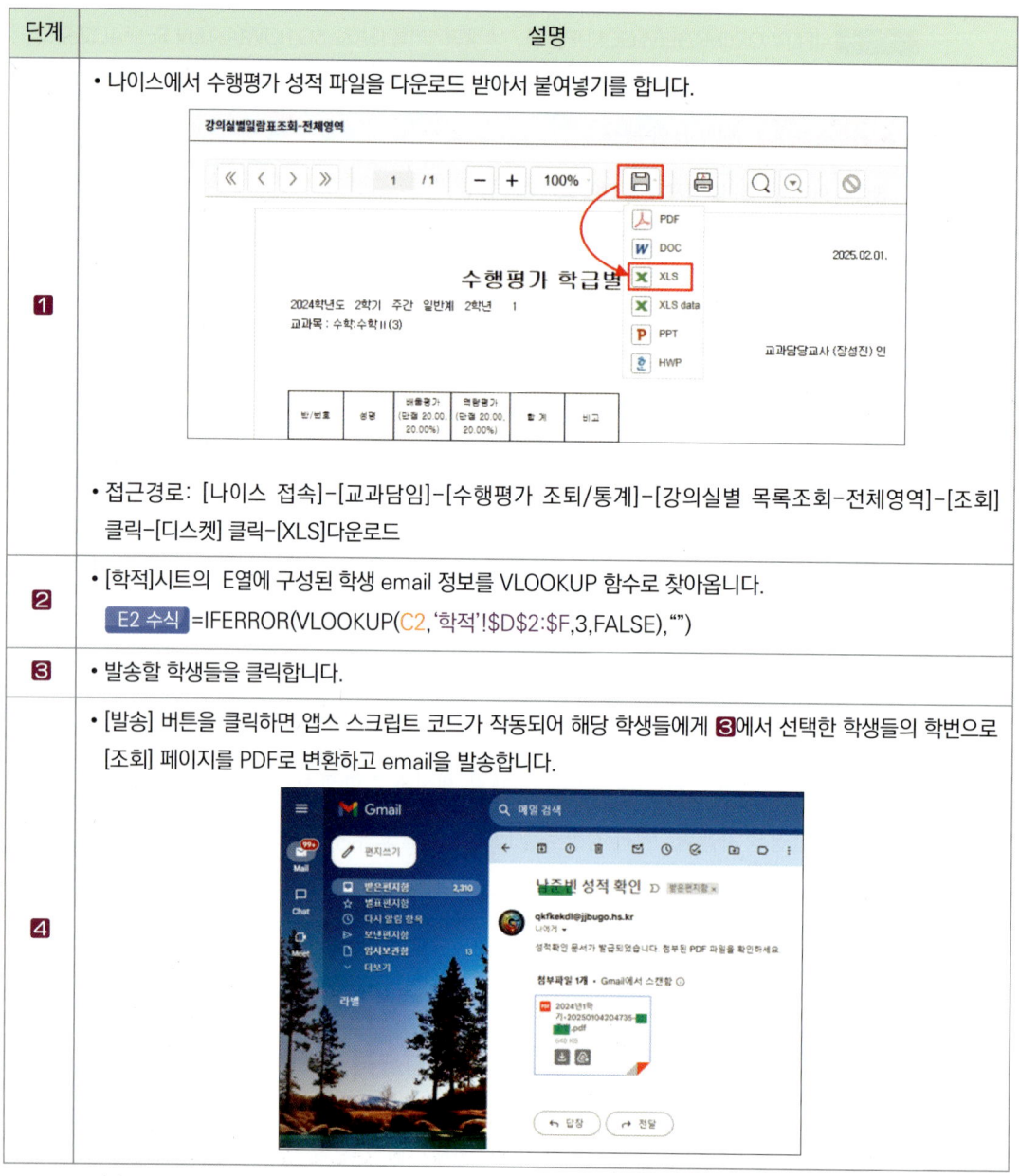 • 접근경로: [나이스 접속]-[교과담임]-[수행평가 조퇴/통계]-[강의실별 목록조회-전체영역]-[조회] 클릭-[디스켓] 클릭-[XLS]다운로드
2	• [학적]시트의 E열에 구성된 학생 email 정보를 VLOOKUP 함수로 찾아옵니다. 　E2 수식 =IFERROR(VLOOKUP(C2,'학적'!$D$2:$F,3,FALSE),"")
3	• 발송할 학생들을 클릭합니다.
4	• [발송] 버튼을 클릭하면 앱스 스크립트 코드가 작동되어 해당 학생들에게 ❸에서 선택한 학생들의 학번으로 [조회] 페이지를 PDF로 변환하고 email을 발송합니다.

　개인정보 보호를 준수하기 위해 각 학생이 자신의 정보만 확인할 수 있도록 설계되어 다른 학생의 정보 노출을 방지합니다. 성적 확인 및 서명 수집 과정을 자동화함으로써 교사의 반복 작업을 줄여 작업 효율성을 높이고, PDF 형식의 디지털 방식으로 정보를 제공하여 출력물 사용을 줄이는 친환경적인 접근을 실현합니다. 또한, 이메일을 통한 신속하고 정확한 정보 전달로 학생들과의 소통을 강화하며, 관리 시간은 줄이고 소통의 질을 향상시킵니다.

3) 웹사이트를 이용한 조회 페이지 만들기

학교에서 반편성 결과를 표 형태로 공개할 경우, 학생의 이름뿐만 아니라 학번과 전화번호 일부까지 함께 노출되어 개인정보 유출 위험이 커집니다. 특히, 동명이인 문제가 발생하면 이를 구분하기 위해 추가 정보를 제공해야 하지만, 이는 데이터 보호 측면에서 더욱 큰 문제가 될 수 있습니다. 그러나 현재 NEIS에서는 검색형 반편성 시스템을 제공하지 않기 때문에, 직접 프로그램을 만들어야 하는 상황입니다.

joo.is/반편성웹사이트
▲ 반편성 웹페이지 DB

이를 해결하기 위해, 검색형 반편성 프로그램을 도입하면 학생이 이름과 비밀번호(학번+전화번호 뒤 4자리)로 검색하여 자신의 반편성 결과만 확인할 수 있어 개인정보 보호가 강화됩니다. 이를 위해 구글 시트와 앱스 스크립트를 활용하여 학생 정보를 저장하고, 검색 기능을 구현하면 불필요한 정보 노출을 방지할 수 있습니다. 완성된 프로그램은 웹 앱 형태로 배포하여, 학교 홈페이지에 링크를 제공하면 PC와 모바일에서 쉽게 접근할 수 있습니다.

단계	설명
1	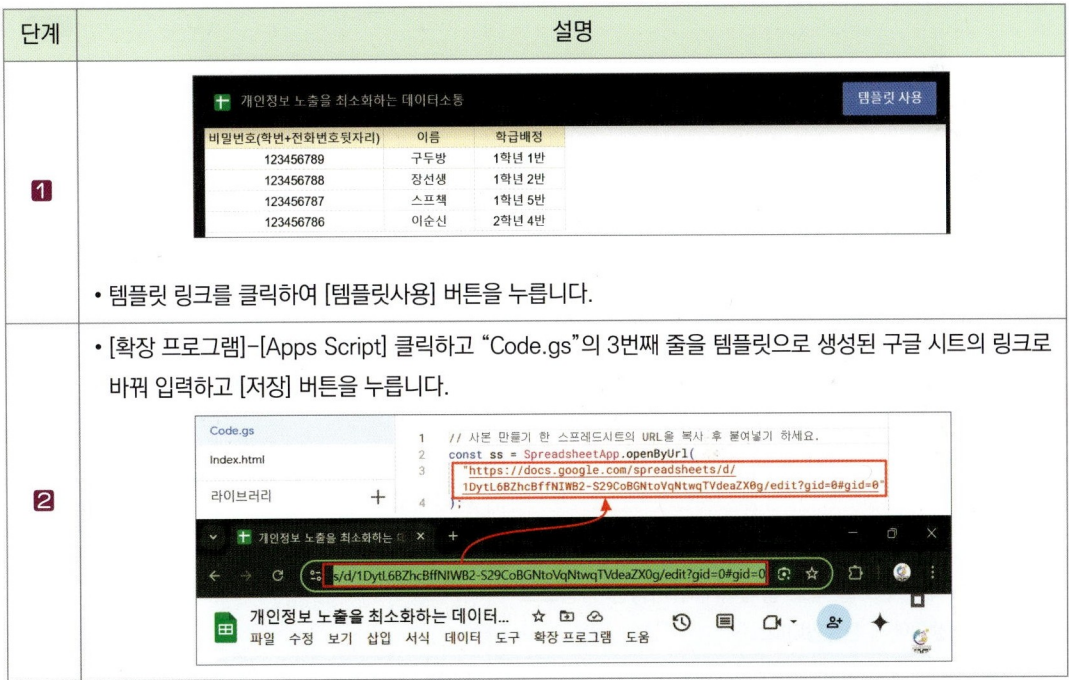 • 템플릿 링크를 클릭하여 [템플릿사용] 버튼을 누릅니다.
2	• [확장 프로그램]-[Apps Script] 클릭하고 "Code.gs"의 3번째 줄을 템플릿으로 생성된 구글 시트의 링크로 바꿔 입력하고 [저장] 버튼을 누릅니다.

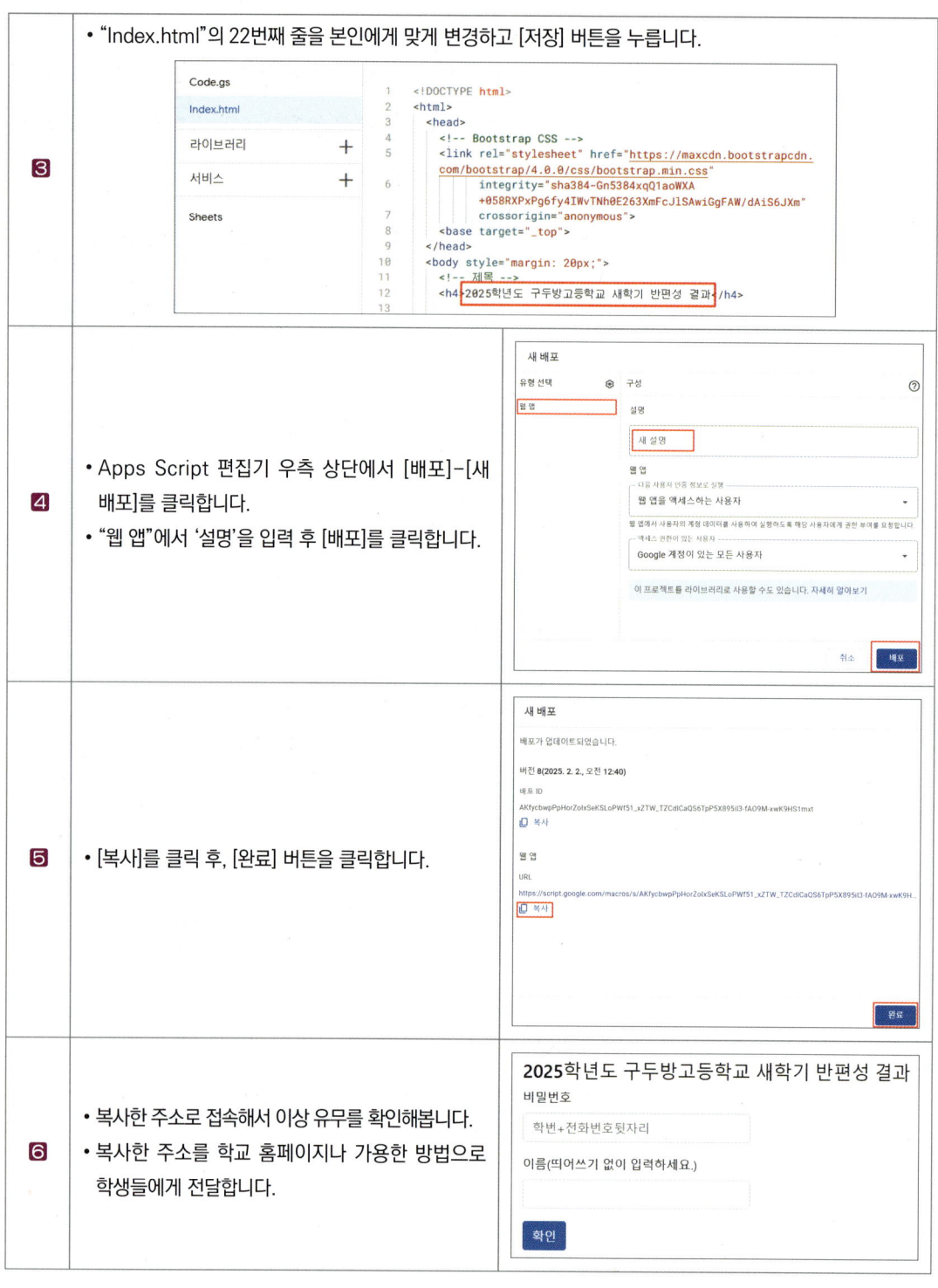

이 방식은 모든 학교에서 간편하게 적용할 수 있는 실용적인 솔루션으로, 안전하고 체계적인 반편성 안내를 위한 효과적인 대안이 될 것입니다.